Kontaktadresse nach EU-Produktsicherheitsverordnung:
produktsicherheit@fischerverlage.de

Wie ist der enorme historische Erfolg einer ursprünglich marginalen religiösen Bewegung erklärbar? International renommierte Fachgelehrte stellen den aktuellen Stand der Forschungen zum frühen Christentum dar. Mit Beiträgen von: Annette Merz, Hans-Josef Klauck, Oda Wischmeyer, Thomas Söding, Udo Schnelle, Reinhard Feldmeier, Jan Christian Gertz, Andreas Lindemann, Hartmut Leppin, Hans Reinhard Seeliger, Hubert Cancik, Christoph Markschies, Roland Kany und Kurt Flasch.

Friedrich Wilhelm Graf ist Professor für Systematische Theologie und Ethik an der Universität München.

Klaus Wiegandt ist Stifter des »Forums für Verantwortung«. Der vorliegende Band ist aus dem siebten Kolloquium dieser Stiftung hervorgegangen.

Zuvor sind erschienen: ›Evolution. Geschichte und Zukunft des Lebens‹ (Bd. 15905), ›Mensch und Kosmos. Unser Bild des Universums‹ (Bd. 16215), ›Die kulturellen Werte Europas‹ (Bd. 16402), ›Die Zukunft der Erde. Was verträgt unser Planet noch?‹ (Bd. 17269), ›Säkularisierung und die Weltreligionen‹ (Bd. 17647) und ›Die Ursprünge der modernen Welt. Geschichte im wissenschaftlichen Vergleich‹ (Bd. 17934).

Unsere Adressen im Internet:
www.fischerverlage.de
www.hochschule.fischerverlage.de
www.forum-fuer-verantwortung.de

Die Anfänge des Christentums

Herausgegeben von Friedrich Wilhelm Graf
und Klaus Wiegandt

Fischer Taschenbuch Verlag

3. Auflage

Originalausgabe
© 2024 S. Fischer Verlag GmbH,
Hedderichstr. 114, 60596 Frankfurt am Main
Die Nutzung unserer Werke für Text- und
Data-Mining im Sinne von § 44b UrhG
behalten wir uns explizit vor.
Printed in Germany
ISBN 978-3-596-18277-0

Inhalt

Friedrich Wilhelm Graf / Klaus Wiegandt
Vorwort 9

Friedrich Wilhelm Graf
Einleitung 11

Annette Merz
Der historische Jesus – faszinierend und unverzichtbar 23

Hans-Josef Klauck
»Ein Wort, das in die ganze Welt erschallt« Traditions- und Identitätsbildung durch Evangelien .. 57

Oda Wischmeyer
Die paulinische Mission als religiöse und literarische Kommunikation 90

Thomas Söding
Die Biographie zweier Apostel: Petrus und Paulus ... 122

Udo Schnelle
Die theologische und literarische Formierung des Urchristentums 168

Reinhard Feldmeier
Gottes Volk an den Rändern der Gesellschaft.
Frühchristliche Kirchenkonzeptionen 201

Jan Christian Gertz
Das Alte Testament – Heilige Schrift des Urchristentums
und Teil der christlichen Bibel 231

Andreas Lindemann
Vom Brief nach Thessaloniki zum Neuen Testament
Die Entstehung des Kanons 261

Hartmut Leppin
Politik und Pastoral – Politische Ordnungsvorstellungen
im frühen Christentum 308

Hans Reinhard Seeliger
»Das Geheimnis der Einfachheit«
Bild und Rolle des Märtyrers in den Konflikten zwischen
Christentum und römischer Staatsgewalt 339

Hubert Cancik
System und Entwicklung der römischen
Reichsreligion
Augustus bis Theodosius I. 373

Christoph Markschies
»Hellenisierung des Christentums«? –
die ersten Konzilien 397

Roland Kany
Augustinus und die Entdeckung der kirchlichen
Autorität 437

Kurt Flasch
Die Alte Kirche als Geschichtspotenz Europas 472

Klaus Wiegandt
Nachwort 502

Über die Autoren 504

Friedrich Wilhelm Graf/Klaus Wiegandt

Vorwort

Zum Thema »Die Anfänge des Christentums« fand im März 2008 das mittlerweile siebte Kolloquium der Stiftung »Forum für Verantwortung« guter Tradition folgend wiederum in der Europäischen Akademie Otzenhausen (Saarland) statt. Thematisch schlug es den Bogen zu zwei vorausgegangenen Kolloquien, nämlich zu »Säkularisierung und die Weltreligionen« (2006) und »Die kulturellen Werte Europas« (2004), deren Beiträge ebenfalls im Fischer Verlag erschienen sind. Seit Sommer 2008 liegt zudem »Die kulturellen Werte Europas« in englischer Übersetzung bei Liverpool University Press vor.

Unter inhaltlich-konzeptioneller Federführung von Friedrich Wilhelm Graf (Universität München), der als Vortragender bereits am Kolloquium »Säkularisierung und die Weltreligionen« mitwirkte, bat die Stiftung »Forum für Verantwortung« international renommierte Theologen, Althistoriker und Philologen, das Thema interdisziplinär zu beleuchten und den aktuellen Forschungsstand einem interessierten, aus allen Bereichen der Gesellschaft zusammengesetzten Zuhörerkreis verständlich darzustellen. Die engagierte und zum Teil sehr persönliche Beteiligung des mit rund 150 Teilnehmern besetzten Auditoriums an den sich an die Vorträge anschließenden Diskussionen, und dies ungebrochen über die Dauer von sechs Tagen, bestärkt uns im erprobten Konzept der interdisziplinären Annäherung an ein zentrales Thema und der gemeinsamen, zeitlich breit angelegten intensiven Diskussionsmöglichkeit für Vortragende und Teilnehmerkreis. Für die Offenheit und das Engagement der Vortragenden über den jeweiligen Fachvortrag hinaus sei an dieser Stelle noch einmal herzlich gedankt.

Alle beim Kolloquium gehaltenen Vorträge sind in dem vorliegenden Band versammelt, um sie über den engeren Kreis der Kolloquiumsteilnehmer hinaus einem breiteren Publikum zugänglich zu machen. Leider muss auch diesmal aus Platzgründen auf die Dokumentation der aufschlußreichen Diskussionsbeiträge sowie der von Friedrich Wilhelm Graf moderierten abschließenden Podiumsdiskussion »Die Bedeutung der Alten Kirche für die Christentümer der europäischen Gegenwartsmoderne« verzichtet werden. Die Diskussionsbeiträge sind jedoch insoweit in die vorliegende Publikation eingeflossen, als die Autoren zahlreiche Anregungen aus der Diskussion aufgenommen und ihre ursprünglichen Vortragsmanuskripte für die Drucklegung überarbeitet haben.

Für die auch diesmal nicht einfache Lektoratsarbeit bedanken wir uns herzlich bei Eva Köster vom S. Fischer Verlag, der uns für inzwischen sieben Kolloquiumsbände der Reihe »Forum für Verantwortung« ein verlegerisches Zuhause gibt.

München und Seeheim-Jugenheim, im September 2008

Friedrich Wilhelm Graf

Einleitung

Unter den großen Religionen der Welt ist das Christentum die mit Abstand größte. Circa 2,1 Milliarden Menschen bekennen sich derzeit als Christen, gefolgt von 1,5 Milliarden Muslimen, 900 Millionen Hindus und knapp 400 Millionen Anhängern traditioneller chinesischer Religionen. In aller Regel gilt als Christ, wer eine christliche Taufe empfangen hat und den gekreuzigten Juden Jesus von Nazareth als den Christus »bekennt« – was auch immer dieses Christusbekenntnis im Einzelnen bedeuten mag. In unserer Alltagssprache bezeichnet der Begriff Christentum die Gesamtheit all jener Konfessionskirchen und religiösen Gruppen, Gemeinschaften und Bewegungen, die sich selbst auf Jesus von Nazareth und die ihm nach seinem Kreuzestod von seinen »Jüngern« oder Anhängern entgegengebrachte Verehrung zurückführen. Doch so klar und einfach der Christentumsbegriff zunächst scheint, so komplex ist das mit ihm gemeinte religionsgeschichtliche Phänomen: die nun bald zweitausendjährige Überlieferungsgeschichte des frommen Glaubens an Jesus von Nazareth als den göttlichen Erlöser der sündigen Menschheit.

Der christlichen Theologie ist der Begriff Christentum zunächst fremd. Zwar finden sich der griechische Begriff *christianismos* und dessen Latinisierung zu *christianismus* und *christia-*

nitas vereinzelt schon bei einigen Kirchenvätern, den großen Theologen der Alten Kirche: *christianismos* ist erstmals im frühen zweiten Jahrhundert in den sog. »Ignatiusbriefen«, also bei Ignatius von Antiochien, belegt, um die spezifisch christliche Glaubenshaltung und Lebensführung von Glaube und Lebensweise der Juden abzugrenzen. Aus dem vierten Jahrhundert ist dann das lateininische *christianitas* überliefert. Im Deutschen lassen sich die Begriffe Christentum und Christenheit seit spätestens dem 12. Jahrhundert nachweisen, etwa bei Walter von der Vogelweide. Im 16. Jahrhundert verwenden einige Humanisten und Theologen der reformatorischen Protestbewegungen *christianismus* zur Kennzeichnung des persönlichen Glaubens der Frommen im Unterschied zum Dogma, dem Lehrsystem der Kirche. In der Erbauungsliteratur des deutschen Pietismus spielt der Christentumsbegriff seit den chie bis 1610 erschienenen weitverbreiteten *Vier Büchern vom wahren Christentum* des Braunschweiger Pastors Johann Arndt (1555–1621) eine prominente Rolle. Innerhalb der akademischen Theologie setzt sich der Begriff erst vergleichsweise spät, im 18. Jahrhundert, durch, im Zusammenhang einer intensiven und höchst kontrovers geführten Debatte über »Das Wesen des Christentums«. Diese sogenannte Wesens-Debatte dient dem Interesse, in der reichen, bunten und widersprüchlichen Vielfalt christlicher Kirchen, Glaubensbewegungen und auch Sekten Gemeinsames, Verbindendes zu identifizieren. Das ist sehr viel schwieriger, voraussetzungsreicher als oft gesehen wird. Denn genau genommen gibt es *das* Christentum nur in Gestalt ganz unterschiedlicher, einander vielfältig widerstreitender Christentümer. Christliche Konfessionskirchen sind nicht alle gleich, sondern unterscheiden sich in Lehre, Ritus, Ethik und gelebter Frömmigkeit oder, so der ursprünglich römisch-katholische Begriff, Spiritualität. Sehr früh schon traten neben die aus dem Judentum kommenden Christusgläubigen die vor allem von hellenistischer Kultur geprägten sogenannten Heidenchristen, die insbesondere vom äußerst missionseifrigen Apostel Paulus, dem ursprünglich jüdischen, wohl um 36 n. Chr. konvertierten Saulus von Tarsus, gewonnen worden waren. Kaum war Jesus gekreuzigt, kam es in den jungen Gemeinden sehr schnell zum Streit darüber, welche Glaubenshaltung und Lebensformen denn für Menschen angemessen seien, die den Gekreuzigten als den Christus bekennen; die im Neuen Testament gesammelten Texte – die vier Evangelien, die Apostelgeschichte, die diversen Briefe und die Johannesoffenbarung – bieten ganz unterschiedliche theologische Entwürfe und spiegeln harte Konflikte über rechten Glauben und gebotene Lebensführung der Christusgläubigen. Hohe Vielfalt christlich religiöser Erfahrungen ist keineswegs erst ein modernes Phänomen, sondern prägt schon die Anfänge christlicher Gemeindebildung und die Alte Kirche.

Eng verknüpft mit der Wesens-Debatte sind spannende Auseinandersetzungen über Anfang und Frühgeschichte des Christentums. Am 11. März 1832, im letzten Gespräch mit seinem getreuen Eckermann kurz vor seinem Tode, hat kein Geringerer als Johann Wolfgang von Goethe erklärt: »Wir wissen gar nicht [...], was wir Luther und der Reformation im allgemeinen alles zu danken haben. Wir sind frei geworden von den Fesseln geistiger Borniertheit, wir sind infolge unserer fortwährenden Kultur fähig geworden, zur Quelle zurückzukehren und das Christentum in seiner Reinheit zu fassen«. Dieses Motiv, die Suche nach dem reinen Ursprung als dem authentischen, noch kirchlich unverfälschten Christentum, prägt seit den reformatorischen Protestbewegungen des 16. Jahrhunderts entscheidend auch den akademischen Diskurs, im protestantischen Deutschland naturgemäß stärker als im römisch-katholischen. Früh schon stand dabei die Frage im Vordergrund, wie sich Jesu Predigt vom bald kommenden Gottesreich und sein heilendes Handeln zur späteren Christusbotschaft der christlichen Kirche verhält. Jesus von Nazareth war Jude, und seine ersten Anhänger verstanden sich als reformorientierte jüdische Fromme. Wie läßt sich der Weg von Jesu öffentlichem Wirken zur Verkündung der Heilsbedeutung des Todes Jesu Christi durch die christliche Gemeinde deuten? Lassen sich zwischen verkündigendem Jesus und verkündigtem Christus Kontinuitäten beobachten? Darüber gibt es bis heute viel Streit. Albert Schweitzer hat in einer schnell berühmten *Geschichte der Leben-Jesu-Forschung* (1906) gezeigt, wie seit dem 18. Jahrhundert christliche Theologen und Historiker Bilder von Jesus zeichneten, die viel mehr über die Jesus-Deuter und ihr Weltbild aussagten als über den »historischen Jesus« selbst. »Der Herr Jesus« war und ist bis in die unmittelbare Gegenwart hinein eine ideale Projektionsfläche für die Wünsche, Sehnsüchte, Hoffnungen und Erlösungsvisionen von Frommen ganz unterschiedlicher Couleur. Alle möglichen Akteure nehmen Jesus für ihre sozialen Zwecke oder politischen Erneuerungsprozesse in Anspruch, immer im subjektiv gut gemeinten Glauben, nur der wahren, eigentlichen Intention Jesu zu entsprechen. Aber die Jesus-Gestalt erscheint trotz aller hoch differenzierten exegetischen Forschung bleibend fremd und rätselhaft. Und auch die Übergänge zwischen jüdischen Reformgruppen und frühchristlichen Kreisen waren bis ins dritte Jahrhundert hinein fließend. Heutige Vorstellungen von den Juden hier und den Christen dort werden der schillernden Vielfalt dichter Austauschprozesse und den hybriden Distinktionsgrenzen nicht gerecht.

Oft wird übersehen, daß sich kritische Bibelforschung mit genuin religiösen Impulsen verband: Die Konzentration auf das befreiende Wort Gottes, wie sie – im Sinne des *sola scriptura* – für die verschiedenen Protestantismen kennzeichnend war, förderte eine neue Aufmerksamkeit auf den biblischen Text, die schnell auch Brüche, Widersprüche, Ambivalenzen und überhaupt Unklares entdecken ließ. Man war davon fasziniert, daß die Evangelien, vor allem die drei synoptischen Evangelien des Matthäus, Markus und Lukas, vielfältige Gemeinsamkeiten, etwa identische Formulierungen, aufweisen, die auf direkte literarische Abhängigkeiten schließen lassen. Aber man nahm irritiert auch die vielen Dissonanzen in und zwischen den Evangelien wahr. Ist Jesus tatsächlich von Johannes dem Täufer im Jordan getauft worden? Wann genau ist er gestorben, am 14. oder 15. Nisan? Und erschien der Auferstandene zunächst Petrus oder aber den Frauen? In den neutestamentlichen Texten finden sich zu diesen und anderen Fragen unterschiedliche Antworten – und gerade dies weckte die gelehrte Neugier nicht nur der christlichen Exegeten, der Schriftspezialisten, sondern auch zahlreicher Kritiker des kirchlichen Christentums außerhalb der theologischen Fakultäten.

Die Auseinandersetzungen um die Regensburger Rede Papst Benedikts XVI. waren angesichts der Proteste vieler Muslime auf das Verhältnis von Christentum und Islam fokussiert. Mindestens ebenso große Beachtung verdient aber auch das Bild der Christentumsgeschichte, das der Papst hier zeichnete: Emphatisch verteidigte er die »Hellenisierung« des Christentums. Die »Berührung« des frühen Christentums, so der Papst, mit dem »griechischen Geist« habe zu einer Grundentscheidung geführt: Der »Zusammenhang des Glaubens mit dem Suchen der menschlichen Vernunft« gehöre seitdem konstitutiv zum christlichen Glauben. Die römisch-hellenistische Antike als Zeit der Gestaltwerdung der christlichen Kirche erhält damit den Rang einer unverzichtbaren, konstitutiven Phase. Die päpstliche Rede betrachtet das kulturelle und geistige Umfeld des frühen Christentums nicht als historisch zufällig, sondern räumt ihm bleibende religionspolitische Relevanz ein.

Kultur, Politik und Religion des Römischen Weltreichs bestimmen in den ersten Jahrhunderten bis in die Details den Handlungshorizont der christlichen Gemeinden (Hartmut Leppin). Bereits das vorchristliche Judentum stand vor der Aufgabe, die eigene starke religiös-ethnische Identität mit einer pragmatischen Akzeptanz der römischen Herrschaft zu vereinbaren (Jan Christian Gertz). Für die heutige Forschung steht es außer Zweifel, daß sich die allerersten Christen dezidiert als Juden verstanden. Die daran anschließende literarische und theologische Formierung des Urchristentums brachte einerseits eine Selbstverortung als nunmehr eigenständige Religionsbewegung in der hellenistisch-römischen Öffentlichkeit mit sich, andererseits den langwierigen und nicht konfliktfreien Prozeß der Ablösung vom jüdischen Nährboden (Udo Schnelle). Vor diesem Hintergrund wird verständlich, daß die ersten Christen Gestalt und Botschaft des Jesus von Nazareth erst allmählich als Ausgangspunkt einer eigenen christlichen Religion begreifen konnten (Annette Merz). Paradigmatisch stehen für diesen Prozeß die Verkündigung und Biographie der beiden bekanntesten Apostel: Petrus und Paulus (Thomas Söding). Am entschiedensten trug Paulus zur überregionalen Ausbreitung des christlichen Evangeliums bei, indem er sich – darin Vorbild für weitere urchristliche Theologen – konsequent der Möglichkeit literarischer Kommunikation bediente (Oda Wischmeyer). Bald trat neben drängende Fragen der Gemeindeleitung und der christlichen Lebensführung die Notwendigkeit, um die Gestalt Jesus von Nazareth herum eine spezifisch christliche Erinnerungskultur auszubilden. Dazu wurden schriftliche und mündliche Überlieferungen aus divergierenden Traditionen in der neu gebildeten Erzählgattung »Evangelium« zusammengefaßt (Hans-Josef Klauck). Dennoch entwerfen die Schriftsteller unter den frühen Christen durchaus konkurrierende Bilder christlichen Lebens: Die Wahl unterschiedlicher Gattungen, die mit divergenten Traditionsbeständen gefüllt sind und sich an jeweils andere Leserkreise wenden, lassen auf eine Pluralität christlicher Lebensformen am Rand der antiken Gesellschaft schließen (Reinhard Feldmeyer). Der bis heute maßgebliche Schritt zu einem theologisch ausgleichenden Mehrheitschristentum und einem kirchlichen *common sense* war die Verständigung über einen festen Kanon normativer Schriften (Neues Testament) als Ergänzung der nach wie vor geltenden heiligen Schrift, der jüdischen Bibel bzw. nun des »Alten Testaments« (Andreas Lindemann).

Das wachsende Selbstbewußtsein einer nach Autarkie strebenden christlichen Kirchenorganisation geriet in immer stärkere Konflikte mit der Staatsgewalt, die sich nicht scheute, an beharrlichen Bekennern des christlichen Glaubens Exempel zu statuieren – diese wurden von der Kirche zu Märtyrern christlichen Glaubensgehorsams stilisiert (Hans Reinhard Seeliger). Die politisch drängende Frage lautete: Konnte die klassische römische Vorstellung akzeptabler Religion, nach der alle offiziell akzeptierten religiösen Kulte der *salus publica*, der öffentlichen Wohlfahrt, dienen mussten, auch auf das Christentum übertragen werden? (Hubert Cancik) – Eher als in die politische Kultur lernte die junge christliche Religion sich in die intellektuellen Standards der Zeit einzufügen: Was frühchristliche Theologen seit dem zweiten Jahrhundert an Übersetzungsarbeit zwischen urchristlichen Glaubensvorstellungen und hellenistischer Bildung geleistet hatten, wurde auf den großen Konzilien des vierten und fünften Jahrhunderts für die gesamte Christenheit in Ost und West in Glaubensformeln festgeschrieben (Christoph Markschies). Neben die Ausformulierung der kanonischen Bekenntnisse trat die Legitimation starker kirchlicher Institutionen. Der nordafrikanische Bischof Aurelius Augustinus verstand es wie kein zweiter, die intellektuellen Ansprüche des religionsmündigen Individuums mit einem umfassenden Zugriff der Kirche auf das individuelle religiöse Leben nicht nur auszusöhnen, sondern durch die Hilfestellung der Institution sogar eine Vertiefung religiöser Subjektivität in Aussicht zu stellen (Roland Kany). Das spannungsgeladene und in sich durchaus abgründige Denken des Augustinus steht damit exemplarisch für diejenigen Geschichtskräfte, die durch die christlichen Kirchen an das werdende Europa weitergegeben worden sind (Kurt Flasch).

Die ältere Kirchengeschichtsschreibung hatte oft Bilder eines ursprünglichen, reinen Urchristentums in Palästina gemalt, von dem sie dann ein stärker durch hellenistischen Geist geprägtes späteres Christentum der Vielen ebenso wie ein seit der sogenannten Konstantinischen Wende – dem Zeitraum von der Mailänder Vereinbarung des Jahres 313 bis zum Drei-Kaiser-Edikt von 380 –, mit der das Christentum zur Staatsreligion des Römischen Reiches aufstieg, ein vulgärreligiös flaches »Kultur- und Konjunkturchristentum« (Hans Freiherr von Campenhausen) der Massen abgrenzte. Der Tübinger protestantische Kirchenhistoriker Ferdinand Christian Baur (1792–1860) deutete die Spannungen zwischen Judenchristen einerseits und Heidenchristen andererseits als den Schlüssel zum Verständnis der gesamten Christentumsgeschichte, in der die ursprünglichen Gegensätze zwar immer neu überbrückt, vermittelt worden seien, aber in jeder dieser Synthesen bald wieder die bleibende Wirkkraft der anfänglichen Spannungen sichtbar geblieben und der alte Konflikt neu aufgebrochen sei: Dauerkonflikt als Dynamisierungselement und welthistorischer Erfolgsfaktor. Der stark von Baur geprägte, in Basel lehrende geniale Neutestamentler und Patristiker Franz Overbeck (1837–1905), der engste Freund des nicht minder genialen Pastorensohns und Christentumskritikers Friedrich Nietzsche (1844–1900), konstruierte demgegenüber einen unaufhebbaren Gegensatz zwischen dem reinen, wahren Urchristentum, einem Christentum radikal eschatologischer Weltverneinung (oder Weltablehnung und auch Weltflucht), und allen späteren Christentümern, die er durch falsche Kompromisse mit »der Welt«, etwa den politischen Machthabern, den sozialen Eliten, überhaupt der Kultur bestimmt sah. Overbeck schrieb Christentumsgeschichte deshalb als dramatische Verfallsgeschichte, und was andere als welthistorischen Aufstieg einer kleinen palästinischen Jesus-Sekte zur Staatsreligion des Römischen Reiches und schließlich zur größten Weltreligion feierten, also eine beispiellose Erfolgsgeschichte, war in der Sicht Overbecks nur Niedergang und fauler Kompromiß.

In der Frühen Neuzeit hatten Historiker den Aufstieg des Christentums zur Staatsreligion gern mit der Glaubensstärke der Märtyrer und der Liebestätigkeit der christlichen Gemeinden erklärt. Der Kirchenlehrer und Ordensgründer Alfons Maria de Liguori (1696–1787) bündelte diese Geschichtsperspektive 1775 dann im Buchtitel *Die Siege der heiligen Märtyrer!*. Der englische Historiker Edward Gibbon (1737–1794) versuchte in seiner berühmten *History of the Decline and Fall of the Roman Empire* dann aber zu zeigen, daß die Kirchenväter das Martyrium der Christen dramatisch übertrieben hätten und sich in ihren Streitigkeiten mehr Christen wechselseitig umgebracht hätten als von den römischen Behörden je verfolgt wurden. Seine provokanten Thesen bewirkten viel Streit über das Verhältnis von untergehendem römischen Reich und sich durchsetzendem Christentum. Der Berliner kulturprotestantische Kirchenhistoriker Adolf von Harnack nannte in seinem Klassiker *Die Mission und die Ausbreitung des Christentums in den ersten drei Jahrhunderten* (1902) ein ganzes Bündel von Faktoren für den »Sieg« des christlichen Monotheismus über die heidnische Vielgötterei. Die moderne, entscheidend in Chicago entwickelte Religionsökonomie hat schließlich mit ökonomischen Konzepten »The Rise of Christianity« zu rekonstruieren versucht. Oft werden die Missionserfolge der Christen darauf zurückgeführt, daß sie – gemeindlich ebenso wie auf übergemeindlicher Ebene – ein dichtes Sozialgefüge bildeten und engmaschige Netzwerke gelebter Religiosität knüpften: christliche Nächstenliebe, diakonische Wohltätigkeit als Erfolgsfaktor.

Der bekannte Althistoriker Glenn Most aus Pisa hält die starke Institutionalisierung, sowohl in den Gemeinden als auch auf übergemeindlicher Ebene, für einen bestimmenden Grundzug des frühen Christentums, das den Bedürfnissen ganz unterschiedlicher Menschen entgegengekommen sei. Im Unterschied zu den vielen paganen Religionen, die vom Staate finanziert wurden, bauten die Christen ein autonomes Finanzierungssystem auf, das ihnen hohe Unabhängigkeit ebenso wie effektive Ressourcenallokation sicherte.

Andere, wie etwa der Münchner Patristiker Roland Kany, sehen hingegen in der engen Verknüpfung von Religiösem und Ethischem einen entscheidenden Faktor der Durchsetzung des Christentums. Im christlichen Glauben und im Alltagsleben der Gemeinden seien überkommene soziale Grenzen überbrückt worden, etwa die patriarchalische Abwertung der Frauen gegenüber den Männern oder die Unterscheidungen von Jude und Grieche oder Herr und Sklave. Auch habe die neutestamentliche Botschaft von der Auferstehung Jesu von Nazareth und der kommenden endzeitlichen Auferstehung aller Erlösten in ganz neuartiger Sinnintensität eine umfassende, wer mag: »ganzheitliche« Sicht auf den Gang der Geschichte von Mensch und Welt und zugleich auf das letzte Ziel des eigenen Lebens eröffnet. In der Tat werden in den Debatten über die Durchsetzung des Christentums genuin religiöse Wirkkräfte und die religionskulturelle Wirkungsmacht theologischer Ideen oft unterschätzt. Jesus selbst hat keine Texte hinterlassen, und man muss dies wohl als einen Glücksfall deuten: Texte in eigener Sache hätten niemals jene Wirkmächtigkeit entfalten können, wie die zunächst mündlich, dann schriftlich tradierten Erzählstoffe der Evangelien. Die Evangelien sind literarisch faszinierende Texte, die durch wunderbare Gleichnisse und prägnante Sätze die Hörenden zur Jesus-Nachfolge geradezu einladen. Die Jesus-Gestalt gewinnt hier hohe Anschaulichkeit, und der hörende Mitvollzug der letzten Tage und Stunden des zum Tode Verurteilten erzeugt eine seltene Emotionsdichte; die Christen machen nun Gefühle öffentlich kommunizierbar, die bis dahin nicht artikuliert werden konnten.

Im Kern der christlichen Botschaft stehen elementare Paradoxa: Der wahre Gott ist wahrhaft Mensch geworden. Oder: Im Tod ist das Leben. Den Armen gehört das Himmelreich. Und der Gottessohn am Kreuz bekundet in der Todesstunde verzweifelt seine Gottverlassenheit. Der biblische Vatergott kann als Schöpfergott zugleich als ein mächtiger Schlachtengott wirken und nimmt doch zugleich Knechtsgestalt an. Reinhard Seeliger, Inhaber des Lehrstuhls für Alte Kirchengeschichte, Patrologie und Christliche Archäologie an der Katholisch-Theologischen Fakultät der Universität Tübingen, erkennt gerade diesen Paradoxa einen hohe Wirkkraft zu. Sie provozieren Reflexion und stimulieren Assoziationskraft. An ihnen kann sich gelehrter Streit über das jeweils Gemeinte ebenso entzünden wie individuelle Heilsgewissheit.

So vielschichtig das Neue Testament, so plural sind bis heute die Perspektiven, in denen christliche Theologen gemeinsam mit jüdischen Gelehrten seine Texte auslegen und vergegenwärtigen. Trotz des Eigensinns historisch distanzierter Forschung und einer streng historisch-kritischen Deutung geht es um konfessorische Texte, die zur je eigenen, existentiellen Stellungnahme einladen und im Hören auf Gottes Wort Glauben wecken wollen. Hier sind starke Momente des Subjektiven unvermeidlich. Auch die meisten überlieferten Schriftquellen aus den ersten vier Jahrhunderten des Christentums sind Glaubenstexte, geschrieben zur theologischen Stärkung und Verteidigung des neuen Glaubens und in missionarischer Absicht. In allem Fortschritt der Wissenschaft bleiben doch elementare Grenzen des Wissenkönnens unüberschreitbar. Und alle intellektuelle Brillianz prominenter Neutestamentler und Historiker vom Range eines Adolf von Harnack, Rudolf Bultmann, Hans Freiherr von Campenhausen, Henry Chadwick und Peter Brown kann nicht darüber hinwegtäuschen, daß ganz zentrale Fragen zu Entstehung und Ausbreitung des Christentums, besser: der diversen frühen Christentümer, ungeklärt sind und sich, nicht zuletzt aus Mangel an Quellen, bestenfalls hypothetisch, mit methodenstrenger Behutsamkeit werden beantworten lassen. Immerhin: Die Gelehrten wissen überraschend viel oder behaupten zumindest, Fundamentales inzwischen genau erkundet zu haben und mit großer Wahrscheinlichkeit (oder gar Gewißheit) vertreten zu können. Dabei zeigen sich freilich signifikante Unterschiede zwischen den einzelnen Disziplinen. Die Althistoriker, in diesem Band vertreten durch Hubert Cancik und Hartmut Leppin, und ein kirchenkritischer Philosoph wie Kurt Flasch verwenden oft ganze andere Begriffe als die Gottesgelehrten, und sie argumentieren auch zumeist sehr viel behutsamer und distanzbemühter als ihre

Kollegen aus den Theologischen Fakuläten, die häufig zu einer identifkatorischen Hermeneutik neigen und ihre Hypothesen allzu schnell als historische Tatsachen preisen. Solche Unterschiede der Denkstile spiegelt auch dieser Band. Aber das ist kein Schaden, sondern ein Vorzug. Denn irgendein definitiv gesichertes, abschließendes Bild der ersten vier Jahrhunderte des Christentums läßt sich seriös nicht erstellen.

Annette Merz

Der historische Jesus – faszinierend und unverzichtbar

1 Die bleibende Notwendigkeit der Frage nach dem historischen Jesus

Am Anfang der Geschichte des Christentums steht eine historische Gestalt, Jesus von Nazareth. Ein direkter Zugang zu dieser Gestalt ist nicht möglich, Jesus begegnet immer vermittelt durch die Jesusbilder der frühchristlichen Quellen, die teilweise nicht unwesentlich voneinander abweichen. Prinzipiell unterscheidet sich Jesus darin nicht von anderen bedeutenden Persönlichkeiten der Antike, von denen die Quellen ebenfalls kein einheitliches Bild zeichnen. Die historische Jesusforschung bemüht sich, durch kritische Untersuchung der Quellen ein historisch so adäquat wie mögliches Bild von Jesus herauszuarbeiten. Die Sinnhaftigkeit dieser historischen Rückfrage nach Jesus wird jedoch gegenwärtig von manchen Wissenschaftlern mit Fragezeichen versehen, daher ist es nötig, meinen Beitrag zu beginnen mit einigen Überlegungen dazu, warum ich es immer noch für legitim und sogar für theologisch unabdingbar halte, nach dem historischen Jesus zu fragen. Bevor dies in 1.2–1.4 geschieht, ist ein kurzer Blick auf die wechselvolle Geschichte der Leben-Jesu-Forschung hilfreich, da diese den Hintergrund der gegenwärtigen Diskussionen bildet.[1]

---

[1] Für eine ausführlichere Übersicht sei verwiesen auf G. Theißen/A. Merz, *Der historische Jesus. Ein Lehrbuch*, Göttingen ³2001, S. 21–33.

1.1 Kurzer Blick auf die Geschichte der Leben-Jesu-Forschung und die zunehmende Konzentration auf den »erinnerten Jesus«

Die moderne Jesusforschung begann in der Aufklärung und ist unlöslich verbunden mit dem Hamburger Professor für orientalische Sprachen Hermann Samuel Reimarus (1694–1768). Dieser erkannte als erster, daß zwischen der ursprünglichen Botschaft Jesu und der Form, in der diese von den Aposteln weitergegeben wurde, unterschieden werden muß, und er stellte nachdrücklich den politischen Charakter der Reich Gottes Botschaft Jesu heraus. Ein weiterer Meilenstein wurde mit dem Werk des Baur-Schülers David Friedrich Strauss (1808–1874) gesetzt, der nachwies, daß die Erzählungen der Evangelien durchdrungen sind von religiöser Phantasie und Poesie, die Jesus mit alttestamentlichen und sonstigen aus der Religionsgeschichte bekannten übermenschlichen Zügen ausstattet. Strauss spricht mit den Kategorien der alttestamentlichen Forschung seiner Zeit vom »Mythos«, von der »absichtslos dichtenden Sage«. Damit wurden die rationalistischen Versuche, die in den Evangelien beschriebenen Wunder Jesu irgendwie natürlich zu erklären, unnötig, man erkannte, daß hier eine verbreitete religiöse Sprachform verwendet wurde. Nachdem die Literarkritik des 19. Jahrhunderts das Markusevangelium und die im Matthäus- und Lukasevangelium verwendete Redenquelle Q als älteste urchristliche Quellen erwiesen hatte, begann die Blüte der liberalen Leben-Jesu-Forschung, die versuchte, Jesus aus den Fesseln kirchlicher Dogmen zu befreien und den christlichen Glauben durch Rückgriff auf die autoritative Persönlichkeit Jesu zu erneuern. Das Scheitern der liberalen Leben-Jesu-Forschung markiert Albert Schweitzers monumentales Werk *Von Reimarus zu Wrede* (1906), das seine epochemachende Wirkung unter dem Titel der 1913 herausgegebenen stark erweiterten zweiten Auflage *Geschichte der Leben-Jesu-Forschung* entfaltete.[2] Schweitzer

---

2 Albert Schweitzer, *Geschichte der Leben-Jesu-Forschung*, Tübingen ^{9}1984.

wies den projektiven Charakter der rekonstruierten Jesusbilder nach, die allesamt die aufgeklärten Persönlichkeitsideale ihrer Verfasser spiegeln. Den Zusammenbruch der liberalen Jesusforschung verstärkte außerdem die im Zuge der formgeschichtlichen Analyse erworbene Erkenntnis, daß bereits die ältesten schriftlichen Quellen (Markus und Q) keine neutralen historischen Berichte, sondern vom christlichen Glauben durchdrungene Glaubensdokumente sind und daß der fragmentarische Charakter der aus undatierbaren Einzeltraditionen bestehenden ältesten mündlichen Jesusüberlieferung keine Rekonstruktion einer Biographie Jesu zuläßt. Nach einer Phase relativen Desinteresses am historischen Jesus gab es im 20. Jahrhundert zwei Neuaufbrüche, »New Quest« und »Third Quest« genannt. Die in der Bultmannschule beheimatete »New Quest« suchte die Verbindung zwischen dem historischen Jesus und dem geglaubten Christus nachzuweisen, indem sie nach einem vorösterlichen Anhalt des Christuskerygmas im Selbstbewußtsein Jesu fragte. Da jedoch als Basis der Rekonstruktion das sogenannte doppelte Differenzkriterium diente, nach dem historisch sein sollte, was sich weder aus dem Judentum noch aus dem Urchristentum ableiten ließ, wiesen die Jesusbilder eine problematische Tendenz zur Entjudaisierung und Dekontextualisierung Jesu auf. Die »Third Quest« ist eine sehr verschiedene Spielarten umfassende Strömung, die teils als Weiterentwicklung, teils als Reaktion darauf zu verstehen ist, man bemühte sich seit den 80er Jahren verstärkt darum, Jesus in seinen historischen Kontext, das palästinische Judentum des 1. Jahrhunderts n. Chr. einzuordnen. Ob wir uns gegenwärtig noch in der »Third Quest« oder schon wieder in einer neuen Phase befinden, mag zukünftiger Beurteilung vorbehalten bleiben. Fakt ist, daß die »Third Quest« – besonders in Amerika – eine Fülle sehr divergierender Rekonstruktionen des historischen Jesus hervorgebracht hat[3] und sich

---

3 Gute Übersichten bieten Marcus J. Borg, *Jesus in Contemporary Scholarship*, Valley Forge 1994 und Ben Witherington III, *The Jesus Quest. The Third Search for the Jew of Nazareth*, Downers Grove, IL ²1997.

angesichts dieses widersprüchlichen Bildes – nicht zuletzt in Deutschland – die kritischen Stimmen häufen, die dafür plädieren, sich auf den »erinnerten Jesus« zu beschränken, der uns in den Quellen entgegentritt.[4] Demgegenüber möchte ich an der Notwendigkeit der Beschäftigung mit dem historischen Jesus festhalten und nenne in den folgenden Abschnitten drei Gründe dafür, die dann auch die Grobgliederung des weiteren Beitrages vorgeben.

1.2 Die theologische Geschichtsschreibung der Evangelien und das aufgeklärte historische Interesse am Menschen Jesus als wirkmächtiger historischer Gestalt

Die etwa 40–50 Jahre nach der Kreuzigung geschriebenen synoptischen Evangelien nach Markus, Matthäus und Lukas, die unsere Hauptquellen zur Rekonstruktion des historischen Jesus darstellen,[5] sind keine faktenorientierter Geschichtsschreibung verpflichteten Dokumente, sondern der Werbung für den christlichen Glauben dienende Schriften von überzeugten Anhängern Jesu. Der erste Satz des ältesten Evangeliums macht das überdeutlich: »Anfang der frohen Botschaft von Jesus, dem Christus (d. h. dem Messias), dem Sohn Gottes.« (Mk 1,1) Der Autor des Markusevangeliums ist vom Glauben an die Gottessohnschaft Jesu durchdrungen und will die Erinnerung an den gekreuzigten und auferstandenen Messias und Gottessohn weitergeben, was zur Folge hat, daß der Glaube an die Auferstehung Jesu und an

---

4 Der 20. Band der *Zeitschrift für Neues Testament* (2/2007) trägt den programmatischen Titel »Der erinnerte Jesus«; vgl. darin Carsten Claußen, »Vom historischen zum erinnerten Jesus. Der erinnerte Jesus als neues Paradigma der Jesusforschung«, in: ZNT 20 (2007), S. 2–17; Christian Strecker, »Der erinnerte Jesus aus kulturwissenschaftlicher Perspektive«, in: ZNT 20 (2007), S. 18–27; Kontroverse Jens Schröter versus James D. G. Dunn, »Der erinnerte Jesus als Begründer des Christentums?«, in: ZNT 20 (2007), S. 47–61.

5 Eine ausgiebige Behandlung des Quellenwertes kanonischer und außerkanonischer, christlicher und nicht-christlicher Quellen für die Jesusforschung ist zu finden in Theißen/Merz, *Jesus* (s. o. Anm. 1), S. 35–95.

seine Zugehörigkeit zur göttlichen Sphäre die im Evangelium verarbeitete Erinnerung an sein Leben durchdrungen und eingefärbt, an manchen Stellen sogar tiefgreifend verändert hat. Man kann sich dies an der modernem Bewußtsein so anstößigen Beschreibung des Seewandels und der Sturmstillungen Jesu verdeutlichen (Mk 6,45–52; 4,35–41). Diese Erzählungen legen von dem Glauben Zeugnis ab, daß Jesus alle todbringenden Mächte überwinden kann. Als Gottes Sohn hat er Anteil an den Attributen Gottes, und dazu gehörte nach altorientalischer Überzeugung die Fähigkeit, über Wellen und Meer zu gebieten, was dichterisch im Alten Testament auch beschrieben wird als Schreiten über die Wogen des Meeres (Hiob 9,8). Seit der Aufklärung sind wir daran gewöhnt, jeder Art von religiösen Geltungsansprüchen und Geschichtsdeutungen, die in den Evangelien auf Schritt und Tritt beggenen, kritisch gegenüberzutreten und in der Rekonstruktion des Gangs der Geschichte auf Basis von kritischer Quellenanalyse nur natürliche Kausalzusammenhänge und Schlüsse auf Basis von analogen Phänomenen gelten zu lassen.[6] Wer mit geschichtswissenschaftlichen Methoden Leben und Botschaft Jesu zu rekonstruieren versucht, betrachtet Jesus als Menschen. Als Menschen zwar, der von seiner Bestimmung tief durchdrungen war und von seinen Anhängern bald als Auferstandener und göttliches Wesen erinnert wurde, der aber in seiner irdischen Existenz unter den für alle Menschen geltenden Bedingungen menschlicher Existenz lebte und wirkte, dessen Überzeugungen eingebunden sind in die Überzeugungswelten seiner Zeit und dessen Wirkungsmöglichkeiten begrenzt wurden durch die in Raum und Zeit geltenden Naturgesetze.[7]

6 Die Basisprinzipien historischer Arbeit (Kritik, Analogie und Korrelation) wurden in unübertroffener Weise beschrieben von Ernst Troeltsch, »Über historische und dogmatische Methode in der Theologie«, in: Ders., *Zur religiösen Lage, Religionsphilosophie und Ethik, Ges. Schriften II*, Tübingen 1913, S. 729–753.
7 Zu den kulturellen Rahmenbedingungen gehörte übrigens damals die Überzeugung, daß Gott und von Gott bemächtigte Menschen Wunder tun können. Als Exorzist und Therapeut übernahm Jesus anerkannte re-

Jesus und die religiöse Bewegung, deren Motor er war, sind als ein historisches Phänomen mit enormen historischen Wirkungen zu beschreiben. Natürlich ist die geschichtswissenschaftliche Diskussionslage heute eine andere als etwa zu Zeiten des Historismus. Wir werden nicht herausfinden können, »wie es wirklich gewesen ist« (Ranke). Die Einsicht, daß jegliche historische Rekonstruktion zugleich auch Konstruktion ist, beeinflußt von unseren Vorannahmen, der gewählten Methodik, dem aktuellen Diskurs, ist unhintergehbar. Wir wissen um die »Fiktionalitätsaura«, die jede historische Rekonstruktion umgibt, und wir wissen, daß die in den Quellen greifbare selektive und gestaltete Erinnerung unseren Erkenntnisbemühungen bestimmte Grenzen setzt (siehe weiter unten 1.5 zur Frage der Kriterien bei der Auswertung der Quellen). Doch bleibt es ein legitimes Anliegen, hinter die theologische Geschichtsschreibung der urchristlichen Autoren zurückzufragen nach der historischen Gestalt, die diese Literatur mit ihrem Wirken inspiriert hat, nach dem *Menschen* Jesus aus Nazareth (s. u. 2.1–6 über Jesus als Mensch in seinen primären Lebensbezügen).

1.3 Die antijüdische Rezeptionsgeschichte Jesu und das dem interreligiösen Dialog verpflichtete Interesse an Jesus dem Juden

Ein zweiter Grund, den ich für die bleibende Wichtigkeit der historischen Jesusforschung anführen möchte, ist die bereits in den Evangelien erkennbar fortgeschrittene antijüdische Rezeptionsgeschichte Jesu. Wer etwa das Matthäusevangelium auf sich wirken lässt, begegnet einem erinnerten Jesus, der den Pharisäern und Schriftgelehrten sein »Wehe« entgegenschleudert und

---

ligiöse Rollen. Bei aller nachösterlichen Überzeichnung sind die diesbezüglichen Traditionen im Kern historisch zuverlässig. Naturwunder (Sturmstillung) und Geschenkwunder (Brotvermehrung) gehören anderen Erzählgattungen an und dienen anderen Erzählzwecken, vgl. dazu ausführlich die Behandlung von Jesus als Wundertäter in Theißen/Merz, *Jesus* (s. o. Anm. 1), S. 256–284.

dessen Blut die Juden vor Pilatus über sich und ihre Kinder herabrufen (Mt 23; 27,25). Die spätere Entwicklung des Christentums als einer eigenständigen, vom Judentum unterschiedenen, ja diesem oft feindselig gegenüberstehenden Religion wird hier in die Geschichte des Anfangs zurückprojiziert. Wir wissen, welche fatalen Folgen der christliche Antijudaismus gehabt hat, und es ist daher historisch, aber auch theologisch unabdingbar, herauszuarbeiten, daß der irdische Jesus zunächst eine innerjüdische Erneuerungsbewegung unter vielen anderen initiiert hat, die nichts anderes zum Ziel hatte, als Israel zu erneuern. Erst in der rückblickenden Perspektive der sich von der Mutterreligion lösenden urchristlichen Gemeinden erscheinen die innerjüdischen Konflikte Jesu als Konflikte mit dem Judentum. In unseren Zeiten, in denen die friedliche Koexistenz der Religionen weltweit eines der dringendsten Probleme darstellt, ist die möglichst unvoreingenommene Beschäftigung mit dem Juden Jesus und der von ihm verkündigten Variante jüdischer Theologie eine Chance für den interreligiösen Dialog (s. u. 3.1–4 über Jesus als Rabbi im Gespräch mit jüdischen Zeitgenossen).

1.4 Die Entradikalisierung und Entpolitisierung Jesu in den Evangelien und das dem gesellschaftlichen Wertediskurs verpflichtete Interesse an Jesu Botschaft

Als die Jesusüberlieferung in die Form der uns heute vorliegenden Evangelien gegossen wurde, hatte sie bereits eine einige Jahrzehnte dauernde Geschichte ihrer innerchristlichen Verwendung hinter sich, den Sprachwandel vom Aramäischen ins Griechische und jedenfalls zum Teil auch den kulturellen Transfer aus dem palästinisch-jüdischen und ländlichen Milieu Jesu und seiner Anhänger in das städtische Milieu griechischsprachiger Jesusgläubiger heidnischer Provenienz, die unter ganz anderen sozialen, ökonomischen und politischen Bedingungen lebten als die ursprünglichen Hörerinnen und Hörer Jesu. Dies hat nachweislich dazu geführt, daß die Botschaft Jesu an die neuen Rezipientenkreise angepaßt wurde. Zwei der deutlich erkennbaren

Tendenzen sind eine gewisse Entradikalisierung und Entpolitisierung der Verkündigung. Beispiele dafür sollen später folgen, hier liegt mir daran, zu betonen, daß es angesichts der Berufung auf »christliche Werte« in allen möglichen gesellschaftlichen Diskursen geboten scheint, den Inhalt und den ursprünglichen historischen Ort von zentralen Jesusüberlieferungen so genau wie möglich zu bestimmen. Dies ist eine historische Aufgabe und nicht zu verwechseln mit dem Versuch, aus einem fundamentalistischen Interesse heraus den ursprünglich jesuanischen Überlieferungen automatisch eine höhere Verpflichtungskraft zusprechen zu wollen. Es wäre allerdings schon viel gewonnen, wenn durch historische Kontextualisierung manche völlig unberechtigte Vereinnahmung Jesu – etwa die für ein bürgerliches Familienideal – aufgebrochen würde (s. u. 4.1–4 über Jesus als Prophet mit einer sozioökonomisch und politisch relevanten Botschaft).

1.5 Der Streit um die Authentizitätskriterien und der historische Jesus als wissenschaftliches Konstrukt

Wie aber gewinnt man aus den Quellen ein historisch verläßliches Bild von Jesus und seiner Botschaft? Zunächst muß man sich rückhaltlos klarmachen: Der irdische Jesus bleibt unzugänglich, der historische Jesus ist immer eine wissenschaftliche Rekonstruktion auf Basis nur lückenhaft zugänglicher und interessebehafteter Quellen. Die Ergebnisse historischer Rekonstruktion basieren immer auf Wahrscheinlichkeitsurteilen. Allerdings variieren die Grade der wissenschaftlich verantwortbar anzugebenden Wahrscheinlichkeit enorm. Während ich z. B. mit 99,9-prozentiger Wahrscheinlichkeit zu behaupten wage, daß ein Prophet aus Nazareth mit Namen Jesus in der Amtszeit des römischen Präfekten Pontius Pilatus in Jerusalem am Kreuz hingerichtet wurde, sind andere Aussagen über ihn weit weniger sicher.

Über die angemessenen Kriterien zur historischen Auswertung der Jesusüberlieferung wird seit langem intensiv diskutiert.⁸ Ich gehe hier von dem andernorts ausführlich begründeten *doppelten Plausibilitätskriterium* aus, das auf allgemein in der Geschichtswissenschaft gehandhabten Kriterien basiert. Es beurteilt Überlieferungen auf ihre Kontext- und ihre Wirkungsplausibilität hin. Bei der *Kontextplausibilität* fragt man, ob eine Information oder Tradition im Kontext des Judentums zur Zeit Jesu plausibel zu verorten ist, aber auch, ob sie innerhalb des jüdischen Kontextes ein eigenes Profil erkennen läßt. Des weiteren wird nach der *Wirkungsgeschichte im Urchristentum* gefragt. Was von Jesu Tun und Reden eine große Wirkung hatte und daher vielfach in verschiedenen Gattungen und Überlieferungskomplexen überliefert ist, kann historisch sein, aber auch »tendenzspröde« Elemente, die der Verehrung Jesu im Urchristentum entgegenstehen und in der Überlieferungsgeschichte eher unterdrückt wurden.

2 Der Mensch Jesus in seinen primären Lebensbezügen

2.1 Keine (Psycho-)biographie

Das Quellenmaterial ermöglicht es nicht, so etwas wie eine Biographie Jesu zu schreiben. Die wenigen seiner Kindheit und Jugend gewidmeten Traditionen sind so deutlich legendarisch und von späteren christologischen Interessen geprägt, daß hier kaum historische Schlußfolgerungen möglich sind. Geboren wurde Jesus wahrscheinlich in Nazareth,⁹ kaum in Bethlehem, der Stadt

---

8 Vgl. dazu Stanley E. Porter, *The Criteria for Authenticity in Historical-Jesus Research. Previous Discussion and New Proposals*, Sheffield 2000; Albrecht Scriba, *Echtheitskriterien in der Jesus-Forschung. Kritische Revision und konstruktiver Neuansatz*, Hamburg 2007. Eine kurze Begründung des hier zugrunde gelegten Kriterienbündels findet sich in Theißen/Merz, *Jesus* (s. o. Anm. 1), S. 96–124, ausführliche Darstellung in: G. Theißen/D. Winter, *Die Kriterienfrage in der Jesusforschung. Vom Differenzkriterium zum Plausibilitätskriterium*, Freiburg (Schweiz)/Göttingen 1997.

9 In Mk 6,1 wird Nazareth Jesu Vaterstadt genannt (vgl. Mk 1,9; Mt 21,11; Lk 4,16), er selbst ist als Nazarener bzw. Nazoräer bekannt (Mk

Davids, dieser Ort gehört, wie die beiden um die jungfräuliche Geburt kreisenden und im Detail sehr unterschiedlichen Erzählungen der lukanischen und matthäischen Vorgeschichte (Lk 1–2; Mt 1–2) zum Repertoire der Legenden um die wunderbare Zeugung und Geburt des Gottessohnes und Messias aus dem Stamm Davids.[10] Es ist historisch nicht verantwortbar, unter diesen klar von Glaubensüberzeugungen beherrschten Erzählungen Reste historisch verlässlicher Erinnerung zu vermuten, etwa Jesus sei ein illegitimes, vaterloses Kind gewesen. Daher ist es auch unmöglich, Aussagen über die Entwicklung Jesu in seiner Kinder- und Jugendzeit zu machen und so etwas wie eine Psychobiographie zu schreiben, auch wenn es hin und wieder versucht wird.[11] Man kommt dem Individuum Jesus von Nazareth am besten nahe, wenn man sich konzentriert auf seinen unmittelbaren Lebenskontext, d. h. Palästina und, noch enger, Galiläa im ersten Jahrhundert, und auf die Beziehungen zu seinen Mitmenschen, sofern diese in den Quellen thematisiert werden. Über den allgemeinen Lebenskontext gibt es umfangreiches, auch nicht-christliches Quellenmaterial, etwa die Texte des jüdischen Historikers Flavius Josephus, und auch archäologisches Material.[12] Wenden wir uns daher zuerst der Heimat Jesu zu.

2.2 Lokalkolorit und Zeitgeschichte: Jesus und die kleine Welt der galiläischen Dorfbewohner unter dem Einfluß imperialer Strukturen und politischer Konflikte

Jesus stammt aus Nazareth, einem kleinen Dorf im südgaliläischen Bergland, und hat fast sein ganzes Leben im kleinen Galiläa und den angrenzenden Gebieten zugebracht. Die weiteste

   1,24; 10,47; 14,67; 16,6; Mt 2,23; 26,71; Lk 18,37; Joh 18,5.7; 19,19 u. ö.), und die Herkunft aus Nazareth bzw. Galiläa wird als Argument gegen seine Messianität von Gegnern angeführt in Joh 1,45 f. und 7,52.
10 Vgl. Theißen/Merz, *Jesus* (s. o. Anm. 1), S. 147–161.
11 Vgl. die vergleichende Besprechung verschiedener Ansätze durch Bas van Os, »Psychological Method and the Historical Jesus: The Contribution of Psychobiography«, in: *HTS* 63,1 (2007), S. 327–346.
12 Trotz des irreführenden Titels lesenswert: John D. Crossan/Jonathan

Reise, von der wir wissen, war die in drei Tagesmärschen zu bewältigende Pilgerreise nach Jerusalem.[13] Am dortigen Tempel wurden die Hauptfeste des Judentums gefeiert, und von erwachsenen Juden wurde erwartet, diese mit einiger Regelmäßigkeit zu besuchen. Wir wissen nicht sicher, ob Jesus abgesehen von dem Besuch in Jerusalem, der mit seiner Kreuzigung endete, zuvor jemals dort gewesen ist, aber es scheint durchaus nicht unwahrscheinlich.

Politisch lagen die Verhältnisse in Palästina zu Lebzeiten Jesu kompliziert.[14] *Judäa* mit seiner Hauptstadt Jerusalem stand seit der Absetzung des Herodessohnes Archelaos 6 n. Chr. unter direkter römischer Verwaltung, die Eliten kooperierten mit der römischen Besatzung, aber vom einfachen Volk wurde die Römerherrschaft und insbesondere die damit verbundene Steuerzahlung an den Kaiser als Widerspruch zum jüdischen Monotheismus empfunden, zum Bekenntnis zum einen und einzigen Gott und Herrscher über Israel. In *Galiläa* herrschten *de facto* auch die Römer, allerdings in Gestalt eines Klientelfürsten von römischen Gnaden, Herodes Antipas. Dieser betrieb wie schon sein Vater Herodes der Große eine zielstrebige Hellenisierungspolitik, mit der er sein Volk an die internationale hellenistische Kultur heranführen und besser ins römische Weltreich integrieren wollte. Er tat dies insbesondere durch den prächtigen Ausbau von Städten, erst baute er die in den Wirren nach dem Tod seines Vaters 4 v. Chr. zerstörte Stadt Sepphoris wieder auf, die

---

L. Reed, *Jesus ausgraben. Zwischen den Texten – hinter den Steinen*, Düsseldorf 2003.

13 Die bei Mt 1,13–15 erwähnte Flucht nach Ägypten ist Legendenbildung auf Basis schriftgelehrter Deduktion (Hos 11,1 in Mt 3,15); a fortiori gilt, daß Spekulationen über einen Aufenthalt in Indien jeglicher Plausibilität entbehren.

14 Vgl. G. Theißen, *Die Jesusbewegung. Sozialgeschichte einer Revolution der Werte*, Gütersloh 2004, S. 131–241 über »Die Krise der Jüdischen Gesellschaft als Mutterboden der Jesusbewegung« und Richard A. Horsley / John S. Hanson, *Bandits, Prophets & Messiahs. Popular Movements in the Time of Jesus*, Harrisburg 1999.

übrigens nur 6 km von Nazareth entfernt liegt. Im Jahr 19 verlegte er die Hauptstadt seines kleinen Reiches an den zentral gelegenen See Genezareth und baute sich dort eine neue Residenzstadt, die er als politisches Loyalitätsbekenntnis benannte nach dem amtierenden römischen Kaiser: Tiberias. Antipas setzte sich rücksichtslos über die religiösen Gefühle seiner Untertanen hinweg, indem er die Stadt über den als unrein geltenden Ruinen eines Friedhofs erbaute (Josephus, Antiquitates 18,36–38). Seinen Palast ließ er mit Tierdarstellungen schmücken, was von der Bevölkerung als krasse und bewußte Verletzung des jüdischen Bilderverbots aufgefaßt wurde und die Landbevölkerung noch Jahrzehnte später zu einem Bildersturm animierte (Josephus, Vita 65 f.). Zwischen der bessergestellten Stadtbevölkerung, die dem romfreundlichen Herrscher ergeben war, oft auch selbst in Administration und Handel von den internationalen imperialen Strukturen profitierte, und der Landbevölkerung gab es strukturell bedingte Konflikte, die ihre Spuren in der Jesusüberlieferung hinterlassen haben. Ich nenne zwei Beispiele: Jesus hat die beiden größten Städte seiner Heimat, Sepphoris und Tiberias, offenbar prinzipiell gemieden, er scheint dort nie gepredigt zu haben, und das muß eine bewußte Entscheidung gewesen sein. Andere im Umfeld Galiläas gelegene heidnische Großstädte hat er ebenfalls nicht betreten. Aus seinem Wirken im dörflichen Umfeld der Stadt Tyrus ist ein bitteres Wort des Landbewohners Jesus gegen eine Städterin überliefert, die sich mit der Bitte um Heilung ihrer schwerkranken Tochter an den jüdischen Exorzisten wandte. Jesus lehnte zunächst ab mit den Worten: »Es ist nicht gut, das Brot der Kinder zu nehmen und es den Hunden vorzuwerfen.« (Mk 7,27). Das ökonomische Ungleichgewicht zwischen der heidnischen Stadt und ihrem bäuerlichen, jüdischen Hinterland spricht sich hier aus – die heidnischen Städter (im Bildwort als Hunde beschimpft) verbrauchen, was auf dem Land produziert wurde, und die jüdischen Produzenten, die »Kinder«, denen das Brot eigentlich gehört, müssen hungern.¹⁵ Dies Jesuswort ist zugleich ein Hinweis auf die Wahrnehmung der wirtschaftlichen Situation durch Jesus, die von großem ökonomischen Ungleichgewicht geprägt war, großer Reichtum konzentrierte sich in den Händen der kleinen Elite, große Bevölkerungsteile waren verarmt und lebten am und selbst unter dem Existenzminimum. Die Jesusbewegung ist eine Unterschichtbewegung, das überwiegende Publikum Jesu bestand aus Menschen, deren Existenz alles andere als sorgenfrei und gesichert war.¹⁶

Die kurz skizzierten Spannungen zwischen Heiden und Juden, Städtern und Landbewohnern, Armen und Reichen, den ungeliebten Besatzern bzw. romtreuen Eliten und der Bevölkerung bilden die Matrix für das Auftreten Jesu und anderer Figuren, die eine religiöse Antwort auf die unbefriedigende Situation

15 Ausführliche Auslegung in G. Theißen, *Lokalkolorit und Zeitgeschichte. Ein Beitrag zur Geschichte der synoptischen Tradition*, Freiburg (Schweiz)/Göttingen ²1992, S. 63–84.
16 Vgl. Ekkehard W. Stegemann/Wolfgang Stegemann, *Urchristliche Sozialgeschichte*, Stuttgart ²1997; Kenneth C. Hanson/Douglas E. Oakman, *Palestine in the Time of Jesus. Social Structures and Social Conflicts*, Minneapolis 1998; Richard A. Horsley, *Galilee. History, Politics, People*, Valley Foge 1995. Das Ausmaß der Armut der Bevölkerungsmehrheit in Galiläa und die Schärfe der sozialen Gegensätze werden in der gegenwärtigen Diskussion verschieden eingeschätzt, was z. T. an der Spärlichkeit verläßlicher Daten liegt, z. T. an der zwangsläufig subjektiven Bewertung der bekannten Daten – damals wie heute. Obwohl ich selber mit den hier genannten Autoren der Meinung bin, daß kein Anlaß besteht, die Situation in Galiläa allzu positiv vom antiken Durchschnitt abzuheben, der von krasser sozialer Ungerechtigkeit und Massenarmut geprägt war, möchte ich das Folgende zu bedenken geben: Selbst wenn diejenigen recht haben sollten, die eine im Vergleich zu anderen Regionen und Zeiten verhältnismäßige Prosperität Galiläas zur Zeit von Antipas und Jesus betonen, bleibt das Faktum zu interpretieren, daß die frühe Jesusüberlieferung sich so intensiv dem Schicksal der Armen, der Bettler, der Hungernden, der (aufgrund von schlechten Lebensbedingungen) Kranken, derer die nichts zum Anziehen haben etc. widmet. In der Wahrnehmung Jesu und seiner Anhänger stehen die vom sozialen System Benachteiligten im Zentrum und ist die Verkündigung der Gottesherrschaft an ihren Bedürfnissen und der Aufhebung des Status quo orientiert.

formulierten. Eine dieser Figuren ist der Mensch, der wohl den größten Einfluß auf Jesus ausgeübt hat, der sein Lehrer genannt zu werden verdient: Johannes der Täufer.

2.3 Jesu Beziehung zu seinem Lehrer: Johannes der Täufer und die Botschaft vom kommenden Zorngericht

Johannes der Täufer war ein apokalyptischer Prophet, der das unmittelbar bevorstehende Gericht Gottes über die sündige Welt ankündigte (Mt 3,7–9.12; Lk 3,7–9.17).[17] Er war aber nicht nur ein Gerichtsprediger, der den Leuten ihre Sünden vorhielt, er verkündigte auch ein einmaliges Gnadenangebot Gottes, das exklusiv durch ihn, Johannes, zu erlangen war, eine »Taufe zur Vergebung der Sünden« (Mk 1,4), ein eschatologisches Sakrament, das in einem unausgesprochenen Gegensatz stand zu den am Tempel beheimateten Sühneriten. Vermutlich hatte Johannes auch eine ethische Botschaft, um den von ihm Getauften Richtlinien an die Hand zu geben, wie sie in der kurzen verbleibenden Zeit noch »Früchte der Buße« (Lk 3,8) bringen konnten. Davon ist allerdings in den Evangelien nicht mehr viel erhalten geblieben, wir können jedoch vermuten, daß etliches von der Lehre des Täufers in Jesu ethischer Lehre aufgegangen ist.[18] Denn Jesus war einer derjenigen, die sich von der Predigt des Täufers überzeugen ließen, er ließ sich von ihm taufen, und vermutlich hat er dabei wie alle anderen zunächst ein Bekenntnis seiner Sünden abgelegt (Mk 1,5). Dies dürfen wir gegen das beredte Schweigen der urchristlichen Texte annehmen, die stark daran interessiert sind, das historisch anzunehmende Verhältnis von Lehrer und Schüler umzuformulieren in eine Beziehung von Vorläufer und Messias, und

---

17 Für eine gründliche Analyse der urchristlichen Traditionen über Johannes siehe Theißen/Merz, *Jesus* (s. o. Anm. 1), S. 184–198.
18 Daß Johannes nicht nur als Gerichtsprediger, sondern auch als Lehrer aufgetreten ist, läßt neben Lk 3,10–14 und Mt 21,32 vor allem das Täuferzeugnis von Josephus in Antiquitates 18,116–119 vermuten. Vgl. Gerd Theißen, »Das Doppelgebot der Liebe. Jüdische Ethik bei Jesus«, in: Ders., *Jesus als historische Gestalt*, Göttingen 2003, S. 57–72.

erzählerisch auf verschiedene Weise das Skandalon abzumildern suchen, das im nicht wegzudeutenden Faktum der Taufe Jesu durch Johannes bestand. Johannes kündigte in der Tat wahrscheinlich eine messianische Richter- und Heilsgestalt an, die er »den Stärkeren« oder »Kommenden« nannte (Mk 1,7; Mt 3,11 f.; Lk 3,16 f.), doch dachte er dabei zunächst nicht an Jesus, wie die Q-Überlieferung von der sogenannten Täuferanfrage noch deutlich zeigt (Mt 11,2–6; Lk 7,18–23).

Jesus ist dem Täufer in seiner Botschaft bleibend verpflichtet und hat sich in einer Reihe von Worten anerkennend über ihn geäußert.[19] Allerdings hat er an der Botschaft des Täufers auch Modifikationen vorgenommen, was auch nötig war, denn das angekündigte Zorngericht Gottes blieb zunächst aus, und der Täufer selbst wurde von Herodes Antipas hingerichtet, dessen jüdischen Gesetzen widersprechende Eheschließung mit der Exfrau seines noch lebenden Bruders er kritisiert hatte (Mk 6,17 ff.; Mt 14,3 f.; Lk 3,19). Jesus trat in seine Fußstapfen, er blieb der apokalyptischen Grundbotschaft des Johannes, der Ansage der verzehrenden Nähe Gottes zu Gericht und Heil treu, er betonte allerdings die sich in der Gegenwart ereignenden heilvollen Zeichen der Gegenwart Gottes stärker.

2.4 Jesu Beziehung zu seiner Familie – Unverständnis und Isolation

Als Jesus aus dem Kreis der Täuferschüler heraustrat als Prophet der Gottesherrschaft, als Wundertäter und als Lehrer, der selbst einen Kreis von Anhängerinnen und Anhängern um sich scharte, war seine Familie, genannt werden seine Mutter und einige Geschwister, nicht begeistert. In einer nur bei Mk 3,21 überlieferten Notiz, die die Seitenreferenten Lk und Mt unterdrückt haben, heißt es, daß sie ihn aufsuchten und von seiner Tätigkeit abbringen wollten, weil sie ihn für verrückt hielten.

---

19 Vgl. Mk 9,9–13; 11, 27–33 par.; Mt 11,7–19/Lk 7,24–35; 16,16; Mt 21,28–32; ThEv 46.

Zumindest zu Beginn seiner Tätigkeit ergab sich also eine Entfremdung Jesu von seiner Familie und seine Trennung von ihr. Auf die Nachricht vom Auftauchen seiner Familie soll Jesus übrigens so reagiert haben, daß er auf die um ihn herum versammelten Hörerinnen und Hörer zeigte und sagte: »Siehe, das sind meine Mutter und meine Brüder und Schwestern.« (Mk 3,34). Es gibt eine ganze Reihe weiterer Jesusworte, die sich derselben Metaphorik bedienen und die Anhängerschaft Jesu als eine Familie bezeichnen, in der diejenigen, die ihre Brüder, Schwestern, Väter, Kinder oder Äcker um Jesu und des Reiches Gottes willen verlassen haben, als Ersatz neue Brüder, Schwestern, Mütter, Kinder und Äcker erhalten; allerdings keine neuen Väter, denn diese Rolle kommt allein Gott zu, weswegen man auch von der »familia Dei« spricht.[20]

2.5 Beziehung zu seinen Anhängerinnen und Anhängern: ein tragfähiges Netzwerk

Jesus hat sich nicht nur selbst – zumindest zeitweise – von seiner Familie getrennt, er hat gleiches auch von den mit ihm herumziehenden Jüngerinnen und Jüngern verlangt. Dieser enorm familienkritische Zug der frühesten Jesustraditionen gehört zu den am häufigsten verschwiegenen, aber unbestreitbar auf Jesus zurückführbaren Kennzeichen. Jesus hat mit dieser radikalen Haltung, die sich z. B. auch in der Forderung widerspiegelt, man müsse Vater und Mutter »hassen«, um sein Jünger sein zu können (Lk 14,26), der damals wichtigsten sozialen Institution, der Großfamilie mit ihrem fast totalen Bestimmungsrecht über den Einzelnen, von dem man sich heutzutage kaum noch eine Vorstellung machen kann, die Legitimität entzogen.[21] An ihre Stelle

---

20 Vgl. z.B. Mk 10,28–30 par.; Mt 23,8–10 und T. Roh, *Die familia dei in den synoptischen Evangelien. Eine redaktions- und sozialgeschichtliche Untersuchung zu einem urchristlichen Bildfeld*, Freiburg (Schweiz)/Göttingen 2001.
21 Vgl. Halvor Moxnes, *Putting Jesus in His Place. A Radical Vision of Household and Kingdom*, Louisville/London 2003.

tritt eine neue soziale Größe, eine fiktive Familie, ein Netzwerk von einander eng verbundenen Mitgliedern einer Bewegung, die sich einer gemeinsamen Aufgabe verpflichtet weiß, der Verkündigung der Nähe des Reiches Gottes. Motor dieser Bewegung war Jesus, und die Vollmacht, mit der er bestehende Institutionen und ihre Repräsentanten anzugreifen wagte, speiste sich aus seiner Beziehung zu Gott und wirkte gegenüber vielen Zeitgenossen offenbar zwingend. Die beste religionswissenschaftliche Kategorie, um dies zu beschreiben, ist immer noch diejenige des Charismatikers, der sich einer besonderen Beziehung zu Gott und seines Auftrags sicher war.[22]

2.6 Jesu Beziehung zu Gott und seinem Auftrag: Theokratie und implizite Christologie

Wir wissen nicht, wann, wie und wo Jesus seine besondere Berufung klarwurde, fest steht, daß er in der Zeit seines öffentlichen Wirkens von der Überzeugung durchdrungen war, in dem, was er tat und predigte, von Gott beauftragt und legitimiert zu sein. Er hat offensichtlich Gottes Nähe und Gottes Anspruch auf das Intensivste erfahren, im Gebet und vermutlich auch in visionären Erlebnissen (Lk 10,18), und hat diese verzehrende und heilbringende Nähe Gottes seinen Zeitgenossen nahegebracht in der Rede von der »nahen«, »angekommenen«, »unter euch anwesenden« Gottesherrschaft (Mk 1,15; Lk 11,20; 17,20 f.). Diese Botschaft von der Nähe, ja dem bereits erfahrbaren Anbruch der ungeteilten Theokratie (Gottesherrschaft) ist eine intensivierte Form des jüdischen Monotheismus in einem apokalyptischen Überzeugungsrahmen, den Jesus mit vielen Zeitgenossen teilte.[23]

---

[22] Die Einführung der Kategorie der charismatischen Herrschaft in die Soziologie geht zurück auf Max Weber, *Wirtschaft und Gesellschaft*, Tübingen ⁵1972, S. 140 f., sie hat sich insbesondere in der Religionssoziologie bewährt.

[23] Vgl. John J. Collins, *The Apocalyptic Imagination: An Introduction to the Matrix of Christianity*, New York 1984; John J. Collins (Hg.), *The*

Besonders schwierig ist die Frage zu beantworten, welche Rolle Jesus sich selbst im eschatologischen Geschehen zuwies und in welchen christologischen Titeln und Vorstellungen er seine Rolle zum Ausdruck brachte.[24] Zunächst ist festzuhalten, daß es im Judentum der Zeitenwende eschatologische Erwartungen in mannigfachen Variationen gab, wobei man zwei Grundformen unterscheiden kann, solche, die alles von Gottes Handeln allein erwarteten, wie sie etwa in der *Assumptio Mosis* zu finden sind, und solche, in denen eine messianische Vermittlergestalt (oder auch deren zwei) eine Rolle im Endgeschehen hatte. Die wichtigsten Rollen, die in diesem Zusammenhang in den Quellen genannt werden, sind diverse *Messias*konzeptionen und die Figur des *Menschensohns* als einer himmlischen Richter- und Herrschergestalt in Auslegung von Daniel 7,13 f., auch *Sohn Gottes* kommt vereinzelt als messianischer Titel vor. Besonders lebendig war im Volk die Erwartung eines königlichen Messias aus dem Geschlecht Davids, der die politische Unabhängigkeit Israels wiederherstellen würde. Jesus wurde mit dieser Messiaserwartung konfrontiert, denn der *titulus crucis* sagt unmißverständlich, daß er als »König der Juden«, d. h. als gescheiterter Messiasprätendent, hingerichtet wurde (Mk 16,26). Aber das bedeutet nach dem Urteil der meisten Jesusforscher nicht, daß Jesus sich selbst als politischen Messias verstanden hat. Die kritische Sichtung der Jesusüberlieferung erweist es als wahrscheinlich, daß Jesus den Messiastitel nicht in Anspruch genommen hat und sich zurückhaltend gegenüber Versuchen seiner Anhänger verhalten hat, ihn als Messias zu bezeichnen. Trotzdem ist sein Selbstbewußtsein als ein messianisches zu fassen, in der ntl. Wissenschaft hat sich dafür der Ausdruck »implizite Christolo-

---

Encyclopedia of Apocalypticism. Vol. 1: The Origins of Apocalypticism in Judaism and Christianity, New York 1999; Dale C. Allison, *Jesus of Nazareth: Millenarian Prophet*, Minneapolis 1998.

24 Vgl. ausführlicher Theißen/Merz, *Jesus* (s. o. Anm. 1), S. 447–492; dort auch weiterführende Literatur zu den diversen messianischen Konzepten im Judentum.

gie« eingebürgert. Jesus war ohne Zweifel von dem Bewußtsein durchdrungen, eine zentrale Rolle in der endzeitlichen Durchsetzung der Gottesherrschaft zu haben. Doch scheint für Jesus charakteristisch, daß er diese Rolle zu einem erheblichen Teil nicht individualistisch, als Einzelkämpfer, gefüllt hat, sondern seinen Jüngerinnen und Jüngern Anteil gegeben hat an seiner messianischen Rolle. Ich will das an zwei Beispielen verdeutlichen.

a) Das *exorzistische Charisma* ist ohne Zweifel enorm wichtig gewesen für die Erfahrung der gegenwärtigen Ausbreitung der Gottesherrschaft. Nach Lk 11,20 brachte Jesus das folgendermaßen auf den Punkt: »Wenn ich mit dem Finger Gottes die Dämonen austreibe, dann ist das Reich Gottes bei euch angelangt.« Doch Jesus gab das exorzistische Charisma an seine Jüngerinnen und Jünger weiter. Wir haben dazu in den sogenannten Aussendungsberichten alte und allgemein als historisch verlässlich eingestufte Zeugnisse (Mk 6,7 ff.; Lk 10,2 ff.). Diesen Texten zufolge sandte Jesus seine Mitstreiter paarweise aus, gab ihnen Macht über die Dämonen und den Auftrag, die Nähe der Gottesherrschaft anzukündigen, zur Umkehr aufzurufen und die Besessenen zu heilen. Auf diese Weise konnten viel mehr Menschen mit der Botschaft bekannt gemacht werden, als es Jesus alleine möglich gewesen wäre. Als der Täufer aus dem Gefängnis heraus durch Boten fragen ließ: »Bist du der kommen soll?« antwortete Jesus: »Geht und verkündet Johannes, was ihr gesehen und gehört habt: Blinde sehen, Lahme gehen, Aussätzige werden rein, Taube hören, Tote stehen auf, Armen wird das Evangelium gepredigt« – dies alles ist nicht in der ersten Person formuliert, so daß es die Tätigkeit der Jesusanhängerinnen und -anhänger mit einschließen kann. Nur der letzte Satz enthält eine ausschließlich auf Jesus zu beziehende Aussage: »und selig ist, wer sich nicht ärgert an mir« (Lk 7,18–23).

b) Ein zweites Beispiel für die Partizipation der Anhänger an der Vollmacht Jesu ist die *Einsetzung der Zwölf*. Daß Jesus innerhalb seiner Anhängerschaft einen engeren Kreis von zwölf Jüngern berufen hat (Mk 3,13–19 par.), gehört nach meiner Einschätzung zu den historisch validen Nachrichten. Die Symbolik ist unmissverständlich, die Zwölf repräsentieren die zwölf Stämme Israels und bringen damit die heilsgeschichtliche Ausrichtung auf Israel als Gottesvolk zum Ausdruck. In der Q-Überlieferung Mt 19,28/Lk 22,28–30 heißt es, die zukünftige Aufgabe der Zwölf sei es, »die zwölf Stämme Israels zu richten« bzw. zu regieren. Jesus hat hier eine der traditionellen Erwartungen an den Messias aufgegriffen. Dieser sollte nach PsSal 17,26 das Volk aus der Zerstreuung sammeln und die Stämme richten. Aber Jesus übertrug diese Aufgabe an die Zwölf, die gewissermaßen ein »messianisches Kollektiv« (G. Theißen) bildeten. Jesus scheint die Messiaserwartung im Sinne eines Gruppenmessianismus umgebildet zu haben.[25] Natürlich ist seine eigene Rolle damit keinesfalls geringer geworden, wer anderen messianische Aufgaben übertragen kann, überschreitet souverän bekannte Rollenerwartungen an den Messias.

Der einzige der messianischen Titel, den Jesus wohl für sich selber in Anspruch genommen hat, ist die Bezeichnung »Menschensohn«.[26] Diese gehörte durch die Prophetie Daniels zum bekannten apokalyptischen Erwartungshorizont (Dan 7,13), aber der Ausdruck hat neben der visionssprachlichen auch noch eine alltagssprachliche Bedeutung, schlicht »Mensch«. Es scheint, daß Jesus von sich selbst mit dem rätselhaften Ausdruck »Menschensohn« gesprochen hat, um auf seinen besonderen Auftrag, der mit Entbehrungen und Anfeindung verbunden war, aufmerksam zu machen (Mt 8,20; 11,18f.; Lk 6,22f.). Man kann weiter vermuten, daß er sich selbst auch als irdischen Re-

---

25 Gerd Theißen, »Gruppenmessianismus. Überlegungen zum Ursprung der Kirche im Jüngerkreis Jesu«, in: Ders., *Jesus als historische Gestalt*, Göttingen 2003, S. 255–282.
26 Die Menschensohnproblematik ist besonders komplex und kann hier nur summarisch besprochen werden. Vgl. ausführlicher Theißen/Merz, *Jesus* (s. o. Anm. 1), S. 470–480.

präsentanten des von ihm als Richter und Retter angekündigten Menschensohns sah (Mk 13,24–27; 14,62; Lk/Q 11,30; 12,40; 17,24), aber Sicherheit ist hier nicht zu erlangen. Nachösterlich wurde jedenfalls der Menschensohntitel benutzt, um alle Aspekte des Wirkens Jesu, sein Auftreten und Leiden auf Erden, seine Auferstehung und seine erwartete Richtertätigkeit zu beschreiben, und dies erklärt sich am leichtesten, wenn Jesus selbst durch emphatischen Gebrauch des Alltagswortes und gleichzeitige Benutzung des Visionsterminus den Ausdruck gleichsam »messianisch« aufgeladen hat.

Ganz bewußt habe ich die Erörterung des messianischen Anspruchs Jesu an den Schluß dieses zweiten Hauptteils unter die Gesamtüberschrift »der Mensch Jesus« gestellt. Es ist offenkundig, daß Jesus ein außergewöhnliches Selbstbewußtsein hatte, er wußte sich als bevollmächtigtes Sprachrohr Gottes, wie viele Propheten in Israel vor ihm. Aber Jesus selbst hätte als Jude, der er war, jeden Versuch, ihm ein irgendwie »einzigartiges« Gottesverhältnis zuzuschreiben, einzigartig in dem Sinn, daß es über die allgemein menschlichen Möglichkeiten der Gotteserfahrung hinausgeht, als blasphemisch zurückgewiesen. Er scheint an diesem Punkt durchaus sensibel gewesen zu sein. Das zeigt die späterer christologischer Überarbeitung relativ unverdächtige Einleitung der Erzählung vom reichen Jüngling. Dieser kommt und fragt Jesus: »Guter Lehrer, was muß ich tun, um das ewige Leben zu erben?« Jesus antwortet mit einer didaktisch motivierten Zurechtweisung: »Was nennst du mich gut? Niemand ist gut als Gott allein.« (Mk 10,17f.). Er weist ihn dann auf die Gebote des Dekalogs und fordert ihn schließlich auf, seinen Besitz zu verkaufen, alles den Armen zu geben und sich der heimatlos umherziehenden Jesusgruppe anzuschließen. Damit sind Themenkreise benannt, die in den folgenden Abschnitten weiter untersucht werden sollen.

3 Jesus als Rabbi im Gespräch mit jüdischen Zeitgenossen

3.1 *Intensivierter Monotheismus, Thoraverschärfung und Thoraentschärfung*

Die mit der Botschaft vom Anbruch des Reiches Gottes verbundene theokratische Grundhaltung, die eine Intensivierung des monotheistischen jüdischen Glaubens darstellt, führte auch zu einer Intensivierung des Ethischen bei Jesus. Wenn der gute Gott so nah ist wie nie, erhöht das die Einsicht in die menschliche Sündhaftigkeit und die Notwendigkeit gottgemäßen Handelns. Jesu Ethik ist zwar nicht ausschließlich, aber über weite Strecken thoragebundene Ethik, daher äußert sich seine ethische Reflexion als Thoraauslegung, die er mit großem Selbstbewußtsein vortrug. Dabei lassen sich zwei einander entgegengesetzte Grundtendenzen unterscheiden, Thoraverschärfung und Thoraentschärfung.

Beispiele für *Thoraverschärfung* sind etwa die Ausweitung des Dekalogverbot des Tötens auf die Beleidigung oder des Ehebruchverbots auf das Verbot begehrlicher Gedanken, die Radikalisierung des Nächstenliebegebots zur Feindesliebe, das generelle Eidverbot und das Ehescheidungs- bzw. richtiger Wiederheiratsverbot.[27] Es sind universale Normen, die Jesus radikalisiert zu haben scheint, mit einer zweifachen Wirkung: Einerseits ist ein solches hochstehendes universales Ethos attraktiv, und so hat es auch nach außen gewirkt und zur Ausbreitung des Christentums beigetragen. Andererseits muß sich angesichts der Unerfüllbarkeit der Gebote jeder vor Gott als sündig erkennen und damit als angewiesen auf die von Jesus stark betonte Vergebungsbereitschaft Gottes. Dies hat nach innen eine integrative Funktion, niemand kann und darf sich über seinen Nächsten erhaben fühlen, die Vergebung Gottes wird explizit an die menschliche Vergebungsbereitschaft gekoppelt (z. B. Mt 6,12; 18,23–35).

---

[27] Vgl. u. a. Mt 5,21 f.27 f.31 f.33–37.

Thoraentschärfung findet sich vor allem im Bereich kultischer und ritueller Gebote, dies betrifft die Sabbatgebote, das Zehntgebot, die Überordnung des Versöhnungsgebotes über das Opfer, die Reinheitsgebote.[28] Rituelle Gebote haben eine Tendenz, auch nach innen schnell ausgrenzend zu wirken, ihre Entschärfung diente daher ebenfalls der Integration marginalisierter Gruppen in Israel. Später erleichterte diese Grundtendenz selbstverständlich die Aufnahme nicht-jüdischer Mitglieder und die sukzessive Aufgabe ritueller Traditionen jüdischer Provenienz.

In den folgenden Abschnitten will ich nun kurz die drei wichtigen religiösen Gruppierungen besprechen, die zur Zeit Jesu leitende jüdische Identitätskonzepte anboten, und Jesus ihnen gegenüber konturieren.

3.2 Jesus und die Pharisäer: einander nahestehende Diskussionspartner

Die Pharisäer sind gegen das von den Evangelien vermittelte Bild wahrscheinlich die Jesus am nächsten stehende Gruppierung.[29] In vielen ethischen Fragen bestand hier Übereinstimmung, auch in der eschatologischen Grundhaltung. Mit den Pharisäern hat Jesus ernsthafte, um Konsens bemühte Auseinandersetzungen geführt etwa über die Reichweite des Liebesgebotes oder die Auslegung des Sabbat- und Reinheitsgebotes. Am wenigsten Übereinstimmung bestand in Fragen ritueller Reinheit, wiewohl Jesus mit seiner Konzeption einer inneren Reinheit Übereinstimmung mit den Zielen der Pharisäer erkennen läßt und wohl kaum die Abschaffung jeglicher Speisegesetze intendierte.

---

28 Vgl. u. a. Mt 5,23 f.; 23,23.25 f.; Mk 2,23–27; 3,1–6; 7,15; Lk 13,10–17; 14,1–6.
29 Vgl. Theißen/Merz, *Jesus* (s. o. Anm. 1), S. 134–138.

3.3 Jesus und die Widerstandsbewegung: Absage an die Gewalt bei geteilter Utopie

Die Widerstandsbewegung, von Josephus als »vierte Philosophie« neben die Pharisäer, Sadduzäer und Essener gestellt, geht auf Judas Galilaios zurück.[30] Dieser begründete im Jahr 6 n. Chr. den Widerstand gegen den Zensus, den der syrische Statthalter Quirinius in Judäa durchführen ließ, als dieser Landesteil unter direkte römische Herrschaft gestellt wurde. Judas vertrat die radikaltheokratische Lehre, daß die Anerkennung römischer Oberherrschaft durch Steuerzahlung an den Kaiser unvereinbar sei mit dem Bekenntnis zum Einen Gott. Er lehrte einen revolutionären Synergismus, ein Zusammenwirken von Gott und Mensch bei der Durchsetzung der Alleinherrschaft Gottes. Wenn die Juden durch aktiven militärischen Widerstand ihre Loyalität Gott gegenüber demonstrierten, dann werde dieser zu ihren Gunsten eingreifen und die Fremdherrscher vertreiben. Josephus liegt wohl richtig in seiner Einschätzung, daß diese einflußreiche Lehre des Judas letztendlich für das unverhältnismäßig große Blutvergießen im jüdischen Krieg verantwortlich zu machen ist, denn die Juden rechneten noch in militärisch aussichtslosester Lage mit dem Eingreifen Gottes zur Rettung des Tempels.

Jesus teilte die Hoffnung der Widerstandsbewegung auf baldige Aufrichtung der Alleinherrschaft Gottes. Aber er erwartete die Durchsetzung der Gottesherrschaft von Gott und lehnte Gewalt als Mittel zu ihrer Durchsetzung strikt ab. Das zeigen die Überlieferungen vom Gewaltverzicht und zur Feindesliebe sehr deutlich (Mt 5,38–48/Lk 6,27–36; vgl. auch Lk 10,5 f.), die angesichts der Diskussionslage als bewußte Stellungnahme zu verstehen sind und keinesfalls eine unpolitische Haltung demonstrieren. Gleiches gilt von der diplomatischen Antwort »Gebt dem Kaiser, was des Kaisers ist, Gott aber, was Gottes ist« (Mk

---

30 Vgl. zu Judas Josephus, Bellum 2,117–118; Antiquitates 18,1–10.23–25 und Theißen/Merz, *Jesus* (s. o. Anm. 1), S. 140 f.

13,17) auf die Frage nach der Rechtmäßigkeit der Steuerzahlung an den Kaiser. Vor dem Hintergrund der skizzierten Bedrohungslage – jede Verweigerung der Steuerzahlung hätte unmittelbares militärisches Eingreifen der Römer zur Folge gehabt – war dies ein gelungener Beitrag zur Deeskalation des Konflikts bei Wahrung der eigenen religiösen Identität. Zudem führt Jesus den Fragestellern ihre eigene Verwicklung in die imperialen Wirtschaftsprozesse nachdrücklich vor Augen, indem er sich von ihnen einen Denar geben ließ und sie selbst das Bild des Kaisers auf der Münze identifizieren mußten.

3.4 Jesus und die Tempelaristokratie: eine todbringende Feindschaft

Es bleibt noch das Verhältnis Jesu zur sadduzäisch dominierten Tempelaristokratie zu erörtern. Die konservative Jerusalemer Priesteraristokratie bildete die Mehrheit im Synhedrium, der einzigen jüdischen Behörde, die noch einen Rest Autonomie bewahrt hatte und den Römern gegenüber verantwortlich war für die Aufrechterhaltung von Ruhe und Ordnung in der Stadt Jerusalem und insbesondere im Tempel, dessen innere Bereiche Nichtjuden nicht betreten durften. Besonders die großen Tempelfeste, bei denen die Stadt von Pilgern überflutet wurde und die religiösen Gefühle leicht hochkochten, waren als kritische Momente bekannt. Der normalerweise in Cäsarea maritima residierende römische Statthalter kam mit extra Verstärkung regelmäßig zu diesen Festen nach Jerusalem, um im Gefahrenfalle schnell eingreifen zu können.

Den Sadduzäern waren alle apokalyptischen Bewegungen, die die bestehende Ordnung als zu überwindende betrachteten, als potentielle Unruhestifter ein Dorn im Auge. Wenn sich eine solche Bewegung dann auch noch gegen die Haupteinnahmequelle der Priesteraristokratie, den Tempel, richtete, durfte sie nicht auf Toleranz hoffen. Jesus nun hat im Vorfeld des Passafestes wahrscheinlich des Jahres 30 mit einer symbolischen Aktion und einer Prophetie gegen den Tempel Aufsehen erregt.[31] Die Einzelheiten sind historisch kaum mehr sicher zu rekonstruieren, anscheinend hat Jesus das Ende des bestehenden Tempels angekündigt und verheißen, Gott werde einen neuen Tempel errichten. Ich halte auch die Nachrichten, daß er sich in einer symbolischen Aktion gegen die Geldwechsler und Opfertierverkäufer auf dem Tempelareal richtete, und seine Bezugnahme auf die Tempelkritik des Jeremia im Vorwurf, der Tempel sei zu einer Räuberhöhle gemacht worden, im Kern für historisch. Aber das ist umstritten. Weithin konsensfähig aber ist die Annahme, daß es die Tempelkritik Jesu gewesen ist, die zu seiner Verhaftung durch das Synhedrium und seine Auslieferung an Pontius Pilatus führte.[32] Dies geschah mit der Absicht, ihn hinrichten zu lassen, denn das Synhedrium hatte nur beschränkte Rechtsbefugnisse, und das *ius gladii*, das Recht, Todesurteile zu verhängen, gehörte nicht dazu. Es kann keinem Zweifel unterliegen, daß Pilatus die volle Freiheit gehabt hätte, den an ihn überstellten Gefangenen freizulassen. Unter dem Statthalter Albinus ist in den 60er Jahren ein vergleichbarer Fall eines Untergangspropheten bekannt, der übrigens auch Jesus hieß. Dieser Jesus, Sohn des Ananias, wurde vom Statthalter nach scharfem Verhör und Folter als wahnsinniger Idiot laufengelassen (Josephus, Bellum 6,300–306) und rief seine verstörende Botschaft noch etliche Jahre von den Mauern Jerusalems herab. Pilatus jedoch ließ Jesus als politischen Unruhestifter hinrichten, als gescheiterten »König der Juden«, flankiert von zwei anonymen Widerstandskämpfern, ein auf Abschreckung zielendes, zynisches Tafereel.[33]

---

31 Die Quellen zeichnen von der sogenannten Tempelreinigung (Mk 11,15–18 par.; Joh 2,13–22) und dem Tempelwort (Mk 14,58; Mt 26,61; Apg 6,14; ThEv 71) kein übereinstimmendes Bild, ausführliche Begründung der obigen Position bei Theißen/Merz, *Jesus* (s. o. Anm. 1), S. 380 f.

32 Zur Rolle der Jerusalemer Lokalaristokratie im Prozeß Jesu vgl. Theißen/Merz, *Jesus* (s. o. Anm. 1), S. 395. S. 403–407.

33 Die meisten deutschen Bibelübersetzungen lassen Jesus zwischen zwei »Räubern« gekreuzigt werden (Mk 15,27 par.), doch bezeichnet das hier

Obwohl Jesus sich selbst wohl nicht als königlichen Messias verstanden hat, ist er unter dieser politischen Anklage hingerichtet worden. Um zu verstehen, warum die jüdischen und römischen Verantwortungsträger ihn für eine so große Gefahr hielten, müssen wir abschließend noch einen Blick werfen auf den sozioökonomischen und politischen Kontext, innerhalb dessen die Botschaft von der Gottesherrschaft zu verorten ist.

4 Der sozioökonomische und politische Kontext: der Prophet Jesus und seine Vision vom gerechten Zusammenleben unter Gottes Herrschaft

4.1 »Die Gottesherrschaft ist nahe«: eine politische Botschaft in einem besetzten Land

Daß die Aussage »Die Gottesherrschaft ist nahe« oder gar »schon da« in dem von Römern okkupierten bzw. ihren Marionettenfürsten regierten Land eine eminent politische Dimension hatte, dürfte bereits hinreichend deutlich geworden sein. Noch näher zu untersuchen ist die Frage, inwieweit Jesu Aktivitäten im Dienste der Durchsetzung der Gottesherrschaft auch als politisches Handeln im engeren Sinn verstanden werden können bzw. müssen.[34] Als charismatischer Anführer einer religiösen Erneuerungsbewegung verfügte Jesus vor allem über zwei Möglichkeiten politischer Einflußnahme, persuasive Macht, also auf Überzeugungskraft basierende Macht, und Macht durch symbolische Handlungen.

4.2 Die Kraft der prophetischen Destabilisierung des Status quo

Jesus benutzte seine Gabe vollmächtiger prophetischer Verkündigung, um bestehende gesellschaftliche Zustände und Herrschaftsformen zu delegitimieren und damit auch zu destabilisie-

---

verwendete griechische Wort nicht nur gewöhnliche Kriminelle, sondern ist auch ein terminus technicus für Widerstandskämpfer.

34 Vgl. Gerd Theißen, »Die politische Dimension des Wirkens Jesu«, in:

ren, was von den Eliten mit Recht als bedrohlich erlebt werden konnte, zumal mit der Ankündigung des Reiches Gottes dem eine alternative Vision des Zusammenlebens gegenübergestellt wurde. Folgende auf Jesus zurückgehende Traditionen sind in diesem Zusammenhang besonders wichtig:

a) An erster Stelle sind die Seligpreisungen der Armen, der Hungernden und derjenigen, die nach Gerechtigkeit dürsten, zu nennen (Mt 5,3 ff. / Lk 6,20 ff.). Hier werden in prophetischer Vollmacht *kontrafaktische Statuszuschreibungen* vorgenommen, die Gottes Parteinahme spiegeln und den Status quo delegitimieren. Den Armen gehört das Reich Gottes, die Sanftmütigen, nicht die Militärs, sollen das Erdreich besitzen, die Friedensstifter werden Söhne und Töchter Gottes genannt. Wichtig ist nicht, welche dieser Worte im einzelnen und in präzis welcher Form auf Jesus zurückzuführen sind. Daß er solche kontrafaktischen Statuszuschreibungen in Form von Seligpreisungen verwendet hat, ist unstrittig.

b) Ähnliches gilt von der *Gerichtspredigt Jesu* – wer sich der Predigt Jesu und ihren radikalen Forderungen, z. B. nach Besitzverzicht, verschließt, dem droht das baldige Gericht. Als Adressaten werden Individuen in den Blick genommen, aber auch »dies Geschlecht«, d. h. die Gesamtheit der ungläubigen Zeitgenossen, soziale Gruppen wie Pharisäer und Gesetzeslehrer, auch Ortschaften wie Kapernaum, Chorazim und Bethsaida wird kollektiv Verdammung angedroht.[35]

c) Schließlich ist die *Absage an die Herrschaft des Geldes* zu nennen.[36] In den reichtumskritischen Worten wird die politische

W. Stegemann / Bruce J. Malina / Gerd Theißen (Hg.), *Jesus in neuen Kontexten*, Stuttgart 2002, S. 112–122.
35 Ausführlich wird die Gerichtspredigt Jesu besprochen in Theißen / Merz, *Jesus* (s. o. Anm. 1), S. 241–246.
36 Dies habe ich ausführlich untersucht in: Annette Merz, »Mammon als

Kritik Jesu vielleicht am deutlichsten greifbar. Wo die Widerstandsbewegung alle Juden vor die Alternative »Gott oder der Kaiser« gestellt hatte, formuliert Jesus die radikaltheokratische Alternative, man könne nicht Gott dienen und dem Mammon (Mt 6,24/Lk 16,13). Auch das bekannte Diktum vom Kamel, das eher durch ein Nadelöhr komme als ein Reicher ins Himmelreich (Mk 10,25), wird auf Jesus zurückgehen. Dahinter steckt m. E. eine recht genaue Einsicht in die Gesetze des Marktes im Imperium Romanum der Kaiserzeit. Stärkere Integration der Provinzen in den internationalen Handel und zunehmender Druck durch effektive Steuereintreibung führten zu einer immer schneller fortschreitenden Verelendung der Massen, wohingegen die mit den Römern zusammenarbeitenden Eliten finanziell profitierten. Es ist kein Zufall, daß Jesus die Geldwechsler im Tempel angriff und der Aristokratie vorwarf, den Tempel in eine Räuberhöhle zu verwandeln, daß er den Schriftgelehrten vorwarf, die Häuser der Witwen zu fressen und den Pharisäern, ihre Gefäße seien zwar gewaschen, aber verunreinigt durch den Inhalt, Raub und Gier.[37] Jesus kritisierte die jüdischen Eliten und ihr ökonomisches Verhalten, das Ausdruck ihres Arrangements mit der politischen Situation war. Das von ihm als Alternative entworfene Lebensmodell gewinnt vor allem Gestalt in symbolpolitischen Handlungen (4.3) und findet seine poetische Sprachform vor allem in den Gleichnissen (4.4).

4.3 Die Kraft symbolpolitischer Handlungen

a) An erster Stelle sind hier *Exorzismen* und Heilungen Jesu zu besprechen, wobei die Exorzismen von Jesus explizit als Zeichen des Anbruchs der Gottesherrschaft gedeutet wurden (Lk 11,20). In den Exorzismen wird symbolisch die den Menschen von sich selbst entfremdende Macht vertrieben. Anthropologi-

---

schärfster Konkurrent Gottes – Jesu Vision vom Reich Gottes und das Geld,« in: S. J. Lederhilger (Hg.), *Gott oder Mammon. Christliche Ethik und die Religion des Geldes*, Frankfurt am Main 2001, S. 34–90.
37 Vgl. Mk 11,17; 12,38–40; Mt 23,25.

sche Studien haben nachgewiesen, daß Besessenheit oft soziale und politische Spannungen einer Gesellschaft körperlich zum Ausdruck bringt und somit einen Bewältigungsmechanismus darstellt, den ein erfolgreicher Exorzist unterläuft, weswegen er als Gefahr erlebt wird. Man kann sich das gut verdeutlichen an der Erzählung vom Besessenen im Gebiet von Gerasa. Befragt nach seinem Namen antwortet der Dämon, er heiße »Legion«, die Heilung besteht aus dem Vertreiben der Dämonenschar, die in eine Herde Schweine fährt, und die ganze Rotte dieser unreinen, Juden zum Genuß verbotenen Tiere ersäuft daraufhin im See Genezareth. Realisiert man sich noch dazu, daß seit 6 n. Chr. die in Syrien stationierte 10. Legion u. a. einen Eber in ihren Feldzeichen führte, dann wird die Parallelisierung der Anwesenheit der römischen Legionen und der unreinen Tiere im heiligen Land unübersehbar. Die Heilung von Besessenen ist der Anfang vom Ende der Römerherrschaft. Die Exorzismen sind eine symbolische Austreibung des Fremden. Auch die Traditionen um den sogenannten Beelzebulstreit sind randvoll mit Metaphern, die zeigen, daß der Streit des Exorzisten Jesus gegen die Dämonen und ihren Herrn Satan gewissermaßen ein himmlischer Stellvertreterkrieg ist.[38]

b) Die *Einsetzung der Zwölf als Richter* über Israel habe ich oben bereits als Zeichen der messianischen Vollmacht Jesu besprochen. Jesus hat zwar nicht wie die Widerstandsbewegung für die Errichtung der Gottesherrschaft in Palästina gekämpft, aber er hat mit den Zwölfen für die Zukunft bereits symbolisch eine Regierung eingesetzt. Dies war eine Art Exilregierung aus zwölf dem einfachen Volk entstammenden Männern, die sich mal hier mal dort im besetzten Land aufhielt und den Anspruch kundtat, die zwölf Stämme Israels zu repräsentieren. Dies bringt klar die Opposition zu den Römern und den mit ihnen zusam-

---

38 Vgl. Santiago Guijaro, »Die politische Wirkung der Exorzismen Jesu«, in: Stegemann u. a. (Hg.), *Jesus* (s. o. Anm. 34), S. 64–74.

menarbeitenden Mitgliedern der jüdischen Oberschicht zum Ausdruck.

c) Die Mahlgemeinschaften Jesu waren ein Vorschein der Mahlzeiten, die in Aufnahme alttestamentlich prophetischer Traditionen im Reich Gottes gefeiert werden sollten. Sie zeichnen sich insbesondere aus durch die Reintegration sozial marginalisierter Gruppen wie der Zöllner, Sünder, Prostituierten.

d) Auch vom Wanderradikalismus des engsten Kreises der Jesusanhänger war bereits die Rede. Hier ist auf die deutliche Verbindung dieser Lebensform zur Reichtumskritik hinzuweisen. Jesus verbot seinen Jüngern ausdrücklich, auf ihre Missionsreisen auch nur einen Pfennig Geld mitzunehmen, Vorräte über mehr als einen Tag waren ebenso wenig erlaubt wie ein zweites Hemd (Mk 6,7f. par.; Lk 10,3). Mit diesem extremen Verzicht auf jegliche Form der Vorsorge wurde zweierlei deutlich sichtbar kommuniziert: Erstens die absolute Abhängigkeit von Gott als Spender aller Lebensgüter und der Verzicht auf jede eigene Existenzsicherung durch den ungerechten Mammon, das ist die vertikale Dimension. In der Horizontalen weist diese Lebensform zweitens auf die radikale Angewiesenheit auf menschliche Solidarität. Hier kommt die *familia Dei* ins Spiel, die nicht nur aus Wanderradikalen, sondern auch aus sesshaften Jesusanhängern bestand, welche die Wandervögel auffangen und versorgen konnten. Innerhalb dieser fiktiven Familie Gottes gilt ein Prinzip der Leitung durch Dienst, das dem Gebaren der politischen Eliten, die ihre Völker unterdrücken und ihre Macht missbrauchen, ausdrücklich entgegengesetzt wird (Mk 10,42–44): »Ihr wißt, daß die, die als Herrscher gelten, ihre Völker unterdrücken und ihre Mächtigen ihnen Gewalt antun. So soll es bei euch nicht sein, sondern wer unter euch groß sein will, der soll euer Diener sein, und wer unter euch der erste sein will, der soll Sklave aller sein.«

4.4 Die poetische Kraft der Gleichnisse

Die Gleichnisse Jesu bringen gegenüber den anderen besprochenen Sprechakten eine neue Dimension ins Spiel, man könnte sagen die Dimension der poetischen Freiheit. Als fiktive Geschichten lassen sie den Hörerinnen und Hörern mehr Spielraum, sich selbst in Beziehung zum Erzählten zu setzen als etwa die Gerichtspredigt oder die Seligpreisungen, die den Hörern ihren Platz sehr genau zuweisen. Gerade wegen dieser Dimension der Freiheit sind sie wahrscheinlich so wirkungsvoll in ihrer Kraft, Wahrnehmung umzustrukturieren und die Gegenwart neu sehen zu lernen im Licht des Reiches Gottes.[39]

5 Eine Botschaft für alle Völker: von der palästinischen Jesusbewegung zur hellenistischen Kultbewegung

In den vorigen Abschnitten habe ich in Umrissen meine Rekonstruktion des historischen Jesus vorgelegt, wobei nochmals daran zu erinnern ist, daß jede historische Jesusdarstellung ein wissenschaftliches Konstrukt ist, gewonnen an den Quellen, die nach bestem Wissen und Gewissen historisch evaluiert wurden, wobei sich im Prozeß der Abwägung in jedem Fall auch individuell geprägte Vorannahmen des Historikers bzw. der Historikerin und der von ihm/ihr rezipierten Literatur niederschlagen. Grundanliegen war, Jesus als eine historische Figur zu würdigen, als jüdischen Charismatiker, der im Zentrum einer innerjüdischen Reformbewegung stand, die tief verbunden ist mit dem historischen Kontext Palästinas im frühen 1. Jahrhundert. Daß aus dieser palästinischen Jesusbewegung innerhalb weniger Jahrzehnte eine auf die ganze damalige Welt gerichtete helleni-

---

[39] Man könnte an den Gleichnissen die wichtigsten Aspekte der Botschaft Jesu demonstrieren, wie Anbruch und Zukünftigkeit des Reiches Gottes, Integration marginalisierter Gruppen, Umkehr und Vergebung, eine neue, auf Gerechtigkeit basierende Sozialordnung etc. Leider muß dies hier aus Platzgründen unterbleiben. Vgl. Theißen/Merz, *Jesus* (s. o. Anm. 1), S. 285–310; Merz, *Mammon* (s. o. Anm. 36).

stische Kultbewegung wurde, ist eine Tatsache, ein wiederum historisch beschreibbarer, faszinierender Vorgang, der nicht mehr Gegenstand der Darstellung des historischen Jesus ist. Trotzdem möchte ich abschließend dazu drei kurze Bemerkungen machen.

a) Wenn man diese Entwicklung als historische und religionsgeschichtliche in den Blick nimmt, sollte man sich hüten vor jeglicher Behauptung einer inneren Folgerichtigkeit oder gar historischen Notwendigkeit.

b) Wohl kann man in der Lehre und im Auftreten Jesu mögliche Anknüpfungspunkte benennen, die eine solche Entwicklung ermöglichten. Ich nenne etwa die Tendenz zur Verschärfung universaler ethischer Normen und der Relativierung kultischer Normen. Die in der Jesusbewegung zentrale Dynamik, marginalisierte Menschen wieder einzubinden, religiöse und soziale Ausgrenzungen zu überwinden, ließ sich stimmig überführen in eine Dynamik der Öffnung für Nichtjuden. Schließlich kann man auf die große Faszination hinweisen, die von der vielseitigen Figur des Jesus von Nazareth ausgeht, er vereinigt enorm viele religiöse Rollen, die des apokalyptischen Predigers, des ethischen Lehrers, des Wundertäters, Dichters und nicht zuletzt »networkers«, der einen religiös kompetenten Kreis von Anhängerinnen und Anhängern hinterließ. Daß die Jüngerinnen und Jünger aufgrund ihrer Anteilhabe am Charisma Jesu in der Lage waren, seine Sache weiterzutragen, flexibel auf die Erfordernisse veränderter Situationen zu reagieren und ihre Erinnerungen an Jesus und seine Lehre in Formen zu fassen, die über ihre eigene Lebenszeit hinaus tradiert werden konnten, war letztlich entscheidend für die weitere Entwicklung.

c) Man muß auch nüchtern erkennen, daß der Übergang von der palästinischen Jesusbewegung zur weltweiten urchristlichen Missionsbewegung seinen Preis hatte. Auf lange Sicht gehört es zur Tragik des jüdischen Propheten Jesus von Nazareth, der Israel erneuern wollte, daß sich mit seinem Namen eine beinah zweitausendjährige Geschichte der Bekämpfung des Judentums verband. Wenn die historische Jesusforschung zur kritischen Aufarbeitung dieser fatalen Geschichte einen kleinen Beitrag hat leisten können, dann ist dies kein geringes Verdienst. Die Evangelien, unsere ältesten Quellen über Jesus, sind bereits literarischer Niederschlag der weltweiten Ausbreitung der Bewegung, sie dienen deren Selbstvergewisserung durch Fixierung einer normativen Geschichte des Anfangs, in der besonders sperrige Aspekte der Botschaft Jesu schon durch Verbindung mit weniger radikalen Traditionen gezähmt begegnen. Diesen Vorgang kann historische Analyse zum Teil erhellen und dem »erinnerten Jesus« der frühchristlichen Quellen Rekonstruktionen des historischen Jesus an die Seite stellen. Charakteristisch für das Urchristentum ist, daß es *den* normativen Anfang im Nebeneinander *verschiedener Jesusbilder* zu beschreiben versuchte. Die der Aufklärung verpflichtete Jesusforschung hat dem weitere historisch orientierte Jesusdarstellungen hinzugefügt, die nicht unberücksichtigt bleiben sollten, sofern man Jesus als dem Stifter des Christentums überhaupt eine kritisch orientierende Funktion zubilligt.

Hans-Josef Klauck

»Ein Wort, das in die ganze Welt erschallt«
Traditions- und Identitätsbildung durch Evangelien

In der Vorrede zu seiner Auslegung des ersten Petrusbriefs von 1523 bemerkt Martin Luther:[1]

> *Evangelion aber heysset nichts anders, denn ein predig und geschrey von der genad und barmhertzikeytt Gottis, durch den Herren Christum mit seynem todt verdienet und erworben, Und ist eygentlich nicht das, das ynn büchern stehet und ynn buchstaben verfasset wirtt, sondern mehr eyn mundliche predig und lebendig Wortt, und eyn stym, die da ynn die gantz wellt erschallet und offentlich wirt außgeschryen, das mans uberal höret.*
>
> *Evangelium aber heißt nichts anders, denn eine Predigt und ein Geschrei von der Gnade und der Barmherzigkeit Gottes, durch den Herrn Christus mit seinem Tod verdienet und erworben. Und es ist eigentlich nicht das, was in Büchern steht und in Buchstaben verfaßt wird, sondern mehr eine mündliche Predigt und ein lebendiges Wort, und eine Stimme, die da in die ganze Welt erschallt und öffentlich wird aus geschrieen, daß man's überall hört.*

[1] D. Martin Luthers *Werke. Kritische Gesamtausgabe.* 12. Band, Weimar 1891, S. 259; der Text wird zunächst im »Originalton« geboten und dann in behutsam modernisierter Rechtschreibung.

Mit erstaunlicher Treffsicherheit hat Martin Luther hier einen Sachverhalt benannt, der sich sofort aufdrängt, wenn man versucht, das, was ein Evangelium ist, näher zu bestimmen. Wir verstehen heute darunter eine längere Erzählung, die von Jesus handelt, spätestens mit Johannes dem Täufer einsetzt, wie das Markusevangelium, und frühestens mit der Auffindung des geöffneten und leeren Grabes schließt, so wiederum das Markusevangelium. Dem Apostel Paulus, der innerhalb des Neuen Testaments vor Markus am häufigsten von »Evangelium« spricht, allein 45mal in seinen authentischen Briefen, war dieser Sprachgebrauch noch gänzlich fremd. Er verstand unter »Evangelium« im Sinne Luthers die mündliche Predigt von Gottes Handeln in Tod und Auferweckung seines Sohnes Jesus Christus. Gibt es Brücken, die von einem zum anderen führen, oder nicht? Was bedeutet das Aufblühen von erzählenden Großtexten in der zweiten Hälfte des 1. Jahrhunderts? Wie ging es mit ihnen weiter? Kam es zu Konkurrenz- und Verdrängungskämpfen, denen einige solcher Erzählungen zum Opfer fielen?

Wir spüren bereits, daß wir uns auf eine sehr komplexe Fragestellung einlassen, die ein differenziertes Vorgehen erfordert. Nur Schritt um Schritt, Zug um Zug können wir uns an eine Gesamtsicht heranarbeiten. Wir beginnen mit dem Ausdruck »Evangelium«, lassen uns dann auf die Frage nach der literarischen Gattung ein,[2] wenden uns weiter der Vierevangeliensammlung und ihrem Schicksal im zweiten Jahrhundert nach Christus zu und werfen im letzten Hauptteil einen Blick auf die apokryphen Evangelien.

---

2 Helmut Koester, *Ancient Christian Gospels. Their History and Development*, Philadelphia, Pa. 1990, setzt ebenfalls mit der Terminologie ein und geht dann zur Gattungsfrage über. Zu den folgenden Ausführungen insgesamt vgl. den hilfreichen Überblick von Martin Hengel, *The Four Gospels and the One Gospel of Jesus Christ. An Investigation of the Collection and Origin of the Canonical Gospels*, London 2000. Manches zum Thema findet sich auch in Stephen C. Barton (Hg.), *The Cambridge Companion to the Gospels*, Cambridge 2006 (für uns sind daraus von

I Zwischen Kerygma und Großerzählung: »Evangelium« als Begriff

1 Das Substantiv »Evangelium« (εὐαγγέλιον/euangelion)

Die Grundbedeutung von »Evangelium«, als Substantiv gebraucht, ist einfach zu eruieren. Ein ἄγγελος ist ein Bote oder Engel, εὖ bedeutet »gut«, »wohl«. Ein εὐάγγελος ist also ein Bote, der gute Nachricht bringt, zum Beispiel eine Siegesmeldung: »Wir haben die Schlacht von Marathon gewonnen« (daß er dann tot zusammenbricht, ist kein notwendiger Bestandteil seiner Rolle). Von εὐάγγελος wird das Abstraktum εὐαγγέλιον abgeleitet, das seit Homer in der griechischen Literatur die Glück bringende Botschaft, ebenso aber auch den Botenlohn und das Dankopfer meint. Besonders hübsch sind zwei Belege beim Komödiendichter Aristophanes: Ein Wursthändler bringt die gute Nachricht, daß die Sardellen so billig wie nie im Angebot sind.[3] In einer anderen Szene besteht der Lohn für die gute Botschaft in einer Schnur voller Brezeln.[4]

In der Sache erheblich weiter reicht ein anderer Text aus dem Jahre 9 v. Chr., der auf Inschriften in Kleinasien zu lesen stand: »... da schließlich für die Welt der Geburtstag des Gottes der Anfang der durch ihn verursachten Freudenbotschaften (›Evangelien‹) war«,[5] deshalb müssen wir ihn, so die Fortsetzung, entsprechend ehren. Das stammt aus der berühmten Kalenderinschrift von Priene, und der Gott, von dem hier geredet wird, ist niemand anders als Kaiser Augustus. »Evangelien« – durchweg

---

besonderem Interesse: Loveday Alexander, »What is a Gospel?« [S. 13–33], und Francis Watson, »The Fourfold Gospel« [S. 34–52]).

3 Aristophanes, Equites 652–657.
4 Aristophanes, Plutos 764–766.
5 OGIS 458; dazu mit reichem Vergleichsmaterial und voller Bibliographie Claudio Ettl, »Der ›Anfang der ... Evangelien‹. Die Kalenderinschrift von Priene und ihre Relevanz für die Geschichte des Begriffs εὐαγγέλιον«, in: Stefan H. Brandenburger/Thomas Hieke (Hg.), *Wenn drei das gleiche sagen – Studien zu den ersten drei Evangelien* (Theologie 14), Münster 1998, S. 120–151.

im Plural – beinhalten im Kaiserkult die Geburt des Thronfolgers, seinen Amtsantritt, seine Genesung von schwerer Krankheit wie bei Caligula, seine siegreiche Heimkehr von der Schlacht und überhaupt alle Wohltaten, mit denen er seine Untertanen beglückt. Jüdisch-hellenistische Autoren wie Philo von Alexandrien und Flavius Josephus zeigen sich mit diesem Sprachgebrauch gut vertraut.[6]

Wir wollen hier nun nicht in einen Kurzschluß verfallen und die frühchristliche Verwendung von »Evangelium« nahtlos aus dem Kaiserkult ableiten. Aber eine gewisse Nähe liegt unverkennbar vor, so daß man den Kaiserkult zumindest zu dem Rezeptionshorizont rechnen muß, vor dem sich die christliche Verkündigung mit ihrer eigenen Kontur abhebt. Es ist im übrigen gar nicht so leicht, herauszufinden, wo und wann genau das Hauptwort »Evangelium« in die christliche Tradition Eingang fand. Manche Autoren nehmen dafür die Johannesoffenbarung in Anspruch, wo in 14,6 ein Engel mitten am Himmel fliegt, der »ein ewiges Evangelium (als Evangelium) zu verkünden« hat. Durch den Kontext evoziert »Evangelium« hier mehr Gericht und Drohbotschaft als Frohbotschaft. Dieser Beleg scheint mir gerade nicht besonders alt zu sein, sondern eher relativ jung.[7]

Paulus mit seinem reichen Vokabular dürfte älter und wichtiger sein. Bei ihm hängt »Evangelium« zum einen mit der mündlichen Predigt zusammen, die Glauben wecken will, aber zum andern auch schon mit bestimmten mündlichen Formeln, in die hinein sich der Glaube verdichtet und die in einem zweiten Schritt auch verschriftlicht werden. Denken wir nur an 1 Kor 15,1–5: Paulus erinnert die Korinther an »das Evangelium, das ich euch (als solches) verkündet habe« unter den Hauptstükken, die er selbst empfangen und weitergegeben hat, daß näm-

---

[6] Philo, Legatio ad Gaium 231; Josephus, Bellum 4,618.656.
[7] Diskussion des Für und Wider bei Hubert Frankemölle, *Evangelium. Begriff und Gattung. Ein Forschungsbericht* (SBB 15), Stuttgart ²1994, S. 121–123, in Auseinandersetzung mit Peter Stuhlmacher, *Das paulinische Evangelium. I. Vorgeschichte* (FRLANT 95), Göttingen 1968.

lich Jesus starb, begraben wurde, auferweckt wurde und den Zwölfen erschienen ist. Auffallend ist einmal die Singularform (»Evangelium«, nicht »Evangelien«), die sich im Neuen Testament durchhält. Das Evangelium erscheint jetzt stärker auf eine Einzelperson und ihr Geschick fokussiert, als es bei den vielen Kaisern mit den diversen Ereignissen der Fall war. Beachten wir auch, daß trotz der Konzentration auf das Ende, Tod und Auferstehung, hin die Glaubensformel dennoch bereits rudimentäre narrative Strukturen enthält: Gestorben, begraben, auferstanden, erschienen – das läßt sich zu einer kleinen Erzählung ausbauen und auch nach rückwärts verlängern. Paulus ist nach eigener Aussage nicht der Schöpfer dieses auf mündliche Predigt und Glaubensformeln zugeschnittenen Evangelienbegriffs; er hat ihn vielmehr seinerseits aus vorpaulinischer Tradition entnommen.

2 Das Verb »das Evangelium verkünden«, »evangelisieren« (εὐαγγελίζεσθαι / euanggelizesthai)
Die ganze Angelegenheit kompliziert sich noch einmal dadurch, daß das Verb εὐαγγελίζεσθαι, »das Evangelium verkünden« oder einfach »evangelisieren«, nicht genau die gleiche Vorgeschichte aufweist wie das Hauptwort. Für das Substantiv werden wir im Alten Testament, insbesondere auch in seiner griechischen Fassung, der Septuaginta, nicht recht fündig. Das gilt aber nicht für das Verb, das an prominenten Stellen Verwendung findet, besonders bei Deuterojesaja. Die Schlüsselstelle findet sich in Jes 52,7 (von Paulus teilweise zitiert in Röm 10,15). Die Wächter Jerusalems stehen auf den Zinnen der Stadt und halten Ausschau nach denen, die aus dem Exil heimkehren. Ein Herold bildet die einsame Vorhut. Von ihm wird gesagt:

> *Wie willkommen sind auf den Bergen*
> *die Schritte des* Freudenboten,
> *der Frieden ankündigt,*
> *der eine* frohe Botschaft *bringt und Rettung verheißt,*

der zu Zion sagt:
»Dein Gott ist König.«

Der Freudenbote kündet den Anbruch der Herrschaft Gottes an. Erfreuliche Begleitumstände dieses Ereignisses sind Frieden und Rettung. Voraus geht ein Sieg Gottes über die Unterdrücker des Volkes. Von der Struktur her sind wir gar nicht so weit entfernt von den frohen Botschaften des Kaiserkults.[8] Ein entfernt verwandter »Sitz im Leben« wird faßbar. Aber davon einmal ganz abgesehen, lesen sich diese Zeilen wie eine Rollenbeschreibung, die ausgefüllt werden will. Sie enthalten zentrale Elemente dessen, was Jesus später tut und verkündet. Die Möglichkeit, daß Jesus selbst an solchen Vorbildern aus dem Alten Testament Maß nahm, können wir nicht völlig von der Hand weisen.[9] Auf jeden Fall waren sie geeignet, um sein Wirken zu beschreiben.

Dieser doppelte Pol von Substantiv und Verb wirkt sich im Neuen Testament dahingehend aus, daß Lukas in seinem Evangelium und in der Apostelgeschichte 15mal das Verb verwendet

---

8 Die Überlagerung von biblischer Tradition und Sprache des Herrscherkults in Judäa zu herodianischer Zeit arbeitet sehr gut heraus: William Horbury, »›Gospel‹ in Herodian Judaea«, in: Ders., *Herodian Judaism and New Testament Study* (WUNT 193), Tübingen 2006, S. 80–103. Siehe auch Hans Dieter Betz, »Plutarch's Life of Numa: Some Observations on Graeco-Roman ›Messianism‹«, in: *Redemption and Resistance. The Messianic Hopes of Jews and Christians in Antiquity* (FS William Horbury), London 2007, S. 44–61, der zu Recht bemerkt, vorhandene Kontaktstellen zum Neuen Testament ließen sich daraus erklären, daß die messianischen Erwartungen des Judentums, die vom Christentum übernommen wurden, bereits eine erste Reaktion auf Herrscher- und Kaiserkult darstellen (S. 61: »The points of contact ... have their origin in reference to the overarching struggles against the ruler-cult and its expectations and demands«).

9 Hier würde ich etwas zuversichtlicher urteilen als Hubert Frankemölle, »Jesus als deuterojesajanischer Freudenbote? Zur Rezeption von Jes 52,7 und 61,1 im Neuen Testament, durch Jesus und in den Targumin«, in: *Vom Urchristentum zu Jesus* (FS Joachim Gnilka), Freiburg i. Br. 1989, S. 34–67.

und nicht ein einziges Mal das Substantiv, während Markus siebenmal[10] das Substantiv bringt und kein einziges Mal das Verb. Offensichtlich wollte Lukas sich verstärkt an der Septuaginta orientieren und auch das aktive Moment des Verkündens in Wort und Tat stärker betonen.[11] Festzuhalten ist in dem Zusammenhang ein Moment, das weiter zu entfalten wir hier weder die Zeit noch den Raum haben: Dutzende von wörtlichen Zitaten und Hunderte von Anspielungen in allen vier Evangelien machen überaus deutlich, daß die hebräische und die griechische Bibel, unser »Altes Testament«, eine unverzichtbare »kanonische Matrix« für Entstehung und Realisierung der Evangelienform abgeben.[12]

3 Die Übertragung

Innerhalb der Begriffsgeschichte muß noch eine weitere, spannende Frage gestellt werden, die zur Gattungsthematik überleitet. Wie konnte es geschehen, daß »Evangelium« auf einmal als Name für eine längere Erzählung über Jesus dient? Wann und wo geschah der entscheidende Umschlag?

Aufschlußreich ist hier ein genauer Blick auf Markus, den Schöpfer des ältesten Erzählevangeliums, um dieses Kunstwort zu gebrauchen. Anhand von drei Stellen wollen wir seine Rezeption des Terminus »Evangelium« verfolgen.

---

10 Dazu noch einmal im sekundären Schluß Mk 16,15.
11 Auf zwei weitere eigentümliche und erklärungsbedürftige Stellen mit dem Verb sei nur im Vorbeigehen hingewiesen. Es handelt sich um 1 Petr 4,6: »Denn aus diesem Grund ist auch *den Toten das Evangelium verkündet* worden, damit sie gerichtet werden nach Art von Menschen im Fleisch, aber leben nach Art Gottes im Geist«, und um Hebr 4,2: »Denn uns ist *das gleiche Evangelium verkündet* worden wie jenen; doch hat ihnen (die Exodusgeneration ist angesprochen) das Wort, das sie hörten, nichts genützt ...«; 4,6: »Da es nun dabei bleibt, daß einige hineinkommen (in das verheißene Land), die aber, die *früher evangelisiert wurden*, nicht hineingekommen sind ...«; vgl. die Kommentare.
12 Vgl. Richard B. Hays, »The Canonical Matrix of the Gospels«, in: Stephen C. Barton (Hg.), *The Cambridge Companion to the Gospels*, Cambridge 2006, S. 53–75.

3.1 In der kleinen Apokalypse in Mk 13 heißt es in V. 10: Bevor das Ende kommen kann, »ist es erst notwendig, daß allen Völkern das Evangelium verkündet wird«. Hier meint »das Evangelium« noch nicht »dieses Evangelium«, das Erzählwerk des Markus (das ist erst in Mt 24,14 der Fall, wo »dieses« eingefügt wird), sondern allgemein die frohe Nachricht vom Handeln Gottes in und durch Jesus Christus. Es ist noch die »Stimme, die da in die ganze Welt erschallt und öffentlich wird ausgeschrieen, daß man's überall hört«.

3.2 Das ändert sich wenig später. Jesus wird in Mk 14,3–9 von einer Frau gesalbt. Seine eigene Kommentierung ihrer Tat beendet er in V. 9 mit dem prophetischen Ausblick: »Amen, ich sage euch: Wo immer in der ganzen Welt das Evangelium verkündet wird, wird auch das, was diese (Frau) tat, verkündet werden, ihr zum Gedächtnis.« Der universale Horizont ist immer noch vorhanden, aber eine individuelle Begebenheit wird jetzt zum festen Bestandteil des Evangeliums. Das setzt die erzählerische Großform des Evangeliums voraus, genauer sogar das Markusevangelium, das diese Erzählung enthält und sie bei jeder neuen Verlesung der Passionsgeschichte zu Gehör bringt.

3.3 Nach Mk 1,14 verkündet Jesus in Galiläa »das Evangelium *Gottes*« (vgl. 1 Thess 2,2), das den Herrschaftsantritt Gottes zum Inhalt hat. Die Titelzeile des Markusevangeliums in 1,1 lautet jedoch: »Anfang (αρχή) des Evangeliums *Jesu Christi*«. Außer Anfang oder Beginn kann αρχή auch Grundlegung und Ursprung bedeuten (denken Sie an »Archäologie«). Zudem haben Genetivverbindungen es oft in sich. »Evangelium Jesu Christi« können wir auflösen als Evangelium vom Gottesreich, das Jesus Christus (als Subjekt) selbst verkündet hat. Das stünde in vollem Einklang mit 1,14. Wir können »Evangelium Jesu Christi« aber auch so lesen: Hier wird ein Evangelium grundgelegt, daß Jesus Christus (als Objekt) zum Inhalt hat, das um seine Person kreist, das seine Taten, seine Worte und sein Ende schildert. Damit wären wir beim Evangelium, wie wir es kennen, angelangt. Theologisch wird das gern auf die Formel gebracht, daß aus dem Verkünder der Verkündigte geworden ist, aus dem Verkünder Jesus der verkündigte Christus.

Diese Doppeldeutigkeit läßt sich meines Erachtens aus der Titelzeile des Markusevangeliums nicht hinwegdiskutieren. Sie ist im Text selbst angelegt.[13] Ob Markus diese Ambivalenz bewußt geschaffen hat oder ob sie eher unabsichtlich entstand, ist dabei nicht einmal von zentraler Bedeutung. Einer Rezeption seines Werks als erzählendes Evangelium war damit Tür und Tor geöffnet. Die Seitenreferenten Matthäus und Lukas und auch Johannes haben diesen Schritt noch nicht nachvollzogen. Sie haben sich an der Form des Markusevangeliums orientiert, nicht an der Terminologie. Aber um die Mitte des zweiten Jahrhunderts scheint Markion die paulinische Wendung »mein Evangelium« (Röm 2,26) oder »unser Evangelium« (2 Kor 4,3) auf das Lukasevangelium bezogen zu haben, das er als einziges in purgierter Form gelten ließ.[14] Um fast dieselbe Zeit werden wir auch beim Apologeten Justin fündig. Zwar hat er das berühmte Wort von den ἀπομνημονεύματα / *apomnēmoneumata* der Apostel, ihren Aufzeichnungen oder Erinnerungen,[15] geprägt. Aber er bezeichnet die Texte, die er hier im Auge hat, ohne Umschweife auch als Evangelien.[16] Wir können davon ausgehen, daß zu seiner Zeit, um 150–160, der Umschlag vom ke-

---

13 Das wird gut aufgezeigt von Detlev Dormeyer, »Die Kompositionsmetapher ›Evangelium Jesu Christi, des Sohnes Gottes‹ Mk 1,1. Ihre theologische und literarische Aufgabe in der Jesus-Biographie des Markus«, in: *NTS* 33 (1987), S. 452–468.

14 Dazu siehe Helmut Koester, »From the Kerygma-Gospel to Written Gospels (1989)«, in: Ders., *From Jesus to the Gospels. Interpreting the New Testament in Its Context*, Minneapolis 2007, S. 54–71, hier bes. S. 66 f.

15 Siehe Luise Abramowski, »Die ›Erinnerungen der Apostel‹ bei Justin«, in: Peter Stuhlmacher (Hg.), *Das Evangelium und die Evangelien* (WUNT 28), Tübingen 1983, S. 341–353.

16 Vgl. bes. Justin, Apol 66,3: in den ἀπομνημονεύμασιν, die auch εὐαγγέλια heißen; Dial 10,2; 100,1.

rygmatischen Leitwort zur erzählenden Gattung erfolgt war. Selbstverständlich ist damit der kerygmatische Evangelienbegriff nicht aus der Welt geschafft. Noch Origenes beklagt es, daß man nur noch die Erzählbücher Evangelien nenne, wo doch dieser Titel dem ganzen Neuen Testament einschließlich der Briefe zustehe.[17]

II Mikrotext und Makrotext: »Evangelium« als Gattung

1 Die Formgeschichte des Evangeliums

Im 20. Jahrhundert hat sich als ein führender Ansatz bei der Erforschung der Evangelien die sogenannte formgeschichtliche Betrachtungsweise etabliert, die bleibend mit den Namen von Rudolf Bultmann und Martin Dibelius verbunden ist.[18] Die Formgeschichte geht davon aus, daß unsere Evangelien nicht als einsame Schöpfung eines genialen Autors angesehen werden dürfen. Sie sind vielmehr aus kleineren Formen und Gattungen fast mosaikartig zusammengesetzt, und diese Einheiten haben ihre eigene Geschichte, ehe sie in eines der Evangelien integriert wurden. Der erzählerische Rahmen läßt sich relativ leicht als Schöpfung des Endredaktors abheben.[19] Was bleibt, sind einzelne Gleichnisse, Bildworte, Gesetzesworte, Wunderberichte, Berufungsgeschichten, Streit- und Lehrgespräche, pointierte Aussprüche mit minimaler erzählender Rahmung, in der Fachsprache Apophthegmata genannt. Was bleibt, ist vor allem auch die Passionserzählung, deren Kernbestand dem ältesten Evangelisten Markus wohl schon in schriftlicher Form vorlag. Auch

---

17 Dargestellt bei Detlev Dormeyer, *Evangelium als literarische und theologische Gattung* (EdF 263), Darmstadt 1989, S. 21–25.
18 Rudolf Bultmann, *Die Geschichte der synoptischen Tradition* [1921] (FRLANT 29), Göttingen ⁸1970; Martin Dibelius, *Die Formgeschichte des Evangeliums* [1919], Tübingen ⁶1971.
19 Karl Ludwig Schmidt, *Der Rahmen der Geschichte Jesu. Literarkritische Untersuchungen zur ältesten Jesusüberlieferung* [1919], Repr. Darmstadt 1969.

andere Einheiten wie Gleichnisse und Wunder sind vielleicht schon vormarkinisch zu kleineren Sammlungen zusammengestellt worden, ob schriftlich oder mündlich, läßt sich im Einzelfall schwer entscheiden.

Diese Einsichten der Formgeschichte hatten auch ihren Preis. Die Evangelisten wurden nur noch als bloße Sammler ohne eigenes Profil eingestuft, ihre Evangelien zur Kleinliteratur oder Volksliteratur, nicht zur großen Literatur gerechnet.[20] Die Form des Evangeliums selbst – im Unterschied zur Form der kleinen Einheiten – wurde nicht wirklich erklärt. Darüber ist die Forschung inzwischen in verschiedener Weise hinausgelangt, indem sie zum Beispiel darauf hinwies, daß zwischen den kleinen Einheiten, den Mikrotexten, und dem Gesamtevangelium als Makrotext eine fruchtbare Spannung entsteht, nicht zuletzt aufgrund des Gesetzes von der Übersummativität der Gestalt. Die Passionsgeschichte etwa wirft jetzt ihre Schatten weit voraus und wird ihrerseits vorbereitet durch die Berichte von Konflikten zwischen Jesus und seinen Gegnern. Das Geheimhaltungsgebot in manchen Wundererzählungen wird von Markus zur allumfassenden Theorie des Messiasgeheimnisses ausgearbeitet, während die Bilderwelt der Gleichnisse dazu beiträgt, dem gesamten Wirken Jesu eine gleichnishafte, symbolische Dimension zu verleihen. Jünger Jesu treten in zahlreichen Einzelepisoden auf, aber erst deren Zusammenstellung im Evangelium erlaubt es, ein Profil der Jünger zu zeichnen, das im Markusevangelium im übrigen sehr unvorteilhaft für sie ausfällt.

Mit der Formgeschichte und ihren Vertretern ist daran festzuhalten, daß die Evangelien selbst schon traditionelles, überliefertes Gut verarbeiten, in diesem Sinn auch Ergebnis einer Traditionsbildung sind. In diese Tradition können durchaus auch Erinnerungen von Augenzeugen Eingang gefunden haben, das

---

20 Letzteres vor allem von Karl Ludwig Schmidt, »Die Stellung der Evangelien in der allgemeinen Literaturgeschichte« [1923], in: Ferdinand Hahn (Hg.), *Zur Formgeschichte des Evangeliums* (WdF 81), Darmstadt 1985, S. 126–228.

sei nicht prinzipiell bestritten.[21] Verhielte es sich anders und hätte etwa, wie einige neuere Autoren annehmen,[22] Markus sein Evangelium mit allen Einzelheiten völlig frei entworfen, müßten wir sein Werk in der Tat als reine Fiktion klassifizieren. Von der erzählten Welt der Evangelien führt kein direkter Weg zum irdischen Jesus als Gleichniserzähler und Wundertäter zurück. Insofern können wir die Evangelien als halb-fiktionale Texte ansehen, nur *halb*-fiktional deshalb, weil uns die Konzentration auf die kleinen Einheiten erlaubt, diese auf ihre Geschichte und ihren historischen Gehalt hin zu befragen.

2 Zwischen Historiographie und Biographie

Offen bleibt immer noch, wie gesagt, die Frage, ob die Evangelien als Großerzählungen sich irgendeinem Gattungsmuster zuordnen lassen, ob, anders gefragt, Markus für seinen Gesamtaufriß von irgendeiner Seite her Anregungen empfangen hat. Die Formgeschichtler beantworteten diese Frage mit Nein; das Evangelium ist eine Sprachform *sui generis* und mit keiner bekannten Gattung verwandt.

Auch hier hat inzwischen ein Umdenken eingesetzt. Die Evangelien werden bei allem Respekt für ihre Besonderheiten doch generell der biographischen und historiographischen Literatur der Antike zugeordnet.[23] Bleiben wir zunächst bei der Biographie.

---

21 Das wird über Gebühr betont von Richard Bauckham, *Jesus and the Eyewitnesses. The Gospels as Eyewitness Testimony*, Grand Rapids/Cambridge 2006.

22 Zum Beispiel Walter Schmithals, *Einleitung in die drei ersten Evangelien* (GLB), Berlin 1985; vgl. auch seinen Markuskommentar (ÖTBK) und seinen Artikel zu den synoptischen Evangelien in der TRE; knapp äußert sich dazu Peter Stuhlmacher, »Zum Thema: Das Evangelium und die Evangelien«, in: Ders. (Hg.), *Das Evangelium und die Evangelien. Vorträge vom Tübinger Symposion 1982* (WUNT 28), Tübingen 1983, S. 1–26, hier S. 9–12.

23 Zur Biographie siehe Richard Burridge, *What Are the Gospels? A Comparison with Graeco-Roman Biography* [1991], Grand Rapids/Cambridge ²2004; zur Historiographie Eve-Marie Becker, *Das Markus-Evangelium im Rahmen antiker Historiographie* (WUNT 194), Tübingen 2006

Wir kennen aus der Antike eine ganze Reihe von *bioi* oder Viten berühmter Gestalten, die zeitlich teils nach den Evangelien, teils aber auch schon vor ihnen anzusiedeln sind und die jedenfalls den Rückschluß auf eine Gattung erlauben. Solche Viten existierten, um nur einige Namen zu nennen, von Homer, Pythagoras, Euripides, Hippokrates, Alexander dem Großen und Kaiser Augustus. Plutarchs bekannte Parallelbiographien, entstanden zwischen 100 und 120 n. Chr., verdienen wenigstens eine Erwähnung.[24] Ein interessantes Einzelbeispiel wäre, auch von der Länge her, die Vita, die Tacitus 98 n. Chr. seinem Schwiegervater Agricola widmete, der 93 n. Chr. verstorben war. Es handelt sich dabei um eine erste Fingerübung des späteren großen Historikers. Auch der jüdische Beitrag sei nicht übersehen. Philo von Alexandrien entwarf vor 50 n. Chr. eine Darstellung der Stifterfigur des Moses in zwei Büchern. Auch die prophetische und die weisheitliche Überlieferung der Bibel enthalten biographische Abschnitte, so daß man geradezu von einer Idealbiographie des Propheten oder des leidenden Gerechten sprechen und Markus damit vergleichen kann.[25] Vergleiche sind, dies nur als Zwischenbemerkung, auch dann sinnvoll, wenn sie *nicht* auf die Feststellung von Abhängigkeitsverhältnissen hinlaufen, sondern sich damit begnügen, Ähnlichkeiten und Unterschiede zu markieren.

Es gibt noch Untergliederungen der Biographie in Enkomion (»Lobrede«), peripatetische und alexandrinische Biographie.[26]

(die aber verschiedentlich sehr vorsichtig von »prä-historiographisch«, »historiographischen Elementen« o. ä. spricht). – Adela Collins bezeichnet das Markusevangelium in ihrem neuen Kommentar als »Eschatological Historical Monograph«, s. Adela Y. Collins, *Mark: A Commentary* (Hermeneia), Minneapolis, Minn. 2007, S. 42 f.

24 Einen Einzelvergleich führt durch Dirk Wördemann, *Das Charakterbild im bios nach Plutarch und das Christusbild im Evangelium nach Markus* (SGKA I.19), Paderborn 2002.

25 Vgl. Klaus Baltzer, *Die Biographie der Propheten*, Neukirchen-Vluyn 1975; Dieter Lührmann, »Biographie des Gerechten als Evangelium. Vorstellungen zu einem Markus-Kommentar«, in: *WuD* 14 (1977), S. 25–50.

26 Durchgeführt bei Friedrich Leo, *Die griechisch-römische Biographie*

Ob und wie weit wir uns hier darauf einlassen müssen, bleibe dahingestellt. Besprochen seien nur noch kurz Versuche einer Verhältnisbestimmung zwischen Biographie und Historiographie. Bedeutende Althistoriker wie Arnaldo Momigliano und Glen Bowersock gehen von einem prinzipiellen Unterschied zwischen beiden Größen aus, was dann auch für die Bewertung der Evangelienschreibung von Bedeutung wäre; doch wird gerade in der neueren Forschung zunehmend Widerspruch laut.[27] Eine Schlüsselrolle spielt in der gesamten Diskussion eine Bemerkung bei Polybius, dem hoch angesehenen Geschichtsschreiber aus dem 2. Jahrhundert v. Chr., die daher wiedergegeben sei. Polybius kommt in seinem Geschichtswerk auf Philopoimen zu sprechen, den letzten Staatsmann und Feldherrn eines freien Griechenland. Aus diesem Anlaß schreibt er (X 21,1–5):[28]

> *Nun hat uns der Gang unserer Erzählung (διήγεσιν) bis zum Beginn der Taten des Philopoimen gebracht. Ich denke es ziemt sich, so wie ich auch bei anderen bedeutenden Männern die Ausbildung und den Charakter eines jeden nachzuzeichnen versuchte, es als nächstes auch für ihn zu tun ... Denn lebendigen Menschen kann man leichter nacheifern als toten Bauwerken und sie imitieren ... Wenn ich nun nicht schon in einer besonderen Schrift (σύνταξιν) von Philopoimen gehandelt hätte, in der ich erklärte, wer er selbst und wer seine El-*

---

nach ihrer literarischen Form, Leipzig 1901; Kritik an dieser Dreiteilung übt Albrecht Dihle, *Studien zur griechischen Biographie* (AAWG.PH III.37), Göttingen 1956. Weitere einschlägige Literatur verzeichnet Dormeyer, *Evangelium* (Anm. 17), S. 130–135.

27 Einzelnachweise in dem sehr instruktiven Beitrag von Guido Schepens, »Zum Verhältnis von Biographie und Geschichtsschreibung in hellenistischer Zeit«, in: Michael Erler / Stefan Schorn (Hg.), *Die griechische Biographie in hellenistischer Zeit* (Beiträge zur Altertumskunde 245), Berlin 2007, S. 335–361; der ganze Sammelband verdient große Aufmerksamkeit.

28 Vgl. zur (teils differierenden) Übersetzung und Auswertung dieser Stelle Holger Sonnabend, *Geschichte der antiken Biographie. Von Isokrates bis zur Historia Augusta*, Darmstadt 2002, S. 4 f.

tern waren und wie seine Erziehung aussah, wäre es notwendig, über alle diese Dinge hier Auskunft zu geben. Aber ich habe ja vorher schon, außerhalb dieses Geschichtswerks (συντάξεως [derselbe Begriff!]), in drei Büchern eine Abhandlung (λόγον) über ihn verfasst, die auch von seiner Erziehung als Heranwachsender und seinen bedeutendsten Taten handelt. Daher liegt es auf der Hand, daß ich in der jetzigen Erzählung (ἐξηγήσει) auf Einzelheiten über seine Jugenderziehung und seine jugendlichen Ambitionen verzichten kann. Statt dessen füge ich zu dem summarischen Bericht, den ich dort hinsichtlich seiner reifen Jahre gab, jetzt hier Details hinzu. Damit wahre ich Gesetzmäßigkeiten beider Darstellungsweisen (συντάξεων). Denn wie das frühere Werk, das in Form eines Enkomions (ὑπάρχων ἐγκωμιαστικός) gehalten war, eine zusammenfassende und leicht übertreibende Sicht seiner Taten verlangte, so fordert jetzt das Geschichtswerk (ὁ τῆς ἱστορίας), das Lob und Tadel unparteiisch verteilt, in einem wahrheitsgetreuen Bericht die Gründe für das Verteilen von Lob und Tadel offenzulegen.

Im selben Zusammenhang wird dann gerne eine gleichermaßen berühmte Differenzierung aus Plutarchs Alexandervita zitiert: »Ich schreibe nicht Geschichte, sondern zeichne Lebensbilder« (Alex 1,1). Man kann die Polybius-Stelle aber unterschiedlich auswerten, zumal Polybius strenggenommen nicht von einem Bios spricht, sondern von einem Enkomion, einer Lobrede, die als solche auf eine Person konzentriert ist, sich gewisse Freiheiten herausnehmen kann und vor Idealisierungen nicht zurückzuschrecken braucht. Polybius zeigt meines Erachtens auch, wie eng die beiden Darstellungsweisen benachbart sind, nicht nur dadurch, daß sie von ein und demselben Historiker gebraucht werden. Hier geht es um teils sehr feine, fast übersubtile Unterscheidungen, die es eigentlich nahelegen, die Biographie eher als eine personenbezogene Spielart des historiographischen Berichtens anzusehen.²⁹ Für die Evangelien bleibt es dabei, daß sie den antiken Viten nahestehen und auf diesem Umweg auch an der Historiographie im umfassenden Sinn partizipieren.

Nicht übersehen seien schließlich auch bestehende Parallelen zur kaiserzeitlichen Romanliteratur, die ihrerseits gerne im historiographischen Gewand daherkommt. Im Roman »Kallirhoe« des Chariton, des ältesten vollständig erhaltenen Werks dieser Gattung aus dem 1. Jahrhundert n. Chr., begegnet gleich zu Beginn ein leer gefundenes Grab, das durch eine Scheintodhypothese erklärt wird. Außerdem kommt »Evangelium« im außerhalb des Neuen Testaments eher seltenen Singular vor: »Und dies ist meine erste frohe Botschaft: Er (der Großkönig) hat wohlwollend auf dich geschaut« (auch wenn die Heroine in diesem Fall sich darüber keineswegs erfreut zeigt).³⁰

3 Die »Gretchenfrage«

Allmählich nun sind wir gerüstet, die »Gretchenfrage« zu stellen, um die wir bisher herumgegangen sind wie die Katze um den heißen Brei. Wer oder was veranlaßte Markus dazu, kurz nach 70 n. Chr. sein Evangelium zu schreiben und damit in höchstem Maße traditionsbildend zu wirken? Vier Teilantworten seien gegeben, von denen keine je für sich genügen würde, die aber kumulativ genommen ein gewisses Erklärungspotential besitzen dürften.

---

29 Hubert Cancik, »Die Gattung Evangelium. Das Evangelium des Markus im Rahmen der antiken Historiographie / Bios und Logos. Formengeschichtliche Untersuchungen zu Lukians ›Demonax‹«, in: Ders. (Hg.), *Markus-Philologie. Historische, literargeschichtliche und stilistische Untersuchungen zum zweiten Evangelium* (WUNT 33), Tübingen 1984, S. 85–113 / S. 115–130, behandelt die Biographie im Rahmen der Historiographie; die Viten Lukians klassifiziert er als ἱστορίαι περὶ πρόσωπα.

30 Chariton VI 5,5; vgl. Pieter Willem van der Horst, »Chariton and the New Testament. A Contribution to the Corpus Hellenisticum«, in: *NT* 25 (1983), S. 348–355; Roland Kany, »Der lukanische Bericht von Tod und Auferstehung Jesu aus der Sicht eines hellenistischen Romanlesers«, in: *NT* 28 (1986), S. 75–90.

3.1 Die paulinischen und vorpaulinischen Glaubensformeln, auch »Evangelium« genannt, waren knapp und farblos. Sie durch weiteres Erzählgut anschaulicher und lebendiger zu gestalten, war ein naheliegender Schritt. Materialien dazu waren vorhanden. Die Transformierung des Kerygmas in Erzählung könnte bei der längeren Passions- und Osterüberlieferung eingesetzt haben. Die vier Punkte des Glaubensbekenntnisses von 1 Kor 15,1–5 – gestorben, begraben, auferstanden, erschienen – sind allesamt präsent in der Erzählung von der Leerfindung des geöffneten Grabes in Mk 16,1–8.[31]

3.2 Die Kategorie des Gedächtnisses, als *memoria* von großer Bedeutung in der antiken Rhetorik und bei Augustinus, hat unter anderem Jan Assmann wieder ins Spiel gebracht. Dieses Konzept läßt sich noch einmal ausdifferenzieren in verschiedene Typen wie kommunikatives, kollektives, soziales und kulturelles Gedächtnis.[32] Das können wir hier nicht weiter entfalten; sonst müßten wir auch die Grenzen der Leistungsfähigkeit dieser Metaphorik aufzeigen.[33] Aber folgende Details verdienen unsere Aufmerksamkeit. Nach dieser Theorie kann das kommunikative Gedächtnis einer Gemeinschaft drei bis vier Generationen überbrücken, nicht mehr. Das bringt uns auf einen Zeitraum von 80 bis 100 Jahren.[34] Eine erste Krise setzt aber schon nach 40 Jah-

---

31 Vgl. die grundsätzliche Bemerkung von Margret M. Mitchell, »Patristic Counter-evidence to the Claim that ›The Gospels were written for All Christians‹«, in: *NTS* 51 (2005), S. 36–79, hier S. 79: Markus »transformed the narrative potentials of bare-bones pre-Pauline missionary kerygma (1 Cor 15.3f.) ... into a work which offered his readers ... a chance to stand on equal footing with the original disciples of Jesus. It was this hermeneutical act that won the day ...«

32 Jan Assmann, *Das kulturelle Gedächtnis. Schrift, Erinnerung und politische Identität in frühen Hochkulturen*, München 1992; Ders., *Religion und kulturelles Gedächtnis. Zehn Studien* (Beck'sche Reihe 1375), München 2004.

33 Teils kritisch äußern sich Hubert Cancik / Hubert Mohr, Art. »Erinnerung / Gedächtnis«, in: *HRWG* 2 (1990), S. 299–323, hier S. 308–311.

34 Assmann, *Religion und kulturelles Gedächtnis* (Anm. 32), S. 37: »So

ren ein, wenn die ersten Träger der Erinnerung nach und nach abtreten.[35] Ihr Erbe muß in das kulturelle Gedächtnis umgeformt werden, was auch durch Verschriftlichung geschehen kann. Jesus starb um 30. Markus schreibt kurz nach 70. Dazwischen liegen 40 Jahre. Wenn wir zum Jahr 30 weitere 80 bis 100 Jahre datieren, kommen wir auf 110 bis 130. Zu diesem Zeitpunkt war die Entstehung der vier Evangelien abgeschlossen, und ihre Sammlung beginnt.

3.3 Daß dieser Einschnitt mit einer Zäsur innerhalb der Profangeschichte zusammenfiel, kann dem aufmerksamen Betrachter kaum entgehen. 68/69 ist das berüchtigte Dreikaiserjahr, das länger als ein Jahr dauerte und im ganzen fünf Kaiser sah. Im Jahr 70 fällt der Jerusalemer Tempel der Zerstörung anheim. Das konnte apokalyptische Sorgen verursachen, wie sie sich in Mk 13 spiegeln. Die Krise konnte aber auch das Bestreben hervorrufen, alles an Erbstücken zu retten, was noch zu retten war, und gleichzeitig einen Gegenentwurf zu schaffen zur Propagandatätigkeit des neuen, flavischen Kaiserhauses. Vespasian wird vom jüdischen Autor Flavius Josephus zu einer nahezu messianischen Gestalt emporstilisiert, was nicht nur damit zu tun hat, daß Vespasian der Patron und Josephus sein Klient war.[36]

> weit reicht im äußersten Fall die verkörperte Erinnerung, die sich nicht nur auf selbsterlebte, sondern kommunizierte Erfahrungen bezieht.« Vgl. Alan Kirk, »Social and Cultural Memory«, in: Ders./Tom Thatcher (Hg.), *Memory, Tradition, and Text. Uses of the Past in Early Christianity* (Semeia Studies), Atlanta 2005, S. 1–24, hier S. 5 f.
>
> **35** Assmann, *Das kulturelle Gedächtnis* (Anm. 32), S. 228: »40 Jahre sind ein Einschnitt, eine Krise in der kollektiven Erinnerung. Wenn eine Erinnerung nicht verloren gehen soll, dann muß sie aus der biographischen in kulturelle Erinnerung transformiert werden.« Die Assoziation zu den 40 Jahren, die Israel in der Wüste verbrachte, ist offenkundig nicht Zufall, sondern Absicht.
>
> **36** Gerd Theißen, *Die Entstehung des Neuen Testaments als literaturgeschichtliches Problem* (SHAW.PH 40), Heidelberg 2007, S. 88: »Wahrscheinlich ist das MkEv ein Antievangelium zu diesem politischen Evangelium. Es sagt: Nicht die Flavier haben die Welt gerettet, sondern der

3.4 In der antiken literarischen Welt waren Lebensbeschreibungen durch die Jahrhunderte hindurch populär. Es liegen zwei Übersichtslisten vor. Die eine davon bringt es auf ca. 50 Autoren,[37] die andere zählt sehr gewissenhaft 142 Viten auf.[38] Darunter sind auffallend viele weise Männer, Gelehrte, Philosophen, Ärzte und Herrscher, die teils Gemeinden und Gemeinschaften um sich oder Heere hinter sich scharten. Christen waren eine marginalisierte Gruppe, für Römer kaum von Juden zu unterscheiden. Vielleicht kam bei einigen von ihnen der Gedanke auf, sie würden auch eine solche Vita ihres Gründers benötigen, um der eigenen Identitätsbildung willen und um konkurrenzfähig zu bleiben auf dem Supermarkt der Weltanschauungen.

III Vom Evangelium des Markus zum viergestaltigen Evangelium

1 Auf dem Weg zur Sammlung

Unsere neue Zwischenüberschrift nimmt den Titel einer Erlanger Habilitationsschrift auf.[39] Wir haben nicht nur *ein* Evangelium, wir haben deren vier, um uns zunächst darauf zu beschränken. Matthäus und Lukas haben Markus als Text vor sich liegen, als sie ihre Werke verfassten, und stimmen daher im Aufriß mit ihm überein. Letzteres gilt mit Abstrichen auch für Johannes, der die Form des Evangeliums nicht neu erfunden, sondern die von Markus geprägte Grundgestalt irgendwie kennengelernt hat, möglicherweise im Gottesdienst. Es steht zu

---

gekreuzigte König der Juden, den Gott von den Toten auferweckt hat.« Umfassender wird diese These entfaltet bei Adam D. Winn, *The Purpose of Mark's Gospel. An Early Christian Response to Roman Imperial Propaganda*, Diss. Fuller Theological Seminary 2007 (erscheint in WUNT II).

37 Klaus Berger, »Hellenistische Gattungen im Neuen Testament«, in: *ANRW* II/25.2 (1984), S. 1031–1432, hier S. 1232–1236.

38 Dirk Frickenschmidt, *Evangelium als Biographie. Die vier Evangelien im Rahmen antiker Erzählkunst* (TANZ 2), Tübingen 1997.

39 Theo K. Heckel, *Vom Evangelium des Markus zum viergestaltigen Evangelium* (WUNT 120), Tübingen 1999.

vermuten, daß die späteren Evangelisten ihren jeweiligen Vorgänger nicht nur fortschreiben und ergänzen, sondern vielmehr ersetzen, um nicht zu sagen verdrängen wollten.[40] Wie aber kam es dann ausgerechnet zur Vierevangeliensammlung?

Die erwähnte Studie gibt darauf eine Antwort, die Aufmerksamkeit verdient.[41] Heckel entdeckt im zeitlich jüngsten Textstück, dem sogenannten Nachtragskapitel Joh 21, ein geradezu ökumenisches Bewußtsein. In Joh 21 wird zugleich Platz geschaffen für den Lieblingsjünger und für Petrus samt ihrem geistigen Erbe in seiner ganzen Vielfalt. Weiteren Traditionen wurde auch schon ausdrücklich Raum gegeben in dem älteren Evangelienschluß in Joh 20,30: »Freilich hat Jesus auch viele andere Zeichen getan vor seinen Jüngern, die nicht in diesem Buche aufgeschrieben sind.« Das wird noch einmal gesteigert in der hyperbolischen zweiten Schlußwendung in Joh 21,25: »Es gibt aber noch vieles andere, was Jesus getan hat. Wenn man alles aufschreiben wollte, so könnte, wie ich glaube, die ganze Welt die Bücher nicht fassen, die man schreiben müßte.« Hier scheint das Medium Buch an sich nicht einmal ausreichend zu sein für eine erschöpfende Darstellung des einen Evangeliums (es ist, mit Martin Luther, nichts »was in Büchern steht und in Buchstaben verfaßt wird«).

Aus diesen und weiteren Indizien folgert Heckel, Joh 21 sei geschaffen worden als Schlußabschnitt der ersten Vierevangeliensammlung, deren Entstehen er um 110–120 ansetzt. Das erscheint mir allerdings fast allzu früh zu sein. Die andere Option, vertreten etwa in dem Klassiker von Hans von Campenhausen,[42]

---

40 Siehe Graham N. Stanton, »The Fourfold Gospel«, in: *NTS* 43 (1997), S. 317–346, hier S. 341 f.

41 Etwas früher als Heckel argumentierte in dieser Richtung auch David Trobisch, *Die Endredaktion des Neuen Testaments. Eine Untersuchung zur Entstehung der christlichen Bibel* (NTOA 31), Freiburg (Schweiz)/Göttingen 1996, vgl. hier bes. S. 153 f.; Heckel zählt S. 193–199 weitere Vorgänger auf, darunter Theodor Zahn.

42 Hans von Campenhausen, *Die Entstehung der christlichen Bibel* (BHTh 39), Tübingen 1968.

bringt Markion ins Spiel. Sein Insistieren auf einem einzigen Evangelium habe das Bewußtsein für die Schätze geweckt, die in den vier Evangelien versammelt sind. Das würde uns zeitlich in die Jahre 140–150 bringen.

Für das Entstehen einer Evangeliensammlung im zweiten Jahrhundert wird auch die weithin analogielose Form der Überschriften angeführt: »(Evangelium) nach Markus«, »nach Lukas« und so fort. Sie wurden erst notwendig, als in der Gemeindebibliothek mehrere Evangelien vorhanden waren, die man unterscheiden wollte. Allerdings brauchen das nicht unbedingt vier Evangelien zu sein; zwei würden auch schon genügen, selbst dann, wenn eines davon apokryph wäre, wie das »Evangelium nach Thomas«.[43]

Ein vorläufiger Endpunkt der Entwicklung auf vier Evangelien hin ist fraglos mit Irenäus von Lyon erreicht, der um 180 schreiben kann (Adv Haer III 11,8):

Denn es geht nicht an, daß es eine größere Zahl von Evangelien gibt als diese (vier) oder eine geringere. Da auch die Welt, in der wir leben, vier Regionen hat und vier Windrichtungen, die Kirche aber über den ganzen Erdkreis verbreitet ist, und das Evangelium ihre Säule und Stütze und ihr Lebenshauch ist, ist es eine notwendige Konsequenz, daß sie vier Säulen hat, ... (nämlich) das Evangelium in vierfacher Gestalt, das aber zusammengehalten wird von dem einen Geist.

Es folgt der Rekurs auf die vier Lebewesen aus Offb 4,7 und auf vier Bundesschlüsse zwischen Gott und der Menschheit. Andere Väter verweisen auf die vier Elemente, die vier Jahreszeiten und

---

43 Dies betont zu Recht Silke Petersen, »Die Evangelienüberschriften und die Entstehung des neutestamentlichen Kanons«, in: ZNW 97 (2006), S. 250–274, hier bes. S. 267; grundlegend bleibt weiterhin, trotz der Tendenz zur Frühdatierung der Titel, Martin Hengel, »Die Evangelienüberschriften« [1984], in: Ders., *Jesus und die Evangelien. Kleine Schriften V* (WUNT 211), Tübingen 2007, S. 526–567.

die vier Ströme im Paradies.[44] Es dürfte deutlich sein, daß es sich dabei um nachträgliche Rationalisierungen handelt, nicht um wirkliche Erklärungen. Andere Zahlen wie Drei, Sieben oder Zwölf wären den Vätern vermutlich sogar sympathischer gewesen.[45]

In der Forschung wird derzeit verstärkt darauf hingewiesen, daß wir im 2. Jahrhundert noch nicht von einem Kanon sprechen sollten, denn die Grenzen des Kanons wurden in Ost und West erst im 4. Jahrhundert endgültig festgelegt. Strenggenommen müßten wir also sagen: die vier Evangelien, die später kanonisch geworden sind, und entsprechend auch: die Evangelien, die später apokryph geworden sind.[46] Das ist prinzipiell richtig. Allerdings muß man hinzufügen, daß die Vierevangeliensammlung um 200 bereits eine Sonderstellung und eine Autorität innehat, die auf ihre Kanonisierung hin verläuft.

2 Mündliche Tradition

Eine weitere wichtige Stimme aus dem 2. Jahrhundert, anzusetzen auf ca. 130–140, ist die des Bischofs Papias von Hierapolis. Er kannte mindestens zwei von unseren vier protokanonischen Evangelien. Dennoch verfaßte er selbst »Fünf Bücher mit Auslegungen zu Worten des Herrn«. Dafür schöpft er auch aus mündlicher Überlieferung, was er bekräftigt mit den Worten, die Eusebius zitiert (Hist Eccl III 39,4):

Denn ich war der Ansicht, daß aus Büchern geschöpfte Berichte für mich nicht denselben Wert haben können wie das lebendige und beständige mündliche Zeugnis.

---

44 Siehe Helmut Merkel, *Die Pluralität der Evangelien als theologisches und exegetisches Problem in der Alten Kirche* (TC 3), Bern 1978, S. 7.
45 Siehe Petersen, »Evangelienüberschriften« (Anm. 43), S. 251.
46 Vgl. die Titelformulierungen bei Dieter Lührmann, *Fragmente apokryph gewordener Evangelien in griechischer und lateinischer Sprache* (MThS 59), Marburg 2000; Ders., *Die apokryph gewordenen Evangelien. Studien zu neuen Texten und zu neuen Fragen* (NT.S 112), Leiden 2004.

Das erinnert uns daran, daß es außerhalb der vier Evangelien und neben ihnen her weitere Jesusüberlieferungen in mündlicher und schriftlicher Form gab. Manches davon kann in die apokryph gewordenen Evangelien eingegangen sein. Wir kommen darauf zurück.

3 Evangelienharmonie

Vorher müssen wir noch einen reduzierenden Trend kurz vorstellen, der mit dem Namen des Syrers Tatian verbunden ist. Er wurde berühmt durch sein »Diatesseron«, eine kunstvoll angelegte Evangelienharmonie, entstanden um 170.[47] In einen narrativen Rahmen, der aus dem Johannesevangelium entlehnt zu sein scheint, fügt Tatian – unter Vermeidung von Dubletten – fast alle Passagen aus den vier Evangelien und dazu noch einige außerkanonische Überlieferungen ein. Um nur ein Beispiel für seine geschickte Kombinatorik zu geben: Auf die Flucht der Heiligen Familie nach Ägypten und ihre Rückkehr nach Nazareth aus dem Matthäusevangelium läßt er die Episode mit dem zwölfjährigen Jesus im Tempel aus dem Lukasevangelium folgen.

Tatians Werk wurde in zahlreiche Sprachen des Ostens und Westens übersetzt. In der syrischen Kirche wurde es Jahrhunderte hindurch im Gottesdienst ausschließlich verwendet. Es ist ein kleines Wunder, daß sich diese Harmonie auf Dauer gesehen doch nicht durchsetzen konnte. Daß ihr Verfasser zuletzt aus anderen Gründen als häretisch galt, hat wahrscheinlich zu ihrem Niedergang beigetragen.

---

47 Eine gute Einführung gibt William L. Petersen, *Tatian's Diatessaron: Its Creation, Dissemination, Significance and History in Scholarship* (VigChr.Suppl. 25), Leiden 1994.

IV Im Schatten des Kanons: apokryphe Evangelien

1 *Die Ambivalenz des Phänomens*

Origenes bemerkt in seinen Homilien zum Lukasevangelium gleich zu Beginn (1,2): »Die Kirche kennt vier Evangelien, die Häresie noch mehr«, und er fängt an, sie aufzuzählen: Ein Evangelium »nach den Ägyptern«, ein anderes »nach den zwölf Aposteln«, eins »nach Thomas« und eins »nach Matthias«. Hier scheinen die Fronten klar abgesteckt zu sein: Die Vierevangeliensammlung dient als Kriterium der Orthodoxie; nur Häretiker verwenden weitere, apokryphe Evangelien. So einfach liegt die Sachlage aber doch nicht. Man sieht es schon daran, daß Origenes selbst ein Hebräerevangelium verwendet, daß Clemens von Alexandrien ein Ägypterevangelium gegen seine mißbräuchliche Benutzung in Schutz nimmt und daß Serapion von Antiochien einer Gemeinde zunächst die Lektüre des Petrusevangeliums gestattet, ehe er darin Abweichungen von der reinen Lehre entdeckt.[48]

Ambivalent ist bereits der Terminus »apokryph«. Frühchristliche Kanonverzeichnisse verwenden ihn wie zumeist auch wir in der Bedeutung nicht-kanonisch und, mehr noch, »unzuverlässig«, »gefälscht«. Wörtlich genommen meint »apokryph« aber soviel wie »verborgen«, »versteckt«, »geheim«. Das kann man auch als Ehrentitel und Auszeichnung verstehen. Unter den koptischen Schriften aus Nag Hammadi in Oberägypten, die 1945 gefunden wurden, befinden sich mehrere Exemplare eines »Apokryphon des Johannes«, das anscheinend als eine Art Programmschrift galt. Korrekt muß man den Titel daher wiedergeben mit »Geheimschrift des Johannes« oder gar »Geheimes (Evangelium) nach Johannes«. Im bekanntesten Text aus Nag Hammadi, dem Thomasevangelium, lautet die Eingangszeile: »Dies sind die verborgenen (›apokryphen‹ im Original) Worte,

---

[48] Für die Einzelbelege erlaube ich mir den summarischen Hinweis auf Hans-Josef Klauck, *Apokryphe Evangelien. Eine Einführung*, Stuttgart 2002, ³2008.

die Jesus, der lebendige, sprach, und es schrieb sie auf Didymos Judas Thomas.« Das Thomasevangelium ist eine reine Sammlung von Aussprüchen Jesu, mit wenigen dialogischen Elementen und ohne jede erzählerische Rahmung.[49]

2 Ein weites Feld
Im Einzelnen führt uns die Beschäftigung mit den apokryphen Evangelien in ein, um mit Günter Grass zu sprechen, weites Feld, das sehr unübersichtlich und nur schwer zu strukturieren ist.[50] Dafür gibt es verschiedene Gründe. Einige seien aufgezählt:

2.1 Die Gattungsgrenzen, die wir so mühsam etabliert haben, werden wieder verwischt. Das erzählende Moment ist nur noch teilweise vorhanden. »Evangelium« nennt sich auch eine Spruchsammlung wie das Thomasevangelium, eine Aneinanderreihung theologischer Notizen wie das Philippusevangelium und ein Dialog des Auferstandenen mit Jüngern und Jüngerinnen wie das Evangelium nach Maria (Magdalena). Andere nachösterliche Dialoge werden in der Forschung oft als »Dialogevangelien« klassifiziert, obgleich das Wort »Evangelien« in den Texten fehlt. Das *Evangelium Veritatis* aus Nag Hammadi (NHC I,3 und XII,2) hat weder Ober- noch Untertitel, beginnt aber mit den Worten: »Das Evangelium der Wahrheit bedeutet Freude für die, denen es vom Vater der Wahrheit gnädig gewährt worden ist, ihn zu erkennen ...« Was dann geboten wird, ist eine Art tiefgründiger theologischer Meditation.

---

49 Ausführlich besprochen bei Koester, *Ancient Christian Gospels* (Anm. 2), S. 75–128; als problematisch empfinde ich nach wie vor die Behandlung der Logienquelle als Evangelium (ebd. S. 128–171).
50 Koester, *Ancient Christian Gospels* (Anm. 2), S. 46 f., zieht sich auf folgende sehr weite Definition zurück: »This corpus should include all those writings which are constituted by the transmission, use, and interpretation of materials and traditions from and about Jesus of Nazareth«; paradoxerweise muß er dazu einige Texte ausschließen, die in den Quellen als »Evangelien« betitelt sind.

2.2 In manchen Fällen wurde einer Schrift der Titel »Evangelium« erst nachträglich verliehen. Das trifft zum Beispiel zu auf das »Protevangelium des Jakobus« und das »Kindheitsevangelium des Thomas«. Das Erst-Evangelium des Jakobus, das bis heute in der ostkirchlichen Liturgie Verwendung findet, verlängert die Kindheitsgeschichten von Matthäus und Lukas nach rückwärts und erzählt die Wegstrecke von der Empfängnis und Geburt Marias bis zur Geburt Jesu nach. Der Titel »Protevangelium« stammt aber erst aus dem 16. Jahrhundert. In unserer ältesten Handschrift lauten der Haupttitel »Geburt Marias« und der Untertitel »Offenbarung des Jakobus«. Die Kindheitserzählung des Thomas, nicht zu verwechseln mit dem zuvor erwähnten Thomasevangelium, bietet Momentaufnahmen aus dem Leben des fünfjährigen bis zwölfjährigen Jesus und zeichnet ihn als »ein höchst gefährliches kleines Wesen, das von seiner Umgebung gefürchtet wird und seinen Eltern unheimlich ist«.[51] In den Handschriften beinhaltet der variable Titel statt »Evangelium« den Ausdruck »*Paidika*«, das heißt Dinge, Ereignisse, auch Streiche und Scherze aus der Kindheit des Herrn.

2.3 Oft genug besitzen wir von einem Evangelium nur Fragmente, im äußersten Fall nur wenige Papyrus- oder Pergamentblätter. Das schon erwähnte Petrusevangelium beginnt und endet mitten im Satz, gibt sich somit als Fragment zu erkennen. Es schildert einen Ausschnitt aus den Ereignissen um Passion und Auferstehung Jesu. Wenn wir das mit dem zuletzt Gesagten zusammennehmen, wird auch eine Tendenz sichtbar: Apokryphe Evangelien tendieren teils dazu, Lücken auszufüllen, die von den vier kanonischen Evangelien offen gelassen werden. Sie expandieren die Kindheitserzählungen und die Osterberichte.

---

[51] Philipp Vielhauer, *Geschichte der urchristlichen Literatur. Einleitung in das Neue Testament, die Apokryphen und die Apostolischen Väter* (GLB), Berlin 1975, S. 675.

2.4 Andere Evangelien sind uns überhaupt nur aus spärlichen Fremdzitaten bei den Kirchenvätern bekannt. Hierher gehören judenchristliche Schriften wie das Hebräerevangelium und das Ebionäerevangelium. Für ihre Rekonstruktion sind wir, neben Clemens und Origenes, vor allem auf Hieronymus angewiesen.

2.5 Kurze Summarien von Inhalten des Evangeliums können auch in andere Gattungen eingehen und werden vom Leser erst dann wieder als Evangelium wahrgenommen, wenn ein Erklärer sie darauf aufmerksam macht. Ich denke hier als erstes an die Predigt des Petrus im Haus des heidnischen Hauptmanns Cornelius, wo Petrus das ganze Evangelium in wenigen Zeilen zusammenfaßt (Apg 10,36–43). Nur der Text sei geboten, weil er eindrücklich ist und weiterer Erläuterung kaum bedarf:

> *36 Er (Gott) sandte das Wort den Söhnen Israels, indem er (als Evangelium) Frieden verkündete durch Jesus Christus; dieser ist Herr aller.*
> *37 Ihr wißt, was für ein Geschehen sich ereignet hat in ganz Judäa, angefangen in Galiläa, nach der Taufe, die Johannes verkündet hatte:*
> *38 Jesus von Nazareth, wie Gott ihn gesalbt hat mit Heiligem Geist und mit Kraft. Dieser zog umher, tat Wohltaten und heilte alle, die vom Teufel versklavt worden waren, denn Gott war mit ihm.*
> *39 Und wir sind Zeugen für alles, was er getan hat im Land der Judäer und in Jerusalem. Und ihn beseitigten sie, indem sie ihn an einen Pfahl hängten und töteten.*
> *40 Ihn hat Gott auferweckt am dritten Tag und hat ihn sichtbar werden lassen,*
> *41 zwar nicht dem ganzen Volk, wohl aber den von Gott vorherbestimmten Zeugen, uns, die wir mit ihm nach seiner Auferstehung von den Toten gegessen und getrunken haben.*
> *42 Und er hat uns geboten, dem Volk zu verkündigen und*

> *zu bezeugen: Das ist der von Gott eingesetzte Richter der Lebenden und der Toten.*
> *43 Von ihm bezeugen alle Propheten, daß jeder, der an ihn glaubt, durch seinen Namen die Vergebung der Sünden empfängt.*

Ältere Forscher waren der Meinung, hier läge der Grundriß der Missionsverkündigung des Simon Petrus vor, den sein Schüler Markus nur noch auszufüllen brauchte. Der Ursprung des Evangeliums sei damit geklärt – eine außerordentlich weit reichende These. Aber eigentlich alle neueren Kommentare zur Apostelgeschichte insistieren darauf, daß hier Lukas selbst eine Kurzfassung seines eigenen Evangeliums mit Seitenblick auf das Markusevangelium hergestellt hat.[52] Diese Vorgehensweise setzt sich in der Acta-Literatur fort. Die Johannesakten enthalten in §§ 88–104 ein faszinierendes »Miniatur-Evangelium«, das mit 26 Paragraphen deutlich umfangreicher als Apg 10,32–43 ausfällt und in seltener Klarheit eine doketische Christologie vertritt. Auch andere Apostelakten weisen kürzere Parallelen dazu auf.[53]

2.6 Strenggenommen gibt es für die Produktion von apokryphen Jesuserzählungen keine zeitliche Grenze. Die von Clemens Brentano nacherzählten Visionen der Anna Katherina Emmerick, die um die Leidensgeschichte Jesu kreisen, tragen apokryphen Charakter. Der »Da Vinci Code« von Dan Brown und »Die Passion Christi« von Mel Gibson verwenden nicht nur apokryphe Stoffe, sondern können selbst als moderne Apokryphen bezeichnet werden. Wir nehmen also schon eine wesentli-

---

[52] Näheres zu dieser Kontroverse bei Frankemölle, *Evangelium* (Anm. 7), S. 222–239.
[53] Näheres bei István Czachesz, »The Gospel of Peter and the Apocryphal Acts of the Apostles: Using Cognitive Science to Reconstruct Gospel Tradition«, in: Thomas J. Kraus / Tobias Nicklas (Hg.), *Das Evangelium nach Petrus. Text, Kontexte, Intertexte* (TU 158), Berlin 2007, S. 245–261.

che Einschränkung vor, wenn wir uns notgedrungen auf die frühchristlichen und altkirchlichen Apokryphen beschränken.

Aus dem Gesagten geht auch schon hervor, wie schwer, um nicht zu sagen unmöglich es ist, eine verbindliche Liste von apokryphen Evangelien auch nur für den Bereich der Alten Kirche zu erstellen. Ich habe das für mich selbst mehrfach versucht, dann aber wieder aufgegeben. Verbindlichkeit scheint dem Phänomen an sich zu widersprechen. Ich schätze aber, daß wir von der Größenordnung her mit etwa 30 Titeln rechnen müssen, eher mehr als weniger.

3 Das öffentliche Interesse
Zu unerwarteter Popularität bringen es manche apokryphe Schriften wieder im 20. und 21. Jahrhundert im Rahmen einer Hermeneutik des Verdachts. Besonders die amerikanische Gesellschaft entwickelt ein geradezu morbides Interesse an Verschwörungstheorien aller Art, das wie alle amerikanischen Erfindungen auch auf den Kontinent übergreift. Was immer von Kaiser Konstantin verboten wurde, was heterodoxe Mönche im Wüstensand vergraben haben und was der Vatikan in geheimen Archiven unter Verschluß hält, all das hat, wenn es wieder ans Tageslicht gebracht wird, beste Aussichten auf journalistischen Erfolg; es muß nur geschickt genug vermarktet werden. Endlich, so meint man im Publikum, kommen wir damit der verschwiegenen, vollen Wahrheit näher. Hier tauschen »kanonisch« und »apokryph« fast ihre Plätze.

Ein Fall für eine überzogene Erwartungshaltung stellt das wiedergefundene »Evangelium des Judas« dar. Pünktlich zu Ostern 2006 hat der Verlag National Geographic Society im Rahmen einer medienwirksamen Veranstaltung in Washington, D. C., die vorläufige englische Version eines koptischen Originaltextes vorgestellt, der den Titel »Das Evangelium des Judas« trägt (diesmal nicht »*nach* Judas«, sondern explizit »*des* Judas«; in dieser Form wird der Titel auch von Irenäus von Lyon bezeugt).⁵⁴ Der koptische Kodex mit diesem Evangelium und vier weiteren Schriften entstand um 300. Wenn es sich dabei um den von Irenäus erwähnten Text handelt, kann man mit seiner Entstehung bis ca. 150–160 herabgehen. Erhofft hatte man vom Judasevangelium eine Neubewertung der Figur des historischen Judas und genauere Informationen über Inhalte und Gründe seiner Tat.⁵⁵ Nichts davon gibt der Text wirklich her. Sein gnostischer Charakter wird durch einen längeren Exkurs zur Erschaffung dieser Welt durch widergöttliche Mächte klargestellt. Was Judas angeht, streitet man sich in der Forschung inzwischen darüber, ob er in diesem Evangelium überhaupt rehabilitiert werden soll, seine Rolle bei der Dahingabe Jesu also positiv aufgefaßt, oder ob seine Person nicht doch letztlich noch mehr eingeschwärzt und dämonisiert wird, als das ohnehin schon der Fall war. Mir scheint, daß sich nach einer anfänglichen Phase der Euphorie die Waage jetzt mehr zur negativen Sicht seiner Gestalt neigt.

Der Wissenschaft bleibt die undankbare Aufgabe, genauer hinzusehen und, wie immer, Zweifel zu säen, aber auch für ein

---

54 Erfreulicherweise steht inzwischen die kritische Ausgabe mit Fotos zur Verfügung: Rodolphe Kasser / Gregor Wurst (Hg.), *The Gospel of Judas, Critical Edition: Together with the Letter of Peter to Philip, James, and a Book of Allogenes from Codex Tchacos*, Washington, D.C. 2007, S. 177–235; zuvor war die Arbeit am Text im wesentlichen angewiesen auf die vorläufige englische Übersetzung in: Rodolphe Kasser / Marvin W. Meyer / Gregor Wurst (Hg.), *The Gospel of Judas from Codex Tchacos. With Additional Commentary by Bart D. Ehrman*, Washington, D.C. 2006, S. 19–45. Übersetzungen ins Deutsche finden sich bei Peter Nagel, »Das Evangelium des Judas«, in: ZNW 98 (2007), S. 213–276; Johanna Brankaer / Hans-Gebhard Bethge, *Codex Tchacos. Texte und Analysen* (TU 161), Berlin 2007, vgl. bes. S. 255–372: »CT 2: Das Judasevangelium.«
55 Zu den historischen Fragen um Judas Iskariot siehe Hans-Josef Klauck, *Judas, un disciple de Jésus. Exégèse et répercussions historiques*. Trad. par Joseph Hoffmann (LDiv 212), Paris 2006; neuere Literatur verzeichnet Hans-Josef Klauck, *Die apokryphe Bibel. Ein anderer Zugang zum frühen Christentum (Tria Corda 4)*, Tübingen 2008, Kap. 1.

angemessenes Verständnis der Texte zu werben. Generell kann man sagen, daß wir aus den apokryphen Evangelien sehr viel lernen über die Zeit ihrer Entstehung, was uns insbesondere für das 2. und 3. Jahrhundert durchaus willkommen ist. Nicht so hoch hingegen ist der Ertrag für die historische Jesusforschung anzusetzen, zumal die meisten apokryphen Evangelien doch wohl die kanonisch gewordenen vier Evangelien voraussetzen und sie auf die ein oder andere Weise weiterspinnen. Deren Kenntnis kann den Verfassern der Apokryphen im übrigen auch durch sekundäre Oralität vermittelt sein.[56] Sekundäre Oralität besagt, daß die schriftlich vorliegenden vier Evangelien durch ihren Gebrauch in Gottesdienst und Katechese wieder in einen mündlichen Status zurücktransformiert wurden und so aufs neue in mündliche Tradierung übergingen.

All das heißt nicht, daß im Einzelfall nicht auch unabhängige Jesustradition in den Apokryphen aufgespürt werden kann. Als Beispiel sei das kürzeste Wort aus der Reihe der 114 Sprüche des Thomasevangeliums zitiert, Logion 42: Jesus spricht: »Werdet Vorübergehende« – dies auch deshalb, weil es vermutlich die Basis bildet für ein versprengtes Jesuswort aus islamischer Tradition, das lautet: »Die Welt ist eine Brücke. Geht über sie hinüber – aber laßt euch nicht auf ihr nieder!«[57] Fast ist man versucht hinzuzufügen: Das hätte auch Jesus nicht besser sagen können.

---

56 Vgl. Samuel Byrskog, *Story as History – History as Story. The Gospel Tradition in the Context of Ancient Oral History* (WUNT 123), Tübingen 2000; siehe auch schon Klaus Berger, *Formgeschichte des Neuen Testaments*, Heidelberg 1984, S. 16: »Ein besonderes und wichtiges Phänomen ist das *Wieder-Mündlich-Werden von Texten*, die bereits schriftlich waren« (Hervorhebung im Original).

57 Vgl. Marvin W. Meyer, »›Be Passersby‹: *Gospel of Thomas* Saying 42, Jesus Traditions, and Islamic Literature«, in: Jon Ma. Asgeirsson/April D. DeConick/Risto Uro (Hg.), *Thomasine Traditions in Antiquity. The Social and Cultural World of the Gospel of Thomas* (NHMS 59), Leiden 2006, S. 255–270; auch in: Ders., *Secret Gospels. Essays on Thomas and the Secret Gospel of Mark*, Harrisburg, Pa. 2003, S. 59–75.

***

Wir haben unsere Überlegungen begonnen mit Martin Luther. Abschließen möchte ich sie mit zwei Dichterworten: »Und jedem Anfang wohnt ein Zauber inne, der uns beschützt und der uns hilft zu leben« – Hermann Hesse in seinem Gedicht »Stufen«.[58] »Ein Anfang ist gemacht, und die Grundlagen zu den ersten Mißverständnissen sind gelegt« – Ingeborg Bachmann in ihren Frankfurter Poetikvorlesungen.[59] Die Schrift stellt für Theologie und Kirche den mitwandernden Anfang dar, auf den sie unabdingbar zurückbezogen bleiben und aus dessen Dynamik sie ihre Lebenskraft schöpfen. Zugleich ist dieser Anfang aber auch von einer gewissen Unbestimmtheit und Vieldeutigkeit charakterisiert,[60] die verschiedene Optionen zuläßt. Der Anfang birgt, negativ gesehen, auch schon den Keim des Zerwürfnisses in sich. Ins Positive gewendet, entsprechen dem legitime Pluralität und lebendige Vielfalt. Alles zusammen genommen stellt die Sammlung und Kanonisierung von vier Evangelien eine ökumenische Großtat ersten Ranges dar, deren Bedeutung schwerlich zu überschätzen und in mancher Hinsicht noch längst nicht eingelöst ist. Auch zum Erfolg des Christentums dürften sie ihren Teil beigetragen haben, handelt es sich doch durchweg um dynamische, spannungsvolle, temporeiche, emotional bewegende Erzählungen, die kaum einen Hörer unbeeindruckt zurücklassen (es sei denn einen von vornherein gegen die Christen eingestellten Kritiker wie Celsus).

Unter diesen Aspekten bleibt es erstaunlich, daß die weitere

---

58 Abgedruckt in: Dietrich Bode (Hg.), *Deutsche Gedichte. Eine Anthologie*, Stuttgart 1984, S. 263.
59 Ingeborg Bachmann, *Frankfurter Vorlesungen. Probleme zeitgenössischer Dichtung*, München ³1989, 24 (diesen Hinweis verdanke ich Otto Schwankl, »Auf der Suche nach dem Anfang des Evangeliums. Von 1 Kor 15,3–5 zum Johannesprolog«, in: *BZ NF* 40 [1996], S. 39–60).
60 Herausgestellt auch von Henning Paulsen, »Von der Unbestimmtheit des Anfangs. Zur Entstehung von Theologie im Urchristentum«, in: *Anfänge der Christologie* (FS Ferdinand Hahn), Göttingen 1991, S. 25–41.

Entwicklung des Evangeliums – als Begriff und als Gattung – in der Kirchengeschichte von der Forschung so stiefmütterlich behandelt wird. Hier gilt leider immer noch, was Adolf Harnack im Jahr 1910 schon bemerkte: »Die spätere Geschichte des Wortes ›Evangelium‹ in der Kirche ist noch nicht geschrieben – eine merkwürdige Vernachlässigung!«[61]

---

61 Adolf Harnack, »Evangelium. Geschichte des Begriffs in der ältesten Kirche«, in: Ders., *Entstehung und Entwickelung der Kirchenverfassung und des Kirchenrechts in den zwei ersten Jahrhunderten*, Leipzig 1910, S. 199–239, hier S. 238.

Oda Wischmeyer

Die paulinische Mission als religiöse und literarische Kommunikation

Einführung

Ich glaube nicht was der Pabst befiehlt, auch nicht in allen Stücken was Lutherus, Beza und Calvinus geschrieben, sondern ich glaube an den Drey Einigen Gott und setze sein Heil(iges). Wort zu einem ofvenbahren Grunde meines Glaubens, und was damit nicht übereinstimmt, *solches soll niemahls von mir geglaubt werden* und wenn es auch ein Engel vom Himmel geschrieben hätte.[1]

So beginnt das kämpferisch gehaltene Glaubensbekenntnis, das Friedrich der Große 1741 an die protestantischen Stände des Reichstags in Regensburg verschickte, um das Direktorium der evangelischen Reichsstände zu erhalten, das nach dem Konfessionswechsel des sächsischen Königs vakant war.

Der hochpolemische Eingangssatz mündet in eine – nicht eigens gekennzeichnete – Anspielung auf einen berühmten Satz des Paulus aus dem Anfang seines Briefes an die Galater. Wie heißt es dort?

1 Anno 1741 Das Glaubens-Bekenntnüs Sr. Königl. Majestaet in Preußen welches er allen Protestantischen Ministern zu Regensburg hat insinuieren lassen, um da durch das Directorium über die Evangelischen Stände zu erhalten, Nr. 1.

Aber auch wenn wir oder ein Engel vom Himmel euch ein Evangelium predigen würden, das anders ist, als wir es euch gepredigt haben, der sei verflucht. Wie wir eben gesagt haben, so sage ich abermals: Wenn jemand euch ein Evangelium predigt, anders als ihr es empfangen habt, der sei verflucht.[2]

Wie die Christusgemeinden in Galatien auf diesen Brief reagiert haben, wissen wir nicht.[3] Dagegen kennen wir die Reaktion korinthischer Gemeindeglieder auf entsprechende Formulierungen des Paulus aus seiner Korrespondenz mit der dortigen Gemeinde.[4] Auch hier begegnet uns eine Verfluchung:

Ich aber nämlich, abwesend im Leib, anwesend aber im Geist, habe schon, als wäre ich anwesend, das Urteil gefällt über den (Menschen), der dies so getan hat: (nämlich) wenn ihr im Namen des Herrn Jesus versammelt seid und mein Geist mit der Kraft unseres Herrn Jesus (dabei ist), diesen (Menschen) dem Satan zum Verderben des Fleisches zu übergeben, damit der Geist am Tag des Herrn gerettet werde.[5]

Dieser Mensch, ein getauftes und offenbar wohlbeleumdetes Gemeindemitglied, lebte in einer Ehe, die aus der Sicht des Paulus verboten war und die Reinheit der Gemeinde ruinierte.[6] Paulus statuiert hier vereinsrechtlich betrachtet einen Gemeindeausschluß, er kommuniziert dies Urteil brieflich, und zwar in der kruden Art einer Übergabe an den Satan, in einer Art von Verfluchung.

---

[2] Gal 1,8 f.
[3] Ist er dort aufbewahrt worden, oder stammt unser »Galaterbrief« aus einem paulinischen Schularchiv?
[4] Eve-Marie Becker, *Schreiben und Verstehen. Paulinische Briefhermeneutik im Zweiten Korintherbrief* (NET 4), Tübingen/Basel 2002, S. 94–102 und dies., »2. Korintherbrief«, in: Oda Wischmeyer (Hg.), *Paulus. Leben – Umwelt – Werk – Briefe*, S. 164–191.
[5] 1 Kor 5,3–5.
[6] Andreas Lindemann, *Der Erste Korintherbrief* (HNT 9/I), Tübingen 2000, S. 123–133.

Die Verfluchung ist aus linguistischer Sicht eine Sprachhandlung, die Wirklichkeit setzt. Verfluchungen gehörten zum religiösen Instrumentarium der Antike. Paulus benutzt sie mehrfach in seinen Briefen, genauer: Er benutzt seine Briefe als Träger, als Instrument einer Verfluchung. Wenn wir die zitierten Sätze aus dem ersten Korintherbrief hören, wundert es uns nicht, daß die korinthische Gemeinde durch die Briefe des Paulus in Schrecken versetzt wurde. Paulus gibt ihre Reaktion folgendermaßen wieder: »Denn die Briefe, sagen sie, (wiegen) schwer und (sind) stark, seine persönliche Anwesenheit (oder: Erscheinung, sein Auftreten) aber (ist) schwach und sein Vortrag verachtenswert (oder: kläglich, jämmerlich)«. Er leitet diesen wichtigen Satz mit der beruhigenden Wendung ein: »(Das sage ich aber), damit es nicht scheint, als wolle ich euch durch die Briefe erschrecken.« (2. Korinther 10,9 f.) Wer auch immer »die« gewesen sein mögen, die Angst und Respekt vor seinen Briefen, nicht aber vor seiner leiblichen Anwesenheit und seiner Predigt hatten, und was auch immer sie an seinen Vorträgen, die zur Gründung großer und erfolgreicher Gemeinden führten, auszusetzen hatten – die Einschätzung der Paulus-Briefe durch korinthische Christen ist für uns von großer Bedeutung. Sie beweist, daß die Briefe, die Paulus an seine Gemeinden schrieb und die uns in Gestalt von sieben sehr unterschiedlichen Schreiben im Neuen Testament vorliegen,[7] nicht »nur Briefe« waren, sondern zu jenen »scharfgeschliffnen Waffen der ersten Christenheit« gehörten, die Philipp Spitta in seinem Kirchenlied: »O komm, du Geist der Wahrheit« im nostalgischen Ton des 19. Jahrhunderts beschwört[8] und die schon ein Friedrich von Preußen im entsprechenden konfessionspolemischen Zusammenhang zu führen wußte.

Die Waffen-Metapher selbst ist nun aber keineswegs nostalgische Verklärung eines kämpferischen »urchristlichen« Zeital-

---

[7] Einführend Oda Wischmeyer in: Dies. (Hg.), *Paulus. Leben – Umwelt – Werk – Briefe*, S. 123–125.
[8] Evangelisches Gesangbuch Nr. 136 Strophe 2. Vgl. auch Strophe 3.

ters, sondern trifft das Selbstverständnis des Briefautors Paulus präzise, wie eine Passage aus dem 2. Korintherbrief deutlich macht. Paulus verwendet hier eine ausgebreitete Waffenmetaphorik im Zusammenhang mit seinen Briefen:

> *Ich selbst aber, Paulus, ermahne euch bei der Sanftmut und Güte Christi, (ich), der ich (angeblich) von Angesicht (zu Angesicht) demütig bin, abwesend aber mutig – ich bitte euch aber, daß ich nicht, wenn ich anwesend bin, mutig sein muß mit jener Überzeugung, die ich voller Kühnheit gegen jene gebrauchen will, die meinen, wir wandelten sozusagen ›fleischlich‹. Denn obwohl wir im Fleische wandeln, kämpfen wir doch nicht nach fleischlicher Weise, denn die Waffen unseres Kampfes sind nicht fleischlich, sondern mächtig für Gott, Festungen zu zerstören, indem wir Gedanken zerstören, und alles Hohe, das sich gegen die Erkenntnis Gottes auftürmt, und jede Überlegung unter den Gehorsam Christi gefangen nehmen, und bereit sind, jeden Ungehorsam zu bestrafen, wenn euer Gehorsam vollkommen geworden ist.*[9]

Für Paulus sind seine Briefe »Waffen« im Kampf gegen jede falsche »Erkenntnis Gottes«, Waffen zur Herstellung von Gehorsam, Waffen, die er bei Abwesenheit von den Gemeinden benutzt. Wirkt er bei Abwesenheit »in der Rede durch Briefe (*tô lógô tôn epistolôn*)«, so agiert er bei Anwesenheit »in der Tat«.[10] Das notfalls zerstörerische Potential seiner Briefe beschwört Paulus noch mehrfach, so auch gegen Ende des 2. Korintherbriefes: »Deshalb schreibe ich eben dieses in Abwesen-

---

9 2 Kor 10,1–6.
10 2 Kor 10,11. Die Antithese »Rede« und »Tat« ist nicht ganz einfach zu erklären. Man könnte eher »Brief« und »Rede« bzw. »Predigt« erwarten. Daß Paulus hier seine apostolische »Tat« so betont, liegt wohl in der Verteidigung gegenüber den »Fremdaposteln« begründet, die das Thema von 2 Korinther 10–13 bildet. Zum Motiv der apostolischen »Taten« vgl. 1. und 2. Korinther, besonders 2. Korinther 12,12! Gedacht ist an Heilungen und pneumatische Phänomene wie Zungenrede. Römer 15,18 und 19: *lógô kai érgô*.

heit, damit ich nicht, wenn ich (wieder) anwesend bin, Strenge gebrauchen muß gemäß der Gewalt, die mir der Herr gegeben hat zur Auferbauung und nicht zur Zerstörung.« (2. Korinther 13,10) Diese Versicherung der Konstruktivität täuscht nicht darüber hinweg, daß Paulus anwesend oder abwesend destruktiv wirken kann.

I Paulus und seine Mission

Die Paulusbriefe führen direkt zum historisch deutlich erkennbaren Anfang des Christentums zurück, denn dieser liegt für unsere Wahrnehmung bei Paulus und seiner Mission im östlichen Mittelmeerraum.[11] Sein erster Brief an die »Gemeinde der Thessalonicher« ist zugleich das erste uns erhaltene christliche Dokument. Paulus verfasste diesen Brief wohl im Jahr 50 n. Chr., d. h. knapp zwanzig Jahre nach der Hinrichtung Jesu von Nazareth.[12] Das erste historische Lebenszeichen und die erste literarische Artikulation des entstehenden Christentums ist damit ein Brief. Das kann uns nur so lange wundern, wie wir uns nicht vergegenwärtigen, in welchem Umfang *das beginnende Christentum von Anfang an eine auf Wachstum angelegte religiöse Bewegung und ein Sprach- und Kommunikationsereignis war und welch führende Rolle Paulus mündlich und schriftlich in diesem Prozeß spielte*. Die folgenden Ausführungen basieren dementsprechend auf zwei Annahmen: Erstens läßt sich die Missionsgeschichte der ersten Generation (ca. 35 n. Chr. bis Anfang der sechziger Jahre des 1. Jahrhunderts n. Chr.) als öku-

---

11 Über die vor- und nebenpaulinische Mission außerhalb Palästinas sind wir nur sehr bruchstückhaft unterrichtet. Zur Geschichte des frühen Christentums insgesamt einführend Alexander J. M. Wedderburn, *A history of the first Christians*, London 2004.
12 Eva Ebel, »1. Thessalonicherbrief«, in: Oda Wischmeyer, *Paulus* (Anm. 7), S. 126–137. Gerd Theißen/Annette Merz, *Der historische Jesus*, Göttingen ³2001, S. 147–155.

menischer[13] Kommunikationsprozeß beschreiben. Zweitens verfolgt Paulus als der einzige uns historisch deutlich erkennbare Missionar dieses Zeitraums einen ökumenischen Plan und verknüpft die Vollendung des göttlichen Heilsplanes für die Welt mit seiner eigenen Missionstätigkeit.[14]

Das Phänomen, das wir »Mission des Paulus« zu nennen gewohnt sind, beschreibt Paulus im Römerbrief[15] aus seiner Sicht vor dem Hintergrund der Prophetie Israels. Er knüpft einleitend an einen Satz aus dem Propheten Joel an, der lautet: »Jeder nämlich, der den Namen des Herrn anrufen wird, wird gerettet werden«,[16] und fährt kommentierend fort: »Wie sollen sie aber den anrufen, an den sie nicht glauben? Wie aber sollen sie (an den) glauben, von dem sie nichts gehört haben? Wie aber sollen sie hören ohne jemanden, der verkündet? Wie aber sollen sie verkünden, wenn sie nicht gesendet sind?« Paulus schließt diese Kette der von ihm geliebten rhetorischen Fragen mit einem zweiten Zitat, diesmal aus dem Propheten Jesaja: »Wie geschrieben steht: ›Wie lieblich sind die Füße derer, die das Gute verkünden‹[17]«! »Gutes verkünden, eine frohe Botschaft verkünden« heißt griechisch »*euaggelízesthai*«. Paulus formuliert hier knapp, präzise und sprachlich auffallend suggestiv die *ratio* urchristlicher Mission, nämlich den Prozeß von Sendung bzw. Beauftragung, Verkündigung des *euaggélion*, Hören/Hörerschaft, Glaube, Anrufen des Herrn. Ziel dieses Prozesses der Verkündigung ist die Rettung der Ökumene, der Juden und der Griechen, in jenem Gericht Gottes, das Paulus als universales Endereignis erwartet. Den Zusammenhang von »Guter Botschaft«, *euaggéli-*

---

13 »Ökumenisch« bedeutet hier: im Maßstab des *imperium Romanum* bzw. der *oikuméne*.
14 Röm 9–11, besonders 11,25–32: Die Heidenmission des Paulus ist die Voraussetzung der Rettung Israels. Diese wiederum führt zur Rettung »aller« (Römer 11,32). Vgl. Römer 15,14–29: Paulus will »die Heiden« Gott als heiliges »Opfer« darbringen.
15 Röm 10,14–18.
16 Joel 3,5 Septuaginta.
17 Jesaja 52,7 in Röm 10,12–15.

on, mit der Verkündigung der Botschaft, dem *kérygma*, und dem Botschafter, dem *apóstolos*, hat Paulus auch in anderen Zusammenhängen prominent formuliert. Im 2. Korintherbrief stellt er seine eigene Rolle als Gesandter Gottes in den Vordergrund: »An der Stelle Christi sind wir nun Botschafter (*presbeúomen*[18]), so als ermahnte Gott (selbst) durch uns: Lasst euch mit Gott versöhnen!« Diese Botschafterrolle nennt Paulus den »*lógos* der Versöhnung«, das Wort oder die Rede des Apostels. Ganz knapp formuliert Paulus in Römer 15 mit einem Jesajawort: »Denen nichts von ihm verkündigt worden ist, die werden sehen, und die nicht gehört haben, werden verstehen«.[19] Es geht um Verkündigen (*anaggéllô*) und Hören, die beiden Pfeiler der Evangeliumskommunikation.

Wir sind nun trotz oder vielleicht auch wegen der großen Bedeutung der Medien in unserer Gesellschaft geneigt, sprachliche Mitteilung im Sinne der bekannten Kritik an Kirchen, Politik, Gewerkschaften, Schulen als defizitär zu werten. Aber auch die griechisch-römische Antike war eine Welt des unendlichen öffentlichen Redens, der rhetorischen Schulung und der Vorträge über jedes nur denkbare Thema. Vor diesem Hintergrund ist die Beobachtung wichtig, daß Paulus nicht nur die verbale Komponente der Evangeliumskommunikation kennt, nicht nur als öffentlicher Redner agiert und seinen apostolischen Auftrag nicht nur auf schriftliche und mündliche Wortverkündigung beschränkt. Er betont vielmehr im Römerbrief die Korrespondenz von »*lógos*« und »*érgon*«, von Rede und Tun. Er habe überall die Heiden »in der Kraft von Zeichen und Wundern und in der Kraft des Geistes« zum Gehorsam des Glaubens gebracht.[20] Wie auch die Briefe als Sprachhandlungen in die *dýnamis* des Verkündigungsprozesses einbezogen sind, ist schon deutlich geworden.

---

18 *Presbeúô* = als Gesandter wirken.
19 Röm 15,21 nach Jesaja 52,15 Septuaginta.
20 Röm 15,18 f. Diese Seite der paulinischen Missionstätigkeit wird in der

Der Kommunikationsvorgang, an dem Paulus mit seiner mündlichen und schriftlichen Verkündigung »in Wort und Tat« führend beteiligt ist, hat einen Fluchtpunkt, den wir auch als strategisches Ziel bezeichnen können: den »Gehorsam des Glaubens aufzurichten« (*hypakoé písteôs*). Diese merkwürdige Wendung, die Paulus im Römerbrief und im 2. Korintherbrief[21] benutzt, verdient unsere Aufmerksamkeit, ist sie doch zweifellos zentraler Ausdruck des Selbstverständnisses der Mission des Paulus: Er soll »den Gehorsam des Glaubens bei allen Heiden« aufrichten. Das ist seine »*apostolé*«, sein Sendungsauftrag (Röm 1,5), den er mündlich und schriftlich und in Wort und Tat ausrichtet. Sein Auftrag richtet sich an »die Völker« (*éthne*). Im ersten Kapitel des Galaterbriefes hat Paulus diese *apostolé* folgendermaßen beschrieben: »damit ich ihn (Gottes Sohn) verkündigen sollte (*euaggelízomai*) unter den Völkern« (Gal 1,16). Paulus spricht hier wie so oft von den Adressaten seiner Sendung als den »Völkern«. Was ist damit gemeint?

Die Bezeichnung ist nicht primär religiös und mit unserm Substantiv »Heiden« wiederzugeben, wie wir es aus Bibelübersetzungen gewohnt sind, sondern ethnisch gemeint, und zwar aus der Perspektive Israels. Als »Israelit«[22] oder »Judäer« *(Ioudaíos)*[23] lebt Paulus in einer zweigeteilten Welt. Er kennt das »Volk der Juden«, dem er seiner Abstammung nach angehört[24]

Apostelgeschichte dargestellt: Kommunikation des Evangeliums durch die Zeichen (Wunder), d. h. meist Heilungen der Apostel.

21 Röm 1,5 (»Gehorsam des Glaubens«); 15,18 (»Gehorsam«); 16,26 (»Gehorsam des Glaubens«, textkritisch umstritten); 2 Kor 10,5 (»Gehorsam Christi«).
22 Röm 11,1 und 2 Kor 11,22.
23 Die wörtliche Übersetzung des griechischen *Ioudaíos* mit »Judäer« macht die ethnische Komponente im griechischen Begriff anschaulich. Ich benutze das im Deutschen gebräuchliche »Jude« in diesem nicht nur religiösen, sondern primär ethnischen Sinne der antiken jüdischen Selbstbezeichnung, die Paulus teilt. Vgl. auch den Beitrag von H. Cancik im vorliegenden Band. Cancik verwendet hier den verfremdenden Terminus »Judäer«.
24 Gal 2,15: »wir, die wir *phýsei Ioudaíoi* sind«. Das sagt Paulus ebenso

und »die (anderen) Völker«, die er nach der führenden Kultursprache des östlichen Teils des Imperium Romanum auch abgekürzt als »Griechen« bezeichnen kann.[25] Aus jüdischer Sicht sind die *éthne* zugleich unbeschadet ihrer ethnischen und kulturellen Vielfalt, an der die jüdische Perspektive nicht primär interessiert ist, alle zusammen jene Menschen, die »Gott nicht erkennen«.[26] Dies will Paulus als Gesandter Gottes ändern. Das *euaggélion* soll allen Menschen verkündet werden, und so wie Petrus der leitende Missionar der Juden ist,[27] ist Paulus der leitende Missionar der »(anderen) Völker«. So ist es auf einem Treffen von Paulus, Barnabas und Titus mit Petrus, Jakobus, Johannes und anderen führenden Gemeindegliedern in Jerusalem im Jahr 48 oder 49 n. Chr. beschlossen worden.[28] Es ist wichtig, hier zweierlei festzuhalten: Erstens haben nicht nur Paulus und seine Mitarbeiter, sondern auch die Jerusalemer Gemeindeleiter strategisch im Maßstab des Römischen Reiches gedacht und geplant. Das bedeutet, daß das entstehende Christentum knapp zwanzig Jahre nach Jesu Tod schon eine imperiale Missionsperspektive entwickelt hatte. Wir können diese Perspektive sogar noch deutlich früher ansetzen, denn das Christentum hatte zu dieser Zeit bereits nicht nur in Antiochia, sondern auch in Kleinasien und vor allem in Rom fest Fuß gefaßt. Zweitens ging die Festschreibung dieser Strategie aber auf eine Intervention des Paulus zurück, der das Treffen in Jerusalem initiierte, weil seine beschneidungsfreie Mission der Nichtjuden

> über den in Galiläa geborenen Petrus wie über sich selbst, der aus der Diaspora, aus Tarsos, stammt und damit geographisch im Bereich »der Völker« groß geworden ist.

25 Gal 3,28. Vgl. 1 Kor 12,13. Hier schlägt der Hellenismus durch, dem Paulus als Bürger von Tarsos verbunden ist.
26 Röm 1–3.
27 Gal 2,8: Petrus ist der Apostel »der Beschneidung«. Paulus kennzeichnet die Juden hier durch ihr – aus seiner Sicht – wichtigstes Unterscheidungs- bzw. Identitätsmerkmal.
28 Der sogenannte Apostelkonvent, den Paulus in Galater 2 beschreibt. Vgl. die Darstellung in Apostelgeschichte 15.

bei jüdisch geborenen Christen auf Ablehnung stieß. Paulus ist der deutlich erkennbare Träger und Promotor einer Mission unter den Nicht-Mitgliedern des *éthnos Ioudaíôn*, der diese Mission ausschließlich als Kommunikation des *euaggélion* ohne Eintritt in das *éthnos Ioudaíôn* versteht und praktiziert.

Der Jude Paulus bewegt sich als *apóstolos* Jesu Christi, dessen Mission den »Völkern« gilt, im Imperium Romanum stets und überall auf ethnisch und kulturell fremdem Boden. Auf seinen Missionsreisen hält er sich zunächst im hellenisierten Osten des Römischen Reiches auf, in Syrien und dem südlichen und mittleren Kleinasien, später in Griechenland, gegen Ende seines Lebens lebt er eine Zeit lang in Rom. Wo auch immer er ist, befindet er sich aber stets in kulturellen Zusammenhängen, die seine religiös-kulturelle Einteilung der Welt nicht teilen und die ethnischen Differenzen und Identitäten grundlegend anders als er selbst definieren. Im hellenistischen Osten wird zwischen »Griechen« bzw. »Hellenen« und Barbaren unterschieden, in Rom zwischen Römern und Barbaren. Aus griechisch-römischer Sicht wird es wenig genützt haben, daß auch Paulus selbst diese Einteilung benutzen kann, wenn er sich den Römern als »Schuldner der Griechen und Barbaren« vorstellt und sich damit natürlich nicht als Barbar versteht (Röm 1,14). Als griechisch sprechender beschnittener Diasporajude ist und bleibt Paulus aus griechischer wie römischer Perspektive Mitglied des *éthnos Ioudaíôn* und damit Barbar, aus der Sicht gebildeter Griechen und Römer ist er sogar Mitglied eines besonders verachtenswerten Barbarenvolkes. Das gilt auch für den Fall, daß er das römische Bürgerrecht besessen hätte. Damit befindet sich Paulus überall auf fremdem Gebiet, und seine Selbsteinschätzung ist grundsätzlich von seiner Wahrnehmung durch »die Völker«, zu denen er sich gesendet weiß, unterschieden.

Und doch will dieser jüdische »Barbar« »den Völkern« die frohe Botschaft seines Gottes bringen (Gal 1,16), überall den Gehorsam des Glaubens aufrichten, drängt nach Westen, ins Zentrum des Imperium Romanum, in die *urbs*, und noch viel weiter: nach Spanien, an das westliche Ende der seiner Zeit bekannten Welt. Im 15. Kapitel des Römerbriefes gibt Paulus den römischen Christen Einblick in diese ökumenische Missionsstrategie: Ich habe »das *euaggélion* des Christus von Jerusalem aus im (weiten) Umkreis bis nach Illyrien vollständig (den Völkern) gebracht [...] nun aber habe ich in diesen Bereichen keinen (neuen) Platz mehr, während ich seit vielen Jahren wünsche, zu euch zu kommen, wenn ich einmal nach Spanien reise«.[29] Paulus fährt fort, seine Reisepläne zu erläutern: »Jetzt aber reise ich nach Jerusalem, um den Heiligen zu dienen. Es gefiel nämlich Makedonia und Achaia, eine gewisse Kollekte für die Armen unter den Heiligen in Jerusalem zu veranstalten.«[30]

Dies sind erstaunliche Sätze, die für unser Thema von besonderer Bedeutung sind. Wer spricht hier? Mit welchem Anspruch? Mit welcher Vision? Und von welcher Realität? Beginnen wir mit der Realität, soweit wir sie rekonstruieren können. Es ist eine städtische Welt, mit der Paulus zu tun hat. Im Jahre 56 n. Chr., dem wahrscheinlichen Entstehungsjahr des Römerbriefes,[31] bilden die kleinen christlichen Gemeinden in einigen wichtigen Städten des Ostens: in Jerusalem, Caesarea maritima, Damaskus, Antiochia am Orontes, in süd- und mittelkleinasiatischen Städten, in Ephesus und anderen Städten der Westküste Kleinasiens, in den Städten der griechischen Ostküste von Philippi bis Korinth und in Rom eine Art Netzwerk sogenannter *ekklesíai theoú*. Paulus und seine zahlreichen Mitarbeiter und Mitarbeiterinnen – etwa fünfzig von ihnen kennen wir mit Namen, teilweise mit biographischen Angaben – sind dauernd zwischen diesen Gemeinden unterwegs. Ständig werden Briefe ausgetauscht – solche, die aus den Gemeinden an Paulus gerichtet wurden, werden zwar erwähnt (1 Kor 7,1), sind aber nicht erhalten –, überbracht und weitergegeben. Die Gemeinden sind

---

29 Röm 15,19 und 23 f.
30 Röm 15,26.
31 Oda Wischmeyer, *Paulus* (Anm. 7), S. 241–274.

also durch ein dichtes persönliches und durch ein briefliches Netzwerk miteinander verbunden. Der Informationsstand ist hoch, ebenso die Verbundenheit der »Brüder und Schwestern in Christus«. Ob auch andere Apostel durch Briefe mit einzelnen Mitchristen oder mit Gemeinden kommunizierten, wissen wir nicht. Daß mehr Schreiben zwischen den Gemeinden und ihren Leitern ausgetauscht wurden, als uns erhalten sind, können wir voraussetzen (1 Kor 5,9).

Die Apostelgeschichte überliefert den Wortlaut eines kurzen offiziellen Schreibens der Jerusalemer Apostel und Ältesten auf dem Apostelkonvent an die »Brüder aus den Völkern« in Antiochia, Syrien und Kilikien.[32] Die Historizität des Schreibens läßt sich nicht erweisen, ist aber auch nicht auszuschließen. Wahrscheinlich handelt es sich allerdings um ein fiktives Schreiben, das der Schriftsteller nach seiner historischen Vorstellung von der Apostelversammlung und ihren Kommunikationsformen entworfen hat. In unserem Zusammenhang ist ein Thema dieses Briefes wichtig: die sogenannte Kollekte, zu der Paulus von den Jerusalemern verpflichtet wurde. Wir befinden uns mit dem Apostelkonvent noch vor 50 n. Chr., d. h. im Zeitraum vor der paulinischen Mission in Griechenland. Diese Geldsammlung der Gemeinden in Griechenland und Kleinasien für die Gemeinde in Jerusalem sollte die dritte Säule des paulinischen Gemeinde-Netzwerkes neben den reisenden Mitarbeitern und der Korrespondenz werden, wobei alle drei Säulen zusammengehörten. Sachlich wie autobiographisch sollte gerade die Kollekte für Paulus höchste Bedeutung bekommen. In dem schon zitierten Passus aus dem Römerbrief, in dem Paulus seine Spanienreise ankündigt, kommentiert er die Kollekte:

Jetzt reise ich aber nach Jerusalem, um den Heiligen zu dienen. Es gefiel nämlich Makedonia und Achaia, eine Sammlung zu machen für die Armen unter den Heiligen in Jerusalem. Sie taten es freiwillig und sind auch deren Schuldner.

32 Apostelgeschichte 15,22–29.

> *Denn wenn die Völker an deren geistlichen Gütern (der Jerusalemer) Anteil erhalten,[33] sind sie verpflichtet, jenen auch mit den fleischlichen Gütern einen Dienst zu erweisen.[34]*

Im anschließenden letzten Kapitel des Römerbriefes erhalten wir noch einmal einen instruktiven Einblick in die lebhaften Beziehungen zwischen den Gemeinden, in die umfangreiche Personalkenntnis des Paulus und in sein Bestreben, möglichst viele Gemeindeglieder persönlich miteinander bekannt zu machen und die Metapher von »Brüdern und Schwestern« zwischen Rom, Korinth und Jerusalem mit Realität zu füllen. In den ersten 16 Versen des Schlußkapitels stellt Paulus zunächst die Überbringerin des Briefes, Phöbe aus Kenchreae, einem der Häfen Korinths, vor, um dann 26 Mitglieder der römischen Hausgemeinden namentlich zu grüßen. Einige dieser römischen Christen kommen aus dem Osten und sind Paulus schon von dort persönlich verbunden. Wir haben hier einen Hinweis auf die starke Fluktuation im Imperium Romanum und auf den vor allem wirtschaftlichen Sog der Hauptstadt.

Auch Paulus nimmt diesen Sog wahr und konzipiert seine weitere Mission, die sehr wahrscheinlich nicht mehr zustande gekommen ist, von Rom aus. Sein Ausgreifen in den lateinischsprachigen Westen wurde nach allem, was wir wissen, durch seine Verhaftung in Jerusalem verhindert, die sich wohl in das Jahr 57 datieren läßt. Die Überbringung der Kollekte im Vorfeld des Jüdischen Krieges mißglückte, und Paulus wurde wegen antijüdischer Agitation in jene Haft genommen, die zu seinem Prozeß in Rom führen sollte. Er, der die römische Welt mit seinen geistlichen Waffen unter den Gehorsam des Glaubens zwingen wollte, erreichte Rom als römischer Gefangener und wurde

---

33 Das Sprachspiel mit koinonía (Kollekte)/koinoneín (Anteil haben) läßt sich im Deutschen nicht wiedergeben.
34 Röm 15,26 f.

wohl dort hingerichtet. Den Zeitpunkt und die Urteilsbegründung kennen wir nicht.[35]

Ich fasse die Überlegungen zur Realität der paulinischen Mission zusammen. Paulus hat von seiner Berufung bei Damaskus im Jahre 32 n. Chr. bis zu seinem Tod Anfang der sechziger Jahre eine Generation lang als führender religiöser Gesandter – wir würden sagen: Missionar – des entstehenden Christentums vor allem in Syrien, Kleinasien und Griechenland gewirkt. Er hat durch öffentliche Rede und Unterricht eine erhebliche Anzahl von Gemeinden in großen und mittleren Städten gegründet, sie weiter durch Besuche und mit Briefen begleitet und geleitet. Er hat einen umfangreichen Mitarbeiterstab aufgebaut. Er hat strategisch gedacht und gehandelt und verstand sich als Botschafter, als *apóstolos*, Gottes und des *kýrios* Jesus Christus. Seine spezifische Botschaft, das *euaggélion,* galt den Nichtjuden, die er im Modus des »Glaubensgehorsams« Gott zuführen wollte. Die Gründung von *ekklesíai*, die ausgreifenden geographischen Pläne des Paulus, seine unermüdliche Reisetätigkeit, der Aufbau eines Mitarbeiterstabes, seine breit angelegte Finanzaktion: All dies belegt die ungeheure Dynamik seiner Missionsarbeit, sein ständiges Ringen um Kommunikation und bleibende Gemeinschaft gegenüber den zentripetalen Kräften in den wachsenden Gemeinden. Mit diesem Bild läßt sich etwas von dem Selbstverständnis des Paulus und seiner Sicht auf den Kommunikationsprozeß seiner Mission wiedergeben. Im Maßstab des Imperium Romanum, dem ja seine Mission galt, stellen sich die Verhältnisse allerdings völlig anders dar. Zwar darf gelten, daß sich christliche *ekklesíai* in wichtigen Städten der griechischsprachigen Reichsgebiete finden. Aber ihre Mitgliederzahl dürfte prozentual noch nicht darstellbar gewesen sein. Ihre Stabilität hatte sich noch nicht erwiesen. Das Verhältnis zum Judentum

---

35 Vgl. dazu die Kapitel 21 bis 28 der Apostelgeschichte. Wieviel hier im Dunkeln bleiben muß, stellt Eva Ebel zusammen (Ebel, »1. Thessalonicherbrief« [Anm.12], S.94 f.).

war nicht geklärt. Was Christentum sein sollte, stand trotz kämpferischer Sätze über das *euaggélion* wie in Galater 1,6–9 noch zur Disposition. Der Name der Mitglieder der *ekklesíai* selbst war nicht deutlich. Paulus selbst nennt sie nicht einmal »Christen« (*Christianoí*),[36] ein Begriff, der sich als konkurrierende Parallelbildung zu *Ioudaíoi* oder *Hebraíoi* verstehen läßt. Paulus spricht statt dessen umschreibend und wenig präzise von »Berufenen Jesu Christi«, »Geliebten Gottes«, »Berufenen Gottes«, um nur die Adresse des Römerbriefs (Röm 1,6f.) zu zitieren. Kurz: Die Realität der Christengemeinden »aus den Völkern« ist noch kaum wahrnehmbar und ihre Identität diffus.

Ich habe weiter gefragt, wer der Mann ist, der in Römer 15 seine Spanienpläne erläutert und sein Missionskonzept darlegt, und wie seine Vision zu beschreiben ist. Paulus selbst bezeichnet sich mit Begriffen aus der Welt des Imperiums: als Gesandter und Botschafter. Er benutzt gegenüber seinen Gemeinden die Sprache der römischen Staatsverwaltung, wie sie Statthalter und Feldherrn pflegen: »Makedonia und Achaia« haben für Jerusalem gesammelt. Es sind Provinznamen, die Paulus benutzt, obgleich er doch nur von kleinen städtischen Christengemeinschaften spricht. Dasselbe Phänomen treffen wir im Brief an die Galater an. Paulus spricht in seinem Brief die Mitglieder der galatischen Gemeinden als »Ihr Galater« an, so als wäre er ein Feldherr, ein hoher Magistratsbeamter oder ein berühmter öffentlicher Redner. Und seine umfassende Missionskampagne an den »Völkern«, die die übergroße Mehrheit aller Einwohner des Imperium Romanum meint, läßt sich an planerischer Dimensionierung nur mit den Maßstäben kaiserlichen[37] militärischen und verwaltenden Handelns vergleichen.

---

36 Siehe Apostelgeschichte 11,26: »In Antiochia [am Orontes] wurden die Jünger zuerst Christen (*Christianoí*, »Christianer«) genannt«. Unter Umständen vermeidet Paulus diesen antiochenischen Terminus nach seiner Trennung von der antiochenischen Gemeinde.

37 »Imperial« oder »kaiserlich« wird hier im Sinne von: »auf den Maßstab des Imperiums bezogen« bzw. im Hinblick auf das politische und verwal-

Im Lichte des Feldherrnvergleichs erhalten die Waffen-Metaphorik aus dem 2. Korintherbrief und die Metapher von der Errichtung des Glaubensgehorsams eine zusätzliche Dimension. Paulus kann wie ein römischer Feldherr sprechen, der Barbarenvölker befriedet und unter ihnen den Gehorsam gegenüber dem »römischen Volk« aufrichtet. Wir denken an die besiegten Barbaren auf den Triumphbögen, die dem Kaiser als Zeichen ihres Gehorsams Gaben bringen. Auch die Botschafter-Metapher erhält aus dieser Perspektive über die Kommunikation hinaus eigene imperiale Dimensionen. Paulus ist Gesandter Gottes und des *kýrios* Jesus Christus. Als solcher ist er aus seiner Sicht mit autoritativer Vollmacht ausgestattet. Seine briefliche Rede ist die Rede der imperialen Autorität und *brevitas*.[38]

Diese imperiale Perspektive sollten wir aber nicht mit einer politischen oder ideologischen Dimension seiner Mission verwechseln und ihn selbst gar im mittelalterlichen Sinn als einen geistlichen Gegenspieler des *princeps* konstruieren. Der Missionar Paulus schreibt den Korinthern Folgendes zu seiner Selbsteinschätzung: »Mir scheint nämlich, Gott habe uns, die Apostel, als die letzten hingestellt, als die Todgeweihten, da wir ein Schauspiel (*théatron*) geworden sind sowohl für die (ganze) Welt (*kósmos*) als auch für die Engel und die Menschen«.[39] Paulus bedient sich hier einer brutalen Metapher aus dem römischen Theater und vergleicht sich und Apollos mit Gladiatoren oder Schwerverbrechern, die in der Arena vor den Augen des Publikums den blutigen Tod finden. Er weitet die Perspektive aber ins Kosmische und Himmlische hinein aus und wiederholt diese Perspektive am Ende dieses sogenannten Leidenskataloges: »Sozusagen der Abschaum der Welt (*kósmos*) sind wir gewor-

tende Handeln der hohen römischen Magistrate verwendet. Es geht hier *nicht* um das Phänomen des Kaiserkultes.

38 Zu kaiserlichen Briefen vgl. Hans-Josef Klauck, *Die antike Briefliteratur und das Neue Testament*, Paderborn u. a. 1998, S. 80–94.

39 1 Kor 4,9.

den, jedermanns Kehricht bis heute.«[40] Zu vergleichen sind die übrigen Leidenskataloge, von denen ich nur 2 Kor 11 zitiere. Paulus vergleicht sich in diesem Text mit anderen Missionaren, die ihm seine apostolische Autorität bestreiten. Er verwendet überraschenderweise nicht einen Ruhmes-, sondern einen Leidenskatalog für seine Argumentation:

(Ich war) häufiger in Mühen, häufiger in Gefängnissen. Überaus oft wurde ich geschlagen, oft war ich in Todesgefahr. Von den Juden empfing ich fünfmal die ›Vierzig weniger eins‹, dreimal wurde ich mit Stöcken geschlagen, einmal gesteinigt. Dreimal erlitt ich Schiffbruch, eine Nacht und einen Tag trieb ich auf dem tiefen Meer – oft auf Reisen, in Gefahren von Flüssen, in Gefahren von Räubern, in Gefahren von meinen Stammverwandten, in Gefahren von den ›Völkern‹, in Gefahren in der Stadt, in Gefahren in der Einöde, in Gefahren zu Wasser, in Gefahren mit falschen Brüdern, in Mühe und Arbeit, oft in Nachtwachen, in Hunger und Durst, oft in Fasten, in Frost und Blöße. Ohne alles andere zu erwähnen: der tägliche Andrang zu mir, die Sorge für alle Gemeinden.[41]

Finden wir auch Züge literarischer Stilisierung, so können wir uns doch ein realistisches Bild von der ökumenisch ausgreifenden missionarischen Existenz des Paulus mit ihren Gefahren, Beschwernissen und Demütigungen machen. Politische Verklärung oder politische Schwärmerei finden wir hier nicht, sondern auf die Spitze getriebenen Realismus. Wenn man nach einer politischen Dimension solcher Texte sucht, kann es nur das kontrafaktische Element sein, das hier den Antrieb zu ökumenischem Handeln darstellt. Dies kontrafaktische Element hat Paulus im 2. Korintherbrief in eine klassische paradoxe Devise

---

40 1 Kor 4,13.
41 2 Kor 11,23–28.

gebracht: »Wenn ich nämlich schwach bin, dann bin ich stark«.[42]

Aber mit dem Begriffspaar von gleichsam politisch agierendem und ökumenisch ausgreifendem Realismus und kontrafaktischer Missionsstrategie ist die Selbstdarstellung des Paulus als Missionar und treibende Kraft in dem Prozeß der Kommunikation des *euaggélion* noch nicht erschöpfend nachgezeichnet. Paulus agiert und argumentiert stets vor kosmischem Hintergrund, der auf der Basis des Schöpfungsberichts die materiell verstandene irdische und himmlische[43] Welt umfaßt: »Unser Ruhm nämlich ist solcher: das Zeugnis unseres Gewissens, daß wir in Einfachheit und Lauterkeit Gottes und nicht in fleischlicher Weisheit, sondern in der Gnade Gottes unsern Wandel in der Welt (*kósmos*) geführt haben«.[44] Dem entspricht die Perspektive, mit der Paulus den Ruhm der römischen Christengemeinden beschreibt: »Euer Glaube wird in der ganzen Welt (*kósmos*) verkündet«.[45] In den ersten Kapiteln des Römerbriefes erweist Paulus diese Perspektive als universale Perspektive Gottes auf die Menschheit und macht sie sich selbst als Deuteperspektive zu eigen, wenn er als Fazit in seiner Anklagerede gegen die Menschheit das Urteil formuliert, daß »die ganze Welt (*kósmos*) vor Gott schuldig sei«.[46] Eben dies ist der Hintergrund, vor dem sich die Botschaftertätigkeit des Paulus entfaltet. Wenn sich diese Tätigkeit im einzelnen geographisch und politisch realisiert, steht sie doch nach dem Selbstverständnis des Paulus immer in jenem kosmischen Rahmen, der vor allem in der frühjüdischen Apokalyptik[47] ausgearbeitet wurde. Damit kommen wir zu der religiösen Dimension seines Handelns.

---

42 2 Kor 12,10.
43 Bezogen auf das materiell verstandene Firmament und die Gestirne, aber auch auf die Engelwesen: 1 Kor 15,35–49; Röm 8,18–22.
44 2 Kor 1,12.
45 Röm 1,8.
46 Röm 3,19.
47 Einführend dazu Ferdinand Hahn, *Frühjüdische und urchristliche Apo-*

Dieser Rahmen hat nicht nur die schon angedeutete räumliche, sondern auch eine zeitliche Komponente, die in der frühjüdischen Apokalyptik ausgearbeitet wurde und die die Kommunikation des *euaggélion* bei Paulus bestimmt: die Perspektive des zukünftigen Gerichtes über die Menschheit und die eschatologische Befreiung des ganzen *kósmos*. Seit seinem ersten erhaltenen Brief, dem 1. Thessalonicherbrief, gehört die eschatologische Perspektive zur Missionspredigt des Paulus:

Denn dies sagen wir euch in einem Wort des Herrn, daß wir, die wir leben, die wir übrigbleiben bis zur Ankunft des Herrn, nicht denen zuvorkommen werden, die entschlafen sind. Nämlich er selbst, der Herr (kýrios), wird auf den Befehl hin, bei der Stimme des Erzengels und der Posaune Gottes, vom Himmel herabsteigen, und die Toten in Christus werden zuerst auferstehen, dann werden wir, die Lebenden, die Übriggebliebenen, zusammen mit ihnen in den Wolken zur Gegenwart des Herrn in die Luft entrückt werden. Und so werden wir immer mit dem Herrn sein.[48]

Im 15. Kapitel des 1. Korintherbriefes führt Paulus diese Perspektive universal aus, indem er Christus als den zweiten Adam interpretiert, der die ganze Menschheit inkorporiert: »Wie nämlich in Adam alle sterben, so werden auch in Christus alle lebendig gemacht werden. Jeder aber in seiner eigenen Ordnung: zu Beginn Christus, dann die zu Christus gehören bei seinem Wiederkommen, dann das Ende, wenn er die Herrschaft (*basileía*) Gott dem Vater übergeben wird, wenn er alle Herrschaft und alle Gewalt und alle Macht vernichtet hat«.[49] Christus wird hier zugleich als der endzeitliche Herrscher verstanden, der durchaus auch alle politischen Mächte vernichtet mit dem Ziel: »damit Gott sei alles in allem« (1 Kor 15,28). Im Philipperbrief bringt

kalyptik. Eine Einführung (Biblisch-Theologische Studien 36), Neukirchen-Vluyn 1998.
48 1 Thes 4,15–17.
49 1 Kor 15,22–24.

Paulus in einem Christushymnus dieselbe universale und kosmische Perspektive zum Ausdruck: »... deshalb hat Gott ihn (Jesus Christus) erhöht und ihm den Namen geschenkt, der über allen Namen (ist), damit in dem Namen Jesu jedes Knie sich beugen soll derer, die im Himmel und auf der Erde und unter der Erde sind, und jede Zunge bekennen soll: ›Herr (ist) Jesus Christus‹ zur Ehre Gottes des Vaters«.[50] Der kosmische Universalismus hat hier explizit auch eine zeitliche Dimension. Das bedeutet für die Kommunikation des *euaggélion*, daß die Botschaft räumlich und zeitlich ausgreifend, zielgerichtet und ohne Alternative ist.

Zugleich hat diese universale Zukunftsperspektive einen individuellen Aspekt: »Wir müssen nämlich alle offenbar werden vor dem Richterstuhl Christi« (2 Kor 5,10). Hier wird die persönliche Verantwortung jedes Menschen apokalyptisch formuliert. Und der apokalyptische Mystiker Paulus statuiert dazu komplementär in dem Brief, den er während einer Gefangenschaft an die Gemeinde in Philippi schrieb: »Unser Staatswesen (oder Bürgerrecht, *políteuma*) ist in den Himmeln, von woher wir auch als Heiland (*sotér*) den *kýrios* Jesus Christus erwarten« (Phil 3,20) und: »Ich sehne mich danach, (von hier) aufzubrechen und mit Christus zu sein«, denn: »Für mich nämlich ist das Leben Christus und das Sterben Gewinn« (Phil 1,23 und 21). Damit konstruiert Paulus eine eschatologische Dynamik, die das Leben des einzelnen betrifft und auch Auswirkungen auf sein Selbstverständnis als Bürger hat. Nun ordnen sich die Einzelaspekte zu einem Gesamtbild: Paulus hat den Blick eines Mitglieds des *éthnos Ioudaíôn* auf die griechisch-römische Ökumene. Die Masse der »Völker« befindet sich nicht in einem angemessenen Verhältnis zu Gott. Nun setzt Paulus aber nicht (mehr) wie das Judentum auf die Differenz zu den »Völkern«, die durch das korrekte, d.h. vom Gesetz Israels (Tora) geleitete

---

50 Phil 2,9–11. Die Mehrzahl der Exegeten hält den Text für vorpaulinisch. Der universale Anspruch des auferstandenen Jesus würde dann schon auf vorpaulinische Gemeinden zurückgehen. Das würde zu dem Bericht des Paulus über den Apostelkonvent in Jerusalem passen.

Verhalten gegenüber Gott bestimmt ist, sondern auf die »Evangelisierung« der »Völker«, auf die Aufrichtung des Glaubensgehorsams, d. h. das neue, vom Glauben an Jesus Christus geleitete Verhalten gegenüber Gott, das für Juden und »Völker« ein und dasselbe ist. Daher versteht er sein *euaggélion* universal. Seine Kommunikation des *euaggélion* hat imperiale Züge, ist im Kern aber weder politisch noch sozial, sondern eschatologisch gerichtet. Die imperial-universale Dimension seines Denkens und Handelns als *apóstolos* des *kýrios* Jesus Christus kann aber durchaus politisch-soziale Implikationen haben und in dieser Richtung interpretiert werden. Das verbindet Paulus mit anderen jüdischen und frühchristlichen apokalyptisch grundierten religiösen Schriftstellern.[51]

Dies mag zu Anspruch und Vision der paulinischen Mission genügen. Ich komme noch einmal auf die Realität zurück. Sollen wir diesen zwar sehr lebendigen und ständig wachsenden, aber zahlenmäßig doch noch kaum wahrnehmbaren Verband christlicher Gemeinden als eine kleine »religiöse Subkultur« aus dem Umkreis des Judentums beschreiben, wie es Gerd Theißen tut?[52] Ob bewußt oder unbewußt würde Theißens Definition sehr präzise die Sicht der gebildeten griechischen und römischen Philosophen, Literaten und Staatsbeamten abbilden, vorausgesetzt, daß sie überhaupt von den Christen erfuhren, was uns für die Lebenszeit des Paulus mit Ausnahme der Verfolgung Neros nicht deutlich überliefert ist. Sicher war dies aber nicht die Sicht des Paulus und seiner Mitarbeiter. Für Paulus waren die *ekklesíai theoú* und ihre Mitglieder eine neue Öffentlichkeit oder besser: Sie bildeten in den großen Städten einen neuen *populus* der jeweiligen Stadt, eine neue Gesellschaft mit neuer religiöser Identität und neuen sozialen Strukturen, die Vorhut der neuen Welt Gottes, so »die Volksversammlung der Thessaloniker in

---

51 Ich denke an den Verfasser der Offenbarung des Johannes, an Schriften wie das 4. Buch Esra und die Syrische Baruchapokalypse, aber auch an Schriften aus der Qumranbibliothek.
52 Gerd Theißen, *Das Neue Testament*, München 2002.

Gott« (1 Thes 1,1) oder »die Volksversammlung Gottes, die sich in Korinth befindet« (1 Kor 1,2). Am Ende des Römerbriefes spricht Paulus von »allen Volksversammlungen der ›Völker‹« (Röm 16,3). Nach Paulus trifft auf die Mitglieder der *ekklesíai theoú* folgendes zu: »Alle seid ihr nämlich Söhne Gottes durch den Glauben in Christus Jesus. Die ihr nämlich in Christus getauft seid, habt Christus angezogen. Nicht ist (jemand) Jude noch Grieche, nicht ist (jemand) Sklave noch Freier, nicht ist (jemand) männlich noch weiblich. Alle seid ihr nämlich eins in Christus Jesus«.[53] In den *ekklesíai* sind nach dem Verständnis des Paulus die fundamentalen Barrieren, die Menschen voneinander trennen und die in der mediterranen Antike unüberwindliche Ungleichheiten im Sozialkörper zur Folge hatten – Ethnizität, Rechtsstand, Klasse und Geschlecht – aufgehoben. Die neuen christlichen *ekklesíai* waren nicht die eingeschränkten Versammlungen der männlichen Polisbürger, die die griechisch-römischen Religionsformen ausübten, sondern die Versammlungen aller Männer und Frauen, Sklaven und Freien, die im »Gehorsam des Glaubens« lebten. Daß Paulus hier einerseits neue Realitäten schuf, andererseits aber unüberwindliche Probleme aufwarf, die Galater 3,27 f. mithin Vision bleiben ließen, zeigen die Probleme mit dem Sprechen von Frauen in den Gemeindeversammlungen der *ekklesía* der Korinther[54] ebenso wie die Haltung des Paulus gegenüber der Sklaverei.[55] Die *ekklesíai* konnten

53 Gal 3,27 f.
54 Es ist exegetisch umstritten, ob 1 Kor 14,33b–36 von Paulus stammt oder eine nachpaulinische Glosse ist. Im ersten Fall würde gelten, daß Paulus die Frauen zwar als Mitglieder der *ekklesíai* anerkennt, ihnen aber nach jüdischer (und griechischer!) Sitte nicht das Rederecht zugesteht. Im zweiten Fall hätte sich die Gleichberechtigung, die in den paulinischen Gemeinden praktiziert wurde, angesichts des sozial-kulturellen Drucks in der nachpaulinischen Generation nicht aufrechterhalten lassen. Ein Problem liegt in beiden Fällen vor. Vgl. Lindemann, *Der Erste Korintherbrief* (Anm. 6), S. 314–321.
55 Für christliche Sklaven sucht Paulus nach einer Lösung der Liebe (*agápe*), ohne die gesellschaftliche Institution als solche anzugreifen, vgl. 1. Korinther 7,17–24 und Philemonbrief.

nicht wirklich und vollständig leisten, was Paulus von ihnen erwartete, nämlich Versammlung der Christen und »Freien in Christus« zu sein. Sie hatten schon größte Mühe, geborene Juden und geborene Nicht-Juden zu integrieren.[56]

Paulus versteht diese neuen Sozialkörper als Stätten der Gleichheit, der ethischen Reinheit und Heiligkeit,[57] erfüllt vom Ethos der Nächstenliebe.[58] Hier gelten die Konditionen der ersten Schöpfung: Gesetz, Religion und Rechtsstatus, nicht. In 1. Korinther 7,17–24 macht Paulus ganz deutlich, daß diese Konditionen »in der Welt« bestehenbleiben (dargestellt am Rechtsstatus und an der Religion), in der *ekklesía* aber nicht mehr gelten. Diese Vision des Paulus ist sicher ein Grund für die Dynamik der Entwicklung der frühchristlichen Gemeinden außerhalb Israels,[59] denn er hatte Erfolg. Vielerorts gelang es ihm in städtischen Zentren, mindestens die Barriere zwischen »Griechen« und »Juden« niederzureißen und jene neuen Sozialkörperschaften zu etablieren, die er *ekklesíai* nannte und die ein *Tertium* zu der Antithese griechisch-römischer Sozialkörper und den Synagogengemeinden der Juden darstellten, indem der Unterschied zwischen »Judäern« und »Völkern«, zwischen Männern und Frauen und zwischen Bürgern bzw. Freien und Sklaven sowie Regierenden und Regierten aufgehoben war. Damit wurde manifest, daß die universale kosmische und eschatologische Perspektive der Missionsbotschaft den einzelnen Menschen gerade nicht auslöscht, sondern eine ungeheure Befreiung und Unabhängigkeit des einzelnen Mitglieds der neuen *ekklesíai* eröffnet: »Alles nämlich gehört euch; sei es Paulus oder Apollos oder Kephas, sei es Welt (*kósmos*) oder Leben oder Tod, sei es Gegenwärtiges oder Zukünftiges, alles gehört euch, ihr aber gehört

---

56 1 Kor 8–10 und Röm 14 sowie Teile des Galaterbriefes.
57 1 Kor und Röm 12,1 f.
58 Röm 13,8–10; 1 Kor 13; Gal 5.
59 Obgleich seine Implikationen nicht unwidersprochen blieben, wie das Phänomen gegnerischer judaisierender Missionare zeigt.

Christus, Christus aber gehört Gott«.[60] Die Angehörigen der *ekklesíai* waren nicht mehr Gruppenmitglieder mit einer Gruppenidentität, sondern freie Individuen »in Christus«. Paulus selbst empfand die ungeheure Neuigkeit dieser Botschaft und ihrer Auswirkungen auf die einzelne Person und auf die politischen und gesellschaftlichen Bedingungen so deutlich, daß er die Metapher der Neuschöpfung (*kainé ktísis*), von Luther mit »neuer Kreatur« übersetzt, prägte und die Kategorie der »Neuheit« in die Beschreibung der christlichen Existenz einführte.

2 Die Briefe des Paulus

Alles bisher Gesagte habe ich aus den Briefen erschlossen, indem ich sie als Quelle für den Verkündigungsprozeß des entstehenden Christentums aus der Perspektive des Paulus benutzt habe. Jetzt möchte ich mich den Briefen selbst zuwenden und sie als Mittel der Kommunikation des Evangeliums und des Apostels würdigen. Die vertiefte Betrachtung der literarischen Gattung der Paulusbriefe führt in eine spezielle Dimension der Kommunikation des *euaggélion*, die für Paulus charakteristisch ist und die maßgeblich zum Erfolg seiner Mission bei den »Völkern« beigetragen haben muß. Er ist – wie schon dargestellt – der einzige Apostel, von dem authentische Briefe in Gemeinden Kleinasiens, Griechenlands und in Rom aufbewahrt wurden und so auf uns gekommen sind.

Wie funktionierte die briefliche Kommunikation zwischen Paulus und seinen Gemeinden, und was machte ihren Erfolg aus? Denn auch und gerade die Korrespondenz des Paulus war in höchstem Maße erfolgreich. Die Gemeinden lasen seine Briefe in ihren Versammlungen vor und gaben sie an andere Gemeinden weiter. Sie schrieben sie ab und archivierten sie. Irgendwann wurden sie herausgegeben, zunächst in kleinen Sammlungen, die wir uns als Konvolut von Abschriften vorstellen müssen. Sie

---

60 1 Kor 3,21–23.

wurden nachgeahmt, d. h. sie wurden stil- oder gattungsbildend. Die Sammlungen wuchsen an. Und schon im zweiten Jahrhundert bildeten sie den einen Nucleus der Einzelschriften des entstehenden Neuen Testaments, als dessen feste Bestandteile sie schließlich kanonisiert wurden. Die Briefe hatten also von vornherein neben ihrem situativen und aktuellen Anlaß eine Art Öffentlichkeitscharakter und entfalteten publizistische Wirkung.

Diese außerordentliche Erfolgs- und Wirkungsgeschichte von Briefen, die ja trotz ihrer geschilderten allgemeinen religiösen Dimension sogenannte Gelegenheitsschreiben waren und blieben, ist nicht selbstverständlich und verdient besondere Beachtung. Wie war es möglich, daß diese Briefe nicht nur zusätzlich zu der religiösen Kernliteratur des Urchristentums, zu den Evangelien, aufbewahrt wurden, sondern schon vor und dann zusammen mit den Evangelien den Grundstock der Schriften des späteren Neuen Testaments bildeten und trotz ihrer Situationsbezogenheit kanonischen Status erhielten?[61] Während die literarische und thematische Bedeutung der Evangelien als der Erzählungen von Jesus, der »Jesusbücher«, keiner Erläuterung bedarf,[62] erschließt sich die literarische und theologische Bedeutung der Briefe nicht auf den ersten Blick. Das ändert sich in dem Augenblick, in dem wir realisieren, daß es in der Kaiserzeit eine reiche Briefliteratur gab, an der Paulus als erster christlicher Autor mühelos partizipieren konnte. Die Literaturgeschichte unterscheidet zwischen nichtliterarischem und literarischem Brief, ersterer ist einfaches Medium der Kommunikation und zielt auf bestimmte Adressaten, letzterer ist mit literarischem Anspruch geschrieben und gilt einer weiteren und weniger spezifischen Leserschaft. Die große Masse antiker Briefe gehört zu den nichtliterarischen Briefen. Die nichtliterarischen Briefe lassen sich nach den Situationen, in denen und in die hinein diese Briefe verfaßt wurden, differenzieren. Wir kennen Bittbriefe, Dankbriefe, Empfehlungsschreiben,

---

61 Vgl. dazu den Beitrag von Andreas Lindemann im vorliegenden Band.
62 Vgl. dazu den Beitrag von Hans-Josef Klauck im vorliegenden Band.

Mahnbriefe, Freundschaftsbriefe und anderes mehr. Diese Untergattungen folgen gewissen Stereotypen in Aufbau und Inhalt. Die literarischen Briefe reichen von rhetorischen Übungen über philosophische Lehrbriefe bis zu jenen Briefsammlungen eines Cicero und Seneca, die so zwischen Literatur und aktuellem Gelegenheitsschreiben oder brieflicher Kommunikation changieren, daß sie sich nur schwer einer Einordnung unterwerfen. Eine andere Einteilung betrifft den Status der Briefe: Neben den Privatbriefen sind viele amtliche Briefe und Geschäftsbriefe erhalten.[63] Letztere stellen eine unschätzbare Quelle der Rekonstruktion des Wirtschaftslebens im kaiserzeitlichen Ägypten dar.

Briefe waren also Mittel der Kommunikation und konnten darüber hinaus Träger philosophischer Inhalte, ethischer Ermahnungen, Freundschaftsbezeugungen und auch fiktionaler Vorgänge werden. Sie richteten sich an bestimmte spezielle Adressaten oder schufen sich ein allgemeines Lesepublikum. Briefe waren nicht unbedingt schichtenspezifische Literatur und an die kleine lesende und publizierende Oberschicht des Reiches gebunden. Der Senator diktierte ebenso Briefe wie der einfache Soldat, der Kaufmann oder die Hausbesitzerin, der Ehemann, der Sohn oder der Freund. Und ein besonderer Briefschreiber kommt hier ins Spiel: der Herrscher. Die hellenistischen Könige und später die römischen Kaiser wendeten sich in Briefen an ihre Untertanen, an einzelne Städte, an Provinzen und an Landtage. Diese Briefe wurden öffentlich verlesen und konnten dann inschriftlich festgehalten werden. Ähnliches gilt für die Gesandtenbriefe. Gesandtschaften von Städten, Landschaften, Provinzen oder einzelnen sozialen Gruppen konnten Briefe ihrer Institutionen am Kaiserhof einreichen. Oder es trat der umgekehrte Fall ein: Ein hoher Beamter brachte einen kaiserlichen Brief in eine Stadt. Briefe konnten also – auf die Polis-Struktur bezogen – eine politische Funktion und eine demokratische Kommu-

---

63 Zum Thema der antiken Briefliteratur vgl. Klauck, *Briefliteratur* (Anm. 38), S. 71–74.

nikationsleistung haben. Die soziale Spannbreite der Briefschreiber und Briefempfänger war äußerst groß, und wir gehen nicht fehl, wenn wir den Brief als das wichtigste schriftliche Kommunikationsmittel der Zeit bezeichnen. Dem entspricht der Umstand, daß es seit dem 4. Jahrhundert v. Chr. eine eigene Brieftheorie mit einer Typologie gibt, die unser besonderes Interesse verdient, finden wir dort doch Typen wie den Freundschaftsbrief, den Empfehlungsbrief, den Scheltbrief, den Anklagebrief, den Rechtfertigungsbrief und den Dankbrief.[64] Und damit sind wir bei Paulus.

Paulus verwendet sehr verschiedene Brieftypen für ein und dasselbe Ziel, die Kommunikation mit den Gemeinden, in einem Fall mit einer Hausgemeinde, an deren Hausvater, Philemon, Paulus schreibt. Ich werfe einen kurzen Blick auf einige der von Paulus gewählten Brieftypen. Gerd Theißen hat die Briefe nach Inhalten und Situationen in antijudaistische und antienthusiastische Briefe eingeteilt[65] und weist mit diesen der Geschichte des Urchristentums entnommenen Kategorien darauf hin, wie eng eben diese, die Geschichte der christlichen Gemeinden zwischen ca. 50 und 60 n. Chr., und ihre Rekonstruktion mit den Briefen des Paulus verbunden sind. Wir sehen, wie mit dem schnellen Wachstum der paulinischen Gemeinden eine gewisse Unübersichtlichkeit einhergeht, mit der Paulus nicht gerechnet hatte und gegen die er ankämpft: daher Theißens Kategorienbildung mit »anti-«. Wir sehen weiter, daß es theologische und persönliche Fronten gibt, gegen die Paulus kämpft, und hier erhält die schon genannte Metapher von den Briefen als »Waffen« noch einmal eine neue, diesmal literaturgeschichtliche Qualität. Die theologische Frontbildung hat es einerseits mit einer Nachmission paulinischer Gemeinden zu tun, die die Christen in deutlich sichtbarer Weise ins Judentum inkorporieren wollte, vor allem durch die Beschneidung der männlichen Gemeindeglieder. An-

---
64 Ebd., S. 159.
65 Theißen, *Das Neue Testament* (Anm. 52), S. 42 und S. 48.

dererseits richtet er sich auch gegen das seiner Meinung nach übertriebene pneumatische Selbstverständnis vor allem der Gemeinde in Korinth. Die persönliche Frontstellung richtete sich gegen judaistische und pneumatische Missionare, die den Apostelbegriff, den Paulus nicht über sich selbst hinaus ausgeweitet wissen wollte, für ihre Predigt- und Heilertätigkeit beanspruchten und Paulus auch persönlich angriffen. Namen nennt Paulus in seinen Briefen leider nicht.

In diesem Rahmen wird es verständlich, daß Paulus für den Brief an die Galater das Genus des Kampfbriefes wählt,[66] der wie auch der 2. Korintherbrief zugleich in erheblichem Maße der Selbstverteidigung dient. Angriff in Gestalt literarischer Polemik und Verteidigung in Gestalt literarischer Apologetik sind zwei Aspekte eines Vorgangs. Der Brief ist hoch rhetorisch, stilistisch herrscht die Polemik vor. Ganz anders ist der Ton im Philipperbrief, einem klassischen Freundschaftsbrief: »Wenn es nun also irgendeine Ermahnung in Christus gibt, eine Gemeinschaft des Geistes, Mitleid und Erbarmen, erfüllt meine Freude ganz und denkt ein und dasselbe, habt dieselbe Liebe, seid einmütig (*sýmpsychoi*), denkt das Eine [...].«[67]

Nun lassen sich aber die *genera* und *týpoi* der paulinischen Briefe nicht von den epistolographischen Handbüchern her verstehen, denn Paulus kannte diese so wenig wie viele andere Briefschreiber. Wir lesen im Philipperbrief eine der schärfsten Polemiken gegen Fremdmissionare, die er »Hunde« nennt (Philipper 3,2). Und im Galaterbrief finden sich Passagen persönlichen Gefühls und persönlichen Pathos: »(Brüder), ihr wißt doch, wie ich euch in Schwachheit des Leibes gepredigt habe das erste Mal, und eure Versuchung durch mein Fleisch habt ihr nicht mit Verachtung und Abscheu (Ausspucken) beantwortet, sondern wie einen Engel Gottes habt ihr mich aufgenommen, wie Christus Jesus«. Die Paulusbriefe sind stets Mischtypen, nie

---
66 Hans Dieter Betz, *Der Galaterbrief,* München 1988.
67 Phil 2,1 f.

von einem Thema, einem Ton, einem Typus, einem Stil beherrscht. Paulus war, wie wir sagen, Literat, ein schreibender Mensch also, aber er schrieb als Jude, nicht als Angehöriger der hellenistisch-römischen Bildungsschichten. Und er war, anders als die jüdischen Schriftsteller seiner Epoche, Philo von Alexandria und Josephus, auch nicht mit Mustern jener jüdisch-hellenistischen Bildung aufgewachsen, die ihn dazu gebracht und befähigt hätte, wie Philo Kommentare zur Genesis zu schreiben oder wie Josephus in Historiographie zu brillieren. So lassen sich die Briefe des Paulus am besten als Semi-Literatur kennzeichnen, geschrieben aus Kommunikationsgründen und als Kommunikationsmittel, zugleich mit literarischem Anspruch und theologischen und ethischen Inhalten.

Paulus schrieb Briefe, um mit seinen Gemeinden in Abwesenheit zu kommunizieren. Seine Gemeinden ihrerseits hatten ein sehr gemischtes Bildungsniveau. Kaum ein Christ der ersten Generation gehörte zur Oberschicht. Andererseits dürfen wir die Missionsgemeinden nicht als kleine Gruppen sozialer *underdogs* mißverstehen. Wenn Paulus den Korinthern schreibt: »Seht nämlich auf eure Berufung,[68] Brüder, nicht viele Weise nach dem Fleisch, nicht viele Mächtige, nicht viele Wohlgeborene«,[69] wird doch deutlich, daß es in der Gemeinde der Korinther bereits solche Mitglieder gab. Die lebhafte Reisetätigkeit von Gemeindegliedern, ihre häuslichen Versammlungsräume, die Gewerbetreibenden und Kaufleute unter ihnen wie Lydia oder Aquila und Prisca, Sklavenbesitzer wie Philemon haben von Anfang an zu den paulinischen Missionsgemeinden gehört. Paulus mutet seinen Gemeinden literarisch, intellektuell und ethisch in seinen Briefen so viel zu, die Kommunikation erfolgt auf so hohem Niveau, daß vor allem von daher Licht auf das Niveau der Ge-

---

68 Das Wortspiel von *klêsis* (Berufung) und *ekklesía* (Volksversammlung) – die Berufenen bilden die Versammlung – läßt sich im Deutschen nicht nachbilden.
69 1 Kor 1,26.

meinden fällt, die auch ein erstes christliches Lesepublikum darstellen.

Ich frage zum Schluß: Was war für Paulus Kommunikation? Mehrfach benutzt Paulus den Topos von Anwesenheit und Abwesenheit.[70] Briefliche Kommunikation ist zunächst und zuerst Ersatz für persönliche Anwesenheit – soweit knüpft Paulus an die allgemeine Funktion antiken Briefeschreibens an. Die briefliche Kommunikation des Paulus erschöpft sich aber nicht in Information und Einflußsicherung. Darüber hinaus lassen sich drei wesentliche Komponenten der Kommunikation des *apóstolos* mit den *ekklesíai* namhaft machen, die wir »metakommunikative« Elemente der brieflichen Kommunikation des *euaggélion* nennen können:[71] erstens die theologischen Ausführungen, wie sie sich besonders im Römerbrief und in Teilen des Galaterbriefes und der Korintherbriefe finden, zweitens die ethischen Ratschläge,[72] mit denen Paulus das innere und äußere soziale und persönliche Leben der Mitglieder der *ekklesíai* modelliert und stabilisiert,[73] und drittens die emotionale Dimension der Briefe, uns im literarischen Pathos faßbar: »Unser Mund hat sich euch gegenüber geöffnet, Korinther, unser Herz ist weit geworden. Eng ist nicht der Raum, den ihr in uns habt, eng ist es in euren Herzen. Gebt doch eure Antwort in derselben Weite – wie zu Kindern spreche ich.«[74]

Kommunikation war für Paulus stets und immer und zuerst nicht etwa solidarische oder demokratische, sondern – hier im Sinne moderner Kommunikationskonzepte verstanden – autoritative Kommunikation: Verkündigung des Evangeliums und Errichtung der Herrschaft des Glaubens.[75] Nirgends tritt das deutlicher hervor als im Römerbrief. Wenn ein bekannter angel-

---

70 1 Kor 5,3; 2 Kor 10,1.11; 13,2.10; Phil 1,27.
71 Vgl. dazu Becker, *Schreiben und Verstehen* (Anm. 4), S. 103–140.
72 Der Fachausdruck heißt »Paränese«.
73 Besonders in Röm 12 bis 14, in Gal 5 f. und im 1. Korintherbrief.
74 2 Kor 6,11–13.
75 Beispielhaft Röm 1,1–7.

sächsischer Exeget den Römerbrief als »Gesandtschaftsbrief« verstehen und interpretieren will,[76] muß zwar wieder gelten, daß Paulus nicht in reinen Typen schreibt und daß der Römerbrief auch deutliche Züge eines Gerichtsbriefes und einer ethischen Epistel trägt, doch hat Robert Jewett den hohen, ja herrscherlichen Ton erkannt, in dem der Römerbrief mindestens teilweise verfaßt ist. Er ist das Schreiben eines Gesandten, eines *apóstolos*, der seine Botschaft, sein *euaggélion*, einer Stadt – in diesem Fall der Hauptstadt des Imperium Romanum – mitteilt, bevor er sie besucht.

Paulus beherrscht und verwendet aber nicht nur die imperiale Sprache, sondern auch die Sprache der Religion und der Freundschaft und Sympathie: die Sprache des Vaters und des Freundes, des Lehrers und Gemeindeleiters, aber auch des Dieners und des Sklaven. Das zeugt von dem Reichtum seiner Kommunikationsmöglichkeiten und den vielen Facetten seines Selbstverständnisses. In einer ebenso autoritativ verfaßten wie von Pathos und Streben nach Individualität gekennzeichneten Welt, die dem Wort vertraute, war Paulus ein geradezu begnadeter Kommunikator.[77]

3 Schluß

Wir wollten die Ausbreitung des Christentums in der ersten Generation als Kommunikationsprozeß verstehen. Wir haben gesehen, welche Rolle Paulus in diesem Prozeß spielt und welche Funktion seine Briefe in diesem Zusammenhang haben. Die christliche Botschaft ist nach Paulus von vornherein eine weltumspannende Größe. Er ist der zuletzt berufene Apostel[78] in dem Prozeß der Evangeliums-Verkündigung, der Israel und den

---

76 Robert Jewett, *Romans. A Commentary* (Hermeneia), Minneapolis 2007.
77 Vgl. aber auch das oben zu den »Taten« Gesagte.
78 1 Kor 15,1–11. – Dies ist die Selbstinterpretation des Paulus, die sein Selbstverständnis und sein Handeln grundlegend prägt.

Völkern gilt. Die Mission ist bei Paulus Wortgeschehen, das sogleich zu eigenen sozialen Gebilden und zu eigenem Ethos führt. Die frühchristliche Kommunikation des *euaggélion* führte bei Paulus zu der Semiliteratur seiner Gemeindebriefe, die Kommunikation mit entstehender Theologie und Ethik verbanden. Diese semiliterarische Gattung war wegen ihrer großen Flexibilität und Popularität ungemein erfolgreich im Prozeß der Ausbreitung des *euaggélion*. Sie fand nicht nur bei Schülern und Mitarbeitern des Paulus Nachahmer,[79] sondern auch bei anderen Apostelschülern, die im Namen des Petrus, des Johannes, des Herrenbruders Jakobus und des Herrenbruders Judas Briefe an Gemeinden schrieben.[80] So ist ein erheblicher Teil der urchristlichen Literatur Briefliteratur,[81] und in diesem literarischen Kommunikationsmedium wird auch die Bedeutung der Kommunikation für die Ausbreitung des entstehenden Christentums abgebildet.

---

[79] Epheser- und Kolosserbrief. 2. Thessalonicherbrief. 1. und 2. Timotheusbrief, Titusbrief.
[80] 1. und 2. Petrusbrief, Johannesbriefe, Jakobus- und Judasbrief. Vgl. auch den anonymen Brief an die Hebräer und die »Sendschreiben« der Offenbarung des Johannes (Kap. 2 und 3).
[81] Auch die Offenbarung des Johannes selbst hat eine briefliche Rahmung: 1,4–6 und 22,21. Die Briefliteratur setzt sich bis ins 2. Jahrhundert bei den sogenannten Apostolischen Vätern fort (vgl. den Beitrag von Andreas Lindemann im vorliegenden Band).

Thomas Söding

Die Biographie zweier Apostel: Petrus und Paulus

I Gegen-Bilder

Wer den Kölner Dom betritt, um seine Glasfenster zu betrachten und nicht von Gerhard Richters Computer-Patchwork geblendet wird, bemerkt auf den gegenüberliegenden Seiten des südlichen Querhauses, ein Stockwerk unterhalb des postmodernen Mosaiks, zwei große Bildfenster, die den beiden Apostelfürsten gewidmet sind. Petrus und Paulus schauen einander Aug' in Auge an; Petrus blickt nach Osten, Paulus nach Westen. Beide Bilder sind exakt gleich groß; beide stammen aus dem 19. Jahrhundert; beide sind in München von der Königlichen Glasmalereianstalt gefertigt, beide von Eisenbahn-Gesellschaften gesponsert worden – im Zuge der nationalen Anstrengung, den Kölner Dom zu vollenden. Die eine Kompanie ist die Köln-Mindener, die andere die Rheinische. Keine Frage: Die Preußen stiften das Paulus-, die Rheinländer das Petrusfenster. Die Zugverbindungen greifen ineinander; die Einigung Deutschlands schreitet voran; der Friede zwischen den Konfessionen muß die Gemeinschaft aller Deutschen stärken. Petrus und Paulus sollen der verspäteten Nation auf die Sprünge helfen.

Die Kölner Symmetrie ist allerdings nicht ganz vollkommen. Der Kölner Dom hat – als Metropolitankirche – ein Petrus-Patrozinium, das Domkapitel führt ein Petrussiegel. Gleich zwei Petrusfenster gibt es schon im mittelalterlichen Dom. Das eine hängt an der Nordwand des Hauptschiffs, gestiftet von Philipp von Daum, der sich, als 1508 neu erwählter Erzbischof, mit königlichen Vorfahren in die Wurzel Jesse, den Stammbaum Jesu, einträgt und von Petrus bildlich weihen läßt. Das andere, um 1330 entstanden, nimmt sogar eine Spitzenstellung im Scheitelpunkt der Apsis ein. Es zeigt Petrus als *primus papa* mit dem Himmelsschlüssel neben dem hl. Maternus, dem ersten Bischof von Köln. Die *semper fidelis filia Sanctae Romanae Ecclesiae* ist mit sich selbst im reinen. Paulus sucht man auf dem Glas der alten Domfenster vergeblich.

Das Bildprogramm des 19. Jahrhunderts reagiert auf diese Situation. Es ist Politik pur.[1] Dem »schwarzen Gesellen«, wie Heinrich Heine den unvollendeten Bau in seinem Gedicht über das winterliche Deutschland[2] noch gesehen hat, soll mit den Kirchenfenstern ein buntes Kleid verpaßt werden. Zuerst reagieren die preußischen Herren. 1864 geben die drei Mindener Direktoren ein Paulusbild in Auftrag, den Patron der Reformation zu Ehren zu bringen. Sie legen die Münchener Manufaktur auf den gotischen Stil fest, der damals als Vorzeichen protestantischer Geistesfreiheit galt. Die Fenster zeigen das klassische Programm, wie aus Saulus Paulus wird – und zeichnen von der Christenverfolgung über die Bekehrung bis zur Aufnahme in die Kirche die ideale Geschichte der Reformation in die Paulusbiographie ein. Der Hohepriester, der Paulus den Auftrag zur Christenverfolgung erteilt, trägt päpstliche Züge; der blindwütige Verfolger des Glaubens wird von Christus selbst berufen, von Hananias aber auf seinen Glauben hin geheilt und getauft.

Doch das Imperium Romanum schlägt zurück. 1870 wird ein – selbstverständlich neuromanisches – Petrusfenster gestiftet; 1876, der Kulturkampf hat seinen Höhepunkt erreicht, wird es

1 Vgl. Thomas Nipperdey, »Der Kölner Dom als Nationaldenkmal« (1981), in: Ders., *Nachdenken über die deutsche Geschichte. Essays*, München 1990, S. 189–207.
2 Deutschland, ein Wintermärchen, in: *Sämtliche Schriften in zwölf Bänden*, hg. v. Klaus Briegleb, München 1976, VII S. 577 f.

eingesetzt. Die Geschichte, die im Gegenüber zum Paulusfenster erzählt wird, handelt von der Legitimität des petrinischen Primates, der päpstlichen Unfehlbarkeit und Rechtsgewalt, dogmatisch definiert auf dem Ersten Vatikanischen Konzil 1870/71. Deshalb wird das Apostelkonzil gezeigt, dem hier Petrus präsidiert, deshalb auch die Übergabe der Schlüsselgewalt nach Joh 21 (»Hüte meine Lämmer«, »hüte meine Schafe«), genau beobachtet von Pius IX. (»La tradizione sono io«), dem Papst des Konzils, das mit der Stärkung der römischen Zentrale hoch modern den Triumph der katholischen Kirche über den Modernismus feiert. Als kleiner Seitenhieb wird noch das Bild »Petrus in Ketten« eingefügt, das nicht nur an des Kephas Verhaftungen durch den Hohen Rat in Jerusalem erinnert (Apg 4,1–22; 5,17–42; 8,1–3), sondern auch an die zweijährige Inhaftierung des intransingenten Erzbischofs Clemens August Droste Vischering während des Kölner Kirchenstreits 1837–1839 in der Festung Minden. Die römische Petruskirche, lautet die gläserne Botschaft, ist unbesiegbar; mag man sie noch so sehr verfolgen – die Pforten der Hölle werden sie nicht überwältigen (Mt 16,18).

2 Historische Bedeutungen

Der Besuch des Kölner Domes läßt eine Ahnung aufsteigen, welche Brisanz der petrinischen und paulinischen Biographie zukommt. Beide Gestalten, Petrus wie Paulus, sind von nicht nur europäischer, sondern weltgeschichtlicher Bedeutung. Beide haben diese Bedeutung allerdings nicht aus sich selbst, sondern nur durch ihre Beziehung zu Jesus Christus. Umgekehrt ist die Beziehung späterer Generationen zu Jesus Christus – der Gläubigen wie der Gebildeten unter den Verächtern des Christentums – durch diese beiden, durch Petrus und Paulus, entscheidend geprägt; denn die Geschichte der Jesustradition wird von ihnen dominiert, weil das Neue Testament von ihnen beherrscht wird: von Paulus, der im Licht der Auferstehung Jesus als »Bild Gottes« (2 Kor 4,4) vor Augen stellt, indem er die ganze Gestalt und Geschichte vom Kreuz her zu verstehen versucht; von Petrus, weil er die Nummer eins im Jüngerkreis ist und nach Mt 16,18 der Fels, auf den Jesus seine Kirche bauen wird.

Deshalb sind Petrus wie Paulus Gestalten, auf deren Theologie und Biographie in enormer Dichte und Stärke religiöse, kirchliche und politische Interessen projiziert werden. Seit der Spätantike steht der Primatsanspruch Roms zur Debatte, seit der Neuzeit die Spaltung der lateinischen Kirche, die Berufung der Protestanten auf Paulus und der Katholiken auf Petrus. Wenn Anno Domini 2008 ein Nachfolger Petri, Benedikt XVI., nicht von ungefähr ein Papst aus Deutschland, ein Paulusjahr ausruft, damit *urbi et orbi* des Völkerapostels gedacht wird, der vor – ungefähr – 2000 Jahren geboren sein soll,[3] zeigt sich zwar, wie wenig die alten Konfessionsklischees taugen und wie offensiv derzeit die katholische Kirche auftritt, wird aber auch die Frage aufgeworfen, welcher Paulus – und welcher Petrus – gefeiert werden soll und was diese Gedächtniskultur mit Paulus – wie mit Petrus – macht.

Heute steht aber nicht nur kirchliche Innenpolitik vor Augen. Einerseits geht es um die Beziehungen des Christentums zum Judentum.[4] Beide Apostel sind Juden, die ihr Christusbekenntnis nicht als Abwendung von Israel, sondern als neue Zuwendung zum einen Gott gesehen haben, der ihnen jetzt als Vater Jesu Christi einleuchtet; beide sind aber in der Geschichte ihrer Deutung für Antijudaismen vereinnahmt worden, der eine als Schlüsselfigur einer Kirche, die Israel heilsgeschichtlich abgelöst, der andere als Moralapostel einer freiheitlichen Kirche, der die jüdische Kasuistik überwunden habe.

3 Paulus war nach Apg 7,58 bei der Steinigung des Stephanus 31/32 n. Chr laut Lukas ein »junger Mann«, bei der Abfassung des Philemonbriefes ca. 55. n. Chr aber nach eigenem Bekunden ein »alter Mann« (Phlm 9) – Alter ist relativ! Aus dogmatischen Gründen muß Paulus jünger als Jesus sein.

4 Das Gewicht dieser Fragestellung zeigt die Studie der Päpstlichen Bibelkommission an: *Das jüdische Volk und seine Heilige Schrift in der christlichen Bibel* (Verlautbarungen des Apostolischen Stuhls 152), Bonn 2001.

Andererseits geht es um die kulturellen Folgen der christlichen Mission. Der Vorwurf gegen den biblischen Monotheismus steht im Raum, andere Religionen und ihre Kulturen vernichten zu wollen, weil er die Unterscheidung zwischen wahr und falsch in die Religion eingeführt hat.[5] Die Kritik kann sich viel weniger gegen das Judentum als gegen das Christentum richten, das von Anfang an programmatisch Mission treibt, darin aber gerade Paulus und auch Petrus folgt.[6]

An beiden Stellen zeigt sich, daß die volle Brisanz der Petrus- und der Paulusbiographie nur dann vor Augen tritt, wenn man durch die gemalten Fenster der Kirchenscheiben nach draußen und von draußen wieder auf die Gläser schaut. Die Frage ist nur, von welcher Biographie die Wirkung ausgeht, die zu jenen Fragen geführt hat, und welche Biographie im Zuge einer Antwort neu zu schreiben wäre.

Prägend war und ist die »kanonische« Biographie beider Apostel: also jene, die das Neue Testament in den Evangelien, der Apostelgeschichte und den Apostelbriefen darstellt, wiewohl die Bibel weder eine eigentliche »Vita« des Petrus noch des Paulus enthält. Das Neue Testament zeichnet ein zutiefst kirchlich geprägtes und stark theologisch gefärbtes Bild von beiden Aposteln. Dieses Bild hat Eindruck gemacht, innerhalb und außerhalb der Kirchenmauern: Ob man Felix Mendelssohn-Bartholdys Paulus-Oratorium oder Wolfgang Seifens »Tu es Petrus« in der 2007 uraufgeführten »Messe für den Papst« hört, ob man Morris L. Wests »In den Schuhen des Fischers«[7] oder Dieter Hildebrandts Saulus-Paulus Doppelbiographie[8] liest, ob man im Kino »Quo vadis« oder »Ben Hur« schaut – immer ist es die kano-

---

5 So Jan Assmann, *Die mosaische Unterscheidung oder der Preis des Monotheismus*, München/Wien 2003.
6 Die klassische Darstellung stammt von Adolf von Harnack, *Die Mission und Ausbreitung des Christentums in den ersten drei Jahrhunderten*, Leipzig [4]1924 (1902).
7 München [15]1993 (engl. 1963).
8 *Saulus, Paulus. Ein Doppelleben*, München 1989 (München 1999).

nische, um apokryphe Traditionen angereicherte, nie die rein historische Biographie, die inspirierend gewirkt hat.

Freilich sind Petrus und Paulus – auch dem Kanon zufolge – historische Persönlichkeiten, die nach einer historischen Biographie schreien. Mit dem Durchbruch des geschichtlichen Denkens im 19. Jahrhundert[9] ist die Möglichkeit, dann aber auch die intellektuelle Pflicht gegeben, die »kanonische« Biographie historisch-kritisch zu betrachten und die Ebene der neutestamentlichen Darstellung von der Ebene der geschichtlichen Ereignisse zu unterscheiden.

Wer allerdings mit dem unbestechlichen Blick des Historikers die neutestamentlichen Texte auf Herz und Nieren prüfen will, um ihre geschichtliche Substanz zu erkennen und legendarische Übermalungen von zuverlässigen Nachrichten abzuheben, stößt nicht in eine dogmenfreie Zone vor, sondern in einen Raum, der sich nur durch theologische Vorstellungen und Auseinandersetzungen öffnet: durch die Reich-Gottes-Predigt Jesu, dann durch den Glauben an seinen Heilstod und seine Auferstehung. Das aber sind bis heute die – vom Kanon fixierten – *essentials* des christlichen Glaubens. Weder die Biographie des Petrus noch die des Paulus ist unabhängig von der Berufung durch Jesus Christus zu verstehen, abgesehen vom Glauben und mit dem Rücken zur Kirche, die sie als ihre Gründungsgestalten feiert.

Das Problem ist mithin, was einerseits das historische Projekt – gesetzt, es könne mehr oder weniger erfolgreich abgeschlossen werden – theologisch bedeutet und wieviel Geschichtsforschung andererseits die christliche Theologie braucht, um nicht unter Niveau zu geraten.

Soll die Historik auf dem Wege wissenschaftlicher Rationalisierung und kritischer Dekonstruktion eine neue Gewissheit begründen, die das kanonische Gedächtnis mit seiner ungeheuer intensiven, problematischen und prägenden Wirkungsgeschichte

---

9 Vgl. Peter Hünermann, *Der Durchbruch des geschichtlichen Denkens im 19. Jahrhundert*, Freiburg 1967.

relativiert, gar falsifiziert und dann ersetzt? Könnte die historische Kritik das überhaupt? Oder führt sie zu einer neuen, tieferen, differenzierteren Betrachtung der kanonischen Biographie selbst?

Andererseits: Läßt sich kanonische Theologie mit dem Rücken zur Geschichte und gegen den Druck der Fakten treiben? Jenseits der Skepsis? Diesseits der Kritik? Zerbricht der Kanon unter dem Druck der Fakten? Oder wird er selbst als ein historisches Phänomen sichtbar, das Geschichte gemacht hat, auch wenn es nicht strenge Geschichtsschreibung gewesen ist?

Jan Assmann hat die These aufgestellt, jeder Kanon sei zwar geschichtlich entstanden, lasse aber seine Genese hinter der endgültigen Gestalt verschwinden – und müsse deshalb vergehen, wenn sich das scharfe Auge historischer und philologischer Forschung ihm zuwende.[10] Das dürfte für nahezu alle Kanones gelten, auch für den Koran, der ja die irdische Abschrift eines himmlischen Originals sein soll (und so tut, als habe es Petrus und Paulus nie gegeben). Aber ob es auch für den jüdischen und den christlichen Kanon gilt, darf nach zweihundert Jahren historischer Bibelkritik bezweifelt werden. Denn die Bibel verwischt die Spuren ihrer Entstehung nicht, sondern legt sie so, daß die Spur der Heilsgeschichte lesbar wird.[11] Deshalb ist es nicht aussichtslos, die kanonischen und die historisch-kritischen Paulus- und Petrusbilder miteinander zu vergleichen.

3 Exegetische Forschung im Spiel der Interessen

Wegen der historischen Bedeutung des Themas ist die exegetische Petrus- und Paulusforschung nicht weniger stark von Ideen, Interessen und Intentionen bestimmt als die Literatur und die Kunst, die systematische Theologie und die Katechese. Ohne

---

10 *Fünf Stufen auf dem Wege zum Kanon*, Münster 1999.
11 Einen Versuch, das kanontheologisch aufzugreifen, habe ich unternommen in: *Einheit der Heiligen Schrift? Zur Theologie des biblischen Kanons* (QD 211), Freiburg/Basel/Wien 2005.

über diese Abhängigkeiten Rechenschaft abzulegen, kann die Exegese weder die historische noch die kanonische Biographie Petri und Pauli nachzeichnen.

a) Die traditionelle katholische Exegese
Die katholische Exegese des 19. und frühen 20. Jahrhunderts steht zwar im Verdacht, reine Apologetik zu sein, verfolgt aber voller Selbstbewußtsein ein klares Ziel: Die kanonische Biographie der Apostel sei die historische. Die päpstlichen Ermutigungen zum Schriftstudium, wie sie seit Leos XIII. Enzyklika »Providentissimus Deus« von 1893 laut werden, sind von einem ausgesprochenen Optimismus getragen, daß eine wirklich gute historische Forschung die Wahrheit des katholischen Glaubens begründen, den Protestantismus aber in die Schranken weisen könne. Die Päpstliche Bibelkommission, oft als Hort der Reaktion und Nachhut der Inquisition angesehen, will die Mittel des Lehramts nutzen, um klassischen »Einleitungsfragen« zur Entstehungsgeschichte der biblischen Schriften, die das »Wer, Was, Wann, Wo und Wie?« beantworten, theologisches Gewicht zu verleihen. Ausgefuchste Frage-Antwort-Schemata, die immer noch ein Hintertürchen offenlassen, zeichnen ein – im katholischen Sinn – politisch korrektes Bild der beiden Apostel:[12] Alle im Neuen Testament unter dem Namen der Apostelfürsten überlieferten Briefe seien auch tatsächlich von Paulus und Petrus geschrieben worden (wenngleich nicht alle notwendig mit eigener Hand); Lukas habe in der Apostelgeschichte nicht nur ihre missionarischen Biographien, sondern auch ihre missionarischen Reden im wesentlichen korrekt wiedergegeben (wenngleich nicht unbedingt dem genauen Wortlaut, jedoch dem Sinne nach), Petrus sei von Jesus als sein Stellvertreter eingesetzt und dazu mit den nötigen Vollmachten ausgestattet worden (wenngleich dieses Autoritätsfeld eine Zeitlang brachgelegen hätte, bis der Kairos für den Bischof von Rom gekommen sei). Allerdings

---

12 Alle Texte sind publiziert in: *Enchiridion Biblicum,* Neapel/Rom ⁴1965.

sei das Neue Testament nicht die einzige Quelle für die Biographie und Theologie der Apostel; über das Martyrium beider z. B. habe die Kirche sichere Nachrichten aus Quellen ihrer Tradition, besonders aus dem Brief des Clemens Romanus, den die Bischofslisten nach Petrus, Linus und Anacletus als vierten Papst aufzählen und das Erste römische Hochgebet bis heute kommemoriert.

Die wenigsten Verfechter dieses konservativen Modernisierungsprogramms werden sich allerdings ganz im klaren darüber gewesen sein, daß man beim modernen Spiel der Wissenschaften nur mitmachen kann, wenn man volles Argumentationsrisiko geht. Schwere Enttäuschungen waren vorprogrammiert.[13] Viele Entscheidungen der Bibelkommission, die strafbewehrt wurden und guten katholischen Forschern die Karriere, der katholischen Theologie aber akademische Reputation gekostet haben, beruhten auf optischen Täuschungen.

Vor allem jedoch wurde das kanonische Prinzip an einem entscheidenden Punkt nicht verstanden: Der biblische Kanon beschreibt nicht die reale, sondern eine ideale, nämlich theologisch rekonstruierte Vergangenheit, die ihrerseits Geschichte gemacht hat. Die Gleichsetzung der kanonischen mit der historischen Biographie sowohl Jesu als auch Petri und Pauli ist ein typisch neuzeitliches Projekt. Der Modernismus sollte zwar eingedämmt werden; aber dem Historismus leistete man in der römischen Schultheologie und ihrem exegetischen Ableger dadurch Tribut, daß man ihn nicht mehr ignorieren mochte, sondern zu übertrumpfen suchte. Dieses Programm mußte scheitern – und legte doch den Keim einer Entwicklung, die zu einer Neuentdeckung der historischen Forschung in der katholischen Theologie und – im protestantischen Geistes-Deutschland

---

13 Zur Problemgeschichte vgl. meinen Artikel: »Aufbruch zu neuen Ufern. Bibel und Bibelwissenschaft in der katholischen Kirche bis zum Zweiten Vatikanischen Konzil und darüber hinaus«, in: Th. Söding (Hg.), *Geist im Buchstaben? Neue Ansätze in der Exegese* (QD 225), Freiburg/Basel/Wien 2007, S. 11–34.

mit erheblicher Phasenverschiebung – zu einer Neuentdeckung der katholischen Theologie in der Kulturgeschichte führte.

b) Die evangelische Exegese des 19. Jahrhunderts

Die evangelische Exegese des 19. Jahrhunderts ist gespalten. Albert Schweitzer hat ihre Geschichte geschrieben,[14] nicht ganz so brillant wie die der Leben-Jesu-Forschung, aber dennoch erhellend. So die protestantische Bibelwissenschaft pietistisch beeinflußt war, sah sie die Einleitungsfragen nicht wesentlich anders als die katholische, [15] machte allerdings beim Petrusamt erhebliche Abstriche – freilich nicht, indem sie die Historizität der Szenen, sondern indem sie ihre Zielrichtung auf den römischen Primat bezweifelte; an dessen Stelle rückte sie andere Größen: den Kanon, das Credo, das Pfarramt – bis heute beliebte Versuche, den neutestamentlichen Petrusworten den juristischen Stachel zu ziehen und den universalistischen Horizont einzuengen, aber das protestantische Profil zu schärfen.

Die kritische Forschung liberaler Couleur hingegen machte beim Kanon *tabula rasa*. Ihr bleibendes Verdienst ist es zwar, kritisches historisches Denken in die Bibelforschung eingeführt zu haben, was nach der Aufklärung und im Durchbruch des geschichtlichen Denkens eine Voraussetzung für das intellektuelle Überleben des Christentums gewesen ist. Aber eine wild gewordene Kritik führte zu grotesken Ergebnissen. Die geschichtliche Substanz der Evangelien tendiere gegen Null; Petrus habe selbst dafür Sorge getragen, in den Jesusmythen prominent vertreten zu sein (was angesichts der dreifachen Verleugnung Christi noch nicht alle Fragen beantwortet); die Apostelgeschichte sei das Werk eines späten Kompilators, der von der Kirche zu Unrecht mit Paulus in Verbindung gebracht worden sei (was nur noch nicht erklärt, weshalb in der zweiten Hälfte des Buches

---

14 *Geschichte der Paulinischen Forschung von der Reformation bis auf die Gegenwart*, Tübingen 1891. Nachdruck Hildesheim 2004.
15 So noch Theodor Zahn, *Grundriß der Geschichte des neutestamentlichen Kanons*, Leipzig ⁴1904 (1901). Nachdruck Wuppertal 1985.

laufend von Paulus die Rede ist); die Petrusbriefe seien nicht petrinisch, aber auch die (meisten) Paulusbriefe seien nicht paulinisch (woher immer dann die Verfassernamen stammen); bis auf den von Luther heiß geliebten Galaterbrief wird kein einziger Paulusbrief von dem Verdacht ausgenommen, gar nicht von Paulus selbst geschrieben zu sein. Was aber von Paulus zu eruieren sei, mache ihn – so Ferdinand Christian Baur[16] – zum genialen Außenseiter, der im Widerspruch zur petrinischen Großkirche seinen Weg gegangen und vom Kanon nur mühsam domestiziert worden sei. Paulus wird auf eine steile Rechtfertigungsthese reduziert, die mit dem neuzeitlichen Freiheitsgefühl kurzgeschlossen wird, Petrus als galiläischer Hinterwäldler denunziert, der im Judentum befangen geblieben sei.

c) Neuere Tendenzen der Forschung

Die extremen Ausreißer der historischen Bibelkritik haben es der katholischen Gegenkritik leichtgemacht, allzu leicht. Sie sind freilich von der exegetischen Zunft selbst zurückgepfiffen worden. Anfang des 20. Jahrhunderts bildete sich in der evangelischen Exegese eine herrschende Meinung, der sich die Katholiken in der zweiten Jahrhunderthälfte weitgehend angeschlossen haben. Seitdem ist die Paulusforschung – mehr noch als die Petrusforschung – ein Paradebeispiel ökumenischer Kooperation. Sie hat ein wenig zur theologischen Konsensbildung beigetragen, die 1999 zur Unterzeichnung der »Gemeinsamen Erklärung zur Rechtfertigungslehre« und zur kirchenoffiziellen Versicherung geführt hat, die wechselseitigen Bannformeln und Flüche seien aufgehoben, die Unterschiede in der Rechtfertigungslehre sollten nicht geleugnet, könnten aber nicht mehr als kirchentrennend angesehen werden.[17]

16 *Das Christentum und die christliche Kirche der ersten drei Jahrhunderte*, Tübingen ²1860 (1853). Nachdruck: Stuttgart/Bad Cannstadt 1966.
17 Lutherischer Weltbund/Päpstlicher Rat zur Förderung der Einheit der Christen, *Gemeinsame Erklärung zur Rechtfertigungslehre. Gemeinsame Offizielle Feststellung*, Frankfurt/Paderborn 1999.

Bei aller ökumenischen Verständigung gibt es jedoch nach wie vor Kontroversen. Sie wirken freilich subkutan und werden selten aufgeklärt. Bei Paulus geht es um die Einschätzung des Epheserbriefes und der Pastoralbriefe. Die Schreiben sind für die katholische Kirche grundlegend, weil sie in ihnen die biblische Basis für die Sakramentalität der Kirche und das dreigegliederte Amt (Bischöfe – Priester – Diakone) findet, was traditionellerweise die katholische Exegese nicht ganz unbeeindruckt läßt, [18] während die evangelische Theologie, von der evangelischen Exegese souffliert, die Charismenlehre der Korintherbriefe weit höher schätzt und in neuprotestantischer Zuspitzung mit der steilen These des allgemeinen Priestertums aller Getauften verknüpft, um das Amt nur funktional, als reinen Ordnungsfaktor, zu bestimmen.

Um Ekklesiologie geht es auch bei Petrus, und zwar um die Theologie nicht einer idealen, sondern der real existierenden Kirche, sofern es mit dem Zweiten Vatikanischen Konzil heißt, sie »subsistiere« in der römisch-katholischen unter dem Haupt des Nachfolgers Petri.[19] »Der unterschätzte Petrus« hat der Altmeister historisch-kritischer Forschung, Martin Hengel, neuerdings gelehrte Studien zu Petrus überschrieben.[20] »Der überschätzte Petrus« würde im Zweifel jeder katholische Exeget sein Buch taufen – und nach wie vor allen Anlaß dazu sehen, einmal mehr nachzuweisen, daß Petrus die Petrusbriefe nicht geschrie-

---

18 Der vielleicht beste katholische Exeget seiner Zeit, der Konvertit Heinrich Schlier, sicher nicht der schlechteste Bultmann-Schüler, sieht im Epheserbrief (den er für authentisch paulinisch hält) das Schlüsseldokument neutestamentlicher Ekklesiologie: *Der Brief an die Epheser. Ein Kommentar*, Düsseldorf [7]1971 (1957); zu Schliers Weg vgl. Reinhard von Bendemann, *Heinrich Schlier. Eine kritische Analyse seiner Interpretation paulinischer Theologie* (BEvTh 115), Gütersloh 1995.
19 Dazu jetzt Jan-Heiner Tück (Hg.), *Römisches Monopol? Der Streit um die Einheit der Kirche* (Theologie kontrovers), Freiburg/Basel/Wien 2008.
20 *Der unterschätzte Petrus. Zwei Studien*, Tübingen 2006.

ben, die Petrusreden nicht gehalten und die Petrusworte nicht gehört habe.

Ob diesem historischen Eifer irgendein Erfolg beschieden sein wird, steht dahin. Das liegt vielleicht nicht nur an der oft unterstellten Schwerhörigkeit von Kirchenoberen gegenüber Kritik und dem von Exegeten oft bejammerten Desinteresse von Systematikern an historischen Differenzierungen, sondern auch an einem Mangel an Problembewußtsein bei den exegetischen Historikern. Ein erster Schritt, es etwas intensiver zu entwikkeln, könnte die Frage sein, wie das kanonische Bild der beiden Apostel aussieht, wie es entstanden ist und wie es gewirkt hat. Dann wird auch der Ort deutlich, an dem *sine ira et studio* exegetisch-historische Petrus- und Paulusforschung getrieben werden kann.[21]

4 Die kanonischen Biographien

Der Kanon hat Platz für Petrus und Paulus. Er beginnt aber nicht mit einem von beiden; er beginnt auch nicht mit Jesus, sondern mit dem Alten Testament. Die Biographie der beiden Apostel – das schreibt der Kanon fest – kann man nicht ohne Jesus, aber auch nicht ohne die Geschichte Israels, ohne Gesetz und Propheten und Psalmen begreifen, auf die sich – dem Kanon zufolge – Petrus wie Paulus in ihren Reden und Briefen laufend beziehen und ohne die auch die Geschichte des Christentums nicht geschrieben werden kann, sind doch Petrus und Paulus Juden, die ihren Teil dazu beigetragen haben, daß die Kirche bis heute nicht nur das Neue, sondern auch das Alte Testament liest.

---

21 Es gibt hervorragende exegetische Studien zu Paulus und zu Petrus; vgl. Udo Schnelle, *Paulus. Leben und Denken*, Berlin 2003; Joachim Gnilka, *Petrus und Rom. Das Petrusbild in den ersten zwei Jahrhunderten*, Freiburg/Basel/Wien 2002. Einen direkten Vergleich zieht Lothar Wehr, *Petrus und Paulus – Kontrahenten und Partner. Die beiden Apostel im Spiegel des Neuen Testaments, der Apostolischen Väter und früher Zeugnisse ihrer Verehrung* (NTA 30), Münster 1996.

Der Kanon ist nicht vom Himmel gefallen. Das Neue Testament – das Alte Testament ist vorgegeben – ist in einem längeren geschichtlichen Prozeß entstanden,[22] der nicht ohne Alternativen gewesen, aber in erstaunlicher Schnelligkeit und Konsequenz verlaufen ist. Noch bis ins 4. Jahrhundert wird über ein paar Zweifelsfälle diskutiert, insbesondere die Johannesoffenbarung. Aber die Schwergewichte und groben Umrisse liegen schon früh im 2. Jahrhundert fest: die Sammlung von vier Evangelien (nie hatte eines der apokryphen den Hauch einer Chance auf Kanonisierung), die Briefe des Apostels Paulus (nie stand er zur Debatte) und ein Block mit der Apostelgeschichte samt den Katholischen Briefen, die den – von Paulus so genannten – Jerusalemer »Säulen« (Gal 2,9) Jakobus, Petrus und Johannes zugeschrieben werden und Judas, den »Bruder« des Jakobus (Jud 1), ins Schlepptau nehmen. Kriterien der Kanonisierung lassen sich nur im Rückblick ableiten: Katholizität (allgemeine Akzeptanz), Orthodoxie (Übereinstimmung mit dem biblischen Monotheismus samt seiner christologischen Konkretisierung) und Apostolizität (nicht im Sinne apostolischer Verfasserschaft, aber traditionsgeschichtlicher Verbindung mit den von Jesus Christus, vor und nach seiner Auferstehung, selbst Berufenen).

Petrus und Paulus sind von Anfang an die Schlüsselfiguren des neutestamentlichen Kanons. Die Bibel beläßt es aber nicht bei einem Nebeneinander beider Apostel. Sie konstruiert ein historisch-theologisch genau bestimmtes Verhältnis zwischen beiden, das durch eine asymmetrische Koinzidenz geprägt ist. Es gibt ein theologisch bedeutsames Nacheinander, dem ein theologisch ebenso bedeutsames Miteinander entspricht. In dieser Spannung zeichnet sich die kanonische Biographie beider Apostel ab.

---

22 Der Kanon ist freilich keine fixe, sondern eine in Jahrzehnten und Jahrhunderten gewachsene Größe; vgl. Hermann von Lips, *Der neutestamentliche Kanon* (Zürcher Grundrisse zur Bibel), Zürich 2004.

a) Kanonische Prominenz

Das Neue Testament ist wesentlich durch Schriften bestimmt, die der Überlieferung zufolge entscheidend von Petrus und Paulus geprägt sind. Dreizehn der siebenundzwanzig neutestamentlichen Bücher tragen den Namen des Völkerapostels, zwei Briefe, die traditionell in allen Kirchen weniger Beachtung finden, den Namen des Petrus. Petrus und Paulus sind die beiden dominanten Figuren der Apostelgeschichte. Zuerst bestimmt Petrus das Bild, angefangen mit der Pfingstpredigt, dann Paulus, zunächst neben Barnabas, sodann allein auf zwei weiteren Missionsreisen, auf denen das Evangelium in Kleinasien und Griechenland verbreitet wird.

Die Apostelgeschichte soll, so die kirchliche Tradition, von Lukas dem Arzt (Kol 4,14; vgl. 2 Tim 4,11; Phlm 24) geschrieben worden sein, einem Begleiter des Paulus, auch auf seinem Weg nach Rom. Dann aber ist Paulus, der kirchlichen Tradition zufolge, auch im Corpus der Evangelien präsent; denn sein Schüler Lukas hat ja vor der Apostelgeschichte eine Jesusgeschichte geschrieben. So schreibt es jedenfalls Irenäus von Lyon Mitte des 2. Jahrhunderts in sein drittes Buch »gegen die Häresien« (adv. haer. III 1,1): »Lukas, der Begleiter des Paulus, hat das von diesem verkündete Evangelium in einem Buch niedergelegt«.

Petrus wird nach einer Überlieferung, die noch etwas weiter, bis ins frühe 2. Jahrhundert zurückreicht, gleichfalls ein Evangelium zugeordnet: Johannes Markus aus Jerusalem soll es geschrieben habe, der ihn als Dolmetscher begleitet und (nach seinem Tode) seine »Lehrvorträge« aufgezeichnet habe, so der kleinasiatische Bischof Papias von Hierapolis in seinem Kommentar zu Worten des Herrn.[23] Vor allem aber ist Petrus – nach Jesus – die bedeutendste Figur in den Evangelienerzählungen selbst, besonders bei den Synoptikern, aber auch im vierten

---

[23] Gut erschlossen bei Ulrich H. J. Körtner, »Papiasfragmente«, in: *Schriften des Urchristentums 3*, Darmstadt 1998.

Evangelium, obgleich ihm dort mit dem Lieblingsjünger – später als Johannes Zebedäus und Evangelist identifiziert – ein geistig überlegener Partner zur Seite gestellt wird.

Nach diesen Voten war für mehr als einenhalb Jahrtausende Schluß der Debatte. Neben Petrus und Paulus sind es nach altkirchlicher Überlieferung nur noch drei weitere Gestalten, die als Autoren kanonische Anerkennung gefunden haben: Jakobus, zu dem noch dessen Bruder Judas zu rechnen ist, Matthäus, der als ehemaliger Zöllner gilt, und Johannes, der nicht nur das Evangelium, sondern auch drei Briefe und überdies die Offenbarungsschrift verfaßt haben soll. Die überragende Bedeutung der beiden Apostel Petrus und Paulus wird so noch unterstrichen. Größte Teile des Neuen Testaments sind durch ihre Biographie bestimmt; und große Teile ihrer Biographie sind dem Neuen Testament eingeschrieben.

b) Das kanonische Nacheinander

Die Geschichte Pauli mit Jesus beginnt erst vor Damaskus, die Geschichte Petri mit Jesus aber bereits am See Genezareth. Petrus hat gegenüber Paulus einen uneinholbaren Vorsprung: Er ist ein Jünger des irdischen Jesus, nach den Synoptikern sogar der Erstberufene. Er wird zum Menschenfischer bestellt (Mk 1,16 f. parr.), als Paulus noch gar nichts von Jesus gehört hat. Er gehört zum Kreis der Zwölf – und zwar in jeder Liste an erster Stelle (Mk 3,13–19 parr.). Er hat von Jesus den Kephas-Petrus-Namen verliehen bekommen, was das matthäische Felsenwort – »Du bist Petrus, und auf diesen Felsen werde ich meine Kirche bauen« (Mt 16,18) – nur noch verstärkt. Er war als geladener Gast im Saal, als Jesus das Letzte Abendmahl gefeiert (Mk 14,22–25 par.) und seinen Jüngern die Füße gewaschen hat (Joh 13,1–20). Er hat zwar Jesus dreimal verleugnet (Mk 14,66–72 parr.), aber Jesus hat ihm dreifach vergeben (Joh 21,15 ff.). Er hat nach Paulus und den Synoptikern als erster den auferstandenen Jesus gesehen (Mk 16,6 f. par.; Lk 24,34); er tritt als Sprecher der Urgemeinde zu Pfingsten auf; er sagt, man müsse Gott mehr gehorchen als den Menschen (Apg 4,19; 5,29), während Paulus noch Pläne zur Christenverfolgung schmiedet. Nach Lukas ist es auch Petrus, der – unter größten inneren Schwierigkeiten – den ersten Nicht-Juden, den gottesfürchtigen Hauptmann Kornelius, tauft (Apg 10) und diese revolutionäre Tat gegen Bedenkenträger in der Urgemeinde verteidigt (Apg 11). Nach Lukas ist es auf dem »Apostelkonzil« Petrus, der selbst Jakobus zum Nachdenken bringt, so daß schließlich die beschneidungsfreie Völkermission abgesegnet wird (Apg 15).

Paulus hingegen hat die Kirche Jesu Christi verfolgt und zu vernichten versucht, wie er selbst im Galaterbrief schreibt (Gal 1,13 f.). Er sieht, daß er nur ein Außenseiter unter den Aposteln ist. Im Grunde kommt er zu spät. In 1 Kor 15,5–11 spricht er offen davon:

> *⁵(Christus) erschien dem Kephas, dann den Zwölf,*
> *⁶danach erschien er mehr als 500 Brüdern auf einmal,*
> *von denen die Mehrzahl noch lebt, einige aber entschlafen sind,*
> *⁷danach erschien er Jakobus, danach den Apostel allen.*
> *⁸Als letztem aber von allen, gleichsam der Nachgeburt, erschien er auch mir.*
> *⁹Denn ich bin der letzte der Apostel, der ich nicht wert bin, Apostel zu heißen, weil ich die Kirche Gottes verfolgt habe.*
> *¹⁰Doch durch Gottes Gnade bin ich, der ich bin, und seine Gnade an mir ist nicht leer geworden, sondern mehr als alle anderen habe ich mich bemüht – aber nicht ich, sondern die Gnade Gottes mit mir.*
> *¹¹Ob also ich oder jene: So verkünden wir, und so seid ihr zum Glauben gekommen.*

Der Zeitfaktor spielt in der Apostolatstheologie[24] eine erhebliche Rolle. Eigentlich ist Christus nach Petrus und den Zwölfen,

---

24 Vgl. Robert Vorholt, *Der Dienst der Versöhnung. Studien zur Apostolatstheologie bei Paulus* (WMANT 118), Neukirchen-Vluyn 2008.

nach 500 »Brüdern« (von denen nicht alle männlichen Geschlechts gewesen sein müssen) und nach Jakobus bereits »allen Aposteln« erschienen – bis Paulus ins Blickfeld gerät, der »nicht wert ist, Apostel genannt zu werden«. Die Liste beginnt programmatisch mit Kephas-Petrus, und sie endet ebenso programmatisch mit Paulus. Das Nacheinander, das dem Kanon seinen Stempel aufdrückt, ist nicht nur aus der Geschichte, sondern auch der Theologie der Auferstehung abgelesen.

Der letzte Platz hat freilich – man braucht nur an Jesu Gleichniswort zu denken (Mk 10,31 parr.; Mt 20,16 par.; Lk 13,30) – auch seine Privilegien. Die hat Paulus nicht verschmäht. Der letzte ist auch der effektivste der Apostel. Er, der sich berufen wußte zum »Apostel der Völker« (Röm 11,13), hat sich nicht nur in unglaublich intensiver, sondern auch in erstaunlich effektiver Weise für die Mission eingesetzt. Wer immer die Apostelbriefe und die Apostelgeschichte liest, wird wenig Grund finden, ihm darin zu widersprechen – auch wenn Paulus durch seine Episteln und seine Missionsaktivität, die ja sogar Spanien ins Auge faßt (Röm 15,24.28), eine westliche, europäische Perspektive der frühesten Christentumsgeschichte öffnet (während die gleichfalls dynamische Südosterweiterung kaum im Blick steht[25]).

Das Ungleichgewicht zwischen Petrus und Paulus, das aus dem Nacheinander resultiert, zeigt sich auch im Aposteltitel. Lukas behält ihn den Zwölfen vor, die schon von Jesus eingesetzt worden sind und eine Brücke zwischen der vor- und der nachösterlichen Zeit bilden; deshalb wird Paulus in der Apostelgeschichte nur zweimal am Rande und nicht programmatisch »Apostel« genannt (Apg 14,4.14), so groß auch seine Rolle als Zeuge Jesu Christi ist, so echt seine Berufung und so weit sein Wirkungskreis.

---

25 Die wenigen erhaltenen Spuren liest Peter Brown, *Die Entstehung des christlichen Europa*, München 1996. Spät sind die klugen Legenden, daß die Apostel weltweit die Missionsgebiete aufgeteilt hätten, so daß z. B. Thomas nach Indien gelangt – für die Christen dort bis heute von grundlegender Bedeutung.

Auch ein Gattungsvergleich der Briefe zeigt Unterschiede. Im Ersten wie im Zweiten Petrusbrief steht – von wem auch immer geschrieben – einfach »Apostel Jesu Christi«. Der Titel wird ganz selbstverständlich gebraucht. Wenn einer Apostel ist, dann Petrus. In den Paulusbriefen hingegen wird der Aposteltitel immer wieder erläutert, kommentiert, verteidigt – aus gutem Grund, weil der paulinische Apostolat keineswegs allseits anerkannt gewesen, sondern im Gegenteil immer wieder angefragt, angezweifelt, angefeindet worden ist. Paulus hat das genutzt und sich auch dann, wenn er gar nicht angefeindet war, als berufener Apostel Jesu Christi so stilisiert, wie der Aposteltitel später gesamtkirchlich rezipiert worden ist.

c) Das kanonische Miteinander

Das kanonische Gefälle zwischen Petrus und Paulus baut einen geschichtlich fundierten, theologisch reflektierten Spannungsbogen auf, der festschreibt, daß beide, Petrus wie Paulus, auf verschiedene Weise eine grundlegende Bedeutung für die Kirche haben. Der neutestamentliche Kanon schreibt auf vielen Seiten, daß Petrus und Paulus – trotz unterschiedlicher Temperamente und einzelner Konflikte – engen Kontakt gehalten und in den wesentlichen Punkten übereingestimmt haben: ein Schlüssel für den historischen Erfolg des Christentums.

Mehrfach sind Petrus und Paulus einander begegnet. Zunächst sucht Paulus den Kontakt mit Petrus in Jerusalem (Gal 1,16 ff.; 2,1–10); dann scheint es umgekehrt zu sein: Petrus kommt zu Paulus nach Antiochia (Gal 2,11–14) und muß sich, so Paulus, von ihm belehren lassen (Gal 2,15 f.). Diese Dialektik zeigt sich auch an anderer Stelle.

Im Zweiten Petrusbrief – nach historisch-kritischem Urteil ist er eine der jüngsten Schriften des Neuen Testaments – zeigt sich, wieviel Respekt die paulinische Theologie einflößt und welche enorme Bedeutung man ihr auch dort zumißt, wo man sich mit Überzeugung auf Petrus beruft (2 Petr 3,15 f.):

¹⁵Die Geduld unsres Herrn erachtet als Rettung, wie auch unser geliebter Bruder Paulus gemäß der ihm gegebenen Weisheit euch geschrieben hat ¹⁶in allen seinen Briefen, in denen er davon spricht. In ihnen ist manches schwer zu verstehen, was die Ungelehrten und Ungefestigten verdrehen, ebenso wie die übrigen Schriften zu ihrem eigenen Verderben.

Im Ersten Petrusbrief fällt der Name Pauli kein einziges Mal. Aber während die Apostelgeschichte erzählt, wie Paulus das Evangelium via Kleinasien nach Rom gebracht hat, schlägt der Erste Petrusbrief, nach 1 Petr 5,12 durch den Paulus-Kollegen Silvanus (1 Thess 1,1) geschrieben, den Bogen zurück von Babylon, Deckname für Rom, nach »Pontus, Galatien, Kappadozien, Asien und Bithynien« (1 Petr 1,1)

Weit häufiger geht Paulus – und zwar ausschließlich in heute als echt anerkannten Briefen – auf Petrus ein, nicht nur auf die drei Begegnungen in Jerusalem und Antiochia, die er aus gegebenem Anlaß im Galaterbrief erwähnt, sondern auch auf die Erscheinung des Auferstandenen (1 Kor 15,5) und auf das Recht des Apostels, eine »Schwester« auf Missionsreise mitzunehmen (1 Kor 9,5). Im Ersten Korintherbrief kritisiert er zwar, daß es eine Kephas-Partei – neben einer Paulus- und einer Apollos-Partei – gegeben hat (1 Kor 1,12); aber das lastet er Petrus nicht an. Vielmehr zeugt der Brief, Jahre nach dem antiochenischen Konflikt geschrieben, von selbstverständlicher Hochachtung und Anerkennung.

Die wechselseitige Referenz entspricht der Harmonie zwischen beiden, die Lukas in der Apostelgeschichte anklingen läßt. Die Mission der Zwölf Apostel, für die Petrus steht, findet eine Fortsetzung durch Paulus, ohne daß sich inhaltliche Veränderungen ergeben. Im Gegenteil: Laut Lukas gibt es geradezu wörtliche Übereinstimmungen zwischen beiden, die über formelhafte Aussagen hinausgehen.

Petrus vor dem Hohen Rat in Jerusalem	Paulus in der Synagoge von Thessalonich
Gott aber hat auf diese Weise erfüllt, was er durch den Mund aller Propheten im voraus verkündigt hat: daß sein Messias leide. (Apg 3,15)	*Er legte sie ihnen aus und erklärte, daß der Messias leiden und von den Toten auferstehen mußte. Und er sagte: »Jesus, den ich euch verkünde, ist dieser Messias.«* (Apg 17,3)
Petrus bei Kornelius in Caesarea	Paulus in der Synagoge von Antiochia in Pisidien
Von ihm bezeugen alle Propheten, daß jeder, der an ihn glaubt, durch seinen Namen die Vergebung der Sünden empfängt. (Apg 10,43)	*Durch diesen wird euch die Vergebung der Sünden verkündet,*
Petrus auf dem Apostelkonzil in Jerusalem	
Wir glauben jedoch, durch die Gnade Jesu, des Herrn, gerettet zu werden, auf die gleiche Weise wie jene. (Apg 15,11)	*und in allem, worin euch das Gesetz des Mose nicht gerecht machen konnte, darin wird jeder Glaubende gerechtfertigt.* (Apg 13,38 f.)

Paulus zitiert wie die Apostel wortwörtlich den Schöpfungspsalm 146,6 (Apg 4,24–14,15). Petrus und Paulus beziehen sich auf die Wassertaufe des Johannes (Apg 1,22; 10,37; 11,16–13,24f.; 19,4). Für beide ist Jesus der »Nazoräer« (Apg 2,22–22,8), für beide der »Heiland« (Apg 5,31–13,23) und der »Gerechte« (Apg 3,14–22,14); beide testieren, Jesus sei von den beteiligten Juden in Jerusalem aus »Unwissenheit« verworfen worden (Apg 3,17–13,27), beide wissen, daß Pilatus das Urteil gesprochen hat (Apg 3,13; 4,27–13,28).[26]

Wie immer es um die historische Substanz jener Harmonie bestellt sein mag – Lukas hat mit seiner Erzählung tiefen Eindruck hinterlassen und etwas Richtiges getroffen: daß es nämlich bei allen gravierenden Unterschieden der Talente und Charaktere, der Lebensgeschichten und Glaubenserfahrungen wesentliche, tragfähige Gemeinsamkeiten zwischen Petrus und Paulus gegeben hat. Ohne sie wäre das Christentum auseinandergebrochen. Mit ihnen hat es eine große Spannweite theologischer Positionen und kultureller Prägungen gewonnen, die ein wesentlicher Erfolgsfaktor gewesen ist.

d) Kanonische Biographie
Paulus sah sich genötigt und wußte sich befähigt, in einer so eminenten Weise »Ich« zu sagen, daß viele urteilen, die Gattung der Biographie in unserem Verständnis, daß die persönliche Lebensgeschichte in ihren Windungen und Wendungen, ihren Widersprüchen und Aufbrüchen erzählt werde, gehe auf ihn zurück. Ulrich von Wilamowitz-Moellendorf schreibt über ihn: »Endlich, endlich redet wieder einmal einer auf Griechisch von einer frischen, inneren Lebenserfahrung; das ist sein Glaube; in ihm ist er seiner Hoffnung gewiß, und seine heiße Liebe umspannt die Menschheit: ihr das Heil zu bringen, wirft er freudig sein Leben

---

26 Es gibt auch eine wörtliche Übereinstimmung zwischen der Pfingstpredigt des Petrus (Apg 2,21) und dem Römerbrief (10,13), das Zitat von Joël 3,5: »Jeder, der den Namen des Herrn anruft, wird gerettet werden.«

hin; frisches Leben der Seele aber sprießt überall hervor, wohin ihn sein Fuß trägt.«[27] Das mag übertrieben sein, aber der Philipperbrief enthält eine paulinische Konfession von vibrierender Nervosität (Phil 3,6–14); und die »Narrenrede«, zu der er sich im Zweiten Korintherbrief hinreißen läßt, ist das erschütternde Dokument eines Getriebenen, der zu sich selbst gefunden hat, weil er zu Gott gefunden hat (2 Kor 10–13). Auch in den Schreiben, die von der heutigen Forschung als Schülerwerke eingeschätzt werden, spielt die unrühmliche Vergangenheit des Apostels eine Rolle: Paulus wird zum Prototyp des begnadigten Sünders; er verkörpert die Rechtfertigungslehre (1 Tim 1,12–16):

> *[12] Dank habe ich für den, der mich gekräftigt hat: Jesus Christus, unseren Herrn, weil er mich treu erachtet hat, mich in Dienst zu nehmen, [13] der ich früher ein Lästerer und Verfolger und Gewalttäter war; aber er hat sich meiner erbarmt, weil ich in meinem Unglauben nicht wußte, was ich tat. [14] Aber überströmt hat mich die Gnade unseres Herrn mit Glauben und Liebe in Christus Jesus. [15] Glaubwürdig ist das Wort und aller Zustimmung wert: Christus Jesus ist in die Welt gekommen, die Sünder zu retten, deren erster ich bin. [16] Aber Erbarmen habe ich deshalb gefunden, damit an mir als erstem Jesus Christus alle Geduld erweise zum Vorbild derer, die an ihn glauben werden zum ewigen Leben.*

Durch die Offenheit, mit der die Schuld des Petrus angesprochen wird, bleibt das Paulusbild des gesamten Neuen Testaments von einer heilsamen Unruhe. Seine dramatische Biographie macht ihn interessant. Mehr noch: Sie demonstriert die Möglichkeit einer wahren Umkehr, eines echten Neuanfangs, wie er nur dann möglich ist, wenn der Mensch nicht auf seine eigenen Möglichkeiten zurückgeworfen, sondern von göttlicher Kraft zu Boden geworfen und aufgerichtet wird.

---

27 »Die griechische Literatur des Altertums«, in: Ders. u. a., *Die griechische und lateinische Literatur und Sprache* (Die Kultur der Gegenwart I/8), Berlin/Leipzig 1905, S. 1–236: hier S. 157 f.

Anders bei Petrus. Die Evangelien verschweigen zwar sein Versagen in der Passion nicht: Bevor der Hahn kräht, verleugnet er Jesus, da dieser verurteilt wird (Mk 14,66–72 parr.). Auch das ist sprichwörtlich geworden. Im (Nachtrag zum) Johannesevangelium wird es in der dreifachen Frage Jesu, ob er ihn »mehr als diese« liebe, aufgearbeitet (Joh 21,15 ff.). Aber in den Petrusbriefen findet es kein Echo. Paulus spielt vielleicht einmal im Galaterbrief darauf an, wenn er nebenbei bemerkt, er interessiere sich nicht dafür, was die »Säulen« der Jerusalemer Urgemeinde früher gemacht hätten (Gal 2,6). Aber der Erste Petrusbrief ist eigentümlich farblos, was die Person des Verfassers angeht, und der Zweite beruft sich nur auf das Gipfelerlebnis der Verklärung (1 Petr 1,16 ff.):

> *[16] Wir sind ja keinen ausgeklügelten Fabeln gefolgt, als wir euch die Macht und die Ankunft unseres Herrn Jesus Christus kundtaten, sondern wir sind Augenzeugen seiner Majestät gewesen.*
> *[17] Denn er empfing von Gott, dem Vater Ehre und Herrlichkeit,*
> *da von der hocherhabenen Herrlichkeit die Stimme an ihn erging:*
> *»Dieser ist mein geliebter Sohn, an dem ich Wohlgefallen habe.«*
> *[18] Und diese Stimme hörten wir, als wir auf dem heiligen Berg waren, vom Himmel kommen.*

Das wird zwar geschickt mit dem Thema des Briefes verknüpft, der die Hoffnung Jesu auf die Gottesherrschaft retten will.[28] Aber mit keiner Silbe wird angedeutet, daß den Evangelien zufolge Petrus oben auf dem Berg rein gar nichts verstanden hat. Sein Vorschlag, drei Hütten zu bauen, paßt zu seinem Widerspruch nach der Leidensankündigung Jesu (Mk 8,30–34 parr.).

---

28 Vgl. Th. Söding, *Der Gottessohn aus Nazareth. Das Menschsein Jesu im Neuen Testament*, Freiburg/Basel/Wien ²2008, S. 129–132.

Daß diese Spannung fehlt, war gewiß gut gemeint, hat aber der Wirkung der Petrusbriefe nicht gutgetan.

Die kanonischen Biographien des Petrus und des Paulus lassen sich sehr gut unterscheiden; sie sind charakteristisch, farbenreich, abgründig und aufgeschlossen. Sie sind in hohem Maße plausibel – und brauchen gerade deshalb eine historisch-kritische Überprüfung.

5 Die historischen Biographien

Die historisch-kritische Exegese hat sich in ihren enthusiastischen Anfängen aufgeschwungen, nicht nur Jesus, sondern auch Petrus und Paulus vom Felsen des Dogmas loszuketten. Noch Ende des 19. Jahrhunderts hat sich kein Geringerer als William Wrede dieses Pathos bewahrt. In einer programmatischen Schrift, die das Ende der Biblischen Theologie einläuten will und die Verwandlung der Exegese in Religionswissenschaft fordert, schreibt er 1897: »Wer also den Begriff des Kanons als feststehend betrachtet, unterwirft sich damit der Autorität von Bischöfen und Theologen jener Jahrhunderte. Wer diese Autorität in anderen Dingen nicht anerkennt – und kein evangelischer Theologe erkennt sie an –, handelt folgerichtig, wenn er sie auch hier in Frage stellt«.[29] Über dieses Urteil hätten sich die katholischen Ultramontanisten diebisch gefreut, da auch sie der Meinung gewesen sind, der Kanon sei das Produkt des Lehramtes – welche Meinung sie freilich mit der Erwartung verbunden haben, jeder katholische Theologe solle sich gefälligst daran halten. Der Grundfehler beider Positionen ist, den Kanon nicht geschichtlich zu verstehen: als Vorgang eminenter Rezeption, der mit der Produktion der Texte beginnt und Signale aufnimmt, die sie selbst aussenden, wenn sie die Wahrheit des Glaubens in Anspruch nehmen.

---

29 *Über Aufgabe und Methode der sogenannten Neutestamentlichen Theologie,* Göttingen 1897 (Die Seiten 7–80 sind wieder abgedruckt in:

Der Impetus der historischen Kritik ist jedoch der Verdacht, es könne alles ganz anders gewesen sein, als der heilige Text und die heilige Überlieferung es besagen. Der Eifer der historischen Kritik resultiert aus dem Selbstbewußtsein der Aufklärung, kraft des eigenen Verstandes ein selbständiges Urteil auch in Fragen des Glaubens zu fällen, was immer die Autoritäten sagen mögen. Tatsächlich gehört gesunde Skepsis zur Wissenschaft. Freilich ist jenseits des Historismus der Geschichtswissenschaft deutlich geworden, daß sie zwar Ideologiekritik treiben kann, aber selbst ideologieanfällig ist, wenn sie nicht nur rekonstruieren will, was geschehen ist (was sie niemals nur getan hat), sondern dadurch Werte setzen, Orientierung geben, Erinnerung schärfen will. *A fortiori* gilt das für die Theologie. Die Kritik ist und bleibt Kritik. Sie prüft eine Norm, setzt sie aber nicht. Diese Prüfung tut not, weil ohne sie der kanonische Anspruch eine bloße Geste wäre. Der Kanon hätte den historischen Lackmustest nicht nur dann bestanden, wenn es eine hundertprozentige Deckungsgleichheit zwischen kanonischer und historischer Biographie gäbe, sondern auch dann, wenn das kanonische Bild als gezielte Gedächtnisleistung verstanden werden könnte, die von den Ereignissen und Erfahrungen der Protagonisten stimuliert wird, aber ihre Bedeutung in den theologischen Horizonten erschließt, die sich Petrus und Paulus geöffnet haben.

a) Ausweitung des Blickfeldes

Die historische Bibelkritik hat, wenn sie eine Petrus- und eine Paulusbiographie schreiben will, im wesentlichen keine anderen Quellen zur Verfügung als die kanonischen. Die Archäologie tappt bei beiden im Dunkeln, wie das Christentum überhaupt erst nach langer Zeit auf Steinen und Scherben Spuren hinterlassen hat. Die ältesten Zeugnisse sind ausgerechnet fragliche Papyri mit neutestamentlichen Texten, darunter den Paulusbriefen,

G. Strecker [Hg.], *Das Problem der Theologie des Neuen Testaments* [WdF 367], Darmstadt 1975, S. 81–154; Zitat: S. 85).

von denen das bislang älteste, ein kleines Fragment aus dem Johannesevangelium, in Ägypten gefunden, in die Zeit um 120–125 n. Chr. datiert – für antike Verhältnisse sensationell nahe an der vermutlichen Abfassungszeit. (Als Ente haben sich hingegen die Sensationsmeldungen erwiesen, in Qumran seien äußerst frühe Fragmente von Evangelientexten gefunden worden.)

Allerdings trägt der Blick über den Kanon hinaus erheblich dazu bei, den Urteilssinn zu schärfen. Durch jüdische, griechische und römische Zeugnisse – Texte und Fundamente, Bilder und Säulen – läßt sich eine ungefähre Vorstellung von den geschichtlichen Verhältnissen gewinnen, in denen sich Petrus und Paulus bewegt haben. Die soziale Schichtung in Stadt und Land, das Verkehrsnetz, die politische Organisation im Reich und den Provinzen, das Verhältnis der Geschlechter, das Bildungswesen, Frömmigkeit und Ethos, Ernährungsgewohnheiten und Tischsitten, Sexualpraktiken und Eherecht, politische Machtkonstellationen und Herrschaftsorganisationen – all das genau zu erforschen trägt erheblich zur historischen Urteilsbildung bei; solche Forschungen zu treiben ist »state of the art«.[30]

Ohne die Präsenz des Judentums in Palästina und der Diaspora, ohne den hellenistischen »way of life«, der erstmals eine globalisierte Kultur ahnen läßt, ohne die römische Infrastruktur, ohne das Koine-Griechisch, die *lingua franca* des Mittelmeerraumes, ohne ein religiöses Interesse der Gebildeten, ohne das römische Recht, ohne das intellektuelle Bündnis mit sokratischer, platonischer, aritostelischer und stoischer Philosophie, ohne Interferenzen mit den damals modernen Erlösungsreligionen

---

30 Auf diesen weiten Wegen kultur- und religionsgeschichtlicher Forschung hat Martin Hengel – auf der Basis weniger Zeilen des Neuen Testaments – eine ganze Biographie des vorchristlichen Paulus wahrscheinlich zu machen unternommen: »Der vorchristliche Paulus«, in: Ders./Ulrich Heckel (Hg.), *Paulus und das antike Judentum* (WUNT 58), Tübingen 1991, S. 177–293; Martin Hengel/Anna Maria Schwemer, *Paulus zwischen Damaskus und Antiochien. Die unbekannten Jahre des Apostels* (WUNT 108), Tübingen 1998.

aus dem Osten hätte das Christentum weit schlechtere Chancen gehabt, seine missionarische Dynamik zu entfalten.

b) Kritische Lektüre

Die kultur-, sozial- und religionsgeschichtlichen Forschungen der Bibelwissenschaft erweitern zwar den Horizont, können aber das kanonische Petrus- und Paulusbild nicht nachhaltig erschüttern, sondern bestätigen vielmehr dessen historische Plausibilität (was mit der historischen Realität nicht verwechselt werden darf). Denn das Neue Testament ist ja selbst in genau dem Kulturraum gewachsen, in dem Petrus und Paulus gelebt haben. Jüdische, griechische und römische Zeugnisse über Petrus und Paulus sind Mangelware. Flavius Josephus geht zwar auf den Herrenbruder Jakobus ein und schildert sein Martyrium, nicht aber auf Simon Petrus und Paulus, von Titus Livius und Sueton zu schweigen, die beide kurz auf Jesus zu sprechen kommen.

Die Entwicklungen sind nicht so stürmisch und die frühe Kirche ist nicht so groß, daß man von außen allzuviel Kanonkritik treiben kann. Wohl aber kann man sehr viel zur Einbettung des Neuen Testaments in die antike Kultur beitragen und zahlreiche biographische Züge, die das Neue Testament überliefert, plastischer und plausibler werden lassen: sei es die Logistik der Reisen oder die Machart der Briefe, sei es die Strategie der paulinischen Mission, sei es das Interesse, das Gedächtnis beider Apostel zu pflegen, oder die Absicht, ein kirchliches Amt zu etablieren, das Männern vorbehalten ist.

Anders sieht es beim Blick auf die überlieferten Texte selbst aus. Hier hat die Anwendung historischer und philologischer Methoden zu erheblichen Verschiebungen geführt.

1 Diskussion der Verfasserfragen In jedem Einleitungswerk, das nicht fundamentalistisch gestrickt oder evangelikal angehaucht ist,[31] werden heute wenigstens zwei wesentliche Kritikpunkte markiert.

Erstens: Die beiden Petrusbriefe sind pseudepigraphe Schreiben. Sie gehen nicht auf die Hand des Apostels selbst zurück, sondern pflegen sein Gedächtnis und beweisen seine hohe Wertschätzung, müssen aber als Quelle für die Rekonstruktion der petrinischen Theologie ausscheiden und lassen nur indirekte, zudem unsichere Schlüsse auf die Biographie zu. Sie dokumentieren nicht, was Petrus selbst gedacht und geschrieben, sondern was man ihm in der zweiten Hälfte des 1. Jahrhunderts und zu Beginn des 2. Jahrhunderts zugeschrieben und -getraut hat – auch wenn Petrus den »Ersten« Brief wirklich »durch den Bruder Silvanus« geschrieben haben sollte (1 Petr 5,12).

Zweitens: Die neutestamentlichen Paulusbriefe sind nicht allesamt vom Apostel selbst geschrieben, sondern zu einem erheblichen Teil von späterer Hand unter seinem Namen verfaßt worden. Dazu zählen auch die hagiographisch prägenden Pastoralbriefe an Timotheus und Titus, zudem wenigstens noch der Epheserbrief, der vom Geheimnis Christi in der Kirche handelt, wahrscheinlich aber auch – obgleich hier die Meinungen auseinandergehen – der Kolosser- und der Zweite Thessalonicherbrief.

Die Folgen dieser philologischen Beurteilungen sind gravierend. Wenn Paulus nicht persönlich Timotheus und Titus angehalten hat, für Bischöfe, Presbyter und Diakone zu sorgen – welchen Rang haben dann die Texte? Welchen die Ämter der Kirche? Welches Gewicht hat der Ausschluß der Frauen vom Lehren in der Kirche? Die Alte Kirche hat die Pastoralbriefe ans

---

31 An guten Standardwerken fehlt es nicht; vgl. Udo Schnelle, *Einleitung in das Neue Testament*, Göttingen ⁶2007; Karl-Wilhelm Niebuhr u. a., *Grundinformation Neues Testament. Eine bibelkundlich-theologische Einführung*, Göttingen ³2008; Petr Pokorny / Ulrich Heckel, *Einleitung in das Neue Testament. Seine Literatur und Theologie im Überblick* 2998, Tübingen 2007; Martin Ebner / Stefan Schreiber, *Einleitung in das Neue Testament*, Stuttgart 2008.

Ende des paulinischen Lebens datiert, jetzt rücken sie ans Ende des neutestamentlichen Jahrhunderts, eine gute Generation später. Das hat Konsequenzen für die Kirchen- und Theologiegeschichte der Frühzeit. Auch für die Theologie und die Kirche?

Häufig wird die literarische Einschätzung als Pseudepigraphen mit einer theologischen Relativierung verbunden – sei es, weil das Phänomen moralisch verdächtigt wird, sei es, weil die Theologiegeschichte einem pessimistischen Grundzug folgt: Je älter, desto besser; je jünger, desto schlechter – frei nach Hildegard Knef: »Von nun an ging's bergab«. Freilich gibt es auch die gegenteilige Bewertung: Die Kirche streife langsam ihre Eierschalen ab und beginne allmählich erst, sie selbst zu sein: mit Paulus, aber auch mit Petrus, mit dem Kanon, aber auch dem kirchlichen Amt.

So oder so schlägt die historisch-philologische Beschreibung in eine theologische Bewertung um. Das verlangt aber nach einer Offenlegung der Kriterien. Voraussetzung ist, das Phänomen zu verstehen. Pseudepigraphie wurde lange unter dem Vorzeichen des modernen Urheberrechts diskutiert und dann moralisch verdächtigt. Pseudepigraphie ist aber ein in der Antike übliches literarisches Verfahren, dessen Spielregeln nicht nur den Autoren, sondern auch den Adressaten bekannt waren. Es dient dazu, das Gewicht nachgeschobener Texte zu erhöhen und die Theologie des Meisters fortzuschreiben, um sie in neuen Problemfeldern zu bewähren und zu entwickeln. Tertullian verteidigt gegen Markion: »Es darf als Werk des Lehrers angesehen werden, was seine Schüler publiziert haben« (adversus Marcionem IV 5,4); Iamblichos hat ähnlich gedacht (vita Pythogoraei 198).

Dann aber zeigt das Phänomen der Pseudepigraphie ein Doppelgesicht: Einerseits erhellt es die bleibende Bedeutung des Lehrers, andererseits die Notwendigkeit, sie zu erneuern; einerseits erlaubt es die Unterscheidung zwischen ursprünglichen und nachgeahmten Texten, andererseits unterstreichen gerade die Schriften aus dem Schülerkreis die Kanonizität des Verfassers;

einerseits bildet sich eine lebendige Tradition, andererseits entsteht gerade so die Heilige Schrift des Neuen Testaments.

Die historische Kritik zieht aber noch weitere Kreise. Eine recht breite Mehrheit heutiger Forschung bezweifelt, daß Markus, der älteste Evangelist, der »Dolmetscher« Petri gewesen sei, der dessen Lehrvorträge aufgezeichnet habe, und daß Lukas ein Schüler und Begleiter des Paulus gewesen sei. Zwar gibt es nach wie vor prominente Vertreter der Papias-Theorie, die auf das Alter der Überlieferung und die Schlüsselbedeutung Petri im Evangelium hinweisen.[32] Doch ist die Überlieferung im Vorfeld des Markusevangeliums zu vielschichtig und vielfältig, als daß eine monokausale Rückführung auf petrinische Katechesen überzeugen könnte. Daß der Verfasser der Apostelgeschichte, damit aber auch des Lukasevangeliums, zeitweise ein Paulusbegleiter gewesen ist, läßt sich aus den Passagen der Reiseberichte, die in der 1. Person Plural gehalten werden (Apg 16,10–40; 20,6–21,26; 27,1–28,16), mit hinreichender Sicherheit ableiten,[33] auch wenn sich die historisch-kritische Exegese – vor allem aus dem (fragwürdigen) theologischen Grund, die lukanische und die paulinische Theologie seien zu unterschiedlich – schwertut, diese naheliegende Folgerung zu ziehen. Allerdings führt dies nicht zu der traditionellen Auffassung, Lukas orientiere sich in seinem Evangelium an den paulinischen Jesuspredigten, die im übrigen nach der Apostelgeschichte nicht sonderlich detailfreudig gewesen wären. Vielmehr setzt die Orientierungsmarken, was der Verfasser selbst im Prooemium schreibt: daß er nicht nur die bisherigen Versuche, die Geschichte Jesu zu erzählen, kritisch geprüft, sondern auch eigene Recherchen angestellt habe, indem er genauestens denjenigen Überlieferungen nachgegangen sei, die auf die »Augenzeugen und Diener des Wortes« zurückgeführt werden könnten (Lk 1,1–4).

---

32 So Martin Hengel, *The Four Gospels and the One Gospel of Jesus Christ*, London 2000.

33 Kurze Begründung: Th. Söding, *Das Lukas-Evangelium. Exegese und Predigt*, Würzburg 2003.

Das Ergebnis sowohl der Entdeckung der Pseudepigraphie als auch der synoptischen und johanneischen Traditionen lautet: Das Neue Testament ist, historisch betrachtet, um einiges vielstimmiger, als die kanonisierten und traditionellen Verfasserangaben den Eindruck erwecken: Zu Paulus treten seine Schüler, zu Petrus seine Verehrer; zu »Matthäus« und »Johannes« treten mit »Markus« und »Lukas« eigene Autoren mit eigener Stimme, auch wenn sie, als Solisten, im Konzert der neutestamentlichen Theologie mitspielen. Zudem hat die exegetische Forschung auch bei den echten Paulusbriefen herausgearbeitet, daß der Apostel keineswegs immer frei formuliert, sondern vielmehr an den Schlüsselstellen seiner Argumentationen auf – direkt oder indirekt markierte – Traditionen zurückgreift, die auch vor und neben (und nach) ihm als Gemeingut christlichen Glaubens anerkannt waren (1 Kor 11,23–36; 15,1–5; vgl. Röm 1,3 f.; 1 Kor 8,6; 12,3; Phil 2,6–11; 1 Thess 1,9 f. u. a.).

2 Diskussion des historischen Quellenwertes Das zweite Hauptfeld der historisch-kritischen Exegese ist neben der Einleitungswissenschaft, die sich in der Diskussion der Verfasserfragen zuspitzt, die Überprüfung des geschichtlichen Quellenwertes einerseits der Apostelgeschichte mit ihren Worten und Taten Petri wie Pauli, andererseits der Evangelien mit ihren Petrusgeschichten und Petrusworten.

In der Diskussion lassen sich hier wie dort verschiedene Phasen unterscheiden, die von divergierenden Interessen, aber auch methodischen Unterschieden geprägt sind.

Weite Teile des 19. und 20. Jahrhunderts waren von erheblicher Skepsis gegenüber der historischen Aussagekraft bestimmt: Zu stark schien die Handschrift des Lukas in der Apostelgeschichte, zu dominant das Interesse der nachösterlichen Kirche, ihre eigenen Interessen in die Jesusgeschichte und auf die Gestalt des Simon Petrus zu projizieren. Die Aktionen Petri und Pauli wurden auf das Konto einer triumphalistisch angehauchten Heilsgeschichte gebucht, die nicht zur größeren Ehre Gottes, sondern der katholischen Kirche geschrieben worden sei;[34] die Petrustexte der Evangelien – mit dem Felsenwort als Gipfel[35] – wurden als nachösterliche Erfindungen klassifiziert; selbst der Kephas-Name und die Einsetzung des Zwölferkreises sollten unhistorisch sein.[36] Im einen wie im anderen Fall besteht die Voraussetzung negativer Urteile in der Annahme, als historisch könnten nur ein unverzerrter Original-Ton und ein pures Faktum gelten.

Heute ist das Artifizielle jener Kategorien deutlicher als früher. Daß es keine Geschichtsschreibung ohne Stilisierung und Selektion, ohne Imagination und Inspiration, ohne Darstellungskraft und Deutungsanspruch gibt, dringt langsam in die Gedankengänge historischer Bibelforschung ein.[37] Zwar ist für die theologische Welt der Bibel konstitutiv, daß die Erinnerung auf einem Ereignis beruht; aber dessen Bedeutung erst sub specie Dei erhellt.[38]

Diese methodischen Differenzierungen tragen zu größerer Gelassenheit, Bescheidenheit und Präzision des historischen Urteils bei. Sie fordern auch, zuerst genauere Erkundigungen einzuziehen, welche Standards die antike Historiographie setzt. Maß-

---

34 So Siegfried Schulz, *Die Mitte der Schrift. Der Frühkatholizismus im Neuen Testament als Herausforderung an den Protestantismus*, Stuttgart 1976.

35 So, mit kirchenpolitischer Verve, auch der katholische Exeget Anton Vögtle, *Das Evangelium und die Evangelien. Beiträge zur Evangelienforschung* (KBANT), Düsseldorf 1971, S. 137–170.

36 So jedenfalls, allerdings gegen starken Einspruch, Günter Klein, *Die Zwölf Apostel. Ursprung und Gehalt einer Idee* (FRLANT 77), Göttingen 1961.

37 Vgl. Jens Schröter, *Von Jesus zum Neuen Testament. Studien zur urchristlichen Theologiegeschichte und zur Entstehung des neutestamentlichen Kanons* (WUNT 204), Tübingen 2007; Knut Backhaus/Gerd Häfner, *Historiographie und fiktionales Erzählen. Zur Konstruktivität in Geschichtstheorie und Exegese* (BThS. 86), Neukirchen-Vluyn 2007.

38 Vgl. Th. Söding, *Ereignis und Erinnerung. Die Geschichte Jesu im Spiegel der Evangelien* (Nordrhein-Westfälische Akademie der Wissenschaften. Vorträge G 411), Paderborn 2007.

gebend ist Aristoteles mit der einfachen Unterscheidung, die Geschichtsschreibung stelle dar, was gewesen, die Epik aber, was möglich sei (Poetik IX 1451^{ab}). Thukydides schreibt, jeder Historiograph müsse genau die Quellen prüfen und alle erreichbaren Zeugen befragen, wenn er nicht selbst sich ein Bild machen könne, tritt dann aber dafür ein, Menschen so sprechen zu lassen, wie sie die Worte gewählt hätten, wenn sie zum Zeitpunkt der Rede ganz sie selbst, im Besitz aller wesentlichen Informationen und in rhetorischer Hochform gewesen wären (I 22).

Wenn sich Lukas in diesen Bahnen bewegt hat, ist es verlorene Liebesmüh, aus den erzählten Reden der Apostelgeschichte den genauen Wortlaut petrinischer oder paulinischer Predigten herauszufiltern. Aber auch der Umkehrschluß wird fraglich, daß der lukanische Stil gegen einen historischen Kern spreche. Petrus und Paulus haben das Evangelium nicht mit Gewalt, nicht durch Tricks und Täuscherei, sondern durch das freie Wort der Verkündigung verbreitet – weil sonst gar kein Glaube entstehen könnte, der seinen Namen verdient. Beide sind als Missionare auf Reisen gegangen, um das rechte Wort zur rechten Zeit zu finden; beide haben das Interesse verfolgt (und wohl auch die Kompetenz besessen), den Menschen das Evangelium in deren Sprachen nahezubringen; beide haben, wann immer die Gelegenheit sich bot, von Jesu Tod und Auferstehung gesprochen, um von dorther das Bekenntnis des einen Gottes zu vertiefen und die Hoffnung des Gottesvolkes auszuweiten. Aus den überlieferten Worten kann kein Kapital geschlagen werden, wenn die älteste Theologiegeschichte rekonstruiert werden soll; dafür ist die Prägung durch den auctor ad Theophilum zu stark. Aber das Bild der reisenden Prediger, das Lukas malt, ist historisch belastbar – bis dahin, daß der paulinische Wirkungskreis viel größer ist als der petrinische.

Ähnlich verhält es sich mit den Petrusgeschichten und Petrusworten in den Evangelien: Die Berufung Simons zum Jünger, die Verleihung des Kephas- bzw. Petrus-Namens, die Einsetzung des Zwölferkreises (samt Verräter), das Messiasbekenntnis, die

Beteuerung ewiger Treue, das Nein zu Jesus vor dem Hahnenschrei – das alles ist zu tief in der Jesusgeschichte verankert, zu breit bezeugt, zu irritierend und aufrüttelnd, als daß es nicht auf historischen Ereignissen beruhen würde. All das ist literarisch zu sehr geformt, politisch zu sensibel, theologisch zu gravierend, als daß die reine Neugier, was geschehen sei, die Feder geführt haben könnte. Alle Petrustexte und -worte sind von Grund auf geformt worden, weil gerade durch ihre Gestaltung modelliert werden sollte, was wirklich geschehen ist und was es in Wahrheit bedeutet.[39]

Das gilt auch für das Felsen- und das Schlüsselwort Mt 16,18 f. Die Verse sind Tradition pur in des Wortes genauer Bedeutung. Sie wurzeln in der Berufung Simons durch Jesus und wurden von denjenigen gestaltet, die sich durch Jesus berufen wußten; sie explizieren die Ernennung Simons zum »Fels« und verdanken sich der Erinnerung derjenigen, die sich in ihrer Beziehung zu Jesus vor allem am Ersten der Zwölf orientieren, um nicht den historischen Boden unter den Füßen zu verlieren. Ähnlich Joh 21,15 ff.: Die zahlreichen Versuche, diese Verse, die beschreiben, wie der Auferstandene das dreifache Nein des Petrus in ein dreifaches Ja seiner Liebe verwandelt und wie der Gute Hirte seinen Jünger Simon zu seinem Nachfolger als Hirt seiner Herde einsetzt, nicht auf die ganze Kirche Jesu Christi zu beziehen (sondern z. B. die Pfarrei oder das Bistum), gehen schlicht am Text vorbei. So lang auch die Wege von Jerusalem und Tiberias sind – am Ende führen alle nach Rom. Wie die Wege dann in Rom, von Rom aus und von Rom weg weiterverlaufen sind – daran scheiden sich die Geister und darüber lohnt das ökumenische Gespräch.[40]

---

39 Eine gute Orientierung verschafft Peter Dschulnigg, *Petrus im Neuen Testament*, Stuttgart 1996.

40 Frei von den Ängstlichkeiten ökumenischer Profilneurotiker ist die amerikanische Studie Raymond E. Brown/Karl P. Donfried/John Reuman (Hg.), *Der Petrus der Bibel. Eine ökumenische Untersuchung*, Stuttgart 1976.

c) Tiefenschärfe

Die historisch-kritische Forschung verschafft die Möglichkeit, unter die Oberfläche der Bibeltexte in ihrer kanonischen Endgestalt zu dringen und dem Bild Petri wie Pauli Tiefenschärfe zu geben. Durch die historisch-kritische Exegese werden die Lücken beider Apostelbiographien größer und die Unterschiede beider Theologien schärfer. Gleichzeitig vergrößert sich die Bedeutung der Tradition, die zum kanonischen Paulus- und Petrusbild geführt hat, und dehnt sich die Spannweite theologischer Positionen, die vom Kanon zusammengehalten werden. Die beiden pseudepigraphischen Petrusbriefe schlagen eine Brücke zu Paulus; aber sie affirmieren den petrinischen Apostolat, ohne Simons Versagen in der Passion anzusprechen. Paulus hat Schule gemacht – und machen wollen. Aber die Paulusschule verengt auch das Bild des Apostels und sein Bild kirchlichen Lebens. Zwischen Petrus und Paulus hat es auf dem »Apostelkonzil« einen Handschlag gegeben, der für eine kirchliche Einheit steht. Aber Lukas harmonisiert die Unterschiede und verschweigt die Konflikte, die für die Geschichte der Urgemeinde wichtig gewesen sind. Petrus ist der Erste der Zwölf. Paulus erkennt ihn als »Kephas« an. Aber er macht sich von ihm nicht abhängig, während zwischen den neutestamentlichen Petrusworten und dem römischen Primatsanspruch ein weites Feld liegt, das intensiv beackert worden ist. Ohne die historisch-kritische Exegese wäre das Petrus- wie das Paulusbild grauer.

6 Gemeinsame Erinnerungen

Die heutige Exegese kann hinter die historische Kritik nicht zurückgehen, sonst würde sie aus der Geschichte aussteigen. Sie kann aber über sie hinausgehen, um einerseits das kanonische Erinnerungsbild nicht zu glatt werden zu lassen und andererseits die historische und theologische Paulus- und Petrusforschung in die kanonische Erinnerung einzuschreiben.

Wer die Biographien beider Apostel schreiben will, muß sich

auch mit den Biographien dieser Biographien auseinandersetzen, in die sich Generationen von Christen eingetragen haben, um sich dem Anspruch des Neuen Testaments auszusetzen und ihn sich ihrerseits anzueignen. Die kanonische Gedächtnisgeschichte ist nachhaltiger als die Ereignisgeschichte, aber nur als deren Wirkungsgeschichte zu verstehen. Es spiegelt den Rang beider Apostel im kulturellen Gedächtnis wider, daß die Aufgabe einer Petrus- und Paulusbiographie als wichtig angesehen wird und die Erwartung herrscht, eine Lösung würde nicht nur das Archiv der europäischen Geistesgeschichte bereichern, sondern Europa in der Welt von heute Orientierung geben.

a) Begegnungen
Folgt man den Paulusbriefen und der Apostelgeschichte, haben sich Petrus und Paulus mehrfach getroffen und in schwierigen Situationen – auch nach persönlichen Konflikten – immer wieder verständigt. Drei Treffen sind im Gedächtnis haftengeblieben. Von allen dreien berichtet Paulus im Galaterbrief, als er sich durch gegnerische Kritik genötigt sieht, Rechenschaft von seiner apostolischen Biographie abzulegen.

1 Das Treffen in Jerusalem Das erste Treffen findet drei Jahre nach der Berufung des Paulus, also etwa 36 n. Chr., in Jerusalem statt und dauert zwei Wochen (Gal 1,18). Paulus schreibt, keinen der anderen Apostel (die wahrscheinlich auf Missionsreisen fortgewesen waren) getroffen zu haben; desto intensiver müssen die Gespräche zwischen den beiden gewesen sein, die so unterschiedliche Biographien haben und sich dennoch, wenn es um den Glauben ging, unendlich viel zu sagen hatten. Die Initiative geht von Paulus aus; er will den Kontakt zu Petrus. Gerne wäre man dabeigewesen, gerne hätte man ein Gesprächsprotokoll gelesen; leider tut Paulus den Exegeten und dem interessierten Publikum nicht den Gefallen, etwas auskunftsfreudiger zu sein.

2 Das Apostelkonzil Das zweite Treffen ist das sogenannte »Apostelkonzil«,[41] auch wenn dort, wieder in Jerusalem, Paulus mit Barnabas zusammen als Repräsentant der Reformgemeinde von Antiochia auftritt und Petrus von den beiden anderen »Säulen«, Jakobus und Johannes, eingerahmt wird (Gal 2,1–10; vgl. Apg 15,1–35). Nach eigener Darstellung sucht Paulus die Verständigung mit der Urgemeinde und ihren Repräsentanten – aber nicht, weil er ob seiner liberalen Missionspraxis und seiner profilierten Missionstheologie unsicher wäre, sondern weil er die Repräsentanten der Urgemeinde zwingen will, Farbe zu bekennen. Lukas hingegen stellt in der Apostelgeschichte die Sache so dar, daß die Jerusalemer einen Konflikt lösen, der zwischen den »Antiochenern«, die Heidenmission ohne Beschneidungsforderung getrieben haben, und christlichen Pharisäern entstanden ist, die dagegenhalten: »Man muß sie beschneiden und sie anhalten, das Gesetz des Mose zu halten« (Apg 15,5). Hätte diese Position sich durchgesetzt, das Christentum hätte allenfalls als jüdische Splittergruppe überlebt. Aber Paulus gewinnt die Oberhand – und zwar im Einklang mit Petrus. Paulus schreibt, daß niemand sich der Einsicht hätte verweigern können, daß »mir das Evangelium der Unbeschnittenheit anvertraut ist wie Petrus das der Beschneidung« (Gal 2,7). Lukas erzählt, Petrus habe sich ausdrücklich auf die Seite des Paulus gestellt und mit seinem Bericht von der Taufe des gottesfürchtigen Hauptmanns Kornelius den Durchbruch erzielt:

> Gott hat seit Anfang der Tage unter euch bestimmt, daß die Heiden durch meinen Mund das Wort des Evangeliums hören und glauben. Und Gott, der die Herzen kennt, hat das bezeugt, indem er ihnen den Heiligen Geist gegeben hat, wie auch uns; und er macht keinen Unterschied zwischen uns

---

41 Zur ökumenischen Relevanz vgl. Ferdinand Hahn, »Die Bedeutung des Apostelkonvents für die Einheit der Christenheit (1982)«, in: Ders., *Exegetische Beiträge zum ökumenischen Gespräch*, Göttingen 1986, S. 95–115.

und ihnen, indem er ihre Herzen gereinigt hat durch den Glauben *(Apg 15,7 ff.).*

Das hätte Paulus nicht besser sagen können. Selbst der Herrenbruder Jakobus wird überzeugt; mit der Prophetie des Amos, der Wiederaufbau der zerstörten Hütte Davids werde die Völker anziehen, daß sie zum Zion wallfahren (Am 9,11 f.), findet er auch den passenden Beweis aus der Heiligen Schrift (Apg 15,13–18). So entsteht die Gefahr: daß die Kirche ihren judenchristlichen Anteil, für den Paulus, Petrus und Jakobus stehen, verliert, weil die Völkermission so erfolgreich werden wird, daß die Heidenchristen alles dominieren. Aber in Jerusalem fallen die Würfel für die katholische, über die ganze Welt ausgebreitete Kirche, und zwar nicht auf der Basis allgemeiner Gleichmacherei, sondern geistlicher Gemeinschaft, die Raum für Unterschiede läßt, aber eine Verständigung über den tragenden Grund des Glaubens erzielt.

3 Der antiochenische Konflikt Das dritte Treffen zeigt, daß mit dem ersten »Konzil« (wie mit allen späteren) längst nicht alle Kontroversen gelöst waren. In Antiochia kommt es zum Konflikt, von dem allerdings nur Paulus (Gal 2,11–14), nicht aber Lukas berichtet. Es geht um die Tisch-, also auch um die Eucharistiegemeinschaft zwischen Juden- und Heidenchristen. Zuerst hat Petrus sie geteilt; dann aber, nach einer Intervention von Leuten des Jakobus aus Jerusalem, hat er sie aufgegeben, und zwar – wie Paulus sagt – aus »Angst vor denen aus der Beschneidung«, so wie Barnabas und alle anderen Judenchristen auch. Das mag ein Gebot der politischen Klugheit gewesen sein, um Schaden von der Gemeinde abzuwenden und einen Verfolgungsdruck, wie man ihn in Jerusalem erlebt hatte, gar nicht erst aufkommen zu lassen. Für Paulus aber ist es Heuchelei.[42] Sie führt

---

42 Die Alte Kirche hat sich enorm schwergetan, den Konflikt wahrzunehmen und einzuordnen. Hieronymus, der sonst so Kritische, glaubt, Petrus habe sich nur verstellt (PL 26, 364s.); Augustinus hingegen ist es, der von

zur Diskriminierung der Heidenchristen. Deshalb habe er »dem Kephas ins Angesicht widerstanden« – eine bis heute gerne beschworene Urszene der Reformation, die allerdings den kleinen Schönheitsfehler birgt, daß Petrus dann doch irgendwie der erste Papst gewesen sein müßte.

Paulus freilich stellt die Sache so dar, daß er das Problem nicht nur erkannt, sondern auch gebannt habe, und zwar durch einen Appell an das ihm und Petrus gemeinsame Glaubenswissen: »Wir, von Natur aus Juden und nicht Sünder aus den Heiden, die wir wissen, daß ein Mensch nicht aus Werken des Gesetzes gerechtfertigt wird, sondern aus dem Christusglauben, wir sind auch zum Glauben an Christus Jesus gelangt, damit wir gerechtfertigt werden aus dem Christusglauben und nicht aus Werken des Gesetzes, denn aus Werken des Gesetzes wird kein Fleisch gerecht« (Gal 2,15 f.). Die etwas komplizierte Formulierung erklärt sich, wenn Paulus Petrus Inkonsequenz vorhält. Als Juden, so Paulus, wüßten sie doch im Gegensatz zu den sündigen Heiden, daß der eine Gott einer ist, der aus dem Glauben rechtfertigt, wie das Beispiel Abrahams (Gen 15,6) zeigt (Gal 3,6). Deshalb seien sie zum Glauben an Jesus Christus, den Sohn Gottes gelangt – und könnten das nicht nachträglich wieder in Zweifel ziehen durch eine Praxis, die nur dann überzeugend wäre, hinge die Rechtfertigung an den »Werken« wie der Beschneidung oder den Speisevorschriften.

b) Apostolische Kirche

In allen drei Berichten des Galaterbriefes verfolgt Paulus eine Doppelstrategie, die im Angriff die beste Verteidigung sieht: Einerseits unterstreicht er sowohl die Christus-Unmittelbarkeit als auch die Anerkennung seines Apostolates durch Petrus und die

einem echten Dissens spricht, der dann aber doch zu einem Konsens geführt habe (*ep.* 28,3 ff.; 40,3 ff.) – was Hieronymus schließlich konzediert (*Pelag.* 1,23, CC.SL 80, 29) und Augustinus befriedigt notiert (*ep.* 180,5); vgl. Martin Meiser, *Galater* (Novum Testamentum Patristicum), Göttingen 2008, S. 99 f.

Jerusalemer; andererseits arbeitet er heraus, daß sein Evangelium nicht »nach Menschen« ist (Gal 1,11), sondern nach dem Wort Gottes, nach den Heiligen Schriften, nach der »Offenbarung Jesu Christi« (Gal 1,12).

Diese Argumentation ist erhellend für das Verständnis der Kirche und ihrer Einheit. Diese Einheit ist in den altkirchlichen Kämpfen um Orthodoxie und Häresie, in den Ost-West-Konflikten der Jahrtausendwende und in den fehlgeschlagenen Reformbemühungen der Lutherzeit zerbrochen, mit allen bitteren Folgen der Religionskriege. Diese Spaltung ist das größte Glaubwürdigkeitsproblem des Christentums. Sie wird zwar zuweilen schöngeredet, sogar von Exegeten, die behaupten, der Kanon begründe nicht die Einheit der Kirche, sondern die Vielfalt der Konfessionen.[43] Aber der Kanon ist ja gerade das Dokument eines schwierigen, langwierigen, immer gefährdeten, aber gelungenen Einigungsprozesses. Es kann nur eine Kirche Jesu Christi geben, weil es nur einen Jesus gibt und nur einen Leib Christi – wie Petrus spätestens aus dem Abendmahlssaal wissen kann und Paulus den Korinthern, die sich zu spalten drohen, ins Stammbuch schreibt: »Weil ein Brot ist, sind wir vielen ein Leib, denn wir alle haben Teil an dem einen Brot« (1 Kor 10,17). Diese eine Kirche muß auch eine geschichtliche Realität sein, wenn Jesus Christus, dessen Leib die Kirche bildet, wahrhaft Mensch ist.

Nach Paulus gibt es zwei Kriterien, die Einheit der Kirche zu wahren, ohne ihre Vielfalt zu beschneiden: erstens die Anerkennung des grundlegenden Apostelamtes, nicht nur des petrinischen, sondern auch des paulinischen; und zweitens der Grundkonsens in Sachen Rechtfertigung: daß die Teilhabe der Menschen an Gottes Leben, Gottes Reich und Gottes Volk nur am Glauben hängt, der sich zu Jesus Christus bekennt, in der Liebe wirksam ist (Gal 5,6) und Gott zutraut, seinen universalen

---

43 Ernst Käsemann, »Begründet der neutestamentliche Kanon die Einheit der Kirche? (1951)«, in: Ders. (Hg.), *Das Neue Testament als Kanon*, Göttingen 1970, S. 124–133: hier S. 131.

Heilswillen auch gegen den größten Widerstand von Menschen und nicht gegen ihre Freiheit zu verwirklichen.

Das ist wesentlich bis heute. Wer die »Gemeinsame Erklärung zur Rechtfertigungslehre« attackiert, kann nicht gut gleichzeitig Eucharistiegemeinschaft fordern; wer den Rechtfertigungskonsens billigt, muß auch Einmütigkeit im Verständnis der Apostolizität der Kirche herstellen. Zwar wachsen derzeit am stärksten die freikirchlichen Gemeinschaften; aber nicht auf dem Feld der Mission, sondern in den Krisengebieten der etablierten Kirchen, die Probleme mit ihrer Präsenz und Attraktivität haben.

c) Kanonische Apostel

Der neutestamentliche Kanon hält ein farbenreiches, vielschichtiges, großformatiges Bild beider Apostel fest. Er leugnet die Unterschiede zwischen beiden nicht, sondern arbeitet sie plastisch heraus. Der eine stammt aus Galiläa, der tiefsten jüdischen Provinz, der andere aus Tarsus, einer pulsierenden Stadt der hellenistischen Diaspora; der eine ist Fischer vom See Genezareth, der andere jüdischer Intellektueller, Schüler Gamaliels II.; Erster der Zwölf ist der eine, letzter der Apostel der andere; Mitglied der Jerusalemer Urgemeinde der eine, hinzugewonnenes Mitglied der Kirche von Damaskus, hernach von Antiochia der andere; Integrationsfigur der eine, Polarisationsfaktor der andere.

Aber beide haben wesentliche Gemeinsamkeiten: Beide sind Juden, beide haben ein ehrbares Handwerk erlernt, beide haben ihre dunkle Stunde gehabt; beide glauben an Jesus den Christus, seine Gottessohnschaft, seinen Tod und seine Auferstehung; beide sind zur Verkündigung berufen, wenngleich zu unterschiedlichen Zeitpunkten, auf unterschiedlichen Wegen und mit unterschiedlichen Zielen; beide sind offen für die Mission unter Gottesfürchtigen und Heiden – zögernd der eine, energisch der andere; beide sind weite Wege der Mission gegangen, beide sind in Rom unter Nero als Märtyrer gestorben.

Die Kommunikation beider Apostel ist dem Kanon zufolge,

der auch den Galaterbrief enthält, nicht spannungsfrei; sie findet auf Augenhöhe statt – aber sie ist doch nicht die zweier vollkommen gleicher Partner. Der Weg der paulinischen Petrustexte führt immer von Paulus zu Petrus, so wie umgekehrt der Zweite Petrusbrief sich ein abschließendes, wenn auch anerkennendes Urteil über den »geliebten Bruder« Paulus vorbehält. Die Apostelgeschichte nähert zwar beide sehr stark aneinander an. Dennoch ist es verkürzt, im Kanon eine Harmonisierung beider Biographien und Theologien zu sehen. Es ist vielmehr kennzeichnend, daß er für zwei so unterschiedliche Persönlichkeiten Platz bietet. Er hat sich nicht auf die einprägsame Vorstellung der Zwölf Apostel bei Lukas festgelegt, die Paulus in die zweite Reihe verbannt und dadurch hervorgehoben hätte, sondern den Aposteltitel bejaht, den Paulus beansprucht und den Petrus ihm zuerkannt hat. Der Kanon hat das Verständnis eines Apostels als Missionar und Gemeindegründer, das Paulus entwickelt hat, der ganzen Kirche eingeprägt. An dieser Differenziertheit liegt, daß die im Neuen Testament überlieferten Biographien und Briefe der Apostel bis heute eine hohe Plausibilität des kanonischen Petrus- und Paulus-Bildes begründen.

Der Kanon folgt im wesentlichen Paulus. Er hat seine Sicht, daß die Kirche die Stimme aller Apostel braucht, akzeptiert. Er hat seine These, daß der Mensch durch den Glauben, nicht durch die Werke gerechtfertigt wird, festgeschrieben und mit Variationen dieses Grundsatzes umgeben, so daß die Kirche nicht allein auf die genuin paulinischen Formulierungen festgelegt ist, auch wenn sie von besonderer Präzision sind.

Die historisch-kritische Forschung hat weder die Macht noch das Recht, dieses kanonische Paulus- und Petrusbild zu zerstören. Sie braucht den Kanon als Quelle. Sie kann und muß – jedenfalls nach heutigem Forschungsstand – die Grundzüge der kanonischen Biographien bestätigen, grundieren und verstärken. Sie hat aber auch die Macht und das Recht, Kritik zu üben. Indem sie die Verfasserfrage bei den Briefen und den Evangelien sowie der Apostelgeschichte vielfach anders beantwortet, als es der neutestamentliche Text in seiner frühesten Auslegung nahelegt, und indem sie den Quellenwert der Petrus- wie der Pauluserzählungen unter die Lupe nimmt, arbeitet sie zweierlei heraus: daß die kanonische Biographie zwar auf historischen Fakten basiert, aber ein theologisches Konstrukt auf heilsgeschichtlicher Grundlage ist, und daß über Petrus wie über Paulus historisch und theologisch einiges mehr, einiges weniger und einiges anders zu sagen ist, als der Kanon festschreibt. Damit ist eine Voraussetzung geschaffen, sowohl eine Geschichte des Urchristentums so zu schreiben, daß auch profane Historiker – gesetzt, es gäbe sie – überzeugt sind, als auch die Konstruktionsprinzipien der kanonischen Biographien zu erkennen, an die sich die Kirche hält.

Die Alte Kirche hat sich nicht auf eine Alternative zwischen Petrus und Paulus festgelegt, sondern beide nebeneinander gelten lassen. Damit hat sie auch die Mitgift beider für die Christianisierung Europas und der ganzen Welt bewahrt. Das ist ihr nicht leichtgefallen. Paulus braucht lange, um mit seiner spezifischen Theologie der Rechtfertigung – in Ambrosius und Augustinus – geniale Interpreten zu finden,[44] die dadurch, in schwierigsten Zeiten, dem Christentum einen intellektuellen und spirituellen Schub sondergleichen verschafft haben. Die Rezeptionsgeschichte des Petrus wird im Katholizismus immer wieder auf eine Papstgeschichte reduziert. Aber das greift wesentlich zu kurz, weil der römische Primat sich zwar zunehmend – wenngleich mit erheblicher Verzögerung – auf Petrus beruft und die Auseinandersetzung mit Petrus sich in erster Linie an der Auseinandersetzung mit seinem vor- und nachösterlichen Christuszeugnis bemisst.

Die Übereinstimmungen und Unterschiede zwischen beiden Aposteln haben entscheidend zum Erfolg des Christentums beigetragen – nicht nur 400 Jahre, sondern bislang 2000, ohne daß

---

44 Ernst Dassmann, *Der Stachel im Fleisch. Paulus in der frühchristlichen Literatur bis Irenäus,* Münster 1979.

ein Ende absehbar wäre. Ohne die Fähigkeit, beiden in etwa gerecht zu werden, beide im Gedächtnis zu behalten, beide zu ehren und zu erklären, zu meditieren und zu reflektieren, hätte es keine große Chance gehabt.

7 Fels und Licht

Die Kirche geht auf Jesus von Nazareth zurück.[45] Ohne Simon Petrus und Saulus Paulus wäre sie theoretisch durchaus vorstellbar, praktisch jedoch nicht. Jesus selbst, so das Neue Testament, hat die Geschichte der Kirche an sie gebunden, an Petrus durch die Berufung am See Genezareth und die Neuberufung im Zuge seiner Auferstehung, an Paulus – den Eiferer des Gesetzes und leidenschaftlichen Liebhaber Gottes – durch die Bekehrung von der religiösen Gewalt und die Berufung zum Apostel der Völker. Petrus war ein unangreifbarer Apostel, dem Paulus ins Angesicht widerstanden hat, Paulus ein umstrittener Apostel, den Petrus anerkannt hat. Paulus mußte sich verteidigen, erklären, darstellen – und hat es genutzt, um an seiner Person die Prägung durch Christus darzustellen; Petrus konnte sich auf Jesus selbst berufen – und hat vielleicht deshalb keine einzige Zeile hinterlassen, aber anderen ermöglicht, von Jesus zu erzählen, seinem Tod und seiner Auferstehung.

Ebenso kennzeichnend wie die historischen und kanonischen Biographien sind die Metaphern, die beide Apostel ins Bild setzen. »Fels« ist die eine. So wie nach dem Prophetenbuch des Jesaja Abraham der »Fels« ist, aus dem Israel »gehauen« wurde (Jes 51,1 f.), so ist Petrus nach dem Matthäusevangelium der »Fels«, auf dem die Kirche steht. Dieser Fels wackelt, aber er bricht nicht zusammen. Das ist die Verheißung, von der die Kirche lebt, jenseits aller Erfolge und Mißerfolge. »Die Pforten der Hölle werden sie nicht überwältigen« (Mt 16,18).

---

45 Vgl. Th. Söding, *Jesus und die Kirche. Was sagt das Neue Testament?*, Freiburg/Basel/Wien 2007.

»Licht« ist die andere. »Ich habe dich zum Licht für die Völker gemacht«, so beschreibt Paulus – laut der Apostelgeschichte (Apg 13,47) – bei seiner ersten Predigt seine Berufung zum Apostel mit jesajanischen Worten (Jes 42,6; 49,6). Dieses Licht flakkert, aber erlischt nicht. Das ist die Hoffnung, von der die Kirche lebt, jenseits aller Erwartungen und Enttäuschungen: »Zum Heil sollst du sein bis ans Ende der Welt« (Apg 13,47).

Udo Schnelle

Die theologische und literarische Formierung des Urchristentums

I Der hermeneutische Ansatz: Geschichte als Sinnbildung

Wenn Menschen sich der Vergangenheit zuwenden, wollen sie vor allem etwas über die Gegenwart und damit auch über sich selbst lernen. Wir wenden uns nie »der« Vergangenheit zu, sondern immer nur den Teilen, die uns interessieren, d. h. die für uns gegenwartsrelevant sind. Dabei hoffen wir in der Regel, durch den Blick in die Geschichte Orientierungshilfen für die Gegenwart zu bekommen. Während 99 Prozent des vergangenen Geschehens für immer im Dunkel der Geschichte verbleiben, schreiben wir aus unserer gegenwärtigen Situation heraus bestimmten Ereignissen in der Geschichte eine Bedeutung zu. Diese Zuschreibungsprozesse können als Sinnbildungen bezeichnet werden, denn bestimmten Ereignissen wird *Sinn*[1], d. h. *Deutungskraft zur Orientierung innerhalb der Lebenszusammenhänge* verliehen.[2] Sinn ist dem menschlichen Sein eingeprägt

---

1 Das Wort *Sinn* leitet sich von dem indogermanischen Stamm sent- ab: *eine Richtung nehmen, einen Weg gehen*; im geistigen Sinn verbinden sich damit lat.: sentio (fühlen, wahrnehmen), sensus (Gefühl, Gesinnung, Meinung), sententia (Meinung); althochdeutsch: sin (Sinn), sinnan (trachten, begehren); vgl. dazu J. Pokorny, *Indogermanisches Etymologisches Wörterbuch I*, Bern/München 1959, S. 908.
2 Zum geschichtstheoretischen Sinnbegriff vgl. J. Rüsen, »Historische Methode und religiöser Sinn«, in: ders., *Geschichte im Kulturprozeß*, Köln

und erwächst aus Ereignissen, Erfahrungen, Einsichten, Denkprozessen und Deutungsleistungen. Sie verdichten sich zu Konzeptionen, die Perspektiven für zentrale Lebensfragen bieten, narrativ präsentiert werden können und in der Lage sind, normative Aussagen zu formulieren und kulturelle Prägungen zu entwickeln.[3] Die Wirklichkeit war und ist zu jeder Zeit durch ständige Sinnbildungsprozesse gekennzeichnet, die sowohl den gesellschaftlichen als auch den individuellen Bereich betreffen. Jede politische Partei, jede Wirtschafts- und Sozialstruktur ist ebenso eine Sinnbildung wie philosophische, künstlerische oder dichterische Entwürfe. Gleiches gilt für den individuellen Bereich, denn alle Lebensfragen sind untrennbar mit Sinnbildungsprozessen verbunden: Wie definiere ich mich selbst? Sehe ich meinen Beruf als sinnvoll an? Welche ethischen Regeln gelten für mich? Woran glaube ich? Oder: Woran glaube ich nicht? Was ist für mich Erfüllung und Glück? Diese Fragen *muß* der Mensch durch ständige Sinnbildungsprozesse bearbeiten und dabei seine Welt konstruieren. Ebenso *muß* eine Gesellschaft ständig neu bestimmen, worin sie übereinstimmen will und welche Werteordnung dabei leitend sein soll.[4] Das Leben ist immer eine mehr oder weniger gelungene Sinnverwirklichung, so daß es nicht um die Frage geht, ob Menschen Sinnbildungen vornehmen, sondern welche Ressourcen, Struktur, Qualität und argumentative Kraft sie aufweisen.

2002, S. 9–41, hier: S. 11; zum vielschichtigen Sinnbegriff insgesamt vgl. E. List, Art. »Sinn«, in: *HRWG* 5, Stuttgart 2001, S. 62–71.

3 Vgl. J. Rüsen/K.-J. Hölkeskamp, »Einleitung: Warum es sich lohnt, mit der Sinnfrage die Antike zu interpretieren«, in: *Sinn (in) der Antike*, hg. v. K.-J. Hölkeskamp/J. Rüsen/E. Stein-Hölkeskamp/H. Th. Grütter, Mainz 2003, S. 1–15, hier: S. 3: »Ein Sinnkonzept läßt sich folgendermaßen definieren: Es ist ein plausibler und verläßlich beglaubigter reflektierter Bedeutungszusammenhang der Erfahrungs- und Lebenswelt und dient dazu, die Welt zu erklären, Orientierungen vorzugeben, Identität zu bilden und Handeln zweckhaft zu leiten.«

4 Vgl. hier P. L. Berger/Th. Luckmann, *Die gesellschaftliche Konstruktion der Wirklichkeit*, Frankfurt am Main [17]2000.

Ein zentrales Element kultureller Sinnbildung war und ist seit Menschengedenken die Religion, in unserem Kulturkreis vor allem das Christentum in seinen katholischen und protestantischen Ausprägungen. Das Christentum entfaltet sein Sinnpotential bis heute im wesentlichen im Rückgriff auf die ersten 100 Jahre seiner Entstehung und Existenz, wobei Jesus von Nazareth zentrale Bedeutung zukommt.

II Jesus Christus als Basis des Urchristentums

Jesus von Nazareth war nicht der erste Christ und wollte auch keine neue Religion oder Kirche gründen. Dennoch beziehen sich alle neutestamentlichen Autoren auf Jesus. Jeder Vers der Evangelien zeigt, daß ihre Autoren den Ursprung des Christentums nicht in der nachösterlichen Verkündigung über Jesus sehen, sondern im Auftreten des irdischen Jesus von Nazareth und seinem österlichen Geschick. Im Vergleich mit anderen Bewegungen ist der durchgehende Bezug auf die Person Jesu auffallend; in einem sehr hohen Maß dient die Jesusüberlieferung überhaupt nur dazu, die Person Jesu herauszustellen. Was war das Besondere und Einmalige an diesem Jesus von Nazareth, so daß er zur entscheidenden Bezugsperson der neuen Bewegung des Christentums wurde?

Jesus verkündigte nicht sich selbst, sondern das Kommen und die Gegenwart des Reiches Gottes.[5] Gottes Kommen und Handeln in seinem Reich ist die Basis, die Mitte und der Horizont des Wirkens Jesu (vgl. Mk 1,14f.; Lk 11,2.20). Mit der Rede vom Reich/der Herrschaft Gottes nimmt Jesus eine umfassende Sinnbildung vor, deren Ausgangspunkt die Erfahrung

---

5 Zur Verkündigung Jesu vgl. R. Bultmann, *Jesus*, Hamburg [4]1970 (= 1926); G. Bornkamm, *Jesus von Nazareth*, Stuttgart [9]1971 (= 1956); G. Theißen/A. Merz, *Der historische Jesus*, Göttingen 1996; J. Becker, *Jesus von Nazaret*, Berlin 1996; J.D.G. Dunn, *Christianity in the Making I: Jesus Remembered*, Grand Rapids 2003; U. Schnelle, *Theologie des Neuen Testaments*, Göttingen 2007, S. 47–144.

und die Einsicht war, daß Gott in neuer Weise zum Heil der Menschen unterwegs ist und das Böse zurückgedrängt wird. Auffällig ist zunächst, was bei Jesu Rede über Gottes Herrschaft/Reich fehlt: Nationale Bedürfnisse werden nicht angesprochen, und die rituelle Trennung von Heiden und Juden spielt keine Rolle mehr. Nicht das Opfer im Tempel, sondern Mahlgemeinschaften in galiläischen Dörfern sind Zeichen der anbrechenden neuen Wirklichkeit Gottes (vgl. Lk 7,31–35). Jesus setzt innerhalb Israels keine Grenzen: Er stellt die Randsiedler Israels, die Armen, die benachteiligten Frauen, Kinder, Zöllner, Huren in die Mitte; er integriert Kranke, Unreine, Aussätzige, Besessene und schließt offensichtlich auch Samaritaner ins Gottesvolk ein (vgl. Lk 10,25–37). Grundlegende religiöse, politische, soziale und kulturelle Identitätsmerkmale seiner Gesellschaft werden von Jesus einfach außer acht gelassen. Die Mahlgemeinschaften sind wie die Gleichnisreden und die Wundertaten ganz und ungeteilt Ereignisse der ankommenden Gottesherrschaft. Der Anfang des Gottesreiches wird in der Liebe Gottes zu den Disqualifizierten sichtbar und bedeutet: überwältigende Vergebung von Schuld, Vaterliebe, Einladung an die Armen, Erhörung der Gebete, Lohn aus Güte und Freude.

Das Reich Gottes ist für Jesus keineswegs nur eine Idee, sondern eine sehr konkrete, weltumstürzende Wirklichkeit, die eine ungeheure ethische Energie entfaltet.[6] Inhaltlich ist die Liebesforderung als Gottes-, Nächsten-, Selbst- und Feindesliebe die Mitte der Ethik Jesu (vgl. Mt 5,44; Mk 12,28–34). Das Liebesgebot ist *radikal*, es läßt keine Einschränkung mehr zu und entspricht darin der uneingeschränkten Schöpfergüte. Jesu Liebesforderung ist *konkret*, denn in den Texten dominieren konkrete Beispiele: Segnen, Gutes tun, sich versöhnen, vergeben, den Bruder nicht »Dummkopf« nennen, den Armen das Geschuldete zurückerstatten und sein Vermögen verschenken; nicht richten,

---

6 Vgl. dazu H. Merklein, *Die Gottesherrschaft als Handlungsprinzip. Untersuchung zur Ethik Jesu* (fzb 34), Würzburg ³1984.

nicht nur den Splitter im Auge des Bruders sehen (vgl. Mt 5,21– 48; 7,1). Jesus geht es keineswegs um eine neue Gesinnung, denn sowohl die Konkretheit der Forderungen als auch ihr radikaler, zugespitzter Charakter sollten jeden Zweifel darüber zerstören, daß sie tatsächlich ernst gemeint waren. Gerade in ihrer Radikalität ist Jesu Liebesforderung *exemplarisch*. Seine Worte sind exemplarische Sätze, seine Erzählungen sind exemplarische Geschichten, und seine Taten sind exemplarische Handlungen, die ihre Kraft in verschiedenen Situationen in unterschiedlicher Weise freisetzen. Sie können nicht eins zu eins umgesetzt werden, denn es gehört zum Wesen der Liebe, daß sie spontan ist und als ein den ganzen Menschen umfassendes Geschehen sich immer wieder in jeder Situation neu realisiert. In diesem Sinn sind Jesu ethische Forderungen nicht Vorschriften, sondern viel mehr als das: Sie sind exemplarische Hinweise, sie greifen Musterbeispiele heraus, die man um ihrer Anschaulichkeit willen leicht behalten kann und die zeigen, wie das von Jesus gemeinte Verhalten aussehen könnte.

Mit seiner Rede vom Reich Gottes brachte Jesus ein neues, aber keineswegs unjüdisches Gottesbild. Es stand allerdings in Spannung zu den herrschenden Gottesbildern im Judentum, denn Jesus ließ (wie Johannes der Täufer) zentrale Elemente der Gottesvorstellung seiner Zeit außer acht (Bundesgedanke, Exodus- und Landtradition, die Opposition ›Israel – Heiden‹) und wertete andere Traditionen neu. Hier ist vor allem das Gesetzesverständnis zu nennen, denn die Tora und ihre strittigen Auslegungen sind eindeutig nicht das Zentrum des Wirkens Jesu, man kann von einer Dezentrierung der Tora sprechen (vgl. Lk 16,16; Mk 2,1–3,6; 7,15). Im Zentrum der Verkündigung Jesu steht das Kommen Gottes in seinem Reich. Das Reich Gottes entfaltet eine ungeahnte neue ethische Energie, die den Menschen zu einem neuen Handeln öffnet. Weil das Reich Gottes für Gottes Herrschaft in Gegenwart und Zukunft, Gottes Nähe, Gottes Liebe, Gottes Parteinahme, Gottes Gerechtigkeit, Gottes Wille, Gottes Sieg über das Böse und Gottes Güte steht, bestimmt es alle Bereiche der Verkündigung und des Handelns Jesu und seiner Nachfolger.

III Die Entstehung der Christologie

Es gibt keine Gestalt der Antike, die einen vergleichbaren Anspruch gestellt und eine vergleichbare Wirkung erzielt hätte wie Jesus von Nazareth.[7] Wenn Jesus das Aufrichten des Reiches Gottes exklusiv an seine Person band, so daß sein Tun als Anbruch der Gottesherrschaft erscheint, dann mußte er notwendigerweise in die Nähe Gottes gerückt und mit Gott zusammengedacht werden. Wenn er seine Person zum Kriterium des endzeitlichen/endgültigen Gerichtes erhob (Lk 12,8 f. par.), als Wundertäter auftrat und wie Gott Sünden vergab (vgl. Mk 2,1– 12), sich über Mose stellte und mit der Berufung der zwölf Jünger die eschatologische Restitution Israels in neuer Form anstrebte, dann ist die singuläre Qualität des vorösterlichen Jesus der Grund, warum nach Ostern eine explizite Christologie ausgebildet wurde. Jesus erhob bereits vorösterlich einen einzigartigen Anspruch, der durch die Auferstehung nachösterlich verändert, aber zugleich noch verstärkt wurde.[8]

Die Erscheinungen des Auferstandenen als ein zentraler Teil des Ostergeschehens waren offenbar die Initialzündung für die grundlegende Erkenntnis der frühen Christen: Der schmachvoll

---

7 Unter religionswissenschaftlicher Perspektive kommen als Vergleichsgestalten nur PYTHAGORAS (ca. 570–480 v. Chr.) und APOLLONIUS VON TYANA (gest. um 98 n. Chr.) in Frage. Pythagoras war offenbar eine charismatische Gestalt, die auf allen Gebieten der damaligen Wissenschaft zuhause war und der sich niemand entziehen konnte; zum historischen Pythagoras vgl. Chr. Riedweg, *Pythagoras. Leben – Lehre – Nachwirkung*, München 2002. Apollonius trat als Wanderphilosoph in der Tradition des Pythagoras und als Wundertäter mit politischem Einfluß auf; um 200 n. Chr. verfaßte Philostrat das maßgebliche Werk über Apollonius; vgl. dazu E. Koskenniemi, *Apollonios von Tyana in der neutestamentlichen Exegese* (WUNT 2.61), Tübingen 1994.
8 Vgl. U. Schnelle, *Theologie des Neuen Testaments* (Anm. 5), S. 145–172.

am Kreuz gestorbene Jesus von Nazareth ist kein Verbrecher, sondern er ist auferweckt worden von den Toten und gehört bleibend auf die Seite Gottes (vgl. 1 Kor 15,3b–5; Mk 16,1–8 par.; Joh 20,1–10.11–15). Aus der hervorragenden Qualität Jesu vor Ostern wurde so Jesu unüberbietbare Qualität nach Ostern; Ostern bekam den Status einer *Basisgeschichte* der neuen Bewegung. Angesichts von Kreuz und Auferstehung waren Sinnbildungsleistungen unabwendbar; *ein Ereignis wie die Auferstehung des Jesus von Nazareth von den Toten fordert Erschließungsleistungen*! Alle frühchristlichen Autoren standen vor der Aufgabe, das Einmalige und Außerordentliche von Kreuz und Auferstehung durch Erzählen in ein theologisches Sinngebäude zu überführen. Die literarischen Anfänge dieses Prozesses bezeugen vorpaulinische Traditionen wie 1 Kor 15,3b–5a;[9] 1 Kor 11,23b–26; Phil 2,6–11 und Vorstufen der Passionsberichte.

Die Entstehung der frühen Christologie liegt aber nicht nur im personalen Anspruch Jesu und im Ostergeschehen begründet, sondern auch in Jesu Lehrinhalten; es kann von einer *wirkungsgeschichtlichen Plausibilität in personaler und sachlicher Hinsicht* gesprochen werden. Dafür sprechen die Kontinuitätslinien zwischen dem Handeln bzw. der Verkündigung Jesu und dem frühen Christentum:[10] 1) Jesus band den Willen Gottes nicht an rituelle Vollzüge, sondern betonte die Ethik der Gottes- und Nächstenliebe. Von hieraus konnte im frühen Christentum eine Liebesethik entwickelt werden, die nicht unmittelbar mit der Tora verbunden war. Jesu Wirken wurde in seiner Gesamtheit als heilsame Regelung gestörter Beziehungen des Menschen zu

---

9 »… daß Christus gestorben ist für unsere Sünden nach den Schriften; und daß er begraben wurde; und er ist auferweckt worden am dritten Tag nach den Schriften; und er ist Kephas erschienen, dann den Zwölfen …«.

10 Vgl. dazu U. Luz, »Das ›Auseinandergehen der Wege‹. Über die Trennung des Christentums vom Judentum«, in: *Antijudaismus – christliche Erblast*, hg. v. W. Dietrich/M. George/U. Luz, Stuttgart 1999, S. 56–73.

Gott und der Menschen untereinander wahrgenommen und interpretiert. 2) Gottes grenzenlose Liebe eröffnet Perspektiven, die über die Erwählung Israels hinausgehen. Obwohl Jesus sich prinzipiell nur an Israel gesandt wußte, ermöglichten seine zeichenhaften Hinwendungen zu Heiden den frühen Christen, ihre Botschaft über Israel hinauszutragen. 3) Jesus erkannte dem Tempel offenbar nur eine geringe Bedeutung zu, so daß für die frühen Christen die lokale Gottesverehrung an einem einzigen Ort keine besondere Rolle spielte. Jesus interpretierte die Grundpfeiler des Judentums seiner Zeit offenbar in einer Weise, die für eine Transformation hin zum Universalismus offen war.

Die Entstehung der Christologie aus der Verkündigung und dem Anspruch Jesu heraus ist ein *natürlicher historischer und theologischer Prozeß*. Ausgehend von der Verkündigung und dem Wirken Jesu und neu inspiriert durch das Ostergeschehen bedachten die frühen Christen von Anfang an in vielfältiger Weise die anhaltende Bedeutsamkeit des Christusgeschehens. Daraus entstanden die Schriften des Neuen Testaments, die bis heute die grundlegenden Dokumente des christlichen Glaubens sind.

IV Frühe Mission

Das Evangelium vom gekreuzigten und auferstandenen Jesus Christus wurde zunächst in und um Jerusalem herum verkündigt und war eine Variante jüdischer Identität neben anderen. Dies änderte sich mit Konflikten zwischen den griechisch- und den aramäischsprachigen Mitgliedern in der Urgemeinde (vgl. Apg 6,1–7),[11] die zu einer eigenständigen Mission führender griechischsprachiger Angehöriger der Urgemeinde außerhalb

---

11 Vgl. hier M. Hengel, »Zwischen Jesus und Paulus. Die ›Hellenisten‹, die ›Sieben‹ und Stephanus«, in: *ZThK* 72 (1975), S. 151–206; G. Theißen, »Hellenisten und Hebräer (Apg 6,1–6). Gab es eine Spaltung in der Urgemeinde?«, in: H. Lichtenberger (Hg.), *Geschichte – Tradition – Reflexion* (FS M. Hengel), Bd. III, Tübingen 1996, S. 323–343; D.-A. Koch,

von Jerusalem führte. Wahrscheinlich wurde die erfolgreiche Missionstätigkeit dieser sogenannten Hellenisten unter der Führung des Stephanus innerhalb der hellenistischen Synagogen Jerusalems als Provokation empfunden, die in einem Akt der Lynchjustiz mit der Steinigung des Stephanus endete (vgl. Apg 7,54–60).[12] Bei dem Konflikt zwischen griechisch- und aramäischsprachigen Mitgliedern der Urgemeinde spielten offensichtlich auch unterschiedliche theologische Konzepte eine Rolle, die sich wiederum aus der Herkunft beider Gruppen erklären. Die griechischsprachigen Diasporajuden fühlten sich dem Tempel und einer strengen Toraauslegung nicht so verpflichtet wie die aramäisch sprechenden Mitglieder der Urgemeinde. Dies könnte erklären, warum nach der Steinigung des Stephanus nur die hellenistischen jüdischen Jesusanhänger, nicht aber die Apostel verfolgt wurden (vgl. Apg 8,1–3). Man wird vermuten dürfen, daß die Hellenisten vor allem in Samaria sowie in den hellenisierten Städten Galiläas, des syrisch-palästinischen Grenzlandes und der Küste missionierten (vgl. Apg 8,4–40). Auch nach Damaskus kamen die Hellenisten, wo der bekehrte Paulus in eine Gemeinde aufgenommen wurde (vgl. Apg 9,10 ff.). Wahrscheinlich wirkten die Hellenisten auch in Alexandria, denn der alexandrinische Missionar Apollos trat zu Beginn der 50er Jahre in Korinth auf (vgl. 1 Kor 3,4 ff.; Apg 18,24–28); möglicherweise wurde sogar die Gemeinde in Rom von Hellenisten gegründet.[13] Die Hellenisten entwickelten theologische und christologische Ansätze und Vorstellungen, die das sich formierende Christentum für eine Mission auch unter Menschen griechisch-römischer Religiosität öffneten. Sie waren wahrscheinlich die ersten, die spontane Gaben des Heiligen Geistes auch an Nichtjuden (vgl.

»Crossing the Border: The ›Hellenists‹ and their way to the Gentiles«, in: *Neotest* 39 (2005), S. 289–312.
12 Vgl. G. Theißen, »Hellenisten und Hebräer« (Anm.11), S. 332–336.
13 Vgl. hierzu A. v. Harnack, *Die Mission und Ausbreitung des Christentums I.II*, Leipzig ⁴1923. ⁴1924; W. Reinbold, *Propaganda und Mission im ältesten Christentum* (FRLANT 188), Göttingen 2000.

Apg 2,9–11; 8,17.39; 10) theologisch bedachten. Schon früh wurden Jesusüberlieferungen von ihnen ins Griechische übertragen und damit die Jesusbotschaft für die griechischsprachige Welt geöffnet. Dabei konnten sie an universalistische Tendenzen und die Infrastruktur des hellenistischen Judentums anknüpfen, aber auch an Jesustraditionen, die eine Offenheit gegenüber Nichtjuden dokumentieren.

Das wichtigste Zentrum der Hellenisten war offenbar das syrische Antiochia am Orontes, die drittgrößte Stadt des Imperium Romanum. Sie bot für die frühe urchristliche Mission beste Voraussetzungen, denn hier sympathisierten zahlreiche Griechen mit der jüdischen Religion. Aus Antiochia stammte der zum Stephanuskreis gehörende Proselyt Nikolas (Apg 6,5), und nach Apg 11,19 wurde die antiochenische Gemeinde von Christen gegründet, die im Zusammenhang mit der Stephanusverfolgung Jerusalem verlassen mußten. Hellenistische Judenchristen aus Zypern und Kyrene gingen nach Apg 11,20 in Antiochia dazu über, auch unter der griechischen Bevölkerung mit Erfolg das Evangelium zu verkünden.[14] Nach der Darstellung der Apostelgeschichte gehörten Barnabas und Paulus nicht von Anfang an der antiochenischen Gemeinde an, sondern sie traten erst nach dem Beginn der Heidenmission dort in die Arbeit ein (vgl. Apg 11,22.25). Offenbar kam Paulus erst in Antiochia mit den Jerusalemer Hellenisten in Kontakt.[15] Die Mission der antiochenischen Gemeinde unter Juden und vor allem Menschen aus griechisch-römischer Tradition muß sehr erfolgreich gewesen sein, denn nach Apg 11,26 kam in Antiochia als Fremdbezeichnung der Begriff »Christianer« für die Anhänger der neuen Lehre auf.

---

14 Für die Historizität dieser Nachrichten spricht, daß sie sich von der lukanischen Sicht unterscheiden; danach erfolgt die Missionierung Zyperns erst durch Paulus und Barnabas (vgl. Apg 13,4; 15,39). Nicht Petrus (vgl. Apg 10,1–11,18), sondern jene unbekannten christlichen Missionare leiteten die entscheidende Epoche in der Geschichte des Urchristentums ein.

15 Vgl. J. Wellhausen, *Kritische Analyse der Apostelgeschichte*, Berlin 1914, S. 21.

Die Christen wurden somit Anfang der 40er Jahre erstmals als eigene Gruppe neben Juden und Heiden wahrgenommen. Sie galten nun zunehmend aus heidnischer Perspektive als eine nichtjüdische Bewegung und müssen ein erkennbares theologisches Profil und eine organisatorische Eigenstruktur gewonnen haben.[16]

Worin bestand die Attraktivität dieser neuen Bewegung? Was veranlaßte Menschen, aus ihren bisherigen religiösen (und sozialen) Bindungen herauszugehen, um sich dieser neuen Bewegung anzuschließen? Warum war das entstehende Christentum innerhalb kurzer Zeit so erfolgreich? Zunächst waren im 1. Jahrhundert n. Chr. die äußeren Bedingungen im römischen Reich sehr günstig, denn es erlebte eine relative Friedenszeit und stand in wirtschaftlicher und kultureller Blüte. Die Infrastruktur wurde massiv ausgebaut, die Reisetätigkeit zu Land und Wasser nahm erheblich zu, so daß mit der einen Weltsprache Griechisch christliche Missionare im gesamten Reich aktiv werden konnten. Von großem Vorteil war zudem, daß z. B. die paulinische Mission an die bestehende Infrastruktur des hellenistischen Judentums (örtliche Synagogen) überall im römischen Reich anknüpfen konnte. Schließlich hatten die heidnischen Kulte viel an Plausibilität verloren und befanden sich im Niedergang. In diesem Kontext erwies sich das entstehende Christentum als eine Bewegung, die ein überzeugendes Sinn- und Lebenskonzept anbot und es auch praktizierte. Die Mitte der neuen Welt- und Selbstdeutung war die Liebe; die Liebe Gottes zu den Menschen in Jesus Christus und die Liebe der Christen untereinander, zum Nächsten und sogar zum Feind. Grenzphänomene des Lebens wie Krankheit, Schicksalsschläge oder Tod wurden in eine Gesamtsicht integriert, in der die Lebensmacht Gottes triumphierte und Erlösungsgewissheit vermittelte. Damit verband sich eine völlig neue Praxis gemeinschaftlichen Lebens. Die für antikes

---

16 Vgl. A. v. Harnack, *Mission und Ausbreitung des Christentums I* (Anm. 13), S. 425 f.

Denken grundlegenden Grenzen wurden überschritten, indem die neue Gemeinschaft der Glaubenden sich jenseits der Familien- und Standesgrenzen definierte und die fundamentalen Unterschiede zwischen Mann und Frau, Sklave und Herr, Grieche und Barbar (vgl. Gal 3,26–28) im Glauben aufgehoben wurden. Eine bis dahin nicht gekannte Offenheit für Menschen aller Stände, aller Geschlechter und aller Berufe war für die neue Bewegung der Christen kennzeichnend. Diese Offenheit stellte den größten Unterschied gegenüber paganen Vereinen dar. Die Bekehrung und Taufe »ganzer Häuser« (vgl. 1 Kor 1,16; Apg 16,15; 18,8) zeigt, daß Angehörige aller Stände und Schichten zu der neuen Gemeinschaft gehören konnten. Durch den Verzicht auf formale Zulassungsbedingungen schlossen sich insbesondere Frauen und Mitglieder unterer Gesellschaftsschichten (vor allem Sklaven) in einem erheblichen Maß den neuen Gemeinden an.[17] Aber auch reiche und gesellschaftlich angesehene Menschen gehörten von Anfang an zu den Gemeinden (vgl. Röm 16,23: Erastus; Philemonbrief), so daß die Christen auch eine neue Sozialform schufen. Die einzelnen Gläubigen verstanden sich als Glieder einer Ortsgemeinde und zugleich als Mitglied der weltweiten Kirche; es gab eine hohe soziale und informelle Vernetzung unter den Gemeinden, so daß schon früh ein Bewußtsein von Universalität entstehen konnte. Zudem prägten Geisterfahrungen (vgl. 1 Kor 12–14), charismatische Persönlichkeiten und ein intensives Gemeinschaftsleben (Gottesdienste, Herrenmahlsfeiern) die ersten Gemeinden, die so eine hohe Attraktivität für all jene Menschen aufwiesen, die sich intellektuell und emotional von den traditionellen religiösen Angeboten ihrer Umwelt nicht mehr angezogen fühlten.

Ein Schlüsselereignis des frühen Christentums war der Apostelkonvent, von dem Gal 2,1–10 und Apg 15,1–35 mit erheblichen Unterschieden berichten.[18] Die erfolgreiche Tätigkeit von

17 Vgl. dazu E. Ebel, *Die Attraktivität früher christlicher Gemeinden* (WUNT 2.178), Tübingen 2004.
18 Vgl. hier G. Lüdemann, *Das frühe Christentum nach den Traditionen*

Barnabas und Paulus auf der ersten Missionsreise (Apg 13–14) führte dazu, daß sich immer mehr heidenchristliche Gemeinden bildeten und die Frage aufkam, ob sich auch Heidenchristen beschneiden lassen müssen, um zum auserwählten Volk Gottes zu gehören. Soll die Beschneidung als Zeichen des Bundes (vgl. Gen 17,11) und damit der Zugehörigkeit zum erwählten Volk Gottes auch für Christen aus griechisch-römischer Tradition generell verpflichtend sein? Muß ein Heide erst Jude werden, um Christ sein zu können? Wurde man aus jüdischer Perspektive nur durch Beschneidung und rituelles Tauchbad zum Proselyten und damit zum Glied des erwählten Gottesvolkes, dann lag aus streng judenchristlicher Sicht die Folgerung nahe, daß nur die Taufe auf den Namen Jesu Christi *und* die Beschneidung den neuen Heilsstatus vermitteln. Die auf dem Apostelkonvent (und beim antiochenischen Konflikt Gal 2,11–15) verhandelten Probleme fallen somit in eine Zeit, in der die Definition dessen, was auf ritueller und sozialer Ebene das Christentum ausmacht, noch nicht abgeschlossen und damit auch noch nicht festgelegt war. Weder die christlichen Identitätszeichen (»identity markers«) noch der daraus folgende Lebenswandel (»life-style«) waren wirklich geklärt.[19] Konnten christliche Gemeinden aus griechisch-römischer Tradition in gleicher Weise anerkannt werden wie judenchristliche Gemeinden, die zu einem erheblichen Teil noch innerhalb des Synagogenverbandes lebten? Muß die für jüdisches Selbstverständnis konstitutive Einheit von Volks- und Religionsgemeinschaft aufgehoben werden? Was bewirkt Heiligung und Reinheit? Wodurch erlangen die an Jesus Glaubenden Anteil am Volk Gottes, wie werden sie Träger der Verheißungen des Bundes Gottes mit Israel? Inwieweit sollen jüdi-

der Apostelgeschichte, Göttingen 1987; A. Wechsler, *Geschichtsbild und Apostelstreit* (BZNW 62), Berlin/New York 1991; J. Wehnert, *Die Reinheit des »christlichen Gottesvolkes« aus Juden und Heiden: Studien zum historischen und theologischen Hintergrund des sogenannten Aposteldekrets* (FRLANT 173), Göttingen 1997.

19 Vgl. dazu J. D. G. Dunn, *The New Perspective on Paul*, London 1990.

sche Identitätszeichen wie Beschneidung, Tischgemeinschaft nur unter Volksgenossen und Sabbat auch für die sich bildenden Gemeinden aus griechisch-römischer Religiosität gelten? Schließt die durch den Christusglauben bereits erfolgte grundsätzliche Statusveränderung weitere Statusveränderungen mit ein? Lassen sich in gleicher Weise Regelungen für die Glaubenden aus Judentum und griechisch-römischer Tradition finden oder müssen unterschiedliche Wege beschritten werden? Sind Taufe *und* Beschneidung für alle Christusgläubigen verbindliche Initiationsriten oder ermöglicht schon/nur die Taufe die vollgültige Aufnahme in das Volk Gottes?

Der Apostelkonvent gab keine allgemein akzeptierte Antwort auf diese Fragen, denn während Paulus nur die Beschneidungsfreiheit für Heidenchristen erwähnt, findet sich bei Lukas darüber hinaus das sogenannte Apostelkekret, das rituelle Mindestanforderungen auch an Heidenchristen stellt (vgl. Apg 15,20.29). Damit waren weitere Auseinandersetzungen geradezu unausweichlich. Die paulinische Theologie ist in diesen konfliktreichen Prozeß der Selbstdefinition des frühen Christentums eingebunden und wesentlich aus ihm heraus zu erklären, zugleich stellt sie aber die maßgebliche Lösung der Probleme dar.

V Paulus

Paulus ist nicht der Begründer, wohl aber der maßgebliche Former des Christentums.[20] Durch seine erfolgreiche beschneidungsfreie Mission in Kleinasien und Griechenland von ca. 45–56 n. Chr. verlagerte er die Zentren der neuen Bewegung immer mehr

---

20 Zu Paulus vgl. W. Wrede, »Paulus«, in: *Das Paulusbild in der neueren deutschen Forschung*, hg. v. K. H. Rengstorf, Darmstadt ²1969, S. 1–97 (= 1904); A. Schweitzer, *Die Mystik des Apostels Paulus*, Tübingen ²1954 (= 1906/1930); E. P. Sanders, *Paulus und das palästinische Judentum* (StUNT 17), Göttingen 1985 (= 1977); J. D. G. Dunn, *The Theology of Paul the Apostle*, Grand Rapids/Cambridge 1998; U. Schnelle, *Paulus. Leben und Denken*, Berlin 2003.

nach Westen und etablierte sie als mehrheitlich von Heidenchristen getragene Stadtreligion. Der große Erfolg seiner beschneidungsfreien Mission stellte Paulus aber auch vor enorme Probleme, denn er mußte *als Erster* jene unausweichlichen Aporien im Verhältnis zum Judentum zur Kenntnis nehmen, mit denen sich das formierende Christentum immer stärker konfrontiert sah. Er mußte vor allem in seinen Briefen[21] zusammendenken und in eine innere Stimmigkeit bringen, was nicht zu harmonisieren war: Gottes erster Bund im Alten Testament bleibt gültig, aber *nur* der neue Bund rettet. Warum wendet sich Gott zunächst nur an das Volk Israel, dann aber an die ganze Welt? Welchen Wert hat die Tora, wenn Menschen aus den Völkern auch ohne Beschneidung den Willen Gottes umfassend erfüllen können? Das erwählte Gottesvolk Israel muß sich zu Christus bekehren, um mit den glaubenden Menschen aus den Völkern das eine wahre Gottesvolk zu werden.

Mit diesen Fragen und Problemen kämpfte Paulus zeitlebens, wobei seine Theologie eine große *denkerische Kraft* aufweist.[22] Drei großen Themenkomplexen wandte er sich vor allem zu:

1) In der heftig umstrittenen Frage nach der Geltung der jüdischen Tora für Heidenchristen legt er in Röm 13,8–10 seine

---

21 Als authentische Paulusbriefe gelten: 1. Thessalonicherbrief (um 50/51 n. Chr.), 1. Korintherbrief (um 54 n. Chr.), 2. Korintherbrief (um 55 n. Chr.), Galaterbrief (um 55 n. Chr.), Römerbrief (56 n. Chr.), Philipperbrief (um 60 n. Chr.), Philemonbrief (um 61 n. Chr.); vgl. dazu U. Schnelle, Einleitung in das neue Testament, Göttingen [6]2007, S. 31–172.

22 Zur Schulbildung des Paulus vgl. T. Vegge, *Paulus und das antike Schulwesen. Schule und Bildung des Paulus* (BZNW 134), Berlin 2006, S. 494: »Hinsichtlich Herkunft und Ausbildung wurde in dieser Untersuchung als wahrscheinlich angesehen, daß Paulus als Sohn eines römischen Bürgers in seiner Heimatstadt eine literarische Ausbildung in ihrer allgemeinen griechisch-hellenistischen Form erhielt, daß er bei einem Redelehrer die Progymnasmata durchlief und daß er sich mit philosophischer Lehre und philosophischem Ethos vertraut gemacht hatte.«

Lösung vor: »Seid niemandem etwas schuldig, außer, daß ihr einander liebt; denn wer den anderen liebt, hat das Gesetz erfüllt. ... Die Liebe tut dem Nächsten nichts Böses. So ist nun die Liebe die Erfüllung des Gesetzes.« Mit seiner Konzentration auf den Liebesgedanken legt Paulus faktisch eine *Neudefinition* vor, indem er der Tora keine rettende Funktion mehr zuerkennt und die Ritualvorschriften einfach übergeht, dennoch aber behauptet, das Gesetz zu erfüllen.[23] Er integriert die Tora in einen von der Liebe bestimmten übergeordneten Gesetzesbegriff, der gleichermaßen für alle Christen auf ihrem jeweiligen kulturellen Hintergrund zugänglich war. Weder das jüdische noch das griechisch-römische kulturgeschichtliche Umfeld ließen eine »Freiheit vom Gesetz« zu; Paulus geht es in all seinen Äußerungen zum Gesetz/zur Tora nie um »Gesetzesfreiheit«, sondern um die Frage, wie die soteriologische (rettende) Exklusivität des Christusgeschehens, die Erfüllung des Gesetzes in der Liebe und die Beschneidungsfreiheit der Glaubenden aus griechisch-römischer Tradition zusammengedacht werden können: in der Liebe. Eine Lösung, die nicht nur bis heute von allen Kirchen praktiziert wird, sondern auch einen sehr anspruchsvollen theoretischen Kern hat: Die Überführung in die Liebe nimmt dem Gesetz/der Tora die zerstörerische Kraft des religiösen Eifers und stärkt so seine dienenden Funktionen.

---

23 Zum paulinischen Gesetzesverständnis vgl. die unterschiedlichen Positionen bei F. Hahn, »Das Gesetzesverständnis im Römer- und Galaterbrief«, in: *ZNW* 67 (1976), S. 29–63; H. Hübner, *Das Gesetz bei Paulus. Ein Beitrag zum Werden der paulinischen Theologie* (FRLANT 119), Göttingen ³1982; U. Wilckens, »Zur Entwicklung des paulinischen Gesetzesverständnisses«, in: *NTS* 28 (1982), 154–190; G. Klein, Art. »Gesetz III«, in: *TRE* 13, Berlin/New York 1984, S. 58–75; P. Stuhlmacher, »Das Gesetz als Thema biblischer Theologie«, in: Ders., *Versöhnung, Gesetz und Gerechtigkeit*, Göttingen 1981, S. 136–165; E. P. Sanders, *Paul, the Law, and the Jewish People*, Minneapolis 1983; H. Räisänen, *Paul and the Law* (WUNT 29), Tübingen ²1987; U. Schnelle, »Paulus und das Gesetz«, in: *Biographie und Persönlichkeit bei Paulus*, hg. v. E.-M. Becker/P. Pilhofer (WUNT 187), Tübingen 2006, S. 245–270.

2) Als geborener Jude hoffte Paulus zeitlebens, daß sich auch sein Volk umfassend zu Jesus Christus bekehren würde. Die theologisch-denkerische Dimension der Israelfrage ist offensichtlich: Wenn das Heil von den Juden zu den Christusgläubigen überging und sich zugleich die Mehrheit Israels diesem »neuen Weg« (vgl. Apg 19,23) verweigerte, stellt sich mit aller Schärfe die Frage nach dem Verhalten Gottes gegenüber dem erwählten Volk Israel und der Gültigkeit seiner Verheißungen. Vor allem in Röm 9–11 ringt Paulus mit diesem Problem. Er erwartet nach Röm 11,25–27 ein Handeln Gottes im Endgeschehen, das mit dem Erscheinen des Parusie-Christus zu einer Bekehrung und damit zur Rettung Israels führt, und dann gilt: »Ganz Israel wird gerettet werden« (Röm 11,26a). Paulus konnte die Aporie der ersten und der zweiten allein rettenden Erwählung nicht auflösen, und er wollte es auch nicht. Deshalb verlegte er die Lösung nun sachgemäß in die Eschatologie, wo sie bis heute weilt. Nur Gott allein weiß, warum sich die Mehrheit Israels nicht zu Jesus Christus bekehrte und deshalb kann auch nur allein Gott dieses Problem lösen.

3) Die Gerechtigkeitsthematik ist unmittelbar mit der Gesetzes- und Israelfrage verbunden. Gottes Gerechtigkeit steht auf dem Spiel, wenn er nicht in der Kontinuität seiner Verheißungen und Gaben (speziell der Tora) steht. Darüber hinaus ist Gerechtigkeit ein Schlüsselbegriff der gesamten antiken Kultur, denn jede Form von Philosophie, Recht und Religion ist ohne Gerechtigkeit nicht denkbar. Nicht nur im jüdischen, sondern vor allem im griechisch-römischen Kontext war es unabdingbar,[24] Gott und Gerechtigkeit zusammenzudenken.

Nimmt man die paulinischen Aussagen zu Gerechtigkeit und Rechtfertigung *insgesamt* in den Blick, dann zeigt sich ein Denken, das Systemqualität hat. Ausgangspunkt ist die innerhalb

---

24 Vgl. hier A. Dihle, Art. »Gerechtigkeit«, in: *RAC* 10, Stuttgart 1978, S. 233–360.

der Antike revolutionäre Einsicht, daß Gerechtigkeit wesenhaft kein Tat-, sondern ein *Seinsbegriff* ist. Für Aristoteles definiert sich Gerechtigkeit aus dem Handeln: »Es ist also richtig, zu sagen, daß ein Mensch gerecht wird, wenn er gerecht handelt, und besonnen, wenn er besonnen handelt.«[25] Gerechtigkeit erscheint somit als die höchste menschliche Tugend, die durch das Tun gewonnen wird. Das paulinische Status-Schema ist durch einen universalen Grundansatz gekennzeichnet: Alle Menschen sind ausweglos der Macht der Sünde untertan (vgl. Gal 3,22; Röm 3,9.20), d. h. der Status des Sünders kennzeichnet alle Menschen, auch wenn sie einer privilegierten Gruppe wie z. B. den Juden angehören und gerecht handeln. Gerechtigkeit kann nur durch den Transfer aus dem Herrschaftsbereich der Sünde in den Christus-Bereich hinein erlangt werden. Paulus negiert jegliche religiöse Sonderstellung, denn seine Christushermeneutik läßt innerhalb des Sünden- und damit auch des Gerechtigkeitsbegriffes keinerlei Differenzierungen zu. Paulus vertritt einen Universalismus, der sich von der Nation, dem Land, dem Tempel und dem Gesetz als Regulativen des Gottesverhältnisses trennt. Damit verläßt er jüdisches Denken, das als national und partikular bezeichnet werden kann. *Für Paulus ist Gerechtigkeit im strikten Sinn kein Tat-, sondern ein Seinsbegriff. Gottes Handeln ist jeglicher menschlicher Aktivität vorgängig, das neue Sein hat nicht Tat-, sondern Geschenkcharakter.*[26] Es gilt: »So halten wir denn dafür, daß der Mensch gerecht wird ohne Werke des Gesetzes, durch den Glauben« (Röm 3,28). Vor Gott ist der Mensch nicht die Summe seiner Taten, ist die Person unterscheidbar von ihren Werken. Kein Mensch kann aufgrund seiner Handlungen und Selbstentwürfe zureichend beurteilt werden.

---

25 Aristoteles, EthNic 1105b.
26 Treffend H. Weder, »Gesetz und Sünde«, in: Ders., *Einblicke ins Evangelium*, Göttingen 1992, S. 323–346, hier S. 340: »Es geht um die Frage, ob meine Wahrheit etwas ist, das zu vernehmen, wahrzunehmen, zu hören und zu glauben ist, oder aber etwas, das sich erst in dem herausstellt, was ich aus mir selbst mache.«

Nicht das Tun definiert das Menschsein, sondern allein das Verhältnis zu Gott. *Der Mensch vor Gott ist ein anderer als vor sich selbst!*

Paulus entwirft damit ein neues Bild: Alle Attribute, die Menschen in der Regel ihrer eigenen Subjektivität zuschreiben, werden von Paulus Gott zugeschrieben: Gerechtigkeit und Sinn, Liebe, Freiheit. Gerechtigkeit als Schlüsselbegriff aller religiösen, philosophischen und politischen Systeme kann in ihrer Totalität nur empfangen und nicht hergestellt werden. Jeder menschliche Versuch, Gerechtigkeit im umfassenden Sinn zu realisieren, endete unausweichlich und folgerichtig in totalitären Systemen. Die paulinische Einsicht des Geschenkcharakters der Gerechtigkeit verwehrt hingegen von vornherein derartige Versuche und beschreibt deshalb eine Grundbedingung menschlicher Freiheit. Allein Gott als Grund der Externität menschlicher Existenz vermag die Freiheit und Würde des menschlichen Subjekts zu begründen und zu bewahren. Hier sind Paulus und alle antiken Denker grundlegend verschieden; der Philosoph propagiert die selbst zu realisierende Autonomie, der Apostel hingegen die geschenkte Autonomie. Die Rechtfertigungslehre weist somit einen fundamentalen identitätstheoretischen Kern auf: Das Subjekt weiß sich unmittelbar auf Gottes vorgängiges Tun gegründet, es konstituiert sich aus seiner Beziehung zu Gott und versteht sich als von Gott anerkannt, gehalten und erhalten. Damit ist die Rechtfertigungslehre auch die christliche Symbolisierung einer unantastbaren Menschenwürde jedes Individuums.[27]

Schon diese wenigen Beispiele zeigen, daß die paulinische Theologie als eine bedeutende Denkleistung anzusehen ist.[28] In

---

27 Deshalb sind die christlichen Wurzeln der Menschenrechte kein Zufall; vgl. dazu G. Nolte/H.-L. Schreiber (Hg.), *»Der Mensch und seine Rechte«. Grundlagen und Brennpunkte der Menschenrechte zu Beginn des 21. Jahrhunderts*, Göttingen 2004.

28 Es ist bemerkenswert, daß in jüngster Zeit gerade Philosophen Paulus neu entdecken; vgl. J. Taubes, *Die Politische Theologie des Paulus*, München ³2003; A. Badiou, *Paulus. Die Begründung des Universalismus*,

der literarischen Form des argumentativen Briefdiskurses ging Paulus nicht nur auf die aktuellen Probleme seiner Gemeinden ein, sondern legte grundlegende theologische Einsichten vor. Der nachhaltige Erfolg der paulinischen Theologie hängt wesentlich damit zusammen, daß sie emotional und intellektuell attraktiv war und plausible Antworten auf drängende Lebensfragen von Menschen geben konnte. So ist es kein Zufall, daß Paulus der maßgebliche Exponent der Herausbildung des frühen Christentums als eigenständige Bewegung ist. Wenn er nach 1 Kor 9,20.21 den Juden ein Jude und den Heiden ein Heide werden kann, dann ist er im Vollsinn weder Jude noch Heide, sondern Repräsentant einer neuen Bewegung und Religion. Das Bewußtsein der frühen Christen als dritter Menschengruppe neben Juden und Griechen kommt auch in 1 Kor 1,22 f. und 10,32 zum Ausdruck. In 1 Kor 1,22 f. kennzeichnet Paulus die Kreuzestheologie als die entscheidende Differenz zu den Sinnwelten der Juden und Griechen. *Das Wort vom Kreuz ist nicht kompatibel mit diesen Sinnwelten*, deshalb muß es den Juden als Anstoß und den Griechen als Torheit erscheinen. In 1 Kor 10,32 fordert Paulus die korinthische Gemeinde auf, keinen Anstoß zu erregen gegenüber den Juden, den Griechen und der »Kirche Gottes«. Paulus positioniert die Gesamtkirche als eine eigenständige Größe gegenüber Juden und Griechen. Vor allem führt er gegenüber dem Judentum und gegenüber der griechisch-römischen Welt einen neuen Diskursgründer ein: Jesus Christus.

Während das antike Judentum seine religiöse und ethnische Identität zu wahren suchte, überschritt das sich formierende frühe Christentum paulinischer Gestalt bewußt und programmatisch ethnische, kulturelle und religiöse Grenzen. Es propagierte ein *universales Konzept messianischer Erlösung*, das die Menschen aller Völker einbezog. Nicht Abgrenzung, sondern Akkulturation (vgl. 1 Kor 9,20–22) und Inkulturation sowie trans-

München 2002; G. Agamben, *Die Zeit, die bleibt. Ein Kommentar zum Römerbrief*, Frankfurt 2006.

ethnische Konzeptionen (vgl. Gal 3,26–28) bestimmten maßgeblich die frühchristliche Mission. Die bewußt transnationale, transkulturelle und schichtenübergreifende mitgliederwerbende Mission des frühen Christentums ist in ihrem Ausmaß, ihrer Geschwindigkeit und ihrem Erfolg in der Antike ohne Analogie. Das frühe Christentum schuf vor allem in seiner paulinischen Form eine neue kognitive Identität, die bisherige kulturelle Identitäten teilweise aufnahm und zugleich tiefgreifend umformte.

VI Die pseudepigraphischen Briefe

Ab 70 n. Chr. entstehen im frühen Christentum pseudepigraphische Briefe, d.h. Briefe mit einer historisch unzutreffenden Verfasserangabe.[29] Die größte Gruppe pseudepigraphischer Schreiben bilden die Deuteropaulinen (Kolosser-/Epheser-/2. Thessalonicher-/1./2.Timotheus-/Titusbrief).[30] Dies ist kein Zufall, denn durch seine denkerische Leistung, sein beeindruckendes Lebenswerk und schließlich durch seinen Märtyrertod wurde Paulus zu einer zentralen Identifikationsfigur des frühen Christentums. Die paulinische Theologie war zudem nie ein starrer, unveränderlicher monolithischer Block, sondern ein auf Grundüberzeugungen beruhendes System, das für historische Veränderungen und theologische Herausforderungen offen war. Schüler des Apostels nahmen diese Tendenz auf und verfaßten unter dem Namen des Paulus Briefe, die in veränderter Zeit die paulinische Theologie weiterdachten und ihr so weiterhin Gehör verschaffen wollten. Die Deuteropaulinen nahmen Grundanlie-

---

29 Die ntl. Pseudepigraphie stellt innerhalb der antiken Literatur keinen Einzelfall dar, denn sowohl in der griechisch-römischen als auch in der jüdischen Literatur finden sich zahlreiche pseudepigraphische Werke; vgl. dazu W. Speyer, *Die literarische Fälschung im heidnischen und christlichen Altertum* (HAW 1.2), München 1971.

30 Zu den historischen Einzelfragen vgl. U. Schnelle, *Einleitung in das Neue Testament* (Anm. 21), S. 321–387.

gen des Apostels auf und entwickelten sie im Hinblick auf ihre spezifische historische und theologische Situation weiter. Dabei sind sie untereinander sehr verschieden: Während der Kolosser- und der Epheserbrief umfassend das paulinische Denken aufnehmen, weiterentwickeln und abwandeln, konzentrieren sich die Pastoralbriefe auf Einzelaspekte, und der 2. Thessalonicherbrief thematisiert fast ausschließlich die Parusiethematik.

Pseudepigraphen sind ferner der Jakobus-, 1./2. Petrus-, Judas- und Hebräerbrief.[31] Der Jakobusbrief ist eine frühchristliche pseudepigraphische Weisheitsschrift, die den Anspruch erhebt, vom Herrenbruder Jakobus verfaßt zu sein und das Ziel hat, in nachpaulinischer Zeit zwischen 80–100 n. Chr. gefährdete judenchristliche Identität neu zu definieren. Der Hebräerbrief gehört zu den großen Rätseln des Neuen Testaments. Seine historische Situierung ist völlig unklar, denn im Brief finden sich nur vage Verweise auf die Gemeindesituation und keinerlei Hinweise auf den Autor. Inhaltlich ist der Hebräerbrief ein Dokument theologischer Komparativik, denn das Heilshandeln des Sohnes wird in der Überbietung des alten Kultes breit entfaltet. Die Bedeutung des 1. Petrusbriefes liegt in der theologischen Durchdringung der individuellen und gesellschaftlichen Dimensionen der Leidensthematik. Der Autor will die bedrängten Christen Kleinasiens ermahnen und stärken (vgl. 1 Petr 5,12b) und entwickelt eine zweifache Strategie, um die neue christliche Identität zu stabilisieren und den Gemeinden Kleinasiens ihr Überleben in einer feindlichen Umwelt zu sichern: 1) Er nimmt mit Paulus und Petrus die entscheidenden Vorbilder für die Standhaftigkeit des Glaubens im Leiden in Anspruch. 2) Mit den Märtyrergestalten Petrus und Paulus verbindet sich das zentrale und durchgängige theologische Thema des 1. Petrusbriefes: Das unschuldige Leiden der Glaubenden in einer feindlichen Umwelt.

---

31 Vgl. hier U. Schnelle, a. a. O., S. 405–469. Der Judas- und 2. Petrusbrief sind theologisch nicht sehr bedeutsame Schriften aus der Spätzeit des

Alle ntl. Pseudepigraphen waren in eine ganz bestimmte zeitgeschichtliche Situation eingebunden und müssen als Versuch der Bewältigung zentraler Probleme der dritten urchristlichen Generation gesehen werden. Das Ziel der ntl. Pseudepigraphie bestand nicht nur darin, die Kontinuität der apostolischen Tradition in der Zeit nach dem Tod der Apostel sicherzustellen. Vielmehr sollte vor allem die Autorität der Apostel in der Gegenwart im Modus deutender Erinnerung neu zur Sprache gebracht werden. Indem die Verfasser sich auf die Ursprünge der Tradition beriefen, begründeten sie den Verbindlichkeitsanspruch ihrer Neuinterpretation angesichts der in der Gegenwart neu aufgebrochenen Probleme. Die sekundären Verfasserangaben zeugen somit immer auch von der Bedeutung des Primären!

VII Die synoptischen Evangelien

Um das Jahr 70 n. Chr. tritt mit dem Markusevangelium eine neue literarische Gattung auf.[32] Dies ist kein Zufall, denn um diese Zeit wurde das Ausbleiben der Wiederkunft Christi zunehmend als ernsthaftes Problem empfunden. Zudem waren die Gründergestalten Petrus und Paulus im Jahr 64, der Herrenbruder Jakobus im Jahr 62 gestorben, es gab erste Christenverfolgungen in Rom 64 n. Chr., und mit der Zerstörung Jerusalems im Jahr 70 durch die Römer hörte auch die Urgemeinde auf zu existieren.

Das frühe Christentum stand somit vor der Aufgabe, diese aktuellen Probleme zu lösen und vor allem die Kontinuität zu

Urchristentums; zu den drei Johannesbriefen vgl. U. Schnelle, a. a. O., S. 476–503.

32 Zur neuen Literaturgattung Evangelium vgl. R. A. Burridge, *What are the Gospels?*, Grand Rapids ²2004; D. Frickenschmidt, *Evangelium als Biographie* (TANZ 22), Tübingen 1997; D. Dormeyer, *Das Markusevangelium als Idealbiographie von Jesus Christus, dem Nazarener* (SBB 43), Stuttgart 1999; D. Wördemann, *Das Charakterbild des bios nach Plutarch und das Christusbild im Evangelium nach Markus*, Paderborn 2002.

den Anfängen nicht zu verlieren, und d. h.: das Vergangene bleibend bedeutsam zu halten. Dies leistet die neue Literaturgattung Evangelium; sie präsentiert erstmals eine biographisch ausgerichtete Jesus-Christus-Geschichte und bewahrt so als Gedächtnis des frühen Christentums die Jesusüberlieferungen vor dem Verschwinden im Dunkel der Geschichte. Die Evangelien sind Erzählungen, denn nur durch Erzählen kann ein Ereignis aus dem Raum bloßer Zufälligkeit herausgehoben und ihm Sinn zugeschrieben werden. Die Evangelien stimmen in den Grunddaten ihrer Jesus-Christus-Geschichte überein, zugleich ordnen sie das Material in unterschiedlicher Weise und betonen jeweils jene Aspekte, die für die Identitätsbildung ihrer eigenen Gemeinde von Bedeutung sind. Sie betreiben damit gleichermaßen Text-, Traditions- und Sinnpflege, indem sie die Überlieferung in ihrem Bestand zu wahren versuchen, weiter formen und durch Deutungsanstrengungen ihren Sinn aus der Vergangenheit mit der Gegenwart vermitteln. Die Evangelien halten die Erfahrungen mit Jesus von Nazareth durch Erzählen gegenwärtig.

Eine weitere wesentliche Funktion der Evangelienschreibung besteht in der Konsensbildung, die eine Voraussetzung für das Überleben in einer krisenhaften Situation ist.[33] Das innovative Potential der Evangelien zeigt sich vor allem auf Deutungs- und Handlungsebenen, die für die *Außen- und Innenperspektive* entwickelt werden mußten. In der Außenperspektive entwerfen die Evangelien ein Bild von der Umwelt und der eigenen Position in ihr, das zu einer Selbstdefinition führt und Orientierung bietet. Dabei ist die Abgrenzung gegenüber der Herkunftsreligion von grundlegender Bedeutung. Weil das frühe Christentum als eine innerjüdische Erneuerungsbewegung entstand, war es notwendig, die Gründe für die Trennung plausibel darzustellen. Mit der Evangelienschreibung gibt sich die neue Bewegung eine eigene Grunderzählung und scheidet endgültig aus der Erzählgemein-

---

33 Vgl. hier G. Theißen, *Lokalkolorit und Zeitgeschichte in den Evangelien* (NTOA 8), Freiburg i. Br. / Göttingen 1989.

schaft des Judentums aus. In der Innenperspektive mußten Modelle für das Zusammenleben und das Zusammenbleiben verschiedener Strömungen entwickelt werden. Das Verhältnis von Christen aus jüdischer und aus griechisch-römischer Tradition galt es ebenso zu regeln wie das Verhältnis von Armen und Reichen, Mann und Frau, geistbegabten und »normalen« Christen. Alle Evangelien geben als Erzählungen Impulse, um das Zusammenleben verschiedener Gruppen in der Gemeinde zu ermöglichen. Zudem mußten Normen für neue Autoritätsstrukturen und Leitungsämter etabliert werden, denn mit der Gattung Evangelium verloren die stark der mündlichen Tradition verpflichteten Wandercharismatiker an Einfluß. Die Ortsgemeinden wurden mit dem Evangelium zu Trägern und Interpreten der Jesusüberlieferung. Die *Entstehung und Verbreitung* der Evangelien wurde durch zwei Faktoren begünstigt: 1) Die frühen Christen sprachen fast alle die Weltsprache Griechisch, so daß die Evangelien im gesamten Imperium Romanum und von sehr verschiedenen Bildungsschichten rezipiert werden konnten. 2) Im 1. Jahrhundert n. Chr. gewann der Kodex (geheftete oder gefaltete Einzelblätter) sehr an Bedeutung, denn gegenüber der Rolle hatte er besonders bei langen Texten große Vorteile. Rom scheint ein Zentrum dieser Entwicklung gewesen zu sein, und man kann vermuten, daß die Christen dieses praktikable Verfahren bei ihrer neuen Literaturgattung Evangelium von Anfang an anwendeten.

Mit der neuen Literaturgattung Evangelium verfaßte *Markus* die erste ausführliche Jesus-Christus-Geschichte und formte durch seine narrative Präsentation und seine theologischen Einsichten wesentlich das Jesus-Christus-Bild des frühen Christentums, wie es sich nicht zuletzt in der Rezeption des Markus-Evangeliums durch Matthäus, Lukas und Johannes zeigt. Indem Markus historiographisch-biographischen Erzähltext und kerygmatische Anrede fest verbindet und Jesu Weg zum Kreuz als dramatisches Geschehen darstellt, wahrt er *die historische und theologische Identität* des christlichen Glaubens. Markus stellt in seinem Evangelium dar,[34] in welchem Sinn Jesus Christus der Sohn Gottes ist, nämlich zugleich als Wundertäter und als Gekreuzigter. Mit dem Kreuz nimmt der Evangelist den zentralen Gedanken der paulinischen Theologie auf und macht ihn zum Zentrum einer dramatischen Erzählung: Der gekreuzigte Jesus von Nazareth ist der Sohn Gottes. Zugleich geht der älteste Evangelist in einem entscheidenden Punkt über Paulus hinaus: Er berichtet nicht nur abstrakt vom Gekreuzigten als Gottessohn und Messias, sondern setzt diese Erkenntnis in eine plausible Erzählung um. Dabei ist Markus der erste, der innerhalb des Urchristentums umfassend die Traditionen über den Wundertäter Jesus von Nazareth erzählt und immer wieder deutlich macht, daß gerade der Wundertäter kein anderer als der Gekreuzigte ist. Dabei dient ihm als Leitfrage: »Wer ist dieser?« (vgl. Mk 4,41). Beantwortet wird diese Frage nicht zufällig mit dem Gottessohntitel, denn dieser Titel war sowohl für Juden als auch für Menschen griechisch-römischer Religiosität rezipierbar.

Matthäus nimmt das Markusevangelium als Basiserzählung auf, geht aber zugleich weit darüber hinaus, indem er sein Werk bewußt als *Buch* (Mt 1,1) für das Vorlesen im Gottesdienst konzipiert. Insbesondere die fünf großen Reden mit der Bergpredigt (Mt 5–7) im Zentrum lassen die didaktische Kompetenz des Evangelisten erkennen. Matthäus war wahrscheinlich selbst ein Lehrer seiner Gemeinde (vgl. Mt 13,52) und läßt *Jesus vor allem als Lehrer der Gemeinde* und der Völker auftreten. Nicht zufällig wurde Matthäus in der Kirchengeschichte zum Hauptevangelium, denn seine Darstellung Jesu als vollmächtiger Lehrer und Weltherrscher sowie die katechetische Gesamtanlage des Evangeliums prägten zu allen Zeiten nachdrücklich das Bild der Menschen von und über Jesus Christus. Neben Jakobus ist Matthäus der Autor im Neuen Testament, der *das Tun des Geglaub-*

---

34 Zu den theologischen Intentionen der synoptischen Evangelien vgl. U. Schnelle, *Theologie des Neuen Testaments* (Anm. 5), S. 368–489.

ten unmißverständlich einfordert. Matthäus bewahrte wie kein anderer Evangelist *judenchristliche Traditionen* und verband sie mit der Öffnung zur universalen Völkermission zu etwas Neuem: seinem Evangelium. Wie Paulus legitimiert Matthäus die Völkermission (Mt 28,18–20), ohne jedoch die Bedeutung der Tora zu minimieren. Der *Anspruch der ganzen Tora* wird bei Matthäus aufrechterhalten, jedoch ohne die Beschneidungsforderung und innerhalb eines neuen Interpretationsrahmens, denn die Tora ist keine zweite Größe neben dem einen Lehrer Jesus Christus. Er ist auch der Schlüssel zu ihrem Verständnis.

Lukas führt etwas völlig Neues in das frühe Christentum ein: Er schreibt mit seinem Evangelium und der Apostelgeschichte eine zweibändige Ursprungsgeschichte des Christentums. Dieser Erweiterung des Darstellungsrahmens entspricht eine veränderte Perspektive: Die Verbreitung des Evangeliums in der Welt mit seinen religiösen, ökonomischen und politischen Rahmenbedingungen ist das Thema des lukanischen Doppelwerkes. Die Existenz zahlreicher Gemeinden im östlichen Mittelmeerraum bis Rom bildet für den Evangelisten den historischen Rahmen für die Abfassung seiner beiden Werke zwischen 90 und 100 n. Chr. Er wendet sich offenbar vornehmlich an eine begüterte, gebildete und religiös-philosophisch interessierte städtische Schicht (vgl. z. B. Lk 1,1–4; Apg 17,22–31; 19,23–40; 25,13–26,32), die er von der Zuverlässigkeit der christlichen Lehre überzeugen will. Zuallererst will Lukas die gegenwärtige Situation seiner Gemeinde historisch erklären und theologisch legitimieren. Dazu dient ihm der Nachweis, daß der Übergang des Heils von den Juden zu den Völkern als Träger der Verheißungen Israels dem anfänglichen Willen Gottes entspricht. Lukas bearbeitet die zunehmende Distanz zwischen Christentum und Judentum, weil sie die heilsgeschichtliche Kontinuität der Kirche mit Israel und die Gültigkeit der Verheißungen in Frage zu stellen droht. Der Gemeinde soll einsichtig werden, wie das göttliche Heil zu den Völkern und damit schließlich zu den (christlichen) Lesern gelangte und sich hier in der einen »Kirche« aus Juden und Heiden realisierte. Damit verbindet sich ein nachdrückliches Eintreten für die theologische Legitimität der beschneidungsfreien Völkermission, wie vor allem der zweite Teil der Apostelgeschichte zeigt. Mit der Ausweitung der historisch-theologischen Perspektive durch das Doppelwerk verbindet sich bei Lukas auch eine Öffnung für zuvor im frühen Christentum allenfalls gestreifte Bereiche: 1) Der Evangelist hat die Gebildeten seiner Zeit im Blick (Lk 1,1–4; Apg 25,13–26,32), indem er 2) in seiner Erzählwelt die städtische Kultur einfließen läßt (Apg 19,23–40) und 3) die christliche Lehre im Kontext und in Auseinandersetzung mit zeitgenössischer Magie/Zauberei (Apg 8,4–25; 13,8–12; 16,16–22) und Philosophie (Apg 17,16–34) darstellt. Somit erscheint »der neue Weg« (Apg 19,23) nicht nur als kulturfähig, sondern als eigene neue Kulturreligion mit jüdischen Wurzeln im römischen Weltreich. Bewußt tritt Lukas mit seinem Doppelwerk in die antike Geschichtsschreibung ein, verleiht damit einer neuen Wahrnehmung der eigenen Geschichte eine literarische Gestalt und meldet einen welthistorischen Deutungsanspruch an.

VIII Das Johannesevangelium

Das Johannesevangelium stellt den Höhepunkt frühchristlicher Theologiebildung dar[35] und gehört zu den »Meistererzählungen«, die Menschen »eine Vorstellung von ihrer Zugehörigkeit, ihrer kollektiven Identität, vermitteln: nationale Begründungs- und Erfolgsgeschichten, religiöse Heilsgeschichten«.[36] Johannes

35 Zum Johannesevangelium vgl. R. Bultmann, *Das Evangelium des Johannes* (KEK II), Göttingen [10]1968 (= 1941); F. Mußner, *Die johanneische Sehweise* (QD 28), Freiburg 1965; E. Käsemann, *Jesu letzter Wille nach Johannes 17*, Tübingen [3]1971; M. Hengel, *Die johanneische Frage* (WUNT 67), Tübingen 1993; U. Schnelle, *Das Evangelium nach Johannes* (ThHK 4), Leipzig [3]2004.
36 J. Rüsen, »Kann gestern besser werden? Über die Verwandlung der Vergangenheit in Geschichte«, in: Ders., *Kann gestern besser werden?*, Berlin 2003, S. 29 f.

vereinigt zwei Hauptlinien frühchristlicher Theologiebildung: Während Paulus eine kerygmatisch ausgerichtete Jesus-Christus-Geschichte präsentiert, entfaltet Markus eine narrative Jesus-Christus-Geschichte. Johannes verbindet beide Tendenzen, indem er die Erinnerungen an den Irdischen konsequent aus der Perspektive des Erhöhten gestaltet. Stärker als bei Markus durchdringt die Hoheit des Erhöhten beim 4. Evangelisten das Bild des Irdischen, anders als bei Paulus bleibt Johannes nicht bei einer vornehmlich begrifflich strukturierten hohen Christologie stehen, sondern überführt sie in eine dramatische Erzählung. Das Johannesevangelium wurde geschrieben, um zu zeigen, daß Gottes vorgängige Liebe alles Leben ermöglicht und trägt, um im Glauben der Menschen an ihr Ziel zu gelangen (Joh 3,16). Das johanneische Denken ist im Innersten vom Liebesgedanken geprägt; die vom Vater ausgehende Liebe setzt sich im Wirken des Sohnes und der Jünger fort (Joh 13,34f.), bis schließlich trotz des Unglaubens vieler auch die Welt erkennt, »daß du mich gesandt hast und du sie geliebt hast, wie du mich geliebt hast« (Joh 17,23). Schließlich ist es kein Zufall, daß nur im johanneischen Traditionskreis Gott als Liebe bezeichnet wird (1 Joh 4,16: »Gott ist Liebe«; vgl. 1 Joh 1,5: »Gott ist Licht«; Joh 4,24: »Gott ist Geist«). In reflektierter und zugleich meditativer Weise umkreist der Evangelist das Urgeheimnis der Menschwerdung Gottes in Jesus Christus (Joh 1,14) und entwirft eine neue bildhafte Zeichensprache des Glaubens, in deren Zentrum einfache und zugleich eingängige Symbole und Metaphern stehen, die unmittelbar auf die Hörer/Leser wirken, indem sie gleichermaßen ein Verstehen auf emotionaler und intellektueller Ebene ermöglichen. Johannes nimmt kulturübergreifende religiöse Urphänomene wie Gott und Welt, Oben und Unten, Licht und Finsternis, Tod und Leben, Wahrheit und Lüge, Geburt und Neugeburt, Wasser, Brot, Hunger und Durst, Essen und Trinken auf, um sie mit Jesus Christus in positiver Weise zu füllen.

Als *Einführung in das Christentum und erste Glaubenslehre*

des frühen Christentums (Joh 20,30 f.)[37] erweist sich das Johannesevangelium dadurch, daß es *alle zentralen Fragen* des neuen Glaubens thematisiert und beantwortet. Bereits der Prolog Joh 1,1–18 verbindet Zeit und Ewigkeit mit dem Logos und bestimmt das einzigartige Verhältnis zwischen Gott und dem Logos Jesus Christus; Gott und Jesus Christus sind eins (vgl. Joh 10,30), Jesus Christus ist sogar Gott (Joh 20,28). Aus dem Mund Jesu erfahren die Glaubenden, was Geburt und Neugeburt ist (Joh 3), wer wirklich den Lebensdurst stillt und ewiges Leben schenkt (Joh 4/6) und wer bereits in der Gegenwart Herr über Leben und Tod ist (Joh 5/11). Der Weg des Blindgeborenen (Joh 9) dient der bedrängten Gemeinde ebenso als Orientierung wie die Hirtenrede (Joh 10) und die Abschiedsreden (Joh 13,31–16,33), die den theologischen Ertrag des Weggehens Jesu formulieren und ebenso wie das Hohepriesterliche Gebet (Joh 17) das Passionsgeschehen in eine neue Perspektive rücken. Jesus geht bewußt und souverän den Weg ans Kreuz, denn er weiß um dessen Sinnhaftigkeit und läßt die Jünger an der Realität seines Todes und Lebens teilhaben (Joh 20,24–29). Weil das Kommen des Heiligen Geistes, des Parakleten, an den Fortgang Jesu gebunden ist, kann es erst nach Ostern ein Verstehen von Ostern und des vorangegangenen Geschehens geben (vgl. Joh 20,29b: »Selig, die nicht sehen und doch glauben«). Johannes will damit die zentrale Einsicht vermitteln, daß der Unglaube die wahre Existenz verfehlt, während sie sich im Glauben realisiert. Der Glaube ist gerade bei Johannes nicht eine Beschränkung, sondern die Ermöglichung und Eröffnung des Lebens im Vollsinn des Wortes; eines Lebens, das sich aus der Beziehung zu Jesus und Gott definiert und mit dem biologischen Tod nicht endet.

Insgesamt nimmt das Johannesevangelium in zweifacher Weise eine Schlüsselstellung innerhalb des frühen Christentums ein: Es schließt nicht nur auf höchstem Niveau die ntl. Theolo-

---

37 Vgl. U. Schnelle, *Theologie des Neuen Testaments* (Anm. 5), S. 619–711.

giebildung ab, sondern öffnet vor allem durch den Logos-, Wahrheits- und Freiheitsbegriff das Christentum für die griechisch-römische Geistesgeschichte und bereitet dadurch zugleich den Übergang zur Alten Kirche vor. Wenn im Prolog Jesus Christus mit dem Leitbegriff der griechisch-römischen Kultur- und Bildungsgeschichte identifiziert wird, legt sich ein einzigartiger Anspruch nahe: Im Logos Jesus Christus kulminiert die antike Religions- und Geistesgeschichte, er ist der Ursprung und das Ziel allen Seins. Dieser Anspruch wurde von den Apologeten aufgenommen und weitergeführt, um schließlich in die christologischen Debatten des dritten und vierten Jahrhunderts einzumünden.

IX Fazit

Die Formierung des Urchristentums war ein keineswegs konfliktfreier, aber dennoch historisch folgerichtiger und theologisch sehr produktiver und anspruchsvoller Prozeß. Das Urchristentum trat nicht in einen »leeren« Raum ein, sondern in eine durch und durch religiös strukturierte Welt mit zahlreichen attraktiven Sinnangeboten. Gegenüber diesen Angeboten aus dem hellenistischen Judentum und dem genuin griechisch-römischen Kulturraum zeichnete sich das Urchristentum von Anfang an durch eine hohe Anschlußfähigkeit aus. Es war in der Lage, an religiöse Vorstellungen anzuknüpfen und sie zugleich zu transformieren. Dabei kommt der Kraft des Ursprungsgeschehens eine entscheidende Bedeutung zu. Die Entstehung der Christologie und die verschiedenen Entwicklungen in der Geschichte des frühen Christentums bis hin zur beschneidungsfreien Völkermission haben Anhaltspunkte im Wirken und in der Verkündigung des Jesus von Nazareth. Jesu einzigartiger vorösterlicher Anspruch, eine schon sehr früh ausdifferenzierte Christologie und eine innerhalb der Weltgeschichte singuläre Ausbreitungsgeschichte einer neuen Religion lassen sich nur überzeugend erklären, wenn die Kraft des Anfangs so stark und mannigfaltig war, daß sie eine Vielfältigkeit der Interpretationen aus sich heraussetzen konnte. Dabei war die Trennung von der jüdischen Mutterreligion über weite Strecken schmerzhaft, zugleich aber auch unvermeidlich und folgerichtig. Der Prozeß der urchristlichen Sinnbildung ist vor allem durch einen universalistischen Grundansatz gekennzeichnet, der ein Verbleiben innerhalb des Judentums – trotz zahlreicher Widerstände – letztlich unmöglich machte.

Im Zentrum dieses Prozesses steht ein *neues Gottesbild*, das offenkundig von vielen Menschen als attraktiv empfunden wurde. Das Urchristentum steht fest in der Tradition des atl. Monotheismus, dennoch mutet es den Menschen zu, eine neue Weltsicht, einen neuen Gott für alle Menschen anzunehmen. Dieser Gott ist einer, aber nicht allein; er hat einen Namen, eine Geschichte und ein Gesicht: Jesus Christus. Das Gottes-Bild wird anschaulich, denn Jesus Christus ist das Bild Gottes (2 Kor 4,4). Der im Urchristentum verkündigte Gott ist ein persönlicher Gott, der in der Geschichte handelt und sich um die Menschen kümmert. Er ist weder weltabgewandt noch weltimmanent, sondern in Jesus Christus weltzugewandt (vgl. Gal 4,4f.; Röm 8,3), der gewissermaßen die innerweltliche Transzendenz Gottes verkörpert. Das neue Gottesbild ist nicht nur eine Wertidee, sondern es hat sich im Leben, Sterben und in der Auferstehung Jesu Christi geschichtlich realisiert und wurde zum Ausgangspunkt einer einzigartigen historischen Entwicklung.

Auch die bleibende Verbindung zwischen Gott und Mensch wird im Urchristentum neu bestimmt, nämlich durch den *Heiligen Geist*. Sowohl im Judentum als auch im griechisch-römischen Bereich wurde die Präsenz Gottes/der Götter vor allem als Geistgegenwart gedacht. Das Christentum nimmt diese Vorstellung der schöpferischen Kraft Gottes auf und definiert den Heiligen Geist als Geist der Freiheit (vgl. 2 Kor 3,17). Das Verhältnis zu Gott wird nicht durch eine Priesterklasse oder durch unfehlbare Offenbarungsschriften bestimmt, sondern durch Gottes schöpferisches Handeln, das in der Taufe die Sünde überwindet (vgl. 1 Kor 6,11) und unseren Geist, unsere Vernunft gerade nicht verstummen läßt. Die neutestamentliche Rede von der Sünde wäre völlig mißverstanden, wenn man sie unter ein pessimistisches Menschenbild subsumieren würde. Es ist kein pessimistisches, sondern ein realistisches Menschenbild, denn es leugnet nicht die Existenz des Bösen, nämlich die Destruktivität menschlichen Seins und Handelns. Zugleich bleibt das Neue Testament aber nicht dabei stehen, indem es mit der Liebe, dem Glauben und der Hoffnung die positiven Energien des Menschseins in den Mittelpunkt stellt (vgl. 1 Kor 13).

Mit dem neuen Gottesbild verbindet sich ein *ethisches Konzept*, in dessen Zentrum eindeutig der Liebesgedanke steht. Es gibt kein vergleichbares religiöses oder philosophisches System in der Antike, bei dem der Liebesgedanke so im Mittelpunkt steht wie im Urchristentum! Die Frucht des Heiligen Geistes ist die Liebe (Gal 5,22), so daß die Liebe als Gottes-, Nächsten-, Feindes- und Selbstliebe das Handeln der Christen bestimmen soll. Gerade durch die Erneuerung des Geistes ist die christliche Ethik eine *vernunftgemäße Ethik*, denn der Geist hebt den durch die Sünde bewirkten Defekt der Vernunft auf und führt sie so zu sich selbst. Weil der Wille Gottes mit dem ethisch Guten identisch ist (vgl. Röm 12,1–2), vermag vor allem Paulus das allgemein menschliche Wissen um Gut und Böse in die christliche Ethik zu integrieren und öffnet sie damit zugleich für allgemein geltende ethische Normen, ohne sie damit auf die Vernunft oder eine bestimmte ethische Tradition zu gründen. Vielmehr werden die Christen aufgefordert zu entscheiden, welche ethischen Verhaltensweisen sich aus dem Willen Gottes ergeben.

Dabei macht der Primat der Liebe unmißverständlich klar: Gott und Haß schließen sich ebenso aus wie Gott und Gewalt.

Kehren wir zur Ausgangsüberlegung zurück: Was ist am Urchristentum nach 2000 Jahren bleibend interessant? Meine Antwort: Die Bestimmung Gottes und Jesu Christi als Liebe und die daraus folgende Bestimmung des Menschen, aus dieser Liebe heraus zu leben und gemäß dieser Liebe zu handeln.

Reinhard Feldmeier

Gottes Volk an den Rändern der Gesellschaft. Frühchristliche Kirchenkonzeptionen

I Das Thema

In seiner Einleitung weist Friedrich Wilhelm Graf darauf hin, daß es derzeit über 36 000 christliche Kirchen und Gemeinschaften gibt.[1] Wenn man dies dem einen Neuen Testament als der Grundlage des christlichen Glaubens gegenüberstellt, dann liegt der Eindruck nahe, daß die Geschichte des Christentums eine einzige Geschichte des Zerfalls ist. Nun ist ohne Zweifel diese Aufspaltung in immer mehr konkurrierende Gemeinschaften auch problematisch; der »zerteilte Christus« (1 Kor 1,13) widerspricht dem Selbstverständnis des Neuen Testaments von dem einen Herrn und der Gemeinde als seinem Leib.[2] Andererseits ist die Pluralität von Glaubensgemeinschaften nicht nur Degenerationserscheinung, sondern sie ist in der Ursprungsurkunde des Christentums, dem Neuen Testament, angelegt, das von Anfang an nicht widerspruchsfreie Uniformität, sondern eine theologische Vielfalt von Ausdeutungen der christlichen Botschaft dokumentiert. Vor gut einem halben Jahrhundert hat deshalb der Neutestamentler Ernst Käsemann die Frage, ob das Neue Testa-

---

1 So in der Einleitung im vorliegenden Band, S. 11ff.
2 Vgl. 1 Kor 12–14; vgl. auch den Beitrag von Thomas Söding im vorliegenden Band, S. 122ff., der zeigt, das man sich aus neutestamentlicher Perspektive nicht einfach mit einer Vielzahl von »Christentümern« abfinden kann.

ment die Einheit der Kirche begründet, aus historischer Perspektive glatt verneint:

> *Der nt.liche Kanon begründet als solcher nicht die Einheit der Kirche. Er begründet als solcher, d. h. in seiner dem Historiker zugänglichen Vorfindlichkeit dagegen die Vielzahl der Konfessionen. Die Variabilität des Kerygmas im NT ist Ausdruck des Tatbestandes, daß bereits in der Urchristenheit eine Fülle verschiedener Konfessionen nebeneinander vorhanden war, aufeinander folgte, sich miteinander verband und gegeneinander abgrenzte.*[3]

Was Käsemann im Blick auf das theologische Profil zu zeigen versucht hat, das soll hier weiter entfaltet werden im Blick auf die Vielfalt der Sozialformen der christlichen Kirchen und Gemeinschaften. Bereits im Neuen Testament finden sich divergierende, z. T. auch konkurrierende Entwürfe, wie der Ort der Christen in der Gesellschaft und damit das Verhältnis von Gemeinde und »Welt« bestimmt wird. Diese sind Ergebnis der Auseinandersetzung des frühen Christentums mit seiner gesellschaftlichen Randstellung, die auf ganz verschiedene Weise wahrgenommen, gedeutet und in das eigene Selbstverständnis integriert wird. Das soll hier an drei ganz unterschiedlichen Schriften gezeigt werden: An der Apostelgeschichte, die als Fortsetzung des Lukasevangeliums die Ausbreitung der christlichen Botschaft im römischen Reich schildert,[4] am 1. Petrusbrief, einer Art von frühchristlichem Hirtenbrief, welcher den von ihrer Mitwelt verleumdeten Christen Trost und Weisung geben will, und an der Johannesoffenbarung, der einzigen im Neuen Testament erhaltenen Schrift eines urchristlichen Propheten, welche in drei großen und gewalttätigen Visionszyklen den Untergang

---

3 Ernst Käsemann, »Begründet der neutestamentliche Kanon die Einheit der Kirche?«, in: Exegetische Versuche und Besinnungen, Göttingen 1970, S. 214–223, hier S. 221.
4 Udo Schnelle spricht von einer »Ursprungsgeschichte des Christentums«, siehe den Beitrag im vorliegenden Band, S. 194.

dieser Welt als Introitus für die endgültige Erlösung schildert. Der besondere Reiz beim Vergleich dieser drei Schriften besteht darin, daß sie wohl alle drei in den eineinhalb Jahrzehnten der Regierungszeit Domitians (81–96) entstanden sind, also in etwa auf die gleiche Situation reagieren. Die sich dabei zeigenden Unterschiede, ja Gegensätze werfen nicht nur ein interessantes Licht auf das Selbstverständnis der frühen Christen und deren konkurrierende Entwürfe von Gemeinde bzw. Kirche, sondern sie weisen auch, wie in einem dritten Abschnitt gezeigt wird, Affinitäten zu späteren, bis heute bestehenden (und auch immer wieder entstehenden) Sozialgestalten des Christentums auf, die sich nicht selten auch durch einschlägige Rückgriffe auf die jeweiligen Texte begründen. Abgeschlossen werden diese Ausführungen mit einigen theologischen Überlegungen, wie sich diese Vielfalt der Entwürfe zu dem einen neutestamentlichen Kanon als der normativen Grundlage des christlichen Glaubens verhält, in den diese Schriften integriert worden sind. Ehe die Deutungen im einzelnen entfaltet werden, soll zunächst die Situation des Frühchristentums »an den Rändern« dargelegt werden, und zwar auch aus der Perspektive der »Gegenseite«, d. h. es soll ebenfalls gezeigt werden, was in den Augen der paganen, der »heidnischen« Zeitgenossen die Ursachen für die Randstellung der Christen in der Gesellschaft waren und wie es zu den daraus resultierenden Konflikten kam.

2 Die gesellschaftliche Randstellung und ihre Ursachen[5]

Diese Herangehensweise empfiehlt sich deshalb, weil die Randstellung der Christen nicht einfach eine Folge ihrer geringen Zahl ist. Im Gegenteil: Die Entfremdung der Christen zur Gesellschaft des Imperium Romanum und damit ihre Randstellung in dieser

---

[5] Zum Folgenden vgl. Reinhard Feldmeier, *Die Christen als Fremde. Die Metapher der Fremde in der antiken Welt, im Urchristentum und im 1.Petrusbrief* (WUNT 64), Tübingen 1992, bes. S. 105–132.

tritt umso deutlicher hervor, je zahlreicher die Christen werden. Die »Existenz an den Rändern« weist also auf eine tiefgreifende Spannung zwischen dem Christentum und seiner Mitwelt hin. Ein deutlicher Hinweis darauf ist das Urteil der Historiker Tacitus und Sueton über die erste große Verfolgungsmaßnahme gegen die Christen, die neronische Christenverfolgung. Beide sind überzeugt, daß der den Christen zur Last gelegte Brand Roms eine Finte Neros war. Dennoch beurteilen sie die grausame Hinrichtung zahlreicher Christen nicht, wie man erwarten sollte, als klaren Justizmord, sondern als eine Maßnahme zur Wiederherstellung der öffentlichen Ordnung.[6] In vergleichbarer Weise stellt der römische Statthalter Plinius in seinem Schreiben an Kaiser Trajan fest, daß man den Christen die ihnen zur Last gelegten »Schandtaten« nicht nachweisen könne, aber das hindert diesen durchaus sympathischen Römer nicht daran, die ihm vorgeführten Christen wegen ihrer *obstinatio,* der als Widerstand gegen

6 In seinem Bericht über Neros Vorgehen gegen die Christen zeigt Tacitus, daß er das kaiserliche Manöver zwar durchschaut, also nicht an die Schuld der Christen am Brand Roms glaubt, aber dennoch deren Hinrichtung als im Interesse des öffentlichen Wohles geschehen billigt (Tac, Ann XV,44,5 fin.; zu dieser Übersetzung und Deutung des *utilitate publica* vgl. Antonie Wlosok, *Rom und die Christen. Zur Auseinandersetzung zwischen Christentum und römischem Staat*, Stuttgart 1970, S. 22, 26): Die Christen seien schuldig *(sontes)* und ihre grausame Hinrichtung bei einem öffentlichen Schauspiel gerechtfertigt (Tac, Ann XV,44,5). »Sie wurden weniger der Brandstiftung als des Hasses gegen das ganze Menschengeschlecht überführt« (Tac, Ann XV,44,4: […] *haud proinde in crimine incendii quam odio humani generis convicti sunt).* Daß Tacitus mit dieser Verurteilung der Christen keine Ausnahme darstellt, zeigt Sueton, der in seiner Biographie Neros dessen Vorgehen gegen diese »Gattung von Menschen, die sich einem neuen und verderblichen Aberglauben ergeben hatte« (Nero 16,2), unter die nützlichen Taten des Kaisers rechnet. Die Christen, so bringt der Kirchenvater Tertullian die Anschuldigungen auf den Begriff, werden als *publici hostes,* als Feinde der Gesellschaft wahrgenommen (Tert, Apol 35,1); das Christentum ist die »Theologie des Aufstandes« (Carl Andresen, *Logos und Nomos. Die Polemik des Kelsos wider das Christentum* (AKG 30), Berlin 1955, S. 221), es zerstört »die Welt göttlicher Ordnung« (ebd. S. 222).

die Staatsgewalt interpretierten »Hartnäckigkeit«, mit der sie an ihrem Glauben festhalten, zur Hinrichtung abführen zu lassen. Das zeigt: Das Christentum wird hier nicht allein, ja nicht einmal in erster Linie als ein religiöses Phänomen wahrgenommen, sondern als ein gesellschaftlicher Störfaktor. Hier deutet sich eine Inkompatibilität von christlicher Religiosität und der paganen Gesellschaft an, die der eigentliche Grund für die gesellschaftliche Randstellung des Christentums ist. Sie gründet im Widerspruch zwischen der Exklusivität des christlichen Gottesverhältnisses[7] und der integrativen Funktion der paganen Religiosität für die sich sakral begründende antike Gesellschaft. Der biblische Grundsatz, daß man nur einem Herrn dienen könne, ist nach dem mittelplatonischen Philosophen Kelsos, der um 170 eine erste umfassende Widerlegung des Christentums verfaßt hatte, die »Stimme des Aufruhrs«, impliziert er doch, daß sich hier Menschen von anderen Menschen abmauern und losreißen (Orig. Cels VIII, 2). Die religiöse Inkompatibilität hat also immer auch eine politische und eine gesellschaftliche Dimension. Beide Aspekte hängen zusammen und greifen ineinander, sind aber im Blick auf ihre Wirkungen zu unterscheiden.

Zunächst zur politischen Dimension: Die moderne Unterscheidung von Religion und Gesellschaft/Staat gab es in der Antike so nicht; wie Kollege Leppin[8] zeigt, begründete und legitimierte die antike Gesellschaft ihre Institutionen religiös. Gerade in Rom war dies besonders stark ausgeprägt, wie das (geradezu verwunderte) Urteil des Griechen Polybius zeigt:

Der größte Vorzug des römischen Gemeinwesens [...] scheint mir in ihrer Ansicht von den Göttern zu liegen, und was bei anderen Völkern ein Vorwurf ist, eben dies die

7 Vgl. dazu die Studie von Hans-Josef Klauck, »Pantheisten, Polytheisten, Monotheisten«, in: *Religion und Gesellschaft im frühen Christentum* (WUNT 152), Tübingen 2003, S. 3–53, der besonders auf S. 43–46 zeigt, wie die Exklusivität des christlichen Monotheismus letztlich ein »eschatologisches Projekt« ist.
8 Siehe den Beitrag im vorliegenden Band, S. 308ff.

Grundlage des römischen Staates zu bilden: eine beinahe abergläubische Götterfurcht. Die Religion spielt dort im privaten wie im öffentlichen Leben eine solche Rolle und es wird so viel Wesens darum gemacht, wie man es sich kaum vorstellen kann.[9]

Dieses Fremdurteil wird ca. 100 Jahre später vom Römer Cicero nachdrücklich bestätigt. Wie immer es um seine eigene private Religiosität bestellt sein mag – in NatDeor II,8 führt er die Überlegenheit Roms über die anderen Völker nicht auf militärische oder organisatorische Fähigkeiten zurück, nicht auf römische Tugenden oder was unsereinem sonst als Gründe für den Aufstieg der Stadtrepublik zur Weltmacht einfallen würde, sondern ausschließlich auf die besonders treue Verehrung der Götter in Rom:

Und wenn wir unsere Verhältnisse mit denen auswärtiger Völker vergleichen wollen, dann zeigt sich, daß wir auf anderen Gebieten ihnen nur ebenbürtig oder sogar unterlegen sind, was aber die Religion betrifft, d. h. die Verehrung der Götter, sind wir ihnen weit überlegen (multo superiores).

In Gestalt der Loyalitätsreligion des Kaiserkultes gewinnt die religiöse Fundierung für das gesamte Imperium konstitutive Bedeutung, so daß G. Alföldy in seiner Sozialgeschichte Roms konstatieren kann: »Die geistige Grundlage dieser Staatsidee war die Religion«.[10] Indem die Christen der öffentlich praktizierten Religiosität die Anerkennung verweigerten, erwiesen sie sich aus der Perspektive ihrer Mitwelt als »Feinde des Menschengeschlechts«,[11] weil sie sich in einer für die Antike unver-

---

9 Polyb VI,56,6–8, Übersetzung: Polybios, Geschichte, Eingel. und übertr. von Hans Drexler (Bibliothek der Alten Welt. Griechische Reihe), Zürich 1961.
10 Géza Alföldy, *Römische Sozialgeschichte*, Wiesbaden ³1984, S. 38; vgl. weiter Wlosok, *Rom* (Anm. 6), S. 56 ff.
11 Tert, Apol 37,8: *hostes ... generis humani*.

ständlichen Exklusivität[12] auf Kosten der Gemeinschaft an ihre besondere Religion banden, eine Religion, die von Tacitus, Sueton und Plinius übereinstimmend als *superstitio*, als »Aberglauben« bezeichnet wird, wobei alle drei Autoren durch markante Adjektive noch unterstreichen, wie verabscheuungswürdig und schädlich in ihren Augen diese religiöse Fehlorientierung ist.[13] Die Verweigerung des Kaiseropfers war so zwar für die Christen eine rein religiöse Angelegenheit, für ihre Mitwelt aber war dies zuerst ein Akt politischer Insubordination. Der erstmals in der Apostelgeschichte erhobene Vorwurf, daß die Christen alle Welt in Aufruhr versetzen (Apg 17,6), wird von Kelsos zugespitzt in der Aussage, daß das στασιάζειν πρὸς τὸ κοινόν, der Aufruhr gegen die Gemeinschaft und ihre Grundwerte, geradezu das Wesen des Christentums sei.[14] Besonders sprechend sind auch die sich den Kritikern offensichtlich immer wieder aufdrängenden Metaphern der Pest, der Seuche und der Krankheit, in welchen die Wahrnehmung des Christentums als einer Art Krankheitserreger zum Ausdruck kommt, der den Reichskörper infiziert hat.[15] Zwar wurden die Christen keineswegs immer verfolgt, es

12 Unter denselben Vorwürfen hatten aus den gleichen Gründen auch die Juden zu leiden, die jedoch weit mehr geduldet wurden, weil sie sich auf eine alte Tradition berufen konnten und zudem aufgrund der Beschneidung und der Speisegebote weit weniger offensiv in die pagane Gesellschaft eindrangen als das missionierende Christentum (zu den Entsprechungen und Unterschieden vgl. Feldmeier, *Fremde* (Anm. 5), S. 127–132). Das Vorgehen gegen andere Religionsgemeinschaften war dagegen selten, begrenzt und hatte (wie bei dem Bacchanalienskandal) einen konkreten Anlaß. Das Verbot der gallischen Druiden ist wohl nicht nur auf deren Menschenopfer zurückzuführen, sondern auf die politische Gefährlichkeit dieser einflußreichen Kaste. Zum Verbot der Druiden vgl. Suet, Claudius 25,5 und Tac, Ann XIV,30.
13 Tac, Ann XV,44: *exitiabilis*; Suet, Nero 16,2: *malefica*; Plin, Ep X,96,8: *prava, immodica*.
14 Orig, Cels III,5 ff.; vgl. III,14; VIII,2 u. ö.
15 Bereits Paulus wird in Apg 24,5 als Pest (λοιμός) bezeichnet. Plin, Ep X,96,9 spricht von der Seuche (*contagio*) des christlichen Aberglaubens, die sich überall ausbreitet. Porphyrius klagt darüber, daß Rom von der Krankheit des Christentums so befallen sei, daß die Götter fern seien

gab durchaus auch – zum Teil länger andauernde – Zeiten der Entspannung, in denen man sich arrangierte.[16] Der Friede blieb jedoch ein trügerischer – jede Krise konnte die Spannungen sehr schnell wieder zutage treten lassen. Tertullian hat es in die berühmten Worte gekleidet:

> *Wenn der Tiber die Mauern flutet – wenn der Nil die Scholle nicht flutet,*
> *wenn der Himmel steht – wenn die Erde bebt,*
> *wenn Hunger – wenn Seuche*
> *sofort [heißt es]: Die Christen vor die Löwen!*[17]

Darin kommen sicher auch genuin religiöse Empfindungen zum Ausdruck, daß die Mißachtung der Götter durch die Christen deren Strafe provoziere,[18] doch diese Empfindungen werden ebenso wie die politischen Anschuldigungen deswegen immer wieder so virulent, weil die Christen auch im alltäglichen Zusammenleben als Störfaktor empfunden wurden, eine Position, die sie besonders in Krisensituationen zum Sündenbock prädestinierte. Damit sind wir beim zweiten, dem gesellschaftlichen Aspekt.

(Porphyr, AdvChrist, Frgm.80 = Eus, PraepEv V,1,9 f.). In der Christentumskritik des Kelsos begegnet diese Metaphorik im Sinne der Krankheit (νόσος) des Aufruhrs, welche die Christen infiziert hat und eben damit die ganze Gesellschaft gefährdet (Orig, Cels VIII,49).

16 »Viele Stadtgemeinden waren offensichtlich bereit und in der Lage, sich mit ihren Außenseitern zu arrangieren und diese mit ihnen.« (Friedrich Vittinghoff: »›Christianus sum‹ – das ‹Verbrechen› von Außenseitern der römischen Gesellschaft«, in: *Historia* 33 (1984), S. 333).

17 Tert, Apol 40,2: Si Tiberis ascendit in moenia, si Nilus non ascendit in arva, si caelum stetit, si terra movit, si fames, si lues, statim: Christianos ad leonem.

18 Nach Werner Schäfke (»Frühchristlicher Widerstand«, in: *ANRW* II 23,1, Berlin 1979, S. 460–723, hier S. 649) äußert sich hier »eine Grundstruktur antiken religiösen Denkens […]: Irdisches Unglück ist die Folge menschlichen Fehlverhaltens gegenüber den Göttern. Die Christen, die die alten Götter nicht mehr ehren noch ihnen opfern, werden deshalb immer wieder für Erdbeben, Hungersnöte, Krieg und Bürgerkrieg, Epidemien, Überschwemmungen und Dürre verantwortlich gemacht.«

Trotz der gezeigten gesellschaftlichen Spannungen läßt sich bis zur Mitte des 3. Jahrhunderts keine gezielte staatliche Christenverfolgung nachweisen. Man hielt sich offenbar weitgehend an die Anweisung Trajans, daß zwar im Konfliktfall die Christen als notorische Unruhestifter zu verurteilen seien, daß das staatliche Verhalten aber strikt reaktiv bleiben solle: *Conquirendi non sunt*, so der berühmte Befehl des Kaisers an seinen Statthalter Plinius, die Behörden sollen die Christen nicht aus eigener Initiative aufspüren (Plinius, Ep X,97). Das heißt im Umkehrschluß: Die vielfach bezeugten Verfolgungsmaßnahmen gegen die Christen nahmen ihren Ursprung in der Bevölkerung. Es waren die Mitbürger, welche die Christen immer wieder vor Gericht (und damit auch oft ums Leben) brachten. Indikatoren dieses sich durch alle Schichten hinziehenden »Hasses gegen den Namen der Christen«[19] sind die stereotyp wiederholten Unterstellungen von *flagitia,* von »Schandtaten«, die angeblich das Christentum charakterisieren.[20] Äußert sich in solchen unappetitlichen und meist völlig haltlosen Projektionen – wir kennen sie aus späterer Zeit ganz ähnlich aus der Verunglimpfung von Juden oder den sogenannten »Zigeunern« – die gesellschaftliche Stigmatisierung, so verrät der Vorwurf der Gottlosigkeit[21] und noch mehr derjenige des Menschenhasses[22] mehr über die tieferliegenden Ursachen

19 Tert, Apol 1,4: *odi[um] erga nomen Christianorum.*
20 Plin, Ep X,96,2: *flagitia cohaerentia nomini*; ähnlich Tac, Anm. XV,44,2; einen Eindruck von diesen Unterstellungen gibt die Rede des Caecilius bei Min, Oct 8 ff., die den Christen so ziemlich alle denkbaren Untaten – vom rituellen Opfer von Kindern bis hin zur sexuellen Promiskuität einschließlich der Blutschande – unterstellt.
21 Als direkter Vorwurf begegnet dies etwa Luc, Mort Peregr 13; Orig, Cels VIII,11; Min, Oct 8,1–9,2; im Martyrium des Polykarp (Eus, HistEccl IV,15,6) u. ö. Zum Ganzen siehe auch die Untersuchung von Adolf von Harnack, *Der Vorwurf des Atheismus in den ersten drei Jahrhunderten* (TU 28/4), Leipzig 1905; weiter Schäfke, »Widerstand« (Anm. 18), S. 460–723, bes. S. 627–630.
22 So als erster Tac, Ann XV,44,4: *odium humani generis*. Sehr schön zeigt Wlosok, *Rom* (Anm. 6), S. 21 den Zusammenhang zwischen diesem Vorwurf und der (religiös bedingten) Absonderung der Christen auf: Die

dieses Konfliktes: Es ist die sich auch im Alltag immer wieder äußernde Absonderung der Christen von alltäglichen Lebensvollzügen. Das im Neuen Testament diskutierte Verbot des Verzehrs von Opferfleisch erschwerte zumindest ein gemeinsames Essen mit Nachbarn.[23] Schon das konnte zu nachhaltigen Verwerfungen führen: Der Christenhaß der Mutter des Kaisers Galerius hat sich nach Laktanz[24] dadurch entwickelt, daß die Christen den Opfermahlzeiten fernblieben, die sie fast täglich in ihrem Heimatort zu Ehren der Berggötter veranstaltete, weshalb sie ihren Sohn dann Laktanz zufolge zur Christenverfolgung angestachelt hat. Die Spannungen nahmen noch zu, wo immer sich die Absonderung auch auf die anderen Lebensbereiche ausdehnte, wie dies etwa in den Vorwürfen des Caecilius im Octavius des Minucius Felix zum Ausdruck kommt:

[...] ihr haltet euch von allen Vergnügungen fern, auch von den anständigsten. Ihr besucht keine Schauspiele, nehmt an den Festzügen nicht teil, verschmäht die öffentlichen Speisungen; ihr verabscheut die Spiele zu Ehren der Götter, das Opferfleisch und den Opferwein der Altäre [...]. Ihr schmückt euch das Haupt nicht mit Blumen, pflegt euren Körper nicht

Christen »[...] waren aufgrund ihrer exklusiven Religion und ihrer Gemeindeorganisation von der heidnischen Umwelt abgesondert. Sie mußten aus Glaubensgründen die Beteiligung am öffentlichen Leben ablehnen, denn da wurden sie auf Schritt und Tritt mit dem heidnischen Kult konfrontiert. Das traf selbst für scheinbar unpolitische Veranstaltungen zu wie Schauspiel, öffentliche Spiele, gemeinsame Mahlzeiten, ganz abgesehen von den öffentlichen Feiern, Aufzügen und Begehungen, die direkt mit dem Kult zusammenhingen. Hinzu kommt, daß die Christen als Gemeinde organisiert waren. Sie traten also für ihre Umwelt als Anhänger einer sich absondernden Gemeinschaft in Erscheinung, die die Beteiligung am öffentlichen Leben prinzipiell und korporativ ablehnte. Und das mußte auf römischer Seite notwendig zu dem Vorwurf eines Vergehens gegen Staat und Gemeinschaft führen. *Odium humani generis* ist somit ›gemeinschaftsfeindliche Gesinnung‹, ist ein moralischer und politischer Vorwurf.«

23 Vgl. 1 Kor 8; nach Apk 2 f. macht es dieses sogar ganz unmöglich.
24 Lact, MortPers 11.

mit wohlriechenden Essenzen; Spezereien werden bei euch nur für die Toten aufgewendet, und Kränze habt ihr nicht einmal für eure Gräber übrig.[25]

Die Lage konnte sich weiter zuspitzen, wenn durch die Ausbreitung des Christentums wirtschaftliche Interessen verletzt wurden. Das Vorgehen des Plinius gegen die Christen wurde wohl durch wirtschaftliche Probleme der Fleischverkäufer ausgelöst, die das Fleisch der am Tempel geopferten Tiere nicht mehr in ausreichendem Umfang verkaufen konnten.[26] Last but not least wirkte das Christentum in den Augen der Zeitgenossen auch dadurch sozial zersetzend, daß dieser neue »Aberglaube« und die durch ihn gebildete neue Gemeinschaft durch die Mission unter Sklaven und Frauen in die bisherigen sozialen Beziehungen eindrang und damit verdächtig war, diese zerstören zu wollen,[27] eine Wirkung, die auch den Christen selbst bewußt war (vgl. Mk 13,12 f. par.; Lk 12,52 f. par.). So kam es immer wieder zu Konflikten, die von den Behörden vermutlich seit der neronischen Verfolgung, in der es zu einer ersten Kriminalisierung der Christen gekommen war,[28] zuungunsten der Christen entschieden wurden. Plinius bestätigt am Beginn des 2. Jahrhunderts, was sich schon im Neuen Testament abzeichnet (vgl. 1 Petr 4,14.16), nämlich daß bereits das »nomen ipsum« (Plinius, Ep

25 Min, Oct 12,5 f.; Übersetzung: Octavius, lateinisch, deutsch. Hg. und übers. von Bernhard Kytzler, Stuttgart 1993.
26 Vgl. Adrian Nicholas Sherwin-White, *The letters of Pliny. A historical and critical commentary*, Oxford 1966, S. 709 zu Plin, Ep X,96,10.
27 Dieses »Kranken am Aufruhr« wird etwa immer wieder von Kelsos in seiner Streitschrift gegen die Christen thematisiert. Vgl. Orig, Cels VIII,2 und III,5.
28 Vgl. Joachim Molthagen, »›Cognitionibus de Christianis interfui numquam‹. Das Nichtwissen des Plinius und die Anfänge der Christenprozesse«, in: *ZThG* 9 (2004), S. 112–140, der mit beachtlichen Gründen die These vertritt, daß diese Kriminalisierung mit Nero begann und unter Domitian reichsweit ausgeweitet wurde; nur so sei das Vorgehen des Plinius sowohl rechtlich wie im Blick auf den Charakter des Statthalters zu verstehen.

X,96), d. h. die Mitgliedschaft in dieser religiösen Vereinigung auch ohne Nachweis weiterer Verbrechen als hinreichender Grund für die Hinrichtung angesehen wurde. Mit dieser Situation setzen sich die drei oben genannten neutestamentlichen Schriften auseinander. Ich beginne mit der lukanischen Apostelgeschichte.

3 Die Apostelgeschichte

Die Apostelgeschichte endet mit den Worten:

> *[Paulus] predigte das Reich Gottes und lehrte von dem Herrn Jesus Christus mit allem Freimut ungehindert (Apg 28,31).*

Das klingt zunächst wie ein erbauliches »Happy-End«. Um zu verstehen, welche Spannung in dem zunächst so harmlos klingenden Schlußvers steckt, muß man sich klarmachen, daß die in der Apostelgeschichte so triumphal ausklingende Geschichte des Paulus historisch nichts weniger als ein »Happy-End« hat. Nach zweijähriger Inhaftierung in Jerusalem und Caesarea Maritima zuletzt als Gefangener nach Rom überstellt wird Paulus dort vermutlich zum Tode verurteilt und hingerichtet. Der im folgenden als »Lukas« bezeichnete Verfasser der Apostelgeschichte weiß sehr wohl um den tödlichen Ausgang der Romreise seines Protagonisten, und er setzt das Wissen darum auch bei seinen Adressaten voraus, wie die Abschiedsrede des Paulus in Ephesus zeigt.[29] Der Tod des Apostels hätte den konsequenten Schluß einer Geschichte bilden können, die angefangen von der Geburt des »Heilands« im Stall (Lk 2,1 ff.) und seiner Verwerfung in der Heimatstadt (Lk 4,16 ff.) über dessen Wanderungen als ein Heimatloser, der nichts hat, wo er sein Haupt hinlegen

---

29 Dort sagt Paulus, daß er nun seinen Lauf vollenden wird und die Adressaten sein Angesicht nicht mehr sehen werden (Apg 20,24 f.). Letzteres wird von diesen mit großer Trauer aufgenommen (Apg 20,38).

soll (Lk 9,58) bis zu seiner Kreuzigung eine Geschichte der Existenz an den Rändern ist, eine Geschichte, die sich in den von Verfolgungen, Verhaftungen und auch Hinrichtungen begleiteten Wanderungen seiner Zeugen fortsetzt und somit fast auf jeder Seite des Doppelwerks von der Existenz der Gläubigen als Außenseiter Zeugnis gibt. Doch bezeichnenderweise läßt Lukas bei seiner Darstellung des Weges des Völkermissionars, auf den die zweite Hälfte seiner Apostelgeschichte konzentriert war, das Martyrium aus. Das ist ohne Zweifel ein sehr beredtes Schweigen, in dem sich eine spezifische Perspektive der lukanischen Geschichtsdeutung zeigt: Wenn Paulus als Gefangener nach Rom überstellt wird, dann interessiert daran nicht der für Paulus tödliche Ausgang, sondern die Tatsache, daß auch Anklage, Verhaftung und Hinrichtung der Zeugen die Verkündigung des Evangeliums nicht unterbinden können, sondern diese im Gegenteil befördern müssen. Dies ist der Fluchtpunkt dieses Werkes, das programmatisch mit dem Befehl des zum Himmel fahrenden Christus eingeleitet wird, daß die Jünger seine Zeugen sein sollen »bis an das Ende der Welt« (Apg 1,8). Rom ist auf diesem Weg eine entscheidende Etappe: In Apg 19,21 hatte Paulus selbst gesagt, er müsse noch Rom sehen, und in Apg 23,11 wird ihm in einer Vision von Christus selbst noch einmal bestätigt:

Wie du für mich in Jerusalem Zeuge warst, so musst du auch in Rom Zeugnis ablegen.

Das in beiden Texten verwendete »muß« (gr. δεῖ) bezeichnet gerade im lukanischen Doppelwerk eine aus dem göttlichen Willen und Plan resultierende Notwendigkeit.[30] Das heißt: Die Überstellung des gefangenen Paulus nach Rom ist das von der göttlichen Vorbestimmung bestimmte Ziel des Weges des Völ-

---

30 Wie das ganze NT meidet zwar Lukas den Vorsehungsbegriff (πρόνοια) selbst, bildet aber v. a. in der Apostelgeschichte doch zahlreiche Äquivalente zu diesem. Neben δεῖ und μέλλω sind v. a. die auffällig häufigen Komposita mit πρό zu nennen.

kermissionars.[31] Der sich in der Gefangennahme des Paulus zeigende menschliche Widerstand kann diesen göttlichen Plan nicht nur nicht verhindern, sondern muß ihn sogar befördern, indem er Paulus dem göttlichen Willen gemäß in die Welthauptstadt bringt.[32] Vielleicht war dies sogar ein wesentliches Motiv für das ungewöhnliche Unterfangen des Lukas, dem Evangelium eine Fortsetzung zu geben: Der am Ende des Evangeliums vom römischen Statthalter am Kreuz hingerichtete und von Gott erhöhte Herr wird durch den von seinem Geist geführten Jünger am Ende der Apostelgeschichte in Rom verkündigt. Durch den ehemaligen Christenverfolger erobert er die Welthauptstadt auf seine Weise: *sine vi sed verbo*, d. h. nicht mit Legionen, sondern durch das Zeugnis der Ausgegrenzten und Verfolgten.

Dieser Zug vom Rand ins Zentrum bestimmt auch inhaltlich die Strategie des gesamten Doppelwerkes, das schon durch seine Widmung an eine »Exzellenz Theophilus« und deren literarische Form[33] bewußt aus dem »Sektenjargon« der bisherigen urchristlichen Literatur ausbricht und auf neue Hörerschichten zugeht. Das bestimmt auch die inhaltliche Profilierung dieses Werkes, etwa die Verweisheitlichung seiner Protagonisten und deren Botschaft – vom zwölfjährigen Jesus im Tempel, der vor den Lehrern Israels seine überlegene Weisheit dokumentiert, bis hin zu

---

31 So ist auch die Überstellung des gefangenen Paulus nach Rom letztlich ein durch die göttliche Führung und Bewahrung in allen Unglücksfällen von Seesturm bis Schlangenbiss sich vollendender Zug nach Rom, in dem letztlich nicht die Menschen das Geschehen bestimmen, sondern Gott bzw. der erhöhte Christus.

32 Analog dazu dient auch der Widerstand Israels letztlich diesem göttlichen Plan der universellen Verbreitung des Evangeliums, wie Paulus den Juden Roms am Ende noch sagt: Es sei euch bekannt gemacht, daß den Völkern dieses Heil Gottes gesandt wurde; und sie werden es hören! (Apg 28,28).

33 Eduard Norden nannte den sich bewußt an die Einleitung historischer und naturwissenschaftlicher Werke anlehnenden Prolog Lk 1,1–4, die »beststilisierte [Satzperiode] des ganzen N.T.« Eduard Norden, *Agnostos Theos. Untersuchungen zur Formengeschichte religiöser Rede*, Darmstadt 1974, S. 316 A.1.

Paulus, der vor Griechenlands Philosophen (übrigens unter kräftiger Zuhilfenahme von stoischen Argumenten[34]) dasselbe tut.[35] In Anlehnung an eine Formulierung von Cancik / Cancik-Lindemaier[36] könnte man bei Lukas von einer »Sapientisierung des Heiligen« sprechen. In alldem manifestiert sich die lukanische Intention, das Christentum in die griechisch-römische Welt hinein zu vermitteln, indem dieses nun auch kulturell zur Gegenoffensive übergeht. In solcher Inkulturation, die keinesfalls mit Anpassung verwechselt werden darf (s. u.), deutet sich zu einer Zeit, da das Christentum als stigmatisierte Minderheit im römischen Reich noch ganz und gar »Christentum an den Rändern« war, erstmals die Reichskirche, ja letztlich die weltumspannende Kirche an. Getragen von der Gewißheit, daß auch das jetzt noch feindliche Imperium als Adressat der Heilsbotschaft von Gottes Willen und Plan umgriffen ist, war das im Umgang mit der gesellschaftlichen Randstellung die kühnste und die wirkmächtigste Option. Das sich hier zeigende Sendungsbewußtsein und die

34 Vgl. Norden, *Agnostos Theos* (Anm. 33), S. 13–30.
35 Um das richtig wahrzunehmen, muß man sehen, daß Lukas in vielen Szenen die Strategie einer bewußten Doppelkodierung verfolgt, d. h. daß er seine Überlieferung so darbietet, daß sie neben dem von ihm ebenfalls verstärkten Bezug auf das alttestamentliche Erbe und das Judentum zugleich als Ausdruck von religiöser Weisheit für griechische Zeitgenossen profiliert wird. Mit dieser erweiterten Perspektive entdeckt man das Phänomen der Sapientisierung auch in vielen Texten, die man bislang v. a. von ihrem jüdischen Hintergrund her gedeutet hat. An einem Beispiel, der Gestalt Johannes des Täufers habe ich dies paradigmatisch gezeigt (Reinhard Feldmeier: »Endzeitprophet und Volkserzieher. Lk 3,1–20 als Beispiel für prophetisch-weisheitliche Doppelkodierung«, in: Christa Georg-Zöller / Linus Hauser / Ferdinand R. Prostmeier (Hg.): *Jesus als Bote des Heils. Heilsverkündigung und Heilserfahrung in frühchristlicher Zeit. FS Detlev Dormeyer zum 65. Geb.*, Stuttgart 2008, S. 72–84).
36 Vgl. Hubert Cancik / Hildegard Cancik-Lindemaier: »Senecas Konstruktion des Sapiens. Zur Sakralisierung der Rolle der Weisen im 1. Jh. n. Chr.«, in: Aleida Assmann (Hg.): *Weisheit. Archäologie der literarischen Kommunikation* III, München 1991, S. 205–222. Dieses Phänomen kann man auch in der zunehmenden religiösen Deutung des Sokrates von Plutarch bis Apuleius und Maximus von Tyrus beobachten.

entsprechende Siegesgewißheit des christlichen Glaubens dürfte auch eine Antwort auf die Frage sein, wie es möglich war, daß eine marginale religiöse Bewegung aus einem Randgebiet des römischen Reiches zur größten Religionsgemeinschaft der Menschheit werden konnte. Die Apostelgeschichte war allerdings nicht die einzige Antwort des Neuen Testaments auf die Existenz des Gottesvolkes an den Rändern der Gesellschaft.

4 Der 1. Petrusbrief

Petrus, Apostel Jesu Christi, den erwählten Fremden in der Zerstreuung [...]

mit diesen Worten beginnt jener frühchristliche Rundbrief, der als Absender den Namen Petrus trägt, aber vermutlich nicht von diesem selbst, sondern ca. zwei Jahrzehnte nach dessen Tod möglicherweise von einem Schüler verfaßt wurde.[37] Was gegenüber Lukas sofort auffällt, ist der geradezu programmatische Bezug auf die Position der Christen »an den Rändern«, der in der Anrede als »Fremde in der Zerstreuung/Diaspora« zum Ausdruck kommt. Dieser Situationsbezug bestimmt den ganzen Brief: In keiner neutestamentlichen Schrift wird so viel und so intensiv vom Leiden der Christen aufgrund ihrer gesellschaftlichen Verunglimpfung, Ausgrenzung und Verfolgung gesprochen wie im 1 Petr. Die entsprechende Bezeichnung der Adressaten als »Fremde« wird im Brief noch zweimal wiederholt (2,11; vgl. 1,17). Eine solche Anrede ist durchaus ungewöhnlich, denn als »Fremde« bezeichnet man sonst die anderen, die man als nicht zur eigenen Gemeinschaft zugehörig ausgrenzt. Die Verwendung des Ausgrenzung und Nichtzugehörigkeit signalisierenden Begriffs der Fremde als Selbstbezeichnung macht schon deutlich, daß für den Verfasser des 1 Petr die Existenz an den Rändern,

---

37 Vgl. Reinhard Feldmeier, *Der erste Brief des Petrus* (ThHK 15/1), Leipzig 2005, S. 23–26.

das Fremdsein nicht ein vorläufiges Stadium ist, sondern daß dies zum Wesen der Glaubenden dazugehört und dieses bleibend kennzeichnet. Dabei ist zu beachten, daß die Begrifflichkeit, mit der der 1 Petr dieses Fremdsein ausdrückt, auf das Alte Testament zurückgeht, in dem gelegentlich von der Fremdlingsexistenz der Erzväter, bisweilen auch des Volkes als Kehrseite ihrer Erwählung gesprochen wird.[38] Der Verfasser des 1 Petr nimmt diese Tradition bewußt auf, wie auch die Anrede als »erwählte« Fremde zeigt, und macht damit eine in der alttestamentlich-jüdischen Tradition eher marginale Kategorie zu einem Schlüsselbegriff für die Existenz der Christen in der Gesellschaft. Dadurch wird die gesellschaftliche Ausgrenzung mit Hilfe der Schrift als Kehrseite der Erwählung zum Gottesvolk gedeutet. Verstärkt wird dies im 1 Petr noch durch die Verschränkung mit der Vorstellung von der Wiedergeburt, die der Verfasser wohl in seiner Umwelt vorfand, aber im Kontext der christlichen Heilsbotschaft neu bestimmt: Die Christen sind durch Gott von neuem gezeugt (1,3), von neuem geboren (1,23) und mit Wortmilch gestillt (2,2), sie sind also ganz und gar neu geworden und leben aus einer »lebendigen Hoffnung«,[39] befreit von der Todverfallenheit ihres früheren Lebens.[40] Die Bezeichnung als Fremde, deren Pointe ja eigentlich die Ausgrenzung ist, wird also vom 1 Petr gleich in doppelter Weise positiv begründet: Zum einen ist sie Kehrseite der Erwählung der Glaubenden in Gottes Volk (vgl.

---

38 Vgl. dazu die Metapher der Fremde in: Feldmeier, *Fremde* (Anm. 5), S. 5–104.
39 Vgl. 1 Petr 1,3: »von Neuem gezeugt zu lebendiger Hoffnung«, vgl. auch 1,13: τελείως ἐλπίσατε ἐπί ...; nach 1,21 wurde den Christen durch die Erlösung »Hoffnung auf Gott« ermöglicht, die auf Gott hoffenden Frauen sind die gepriesenen Vorbilder (3,5), und nach 3,15 sollen die Christen nicht über ihren Glauben, sondern über die »Hoffnung, die in euch ist« den anderen Menschen Rechenschaft geben. Hoffnung ist im 1. Petrusbrief ein wesentliches, wenn nicht sogar das konstitutive Element christlicher Existenz.
40 Heil bedeutet entsprechend, daß die Gläubigen »aus der Finsternis in sein [sc. Gottes] wunderbares Licht« gerufen sind (2,9).

bes. 1,1 f. und 2,9 f.), zum andern gründet sie in deren »Wiedergeburt« zu einem Leben aus »lebendiger Hoffnung«. Geradezu provozierend kann dann der 1. Petrusbrief deshalb im Blick auf die Anfeindungen und Leiden der Christen sagen, daß diese sie »nicht befremden müssen, als widerführe euch etwas Fremdes«, sondern im Gegenteil Anlaß zur Freude sein können (1 Petr 4,12 ff.; vgl. 1,6; 3,14).

Der Vergleich mit der Apostelgeschichte läßt das Spezifikum des 1. Petrusbriefes noch deutlicher hervortreten: Während Lukas das Martyrium des Paulus nicht mehr berichtet und stattdessen seine Apostelgeschichte mit einer missionarischen »Eroberung« Roms durch den Apostel und damit mit der kühnen Perspektive einer Überwindung der Spannungen von christlicher Gemeinde und römischer Gesellschaft enden läßt, macht der 1. Petrusbrief mit der Anrede der Christen als Fremde programmatisch deutlich, daß die Nichtzugehörigkeit bleibend zur christlichen Existenz gehört. Aber diese Nichtzugehörigkeit begründet nun nicht, wie in der im folgenden noch vorgeführten Johannesoffenbarung, die radikale Absonderung von der verderbten Welt. Als bewußt angenommene und zeichenhaft gelebte Andersartigkeit zielt das Leben als »Fremde« auf die Gewinnung der feindlichen Mitwelt. In diesem Sinn leitet der 1 Petr in 2,11 f. den zweiten Hauptteil seiner Schrift mit den folgenden Worten ein, in denen der Rekurs auf das Fremdsein zur Begründung für die Ermahnung wird:

> *Geliebte, ich ermahne euch als Außenseiter und Fremde, euch fernzuhalten von den fleischlichen Begierden, die gegen die Seele Krieg führen. Euren Lebenswandel unter den Völkern (Heiden) führt gut, damit sie in dem, worin sie euch als Übeltäter verlästern, durch eure guten Werke zur Einsicht kommen und Gott am Tag der Heimsuchung preisen.*

Auf die enorme Wirkungsgeschichte dieser Neubestimmung der christlichen Existenz werde ich noch einmal zurückkommen. Für unsere Fragestellung ergibt sich zunächst folgendes: Der 1

Petr macht mit der Anrede der Christen als »Fremde« deutlich, daß die Existenz an den Rändern bleibend zu ihrem Wesen gehört. Auch wenn dieses Fremdsein durch gesellschaftliche Konflikte bedingt ist, wird es doch nicht aus dem Widerspruch zur Gesellschaft abgeleitet[41] (so daß der Haß der Welt die Bedingung dafür wäre, ein guter Christ zu sein). Die Fremde gründet vielmehr *in der Entsprechung zu Gott*; sie ist soziologischer Ausdruck für die Aussonderung der Glaubenden zum Gottesvolk sowie für den eschatologischen Charakter ihrer Existenz.[42] Damit können die bisher den Glauben anfechtenden und bedrohenden Erfahrungen einer Existenz »an den Rändern der Gesellschaft« sogar zu einer Bestätigung des Glaubens werden (vgl. 1,6; 4,12). Die positive Neudeutung des Fremdseins erklärt, warum die Selbstbezeichnung als Fremde im 1 Petr nicht zu sektiererischer Selbstghettoisierung führt, sondern einen neuen Zugang zur Mitwelt erschließt. Als Avantgarde von Gottes Zukunft sollen Christen Zeugen der sie gegenwärtig belebenden Hoffnung sein.[43]

5 Rom als »Hure Babylon« in der Johannesapokalypse

Wie der 1. Petrusbrief ist auch die Johannesoffenbarung an Gemeinden in Kleinasien gerichtet, und wie im 1. Petrusbrief spielt auch hier das Leiden in der Gesellschaft eine zentrale Rolle. Aber

41 Es wird auffälligerweise nicht der Ort angegeben, an dem sie fremd sind – also die (schlechte) Welt, der böse Kosmos o. ä., obgleich die Kategorie der Fremde geradezu danach zu verlangen scheint und nicht wenige Übersetzungen sich genötigt sahen, bei den petrinischen Aussagen zur Fremdlingsschaft noch eine Ortsangabe einzufügen (vgl. die Einheitsübersetzung zu 2,11: »[...] Fremde und Gäste [...] in dieser Welt«; Luther zu 1,17: »[...] solange ihr hier in der Fremde weilt«). Eine aufschlußreiche Auflistung der englischen Übersetzungen findet sich bei John Huxtable Elliott, *A Home for the homeless. A sociological exegesis of 1 Peter, its situation and strategy*, London 1982, S. 39 ff.
42 Vgl. auch Leonhard Goppelt, *Der Erste Petrusbrief* (KEK 12,1), Göttingen 1978, S. 155.
43 Vgl. dazu Reinhard Feldmeier, »Die Außenseiter als Avantgarde. Gesell-

der Ton ist hier ein ganz anderer. Während der 1. Petrusbrief darauf zielt, die feindliche Mitwelt durch Wort und Tat zu überzeugen, so daß diese am Tag der Heimsuchung Gott preist, hat die Johannesoffenbarung über diesen Tag der Heimsuchung und das Schicksal der Verfolger an demselben eine deutlich andere Vorstellung. Nicht um Mission und Überzeugung der anderen geht es dort, sondern um schroffste Abgrenzung. Schon die einleitenden Sendschreiben brandmarken weit radikaler und undifferenzierter als alle anderen neutestamentlichen Schriften jeden Versuch einer Abmilderung des Gegensatzes zur Mitwelt (etwa beim Götzenopferfleisch[44]) mit der alttestamentlichen Metapher der Hurerei als Abfall von Gott. Dieses totalitäre »Entweder – Oder« charakterisiert die ganze Schrift: Die gegenwärtige Welt ist zum Untergang bestimmt; die Erwählten können sich von ihr nur bedingungslos abgrenzen. Vor allem Rom als die »Hure Babylon« muß bis auf seine Grundmauern vernichtet werden. In Apk 17–19 wird dann auch die Annihilation der Stadt und all derer, die mit ihr kollaboriert und von ihr profitiert haben, antizipierend zelebriert. Die Hoffnung richtet sich auf einen neuen Himmel und eine neue Erde (Apk 21,1), aber diese Erneuerung ist für den Apokalyptiker nur denkbar nach einem göttlichen »Großreinemachen«. Vergeblich sucht man in den Visionszyklen eine Perspektive möglicher Versöhnung; alles konzentriert sich auf die Aussonderung und Bewahrung der Erwählten auf der einen und die in drei Visionszyklen mit bisweilen bedrückender Grausamkeit geschilderte Vernichtung aller übrigen auf der anderen Seite. Am Ende faßt der Apokalyptiker nochmals seine Position in Worten zusammen, welche die Endgültigkeit der Ent-

---

schaftliche Ausgrenzung als missionarische Chance nach dem 1. Petrusbrief«, in: Pieter van der Horst u. a. (Hg.): *Persuasion and dissuasion in early Christianity, ancient Judaism, and Hellenism*, Leuven u. a. 2003, S. 161–178.

44 Andere Christen wie die »Nikolaiten« in Apk 2,6.15 und die »Prophetin Isebel« 2,20–23 sahen dies offensichtlich anders und werden entsprechend heftig attackiert.

gegensetzung von Erwählten und Verworfenen in Anlehnung an prophetische Verstockungsaussagen geradezu zementieren:

Wer Unrecht tut, der soll weiter Unrecht tun,
und der Besudelte soll sich nur noch weiter besudeln.
Der Gerechte aber soll weiterhin Gerechtigkeit tun,
und der Heilige soll sich weiter heiligen. (Apk 22,11)

Die Härte dieser Schrift hat vermutlich auch damit zu tun, daß gegen Ende der Regierungszeit Domitians dieser Kaiser den Kult seiner Person massiv gefördert hat und dabei besonders in Kleinasien Resonanz fand. Im Zusammenhang damit scheint es gehäuft zu Konflikten gekommen zu sein.[45] Vermutlich hat es auch den Seher getroffen, dessen Aufenthalt auf der kleinen Sporadeninsel Patmos wohl eine Verbannung darstellte.[46] In jedem Fall bezeugt die Offenbarung Verfolgungen, die bis hin zu Martyrien gehen,[47] wie etwa der anklagende Schrei der Seelen derer bezeugt, die »wegen des Wortes Gottes und wegen des Zeugnisses« getötet worden sind und jetzt von ihrem Gott wissen wollen:

Herr, Du Heiliger und Wahrhaftiger, wie lange richtest du nicht und rächest nicht unser Blut an denen, die auf der Erde wohnen? (Apk 6,9)

Sprechend ist auch das Kryptogramm für Rom als Hure Babylon, die »betrunken ist vom Blut der Heiligen und vom Blut der

---

45 Der Pliniusbrief (Ep X, 96,6) verweist auf einen Abfall von einigen Christen vor zwanzig Jahren, der 1. Klemensbrief spricht von den »plötzlichen und Schlag auf Schlag über uns gekommenen Heimsuchungen und Drangsale[n]« (1 Klem 1,1).
46 Die Insel war zur Zeit Domitians als Verbannungsort bekannt. Vgl. Hubert Ritt, *Offenbarung des Johannes* (NEB 21), Würzburg 1986, S. 21.
47 Bereits in den Sendschreiben finden sich diese Verweise; namentlich genannt wird in 2,13 ein Antipas als »mein treuer Zeuge«. Apk 20,4 spricht von denen, die enthauptet worden sind »wegen des Zeugnisses von Jesus und wegen des Wortes Gottes«; vgl. weiter die Verweise auf Verfolgungen und Martyrien in den Sendschreiben (Apk 2,10.13).

Zeugen Jesu Christi« (Apk 17,6). Hier deutet sich eine Verschärfung der Situation an, die vor allem auch die Rolle des Staates betrifft, welcher der Gewalt gegen die Christen nicht mehr Einhalt gebietet, sondern sie unterstützt. Der Seher kann deshalb nicht mehr wie der 1. Petrusbrief im Staat eine sinnvolle Ordnungsmacht sehen (1 Petr 2,13 ff.), geschweige denn den Diener Gottes wie Paulus in Röm 13,4 und 13,6. Vielmehr tritt nach seiner Ansicht den Christen in der staatlichen Macht direkt die satanische Gewalt entgegen.[48] Während die Apostelgeschichte und der 1. Petrusbrief trotz aller Konflikte auf Überzeugung und Gewinnung der anderen setzen, kennt Johannes nur bedingungslose Konfrontation. Das hat durchaus auch etwas Beeindruckendes: Nirgends im Neuen Testament wird die Gefahr des Mißbrauchs der Macht, auch der ökonomischen Macht und des globalen Handels, der selbst den Menschen zur Ware macht (Apk 18,13), so scharf gesehen und kritisiert wie in dieser einzig erhaltenen Schrift eines urchristlichen Propheten.[49] Mit dem Protest hat der Seher dem Leiden eine Sprache der Hoffnung abgerungen, die bis heute etwa in der Beerdigungsliturgie ihren Ort hat. Dennoch wird diese Kompromißlosigkeit erkauft durch eine totalitär anmutende Vereinfachung und Polarisierung, deren Gefahren nicht zu unterschätzen sind (s. u.).

Auch in der Offenbarung des Johannes hält das am Rande der Gesellschaft stehende Christentum an der universalen Gültigkeit seiner Heilsbotschaft fest, aber der Siegeszug Christi wird nicht mehr von der Verkündigung der in der Nachfolge Jesu

48 Vgl. Apk 13,2. Entsprechend wird die staatliche Macht in archetypischen Bildern (Drache, Hure Babylon) dämonisiert.

49 Vgl. Hans-Josef Klauck, »Gemeinde und Gesellschaft im frühen Christentum«, in: *Religion und Gesellschaft im frühen Christentum. Neutestamentliche Studien* (WUNT 152), Tübingen 2003, S. 212–231, hier 230: »Johannes verkörpert vom Erscheinungstyp her noch den Typ des Wanderpropheten aus der frühen Jesusbewegung, mit allen Konsequenzen: Bedürfnislosigkeit, Besitzlosigkeit, Gewaltverzicht. Sein rigoroses Ethos ermöglicht ihm eine harte, aber subjektiv glaubwürdige Zeitkritik.«

Christi leidenden Zeugen erwartet, sondern vom gewaltsamen Eingreifen Christi als des endzeitlichen Herrschers. Der Beitrag der Glaubenden beschränkt sich darauf, durch Absonderung und Ausharren mit einem kompromißlosen Rückzug von der als verderbt gesehenen Welt die eigene Reinheit zu bewahren.

6 Drei Entwürfe von christlicher Gemeinschaft

Wie gezeigt, deuten die vorgestellten neutestamentlichen Schriften auf sehr unterschiedliche Weise die Randstellung der Christen und ziehen daraus entsprechende Konsequenzen. Man kann sich deren unterschiedliche Perspektiven auf die Mitwelt noch einmal an der Wahrnehmung Roms klarmachen: Für die Apostelgeschichte ist die Hauptstadt des Imperiums trotz der Hinrichtung des Paulus, die bewußt nicht erwähnt wird, nicht in erster Linie der Ort unversöhnlicher Feindschaft, sondern steht unter Gottes Weltregiment und muß deshalb letztlich selbst dort, wo Rom das Christentum verfolgt, die Christusverkündigung und damit seine eigene Missionierung befördern. Der 1. Petrusbrief verwendet für Rom den Decknamen »Babylon« (1 Petr 5,13),[50] um es in biblischer Tradition und in Entsprechung zu der im Briefeingang genannten Diaspora des Gottesvolkes (1 Petr 1,1) als den Ort zu kennzeichnen, an dem die zu Gottes Volk Erwählten bleibend als Fremde leben. Dasselbe Kryptogramm »Babylon« verwendet auch die Apokalypse, aber hier ist es nicht Chiffre für den Ort des Exils, sondern ist als »Hure Babylon« das Gegenbild zu der im Bild der Braut Christi symbolisierten Gemeinde. Die Randexistenz der Christen ist deshalb nicht mehr wie im 1. Petrusbrief gelebte Herausforderung an die feindliche Mitwelt zur Neuorientierung, sondern Ausdruck unversöhnlicher Entgegensetzung von Gottesstadt (himmlisches Jerusalem) und dessen satanischer Gegenspielerin Babylon (Rom). Wie eingangs angedeutet, haben diese unter-

---

50 Zur Deutung vgl. Feldmeier, *Der erste Brief des Petrus* (Anm. 37), S. 27 f.

schiedlichen Wahrnehmungen und Deutungen der »Existenz an den Rändern« auch Affinitäten zu unterschiedlichen Sozialgestalten des Christentums:

Ziemlich eindeutig läßt sich dies bei der Johannesoffenbarung sehen. Wer einmal die Schriften von Gruppen liest, die sich bewußt in Fundamentalopposition zu Kirche und Gesellschaft stellen, etwa die Schriften der Zeugen Jehovas, der wird schnell feststellen, daß in diesen die Johannesoffenbarung (ergänzt durch ähnliche Texte wie das Danielbuch oder die Gog-Magog-Passage des Ezechielbuches) den hermeneutischen Schlüssel für die Exegese der gesamten Bibel und damit auch für das Selbstverständnis und Weltverhältnis der betreffenden Gruppierung bildet. Die Johannesoffenbarung ist offenbar besonders für Leser attraktiv, die sich selbst aufgrund ihres Glaubens von einer feindlichen Welt an den Rand gedrängt und verfolgt sehen und sich in dieser Selbstwahrnehmung in der Apokalypse wiederfinden und bestätigt sehen. Zwischen der Apokalypse und ihren einschlägigen Lesern entsteht so eine Art von negativem Rückkopplungsprozeß, der durch die suggestiven Bilder dieses Buches und die Faszination des Geheimnisvollen nicht unwesentlich verstärkt wird. Eine solche Daseins- und Handlungsorientierung bleibt nicht notwendigerweise auch gesellschaftlich am Rande stehen. BBC London zeigte jüngst in einer Dokumentation, welchen Einfluß fundamentalistische Kreise in den USA auf die Politik des derzeitigen Präsidenten nehmen. Hier geht ein direkt mit der Apokalypse begründetes Liebäugeln mit der Zerstörung der Welt als Voraussetzung des Heils eine durchaus unheilige Allianz mit den Interessen der hinter Bush stehenden Waffen- und Ölindustrie ein.

Ist die Apokalypse mit all der Ambivalenz einer unerbittlichen Kritik die Programmschrift der Rigoristen und Sektierer, so steht die Apostelgeschichte am anderen Rand des Spektrums. Sie hat am ehesten »kirchlichen« Charakter. Das darf keineswegs als Anpassung mißverstanden werden: Auch bei Lukas besteht ein klares Wissen um die Distanz des christlichen Glaubens zur Welt. Schärfer als die anderen Evangelien profiliert Lukas bereits in seinem Evangelium Jesu Botschaft vor allem als Kritik an Reichtum,[51] Selbstüberhebung und Machtmißbrauch.[52] Die christliche Mission ist dementsprechend Ruf zur μετάνοια, zum Umdenken, zur Umkehr, zur Neuorientierung im Verhältnis zur Macht, zum Besitz und im Umgang mit anderen. Diese Kritik bringt Lukas gerade auch im Blick auf die Einflußreichen und Begüterten zur Geltung, wobei er (etwa in der Gestalt des Oberzöllners Zachäus, der die Hälfte seines Besitzes den Armen gibt, oder in der Gütergemeinschaft der Urgemeinde) auch Modelle solch alternativen Lebens vor Augen stellt. Aber dies tut er, weil er der Überzeugung ist, daß dort, wo dies glaubwürdig gelebt und bezeugt wird, der Ruf zum Umdenken auch gehört wird. Selbst ein Gefängnisaufseher läßt sich samt seinem Haus taufen (Apg 16,33). So breitet sich das Evangelium auch unter den bisherigen Gegnern der Christen unaufhörlich aus. Deshalb ist es für Lukas – ganz anders als für die Offenbarung – wichtig, daß die Spannungen und Konflikte nicht das letzte oder gar das einzige sind, was zum Verhältnis Gemeinde – Mitwelt zu sagen ist. Wenn Pilatus wiederholt den angeklagten Jesus explizit für unschuldig erklärt (Lk 23,4.14.22) und dies auch noch vom Führer des Hinrichtungskommandos bestätigt wird (Lk 23,47), wenn Paulus wiederholt von der römischen Obrigkeit vor dem Mob gerettet wird, dann muß man darin auch einen Hinweis darauf sehen, daß bei allen Spannungen letztlich ein positives

---

51 Am markantesten geschieht dies in den Beispielerzählungen »Vom reichen Kornbauern« (Lk 12,16–21) und »Vom reichen Mann und vom armen Lazarus« (Lk 16,19–31), vgl. weiter das Magnifikat, die Weherufe der Feldrede, aber auch die von Mk übernommene Erzählung »Vom reichen Jüngling« (Lk 18,18–27).

52 Bei letzterem sei nur auf das »Revolutionsprogramm« des Magnifikat (Lk 1, 46–55) verwiesen, aber auch auf den sich nur bei Lukas findenden Hinweis des Teufels, daß die Macht über die Reiche dieser Welt, die er Jesus anbietet, ihm übergeben ist, und er sie gibt, wem er will (Lk 4,6). Im Gegenzug stellt sich Jesus in seiner Abschiedsrede als der Dienende dar (Lk 22,27).

Miteinander möglich ist. Adolf von Harnack hat in seinem Standardwerk *Mission und Ausbreitung des Christentums* dieses Programm des Lukas exakt zusammengefaßt: »Soweit der römische Imperator herrscht und noch über die Grenzen seiner Herrschaft hinaus hört jetzt die Welt die evangelische Botschaft *und nimmt sie an*«.[53] Man kann sicher darüber streiten, ob Lukas dabei bereits die Vorstellung einer reichsweiten, gar weltweiten »Kirche« hatte, aber es war auf jeden Fall nicht schwer, aus der Apostelgeschichte eine solche Perspektive weiterzuentwickeln: Immerhin beginnt dieses Werk, das man auch als die Gründungsgeschichte der »Kirche Gottes« (Apg 20,28) lesen kann, mit dem Auftrag zur weltweiten Mission bis an die Enden der Erde. Es zeigt, wie das römische Reich mit einem Netz von Gemeinden überzogen wird, und es endet mit der Voraussage des Paulus in Rom, daß die Völker die Heilsbotschaft hören werden (Apg 28,28).

Der 1. Petrusbrief steht von der Gesamttendenz her sicher näher bei Lukas. Aber während im lukanischen Doppelwerk die Existenz »an den Rändern« gleichsam in »großkirchlicher« Manier in ein Missionsprogramm umgesetzt wird und die zunehmende Ausbreitung der Kirche »durch Zeichen und Wunder« geschildert wird, wird im 1 Petr die Stellung der Christen an den Rändern der Gesellschaft programmatisch festgehalten und positiv in das Selbstverständnis der Christen integriert. In der Selbstbezeichnung als »Fremde« kommt beides zusammen: Unterscheidung von der Mitwelt und Zugehörigkeit zu Gottes Volk und Zukunft. Gerade so wird die Fremde zum Ort zeichenhafter Existenz der Christen. Auch das war ein durchaus folgenreicher Entwurf von Gemeinde bzw. Kirche: Die frühen Christen haben sich im Anschluß an den 1. Petrusbrief als die »Kirche in der Fremde« (ἐκκλησία παροικοῦσα)[54] oder gleich als Fremde (πα-

---

53 Adolf von Harnack, *Die Mission und Ausbreitung des Christentums in den ersten drei Jahrhunderten*, Leipzig ⁴1924, S. 95 (Hervorhebung Reinhard Feldmeier).
54 Vgl. die *inscriptiones* des 1. Klemensbriefs, des Martyriums Polykarps

ϱοικία) bezeichnet. Unsere Begriffe Parochie, Pfarrei und Pfarrer leiten sich davon ab. Das Bewußtsein, daß es unaufgebbar zum Wesen der Kirche gehört, innerhalb dieser Welt zu leben und doch anders zu sein, also die Existenz »an den Rändern« als gottgewollter Ort zu akzeptieren und zu gestalten ist, wurde immer wieder im Rückgriff auf die Kategorie der Fremde auf den Begriff gebracht. Schon im zweiten Jahrhundert hat der Diognetbrief im Anschluß an den 1 Petr dies im Sinne einer grundsätzlichen Standortbestimmung für die Existenz der Christen in der Gesellschaft in die Formel gebracht:

> *Sie bewohnen das eigene Vaterland – aber als Ausländer (ὡς πάροικοι).*
> *Sie haben an allem teil wie Bürger – und ertragen doch alles wie Fremde (ὡς ξένοι).*
> *Jede Fremde ist ihr Vaterland und jedes Vaterland Fremde (Diog 5,5).*

Besonders in Zeiten der Krise hat sich die Kirche wieder an dieses ihr Fremdsein erinnert. Als der Westgote Alarich Rom erobert und der Vorwurf laut wird, dies sei die Folge der Abkehr von den alten Göttern, schreibt Augustinus seinen Gottesstaat, in welchem er deutlich macht, daß die Bürgerschaft Gottes hier eine »Kirche in der Fremde« ist. Diese *ecclesia peregrinans* wird dann in *Lumen gentium* zur zentralen ekklesiologischen Kategorie des Vaticanums II.[55] In der Krise des Kirchenkampfes schreibt D. Bonhoeffer:

> *Die Welt feiert und sie [sc. die Jünger Jesu] stehen abseits; die Welt schreit: freut euch des Lebens, und sie trauern. Sie sehen, daß das Schiff, auf dem festlicher Jubel ist, schon leck*

---

oder des Briefes des Ignatius an Victor von Rom (Eus Hist Eccl V,24,14 f.).

[55] Vgl. LG VII,48 ff, vgl. Karl Rahner/Herbert Vorgrimler, *Kleines Konzilskompendium. Sämtliche Texte des Zweiten Vatikanums*, Freiburg ⁶1966, S. 180 ff.

> *ist. Die Welt phantasiert von Fortschritt, Kraft, Zukunft, die Jünger wissen um das Ende, das Gericht und die Ankunft des Himmelreiches, für das die Welt so gar nicht geschickt ist. Darum sind die Jünger Fremdlinge in der Welt, lästige Gäste, Friedensstörer, die verworfen werden. [...] Sie stehen als Fremdlinge in der Kraft dessen, der der Welt so fremd war, daß sie ihn kreuzigte.*[56]

Das ist der Geist des 1. Petrusbriefes. Dieser Geist hat die Geschichte der Kirche immer wieder begleitet, gerade durch seinen Einfluß auf Gruppen, die zwar innerhalb der Kirche blieben, aber sich in dieser doch kritisch absetzten, um eine zeichenhafte Existenz des Andersseins zu leben. Im orthodoxen und im katholischen Bereich wäre hier in erster Linie das Mönchtum zu nennen, bei dem sich ebenso im orientalischen (Ephraim der Syrer) wie im lateinischen Bereich (Iroschotten) immer wieder der programmatische Bezug auf die Fremde findet,[57] und dies nicht nur in der Antike, sondern auch im Mittelalter (Franz von Assisi) und in der Neuzeit (Ignatius von Loyola). Im protestantischen Bereich entsprechen dem die verschiedenen Erweckungsbewegungen mit der dort prominenten »pilgrim's theology«.[58]

7 Die Vielgestaltigkeit der Entwürfe und der eine Kanon

Ich will zum Schluß noch eine theologische Wertung versuchen. Wir begannen mit der These, daß die Vielfalt des Neuen Testaments eine Affinität zur Vielgestaltigkeit der Sozialformen des

---

[56] Dietrich Bonhoeffer, Nachfolge, München 1952, S. 58 f.
[57] Belege bei Charles du Fresne du Cange, *Glossarium mediae et infimae Latinitatis*, 10 Bde, Graz 1954, IV, S. 270. Ein schönes Beispiel sind etwa die entsprechenden Zitate des 1 Petr in der »Regula Bullata« und im »Testamentum« des Franz von Assisi.
[58] Vgl. John Bunyan, *The pilgrim's progress: from this world to that which is to come; delivered under the similitude of a dream*, Chicago 2007. Dieser hat damit zahlreiche Nachfolger gefunden (vgl. weiter Feldmeier, *Fremde* (Anm. 5), S. 216, Anm. 38).

Christentums aufweist und diese zumindest mitbegründet. Ich will nun allerdings nicht einfach bei dem Pluralismus stehenbleiben. Das wäre schon deshalb verkehrt, weil die dargestellten konkurrierenden Kirchenmodelle in sehr unterschiedlicher Weise Rückhalt im NT haben: Lukas hat nur mit besonderer Konsequenz ausgeführt, was *mutatis mutandis* der Mehrzahl der neutestamentlichen Schriften entspricht. Dagegen verkörpert der Gegenentwurf der Apokalypse deutlich eine Außenseiterposition.

Das ist nicht nur eine Frage der Quantität: Das offene Zugehen auf das Gegenüber im Vertrauen auf Gottes Macht entspricht sicher sehr viel mehr dem offensiven Charakter der jesuanischen Reich-Gottes-Verkündigung und der darauf gründenden urchristlichen Mission als etwa die totalitäre »Schwarz-Weiß-Malerei« der Offenbarung und die entsprechende Abgrenzung vom Gegenüber. Es ist deshalb auch theologisch angemessen, daß der Typus von Christentum, wie er in der Apostelgeschichte bezeugt wird, sich zuletzt in Gestalt der großen Kirchen durchgesetzt hat. Es wurde jedoch oben schon bei den Ausführungen zum 1. Petrusbrief deutlich, wie die Betonung des Fremdseins ein wesentliches Element des Christseins zur Geltung bringt, das die inzwischen zur größten Religionsgemeinschaft der Welt aufgestiegene Christenheit nur zu leicht aus den Augen verliert. Zum einen bedeutet das die kritische Erinnerung daran, daß der christliche Glaube von einer Verheißung lebt, die über diese Welt hinausgeht und die christliche Kirche deshalb immer auch in eine Distanz zu dieser Wirklichkeit setzt, gerade um eines glaubwürdigen Zeugnisses willen. Zum anderen ist es aber auch die tröstliche Erinnerung daran, daß die Kirche, wo sie an Einfluß verliert, gerade darin mit den immer auch am Rande stehenden Glaubenden der Geschichte des Gottesvolkes verbunden ist, sich also in guter Gesellschaft befindet.

Bei der Offenbarung des Johannes ist eine solch positive Eingemeindung in den Kanon schwieriger. Zu leicht leistet sie dem Mißbrauch in Gestalt von undifferenzierter Weltverneinung und entsprechender sektiererischer Selbstghettoisierung Vorschub. Mehr als die meisten anderen biblischen Schriften bedarf deshalb diese Schrift, deren Zugehörigkeit zum neutestamentlichen Kanon lange umstritten war und auch später immer wieder in Frage gestellt wurde,[59] der Korrektur durch die Einbindung in das Gesamtzeugnis der biblischen Schriften.

Wenn allerdings die Gefahr ihrer problematischen Eigenmächtigkeit gebannt ist, dann hat sie durchaus eine eigene Stimme. Zum einen bleibt sie als radikale Antwort auf eine radikale Situation eine Schrift für ähnlich extreme Situationen, in denen die radikale Abgrenzung von einem Unrechtsstaat neue Aktualität gewinnt, wie dies etwa im Dritten Reich der Fall sein konnte. Doch auch in weniger dramatischen Zeiten ist diese prophetische Schrift mit der kompromißlosen Radikalität ihrer Kritik und ihrem penetranten Insistieren auf der Unerlöstheit dieser Welt ein »Pfahl im Fleisch« für eine verbürgerlichte Kirche und Theologie, die auf ihre Weise ihren Beitrag dazu liefert, daß Kirche das bleibt, was in den unterschiedlichen Gestaltwerdungen ihre Einheit begründet:

> *Die Einheit der Kirche wird wie das Evangelium nicht von den beati possidentes, sondern von den Ungesicherten und Angefochtenen in und trotz den Konfessionen, mit und gegenüber auch dem nt.lichen Kanon bekannt, sofern sie die das Evangelium Hörenden und Glaubenden sind.*[60]

---

59 Martin Luther hat die Johannesoffenbarung in seiner ersten Übersetzung des Neuen Testaments, dem sogenannten Septembertestament, wegen ihres unchristlichen Charakters ohne Seitenzahl hinten angefügt, also den Apokryphen gleichgestellt.
60 Käsemann, »Einheit« (Anm. 3), S. 223.

Jan Christian Gertz

Das Alte Testament – Heilige Schrift des Urchristentums und Teil der christlichen Bibel

I

Nach nur fünf Jahren konnte Marcel Reich-Ranicki erschöpft, aber zufrieden ausrufen: »Das Werk ist vollbracht. Dies ist der fünfte, der letzte Teil des Kanons der deutschen Literatur. Wir haben eine unvergleichbare Kanonbibliothek ... 50 Bände mit etwa 25 000 Seiten«.[1] Am Anfang des Unternehmens stand das dem gebildeten Lesepublikum attestierte unbehagliche Gefühl der Unübersichtlichkeit, hervorgerufen durch eine Informations- und Bücherflut, die informiert, aber nicht wissend macht.[2] Wo die Welt unübersichtlich wird, da ist die Not groß. Ohne Zweifel, »der Verzicht auf einen Kanon würde den Rückfall in die Barbarei bedeuten ... Ohne Kanon gibt es nur Willkür, Beliebigkeit und Chaos und, natürlich, Ratlosigkeit«.[3] Selbstredend soll dieser Kanon kein Gesetz sein. Denn Literatur ist Kunst, und Kunst ist frei. Gleichwohl soll der Kanon vorgeben, was lesenswert ist und was ein gebildeter Mensch gelesen haben sollte.

1 Marcel Reich-Ranicki, »Über den Essay und das Feuilleton«, in: http://www.derkanon.de/essays.
2 Ders., »Brauchen wir einen Kanon?«, in: www.derkanon.de/index2/ranicki_kanon.html.
3 Ders., »Literatur muß Spaß machen«. Spiegel-Gespräch mit Volker Hage, in: Der Spiegel 25/2001, S. 212–223.

Es wäre sicher reizvoll, die seit den späten achtziger Jahren des vergangenen Jahrhunderts neu entfachte und von Reich-Ranicki in ein breiteres Bewußtsein gerückte Kanondebatte mit ihren theologischen Vor- und Seitengängern zu vergleichen.[4] Doch müssen wir uns auf das Grundmotiv aller Kanondebatten beschränken: Das gebildete Lesepublikum ist wie politische Parteien, Weltanschauungsvereine oder Religionen eine Gemeinschaft, die auf den von ihren Mitgliedern geteilten Überzeugungen gründet und daher auf einen gemeinsamen Bestand an Riten und Symbolen angewiesen ist. Es handelt sich um Überzeugungsgemeinschaften, deren Identität sich in bezug auf ihre Mitglieder auf den gemeinsamen Bestand an Riten und Symbolen ausbildet und erhält. Soll die Identität einer Überzeugungsgemeinschaft auf Dauer sichergestellt werden, dann muß der Bestand an Riten und Symbolen in einer tradierbaren Gestalt vorliegen. Es sind dann allerdings vor allem die sogenannten

---

4 Zu den verschiedenen Kulturaspekten und Stilen der Kanonisierung als Bestimmung dessen, was erinnert werden muß, und zum häufig übersehenen Gegenbegriff der Zensur, die ausgrenzt, was vergessen werden soll, vgl. Aleida Assmann/Jan Assmann (Hg.), *Kanon und Zensur. Archäologie der literarischen Kommunikation II*, München 1987, für Kanonisierungsvorgänge antiker Literaturen vgl. Margalit Finkelberg/Guy G. Stroumsa (Hg.), *Homer, the Bible, and Beyond. Literary and Religious Canons in the Ancient World* (Jerusalem Studies in Religion and Culture 2), Jerusalem 2003, für die (binnen-)theologische Diskussion vgl. Wolfhart Pannenberg/Theodor Schneider (Hg.), *Verbindliches Zeugnis I: Kanon – Schrift – Tradition* (Dialog der Kirchen 7), Freiburg/Göttingen 1992, ferner Ingo Baldermann u.a. (Hg.), *Zum Problem des biblischen Kanons* (Jahrbuch für Biblische Theologie 3), Neukirchen-Vluyn 1988 und David M. Carr, »Canonization in the Context of Community: An Outline of the Formation of the Tanakh and the Christian Bible«, in: Richard D. Weis/David M. Carr (Hg.), *A gift of God in Due Season* (Supplements to Journal of the Study of the Old Testament 225), Sheffield 1996, S. 22–64; John Barton, *Holy Writings, Sacred Text. The Canon in Early Christianity*, Louisville, KY 1997; Eilert Herms, »Was haben wir an der Bibel? Versuch einer Theologie des christlichen Kanons«, in: Ingo Baldermann u.a. (Hg.), *Biblische Hermeneutik* (Jahrbuch für Biblische Theologie 12), Neukirchen-Vluyn 1997, S. 99–152.

Schriftreligionen,[5] in denen der Kern dieses Bestandes ein Kanon heiliger Schriften ist. Die heilige Schrift des Neuen Testaments ist das Alte Testament. Dies ist der Grund dafür, warum mit Blick auf die ersten 400 Jahre des Christentums auch über das Alte Testament nachzudenken ist.

Der schlichte Satz, wonach das Alte Testament die heilige Schrift des Neuen Testaments ist, birgt freilich eine Reihe von historischen und theologischen Problemen in sich. Das betrifft zunächst die Terminologie. Natürlich muß es heißen: Die heilige Schrift des Urchristentums sind »die Schriften« (αἱ γραφαὶ)[6] oder »das Gesetz und die Propheten« (ὁ νόμος καὶ οἱ προφῆται),[7] manchmal auch »die Schrift« (ἡ γραφὴ.)[8] und vereinzelt und spät »die Bücher« (τὰ βιβλία)[9] oder »die heilige Schrift« (ἱερὰ γράμματα)[10]. Dies ist der vom frühjüdischen Schrifttum vorgeprägte Sprachgebrauch der urchristlichen Autoren, die mit der Begrifflichkeit auch an der überkommenen

---

5 Zur Problematik dieses Begriffs vgl. Jörg Rüpke, »Heilige Schriften und Buchreligionen. Überlegungen zu Begriffen und Methoden«, in: Christoph Bultmann u. a. (Hg.), *Heilige Schriften*, Münster 2005, S. 189–202, hier S. 248 f.

6 Vgl. Mt 21,42; 22,29; 26,54; Mk 12,24; 14,49; Lk 24,27.32.45; Joh 5,39; Apg 17,2.11; 18,24.28; Röm 15,4; 1 Kor 15,3 f.; ferner Mt 26,56; Röm 1,2; 16,26; 2 Petr 3,16; 1 Clem 45,2; 53,1.

7 Vgl. Mt 5,17; 7,12; 11,13; 22,40; Lk 16,16; Joh 1,45; Apg 13,15; 24,14; 28,23; Röm 3,21; ferner Lk 16,29.31; 24,27; Apg 26,22 (Mose und die Propheten) sowie Lk 24,44.

8 Für einen über den einzelnen Schriftbeleg hinausgehenden Blick auf das Zeugnis der »alttestamentlichen Schriften« insgesamt vgl. Joh 2,22; 10,35; Röm 11,2; Gal 3,8.22; Jak 4,5; 1 Petr 2,6; 2 Petr 1,20; 1 Clem 34,6; 2 Clem 6,8; Barn 4,1; 2 Tim 3,16. Vgl. ferner Mk 12,10; Lk 4,21; Joh 7,38; 7,42; 13,18; 17,12; 19,24.28.36.37; 20,9; Apg 1,16; 8,32.35; Röm 4,3; 9,17; 10,11; Gal 4,30; 1 Tim 5,18; Jak 2,8.23; 1 Clem 23,3; 23,5; 35,7; 42,5; 2 Clem 2,4; 14,1.2; Barn 4,7.11; 5,4; 6,12; 13,2; 16,5.

9 In 2 Tim 4,13 wird Paulus die Bitte in den Mund gelegt, Timotheus möge unter anderem die Bibel und die übrigen Pergamente (τὰ βιβλία μάλιστα τὰς μεμβράνας) mitbringen, wobei mit den Pergamenten wohl Schriften der Apostel gemeint sind.

10 Vgl. 2 Tim 3,15.

Autorität der heiligen Schriften ihrer jüdischen Tradition festgehalten haben. Die ersten Spuren des Ausdrucks »Altes Testament« in dem heute gebräuchlichen Sinn finden sich wohl erstmals bei Melito von Sardes in der zweiten Hälfte des zweiten nachchristlichen Jahrhunderts. In einem bei Euseb überlieferten Brief berichtet Melito von Sardes von einer Reise nach Palästina, die er mit dem Ziel unternommen habe, sich eine genaue Kenntnis der »Bücher des Alten Testaments« (τὰ τῆς παλαιᾶς διαθήκης βιβλίας) zu verschaffen, die er im gleichen Zusammenhang auch in gewohnter Weise als »das Gesetz und die Propheten« oder einfach »die alten Bücher« bezeichnen kann. Als Ergebnis seiner Bemühungen teilt Melito von Sardes eine in etwa mit dem zeitgenössischen jüdischen *common sense* übereinstimmende Liste alttestamentlicher Bücher mit.[11] Nur wenig später scheint die Bezeichnung »Altes Testament« bei Tertullian, Clemens von Alexandrien und Origenes fest etabliert zu sein.[12] Natürlich geht es bei alldem nicht um rein terminologische Fragen. Im Hintergrund steht vielmehr eine für das Selbstverständ-

---

11 Eusebius, h. e. 4, 26, 13 f. (deutsche Übersetzung: *Des Eusebius Pamphili, Bischofs von Cäsarea, Kirchengeschichte*, aus dem Griechischen übersetzt von Philipp Haeuser (Bibliothek der Kirchenväter Bd. 2.1), München 1932). Zu Melito von Sardes vgl. Stuart G. Hall, Art. »Melito von Sardes«, in: *Theologische Realenzyklopädie* Bd. XXII, 1992, S. 424–428. In der Aufzählung fehlt lediglich das Estherbuch. Es findet sich im übrigen auch nicht unter den Qumranhandschriften. Vgl. hier und im folgenden auch Wilhelm Schneemelcher, Art. »Bibel III«, in: *Theologische Realenzyklopädie* Bd. VI, 1980, S. 22–48.

12 Tertullian (ca. 160–220: vgl. adv. Marc. 4, 6, 1 [deutsche Übersetzung: Heinrich Kellner (Hg.), *Tertullians sämtliche Schriften*, Köln 1882]), Clemens v. Alexandrien (ca. 140/150–220: vgl. str. 5, 85, 1 [deutsche Übersetzung: *Des Clemens von Alexandreia Teppiche wissenschaftlicher Darlegungen entsprechend der wahren Philosophie (Stromateis)*, Buch 4–5, hg. v. Otto Stählin (Bibliothek der Kirchenväter Bd. 2.19), München 1937]), Origenes (ca. 185–254: vgl. Jo. 10,28, 174 [deutsche Übersetzung: Origenes, *Das Evangelium nach Johannes*, hg. v. Rolf Gögler, Einsiedeln u. a. 1959]; princ. 4, 1 ,1 [deutsche Übersetzung: Origenes, *Von den Prinzipien*, hg. v. Herwig Görgemanns u. Heinrich Karpp, Darmstadt ²1985]).

nis der jungen Christenheit hochbrisante Frage: In welchem Verhältnis stehen die aus der Tradition überkommenen heiligen Schriften, wie sie auch in der Synagoge gelesen worden sind, zunächst zur Jesustradition und den überlieferten Apostelworten und schließlich zu dem sich herausbildenden Kanon neutestamentlicher Schriften?[13] Die Geschichte dieser Verhältnisbestimmung in den ersten 400 Jahren des Christentums ist verwickelt und auch in der Folgezeit nicht ohne Umwege verlaufen. Für die Geschichtswissenschaft und die Theologie ist sie allein schon deswegen interessant, weil sich das Christentum mit Bezug auf diese Schriften als Resultat einer unverwechselbaren Vorgeschichte begreift, wobei die Schriften in religionsgeschichtlicher Hinsicht vor- und nichtchristliche Zeugnisse sind, die zudem von einer anderen Religion als heilige Schriften beansprucht werden. Dies ist einer der Gründe, so viel sei am Rande notiert, warum sich das Christentum in der Regel durch ein differenziertes Schrift- und Traditionsverständnis auszeichnet.

Zu den historischen und theologischen Problemen des besagten Satzes gehören sodann die religions- und literaturgeschichtlichen Umständen der Kanonisierung der Schriften des Alten Testaments. Etwas überspitzt formuliert kannte das Urchristentum nicht nur dem Begriff nach noch kein Altes Testament, sondern auch der Sache nach. An dieser Stelle genügt es zu notieren, daß uns mit Blick auf die verschiedenen Gruppierungen des Judentums zur Zeit Jesu recht unterschiedliche Auffassungen über den Bestand an heiligen Schriften begegnen.[14] Auch zeigt ein Blick in die Texte aus Qumran, daß der Wortlaut der biblischen Bü-

13 Für das Neue Testament ist in diesem Zusammenhang auf 2 Kor 3,6.14 f. hinzuweisen, wo Paulus sich als Diener des neuen Bundes bezeichnet, und dies mit der vorchristlichen Lektüre des Alten Bundes kontrastiert. Der Weg zur »Heiligen Schrift des Alten und des Neuen Testaments« kündigt sich in den Spätschriften des Neuen Testaments an: 1 Tim 5,18 beruft sich auf die Schrift und hat neben Dtn 25,4 auch Lk 10,7 im Sinn, 2 Petr 3,16 denkt bei den Schriften wohl neben den Paulusbriefen auch an das Alte Testament (vgl. 2 Petr 1,20).
14 S. u. Abschnitt III.

cher um die Zeitenwende noch nicht fixiert ist.[15] Die Kanonisierung der heiligen Schriften hat sich für das Judentum bis in das frühe zweite nachchristliche Jahrhundert erstreckt – über die Zugehörigkeit einzelner Schriften wurde sogar noch im dritten Jahrhundert diskutiert – und die endgültige Fixierung des Wortlauts ist erst das Werk der Masoreten des achten bis zehnten Jahrhunderts.

Dessen ungeachtet steht die sprachliche Prägung der urchristlichen Autoren durch die griechische Übersetzung der heiligen Schriften des Judentums ebenso außer Frage wie ihre intensive Benutzung als zitable Autorität. Natürlich ist die Rezeption wie im zeitgenössischen Judentum von Vorlieben für einzelne Schriften gekennzeichnet. So konzentrieren sich die expliziten Zitate auf einige Bücher und dort wiederum auf bestimmte Partien.[16] Darüber hinaus werden vereinzelt auch solche Texte als Schriftbelege angeführt, die später keine Aufnahme in die (verschiedenen) christlichen Kanones gefunden haben.[17] Ein Blick auf das Alte Testament als Ganzes und die

15 Vgl. Johann Maier, »Zur Frage des biblischen Kanons im Frühjudentum im Licht der Qumranfunde«, in: Ingo Baldermann u. a. (Hg.), *Zum Problem des biblischen Kanons* (Jahrbuch für Biblische Theologie 3), Neukirchen-Vluyn 1988, S. 135–146.
16 Die Angaben zur Statistik schwanken, ergeben aber ein recht eindeutiges Bild. Eine Liste aller alttestamentlichen Zitate und Allusionen im Neuen Testament bietet Nestle-Aland, *Novum Testamentum Graecae*, hg. v. Barbara u. Kurt Aland, Stuttgart ^{27}2001, S. 772 ff. Henry M. Shires, *Finding the OT in the New Testament*, Philadelphia 1974, S. 66, 70 f. zählt 239 alttestamentliche Zitate im Neuen Testament, davon entfallen 35% auf den Pentateuch (hier vor allem Genesis, Exodus und Deuteronomium), 24% auf den Psalter, 22,5% auf Jesaja, 10% auf das Dodekapropheton und 8,5% auf die übrigen alttestamentlichen Schriften. Dieser Befund deckt sich wiederum mit demjenigen zu den Qumranschriften. Natürlich lassen sich innerhalb der hochgeschätzten Schriften hier wie dort Gewichtungen erkennen. Einige Partien der betreffenden Bücher werden häufig, andere gar nicht zitiert.
17 Vgl. 1 Kor 2,9 (wahrscheinlich ein Zitat einer nicht mehr erhaltenen, mit Elia in Verbindung gebrachten Schrift; vgl. Wolfgang Schrage, *Die Elia-Apokalypse* (Jüdische Schriften aus hellenistisch-römischer Zeit Bd. 5.3),

Frage nach dem Umfang des alttestamentlichen Kanons kommen innerhalb des Christentums jedoch erst in der Mitte des zweiten Jahrhunderts auf. Für die westlichen Kirchen ist die Frage des Umfangs dann zum Ende des vierten und Anfang des fünften Jahrhunderts mit ihren beiden Grundtypen faktisch, wenn auch mit einer gewissen Vorläufigkeit entschieden.[18]

Mit alldem ist angedeutet, daß die einzelnen Schriften oder Schriftengruppen nicht von Anfang an heilig oder kanonisch sind. Vielmehr ist die Kanonisierung einzelner Schriften und Schriftgruppen ein Prozeß, der in historischen und sozialen Kategorien zu beschreiben ist. Ich werde dies im folgenden zunächst am Beispiel der griechischen Übersetzung des Alten Testaments (II) und dann mit Blick auf die Entstehung des hebräischen Kanons (III) versuchen. Es folgt eine knappe Zusammenfassung (IV).

II

Die Frage, was in eine Bibliothek gehört und was davon kanonische Geltung beanspruchen kann, ist nicht neu. Sofern Platz und finanzielle Möglichkeiten es zulassen, gilt für Bibliotheken die

---

Gütersloh 1980, S. 195 f.); Joh 7,38 (hier steht vermutlich Sir 24,23–31 im Hintergrund); Jak 4,5 (Zitat einer unbekannten Schrift); Jud 14 f. (1 Hen 1,9).

18 In der westlichen Kirche konkurrieren zwei Auffassungen. Hieronymus (ca. 347–419) prägt den Begriff der »*hebraica veritas*« (vgl. Christoph Markschies, »Hieronymus und die ›Hebraica Veritas‹ – ein Beitrag zur Archäologie des protestantischen Schriftverständnisses?«, in: Martin Hengel / Anna Maria Schwemer, *Die Septuaginta zwischen Judentum und Christentum* [Wissenschaftliche Untersuchungen zum Neuen Testament 72], Tübingen 1994, S. 131–181) und verantwortet mit der lateinischen *Vulgata* eine Bibelübersetzung, die sich zunächst programmatisch auf den hebräischen Text bezieht. Mit der zuvor schon auf der Synode von Laodicea (360) und bei Cyrill von Carthago erhobenen Forderung, den Kanon auf die in der hebräischen Bibel enthaltenen Schriften zu beschränken, kann sich Hieronymus nicht durchsetzen. Sie wird erst wieder von den Kirchen der Reformation aufgenommen (s. u. Anm. 32). Für ei-

Vollständigkeit als Vorgabe. Hingegen beruht der Kanon auf einer Auswahl und Abgrenzung von Schriften aufgrund inhaltlicher Kriterien. Im hellenistisch-jüdischen Aristeasbrief finden wir beide Gesichtspunkte vereint.[19] Es handelt sich um eine fiktive Hofgeschichte in Briefform aus dem ausgehenden zweiten vorchristlichen Jahrhundert. Ihr Verfasser behauptet eine Ehrenstellung am Hofe des ägyptisch-hellenistischen Königs Ptolemaios II. Philadelphos (285–247 v. Chr.) innezuhaben und berichtet von einer Reise zum Hohepriester Eleasar nach Jerusalem. Über den Anlaß der Reise heißt es:[20]

Der Vorsteher der königlichen Bibliothek, Demetrios von Phaleron, war mit großen Summen ausgestattet worden, um nach Möglichkeit alle Bücher der Welt zu sammeln; und was an ihm lag, erfüllte er den Auftrag des Königs durch Aufkäufe und Abschriften. In meiner Gegenwart einmal gefragt, wieviel Bücher denn (in der alexandrinischen Bibliothek) vorhanden seien, antwortete er: »Über 200 000, mein König! Ich will aber in kurzer Zeit die restlichen beschaffen, um die Zahl von 500 000 zu erreichen. Es wurde mir aber berichtet, daß auch die jüdischen Gesetze einer Abschrift und (der Anwesenheit in) deiner Bibliothek wert seien« (9 f.).

Als der König fragt, worin das Problem mit dem jüdischen Gesetz bestehe, weist der Bibliothekar darauf hin, daß die fraglichen Schriften auf Hebräisch verfaßt seien und man daher eine Übersetzung ins Griechische brauche. Der König zeigt sich über-

nen größeren Bestand alttestamentlicher Bücher, die im Gottesdienst zu lesen sind, sprechen sich die Synoden von Rom (382), Hippo (393) und Karthago (397; 419) aus. Ihre Auffassung wird von Papst Innozenz I. (405) und später von den Konzilien von Florenz (1442) und Trient (1546) bestätigt.

19 Zum Aristeasbrief vgl. K. Müller, Art. »Aristeasbrief«, in: *Theologische Realenzyklopädie* Bd. III, 1978, S. 719–725.

20 Übersetzung nach Norbert Meisner, »Aristeasbrief«, in: Werner Georg Kümmel (Hg.), *Unterweisung in erzählender Form* (Jüdische Schriften aus hellenistisch-römischer Zeit Bd. 2.1), Gütersloh 1973, S. 35–87.

zeugt und schickt eine Delegation unter Leitung des Nicht-Juden Aristeas nach Jerusalem. Aristeas erkennt in dem Hohepriester einen wahrhaft gebildeten Menschen, der ihn im gepflegten Griechisch und im Rückgriff auf Argumente euhemeristischer Philosophie mit dem Wesen und den Vorzügen des Judentums vertraut macht und ihn dann mit kostbaren Schriftrollen und 72 Übersetzern, je sechs aus den 12 Stämmen Israels, nach Alexandria entläßt. Dort werden die 72 Gesandten dem König vorgestellt, der jedem von ihnen eine Frage vorlegt. Das Frage- und Antwortspiel erstreckt sich über sieben Tage, die Antworten der Gesandten sind von einem Gedankenreichtum und einer Bedeutsamkeit, die auch die anwesenden Philosophen in Erstaunen versetzten. In den darauffolgenden 72 Tagen übersetzen die 72 die Tora. Durch tägliche Vergleiche gelangen sie zu einer übereinstimmenden Übersetzung, die später nach der abgerundeten Zahl der beteiligten Übersetzer als »Siebzig«, lateinisch Septuaginta (LXX), benannt wird. Am Ende der Übersetzung steht deren formelle Legitimation:

Als sie nun fertig war, versammelte Demetrios die jüdische Gemeinde an dem Ort, wo auch die Übersetzung angefertigt worden war, und las (sie) allen vor. Dabei waren auch die Übersetzer zugegen, denen auch von der Menge herzlicher Beifall dafür zuteil wurde, daß sie (ihr) große Dienste erwiesen hatten. Ebenso brachten sie dem Demetrios ihre Anerkennung zum Ausdruck und baten ihn, ihren Vorstehern eine Abschrift des ganzen Gesetzes zu geben. Als die Rollen verlesen waren, traten die Priester, die Ältesten der Übersetzer, Vertreter der (jüdischen) Bürgerschaft und die Vorsteher der Gemeinde zusammen und sprachen: »Da die Übersetzung gut, fromm und völlig genau ist, ist es recht, daß sie so erhalten bleibt und keine Überarbeitung stattfindet.« Da nun alle diesen Worten zustimmten, ließen sie, wie es bei ihnen Sitte ist, den verfluchen, der durch Zusätze, Umstellungen oder Auslassungen (die Übersetzung) überarbeiten würde. Das ta-

> *ten sie zu Recht, damit sie für alle Zukunft stets unverändert erhalten bleibt (308–311).*

Ganz offenkundig geht es also um mehr als um ein Stück Weltliteratur. Der Aristeasbrief ist die Geburtsurkunde der heiligen Schriften des Diasporajudentums in griechischer Sprache, genauer der Tora. Gegenüber dem Judentum legitimiert sich die Übersetzung der Septuaginta durch Originaltreue sowie das Einverständnis des Hohepriesters und der Judenheit zu Alexandria, gegenüber der griechischen Bildung durch die Protektion des Königs und vor allem durch seine innere Evidenz. Dieses Gesetz ist, so der Bibliothekar und Verwalter des Menschheitswissens Demetrios, »eine philosophische und reine, weil göttliche Gesetzgebung« (31). Daß mit der Übersetzung dieses bedeutenden Werkes das alexandrinische Judentum die Aufnahme in die hellenistische Bildungswelt verlangen kann, versteht sich fast von selbst und ist mit Sicherheit mehr als nur ein willkommener Nebenzweck.

Die Gründungslegende ist dann in der Folge durch den jüdischen Philosophen Philo von Alexandria kräftig ausgestaltet worden.[21] Wenn dieser zu berichten weiß, daß die »angesehensten der Hebräer« identische Übersetzungen angefertigt haben, ist jedem philologisch halbwegs Gebildeten klar, daß es sich bei der Übersetzung um ein Werk göttlicher Inspiration handeln muß. Noch viel mehr gilt dies für die Schilderung des frühchristlichen Theologen Irenäus. Danach stellt Ptolemaios die Übersetzer auf die Probe und läßt sie völlig unabhängig voneinander arbeiten:

> *Da sie nun vor Ptolemäus zusammenkamen und ihre Übersetzungen verglichen, da wurde Gott verherrlicht, und die*

---

[21] Philo (ca. 20 v. Chr.–50 n. Chr.), Vita Mosis 2 ,29–41 (deutsche Übersetzung: Philo von Alexandria, »Über das Leben Mosis«, in: *Die Werke Philos von Alexandria in deutscher Übersetzung Bd. 1*, hg. von Leopold Cohn [Schriften der jüdisch-hellenistischen Literatur in deutscher Übersetzung 1], Breslau 1909, S. 215–365).

Schriften erwiesen sich als wahrhaft göttlich. Denn alle Siebzig hatten dieselben Texte mit denselben Ausdrücken und denselben Worten von Anfang bis zum Schlusse wiedergegeben, so daß selbst die anwesenden Heiden erkannten, daß die Bücher unter göttlicher Eingebung übersetzt worden seien.[22]

Wie schon der etwas ältere frühchristliche Apologet Justin[23] hat Irenäus die Entstehungslegende und die Annahme göttlicher Inspiration zudem auf den Gesamtbestand der in den christlichen Gemeinden gebräuchlichen griechischen Übersetzung der alttestamentlichen Schriften ausgedehnt. Dieser erweiterte Begriff der Septuaginta hat sich in der christlichen Tradition durchgesetzt, und das griechische Zahlwort ist mit der Zeit zum Buchtitel für das christliche Alte Testament geworden.

Historisch geurteilt, ist die Septuaginta eine heterogene Sammlung der heiligen Schriften des griechischsprachigen Diasporajudentums.[24] Es handelt sich um das größte Übersetzungswerk der Antike. Sein Ausgangspunkt ist die Übersetzung der Tora im Alexandria des dritten Jahrhunderts v. Chr., der dann

---

22 Irenäus (ca. 1. Hälfte des 2. Jh. – 200 n. Chr.), haer. 3, 21, 2 (= h. e. 5, 8, 14). Übersetzung nach: Philipp Haeuser (s. Anm. 11).

23 Justin (gestorben als Märtyrer 150/170 n. Chr.), apol. 1, 31, 1–8 (deutsche Übersetzung: Justin der Märtyrer, Erste Apologie, übersetzt von Gerhard Rauschen, in: *Frühchristliche Apologeten und Märtyrerakten I* [Bibliothek der Kirchenväter Bd. 1.12], München 1913).

24 Eine gute Übersicht zur Septuaginta bietet Martin Hengel (unter Mitarbeit von Roland Deines), »Die Septuaginta als ›christliche Schriftensammlung‹, ihre Vorgeschichte und das Problem des Kanons«, in: Ders./ A. M. Schwemer (Hg.), *Septuaginta* (s. Anm. 18), S. 182–289. Vgl. ferner Folker Siegert, *Zwischen Hebräischer Bibel und Altem Testament. Eine Einführung in die Septuaginta*, (Münsteraner judaistische Studien 9), Münster 2001; Michael Tilly, *Einführung in die Septuaginta*, Darmstadt 2005; Martin Karrer/Wolfgang Kraus, *Umfang und Text der Septuaginta. Erwägungen nach dem Abschluß der deutschen Übersetzung*, in: Dies (Hg.), *Die Septuaginta – Texte, Kontexte, Lebenswelten*, (Wissenschaftliche Untersuchungen zum Neuen Testament 219), Tübingen 2008, S. 8–63.

in einem Prozeß, der sich bis ins erste Jahrhundert n. Chr. hinzog und an dem zahllose Übersetzer beteiligt waren, sukzessive die Übersetzungen zunächst der Prophetenbücher und dann der übrigen Schriften gefolgt sind.[25] Über den Anlaß zu dem Großwerk werden in der Forschung zwei Meinungen vertreten, die sich jedoch nicht mit Notwendigkeit gegenseitig ausschließen müssen. Nach der sogenannten Targumthese wurden Übersetzungen notwendig, weil das Hebräische durch das Aramäische und teilweise durch das Griechische als gesprochene Sprache der Judenheit im Mutterland wie in der Diaspora verdrängt wurde. Aus der Praxis, im synagogalen Gottesdienst die einzelnen gelesenen Bibelabschnitte zu verdolmetschen, sind schließlich schriftliche Übersetzungen, die aramäischen Targume und die griechische Septuaginta, entstanden. Die Gegenthese orientiert sich mehr am Aristeasbrief und dem zwischen den Zeilen erkennbaren Bedürfnis, der Tora innerhalb der hellenistischen Weltkultur einen angemessenen Platz zu verschaffen. Insbesondere für die große Diasporagemeinde im hellenistischen Ägypten – die Judenheit macht in Alexandria ca. ein Drittel der Bevölkerung aus – war dies eine existentielle Frage. Sie stand vor der Alternative, entweder als nichtgriechischsprachige Barbaren bleibend auf den sozialen Status von Fellachen, der ackerbautreibenden Landbevölkerung, abzusinken oder durch Integration in die griechische Lebensweise in die Klasse der Griechen aufzusteigen und einen führenden Status zu erlangen.[26] Daß sie sich für die letztgenannte Alternative entschieden hat, belegt neben anderen der jüdisch-hellenistische Philosoph Aristobul. In einem Ptolemaios

---

25 Eine tabellarische Übersicht über die Entstehungszeiten und -orte der einzelnen Bücher bei Gilles Dorival/Marguerite Harl/Olivier Munnich, *La Bible grecque des Septante: Du Judaïsme hellénistique au christianisme ancien* (Initiations au christianisme ancien) Paris 1988, S. 96 f., 106 f.
26 Vgl. Martin Hengel/Reinhard Feldmeier, »Weise hinter ›eisernen Mauern‹. Tora und jüdisches Selbstverständnis zwischen Akkulturation und Absonderung im Aristeasbrief«, in: M. Hengel/A. M. Schwemer (Hg.), *Septuaginta* (s. Anm. 18), S. 20–37.

VI. Philometor (181–145 v. Chr.) zugeeigneten Traktat argumentiert er ganz ähnlich wie der Autor des Aristeasbriefes und charakterisiert die Tora des Mose als wahre Philosophie, die überdies griechische Denker wie Pythagoras, Sokrates und Platon beeinflußt habe.[27]

Besondere Bedeutung erlangte die Septuaginta im frühen Christentum und bei seinen griechischsprachigen Autoren. Für sie gilt fast durchgängig, daß sie nicht die hebräische, sondern die griechische Fassung der heiligen Schriften als entscheidende Textbasis ihrer eigenen literarischen Produktion ansahen. Ausweislich der Zitate und, was mir noch wichtiger zu sein scheint, der sprachlichen Prägung bildet die Septuaginta bzw. die Übersetzungstradition, die später als Septuaginta betitelt und zur kirchlichen Texttradition vereinheitlicht werden sollte, den sprachlichen und theologischen Horizont der urchristlichen Schriften. Es ist die Septuaginta, die von den urchristlichen Autoren aus der Perspektive der Christusoffenbarung gelesen wird und als Nachweis dafür dient, daß die Botschaft des Evangeliums schriftgemäß ist. Das betrifft zum einen spezifische Übersetzungstraditionen der Septuaginta. Ich erinnere nur an ein hinlänglich bekanntes Beispiel, und zwar die schriftgelehrte Deutung der Geburt Jesu durch eine Jungfrau im Matthäusevangelium:

Dies alles geschah aber, damit erfüllt würde, was von dem Herrn geredet ist durch den Propheten, der spricht: »Siehe,

---

[27] Das Werk des Aristobul ist fragmentarisch erhalten bei Euseb (p. e. 8, 10, 1–17; 8, 12, 1–16; h. e. 7, 32, 16–18 [s. Anm. 11]) und Clemens von Alexandria. Vgl. Carl R. Holladay (Hg.), *Fragments from Hellenistic Jewish Authors, Bd. 3: Aristobulus*, Atlanta, Ga. 1995. Für einen vergleichbaren Ansatz unter den Gelehrten des mesopotamischen Kulturkreises vgl. die Babylonica des Berossos. Die Babylonica sind ebenfalls nur in Fragmenten, genauer in Zitaten und Exzerpten bei anderen antiken Autoren bekannt. Eine Zusammenstellung sowie Übersetzungen der so erhaltenen Berossos-Fragmente finden sich bei Paul Schnabel, *Berossos und die babylonisch-hellenistische Literatur*, Leipzig 1923 (Neudruck Hildesheim 1968).

die Jungfrau wird schwanger sein und einen Sohn gebären, und sie werden seinen Namen Emmanuel nennen«, was übersetzt ist: Gott mit uns (Mt 1,22 f.).

Das Schriftzitat stammt aus Jes 7. Im hebräischen Text ist an dieser Stelle von einer '*almāh* die Rede, womit das geschlechtsreife Mädchen bis zur Geburt des ersten Kindes gemeint ist. Über die Jungfräulichkeit des Mädchens oder gar die wundersamen Umstände der Empfängnis ist damit nichts ausgesagt. Die Septuaginta übersetzt mit dem äquivalenten, aber mehrdeutigen Begriff παρθένος, der auch die Bedeutung des lateinischen »virgo« oder des aus den deutschen Bibeln bekannten »Jungfrau« hat. Die neutestamentliche Aufnahme der Septuagintafassung von Jes 7,14 geht nun von der Voraussetzung aus, daß das Alte Testament als Weissagung auf Christus hin zu lesen ist. Hinzu kommt die aus der Welt des Hellenismus stammende religiöse Vorstellung von der göttlichen, ohne Beteiligung eines menschlichen Vaters erfolgten Zeugung eines Kindes, die wiederum nichts anderes besagen will, »als daß ein bestimmter Mensch der Welt von *Gott* geschenkt worden sei«.[28] Anhand des hebräischen Textes hätte sich diese Vorstellung kaum als Erfüllung von Jes 7,14 erweisen lassen.

Im Fortgang der Überlieferungsgeschichte ist dann auch der unterschiedliche Umfang und, wichtiger noch, die unterschiedliche Anordnung der heiligen Schriften zum Spezifikum der christlichen Septuagintatradition geworden. Blicken wir auf die hebräische Bibel rabbinischer Tradition, die sich schließlich im Judentum als heilige Schrift durchgesetzt hat, so umfaßt sie folgende Bücher: Genesis, Exodus, Leviticus, Numeri, Deuteronomium. Diese fünf Bücher bilden die Tora (hebr. *tôrāh*) oder das Gesetz (gr. νόμος). Die Bücher Josua, Richter, Samuel, Könige, Jesaja, Jeremia, Ezechiel und das Zwölfprophetenbuch mit den

---

28 Eduard Schweizer, *Das Evangelium nach Matthäus* (Das Neue Testament Deutsch 2), Göttingen 1967, S. 15.

Propheten Hosea, Joel, Amos, Obadia, Jona, Micha, Nahum, Habakuk, Zefania, Haggai, Sacharja, Maleachi bilden den Kanonteil der Propheten (hebr. *n^{e}bi'îm*). Die dritte Gruppe bilden die Bücher Psalter, Hiob, Proverbien/Sprüche, Ruth, Hohelied, Kohelet/Prediger, Klagelieder, Esther, Daniel, Esra und Nehemia sowie das Buch der Chronik. Diese Bücher bilden den Kanonteil der Schriften (hebr. *k^{e}tûbîm*).

Die hebräische Bibel gliedert sich demnach in drei Teile, nämlich die Tora/Gesetz, Nebiim/Propheten und Ketubim/Schriften. Diese Gliederung ist kein Spezifikum der rabbinischen oder palästinischen Tradition, da ausweislich hellenistisch-jüdischer Texte auch das griechischsprachige Diasporajudentum dieser Gliederung gefolgt ist.[29] In beiden Traditionsströmen des Judentums war ferner die besondere Stellung der Tora unbestritten. Sie ist der mit Abstand wichtigste Kanonteil, dem die beiden anderen Kanonteile zugeordnet sind. Das zeigt ein kurzer Blick auf die Rückbezüge auf die Tora an den jeweiligen Übergängen von einem Kanonteil in den folgenden. Die Propheten enden mit einem Hinweis des Buches Maleachi auf die Tora des Mose:

Gedenkt an das Gesetz meines Knechtes Mose, das ich ihm befohlen habe auf dem Berg Horeb für ganz Israel, an alle Gebote und Rechte! (Mal 3,22)

Diese Notiz ist im Verbund mit dem Abschluß der Tora im Deuteronomium und dem Beginn der Propheten im Josuabuch zu lesen:

Und es stand hinfort kein Prophet in Israel auf wie Mose, den Jahwe erkannt hätte von Angesicht zu Angesicht, mit all

---

29 Vgl. den Prolog zu Jesus Sirach (s. u. Abschnitt III). Allerdings sind in der Spätzeit des Alten Testaments die Ketubim/Schriften noch keine abgeschlossene, mit der Tora/Gesetz und den Nebiim/Propheten auf gleicher Stufe stehende Größe. Dies zeigt auch die neutestamentliche Wendung vom »Gesetz und den Propheten«. Werden zusätzlich die Psalmen Davids erwähnt, so zählen diese als eine hervorgehobene Größe unter den Propheten.

den Zeichen und Wundern, mit denen Jahwe ihn gesandt hatte, daß er sie täte in Ägypten am Pharao und an allen seinen Großen und an seinem ganzen Lande, und mit all der mächtigen Kraft und den großen Schreckenstaten, die Mose vollbrachte vor den Augen von ganz Israel. (Dtn 34,10–12)

Sei nur getrost und ganz unverzagt, daß du darauf achtest, nach dem ganzen Gesetz zu handeln, das mein Knecht Mose dir geboten hat! Weiche nicht davon ab, weder zur Rechten noch zur Linken, damit du überall Erfolg hast, wo immer du gehst! Dieses Buch des Gesetzes soll nicht von deinem Mund weichen, und du sollst Tag und Nacht darüber nachsinnen, damit du darauf achtest, nach alledem zu handeln, was darin geschrieben ist; denn dann wirst du auf deinen Wegen zum Ziel gelangen, und dann wirst du Erfolg haben. (Jos 1,7–8)

Der Hinweis auf »Mose, den Propheten ohnegleichen« und seine Tora rahmt die Propheten und stellt unmißverständlich heraus, daß diese unter der Vorgabe des Mose, und das heißt unter der Vorgabe des mosaischen Gesetzes, zu lesen sind. Die vornehmste Aufgabe der Propheten ist es, die Befolgung der Tora einzufordern. Die Interpretationsleitlinie einer der Tora gemäßen Lektüre erstreckt sich aber auch auf den Kanonteil der Schriften, insofern diese in Gestalt von Psalm 1 mit einem Tora-Psalm eröffnet werden:

Wohl dem, der nicht geht in die Versammlung der Gottlosen und den Weg der Sünder nicht betritt und am Ort der Spötter nicht sitzt; sondern der Gefallen hat am Gesetz Jahwes und über seinem Gesetz sinnt Tag und Nacht. Und der ist wie ein Baum, gepflanzt an den Wasserläufen, der seine Frucht bringt zu seiner Zeit und dessen Laub nicht welkt; und alles, was er tut, gelingt. Nicht so die Gottlosen, sondern sie sind wie die Spreu, die der Wind wegweht. Darum können die Gottlosen nicht bestehen im Gericht und die Sünder in der

Gemeinde der Gerechten. Ja, Jahwe kennt den Weg der Gerechten, aber der Weg der Gottlosen vergeht. (Ps 1)

Die Seligpreisung von Psalm 1 gilt dem Gesetzestreuen, nur er wird in diesem Leben gedeihen und im Endgericht bestehen und wird – so möchte man hinzufügen – die Schriften richtig verstehen. Für die kanonische Fassung der hebräischen Bibel in rabbinischer Tradition ist folglich die Tora die sachliche Mitte. Sie stellt offenkundig die Interpretationsleitlinie dar, die nach der Vorstellung der letzten Editoren die Lektüre der ganzen Bibel bestimmen sollte.

Die Septuaginta umfaßt die 24 Bücher, die auch Aufnahme in den hebräischen Kanon gefunden haben.[30] Zusätzlich hat sie, jedenfalls in der Regel,[31] die Bücher 3. Esra, Tobit, Judith, 1.–4. Makkabäer, Weisheit, Jesus Sirach, Baruch sowie die Oden und Psalmen Salomos, das Gebet des Manasse und den Brief des Jere-

---

30 Josephus (contra apionem 1, 8, 38–40 [Flavuis Josephus, *Contra Apionem*. Buch 1, Einleitung, Text, Textkritischer Apparat, Übersetzung und Kommentar von Dagmar Labow (Beiträge zur Wissenschaft vom Alten und Neuen Testament 167, Stuttgart 2005]) zählt in Entsprechung zum hebräischen Alphabet und damit als Nachweis der Abgeschlossenheit und Vollkommenheit des Kanons 22 Bücher. Möglicherweise werden dabei das Ruthbuch zum Richterbuch und die Klagelieder zum Jeremiabuch gerechnet. Die Bibeln reformatorischer Tradition sprechen für den gleichen Textbestand von 39 Schriften. Der Unterschied in der Zählweise resultiert daher, daß in hebräischen Bibeln die Bücher Samuel, Könige, Chronik, Esra und Nehemia sowie die sogenannten zwölf kleinen Propheten jeweils als nur ein Buch gezählt werden.
31 Die Septuaginta, wie wir sie nach den üblichen Handausgaben kennen (vgl. *Septuaginta*. Id est Vetus Testamentum graecae iuxta LXX interpretes, edidit A. Rahlfs. Editio altera quam recognovit et emendavit Robert Hanhart. Duo volumina in uno, Stuttgart 2006), ist mit Blick auf den Umfang erstmals durch den Codes Alexandrinus im fünften Jh. n. Chr. belegt, mit Blick auf die Anordnung der Bücher durch den Codes Vaticanus aus dem vierten Jh. n. Chr. Zur Bücheranordnung der Codices Sinaiticus, Vaticanus und Alexandrinus sowie den übrigen Bücherlisten aus der patristischen Literatur vgl. Henry Barclay Swete, *An Introduction to the Old Testament in Greek*, Cambridge 1902, S. 201–230.

mia. Hinzu kommen Zusätze zum Buch Esther und zum Buch Daniel wie die Susanna-Erzählung (Dan 13) und die Erzählung über Bel und den Drachen (Dan 14).[32] Mit diesem Mehrbestand hat die Septuaginta das hellenistisch-jüdische Erbe bewahrt, das innerhalb des rabbinischen Judentums zunehmend marginalisiert worden ist. Im Hinblick auf eine christliche Lektüre des Alten Testaments ist freilich das Ordnungsprinzip der christlichen Septuaginta von größerer Bedeutung. Es hat sich erst allmählich und mit fließenden Übergängen herausgebildet. Seine Verstetigung hat es erst durch die christliche »Erfindung« der Bibel in Kodexform (statt einzelner Buchrollen) erfahren. Anders als die hebräische Bibel folgt das Ordnungsprinzip der christlichen Septuaginta dem Schema »Vergangenheit – Gegenwart – Zukunft« und enthält die Kanonteile Geschichtsbücher (hebräische Bibel: Tora

32 Es handelt sich um die Apokryphen oder deuterokanonischen Bücher des Alten Testaments, d. h. die Schriften, die – obgleich zum überwiegenden Teil ursprünglich auf hebräisch oder aramäisch verfaßt – nur in die Septuaginta, jedoch nicht in den hebräischen Kanon aufgenommen worden sind. Sie stammen sämtlich aus der hellenistisch-römischen Zeit und setzen durchweg die Geltung der Tora und der Propheten als »kanonisch« voraus. Auch wenn sie nicht in die hebräische Bibel aufgenommen worden sind, haben einige der Apokryphen oder deuterokanonischen Bücher innerhalb des Judentums eine bedeutende Wirkungsgeschichte entfaltet. Die christlichen Kirchen besitzen eine unterschiedliche Einstellung zu diesen Büchern. In der römisch-katholischen Kirche werden diese Bücher mit Ausnahme der Bücher 3. Esra, 3. und 4. Makkabäer, Oden und Psalmen Salomos und dem Gebet des Manasse als »deuterokanonisch« bezeichnet und gelten wie in der Orthodoxen Kirche als Bestandteil des Kanons. Hingegen haben sich die Kirchen der Reformation an der hebräischen Bibel orientiert und die Bücher aus dem Kanon ausgeschieden. Luther hat die Bücher Judith, Weisheit, Tobit, Jesus Sirach, Baruch (einschließlich des Briefes des Jeremia), 1.–2. Makkabäer, die Zusätze zu Esther und Daniel und das Gebet des Manasse seinen Bibelausgaben von 1534 und 1545 unter der Überschrift »Apocrypha: Das sind Bücher: so der heiligen Schrift nicht gleich gehalten, und doch nützlich und gut zu lesen sind« als Anhang beigegeben. Für einen Überblick zu den einzelnen Büchern und »Zusätzen« vgl. Jan Christian Gertz (Hg.), *Grundinformation Altes Testament*, Die Literatur des Alten Testaments. IV Die Apokryphen, Göttingen ³2008.

und Josua bis 2. Könige, Rut, Chronik und Esra-Nehemia, Ester), Lehrbücher (Ketubim ohne Chronik, Esra-Nehemia, Daniel, Rut, Ester) und prophetische Bücher (Jesaja, Jeremia, Ezechiel, Zwölfprophetenbuch und Daniel). Diese Anordnung subsummiert die Tora unter die »Geschichte« und gibt dem Alten Testament ein Gefälle auf die endzeitliche Erwartung hin, womit das Alte Testament insgesamt zur unverwechselbaren Vorgeschichte des Christentums wird. Maßgeblich ist für dieses Verständnis die Endstellung der Prophetenbücher, die vornehmlich unter dem Gesichtspunkt der Ankündigung der kommenden, mit dem Erscheinen Jesu Christi eintreffenden Heilszeit gelesen werden. Durch die Reihenfolge innerhalb der Prophetenbücher kann dies noch besonders betont werden. Die Lutherbibel endet mit Maleachi,[33] wo auf den zitierten Toravers noch die Ankündigung der Wiederkunft des Propheten Elia folgt:

Siehe, ich will euch senden den Propheten Elia, ehe der große und schreckliche Tag Jahwes kommt. Der soll das Herz der Väter bekehren zu den Söhnen und das Herz der Söhne zu ihren Vätern, auf daß ich nicht komme und das Erdreich mit dem Bann schlage. (Mal 3,23 f.)

Die christliche Tradition hat den Elia redivivus mit Johannes dem Täufer identifiziert (Mt 11,14), womit Mal 3,23 f. eine gute Überleitung vom Alten ins Neue Testament bietet. Üblicherweise hat im Septuagintakanon das Danielbuch die Endstellung inne, wodurch die auf Jesus Christus hin gelesene Menschensohnvision in Dan 7 Abschluß und Höhepunkt der alttestamentlichen Prophetie bildet.

Vor diesem Hintergrund verwundert es nicht, daß die jüdische Rezeption der Septuaginta etwas anders verlaufen ist als

---

33 Die Bibeln reformatorischer Tradition folgen dem Aufriß der Septuaginta (und der Vulgata). Humanistisches *ad fontes* führt aber dazu, daß allein die (nach damaligem Kenntnisstand) hebräisch überlieferten Bücher des Alten Testaments als kanonisch galten, weshalb der Umfang demjenigen der Bibel rabbinischer Tradition entspricht.

im Christentum. Bereits in vorchristlicher Zeit gab es rehebraisierende Rezensionen, die sich um eine Angleichung an den jeweils gebräuchlichen, seinerseits noch nicht standardisierten hebräischen Text bemüht haben. Die breite Akzeptanz der Septuaginta in den christlichen Gemeinden und ihre aus jüdischer Sicht mißbräuchliche christologische Deutung beförderte schließlich das Bedürfnis nach Abgrenzung durch umfangreichere Rezensionen und eigene Neuübersetzungen. Wie lange die Septuaginta in jüdischen Synagogen der Diaspora überhaupt im Gebrauch gewesen ist, läßt sich kaum mit Sicherheit sagen. Die fälschlich Justin zugeschriebene christliche Schrift Cohortio ad Graecos aus der Mitte des dritten Jahrhunderts n. Chr. setzt ihn jedenfalls noch voraus. Bemerkenswert ist, daß sich auch die Neuübersetzungen nahezu ausschließlich in christlicher Überlieferung erhalten haben. Die beiden Hauptgründe für das jüdische Desinteresse an der eigenen griechischen Überlieferung sind schnell benannt: Nach außen war dies die Gleichsetzung der griechischen Übersetzung mit einer christlichen Usurpation der eigenen religiösen Tradition.[34] Nach innen war dies die rabbinische Bewegung. Sie erlangte nach der Zerstörung des zweiten Tempels im Jahre 70 n. Chr. und vollends nach der Niederwerfung des Bar Kochba Aufstandes im Jahre 135 n. Chr. die führende Rolle innerhalb des Judentums. Ihr Interesse an »autoch-

---

34 Daß der Begriff der Usurpation durchaus angemessen ist, bezeugt die repressive Judengesetzgebung des christlichen Kaisers Justinian I. (527– 565). Sie verbietet unter Androhung massiver Strafen im synagogalen Gottesdienst die erklärende Kommentierung des hebräischen Textes, der vielen Juden unverständlich ist, und fordert statt dessen die Verlesung des griechischen und lateinischen Textes. Die Begründung: Insbesondere die Übersetzer der Septuaginta hätten die Erscheinung Jesu Christi vorausgesehen, während die freie Übersetzung und Erklärung des hebräischen Textes eine gottlose Erfindung sei, die den richtigen Sinn der heiligen Schriften verhülle. Im Hintergrund steht dabei die Hoffnung, die rabbinische Auslegungstradition zu unterbinden und die Juden zu Christen zu bekehren. Vgl. Giuseppe Veltri, »Die Novelle 146 περὶ ʽεβραίων. Das Verbot des Targumvortrags in Justinians Politik«, in: M. Hengel/ A. M. Schwemer, *Septuaginta* (s. Anm. 18), S. 116–130.

thonen« religiösen Überlieferungen ging einher mit einer zunehmenden Distanzierung gegenüber der griechischsprachigen jüdischen Überlieferung und einem politisch bedingten schwindenden Einfluß der alexandrinischen Diaspora. Am Ende der nur grob skizzierten Entwicklung stehen einerseits der »Kanon« der hebräischen Bibel und andererseits die kategorische Ablehnung der griechischen Texttradition für den liturgischen Gebrauch. So heißt es in dem wohl aus dem achten Jahrhundert stammenden Talmudtraktat *Soferim* zu den heiligen Schriften:

> *Man darf [die Tora] nicht hebräisch [d. h. in althebräischer Schrift] oder aramäisch oder medisch oder griechisch schreiben. Die Schrift in jeglicher Sprache und in jeglicher Schrift darf man aus ihr nicht verlesen, außer im Falle, daß sie assyrisch [d. h. in der Quadratschrift] geschrieben ist. Es geschah, daß fünf Älteste die Tora für den König Talmai [gemeint ist Ptolemaios II. Philadelphos] griechisch geschrieben haben. Dieser Tag war so folgenschwer für Israel wie der Tag, an dem das [goldene] Kalb gemacht wurde. Denn die Tora konnte nicht angemessenen übersetzt werden (Sof. 1, 7).*[35]

Damit ist innerhalb der jüdischen Überlieferung vom Lob des Aristeasbriefes auf die alexandrinische Übersetzung nichts mehr zu erkennen.

»Was wir heute als Septuaginta bezeichnen, ist – zumindest was Benennung Überlieferung und Verwendung anbetrifft – zunächst einmal (unbeschadet ihres jüdischen Ursprungs) eine *christliche* Schriftensammlung«.[36] Das weitere Schicksal dieser

---

35 Übersetzung im Anschluß an Giuseppe Veltri, Eine Tora für den König Talmai. Untersuchungen zum Übersetzungsverständnis in der jüdisch-hellenistischen und rabbinischen Literatur (Texte und Studien zum Antiken Judentum 41), Tübingen 1994, S. 114.

36 Martin Hengel, »Die Septuaginta als von Christen beanspruchte Schriftensammlung bei Justin und den Vätern vor Origenes«, in: Ders., *Judaica, Hellenistica et Christiana. Kleine Schriften II* (Wissenschaftliche Untersuchungen zum Neuen Testament 109), Tübingen 1999, S. 335–380, hier S. 335.

Schriftensammlung ist in den Ost- und Westkirchen recht unterschiedlich verlaufen. In den Westkirchen setzte sich die Vulgata, die auf dem hebräischen Text basierende Bibelübersetzung des Hieronymos (ca. 347–419) ins Lateinische, durch. Auch die Kirchen der Reformation haben dann auf die »hebraica veritas« zurückgegriffen. Den Status einer inspirierten heiligen Schrift hatte die Septuaginta in der westlichen Tradition damit faktisch verloren. In den griechischsprachig geprägten Ostkirchen ist sie dagegen bis heute der erste Teil der heiligen Schrift.

III

Blicken wir auf die abwechslungsreiche Karriere der Septuaginta zurück, dann stellt sich die Kanonisierung heiliger Schriften als ein Prozeß dar, der von vielen, zum Teil recht unterschiedlichen Faktoren bestimmt ist. Die Kanonizität einzelner Schriften oder Schriftengruppen ist diesen nicht von Anfang mitgegeben. Vielmehr ist sie das Resultat eines theologiegeschichtlichen Auswahlprozesses, der durch recht unterschiedliche Intentionen und Bedingungen gesteuert wird. Insofern ist die Kanonizität einer Schrift ein Akt der Zuschreibung. Ein bestimmtes Gemeinwesen erkennt aus einer Reihe von Schriften eine bestimmte Schrift als kanonisch an. Die für das jüdische Kanonverständnis wesentlichen Kriterien sind bei dem jüdischen Historiker Flavius Josephus um 100 n. Chr. dargelegt.[37] Es sind dies das Kriterium der Originalität und das Kriterium der Inspiration. Als kanonisch gelten diejenigen Schriften, die in der Zeit der Prophetie, d. h. von Moses bis Artaxerxes I. (465–425)/Esra entstanden sind und von inspirierten Autoren stammen. Die Auswahl der Schriften, denen auf diese Weise eine besondere Dignität zugesprochen wird, ist in der Anzahl begrenzt und im Wortlaut festgelegt. Wer

---

37 Contra apionem 1, 7, 37–1, 8, 45 (s. Anm. 30). Vgl. dazu P. Höffken, »Zum Kanonbewusstsein des Josephus Flavius in Contra Apionem und in den Antiquitates«, in: *Journal for the Study of Judaism in the Persian, Hellenistic and Roman Period* 32 (2001), S. 159–177.

jedoch ein wenig mit den Eigenheiten der Entstehungsgeschichte der alttestamentlichen Schriften vertraut ist, wird sofort erkennen, daß hier rückblickend Originalität und Inspiration für solche Schriften behauptet werden, die sich faktisch schon als kanonisch etabliert haben. Ich möchte daher meine Überlegungen mit einem knappen Überblick zur Literaturgeschichte des Alten Testaments beschließen, aus dem, wie ich hoffe, auch einiges über das Wesen der dort versammelten Literatur, ihrer Schriftwerdung und schließlich ihrer Kanonisierung deutlich wird.[38]

Was das Kriterium der Originalität anbelangt, so ist in literaturgeschichtlicher Hinsicht zuvörderst nach den Trägergruppen, den Verfassern und frühen Rezipienten der einzelnen Literaturwerke zu fragen. Das Problem wird sofort deutlich, wenn wir uns den traditionellen Namen der alttestamentlichen Bücher zuwenden. Zum überwiegenden Teil sind diese den Büchern erst in spätalttestamentlicher oder gar nachbiblischer Zeit zugewachsen. Doch auch dort, wo sie älteren Datums sind, geben sie keine hinreichende Auskunft über deren tatsächlichen Verfasser. So wird bei den meisten Prophetenbüchern eine Kernüberlieferung auf den jeweiligen Namensgeber zurückgehen, daneben ist aber mit in der Regel sehr viel umfangreicheren anonymen Fortschreibungen zu rechnen, deren Urheber sich nur auf dem Wege der literarhistorischen Rekonstruktion in Umrissen zu erkennen geben. Die traditionellen Namen der biblischen Bücher sind folglich nicht im Lichte eines Autorenbegriffs zu lesen, wie er uns in der Nachfolge der klassischen Literatur Griechenlands selbstverständlich ist, dem vorhellenistischen Is-

---

38 Die folgenden Ausführungen sind in einem Maße gerafft, daß ich auf Einzelnachweise verzichte. Für einen Überblick zu den einzelnen Büchern des Alten Testaments vgl. J. C. Gertz (Hg.), *Grundinformation* (s. Anm. 32). Für eine literaturgeschichtliche Betrachtung, die mit Blick auf die althebräische und frühjüdische Literatur erst in den Anfängen steht, vgl. Konrad Schmid, *Literaturgeschichte des Alten Testaments*. Eine Einführung, Darmstadt 2008 (vgl. a. a. O., S. 43 ff. auch zu den literatursoziologischen Aspekten der Literaturproduktion).

rael jedoch unbekannt war. Vielmehr sind sie in der überwiegenden Zahl der Fälle primär Ausdruck dafür, daß die Bücher der Autorität einer großen prophetischen (Jesaja etc.) oder königlich-weisen (Salomo) Gestalt aus der Geschichte Israels unterstellt worden sind.

Wer waren also die Verfasser oder »Trägergruppen« der alttestamentlichen Schriften? Die Anfänge der alttestamentlichen Literatur liegen in der frühen bis mittleren Königszeit, und zwar in der Einrichtung von Hofämtern und dem Ausbau einer Verwaltung. Als Träger der alttestamentlichen Literatur in vorexilischer Zeit haben wir demnach in erster Linie mit Hof- und Tempelfunktionären, also Schreibern und Priestern, zu rechnen. Hinzu kommt, sofern nicht deckungsgleich, eine relativ schmale, gebildete Oberschicht. Wie andernorts setzt mit der Etablierung des Königtums die auf die Zeitgeschichte bezogene Annalistik ein. Bald werden ihr die Aufzeichnung der Sagenüberlieferung des Volkes über seine Vorzeit und die Anfänge des Königtums vorangestellt. Hier liegen die Anfänge der geschichtlichen Überlieferungen des Alten Testaments in den Büchern Genesis – 2. Könige. Nach dem Vorbild der internationalen Weisheit kommt es im Rahmen der Erziehung der künftigen Eliten zur Anlage von Spruchsammlungen. Hier liegen die Anfänge der alttestamentlichen Weisheitsliteratur in der Sammlung der Proverbien. Für den geordneten Tempelkult war es notwendig, Rituale, Opferbestimmungen und liturgisch-rituelle Kultlieder aufzuzeichnen. Hier liegen die Anfänge der kultrechtlichen Bestimmungen und der Psalmen. Aus den Kulturen Mesopotamiens wissen wir, daß Prophetenworte unter bestimmten Umständen, etwa weil sie nationale Bedeutung hatten, archiviert worden sind. Auch hat man im transjordanischen *Tell Deir Alla* eine Sammlung von Prophetensprüchen des Sehers Bileam gefunden. Entsprechend ist damit zu rechnen, daß Prophetenworte in den Archiven von Hof und Tempel oder von Anhängern der Propheten aufbewahrt wurden. Hier dürften die Anfänge der prophetischen Überlieferungen des Alten Testaments liegen. Schließlich ist es im Laufe der Königszeit auch allmählich zur Ausbildung einer ordentlichen Gerichtsbarkeit gekommen. In der fortgeschrittenen Königszeit dürfte sie zur Aufzeichnung grundlegender Rechtsbestimmungen geführt haben, möglicherweise im Sinne eines Rechtslehrbuches. Hier liegen die Anfänge der Rechtssatzsammlungen in den Büchern Exodus und Deuteronomium.

Mit alldem dürfte sich die Literaturgeschichte der beiden Königreiche Juda und Israel nicht grundsätzlich von derjenigen anderer Staaten in der Region unterschieden haben. Zwar sind uns die Literaturen der anderen Kleinstaaten der Region nur in Bruchstücken erhalten, doch gibt es keine literarische Gattung, die sich nicht auch außerhalb des Alten Testaments belegen ließe. Ganz eigenartig ist indes die Dynamik, die die alttestamentliche Literaturgeschichte mit Beginn des exilischen Zeitalters genommen hat. Die Eroberung der beiden Königreiche Juda und Israel durch die Assyrer und die Babylonier in den Jahren 722/1 v. Chr. und 587/6 v. Chr. bedeutete den Verlust derjenigen Gegebenheiten, welche im Alten Orient die Identität eines Gemeinwesens sichern: Landbesitz, Selbständigkeit, Dynastie und Tempel. Da der Untergang in Schüben erfolgte und sich über fast zwei Jahrhunderte hinzog, gelang es jedoch, die schriftliche Tradition zum wesentlichen Identitätsmerkmal auszubilden. Etwas vereinfacht formuliert: In der Verarbeitung des Untergangs des Nordreichs bildeten die Trägergruppen insbesondere im Bereich der Prophetie diejenigen Vorstellungsgehalte der alttestamentlichen Religion aus, die später Juda in einer vergleichbaren historischen Situation ein zukunftseröffnendes Verständnis seiner Gegenwart ermöglicht haben.

Dies geschieht für die einzelnen Überlieferungsbereiche der alttestamentlichen Literatur in ganz unterschiedlicher Weise. Die geschichtlichen Traditionen werden zu einer Geschichte der eigenen Vorzeit verdichtet, die sich ganz aus den Sinnbedürfnissen und Nöten der Gegenwart her ergibt. Ihr wichtigstes Merkmal ist die Entkoppelung der Identität »Israels« von Eigenstaatlichkeit und Königtum. An die Stelle der traditionellen Begründung ethnischer und kultureller Identität treten, gänzlich losgelöst vom Land und seiner Geschichte, die Geschichte des vorstaatlichen Israels und die Erinnerung daran, daß sich Jahwe Israel in der Befreiung aus Ägypten erfolgreich angenommen hat. Die rechtlichen Überlieferungen bilden die Vorstellung aus, wonach nicht der König, sondern allein die Gottheit Jahwe der Geber und Garant eines vor- und überstaatlichen Rechtes ist. Die überlieferten prophetischen Traditionen werden als Ansage der eigenen Situation gelesen und mit Blick auf die eigene Situation aktualisierend fortgeschrieben. In der Weisheitsliteratur führt schließlich die Krisenerfahrung zu einer vertieften Wahrnehmung des Menschen sowie des Zusammenhangs von göttlicher Gerechtigkeit und des individuellen wie überindividuellen Ergehens.

Die Erfahrung Israels im Exil, wonach der Rückgriff auf die Überlieferung tatsächlich helfen konnte, die Identität über den Verlust der Eigenstaatlichkeit hinweg zu bewahren, hat diese literaturgeschichtlichen Entwicklungen maßgeblich befördert und ihre erstaunliche Eigendynamik freigesetzt. In diesem Kontext wird sich dann auch relativ schnell die Forderung entwickelt haben, die auf diese Weise bewährte und gestärkte Tradition in verbindlicher Weise zu überliefern. Der damit eröffnete Prozeß der Sammlung, Fortschreibung und Pflege der tradierten Schriften fand vermutlich zunächst in unterschiedlichen Kreisen statt. So dürften der Pentateuch, die Bücher Genesis – Deuteronomium, und die Geschichtsbücher vor allem in Kreisen der Priesterschaft und der ehemaligen Hofbeamten überliefert worden sein. Eschatologisch gestimmte Kreise macht man hingegen gerne für die Sammlung von Prophetenbüchern verantwortlich. Von nicht zu überschätzender Bedeutung für die Ausbreitung der jüdischen Literatur und die Entstehung der Sammlung der Heiligen Schriften des Alten Testaments war schließlich die Herausstellung der Bücher Genesis – Deuteronomium als Tora. Sie dürfte in persischer Zeit erfolgt sein und wird gerne in Anlehnung an Esra 7 mit der Einführung der jüdischen Eigengerichtsbarkeit auf Veranlassung der persischen Reichsverwaltung in Verbindung gebracht.³⁹ Man kann sogar mutmaßen, daß wegen der jüdischen Eigengerichtsbarkeit eine Vielzahl jüdischer Gemeinden im Besitz von Tora-Rollen gewesen ist und auch Schriftgelehrte gekannt hat. Wie dem auch sei, die Tora wurde seit dem dritten vorchristlichen Jahrhundert ins Griechische übertragen, d. h. gegen Ende der persischen Periode ist ihre Entstehung im wesentlichen abgeschlossen. Die Sammlung der prophetischen Bücher dürfte in der hellenistischen Periode zu einem Abschluß gebracht worden sein. Indizien hierfür sind die in dieser Zeit erfolgte Herausbildung von der Vorstellung vom Ende der Prophetie (vgl. Sach 13,1–6; Dan 9) und der Umstand, daß das in der Makkabäer-Zeit entstandene – prophetische – Buch Daniel keine Aufnahme mehr in den prophetischen Kanonteil gefunden hat. Belege für den fortschreitenden Kanonisierungsprozeß finden sich zunächst bei Jesus Sirach. Er belegt um 190 v. Chr. die Sammlung der normativen, geschichtlichen und prophetischen Tradition in Gestalt der Tora und der vorderen und hinteren Propheten. Der Enkel des Jesus Sirach nennt dann im Prolog zu Jesus Sirach etwa um 110 v. Chr. als eine weitere, noch nicht abgeschlossene Gruppe neben dem Gesetz und den Propheten auch die Schriften/Ketubim. Um die Zeitenwende bezieht sich eine essenische Rechtssatzsammlung aus Qumran auf das Studium »im Buch des Mose, in den Büchern der Propheten und in David« (4QMMT C 10).⁴⁰

Die gleichermaßen ökonomische wie intellektuelle Herausforderung durch den Hellenismus und die erneute massive Bedrohung von Identität und Existenz des (frühen) Judentums un-

---

39 Zur Diskussion um die sogenannte Reichsautorisation vgl. Konrad Schmid, »Persische Reichsautorisation und Tora«, in: *Theologische Rundschau* 71 (2006), S. 494–506.

40 Vgl. Elisha Qimron/John Strugnell (Hg.), »Qumran Cave 4, Vol. 5 Miqsat Maaśe ha-Torah«, in: *Discoveries in the Judean Desert* 10 (1994), S. 58.

ter seleukidischer Herrschaft haben dann in der Makkabäerzeit die Tendenz zur Rückbesinnung auf die Tradition abermals verstärkt. Das Gesetz und die Propheten rückten als grundlegende Orientierung immer stärker in den Vordergrund der religiösen Praxis. Dies geschah freilich nicht im Konsens, vielmehr entwickelte sich wegen der Bedrohungen von außen und Zerwürfnissen im Innern die Frage nach der Identität des »wahren Israel« zum alles bestimmenden Diskussionsgegenstand. Vereinfacht darf man sagen, daß sich vor allem zwei konkurrierende Modelle vom »wahren Israel« ausbildeten: Das eine orientierte sich an einer rigorosen Torafrömmigkeit, das andere an einer apokalyptischen Geschichtsdeutung. Beiden Modellen, zwischen denen es verschiedene Abstufungen, Verbindungen und Überschneidungen gab, war ihre Orientierung am Gesetz und den Propheten gemeinsam. Damit trugen sie, ungeachtet ihrer disparaten Auslegung von Gesetz und Propheten, zu einer Steigerung des Ansehens der ersten beiden Teile des späteren Kanons bei. In der Folge führten die Auseinandersetzungen zwischen den verschiedenen frühjüdischen Gruppierungen um die Frage des »wahren Israel« im zweiten und ersten Jahrhundert v. Chr. zur Ausformung eines strengen Kanonbegriffs und damit der strikten Unterscheidung von kanonischer und nichtkanonischer Literatur. Die Ausformung des Kanonbegriffs und seine Folgen waren dann auch der Anlaß zu einer Abspaltung solcher Gruppierungen, die nicht bereit waren, diese Entwicklung des »offiziellen Judentums« oder »Mehrheitsjudentums« anzuerkennen.

Für den Abschluß des Kanonisierungsprozesses war schließlich entscheidend, welche Gruppierung des Frühjudentums und welche damit verbundene theologische Position sich durchsetzen konnte. In Frage kamen im wesentlichen drei Positionen: Die Apokalyptiker mit einem zumeist sehr extensiven Kanon, die Saduzzäer mit einem auf die Tora beschränkten Kanon und schließlich die Pharisäer und Schriftgelehrten, die neben der Tora auch die Propheten und Schriften als kanonisch betrachteten und so Torafrömmigkeit mit eschatologischer Orientierung zu verbinden wußten. Daß sich diese ausgleichende Position für das rabbinische Judentum als maßgebend behauptet hat, hängt mit der Zerstörung des zweiten Tempels im Jahre 70 n. Chr. und der Niederwerfung des Bar Kochba Aufstandes im Jahre 135 n. Chr. zusammen. Die Saduzzäer, konservative Vertreter und Parteigänger der Priesteraristokratie, waren mit dem Ende des Tempels ihrer wirtschaftlich-sozialen Existenzgrundlage beraubt und hatten historisch gesehen ausgespielt. Ebenfalls geschwächt waren die apokalyptischen Gruppierungen mit ihrer angespannt national ausgerichteten Naherwartung. Ihre Hoffnungen hatten sich nicht bestätigt. Gestärkt ging aus der Krise hervor, wenn wir das junge Christentum einmal vernachlässigen dürfen, allein die sich aus ehemaligen Kultbediensteten, Schriftgelehrten und Pharisäern formierende rabbinische Bewegung. Diese bot mit ihrem vernunftbetonten Festhalten an der Tora, die sich in der *Halacha* entfaltete, einen gangbaren Anknüpfungspunkt für den Neuanfang des Judentums. War ihr Kanon aber erst einmal anerkannt, dann war die Standardisierung ihrer Textform beinahe eine notwendige Folge. Diese setzt ungefähr um 100 n. Chr. ein.

IV

Ich komme zum Schluß: Die Entstehungsgeschichte der im Alten Testament versammelten Schriften erweist sich ganz überwiegend als Wechselspiel von theologischer Gegenwartsdeutung und traditionsbildender Selbstauslegung. Wir haben es in dem Sinne mit Traditionsliteratur zu tun, daß die überlieferten Texte zum Teil über Jahrhunderte hinweg auf die je eigene Situation hin gelesen und fortgeschrieben, mithin deutend aktualisiert wurden. Wesentlich vorangebracht haben dieses Wechselspiel die theologischen und literarischen Verarbeitungen der Krisen, in denen die Identität »Israels« auf dem Spiel gestanden hat: Die militärische, wirtschaftliche und kulturelle Hegemonie des neuassyrischen Reiches im achten Jahrhundert v. Chr. mit dem Untergang Samarias und des Nordreichs; das auf die Eroberung

Jerusalems, die Zerstörung des Tempels, den Untergang der Dynastie und den Verlust der Eigenstaatlichkeit im Jahre 587 v. Chr. folgende babylonischen Exil und die Entstehung einer »weltweiten« Diaspora; die in theologischer und wirtschaftlicher Hinsicht extrem schwierig verlaufene Neukonstituierung des Judentums als nachstaatliche Gemeinschaft in der Perserzeit und schließlich der unter angespannten wirtschaftlichen Bedingungen gleichermaßen nach innen wie nach außen ausgetragene Konflikt um die Identität Israels in der Zeit des Hellenismus. Am Ende dieser Entwicklung steht der Kanon heiliger Schriften. Das Wechselspiel von Traditionsaneignung und produktiver Weitergabe ist von da an in die Kommentarliteratur der Rabbinen und die urchristlichen Schriften ausgewandert.

Der Kanon ist also das vieldeutige Ergebnis einer vielschichtigen Bewegung, an deren Ende verschiedene Sammlungen heiliger Schriften stehen. Die Verschiedenheit gilt auch, aber nicht in erster Linie, für den Umfang und die Anordnung der kanonischen Schriften. Sie gilt vor allem für die Perspektive, in der diese Schriften als Kanon gelten. Kanonisierung ist ein Akt der Zuschreibung, der eine faktisch schon ausgebildete Abgrenzung von Schriften nach retrospektiv kanonbildenden Sachgesichtspunkten aussondert. Mit dieser Abgrenzung wird eine Gruppe von Texten als kanonisch anerkannt, und es werden konkurrierende Textgruppen ausgeschlossen. Dieser Grundsatz ist im Judentum ausgebildet und vom Christentum übernommen worden. Ein retrospektiv kanonbildender Sachgesichtspunkt ist derjenige des pharisäischen Judentums im ersten nachchristlichen Jahrhundert. Ein anderer ist derjenige des Christentums, das sich selbst als das Resultat einer unverwechselbaren Vorgeschichte begreift. Allein aus diesem Grund ist das Alte Testament die heilige Schrift des Urchristentums und Teil der christlichen Bibel.

Andreas Lindemann

Vom Brief nach Thessaloniki zum Neuen Testament
Die Entstehung des Kanons

»Kanon« – zu diesem nicht selten kritisierten Begriff heißt es in der Brockhaus-Enzyklopädie von 2006, es handele sich um »eine Zusammenstellung von Autoren und ihren Werken, die als exemplarisch und besonders erinnerungswürdig angesehen werden«. Es wird aber sogleich hinzugefügt: »Aufgrund eines steten Wandels der Bewertungsmaßstäbe literar[ischer] Öffentlichkeit ist eine verbindl[iche] Kanonisierung von Literatur jedoch nicht möglich.«

Wer kann bestimmen, was als »kanonisch« zu gelten hat und was nicht? Marcel Reich-Ranicki hat der von ihm herausgegebenen umfangreichen Sammlung der nach seinem Urteil bedeutendsten Werke der deutschsprachigen Literatur den Titel *Der Kanon* gegeben; aber dieser Fall, daß ein einzelner – und sei er auch noch so kompetent – über die Kanonisierung von Texten entscheidet, ist höchst ungewöhnlich. Entscheiden darüber womöglich Gremien oder Institutionen, sei es ein Parlament, sei es eine Expertenversammlung? Und wie verhalten sich »Kanon« und »Zensur« zueinander?[1] Ein Kanon kann dadurch entstanden sein, daß durch einen Akt der Zensur bestimmte

---

1 Vgl. Aleida und Jan Assmann (Hg.), *Kanon und Zensur. Beiträge zur Archäologie der literarischen Kommunikation II*, München 1987.

Texte ausgewählt, andere hingegen verworfen wurden. Man kann auch umgekehrt mit Hilfe eines Kanons Zensur praktizieren, indem alle Abweichungen von einer als kanonisch anerkannten Norm verworfen werden.

Das griechische Wort *kanon* bezeichnet ursprünglich ein Gerät der Baukunst, nämlich »die Meßrute« oder »das Richtscheit«. In übertragener Bedeutung meint *kanon* dann die »Norm« oder den »Maßstab«, an dem man sich zu orientieren hat. In diesem Sinne wird das Wort von dem theologischen Lehrer Clemens von Alexandria (etwa 150 bis 215) gebraucht, der von der »Regel (*kanon*) des Glaubens« und von der »Regel der Wahrheit« spricht.[2] In dem hier darzustellenden Zusammenhang bezeichnet das Wort Kanon die Sammlung der als gültig anerkannten religiösen Texte des Urchristentums, die nach Bestand und Wortlaut als verbindlich festgestellt gelten. Zwar ist diese Verwendung des Wortes Kanon in der Kirche erst verhältnismäßig spät im 4. Jahrhundert belegt;[3] aber der Prozeß, der dahin führt, läßt sich sehr viel früher wahrnehmen. Gefragt wird im folgenden also: Wie entwickelte sich im frühen Christentum jene Schriftensammlung, die später die Bezeichnung »Neues Testament« erhielt? Welche historische Bedeutung kommt dieser Sammlung zu, nicht zuletzt auch im Blick auf die Frage nach dem Erfolg des Christentums? Gefragt werden soll auch, ob der neutestamentliche Kanon für alle Zeiten abgeschlossen ist oder ob er grundsätzlich als revidierbar gilt.

Diese Fragen werden in fünf Schritten erörtert: Zunächst (1) wird in aller Kürze an die Sammlung der jüdischen »Heiligen Schriften« erinnert, die für das Urchristentum »die Schrift« war und die seit Entstehung des »Neuen Testaments« christlich als

---

2 Vgl. dazu Bruce M. Metzger, *Der Kanon des Neuen Testaments. Entstehung, Entwicklung, Bedeutung* [1987], übers. von Hans-M. Röttgers, Düsseldorf 1993, S. 274.

3 Heinz Ohme, »Kanon I (Begriff)«, in: *Reallexikon für Antike und Christentum* 20, Stuttgart 2004, S. 18 f.

»Altes Testament« bezeichnet wird.[4] Es folgen (2) eine Übersicht über die Geschichte der Sammlung der Briefe des Paulus und (3) eine knappe Skizze zur Geschichte der Evangelien, von denen vier »kanonisch«, viele andere dagegen »apokryph« wurden. Sodann wird (4) die Entwicklung dargestellt, die zu dem neutestamentlichen Kanon führte, der aus den vier Evangelien und einer Apostelgeschichte sowie einer größeren Zahl von Briefen und einer »Apokalypse« besteht. Es folgen abschließend (5) Überlegungen zur historischen und zur theologischen Bedeutung des neutestamentlichen Kanons.

I Die Heiligen Schriften des Judentums

1

Während und nach der Zeit des babylonischen Exils, also im 6. bzw. 5. Jahrhundert vor Christus, entstand im antiken Judentum die Praxis, bestimmten Schriften der religiösen Tradition eine besondere Verbindlichkeit zuzusprechen. Das galt zuerst für die Tora, das in den fünf Büchern Mose kodifizierte »Gesetz«, und es galt später auch für die Prophetenbücher; von einem festen »Kanon« oder gar von einer nach Umfang und Wortlaut festgelegten »Bibel« kann zu dieser Zeit allerdings noch nicht gesprochen werden.[5] Später kommt eine weitere Gruppe literarischer Zeugnisse hinzu, jene Bücher, die in der jüdischen Tradition etwas unbestimmt als »Schriften« bezeichnet werden; zu ihnen gehören so unterschiedliche Texte wie der Psalter und die »Sprüche«, das apokalyptische Danielbuch und die Bücher der »Chronik«.[6] Die zwischen dem 4. und dem 2.

---

4 Ausführlich dazu der Beitrag von Jan Christian Gertz in diesem Band.
5 Vgl. Frank Crüsemann, »Das ›portative Vaterland‹. Struktur und Genese des alttestamentlichen Kanons«, in: A. und J. Assmann (Hg.), *Kanon* (Anm. 1), S. 64–79.
6 Dazu Hanna Liss, *TANACH – Lehrbuch der jüdischen Bibel*, in Zusammenarbeit mit Annette M. Böckler und Bruno Landthaler, Heidelberg 2005, S. 3–6.

Jahrhundert vor Christus entstandene Übersetzung der jüdischen Heiligen Schriften ins Griechische, die »Septuaginta«,[7] enthält darüber hinaus weitere Texte – sowohl solche, für die es kein hebräisches Original gibt wie etwa die Makkabäerbücher, als auch solche, die zwar ursprünglich in hebräischer Sprache verfaßt, aber dennoch nicht allgemein anerkannt sind wie etwa das weisheitliche Buch Jesus Sirach. Sirach setzt selber bereits eine aus »Gesetz, Propheten und anderen Schriften« bestehende Sammlung voraus, wie die von dem Übersetzer geschriebene Vorrede zeigt; die genaue Zusammensetzung dieser Sammlung kennen wir aber nicht.

Der jüdische Historiker Flavius Josephus (37 – ca. 100) betont in seiner apologetischen Schrift »Gegen Apion«, es gebe bei den Juden »keine Unzahl voneinander abweichender und sich gegenseitig widersprechender Bücher«, sondern nur deren zweiundzwanzig, »welche die gesamte Vergangenheit schildern und mit Recht als göttlich angesehen werden« (I 8). Josephus zählt diese Schriften auf und erklärt dazu, es habe sich niemand jemals »erdreistet, Zusätze im Text anzubringen oder Verstümmelungen oder sonstige Änderungen daran vorzunehmen«; die Juden »bringen vielmehr den Glauben an deren göttlichen Ursprung gleichsam mit zur Welt wie auch den Vorsatz, ihnen treu zu bleiben und, wenn es sein muß, mit Freuden für sie zu sterben«.[8] Der babylonische Talmud erzählt von einem Gespräch zwischen Sadduzäern und Rabbi Gamaliel: »Woher ist zu entnehmen, daß der Heilige, gepriesen sei er, die Toten beleben wird? Dieser erwiderte ihnen: Aus der Tora, aus den Propheten und aus den Hagiographen.«[9]

---

7 Zum einzelnen s. den Beitrag von Jan Christian Gertz.

8 Flavius Josephus, *Kleinere Schriften*, übersetzt und mit Einleitung und Anmerkungen versehen von Dr. Heinrich Clementz, Wiesbaden 1993, S. 96.

9 Babylonischer Talmud Traktat Sanhedrin 90b (in: *Der Babylonische Talmud*, neu übertragen durch Lazarus Goldschmidt, Band IX, Berlin 1934, S. 29).

Die Behauptung des Josephus, der Wortlaut der Heiligen Schriften sei unveränderlich, ist in dieser Form nicht zutreffend; die biblischen Texte waren in der Geschichte im Gegenteil immer wieder verändert und durch nachträgliche Redaktionen auch korrigiert worden. Andererseits aber war das Judentum zur Zeit des Josephus tatsächlich im Begriff, den Umfang der Heiligen Schriften eindeutiger zu bestimmen, wozu jetzt auch die Zurückweisung der Septuaginta zugunsten allein der hebräischen Schriften gehörte. Diese Zurückweisung erfolgte nicht zuletzt auch deshalb, weil die Septuaginta von dem entstehenden Christentum mit großer Selbstverständlichkeit als Heilige Schrift verwendet wurde.[10]

2

Der etwa zur selben Zeit wie Josephus tätige Autor des Lukasevangeliums erzählt im letzten Kapitel seines Buches, wie zwei Jünger, die am dritten Tag nach der Kreuzigung Jesu von Jerusalem nach Emmaus gehen, auf ihrem Weg dem von ihnen zunächst nicht erkannten auferstandenen Jesus begegnen. Als sie auf seine Frage hin enttäuscht davon sprechen, daß Jesus offenbar doch nicht der Messias gewesen war, wie sie gehofft hatten, bekommen sie zur Antwort, sie seien »unverständig und trägen Herzens«, weil sie nicht glauben, was die Propheten gesagt haben: »Mußte der Messias nicht solches erleiden und so in seine Herrlichkeit eingehen?«, fragt der noch immer nicht erkannte Jesus, und dann »fing er an bei Mose und allen Propheten und legte ihnen aus, was in allen Schriften über ihn geschrieben steht« (Lk 24,25–27). Die Wendung »Mose und alle Propheten« meint die Gesamtheit der Heiligen Schrift; Lukas und mit ihm die christliche Gemeinde ist davon überzeugt, daß diese Heilige Schrift überall von Jesus Zeugnis ablegt, so daß man geradezu meinen könnte, es bedürfe gar keiner eigenen christli-

---

10 Vgl. Michael Tilly, *Einführung in die Septuaginta*, Darmstadt 2005, S. 100–121.

chen Textsammlung. Die Schriften Israels sind Heilige Schrift auch für die Christen, also für die an Jesu Auferweckung glaubenden Juden und Nichtjuden gleichermaßen. Warum aber kommt es dennoch zu der später als »Neues Testament«[11] bezeichneten Sammlung christlicher Schriften?[12]

2 Die Paulusbriefe und ihre Sammlung

1

Schon einige Jahrzehnte vor dem Lukasevangelium war in den christlichen Gemeinden so etwas wie eine eigene Literatur entstanden. Anfang der 50er Jahre schrieb Paulus Briefe an von ihm gegründete Gemeinden und auch an die ihm unbekannten Christen in Rom. Um das Jahr 70 wird dann das Markusevangelium verfaßt, die erste literarisch gestaltete Erzählung über Jesus. Weder die Paulusbriefe noch das Markusevangelium sind darauf angelegt, von den Leserinnen und Lesern bzw. Hörern in der gottesdienstlichen Versammlung als womöglich »heilige« Texte anerkannt zu werden; aber sie sind auch nicht nur Gebrauchsliteratur mit quasi eingebautem »Verfallsdatum«. Die Paulusbriefe wachsen vielmehr im Verlauf von offenbar nur wenigen Jahrzehnten zu einem »Corpus Paulinum« zusammen, und sie werden in den Gemeinden sehr bald als allgemein anerkannte, verbindliche Schriften verstanden und verwendet. Wie kam es dazu?

Die handschriftliche Überlieferung der Paulusbriefe wie überhaupt des Neuen Testaments reicht nicht zurück bis in den hier zunächst darzustellenden Zeitraum; wir besitzen keine

---

11 Zur Anwendung des Begriffs »Neues Testament« auf eine Sammlung urchristlicher Literatur s. Wolfram Kinzig, »*Kaine diatheke*: The Title of the New Testament in the Second and Third Centuries«, in: *Journal of Theological Studies* 45 (1994), S. 519–544.

12 Zur neueren Forschung s. Theo K. Heckel, »Neuere Arbeiten zum Neutestamentlichen Kanon«, in: *Theologische Rundschau* 68 (2003), S. 286–312. 441–459.

Handschriften mit dem Text einzelner paulinischer Briefe, geschweige denn das Original eines dieser Briefe.[13] Schon die ältesten uns erhaltenen Handschriften setzen eine Paulusbrief*sammlung* voraus. Der im allgemeinen in die Zeit um 200 datierte Papyrus 46 beginnt mit dem Römerbrief (es fehlt der Eingangsabschnitt 1,1–5,16), dann folgen der Hebräerbrief und die beiden Korintherbriefe sowie die Briefe an die Epheser, Galater, Philipper und Kolosser und schließlich der 1. Thessalonicherbrief, wo die Handschrift abbricht; ob der Papyrus 46 ursprünglich eine vollständige Paulusbriefsammlung, also auch den 2. Thessalonicherbrief, Philemon und die Pastoralbriefe enthielt, läßt sich nicht sagen.[14]

Nun stellen die Briefe des Paulus im Rahmen der antiken Briefliteratur insofern eine gewisse Besonderheit dar, als sich hier ein einzelner Mensch brieflich an ganze Gemeinden wendet und sie über religiöse Fragen informiert oder auch berät.[15] Der vermutlich älteste der uns erhaltenen Paulusbriefe, zugleich der erste uns bekannte christliche Text überhaupt, ist gerichtet »an die Gemeinde – wörtlich: die Volksversammlung (*ekklesia*) – der Thessalonicher«. Dieser Brief schließt mit der geradezu beschwörenden Aufforderung des Absenders, der Brief solle allen »Brüdern« (und das heißt nach dem Sprachgebrauch des Paulus immer auch: »Schwestern«) vorgelesen werden (1 Thess 5,27); für Traugott Holtz ist diese Aufforderung bereits »ein allererster Schritt« in Richtung auf eine »Kanonisierung«, auch wenn die Autorität dieses Briefes noch ganz an die aktuell gegebene Situation gebunden sei.[16]

13 Das gilt auch für die übrige antike Literatur, soweit es sich nicht um Inschriften handelt.
14 S. dazu Kurt Aland und Barbara Aland, *Der Text des Neuen Testaments. Einführung in die wissenschaftlichen Ausgaben sowie in Theorie und Praxis der modernen Textkritik*, Stuttgart ²1989, S. 58.
15 Vgl. dazu den Beitrag von Oda Wischmeyer in diesem Band.
16 Traugott Holtz, *Der erste Brief an die Thessalonicher* (Evangelisch-Katholischer Kommentar zum Neuen Testament XIII), Zürich/Neukirchen-Vluyn, 1986, S. 274.

Auch der sehr umfangreiche *1. Korintherbrief* ebenso wie die Briefe an die Christen in der makedonischen Stadt Philippi, an die »Kirchen« in Galatien sowie an die Christen in Rom richten sich an die unmittelbaren Adressaten und offenbar an niemanden sonst. Der kleine Brief an Philemon ist sogar ein rein privates Schreiben – Paulus nimmt sicherlich nicht an, es werde außer den namentlich genannten Personen Philemon, Apphia und Archippos sowie »der Gemeinde in deinem Hause« noch irgend jemand sonst diesen Brief lesen. Hinsichtlich des *2. Korintherbriefs* wird nicht selten die These vertreten, daß er das Ergebnis einer nachträglich erfolgten redaktionellen Zusammenführung mehrerer ursprünglich kleinerer Briefe des Paulus nach Korinth ist.[17] Wenn diese These zutrifft,[18] dann liegt hier ein Indiz dafür vor, daß man in Korinth neben dem vorhandenen großen ersten Brief des Paulus nach Korinth einen ähnlich umfangreichen zweiten Brief herstellen wollte,[19] vermutlich in der Absicht, auf diese Weise dessen Archivierung in der eigenen Gemeinde und auch die Weitergabe an andere Gemeinden zu erleichtern. Dieser 2. Korintherbrief wäre dann auch ein früher Beleg für das Interesse an einer Sammlung der Paulusbriefe. Weniger wahrscheinlich ist die bisweilen vertretene Annahme, daß schon Paulus selber eine solche Sammlung angestrebt und begonnen habe und daß er bei der Abfassung seiner Briefe auch schon andere als die direkt angesprochenen Adressaten im Blick

---

[17] Für die Annahme, daß es in Korinth mehrere Paulusbriefe gab, spricht die von Paulus referierend dargestellte Kritik in 2 Kor 10,10: Wenn man in Korinth meint, »die Briefe« des Paulus seien gewichtig, dann setzt dies die Kenntnis nicht nur *eines* Briefes voraus.

[18] Vgl. Hans Conzelmann/Andreas Lindemann, *Arbeitsbuch zum Neuen Testament*, Tübingen [14]2004, S. 270–274; anders etwa Udo Schnelle, *Einleitung in das Neue Testament*, Göttingen [6]2007, S. 96–104.

[19] Vgl. dazu Andreas Lindemann, *Paulus im ältesten Christentum. Das Bild des Apostels und die Rezeption der paulinischen Theologie in der frühchristlichen Literatur bis Marcion* (Beiträge zur Historischen Theologie 58), Tübingen 1979, S. 22 f.

gehabt hatte;[20] jedenfalls fehlen in den Briefen entsprechende Indizien.

2

Offenbar schon recht früh nach dem Tod des Paulus Anfang der 60er Jahre geschieht etwas im Grunde Überraschendes: Es kommt zur Abfassung von Briefen, in denen der Name »Paulus« als Autor genannt ist, ohne daß diese Briefe tatsächlich von ihm stammen. Der älteste dieser »pseudepigraphischen« Briefe ist vermutlich der *Kolosserbrief*. Dessen Verfasser wendet sich gegen bestimmte theologische Lehrmeinungen,[21] und er bedient sich in seiner Argumentation der Autorität des Apostels Paulus, der zwar nicht selber in die Gemeinde kommen, immerhin aber den vorliegenden Brief habe schreiben können.[22] In diesem vermutlich ältesten »pseudopaulinischen« Brief ist nun zum ersten Mal von einem Brieftausch die Rede: Die Adressaten, also die Christen in »Kolossä«, sollen diesen Brief nach Laodicea schicken und einen von »Paulus« an die dortige Gemeinde gerichteten Brief dafür entgegennehmen (Kol 4,16). Ob ein solcher Austausch von Briefen bereits übliche Praxis ist, oder ob der fiktive »Paulus« derartiges allererst initiieren möchte,[23] können wir

---

20 So David Trobisch, *Die Entstehung der Paulusbriefsammlung. Studien zu den Anfängen christlicher Publizistik* (Novum Testamentum et orbis antiquus 10), Freiburg (Schweiz)/Göttingen 1989. Den 2. Korintherbrief in der vorliegenden Form führt Trobisch auf eine von Paulus selber in Korinth vorgenommene »Autorenrezension« zurück (S. 123–128).
21 Am deutlichsten wird das in dem Abschnitt Kol 2,8–23.
22 Vgl. Kol 2,5. Der Autor kennt zumindest den Brief an Philemon, denn die Grußliste in Kol 4,10–14 setzt Phlm 23 f. voraus; vgl. Andreas Lindemann, *Der Kolosserbrief* (Zürcher Bibelkommentare. Neues Testament 10), Zürich 1983, S. 73–75.
23 Eduard Schweizer, *Der Brief an die Kolosser* (Evangelisch-Katholischer Kommentar zum Neuen Testament XVI), Zürich/Neukirchen-Vluyn 1976, S. 179 meint, der Vorschlag zum Briefaustausch sei »wahrscheinlich so etwas wie die erste Anregung zu einer Paulusbriefsammlung, falls sich nämlich die Gemeinden von anderen Briefen Abschriften zu machen

nicht erkennen; jedenfalls setzt der Autor voraus, daß den Briefen des Paulus inzwischen eine Bedeutung über den ursprünglichen Adressatenkreis hinaus zugesprochen wird. Zwar kennen wir keinen Paulusbrief nach Laodicea,[24] wohl aber lebt in dieser wichtigen kleinasiatischen Stadt eine christliche Gemeinde, an die sich das letzte der sieben sogenannten »Sendschreiben« in der Johannesoffenbarung wendet (Apk 3,14–22). Diese Gemeinde kann aus Kol 4,16 den Eindruck ableiten, daß Paulus an sie gedacht hat, ohne sie persönlich zu kennen.

Daß man in der Zeit um das Jahr 80 mit dem Faktum der Existenz mehrerer Paulusbriefe vertraut ist, zeigt der vom Kolosserbrief literarisch unmittelbar abhängige *Epheserbrief*. Dessen Verfasser ist bestrebt, die aktuellen Aussagen des älteren Briefes in erweiterter Form ins stärker Grundsätzliche zu heben; auffallend ist, wie stark er dabei das Thema »Kirche« in den Mittelpunkt rückt, jetzt auch verbunden mit einer starken Betonung der Rolle von »Ämtern« in der Kirche (Eph 2,20; 4,11–12).

Ein etwa zur selben Zeit schreibender Autor, der Verfasser des *2. Thessalonicherbriefes*,[25] erwähnt ausdrücklich die Existenz gefälschter Paulusbriefe (2 Thess 2,2). Die Adressaten kennen vermutlich den Brief des Paulus nach Thessaloniki, der von einer baldigen Auferstehung der Toten und dem nahen Weltende

begannen«. Nach Michael Wolter, *Der Brief an die Kolosser. Der Brief an Philemon* (Ökumenischer Taschenbuchkommentar 12), Gütersloh und Würzburg 1993, S. 221 setzt der »Weitergabevermerk« in Kol 4,16 den bereits bestehenden Prozeß der Weitergabe und Sammlung der Paulusbriefe schon voraus, und der Autor »benützt ihn, um den Kol als einen der Paulusbriefe zu identifizieren, die in den von Paulus und seinen Mitarbeitern gegründeten Gemeinden zirkulieren und dadurch sein nachträgliches Auftauchen in der Gemeinde der faktischen Adressaten zu begründen«.

24 Sehr viel später wurde ein »Laodicenerbrief« geschrieben, um die durch Kol 4,16 entstandene »Lücke« zu füllen (s. unten Anm. 88).

25 Vgl. Andreas Lindemann, »Zum Abfassungszweck des Zweiten Thessalonicherbriefes« (1977), in: Ders., *Paulus, Apostel und Lehrer der Kirche*, Tübingen 1999, S. 228–240.

spricht (1 Thess 4,13–18; 5,1 ff.); sie erfahren nun, daß Paulus in Wahrheit solche Aussagen niemals gemacht hat, d. h. der vorhandene Brief nach Thessaloniki wird für »unecht« erklärt. Der Autor schreibt aber ausdrücklich, solche Fälschungen seien leicht zu erkennen, da in ihnen das »in jedem Brief« enthaltene Echtheitszeichen fehle, nämlich der eigenhändige Gruß des Paulus (2 Thess 3,17); da der authentische Paulusbrief dieses Zeichen tatsächlich nicht aufweist, ist er also als Fälschung erwiesen. Zwar enthalten der 1. Korinther- und der Galaterbrief von Paulus eigenhändig geschriebene Grüße (1 Kor 16,21; Gal 6,11), aber diese fungieren keineswegs als Echtheitszeichen; möglich ist, daß der Autor des 2. Thessalonicherbriefes diese Texte kannte und die dort erkennbare Praxis des Paulus nutzte, um seinem Brief den Anschein der Authentizität zu geben. Für unser Thema bedeutet dies vor allem: Man weiß, daß es mehrere Paulusbriefe gibt, ohne daß schon von einer regelrechten Sammlung der Briefe gesprochen werden könnte.

Etwas später, gegen Ende des 1. oder zu Beginn des 2. Jahrhunderts christlicher Zeitrechnung,[26] entstehen die Briefe des Paulus an seine Mitarbeiter Timotheus und Titus, die sogenannten *Pastoralbriefe*. Diese drei Briefe wurden vermutlich von vornherein als ein Corpus konzipiert und nicht erst nachträglich zusammengestellt.[27] Obwohl die wahrscheinlich in Rom geschriebenen Briefe als Adressaten einzelne Personen nennen, tragen sie durchaus keinen »privaten« Charakter; ihr Thema ist ein intensiviertes Kirchen- und vor allem Amtsverständnis, wie es das zur Zeit des Paulus noch nicht gegeben hatte: Die jetzt

---

26 Indizien für diese Datierung sind die Nähe der Pastoralbriefe zu dem im 1. Clemensbrief erkennbaren Kirchen- und Amtsverständnis und das in beiden Texten vorhandene Bemühen um die Zurückdrängung des Einflusses von Frauen in der Kirche (vgl. 1 Tim 2,8–15, besonders das »Schweigegebot« in 2,11 f., das sich sehr ähnlich in 1 Clem 21,7 findet). 1 Clem dürfte in den 90er Jahren geschrieben worden sein.

27 Michael Wolter, *Die Pastoralbriefe als Paulustradition* (Forschungen zur Religion und Literatur des Alten und Neuen Testaments 146), Göttingen 1988.

vorhandenen oder sich zumindest entwickelnden Strukturen der
Kirche sollen als von Paulus bestätigt, wenn nicht sogar als von
ihm initiiert erscheinen. Die Existenz (weiterer) paulinischer
Briefe wird in den Pastoralbriefen nicht erwähnt; dennoch wird
man schon allein die Entstehung dieses Briefcorpus als Beleg für
die Bedeutung ansehen dürfen, die zu dieser Zeit den Paulusbriefen in den Gemeinden beigemessen wurde; offenbar gab es
bereits eine größere Sammlung von Paulusbriefen, die nicht ohne weiteres durch andere »Gemeindebriefe« des Apostels hätte
erweitert werden können.

3

Der etwa zur gleichen Zeit geschriebene Brief der Gemeinde von
Rom an die Gemeinde von Korinth, traditionell *1. Clemensbrief*
genannt,[28] beweist mit seiner Aufforderung an die Korinther:
»Nehmt den Brief des Paulus zur Hand« (47,1), daß man in
Rom den 1. Korintherbrief des Paulus kennt und dort wohl
auch eine Abschrift von ihm besitzt. Die Formulierung zeigt zugleich, daß man in Rom davon ausgeht, der vor mehr als fünfzig
Jahren geschriebene Brief des Paulus stehe auch in Korinth ohne
weiteres zur Verfügung;[29] daß und warum eine Abschrift des

---

28 Clemens gilt als Bischof von Rom, was aber legendarisch ist. Der nach
   ihm benannte Brief nennt keinen Verfassernamen; vgl. dazu Andreas Lindemann, *Die Clemensbriefe* (Handbuch zum Neuen Testament 17. Die
   Apostolischen Väter I), Tübingen 1992, S. 13; Horatio E. Lona, *Der erste
   Clemensbrief* (Kommentar zu den Apostolischen Vätern II), Göttingen,
   1998, S. 23. Der Brief gehört ebenso wie die unten erwähnten Briefe des
   Ignatius von Antiochia und des Polykarp zu den sogenannten »Apostolischen Vätern«; s. dazu die Textausgabe: *Die Apostolischen Väter. Grie-
   chisch-deutsche Parallelausgabe*, hg. von Andreas Lindemann und Henning Paulsen, Tübingen 1992.
29 Lona (s. die vorige Anm.), S. 506 hält es für möglich, daß die zwei Briefe
   an die Korinther unter dem Titel *Brief* (!) des Apostels Paulus kopiert
   wurden; aber das ist wenig wahrscheinlich. Zur Frage, ob es den »Zweiten Korintherbrief« schon gab, gibt die Stelle leider nichts her. Der Zusammenhang, in dem die Aufforderung von 1 Clem 47,1 steht, zeigt, daß
   der Autor sich auf die Eingangskapitel des paulinischen Ersten Korin-

Briefes in Rom vorhanden ist, braucht den korinthischen Christen offensichtlich nicht erklärt zu werden. Zwar sieht der Autor des 1. Clemensbriefes die Briefe des Paulus nicht als »Schrift« (*graphe*) an – diese Bezeichnung gilt immer noch allein für die Heiligen Schriften, also das später so genannte Alte Testament.[30] Aber der Autor setzt voraus, daß die Briefe des Paulus nicht allein für die ursprünglichen Adressaten von Bedeutung waren, sondern auch für Christen in späterer Zeit.[31] Die Briefe werden zunehmend als zeitlose, oder vielleicht richtiger: als zeitübergreifende Dokumente verstanden. Zugleich beginnt damit auch die Entwicklung hin zu einer aktualisierenden Kommentierung, insofern man jetzt fragt, was die einst speziell auf Korinth oder Philippi oder Rom bezogenen Aussagen des Paulus nun heute und für eine ganz andere Gemeinde und ganz andere Verhältnisse bedeuten könnten.

Ein deutliches Indiz für eine mittlerweile offenbar existierende Paulusbriefsammlung stellen die um das Jahr 130 verfaßten Briefe des Ignatius dar. Ignatius war Bischof der Gemeinde im syrischen Antiochia gewesen; während er als Gefangener nach Rom gebracht wird, wo er das Martyrium erleiden soll, hat er auf zwei Stationen des Transports die Möglichkeit, Briefe zu schreiben, die an Gemeinden in Kleinasien und in Rom gerichtet

---

therbriefes bezieht, wo das »Parteiwesen« und die Spaltungen in der Gemeinde kritisiert werden.

30 Anders A.C. Sundberg, »Canon of the NT«, in: *The Interpreter's Dictionary of the Bible Supplement*, Nashville TN, [8]1988, S. 138. Aber 1 Clem rechnet die Paulusbriefe offensichtlich nicht zu den »heiligen Schriften« (45,2).

31 Vgl. Lars Hartman, »On Reading Others' Letters«, in: Ders., *Text-Centered New Testament Studies*, hg. v. David Hellholm (Wissenschaftliche Untersuchungen zum Neuen Testament 102), Tübingen 1997, S. 174: »When asking what the text meant we should ask for two intentions of Paul: the one regarding the specific occasion and, secondly, the one related to more general interest. To turn from the author's side of the communication to the recipient's, we should ask for two understandings of a text: the one in the original letter situation and, secondly, the ones where the letter was reread (e.g., Ephesus).«

sind.[32] Der Gemeinde in Ephesus schreibt Ignatius (Eph 12,2), Paulus erwähne sie »in jedem Brief«, womit er die besondere Bedeutung dieser Kirche hervorheben will. Die Formulierung ist insofern übertrieben, als Paulus Ephesus zwar mehrfach, aber nicht »in jedem Brief« erwähnt. Deutlich wird jedoch, daß Ignatius mehrere Briefe des Paulus kennt und daß er annimmt, für die christlichen Epheser gelte dasselbe.

Etwas später schreibt Polykarp, Bischof der Gemeinde von Smyrna, an die Christen in der von Paulus gegründeten Gemeinde in Philippi, Paulus habe ihnen Briefe (!) geschrieben, die immer noch die Auferbauung des Glaubens zu fördern vermögen (3,2). Polykarp zitiert aus dem 1. Korintherbrief,[33] und er fügt hinzu, Paulus habe in Philippi gewirkt und sich der Philipper »in allen Gemeinden« (*in omnibus ecclesiis*) gerühmt. In diesem Zusammenhang folgt die Aussage, die Adressaten seien »in den heiligen Schriften wohl bewandert« (*confido enim vos bene exercitatos esse in sacris literis*,[34] 12,1), und dazu zitiert er eine Aussage aus dem Epheserbrief. Das könnte für die Vermutung sprechen, daß Polykarp auch die paulinischen Briefe zu den *sacrae literae* rechnet.[35]

---

32 Die Echtheit der Ignatiusbriefe wird bestritten von Thomas Lechner, *Ignatius adversus Valentinianos? Chronologische und theologiegeschichtliche Studien zu den Briefen des Ignatius von Antiochien* (Vigiliae Christianae Supp. 47), Leiden 1999. Zur Kritik s. meine Rezension in: *Zeitschrift für Antikes Christentum* 6 (2002), S. 157–161.

33 In PolPhil 11,2 f. wird 1 Kor 6,2 zitiert: »Oder wissen wir nicht, daß die Heiligen die Welt richten werden, wie Paulus lehrt?«

34 Der Polykarpbrief ist teilweise nur noch in einer lateinischen Übersetzung erhalten.

35 Johannes Leipoldt, *Geschichte des neutestamentlichen Kanons. Erster Teil. Die Entstehung*, Leipzig 1907 (= 1974), S. 191 meint allerdings, »nach allem, was wir wissen«, sei es »ausgeschlossen, daß Polykarp den Epheserbrief als Heilige Schrift bezeichnete«; entweder sei die lateinische Übersetzung des griechischen Originals ungenau, »oder Polykarp hat irrtümlicher Weise gemeint, das Zitat aus dem Epheserbriefe stünde im Alten Testamente«. Letzteres ist wenig wahrscheinlich. Richtig ist aber, daß die lateinische Übersetzung des Polykarpbriefs vielfach ungenau ist.

Einen sicheren Beleg für das Vorhandensein einer größeren Paulusbriefsammlung bietet der 2. *Petrusbrief*, die ungeachtet des Verfassernamens jüngste Schrift im Neuen Testament. Anders als der deutlich früher verfaßte *1. Petrusbrief* wendet sich der zweite Brief nicht an bestimmte Adressaten, sondern an alle, die »denselben Glauben haben wie wir« (1,1). Am Ende (3,15) erinnert der fiktive Petrus daran, daß Paulus »euch« – also offenbar »allen« Christen – geschrieben hat »entsprechend der ihm verliehenen Weisheit«. Die hier gebrauchte Wendung »unser geliebter Bruder Paulus« und ebenso der Hinweis auf die diesem verliehene Weisheit sind keineswegs herablassend oder gar kritisch gemeint, sondern sie passen zum Anspruch des Briefes, von »Simon Petrus, Sklave und Apostel Jesu Christi«, verfaßt worden zu sein (1,1).[36] Dieser Petrus spricht nun ausdrücklich von »allen Briefen« des Paulus, also von einer größeren Zahl, wobei er die Übereinstimmung der eigenen Aussagen mit den Briefen des Paulus betont. Er fügt hinzu, diese Briefe seien zum Teil »schwer verständlich«, und es gebe »unkundige und ungefestigte Gemüter«, die den Sinn des von Paulus Gesagten verdrehen; das aber, so heißt es weiter, tun sie auch mit »den übrigen Schriften«, und so hat es den Anschein, als rechne der Autor des Zweiten Petrusbriefes jetzt auch die Paulusbriefe zu den Schriften.[37] Indem der Autor selber sich als »Simon Petrus« ausgibt (1,1) und ausdrücklich darauf hinweist, daß der vorliegende Brief der »zweite« ist (3,1), gewinnt man den Eindruck,

---

36 Vgl. dazu Henning Paulsen, »Kanon und Geschichte. Bemerkungen zum Zweiten Petrusbrief«, in: Ders., *Zur Literatur und Geschichte des frühen Christentums. Gesammelte Aufsätze*, hg. von Ute E. Eisen (Wissenschaftliche Untersuchungen zum Neuen Testament 99), Tübingen 1997, S. 154–161, hier: S. 158 f.

37 Zur Auslegung vgl. Henning Paulsen, *Der Zweite Petrusbrief und der Judasbrief* (Kritisch-exegetischer Kommentar über das Neue Testament XII/2), Göttingen 1992, S. 174 f.

daß er auf diese Weise die beiden Petrusbriefe den Paulusbriefen als gleichwertig an die Seite gestellt sehen will.[38]

4

Von einer als verbindlich angesehenen, gar als kanonisch geltenden Sammlung christlicher Texte ließ sich bis jetzt noch nicht sprechen.[39] Das ändert sich möglicherweise, als um die Mitte des 2. Jahrhunderts der aus Sinope am Schwarzen Meer stammende einstige Schiffsreeder Marcion, Sohn eines Bischofs, nach Rom kommt. Die später gegen Marcion bzw. gegen die von ihm gegründete Kirche[40] verfaßten Bücher, insbesondere das fünfbändige Werk des Tertullian »Gegen Marcion«, lassen erkennen, daß Marcion die Existenz zweier Götter lehrte: Auf der einen Seite steht der gerechte Gott, der Schöpfer und Gesetzgeber, von dem das Alte Testament berichtet; auf der anderen Seite steht der »fremde Gott«, der gnädige, der sich in Jesus geoffenbart hat.[41] Die Marcioniten lasen möglicherweise die jüdischen Heiligen Schriften, aber sie sahen sie natürlich nicht als Offenbarungsschrift.[42] Zeugnis der Offenbarung des »fremden Gottes« war

- [38] Der Autor des 2. Petrusbriefes kennt also den 1. Petrusbrief oder weiß zumindest, daß dieser existiert.
- [39] Sundberg, »Canon« (s. Anm. 30), S. 137 betont, die Begriffe »scripture« und »canon« dürften nicht synonym gebraucht werden. Vgl. ders., »Towards a Revised History of the New Testament Canon« in: *Studia Evangelica IV. Part 1: The New Testament Scriptures* (Texte und Untersuchungen 102), Berlin 1968, S. 452–461.
- [40] Zum Ausschluß Marcions aus der römischen Gemeinde s. Gerhard May, »Markions Bruch mit der römischen Gemeinde«, in: Ders., *Markion. Gesammelte Aufsätze*, hg. von K. Greschat und M. Meiser, Mainz 2005, S. 75–83.
- [41] Die umfassendste Darstellung Marcions ist nach wie vor das Buch von Adolf von Harnack, *Marcion. Das Evangelium vom fremden Gott. Eine Monographie zur Geschichte der Grundlegung der katholischen Kirche*, Darmstadt 1960 (= ²1924). Das Werk ist teilweise überholt, gleichwohl bislang nicht ersetzt. Zum aktuellen Forschungsstand s. Gerhard May, »Marcion in Contemporary Views: Results and Open Questions«, in: Ders., *Markion* (s. die vorige Anm.), S. 13–33.
- [42] Gerhard May, »In welchem Sinn kann Markion als der Begründer des

für Marcion das Lukasevangelium, und gleichsam als dessen »Kommentar« galten ihm die Paulusbriefe. »Das Evangelium wird durch Paulus bestätigt«, schreibt Gerhard May.[43] Beachten muß man aber, daß Marcion die seinen eigenen theologischen Vorstellungen nicht entsprechenden Aussagen im Evangelium und in den Briefen zum Teil stark verändert hat und daß er insbesondere auch viele Textabschnitte gänzlich gestrichen hat;[44] eine wirklich präzise Rekonstruktion des von Marcion geschaffenen Textes ist allerdings bislang nicht gelungen.[45]

In der Forschung wird oft angenommen, es habe bei Marcion bzw. in dessen Kirche erstmals einen definierten Kanon gegeben, bestehend aus dem (Lukas-)Evangelium, das für Marcion freilich keinen Autor hat, sowie zehn paulinischen Briefen – die Pastoralbriefe fehlen.[46] Ob aber Marcion tatsächlich der erste war, der einen (neutestamentlichen) Kanon schuf, oder ob er bereits eine Art Kanon vorfand, aus dem er dann eine Auswahl traf, ist außerordentlich umstritten; ich komme darauf ausführlicher zurück.

---

neutestamentlichen Kanons angesehen werden?«, in: Ders., *Markion* (s. Anm. 40), S. 85–91, hier S. 88: Es sei möglich, daß »die Markioniten zusätzlich auch die alte Bibel in ihren Gottesdiensten lasen, nicht als Heilige Schrift, sondern als eine Negativfolie für das Evangelium«.

43 Vgl. May, »In welchem Sinn« (s. die vorige Anm.), S. 87.
44 Vgl. Gerhard May, »Markion in seiner Zeit«, in: Ders., *Markion* (s. Anm. 40), S. 1–12, hier: S. 9.
45 Zu Marcions Textfassung der Paulusbriefe s. Ulrich Schmid, *Marcion und sein Apostolos. Rekonstruktion und historische Einordnung der marcionitischen Paulusbriefausgabe* (Arbeiten zur Neutestamentlichen Textforschung 25), Berlin 1995. Schmid nimmt an, zahlreiche üblicherweise als »marcionitisch« geltende Lesarten gingen nicht erst auf Marcion zurück; der marcionitische Text unterscheide sich »nicht wesentlich von einem großen Teil der übrigen frühen ntl. Textüberlieferung, wie sie in den Papyri vorliegt« (S. 310).
46 Vgl. dazu Barbara Aland, »Marcion/Marcioniten«, in: *Theologische Realenzyklopädie* 22, Berlin/New York 1992, S. 89–101, vor allem S. 91–93.

3 Die Sammlung der Evangelien

1

Etwas später als die Paulusbriefe entstehen die Evangelien, die Erzählungen vom Wirken Jesu.[47] Sie enthalten natürlich frühe und auch historisch authentische Jesusüberlieferung; aber das älteste dieser Werke, das traditionell als *Markusevangelium* bezeichnete Werk, wurde erst um das Jahr 70 geschrieben.[48] Ein oder zwei Jahrzehnte später entstehen zwei deutlich umfangreichere Bücher über Jesus, traditionell als *Lukas-* bzw. *Matthäusevangelium* bezeichnet. Die Autoren dieser Werke legen offensichtlich das Markusevangelium zugrunde, sie korrigieren dabei aber manches und ergänzen es nicht unerheblich, vor allem dank weiterer ihnen bekannter Überlieferung; in der Forschung wird im allgemeinen angenommen, daß die Verfasser des Lukas- und des Matthäusevangeliums unabhängig voneinander gearbeitet haben. Um das Jahr 100 entsteht das *Johannesevangelium*, das sich erheblich von den drei ersten Evangelien unterscheidet; hier zeigt sich, daß im Urchristentum auch ganz anders von Jesus erzählt werden konnte, als dies Markus und seine unmittelbaren Nachfolger getan hatten.[49] Die mit den Evangelien verbundenen Autorennamen sind vermutlich nicht authentisch, sondern sie verdanken sich kirchlicher Tradition; von einem Evangelium »nach Markus«, »Lukas« usw. zu sprechen

---

47 Vgl. dazu den Beitrag von Hans-Josef Klauck in diesem Band.
48 Diese Datierung beruht vor allem auf der Annahme, daß die in Mk 13,2 angekündigte vollständige Zerstörung des Jerusalemer Tempels bereits geschehen ist, daß es sich also um ein *vaticinium ex eventu* handelt.
49 Eine ausführliche Darstellung der frühen Jesusüberlieferung im Kontext der Entstehung der Evangelien und der Kanonsgeschichte gibt Jens Schröter, *Von Jesus zum Neuen Testament. Studien zur urchristlichen Theologiegeschichte und zur Entstehung des neutestamentlichen Kanons* (Wissenschaftliche Untersuchungen zum Neuen Testament 204), Tübingen 2007, S. 271–295 (Kap. 12: Jesus und der Kanon).

wurde nötig, als es mehrere solcher Schriften nebeneinander gab.[50]

Aber die Abfassung von Jesuserzählungen endet nicht mit dem Johannesevangelium; es entstehen zahlreiche weitere Schriften ähnlicher Art, die im Laufe der folgenden Jahrzehnte und Jahrhunderte nicht kanonisch, sondern apokryph werden, wörtlich: »verborgen«.[51] Besonders bekannt ist das *Thomasevangelium*, das in griechischer Fassung nur fragmentarisch, in koptischer Übersetzung aber vollständig erhalten ist. Das Thomasevangelium sagt einleitend von sich selbst, es enthalte »die verborgenen Worte, die Jesus, der lebendige sprach« und die Judas, der auch Thomas heißt, aufschrieb. Es heißt dann weiter: »Wer die Bedeutung dieser Worte findet, wird den Tod nicht schmecken.«[52] Der theologiegeschichtliche Ort des Thomasevangeliums ist umstritten; ich sehe in ihm einen Beleg für die im 2. Jahrhundert einsetzende bewußte Gnostisierung der Jesusüberlieferung.

Von vielen weiteren apokryph gewordenen Evangelien besitzen wir nur kleinere oder größere Fragmente. Im *Petrusevangelium* wird das Auferstehungsgeschehen am Grab Jesu aus der Sicht von »Augenzeugen« geschildert;[53] im *Evangelium der Ma-*

---

50 Anders Martin Hengel, *Die Evangelienüberschriften*, Heidelberg 1984. Vgl. zur Sache Silke Petersen, »Die Evangelienüberschriften und die Entstehung des neutestamentlichen Kanons«, in *Zeitschrift für die neutestamentliche Wissenschaft und die Kunde der älteren Kirche* 97 (2006), S. 250–274.

51 Eine Übersicht zu diesen Texten bietet Hans-Josef Klauck, *Apokryphe Evangelien. Eine Einführung*, Stuttgart 2002. Vgl. auch Schröter, *Von Jesus zum Neuen Testament* (s. Anm. 49), S. 280–291.

52 Thomasevangelium Logion 1 (griech. Text), zitiert nach: D. Lührmann, *Fragmente apokryph gewordener Evangelien in griechischer und lateinischer Sprache* (Marburger Theologische Studien 59), Marburg 2000, S. 112. Die Übersetzung des koptischen Textes von J. Schröter und H.-G. Bethge in: *Nag Hammadi Deutsch. 1. Band* (Die Griechischen Christlichen Schriftsteller der ersten Jahrhunderte. Neue Folge 8), Berlin / New York 2001, S. 151–181.

53 Text mit Einleitung bei Lührmann (s. die vorige Anm.), S. 72–95. Eine

ria tritt Maria Magdalena ganz in den Vordergrund.[54] Manche Texte erzählen von Jesu Kindheit und bieten damit Informationen über jenen Zeitraum im Leben Jesu, der im Lukasevangelium zwischen den Aussagen in 2,40 und 2,41 f. unerzählt geblieben ist.

Übrigens fand auch die später kanonisch gewordene vom Verfasser des Lukasevangeliums geschriebene *Apostelgeschichte* Nachahmer; die stark legendarischen »Apostelakten« erzählen vom Schicksal des Petrus, des Paulus, des Johannes und anderer Jünger Jesu.[55] Besonders interessant sind die etwa um das Jahr 180 verfaßten »Akten des Paulus und der Thekla«, in denen eine Frau namens Thekla als eine durch die Predigt des Paulus für den christlichen Glauben gewonnene Missionarin geschildert wird.[56]

Die Datierung der später nicht kanonisch gewordenen Evangelien ist umstritten. Ich sehe aber keine Anzeichen dafür, daß eines von ihnen früher entstanden wäre als die vier kanonisch gewordenen Evangelien; es läßt sich im Gegenteil zeigen, daß die kanonischen Evangelien literarisch vorausgesetzt sind. Dieser Hinweis betrifft allerdings nur die Datierung, nicht jedoch die Frage der kanonischen Anerkennung; denn die Tatsache, daß zumindest zwischen den drei ersten Evangelien eine direkte literarische Abhängigkeit bestand, war ja durchaus kein Hinderungsgrund gewesen für deren spätere kanonische Anerken-

---

Zeichnung aus dem 6. oder 7. Jahrhundert zeigt Petrus und fordert dazu auf, sein »Evangelium« zu lesen (Abbildung bei Lührmann S. 95).

54 Textfragmente mit Einleitung bei Lührmann, *Fragmente* (s. Anm. 52), S. 62–71.

55 Zur Geschichte der Anerkennung der Apostelgeschichte, die später als die der Paulusbriefe und der Evangelien erfolgte, s. Schröter, *Von Jesus zum Neuen Testament* (s. Anm. 49), S. 297–329. Eine Übersicht zu den späteren »Apostelgeschichten« bietet Hans-Josef Klauck, *Apokryphe Apostelakten. Eine Einführung*, Stuttgart 2005.

56 Text bei Wilhelm Schneemelcher (Hg.), *Neutestamentliche Apokryphen in deutscher Übersetzung. II. Band. Apostolisches, Apokalypsen und Verwandtes*, Tübingen ⁵1989, S. 216–224.

nung, obwohl diese Beziehung in der Alten Kirche durchaus gesehen worden war.[57]

2

Die vier kanonisch werdenden Evangelien entstanden vermutlich an unterschiedlichen Orten – wo im einzelnen, läßt sich nicht sagen. In ihren Ursprungsgemeinden dürften sie zunächst einzeln in Gebrauch gewesen sein, nicht nebeneinander oder gar in Konkurrenz zueinander. Das Markusevangelium wurde dann natürlich auch dort bekannt, wo Lukas und Matthäus ihre Werke schrieben. Lukas schreibt im Vorwort seines Buches über sein Vorgehen (Lk 1,1–4):[58]

Weil es schon viele unternommen haben, einen Bericht zusammenzustellen von den Ereignissen, die sich bei uns ereignet haben, wie es uns diejenigen überliefert haben, die von Anfang an Augenzeugen und Diener des Wortes waren, beschloß auch ich, der ich allem von Anfang an genau nachgegangen bin, es für dich der Reihe nach aufzuschreiben, hochverehrter Theophilus, damit du die Stichhaltigkeit dessen erkennst, worin du unterrichtet worden bist.

Wer die erwähnten »vielen« Vorgänger waren, wissen wir nicht – der Autor des Markusevangeliums gehörte jedenfalls dazu. Dabei sah Lukas keinen Anlaß, dem älteren Werk mit besonderer Ehrfurcht zu begegnen – er scheint, wie es seine recht selbstbewußt klingenden Formulierungen andeuten, im Gegenteil eher davon überzeugt gewesen zu sein, daß es erst ihm gelungen sei, eine alle Ansprüche befriedigende Darstellung der Geschehnisse um Jesus zu verfassen. Lukas beruft sich auf Augenzeugen, die – wie es dem Denken antiker Historiographie

---

57 Im Unterschied zur heute überwiegend akzeptierten Annahme nahm man in der Alten Kirche an, nicht das Markus-, sondern das Matthäusevangelium habe am Anfang gestanden.

58 Es handelt sich um einen sehr sorgfältig stilisierten in *einem* Satz formulierten Text.

entspricht – die Zuverlässigkeit des Berichteten gewährleisten. Ob Lukas mit seinem Werk die bereits vorhandenen Bücher verdrängen wollte, können wir nicht sagen; er nimmt aber gewiß nicht an, daß man neben seinem Werk auch noch andere Jesuserzählungen kennen müßte. Historisch bemerkenswert ist, daß das kleine Markusevangelium durch das Lukas- und das Matthäusevangelium nicht »verdrängt« wurde.

Das Johannesevangelium erhebt in gewisser Weise einen Ausschließlichkeitsanspruch: Es heißt als Abschluß des Buches zunächst in Joh 20,30–31, Jesus habe »noch viele andere Zeichen vor den Augen seiner Jünger getan, die in diesem Buch nicht aufgeschrieben sind«; damit scheint der Autor indirekt auf andere Bücher zu verweisen. Wenn er dann fortfährt: »Diese hier aber sind aufgeschrieben, damit ihr glaubt, daß Jesus der Christus ist, der Sohn Gottes, und damit ihr dadurch, daß ihr glaubt, Leben habt in seinem Namen«, dann zeigt er seinen Lesern zumindest indirekt, daß es vollauf genügt, das vorliegende Buch zu kennen. In Kap. 21 liegt vermutlich eine spätere Erweiterung des Johannesevangeliums vor. Dort wird nun am Ende in V. 24 gesagt, daß einer der Jünger Jesu »dies alles bezeugt und es aufgeschrieben« hat; der Text fährt fort: »Wir«, offenbar also die Gemeinde, »wissen, daß sein Zeugnis wahr ist«. Dann wurde aus einer weiteren Perspektive ein bemerkenswerter Satz hinzugefügt, mit dem das Buch nun definitiv endet (V. 25): »Es gibt aber noch vieles andere, was Jesus getan hat. Wenn man das alles, eins ums andere, aufschreiben wollte, so würde, glaube ich, die ganze Welt die Bücher nicht fassen, die dann zu schreiben wären«. Offenbar erhebt das Johannesevangelium in seiner Endfassung den Anspruch, von einem Augenzeugen verfaßt worden zu sein, und es behauptet darüber hinaus, es biete die im Grunde nicht mehr zu übertreffende umfassende Darstellung des Jesusgeschehens. Es ist erwogen worden, daß in Joh 21,24 f. der Abschluß der zu diesem Zeitpunkt bereits existierenden Vier-Evangelien-Sammlung vorliegt; aber das läßt sich nicht wahrscheinlich machen.

3

Der Begriff »Evangelium« bezeichnet ursprünglich nicht eine Buchgattung, sondern meint die mündlich vorgetragene »frohe Botschaft«. Wenn Markus in 1,1 vom »Anfang des Evangeliums von Jesus Christus« spricht, dann bezieht sich das auf die »frohe Botschaft«, die von Jesus erzählt. Hieran anknüpfend konnte dann aus dem Wort Evangelium ein literarischer Gattungsbegriff werden. Bei dem zunächst in Ephesus, dann in Rom wirkenden Apologeten und späteren Märtyrer Justin begegnet um die Mitte des 2. Jahrhunderts das Wort Evangelium erstmals im Plural: Justin spricht im Zusammenhang der Abendmahlsworte von den »Denkwürdigkeiten« oder »Erinnerungen« (*apomnemoneumata*) der Apostel, die auch »Evangelien genannt werden« (Apologie I 66,3). Wenn Justin in 67,3 schreibt, in den gottesdienstlichen Versammlungen würden »die Denkwürdigkeiten der Apostel oder die Schriften (*syggrammata*) der Propheten« verlesen, so ist das ein Beleg dafür, daß man mehrere Evangelien kennt und daß man sie ungeachtet aller Unterschiede nebeneinander zu akzeptieren vermag; überdies stehen sie nun offenbar gleichberechtigt neben den alttestamentlichen Prophetenbüchern. Um welche Evangelien es sich handelt, sagt Justin nicht.

Zwei oder drei Jahrzehnte zuvor hatte Papias, Bischof der Gemeinde in der kleinasiatischen Stadt Hierapolis, erklärt, nach seinem Urteil sei »die lebendige und bleibende Stimme«, also die mündliche Tradition, wichtiger als das, was man »aus den Büchern« erfahren könne.[59] Papias relativiert damit die Bedeutung der literarischen Werke über Jesus; seine Aussage bestätigt aber zugleich, daß er sie kennt und weiß, daß ihnen von anderen ein besonderes Gewicht beigemessen wird.[60]

---

59 Text der Papiasfragmente in: Lindemann/Paulsen, *Die Apostolischen Väter* (Anm. 28), S. 286–303. Zum Werk des Papias s. Ulrich H. J. Körtner, *Papias von Hierapolis. Ein Beitrag zur Geschichte des frühen Christentums* (Forschungen zur Religion und Literatur des Alten und Neuen Testaments 133), Göttingen 1983.
60 Metzger, *Kanon* (Anm. 2), 63 f.: »Die Hauptbedeutung Papias' für die

Der Gedanke, daß es mehrere Evangelien gibt, hat sich nicht sofort und zunächst auch nicht überall durchgesetzt. Für Marcion gibt es, wie schon erwähnt, nur *ein* Evangelium; daß er das Lukasevangelium wählt, wird wohl nicht darauf zurückzuführen sein, daß er es als seiner Theologie besonders nahestehend ansah, sondern möglicherweise hatte er in seiner Heimat eben dieses Evangelium kennengelernt. Nur wenig später schuf der aus Syrien stammende Apologet Tatian das »Diatessaron«, eine vor allem auf der Basis des Johannesevangeliums erarbeitete Evangelienharmonie, in der die Spannungen und Differenzen zwischen den Evangelien soweit wie möglich ausgeglichen werden sollten; in der syrischen Kirche stand das Diatessaron bis ins 5. Jahrhundert hinein in Geltung. Auch sonst erfreuten sich derartige Evangelienharmonien lange großer Beliebtheit; aber durchgesetzt haben sie sich am Ende nicht, denn sie begegnen später nicht in den Ausgaben des dann so bezeichneten Neuen Testaments. Der Platoniker Celsus, dessen das Christentum kritisierendes Werk wir dank der ausführlichen Zitate bei dem Kirchenschriftsteller Origenes (ca. 185 – ca. 254) weitgehend rekonstruieren können, kennt offenbar mehrere Evangelien; es läßt sich aber nicht sicher sagen, ob er Evangelienharmonien oder Einzelschriften verwendet hat.[61]

Die Geltung von *vier* Evangelien war durchaus ein Problem. In der Zeit um 180 betont Irenäus (ca. 140 – ca. 200, seit 177 Bischof in Lyon) in seinem großen Werk »Gegen die Häresien« (*Adversus Haereses*) die (theologische) Zuverlässigkeit (*firmitas*) der Evangelien; sogar die Häretiker legten davon Zeugnis ab, denn jede Häresie erkläre jedenfalls *eines* dieser Evangelien

---

Entwicklung eines Kanons des Neuen Testaments liegt somit darin, daß in ihm eine Gemeinschaft sichtbar wird, deren Hochachtung für die mündliche Überlieferung einer klaren Vorstellung der Idee eines Kanons noch im Wege stand.«

61 Theo. K. Heckel, *Vom Evangelium des Markus zum viergestaltigen Evangelium* (Wissenschaftliche Untersuchungen zum Neuen Testament 120), Tübingen 1999, S. 337–339.

für verbindlich. Im Blick auf die Zahl der Evangelien stellt Irenäus die rhetorische Frage, warum sie denn größer oder kleiner als »vier« sein solle; seine Antwort lautet, es gebe doch vier Weltgegenden und vier Windrichtungen, und da die Kirche auf der ganzen Erde verbreitet sei, habe sie »plausiblerweise vier Säulen, die von allen Seiten Unvergänglichkeit atmen und die Menschen immer neu beleben«.[62] Irenäus betont aber zugleich auch, daß diese vier Evangelien insgesamt das eine »viergestaltige Evangelium« (*quadriforme evangelium*) sind.[63]

Die Evangelien dürften ursprünglich als einzelne Handschriften überliefert worden sein; aber schon für das 3. Jahrhundert bezeugt der Papyrus 45, daß die vier Evangelien gemeinsam überliefert werden, etwas später auch zusammen mit der Apostelgeschichte des Lukas.[64] Derartige Textsammlungen wurden möglich, weil die christlichen Schriften schon sehr früh nicht mehr in Form von Buchrollen überliefert wurden, sondern als Codices, also in der bis heute gebräuchlichen Buchform.[65] Die bekannten Handschriften neutestamentlicher Texte sind jedenfalls ausschließlich Codices.

3 Die Entwicklung zum neutestamentlichen Kanon

1

Wann bildet sich nun jene Sammlung urchristlicher Schriften heraus, die als »Kanon« bezeichnet werden kann und die in Anlehnung an eine Formulierung des Paulus in 2 Kor 3,6 »Neu-

---

62 Iren Haer III 11,7 f., zitiert nach: Irenäus von Lyon, *Adversus Haereses. Gegen die Häresien III. Griechisch-lateinisch-deutsch*, übers. und eingeleitet von N. Brox (Fontes Christiani 8/3), Freiburg u. a. 1995.
63 Vgl. D. Lührmann, *Die apokryph gewordenen Evangelien. Studien zu neuen Texten und zu neuen Fragen* (Novum Testamentum. Supplement 112), Leiden 2004, S. 49. Ferner Schröter, *Von Jesus zum Neuen Testament* (s. Anm. 49), S. 331–340.
64 Vgl. den in Anm. 50 genannten Aufsatz von Silke Petersen sowie Schröter, *Von Jesus zum Neuen Testament* (s. Anm. 49), S. 319–327.
65 Lührmann, *Evangelien* (s. Anm. 63), S. 51.

es Testament« (*kaine diatheke*, lat. *novum testamentum*)[66] genannt wird? Hier wird nun der bereits mehrfach erwähnte Marcion wichtig, dessen Bedeutung für die Kanongeschichte in der Forschung allerdings höchst unterschiedlich bewertet wird.

Für Hans von Campenhausen ist der Häretiker Marcion der Begründer eines neutestamentlichen Kanons, was schon Adolf von Harnack angenommen hatte.[67] Zwar seien in der rechtgläubigen »katholischen« Kirche die vier Evangelien bereits zu einer Sammlung zusammengefügt worden, d.h. es habe einen ersten katholischen Kanon gegeben, der »zuerst ›eingliedrig‹ oder ›einteilig‹ konzipiert« war; durch Marcions Bezug auf Paulus sei dann aber »auch die weitere Frage nach dem Rang und dem Platz der Paulusbriefe unabweisbar geworden«. So habe man als Antwort auf Marcion dem von diesem nur in verstümmelter Form kanonisierten Corpus der Paulusbriefe den »vollständigen Paulus« entgegengestellt, und dazu gehörten dann insbesondere auch die Pastoralbriefe, die – wie von Campenhausen annimmt – erst zur Zeit des Polykarp oder sogar von diesem selber verfaßt worden waren.[68] Diese Spätdatierung der Pastoralbriefe ist allerdings wenig wahrscheinlich; vor allem aber scheint es eine in ihrer Antwort umstrittene »Frage nach dem Rang und dem Platz der Paulusbriefe« gar nicht gegeben zu haben, da die Anerkennung des Paulus und seiner Briefe in der Kirche zu keinem Zeitpunkt in Frage stand.[69]

Barbara Aland erklärt, Marcion habe für seine »Bibel« eine Geltung beansprucht, wie es sie so bis dahin nicht gegeben hatte: »Als erster in der Geschichte der Christenheit entwickelt er daher den Begriff eines geschlossenen, allein gültigen biblischen

---

66 Vgl. Barbara Aland, »Neues Testament«, in: *Religion in Geschichte und Gegenwart*, Tübingen [4]2003, Sp. 218.
67 Hans von Campenhausen, *Die Entstehung der christlichen Bibel* (Beiträge zur Historischen Theologie 39), Tübingen 1968, S. 207–209.
68 Campenhausen (s. die vorige Anm.), S. 211 f.
69 Lindemann, *Paulus* (Anm. 19), S. 379–383.

Kanons.«[70] Und auch Gerhard May stellt fest, Marcion sei »der erste christliche Theologe, der einen Kanon, eine normative Schriftensammlung aus ›neutestamentlichen‹ Büchern, kennt«. Marcion habe beabsichtigt, das ursprüngliche »reine« Evangelium wiederherzustellen; er sei davon überzeugt gewesen, daß »allein schriftliche Dokumente aus der Anfangszeit der Kirche [...] Authentizität garantieren und als Norm des Glaubens gelten [konnten]. Mit der Forderung einer solchen dokumentarischen Norm wurde Markion zum Schöpfer der Idee eines neutestamentlichen Kanons«.[71] May vermutet, es habe eine Paulusbriefsammlung mit dem Galaterbrief an der Spitze gegeben, auf die Marcion zurückgreifen konnte;[72] »eine revolutionäre Tat« aber sei es gewesen, »das lukanische Evangelium zu dem einen Evangelium zu erklären, das Paulus direkt von Christus geoffenbart worden ist«.[73] Angesichts dessen lasse sich »mit einiger Sicherheit« sagen, daß das katholische Neue Testament zumindest teilweise »eine Reaktion auf die markionitische Bibel war«,[74] weil nun die Kirche »ihrerseits alle verlässlichen Schriften zusammentrug und in ihrer Bibel sammelte«.[75] Auch Hermann von Lips vermutet, Marcion habe »den ersten uns überlieferten neutestamentlichen Kanon geschaffen«.[76]

Demgegenüber hat etwa Werner Georg Kümmel gemeint, zwar habe Marcion die Kanonbildung der Kirche nicht angeregt, wohl aber sei durch ihn dieser Prozeß »beschleunigt und in Nebenpunkten beeinflußt« worden.[77] Und Bruce M. Metzger stellt fest, daß die »Urteile über den mehr oder weniger großen

70 B. Aland, »Marcion« (Anm. 46), S. 91.
71 May, »Markion in seiner Zeit« (Anm. 44), S. 6 f.
72 May, »In welchem Sinn ...« (Anm. 42), S. 86.
73 May (Anm. 42), S. 91.
74 May (Anm. 42), S. 89.
75 May (Anm. 42), S. 91.
76 Hermann von Lips, *Der neutestamentliche Kanon. Seine Geschichte und Bedeutung* (Zürcher Grundrisse zur Bibel), Zürich 2004, S. 53.
77 Werner Georg Kümmel, »Notwendigkeit und Grenze des neutestamentlichen Kanons«, in: Ernst Käsemann (Hg.), *Das Neue Testament als Ka-*

Einfluß eines Kanon des Markion [...] die grundsätzliche Einsicht in die Idee eines Kanons mit der Aufstellung kanonischer Schriften im einzelnen« verwechselten; der Vier-Evangelien-Kanon habe sich bereits herausgebildet gehabt, »und die mit apostolischer Autorität ausgestatteten Schriften begannen, diesem gleichgestellt zu werden«. Der Kanon des Marcion war möglicherweise »der erste, der öffentlich in Erscheinung trat«, aber man werde anzunehmen haben, »daß Markions Kanon die Herausbildung eines kirchlichen Kanons beschleunigte [...] Erst in Opposition zu Markions Kritik erkannte die Kirche, welch ein Erbe sie in den apostolischen Schriften hatte«.[78]

Daß erst Marcion Schöpfer eines Corpus von als kanonisch aufzufassenden urchristlichen Schriften war, ist schon deshalb eher unwahrscheinlich, weil er ja – vorausgesetzt, die Ausführungen vor allem Tertullians sind im wesentlichen richtig – den vorhandenen Text des Lukasevangeliums und der paulinischen Briefe erheblich »redigierte«, da diese Schriften in der vorliegenden Form für ihn gar nicht akzeptabel waren; offensichtlich gab es also bereits katholisch rezipierte anerkannte Textfassungen.[79] Nach Adolf Martin Ritter spricht »alle Wahrscheinlichkeit dafür [...], daß es zur Ausbildung eines zweiteiligen nt.lichen Kanons (welchen Umfangs auch immer) auch ohne Markion, rein aus innerkirchlichen Ansätzen und Antrieben, gekommen wäre«; Ritter fügt allerdings hinzu: »Das Auftreten Markions hat dann aber diese Entwicklung fraglos wesentlich beschleunigt und einen tiefen, lange nachwirkenden Schock ausgelöst.«[80] Marcion, so schreibt Christoph Markschies, »wollte keinen nor-

> *non. Dokumentation und kritische Analyse zur gegenwärtigen Diskussion*, Göttingen 1970, S. 62–97, hier S. 72.

78 Metzger, *Kanon* (Anm. 2), 103.

79 Der Kirchenhistoriker Euseb von Caesarea (ca. 260–338) berichtet in seiner Kirchengeschichte (IV 29,6) auch von Tatian, dieser habe nicht nur die Evangelienharmonie (Diatessaron) geschaffen, sondern er habe es, »wie man sagt«, auch gewagt, einige Sätze des Paulus umzuschreiben, um die Ausdruckweise des Apostels zu verbessern.

80 Adolf Martin Ritter, »Die Entstehung des neutestamentlichen Kanons:

mativen ›Kanon‹ urchristlicher Schriften im Sinne eines religiösen Textcorpus schaffen, kein Neues Testament neben das Alte stellen, sondern einen Text revidieren und als literarisches Corpus edieren, der in seinen Augen eine solche Revision nötig hatte. Daß er damit indirekt natürlich wie jeder Editionsphilologe zu allen Zeiten doch eine Kanonisierung vornahm (nämlich die einer bestimmten Textrezension), dürfte ihm selbst gar nicht klar gewesen sein«.[81]

2

Was die Zusammensetzung der gegen Ende des 2. Jahrhunderts vorhandenen kirchlichen Paulusbriefsammlung angeht, insbesondere auch die Reihenfolge der Briefe, so ist zunächst vieles offen; die erhaltenen Handschriften aus dem 3. Jahrhundert und teilweise auch aus noch späterer Zeit unterscheiden sich in der Abfolge der Briefe,[82] und die Frage der Zuordnung des Hebräerbriefes zum Corpus Paulinum wird lange kontrovers diskutiert. Es gab also keine Instanz, die hier hätte autoritativ entscheiden können.

Irenäus von Lyon, der häufig aus paulinischen Briefen zitiert, bietet keine Liste der Briefe. Er schreibt in seinem Werk »Gegen die Häresien« im Zusammenhang seiner Ausführungen zur Einheit Gottes (Haer II 30,9): »Er ist der Gott Abrahams, der Gott Isaaks und der Gott Jakobs, der Gott der Lebenden«; und dann nennt Irenäus dafür seine Zeugen: Gott ist der, »den das Gesetz ansagt, den die Propheten vorherverkünden, den Christus offenbart, den die Apostel überliefern, an den die Kirche glaubt«. An

---

Selbstdurchsetzung oder autoritative Entscheidung?«, in: A. und J. Assmann, *Kanon* (Anm. 1), S. 93–99, hier S. 96.

[81] Christoph Markschies, *Kaiserzeitliche christliche Theologie und ihre Institutionen. Prolegomena zu einer Geschichte der antiken christlichen Theologie*, Tübingen 2007, S. 253.

[82] Umfassend dazu Kurt Aland, »Die Entstehung des Corpus Paulinum«, in: Ders., *Neutestamentliche Entwürfe* (Theologische Bücherei 63), München 1979, S. 302–350, vor allem S. 313–350.

späterer Stelle (Haer II 35,4) erklärt Irenäus, seiner von ihm vorgetragenen antignostischen Argumentation entspreche »die Predigt der Apostel, die Lehre des Herrn, die Ankündigung der Propheten, die Vorschrift der Apostel, der Dienst der Gesetzgebung«; das läßt eine gewisse »Unordnung« in der Aufzählung der biblischen Autoritäten erkennen, die ein Indiz dafür ist, daß Irenäus keine »Hierarchie« der biblischen Texte annimmt.

Wenn Tertullian (ca. 160–220) kritisiert, daß Marcion die Paulusbriefe in verstümmelter Form überliefert, und zwar auch im Blick auf ihre Zahl (Gegen Marcion V 1,9), dann bezieht er sich vermutlich darauf, daß bei Marcion die Pastoralbriefe fehlen, während sie für Tertullian selbstverständlich zum Corpus Paulinum gehören; in der Auseinandersetzung mit Marcion orientiert sich Tertullian dann an der von seinem Gegner vorgegebenen Reihenfolge der Briefe.

Ein höchst bemerkenswertes Textzeugnis sind die »Akten der Märtyrer von Scili« aus dem Jahre 180: Die angeklagten Christen antworten auf die Frage des Prokonsuls Saturninus, was für Gegenstände sie in ihrem Behälter mit sich trügen (*Quae sunt res in capsa uestra?*), es handele sich um »Bücher und Briefe des Paulus, eines gerechten Mannes« (*libri et epistulae Pauli uiri iusti*).[83] Leider erfährt man nicht, um welche »Bücher« und vor allem um welche *epistulae Pauli* es sich handelt – in der gegebenen Situation dürfte es freilich auch kaum von Bedeutung gewesen sein.

Euseb von Caesarea nennt in seiner zu Beginn des 4. Jahrhunderts geschriebenen »Kirchengeschichte« zusammenfassend die Schriften des Neuen Testaments (III 25,1–3):[84]

---

83 Text nach *Ausgewählte Märtyrerakten*, hg. von Gerhard Krüger mit einem Nachtrag von Gerhard Ruhbach (Sammlung ausgewählter kirchen- und dogmengeschichtlicher Quellenschriften Neue Folge 3), Tübingen ⁴1965, S. 29.
84 Eusebius von Caesarea, *Kirchengeschichte*, übers. von Ph. Haeuser (1932), neu durchgesehen von H. A. Gärtner, München 1967, S. 175.

An die erste Stelle ist die heilige Vierzahl der Evangelien zu setzen, an welche sich die Apostelgeschichte anschließt. Nach dieser sind die Briefe des Paulus einzureihen. Sodann ist der sogenannte erste Brief des Johannes und in gleicher Weise der des Petrus für echt zu erklären. Zu diesen Schriften kann noch, wenn man es für gut hält, die Offenbarung des Johannes gezählt werden, über welche verschiedene Meinungen bestehen, die wir bei Gelegenheit angeben werden. Die erwähnten Schriften gehören zu den anerkannten. Zu den bestrittenen aber, welche indes gleichwohl bei den meisten in Ansehen stehen, werden gerechnet der sogenannte Jakobusbrief, der Brief des Judas, der zweite Brief des Petrus und der sogenannte zweite und dritte Johannesbrief, welche entweder dem Evangelisten oder einem anderen Johannes zuzuschreiben sind.

Anschließend nennt Euseb einige unechte, »illegitime« Schriften, darunter die Paulusakten, die Petrusapokalypse und den Barnabasbrief. Euseb spricht pauschal von den Briefen des Paulus, ohne zu sagen, welche das im einzelnen sind; immerhin fällt auf, daß er im Blick auf die vier Evangelien und die Apostelgeschichte wie auch die Paulusbriefe das Thema »Echtheit« überhaupt nicht erwähnt. Wir werden auf Euseb nochmals zurückkommen.

Daß mit der Sammlung der Paulusbriefe zugleich auch eine kritische Auswahl verbunden war, wurde in der älteren Forschung angenommen.[85] Aber es gab offensichtlich noch gar keine Institution, die über die kanonische »Eignung« einzelner

---

[85] Theodor Zahn, *Grundriß der Geschichte des neutestamentlichen Kanons*, Leipzig, ²1904, S. 36 f. Vgl. ders., *Geschichte des Neutestamentlichen Kanons. Erster Band: Das Neue Testament vor Origenes. Zweite Hälfte*, Erlangen/Leipzig 1889, S. 834 f. Zahn nimmt an, daß der Autor des 2 Petr (nach seinem Urteil: vermutlich Petrus selber) die im 1 Clem und bei Polykarp vorausgesetzte kirchliche Sammlung der Paulusbriefe noch nicht kennt, da er sich ja ausdrücklich auf einen Paulusbrief berufe, der nicht in jene Sammlung aufgenommen wurde.

Briefe hätte autoritativ entscheiden können.[86] Als es solche Institutionen dann gab, waren die Paulusbriefsammlungen längst vorhanden und standen als solche überhaupt nicht zur Diskussion. Insofern ist der These von Kurt Aland zuzustimmen: »Die kirchlichen Instanzen des 2. und der folgenden Jahrhunderte vollzogen mit ihrer Festsetzung des Kanons die Entscheidungen *nach*, welche bei den Gemeinden, genauer gesagt bei den einzelnen Gläubigen, vorher vollzogen worden waren. Die verfaßte Kirche als solche hat den Kanon nicht geschaffen, sie hat den geschaffenen Kanon anerkannt«. Aland fügt hinzu: »Weder die Herrenworte noch die Paulusbriefe noch die vier Evangelien erhalten ihre Stellung durch den Spruch irgendeiner kirchlichen Instanz. Die Herrenworte sind Autorität kraft ihrer Herkunft, kraft ihres vollmächtigen Inhalts. Die Paulusbriefe werden von den Gemeinden angenommen und anerkannt, an die sie gerichtet sind [...] Man hält die Briefe auch nach dem Tod des Paulus in Ehren und ist bemüht, möglichst alle zu besitzen, um die Stimme des Paulus weiter hören zu können. So entsteht das Corpus der Paulusbriefe«.[87]

Oft ist vermutet worden, daß die theologisch vielfach brisanten authentischen Paulusbriefe ohne die eher »konservativen« oder im Blick auf den Status von Frauen in den Gemeinden ge-

---

86 Man kann natürlich jede einzelne Gemeinde und deren Leitung als »Institution« ansehen, was jetzt von Markschies, *Theologie* vorausgesetzt wird (Anm. 81); aber bis ins 4. Jahrhundert hinein und teilweise darüber hinaus gab es offensichtlich keine zentrale Institution, die allgemein verbindlich hätte sagen können, welche Schriften als »kanonisch« anzuerkennen sind und welche nicht.

87 Kurt Aland, »Das Problem des neutestamentlichen Kanons«, in: E. Käsemann, *Kanon* (s. Anm. 77), S. 134–158, hier S. 147 (Hervorhebung im Original gesperrt, der ganze zitierte Text im Original kursiv). Aland vermutet, die Korintherbriefe seien »erst nach Schwierigkeiten« in Korinth anerkannt worden, der Galaterbrief sei »mindestens bei einem Teil der Empfänger« abgelehnt worden; damit aber schließe man sich »aus dem Kreis der paulinischen Gemeinden aus und wird zu einer Sondergemeinschaft, die anderen Autoritäten folgt« (ebd.). Für beide Annahmen gibt es freilich keine Belege.

radezu als »reaktionär« zu bezeichnenden Pastoralbriefe überhaupt nicht kanonisch geworden wären. Aber das ist eine müßige Spekulation: Das Corpus Paulinum wurde in seiner Gesamtheit, ungeachtet aller Differenzen, von der Kirche rezipiert, und es konnte so seine besondere Wirkung in der Kirchengeschichte entfalten. Daß damit faktisch auch Briefe als paulinisch kanonisiert wurden, die nach unserem historischen Urteil als »unecht« gelten, ist unbestritten; aber jene »paulinischen« Schriften, die später als die Pastoralbriefe verfaßt wurden, haben keine kanonische Anerkennung gefunden.[88]

3
Bei den übrigen Schriften, die dann Bücher des Neuen Testaments wurden, verlief der Prozeß der Kanonisierung komplizierter und langwieriger als bei den Evangelien und den Paulusbriefen, wobei sich die Entwicklung im Westen vielfach von der im Osten unterscheidet. Lange umstritten war vor allem die Anerkennung der als »Apokalypsen« bezeichneten Schriften; hier dürfte nicht nur die weithin als ungeklärt geltende Verfasserfrage, sondern auch der als »schwierig« empfundene Inhalt die positive Aufnahme beeinflußt haben. Im Westen wurde relativ spät die Johannesoffenbarung akzeptiert, nicht zuletzt aufgrund der sich durchsetzenden Annahme, daß sie auf den »Lieblingsjünger« Johannes zurückgehe; aber noch der sogenannte Canon Muratori, auf den ich noch zu sprechen komme, akzeptiert daneben auch die Petrusapokalypse, während umgekehrt, wie wir sahen, noch Euseb grundsätzliche Zweifel an der Johannesapokalypse erwähnt.

[88] In lateinischen Bibelhandschriften findet sich ein »Laodicenerbrief«, der offensichtlich in Anknüpfung an Kol 4,16 verfaßt wurde; er war bis zum Konzil von Trient Teil des Kanons der Vulgata und wird heute im Anhang zur Vulgata aufgeführt. In den »Paulusakten« steht ein Brief der Korinther an Paulus, auf den dieser mit einem »dritten« Korintherbrief antwortet. Ein interessantes Kuriosum ist der Briefwechsel zwischen Paulus und dem römischen Philosophen Seneca. Alle genannten Texte stehen bei Schneemelcher, *Apokryphen II* (Anm. 56).

Die Kritik an der Apokalypse des Johannes hielt übrigens lange an. Martin Luther bestritt in der deutschen Übersetzung des Neuen Testaments von 1522 in der Vorrede zur Johannesoffenbarung explizit deren Kanonizität.[89] In der Ausgabe von 1530 besteht der Wert der Johannesoffenbarung für Luther dann darin, daß er in ihr die Geschichte der Kirche geweissagt sieht, wobei er die geschilderten Schrecknisse der Endzeit auf das Papsttum bezieht.[90]

Lange Zeit umstritten war auch die Anerkennung des Hebräerbriefes, vor allem wegen der ungeklärten Frage, ob Paulus der Autor sei; schließlich setzte sich die unrichtige Annahme durch, der Text sei von Paulus verfaßt worden.[91] Auch den Hebräerbrief hat Luther aus historischen, insbesondere aber auch aus theologischen Gründen kritisiert, weil in ihm die Möglichkeit einer »zweiten Buße« verneint wird (Hebr 6,4–8); diese Kritik ist bis heute wirksam, wie die nachgeordnete und vom Üblichen abweichende Stellung des Hebräerbriefs im Kanon der Lutherbibel zeigt.[92]

4

Zur Gruppe der sogenannten Katholischen Briefe, die sich an die ganze Kirche zu wenden scheinen, gehören der Jakobus- und die beiden Petrusbriefe sowie die drei Johannesbriefe und der Judasbrief. Die Echtheit des 1. Petrusbriefes wurde in der Alten Kirche nicht bezweifelt, was beim 2. Petrusbrief anders war. Die drei Johannesbriefe tragen keine Verfasserangabe, der 2. und

---

89 Einer der Gründe dafür war übrigens die in Offb 22,18f. enthaltene »Kanonformel«. S. dazu Jörg Armbruster, *Luthers Bibelvorreden. Studien zu ihrer Theologie* (Arbeiten zur Geschichte und Wirkung der Bibel 5), Stuttgart 2005, S. 150–152. Vgl. Lührmann, *Evangelien* (Anm. 63), S. 5f.
90 Armbruster (s. die vorige Anm), S. 264–269.
91 Origenes lobt den Hebräerbrief, hält ihn aber vor allem aus Gründen des sprachlichen Stils für nicht von Paulus verfaßt: »Wer den Brief tatsächlich geschrieben hat, weiß Gott«.
92 Vgl. Armbruster (Anm. 89), S. 139f.

der 3. Brief nennen als Autor einen »Presbyter«, nicht etwa einen Apostel. Im Gefolge des theologisch bedeutsamen 1. Briefes und des Evangeliums wurden sie aber als Schriften des Johannes akzeptiert. Beim Jakobusbrief diskutierte man lange die Frage, um welchen Jakobus es sich handele. Allmählich setzte sich die Vorstellung durch, der Autor sei der Bruder Jesu; aber noch Euseb vermerkt im Anschluß an die ausführliche Darstellung des Lebens und des Martyriums des Jakobus in Jerusalem: »Von Jakobus soll der erste der sogenannten Katholischen Briefe verfaßt sein. Doch ist zu bemerken, daß er für unecht gehalten wird: Denn nicht viele von den Alten haben ihn und den sogenannten Judasbrief erwähnt, der ebenfalls zu den Katholischen Briefen gehört.« Euseb fügt dann aber hinzu, es sei ihm bekannt, »daß auch diese beiden Briefe wie die übrigen in den meisten Kirchen öffentlich verlesen worden sind« (Kirchengeschichte II 23,25). Damit verweist Euseb auf ein wesentliches Kriterium für die Rezeption der urchristlichen Schriften überhaupt: Entscheidend ist der faktische Gebrauch der Texte in den Gemeinden. Bekannt ist, daß Luther auch den Jakobusbrief abgelehnt hat, insbesondere wegen des offenkundigen Widerspruchs zwischen der hier vertretenen Rechtfertigungslehre (Jak 2,14–26) und der Theologie des Paulus, die von der »Rechtfertigung des Menschen allein aus Glauben« spricht (Röm 3,21–4,12 u. ö.); Luther begründete seine Kritik an der »strohernen Epistel« aber auch damit, daß der Jakobusbrief in der Alten Kirche umstritten gewesen war.[93]

Dieter Lührmann hat es wahrscheinlich gemacht, daß die schließlich erfolgte Anerkennung der sieben Katholischen Briefe indirekt auf Gal 2,9 zurückgeht, wo Paulus berichtet, wie er mit Jakobus, Petrus und Johannes, den »Säulen« der Jerusalemer Gemeinde, eine Vereinbarung hinsichtlich der Mission getroffen hatte:[94] »Sinn der Erweiterung des Briefteils des NT über das

---

93 Vgl. dazu Armbruster (Anm. 89), S. 140–149.
94 Dieter Lührmann, »Gal 2,9 und die katholischen Briefe. Bemerkungen zum Kanon und zur regula fidei«, in *Zeitschrift für die Neutestamentli-*

Corpus Paulinum hinaus durch gerade diese katholischen Briefe ist dann, neben die Briefe des Paulus die der drei ›Urapostel‹ zu stellen, um ein gemeinsames Zeugnis der Apostel für die kirchliche Lehre zu dokumentieren.«[95]

5

Das älteste erhaltene Kanonsverzeichnis ist ein in die Zeit um 200 zu datierendes Textfragment, das nach seinem Entdecker Ludovico Antonio Muratori (1672–1750) traditionell als »Canon Muratori« bezeichnet wird. Es handelt sich aber nicht etwa um ein kirchenamtliches Dokument;[96] vielmehr gibt der Canon Muratori in erzählender Weise eine Übersicht über die Entstehungsbedingungen und den Inhalt bestimmter urchristlicher Schriften. An erster Stelle wird in dem Fragment das Lukasevangelium als »drittes Buch« genannt; das spricht für die Vermutung, daß zuvor Matthäus und Markus genannt worden waren. Es folgen Aussagen zum Johannesevangelium und zur Apostelgeschichte. Danach werden die Paulusbriefe genannt, und zwar in einer für uns ungewöhnlichen Reihenfolge:[97]

Die Briefe aber des Paulus, welche es (d. h. von Paulus) sind, von welchem Orte und aus welchem Anlaß sie geschrieben

---

che Wissenschaft und die Kunde der älteren Kirche 72 (1981) S. 65–87. Der Judasbrief beziehe sich auf Jakobus und erinnere überdies in V. 17 f. an das, was »die Apostel« hinsichtlich Irrlehre vorausgesagt hätten.

95 Lührmann (s. die vorige Anm.), S. 72.

96 Vgl. Emidio Campi, »Muratori, Ludovico Antonio«, in: *Religion in Geschichte und Gegenwart 5*, Tübingen ⁴2002, Sp. 1587; Marco Frenschkowski, »Muratorisches Fragment«, ebd., Sp. 1587 f. Zur Datierung und zur geographischen Herkunft s. vor allem Joseph Verheyden, »The Canon Muratori: A Matter of Dispute«, in: J.-M. Auwers/H. J. de Jonge (Hg.), *The Biblical Canons* (Bibliotheca Ephemeridum Theologicarum Lovaniensium 163), Leuven 2003, S. 487–556, der die Annahme der Echtheit und der Datierung (um 200) wahrscheinlich macht.

97 Zitiert nach Wilhelm Schneemelcher, »Zur Geschichte des neutestamentlichen Kanons«, in: Ders. (Hg.), *Neutestamentliche Apokryphen in deutscher Übersetzung. I. Band Evangelien*, Tübingen ⁵1987, S. 29 f.

sind, erklären das denen, die es wissen wollen, selbst. Zuerst von allen hat er an die Korinther, (denen) er die Häresie der Spaltung, sodann an die Galater, (denen) er die Beschneidung untersagt, sodann aber an die Römer, (denen) er darlegt, daß Christus die Regel der Schriften und ferner ihr Prinzip sei, ausführlicher geschrieben. Über sie müssen wir einzeln handeln, da der selige Apostel Paulus selbst, der Regel seines Vorgängers Johannes folgend, mit Namensnennung nur an sieben Gemeinden schreibt in folgender Ordnung: an die Korinther der erste (Brief), an die Epheser der zweite, an die Philipper der dritte, an die Kolosser der vierte, an die Galater der fünfte, an die Thessalonicher der sechste, an die Römer der siebente. Aber wenn auch an die Korinther und an die Thessalonicher zu ihrer Zurechtweisung noch einmal geschrieben wird, so ist doch deutlich erkennbar, daß eine Gemeinde über den ganzen Erdkreis verstreut ist. Denn auch Johannes in der Offenbarung schreibt zwar an sieben Gemeinden, redet jedoch zu allen. Aber an Philemon einer und an Titus einer und an Timotheus zwei, aus Zuneigung und Liebe (geschrieben), sind doch zu Ehren der katholischen Kirche zur Ordnung der kirchlichen Zucht heilig gehalten.

Ergänzend weist der Text darauf hin, daß es Briefe an die Laodicener und an die Alexandriner gebe, die aber marcionitische Fälschungen seien und deshalb von der *catholica ecclesia* nicht rezipiert würden, »denn Galle mit Honig zu mischen, geht nicht an«. Erwähnt werden dann »ein Brief des Judas« und zwei Johannesbriefe, aber erstaunlicherweise auch »die Weisheit, die von Freunden Salomos zu dessen Ehre geschrieben ist«. Der Text fährt fort: »Auch von den Offenbarungen nehmen wir nur die des Johannes und Petrus an«, wobei aber zur Petrusapokalypse gesagt wird, daß »einige von den Unsrigen sie nicht in der Kirche verlesen wissen wollen«. Zurückgewiesen wird die sehr umfangreiche Schrift »Hirt« des Hermas; sie sei erst »vor kurzem« in Rom verfaßt worden und dürfe jedenfalls in der Kirche nicht verlesen werden, da sie weder zu den prophetischen noch zu den apostolischen Schriften gehöre.[98]

Der Canon Muratori bietet die Aufzählung der paulinischen Briefe offenbar nicht in einer bereits als kanonisch geltenden, sondern eher in der vom Autor vermuteten zeitlichen Abfolge;[99] dies dürfte auch der Grund dafür sein, daß Johannes als Vorgänger des Paulus gilt, denn offenbar sieht der Canon Muratori im Jünger Johannes den Autor der »Sendschreiben« in ApkJoh 2–3. Der Text bestätigt jedenfalls, daß der geschichtliche Charakter der urchristlichen Schriften und insbesondere der Paulusbriefe durchaus im Bewußtsein ist und daß keineswegs der Gedanke vorherrscht, es handele sich um zeitlose Zeugnisse.

Etwa einhundert Jahre später berichtet Euseb im dritten Buch seiner »Kirchengeschichte« vom Schicksal der Apostel. Paulus wird als der »wortgewaltigste und geistreichste von allen« bezeichnet, doch habe er nur »seine ganz kurzen Briefe« hinterlassen. Von den zwölf Aposteln Jesu hätten Matthäus und Johannes »Erinnerungen an die Lehrvorträge unseres Herrn« aufgeschrieben; Johannes habe dies sogar erst getan, nachdem er die drei anderen Evangelien kennengelernt hatte (Kirchengeschichte III 24,5–7). Etwas später (III 25,2) folgen die schon erwähnte knappe Übersicht über die Schriften des Neuen Testa-

---

98 Der »Hirt« des Hermas hat den Charakter einer prophetischen bzw. apokalyptischen Schrift; Text und Übersetzung (Martin Dibelius) bei Lindemann/Paulsen, *Apostolische Väter* (Anm. 28), S. 325–555.

99 Nils Alstrup Dahl, »Welche Ordnung der Paulusbriefe wird vom Muratorischen Kanon vorausgesetzt?« (1961), in: Ders., *Studies in Ephesians* (Wissenschaftliche Untersuchungen zum Neuen Testament 131), Tübingen 2000, S. 147–163, hier: S. 157f.: »Zunächst werden, mit kurzer, antihäretischer Inhaltsangabe diejenigen Briefe genannt, die sowohl im NT der Kirche wie in Marcions *Apostolikon* an erster Stelle stehen, wobei die chronologische Folge dieser Briefe betont wird; in der folgenden chronologisch gemeinten Liste sind es nur diese Briefe, die an einem von der kanonischen Reihenfolge abweichenden Platz erscheinen.« Anders K. Aland, »Entstehung« (Anm. 82), S. 329: Der Begriff *ordo* beziehe sich auf die Textanordnung, nicht auf die Chronologie.

ments und über jene Schriften, denen widersprochen wird.[100] Noch zu Beginn des 4. Jahrhunderts gibt es also keinen eindeutig festgelegten Kanon christlicher Schriften; klar ist aber, daß die vier Evangelien einschließlich der Apostelgeschichte sowie die (vierzehn[101]) Paulusbriefe in ihrer allgemeinen kirchlichen Anerkennung unumstritten sind.

6

Im Grunde fast eher einem Zufall als einem bestimmten Plan verdankt sich das erste Kanonsverzeichnis, in dem die uns geläufigen Schriften des Neuen Testaments genannt werden. Athanasius (297–373) schreibt als Bischof von Alexandria im Jahre 367 in seinem »39. Osterfestbrief« im Zusammenhang seiner Kritik an mancherlei Häresien, man müsse zwischen den wahren Büchern und den sogenannten apokryphen Schriften unterscheiden.[102] Dabei formuliert er in bewußter Anlehnung an das Vorwort des Lukasevangeliums, er habe die Angelegenheit »von Anfang an erforscht«, und er habe sich dann entschlossen, »der Reihe nach die kanonisierten (*kanonizomena*), überlieferten und als göttlich bestätigten Schriften darzulegen, damit ein jeder Getäuschte seine Verführer verwerfe und ein jeder unbefleckt Gebliebene sich freue, wenn er wieder daran erinnert wird«. Nach der Aufzählung der alttestamentlichen Schriften nennt Athanasius die allgemein anerkannten Schriften des Neuen Testaments: Zuerst die Evangelien und die Apostelgeschichte, dann die sieben katholischen Briefe der Apostel, erst danach die Paulusbriefe einschließlich des Hebräerbriefes, am Ende die Johannesof-

---

100 Zum Kanon bei Euseb vgl. Armin D. Baum, »Der neutestamentliche Kanon bei Eusebios (Hist.Eccl III,25,1–17) im Kontext seiner literaturgeschichtlichen Arbeit«, in: *Ephemerides Theologicarum Lovaniensium* 73 (1997), S. 307–348.
101 Zum Hebräerbrief schreibt Euseb, manche behaupteten, er sei »von der römischen Kirche nicht als paulinisch anerkannt« und deshalb verworfen worden (III 3,5).
102 Text zitiert nach Schneemelcher, *Apokryphen I* (Anm. 97), S. 40.

fenbarung; diese Reihenfolge nimmt offenkundig darauf Bezug, daß die (vermuteten) Verfasser der katholischen Briefe – also Jakobus, Petrus, Johannes und Judas – im Unterschied zu Paulus Jünger Jesu gewesen waren.[103] Diese Schriften, so schreibt Athanasius, »sind die Quellen des Heiles, auf daß der Dürstende sich an den in ihnen enthaltenen Worten übergenug labe. In ihnen allein wird die Lehre der Frömmigkeit verkündigt.« Dann folgt die Kanonformel: »Niemand soll ihnen etwas hinzufügen oder etwas von ihnen fortnehmen.« Anschließend nennt Athanasius Bücher, die zwar nicht kanonisiert, wohl aber »von den Vätern« für den kirchlichen Unterricht bestimmt worden sind, vor allem späte Bücher aus dem griechischen Alten Testament (Septuaginta) sowie aus der frühchristlichen Literatur die »Lehre der zwölf Apostel«[104] und den »Hirten« des Hermas. »Die Autorität des Athanasius bewirkte, daß sich nun innerhalb der griech[ischen] Kirche die Kanonizität der 7 Kath[olischen] Br[iefe] rasch durchsetzte«, während die Haltung gegenüber der Johannesoffenbarung zwiespältig blieb; noch im 7. und im 9. Jahrhundert gibt es Kanonsverzeichnisse, in denen die Apokalypse ausdrücklich als nicht kanonisch bezeichnet wird.[105]

Der Osterfestbrief des Athanasius ist nicht etwa ein den Kanon autoritativ fixierendes amtliches Schreiben; vielmehr hält Athanasius darin das nach seinem Urteil bereits Gültige fest.[106]

103 Die Johannesoffenbarung bildet aus inhaltlichen Gründen den Schluß.
104 Auch diese Schrift wird traditionell zu den »Apostolischen Vätern« gerechnet.
105 Werner Georg Kümmel, *Einleitung in das Neue Testament*, Heidelberg ¹⁷1973, S. 440.
106 Markschies, *Theologie* (s. Anm. 81), S. 225 meint, die Einleitung des Briefes klinge »nicht gerade danach, daß eine solche Aufzählung damals vollkommen üblich« gewesen wäre, sondern man spüre eher »die Mühe des Bischofs, eine solche verbindliche Umfangsbestimmung der Bibel zusammenzubringen«. Vgl. aber Martin Tetz, »Athanasius und die Einheit der Kirche. Zur ökumenischen Bedeutung eines Kirchenvaters«, in: *Zeitschrift für Theologie und Kirche* 81 (1984), S. 196–219, hier: S. 206: Es ist »nicht so, daß Athanasius über ihre [sc. der heiligen Schriften] Abgrenzung verfügte oder daß sie mit Verfügungsgewalt herbeizitiert

Gleichwohl bedeutet der Brief, daß jetzt offenbar de facto, wenn auch nicht de iure, die neutestamentliche Kanonbildung als im wesentlichen abgeschlossen anzusehen ist, auch wenn die Abfolge der einzelnen Schriftengruppen noch variieren kann und sich, wie das Beispiel des Hebräer- und des Jakobusbriefes zeigt, bis heute als unterschiedlich erweist – von den konfessionellen Differenzen beim alttestamentlichen Kanon ganz zu schweigen.[107]

5 Zur historischen und theologischen Bedeutung des neutestamentlichen Kanons

1

In den etwa dreihundert Jahren zwischen der Entstehung der ältesten christlichen Schriften und dem »Kanonsverzeichnis« des Athanasius hat es offensichtlich keine Institution gegeben, die über die Kanonizität oder Nichtkanonizität von Schriften entschieden hätte. »Der wesentliche Bestand des Alten wie des Neuen Testaments ist«, wie Hans von Campenhausen festgestellt hat, »niemals eingeführt oder beschlossen worden.« Das Alte Testament war in der entstehenden Kirche von Anfang an in Gestalt der Septuaginta vorhanden, das Neue Testament »konsolidierte sich im Gebrauch, den die Gemeinden – unter kritisch-kontrollierender Beteiligung ihrer geistigen Führer – vom urchristlichen Schrifttum gemacht haben«; dabei spielte vor allem die regelmäßige Lesung in der gottesdienstlichen Versammlung eine wesentliche Rolle. »Kirchenamtliche Entscheidungen«, so stellt von Campenhausen fest, kommen in dem hier dargestellten Zeitraum »noch nicht in Betracht«.[108]

---

werden könnten, sondern so, daß sie durch die Väter von den Aposteln überkommen sind und damit im zuvorkommenden Handeln Christi gründen.«

107 Lips, *Kanon* (s. Anm. 76), S. 119–164 bietet eine Übersicht über die weitere Rezeption des neutestamentlichen Kanons in den Kirchen des Westens und des Ostens, einschließlich Reformation und Gegenreformation.
108 Campenhausen, »Entstehung« (s. Anm. 67), S. 381 f.

An diesem Bild hat Christoph Markschies Kritik geübt. Er definiert Kanonisierung als »*das Verbindlichmachen von Texten für eine Gruppe durch eine bestimmte Elite*«, verbunden mit der Intention, »daß niemand den fundamentalen Charakter dieser Texte explizit bestreiten kann, ohne sich außerhalb dieser Gruppe und ihres Gruppenkonsenses zu stellen«. Ausgehend von dieser Definition stellt Markschies dann fest, Kanon sei »eine von spezifischen Kriterien gesteuerte, in aller Regel exakt bestimmte Auswahl von Texten, die im Prozeß ihrer Kanonisierung dauerhaft verbindlich gemacht werden und von nun an permanent auf ihre Fundamentalität hin auslegungsbedürftig sind«. Von hier aus werde »sofort deutlich, daß jede Kanonisierung im engen Zusammenhang mit dauerhaften sozialen Arrangements steht, also mit *Institutionen*, innerhalb derer und durch die Texte verbindlich gemacht werden und die Bestreitung ihrer Autorität sanktioniert wird.«[109] Die »institutionellen Kontexte der unterschiedlichen Kanonisierungen heiliger Schriften im antiken Christentum« müßten bedacht werden; die Alternative – hier das Modell einer »Selbstdurchsetzung des Kanons«, dort die Vorstellung, monarchische Bischöfe und Synoden hätten über den Kanon entschieden – sei jedenfalls »viel zu grob für die sehr unterschiedlichen Prozesse der Normierung einer bestimmten Gruppe von Schriften«.[110]

Aber die altkirchlichen Aussagen zu einem definitiven Kanon setzen, wie wir gesehen haben, das Vorhandensein von als gültig anerkannten Textsammlungen immer schon voraus und nehmen nicht etwa neue Setzungen vor. Das gilt jedenfalls für die kanonisch gewordenen Evangelien und für die Paulusbriefe: Hier hat die Frage eines institutionell ausgesprochenen Ja oder Nein zur kirchlichen Rezeption offenbar niemals zur Debatte gestanden.[111] Umgekehrt wurde den im Laufe der Kirchen- und

---

109 Markschies, *Theologie* (Anm. 81), S. 217 (Hervorhebungen im Original).
110 Markschies, *Theologie* (s. Anm. 81), S. 333.
111 Vgl. Lindemann, *Paulus* (Anm. 19), S. 104–109 und S. 240–252.

Theologiegeschichte apokryph gewordenen Schriften ein kanonischer Status nicht durch einen kirchenamtlichen Akt verweigert, sondern sie fanden in der Mehrzahl der Gemeinden keine breite Anerkennung und wurden so nicht kanonisch.[112]

2
Hat der neutestamentliche Kanon zum historischen Erfolg des Christentums in der Antike beigetragen? Diese Frage ist natürlich nicht eindeutig zu beantworten, weil sich eine klare Kausalität nicht aufweisen läßt. Man wird aber vermuten dürfen, daß die Herausbildung eines Kanons theologisch verbindlicher christlicher Schriften zur Identitätsstiftung und zur kirchlichen Stabilisierung beigetragen hat: Man kann nun unterscheiden zwischen Texten, die in der Kirche anerkannt sind und solchen Texten, für die das nicht gilt; damit gibt es einen Maßstab (*kanon*) für das innerhalb der Kirche als möglich angesehene Denken und Handeln.

Ist der Kanon grundsätzlich korrigierbar, könnte also die eine oder andere Schrift entfernt oder umgekehrt eine andere Schrift in ihn eingefügt werden? Diese Frage bleibt theoretisch, auch wenn Texten wie etwa dem Thomasevangelium gelegentlich ein hoher Wert beigemessen wird, verbunden meist mit der These einer Frühdatierung. Martin Luther hat auf seinen frühen Versuch, die von ihm im Kanon nach hinten versetzten Schriften ganz auszuschließen, später verzichtet. Die römisch-katholische Kirche stellte auf dem Konzil von Trient (1545–1563) den Kanon der Bibel nach Umfang und Wortlaut definitiv fest, allerdings in der Gestalt der lateinischen Vulgata.[113] Es gäbe in der Christenheit gar keine Instanz, die einen den Kanon grundsätzlich verändernden Beschluß fassen und durchsetzen könnte; das würde auch für den zwar sehr unwahrscheinlichen, aber natür-

---

112 Vgl. dazu Lührmann, *Evangelien* (Anm. 63), S. 53 f.
113 Der Laodicenerbrief (s. Anm. 24 und Anm. 88) wurde im Anschluß an das Konzil von Trient in den »Anhang« der Vulgata versetzt.

lich nicht völlig auszuschließenden Fall gelten, daß ein unzweifelhaft authentischer weiterer Paulusbrief irgendwo entdeckt würde.

Der aus 27 sehr unterschiedlichen Schriften bestehende neutestamentliche Kanon bedeutet, daß es in der Kirche nicht zu einer Uniformität im Denken und Handeln kommt; vielmehr trägt die innere Vielfalt des Kanons auch zur Vielfalt der theologischen Diskussion bei.[114] Zugleich vermindert der Kanon die Gefahr eines unkontrollierten theologischen Wildwuchses, und er verhindert insoweit religiöse Beliebigkeit.

3

Der Kanon des Neuen Testaments ist nicht das Ergebnis einer die urchristliche Überlieferung sichtenden und dann gleichsam »von oben« kritisch bewertenden kirchlichen Zensur.[115] Vielmehr wurden die faktisch anerkannten Schriften ihrerseits zum kritischen Maßstab für die verbindliche Rezeption oder Nicht-Rezeption anderer Texte bzw. späterer theologischer Positionen. So sind der biblische Kanon und die sich zur selben Zeit allmählich herausbildende Festlegung der Grundinhalte des Glaubens, die sogenannte *regula fidei*,[116] aufeinander bezogen, ohne daß durch letztere der Prozeß der Kanonbildung »dogmatisch« dominiert worden wäre. Gerade in der auch »dogmenkritischen« Funktion des aus unterschiedlichen Schriften zusammengesetzten Kanons liegt sein entscheidender Wert.

114 Vgl. die Feststellung von Tetz, »Athanasius« (Anm. 106), S. 206: »Es wäre eine ungemäße Frage, ob bei Athanasius die Einheit des Kanons die Einheit der Kirche sichere. Die heilige Schrift ist gewissermaßen die Eröffnung des Atemraumes der Kirche, in dem man leben, in dem gemeinsames Leben statthaben darf – auf gar keinen Fall ohne, geschweige denn gegen die Apostel und ihren Herrn.«
115 Vereinzelt hat es freilich auch autoritativ vollzogene Entscheidungen gegeben; so wurde das Diatessaron des Tatian von der syrischen Kirche ausdrücklich verworfen, als sich auch dort der Vier-Evangelien-Kanon durchsetzte.
116 S. dazu den in Anm. 94 genannten Aufsatz von Lührmann.

Im Jahre 1951 hielt Ernst Käsemann einen berühmt gewordenen Vortrag unter dem Titel »Begründet der neutestamentliche Kanon die Einheit der Kirche?«[117] Käsemann gab eine doppelte Antwort: In der dem Historiker zugänglichen Vorfindlichkeit begründe der Kanon »die Vielzahl der Konfessionen«, da er es allen Konfessionen ermögliche, sich auf den Kanon zu berufen; aber, so fährt Käsemann fort, in der Schrift und insofern also im Kanon »manifestiert« sich der Geist – freilich nicht in dem Sinne, als wären beide identisch, sondern in einer unaufhebbaren Spannung. Der Kanon ist also nicht mit dem Evangelium identisch; er ist »Gottes Wort nur insofern [...], als er Evangelium ist und wird.« Insofern begründe der Kanon dann auch die Einheit der Kirche, doch sei das eine Feststellung, die nur der Glaubende treffen könne.[118]

4

Was bedeutet der Kanon für die Auslegung der neutestamentlichen Bücher? Sind sie von vornherein als Teil einer Sammlung aufzufassen im Sinne einer kanonischen Lektüre, oder ist jeweils von der in den Texten selber erkennbaren Ursprungssituation auszugehen, und sind die Texte also primär als Einzeldokumente zu lesen? Im einen Fall besteht die Gefahr, daß die inhaltlichen Aussagen der einzelnen Texte unscharf werden und man theologisch womöglich Anstößiges von anderen Aussagen her abzuschwächen, zu korrigieren und ganz allgemein zu harmonisieren versucht. Im andern Fall droht die Gefahr, daß die einzelnen Schriften primär oder sogar ausschließlich historisch gelesen werden, also nur als Aussagen aus einer vergangenen Zeit.

Es gehört aber beides zusammen: Die urchristlichen Schriften sind im Rahmen einer Sammlung überliefert; aber ungeachtet dessen stehen sie doch als einzelne Texte im Kanon. Sie sind

---

117 Ernst Käsemann, »Begründet der neutestamentliche Kanon die Einheit der Kirche?«, in: Ders., *Exegetische Versuche und Besinnungen. Erster Band*, Göttingen 1960, S. 214–223.
118 Käsemann (s. die vorige Anm), S. 221, 223.

dabei, soweit wir zu erkennen vermögen, keiner theologisch oder auch nur literarisch einheitlichen Redaktion bzw. »Zensur« unterzogen worden – die Differenzen, ja Widersprüche zwischen den Erzählungen in den Evangelien blieben ebenso erhalten wie die theologischen Widersprüche etwa zwischen Paulus und dem Jakobusbrief. Es ist für den Kanon charakteristisch, daß er eine Vielfalt von Texten und Positionen enthält, die miteinander in Spannung – oder vielleicht besser: die miteinander im Gespräch stehen. Es macht die Bedeutung des Kanons aus, daß er eine Schrift wie den Jakobusbrief enthält, der direkt oder indirekt Anfragen an Paulus richtet, indem er die Lehre von der Rechtfertigung des Menschen »allein aus Glauben« verwirft und statt dessen für das Tun guter Werke plädiert. Ähnliches gilt angesichts der Tatsache, daß für das Lukas- und das Matthäusevangelium die Gottessohnschaft Jesu unter Bezug auf Bethlehem und auf die Tradition der Jungfrauengeburt ausgesprochen wird, während Markus davon nichts weiß und das Johannesevangelium beide Vorstellungen geradezu ablehnt (Joh 6,42; 7,41 f.).[119]

Solchen Differenzen muß man sich stellen, und es wäre ein Mißverständnis, wollte man über sie harmonisierend hinweggehen. Jedenfalls waren die Gemeinden offensichtlich davon überzeugt, daß die Texte auch und gerade in der vorliegenden Form ihren besonderen Wert besitzen.[120] Das hat nicht zuletzt auch dazu geführt, daß die handschriftliche Überlieferung des Neuen Testaments im Vergleich zu anderen antiken Texten ungewöhnlich breit und im Ganzen auch zuverlässig ist.

Ulrich Körtner meint, durch den Kanon sei ein »neuer Ma-

---

[119] Zur Bedeutung des neutestamentlichen Kanons für die Frage einer »Theologie des Neuen Testaments« vgl. Schröter, *Von Jesus zum Neuen Testament* (s. Anm. 49), S. 355–377.

[120] Vgl. dazu den vergleichsweise knappen, aber höchst informativen Aufsatz von Henk Jan de Jonge, »Introduction: The New Testament Canon«, in: J.-M. Auwers/H. J. de Jonge (Hg.), *The Biblical Canons* (s. Anm. 96), S. 309–319.

krotext« entstanden, »in welchem der einzelne Leser und die Interpretationsgemeinschaft, der er angehört, immer neue Sinnbezüge entdecken können und sollen.« Dementsprechend sei der Kanon »als Regel oder Richtschnur [...] nicht nur ein Leitfaden des Glaubens, sondern eine Anweisung zum permanenten Lesen, die Einladung zu einer literarischen Entdeckungsreise«. Die Einheit der Bibel, so stellt Körtner fest, kommt nicht durch formale Entscheidungen zustande, sondern »sie entsteht vielmehr immer wieder neu durch fortgesetzte Lektüre«.[121]

---

[121] Ulrich H. J. Körtner, *Theologie des Wortes Gottes. Positionen – Probleme – Perspektiven*, Göttingen 2001, S. 338 f.

Hartmut Leppin

Politik und Pastoral – Politische Ordnungsvorstellungen im frühen Christentum[1]

Wer als Steuerbürger des 6. Jahrhunderts n. Chr. die Finanzbehörde der wohlhabenden palästinischen Stadt Caesarea Maritima betrat, hing vermutlich nicht gerade frommen Gedanken nach. Blickte er indes auf den aufwendig gestalteten Mosaikfußboden, bekam er folgendes zu lesen. »Willst du also die staatliche Gewalt nicht fürchten? So tue das Gute und du wirst Lob von ihr ernten.«[2] Dieser Satz stammt aus dem Römerbrief des Paulus. Ein Bibelvers wurde hier in Anspruch genommen für eine Aufgabe, die Herrscher seit jeher als eine zentrale betrachtet haben: die Gewinnung von Einnahmen. Kann es einen besseren Beleg geben für eine Integration von Staat und Kirche, auf die die Geschichte des frühen Christentums, so könnte man meinen, hinauslief?

Scheint doch nichts näher zu liegen, als die Entwicklung des

[1] Erst nachdem ich den Titel formuliert hatte, stieß ich auf das folgende Buch: Rainer Bucher / Rainer Krockauer (Hg.), *Pastoral und Politik. Erkundungen eines unausweichlichen Auftrags* (Werkstatt Theologie – Praxisorientierte Studien und Diskurse 7), Münster u. a. 2006, das sich mit Problemen der modernen katholischen Pastoraltheologie befaßt.
[2] Kenneth G. Holum / Clayton M. Lehmann, *The Greek and Latin Inscriptions of Caesarea Maritima* (The Joint Expedition to Caesarea Maritima 5), Boston, MA 2000, S. 89, vgl. S. 88.

Verhältnisses von Christentum und Staat in folgenden klaren Linien nachzuzeichnen: Anfangs sind die Christen eine kleine Minderheit, die die staatliche Autorität hinnimmt, sodann erdulden sie eine Verfolgungszeit, um schließlich an die Macht zu kommen und selbst zu herrschen oder die Herrschaft anderer zu legitimieren. Das hätte sich dann im 6. Jahrhundert vollendet, als der damalige Kaiser Justinian von einer Symphonie, einem Gleichklang von Kaiseramt und Priesteramt, sprach. Caesarea führe das plastisch vor Augen. Und dann könnte man noch hinzufügen, das Christentum hätte sein Eigentliches verraten, indem es sich immer mehr dem Staat andiente.

Doch zum Glück ist die Geschichte so einfach nicht, sonst bedürfte es wahrlich keiner Historiker mehr. Die Entwicklung verläuft komplexer. Das Christentum erweist sich stets als sperrig, auch in der Zeit, da die Herrscher Christen sind, eben weil es einen ganz anderen Ansatz gegenüber der Politik hat als die meisten antiken Religionen. Wohl gibt es eine wachsende Neigung von Kaisern, das Christentum und seine Institutionen für sich zu instrumentalisieren, wohl gibt es eine immer ausgeprägtere Tendenz von Kirchenleuten, sich in den Dienst der Herrscher zu stellen und ihrerseits staatliche Hilfe für die Durchsetzung ihrer Ziele zu fordern, aber es gibt, und das ist vielleicht kennzeichnend für die Geschichte des Christentums überhaupt, stets eine gegenläufige Entwicklung, eine Entwicklung, die auf Abgrenzung setzt. Was die Ordnungsvorstellungen angeht, so bleibt bemerkenswert, daß das Christentum zwar von vornherein eine grundlegende Integrationsbereitschaft bekundete, sich aber am Ende in vielen Fällen nicht in politische Ordnungen integrieren ließ, da sein unhintergehbarer Wahrheitsanspruch dem entgegenstand, ein Wahrheitsanspruch, der sich auf Glaubensaussagen stützte, die allmählich zu einem verbindlichen Text, der Bibel mit dem Neuen Testament, gerannen.[3]

---

3 Dem essayistischen, bewußt pointierenden Charakter des Beitrags entsprechend wird auf umfassende Literaturhinweise verzichtet. Wenn ich dabei nicht selten auf eigene Arbeiten verweise, so drückt sich darin nicht

Doch bevor ich das näher erläutere, sind einige Vorbemerkungen nötig: Wenn ich hier über politische Ordnungsvorstellungen des frühen Christentums spreche, so kann ich nur weniges herausgreifen; schon der generalisierende Ausdruck »frühes Christentum« ist fragwürdig, zumal dessen Pluralität gerade in der jüngeren Forschung unterstrichen wird. Daher werde ich meine Überlegungen um einige wenige Texte herumgruppieren, die Dokumente der sich entwickelnden Großkirche sind: Es handelt sich um Passagen aus dem Neuen Testament, sodann um Ausschnitte aus einem Werk Tertullians, das um 200 entstand, ferner um Äußerungen in einem Brief des Mailänder Bischofs Ambrosius aus dem 4. Jahrhundert, schließlich um Bemerkungen in einem Schreiben des Papstes Gelasius, das zwar erst aus dem 5. Jahrhundert stammt, aber einen Wendepunkt markiert. Dazwischen werde ich versuchen, mit knappen Strichen wichtige Entwicklungen nachzuzeichnen – da wird sich manches Strittige finden, und selbstredend ist es nicht möglich, der Komplexität des Themas gerecht zu werden.

Vor allem auf einen wichtigen, scheinbar paradoxen Gesichtspunkt will ich in diesen Überlegungen aufmerksam machen: die Personalisierung des politischen Denkens. Die christlichen Autoren, die hier erörtert werden, zeichneten sich nicht so sehr durch neue politische Ordnungsvorstellungen aus, als vielmehr dadurch, daß sie das politische Verhalten der persönlichen christlichen Verantwortung unterwarfen, deren Regeln wiederum von Kirchenleuten in seelsorgerlicher Absicht entworfen wurden – daher die Pastoral im Titel. Am Ende entstand gerade dadurch gleichsam unter der Hand ein ganz neues Ordnungskonzept. Anders gewendet: Die Christen – und diese Aussage gilt wohl auch über den Kreis der hier behandelten Autoren hinaus – interessierten sich in den ersten vier Jahrhunderten nicht so sehr für Institutionen; der Staat als Anstalt trat kaum in den Horizont

nur die berufsspezifische Eitelkeit aus; vielmehr finden sich dort Einzelnachweise, von denen ich diesen Beitrag entlasten kann.

ihres Denkens.⁴ Wichtig war für sie vielmehr die Beziehung zwischen Kaiser und Untertan. Zugespitzt formuliert: Man sollte nicht so sehr vom Verhältnis »Kirche und Staat« sprechen, sondern von dem zwischen christlichem Untertan und Herrscher, und dieser Untertan wurde durch die christliche Seelsorge, durch die Pastoral, zu einem bestimmten Verhalten veranlaßt, nicht durch einen politisch definierten Gestaltungs- oder Widerstandswillen.⁵ Die politischen Vorstellungen, die artikuliert werden, sind mithin extrem personalisiert, was innerhalb des politischen Denkens der römischen Kaiserzeit auch außerhalb der christlichen Welt keineswegs ungewöhnlich war.⁶

4 Das gilt übrigens auch in Hinblick auf die zahlreichen Reflexionen über die Rolle des Römischen Reiches in Gottes Heilsökonomie, da hier das Reich nur als eine Phase der Geschichte gesehen wird, nicht als Einrichtung mit spezifischen Strukturen; zu möglichen Ausnahmen vgl. etwa Anm. 22.
5 Natürlich schließe ich dennoch in vielem an die Beiträge zu Staat und Kirche an und verweise auf sie wegen weiterer Belege, s. etwa Kurt Aland, »Das Verhältnis von Staat und Kirche in der Frühzeit«, in: *ANRW* II 23.1 (1979), S. 60–246; William H. C. Frend, »Church and State. Perspectives and Problems in the Patristic Age«, in: *Studia Patristica* 17 (1982), Heft 1, S. 38–54; Richard Klein, »Das politische Denken des Christentums«, in: Iring Fetscher/Herfried Münkler (Hg.), *Pipers Handbuch der politischen Ideen*, München/Zürich 1988, S. 595–634; Peter Stockmeier, Art. »Herrschaft«, in: *RAC* 14 (1988), Sp. 877–936; reichhaltige Quellensammlungen bei Hugo Rahner, *Kirche und Staat im frühen Christentum*, München 1961; Adolf Martin Ritter, »*Kirche und Staat« im Denken des frühen Christentum. Texte und Kommentare zum Thema Religion und Politik in der Antike* (Traditio Christiana 13), Bern 2005. Nach wie vor von wesentlicher Bedeutung für die Geschichte des politischen Denkens im frühen Christentum ist aufgrund der herausragenden Materialbeherrschung Francis Dvornik, *Early Christian and Byzantine Political Philosophy. Origins and Background*, 2 Bde. (Dumbarton Oaks Studies 9), Washington, DC 1966. Bedeutende Überlegungen zur Entwicklung der Kaiserzeit unter besonderer Herausstellung der Bedeutung der jüdischen Religion bietet Guy G. Stroumsa, *La fin du sacrifice. Les mutation religieuses de l'Antiquité tardive*, Paris 2005.
6 Rolf Rilinger, »Das politische Denken der Römer. Vom Prinzipat zum Dominat«, in: Fetscher/Münkler, *Handbuch* (Anm. 3), S. 521–593, der

Eine Sache darf man dabei voraussetzen. Für alle Christen, mit denen wir es zu tun haben, war die Monarchie eine selbstverständliche Gegebenheit, ebenso zunächst das Römische Reich. Wohl war die republikanische Vergangenheit Roms vielen vertraut, namentlich einem Ambrosius;[7] östliche Autoren prunkten mit ihrem Wissen über Demokratie und Oligarchie, doch solche Verfassungsformen waren in ihren Augen eindeutig Erscheinungen der Vergangenheit. Die für das antike politische Denken so wichtige Vorstellung, es gebe verschiedene Verfassungstypen, spielt daher bei den Christen nur am Rande eine Rolle.

Eine solche Haltung zur Monarchie war in der Kaiserzeit verbreitet: Die Monarchie als Verfassung hatte sich ja bewährt, namentlich die universale römische Monarchie. Die meisten Bewohner genossen inneren und äußeren Frieden von einer Dauer, wie sie der Mittelmeerraum nie erlebt hatte und übrigens auch nicht mehr erleben sollte. Die Herrschaft begegnete der Mehrzahl in Gestalt von Gerichtsherren, vor allem aber in der von Steuer- und Zolleintreibern; dabei mag es immer wieder zu Willkürakten gekommen sein – jeder erinnert sich an das Image der Zöllner in den Evangelien –, doch im Vergleich zu den Übergriffen hellenistischer Funktionäre und römisch-republikanischer Beamter waren das Kleinigkeiten. Es ging den meisten Menschen in äußerer Hinsicht so gut wie selten. So wird kaum eine Stimme laut, welche die monarchische Ordnung an sich in Frage stellte; nur selten erhob sich Widerstand gegen Rom. Die mit Leidenschaft gewagten und brutal niedergeschlagenen jüdischen Aufstände bilden eine Ausnahme.

Die ersten Christen lebten in der Erwartung der baldigen Wiederkehr Christi und hatten schon deswegen kaum Anlaß, über die politische Ordnung nachzudenken. Zwar war ihr Messias von der staatlichen Gewalt umgebracht worden, aber das

---

auf S. 578 das Fehlen einer politischen Theoriediskussion in der Kaiserzeit konstatiert.

[7] Auch Augustinus reflektiert in Auseinandersetzung mit Cicero darüber s. Civ. Dei 19,21.

ließ sich im Rahmen der göttlichen Vorsehung verstehen, in den Evangelien wird Pilatus sogar zum Opfer jüdischer Intrigen. Es ging um die Rettung des Menschen, nicht um die Änderung einer politischen Ordnung. Und die frühen Christen hatten auch sonst keinen Grund, über politische Ordnungsvorstellungen zu räsonieren: Sie gehörten Kreisen an, die ohnehin nicht auf solche Dinge Einfluß zu nehmen vermochten.[8] In dieser Zeit entstanden die wichtigsten Schriften des Neuen Testaments, zu denen ich mir als Althistoriker, der sich mit der Geschichte der politischen Ideen befaßt, einige Worte erlauben muß, wohl wissend, daß ich damit in manch ein neutestamentliches Wespennest steche.

Vermutlich auf 56 zu datieren ist Paulus' Römerbrief, der unter anderem das Verhältnis der Christen untereinander und zu ihrer Umwelt reflektiert, dabei auch das Verhalten gegenüber der politischen Ordnung bedenkt:[9] »Jedermann ordne sich den übergeordneten Gewalten unter; denn es gibt keine Gewalt außer von Gott, die bestehenden aber sind von Gott eingesetzt.« (13,1).

Es sind zwei Punkte, auf die der Apostel das Gebot sodann bezieht: das Gerichtswesen, mit dem die staatliche Gewalt die Menschen zum guten Handeln bewegt, und die Steuerpflicht – insofern war das Zitat in der Finanzbehörde zu Caesarea durchaus angemessen. »Denn die da herrschen, sind nicht für das gute Werk zu fürchten, sondern für das böse. Willst du also die Gewalt nicht fürchten? So tue das Gute und du wirst Lob von ihr ernten. [...] Deswegen zahlt ihr ja auch Steuern. Denn Beauftragte, die darauf beständig achten, sind Gottes.« Zentral sind

---

8 Zur gegenüber der Moderne ganz anders gestalteten antiken Öffentlichkeit s. Armin Eich, *Politische Literatur in der römischen Gesellschaft*, Köln 2000; zu den Auswirkungen der Christianisierung ders.: »Zu einigen Strukturveränderungen der Literaturrezeption im Zeitalter der Krise des Imperium Romanum (3.–6. Jahrhundert) und deren Ursachen«, in: Olivier Hekster u. a. (Hg.), *Crises in the Roman Empire*, Leiden/Boston 2007, S. 413–428.

9 Zur Diskussion z. B. Udo Schnelle, *Einleitung in das Neue Testament*, Göttingen [6]2007, S. 133–158.

die Überlegungen für die Argumentation des Paulus nicht, da er seinen Lesern die Hoffnung auf das Nahen des Reiches Gottes vermitteln will. Es zeigt aber immerhin, daß im frühen Christentum noch ganz andere Auffassungen umliefen, nach denen man sich den Zumutungen des Staates verweigern durfte. Sie muß Paulus offenbar zurückweisen.[10] Das alles ist nicht originell; es lassen sich vielfältige Bezüge zu jüdischen Vorstellungen des Hellenismus herausarbeiten. Doch die Wirkungsmacht des Römerbriefs ist einzigartig.

Eine andere, folgenschwere Forderung erhebt der Autor des ersten Timotheus-Briefes, der wohl nachpaulinisch ist. Er fordert zum Gebet für alle Menschen, ausdrücklich auch für den Kaiser und die Inhaber von Ämtern auf, da alle zur Rettung bestimmt seien und die Christen so in Ruhe leben könnten.[11]

In den paulinischen und nachpaulinischen Briefen zeigt sich somit eine Haltung, die man als Loyalismus bezeichnen könnte. Die staatliche Ordnung wird akzeptiert, nicht aus Resignation, sondern weil sie von Gott eingesetzt ist. Man hat sich ihr zu

---

10 Einige weitere Passagen aus den neutestamentlichen Briefen nehmen die Aussage des Römerbriefs auf, wobei der später liegende 1. Petrusbrief stärker die politische Begrifflichkeit der griechisch-römischen Umwelt verwendet und die Vorstellung so eher in die Sprache der Christen übersetzt, die nicht jüdischer Herkunft waren. Obgleich es ganz im Banne des Römerbriefes zu stehen scheint, setzt der 1. Petrusbrief (13–17), obgleich er ähnlich klingt, doch einen anderen Akzent: »Unterwerft euch um des Herrn willen jeder menschlichen Ordnung, dem Kaiser, weil er über allen steht, den Statthaltern, weil sie von ihm entsandt sind, um die zu bestrafen, die Böses tun, und die auszuzeichnen, die Gutes tun [...]. Handelt als Freie, aber nicht als solche, die die Freiheit als Deckmantel für das Böse nehmen, sondern wie Knechte Gottes. Erweist allen Menschen Ehre, liebt die Brüder, fürchtet Gott und ehrt den Kaiser!« Der Titusbrief, einer der Pastoralbriefe, schärft das Gebot im Imperativ noch einmal ein, wobei er die Ämter ganz allgemein, unpersönlich benennt und das mit der Bereitschaft verbindet, Gutes zu tun. – Eph 1,20–23 betont die Überlegenheit der Kirche gegenüber jeglicher Gewalt, was aber keineswegs politisch verstanden werden muß.
11 1 Tim. 2,1 f.; vgl. ausführlicher 1 Clem. 60,4–61,1.

fügen und erwartet von ihr prinzipiell richtige Entscheidungen. Neu war auch das nicht. Es gibt zahlreiche jüdische, auch klassisch-griechische Paralleltexte,[12] natürlich lassen sich auch entsprechende Stellen aus den Evangelien beibringen, namentlich das berühmte Wort Jesu auf die Frage, ob man dem Kaiser Abgaben zahlen solle. Er verweist auf das Münzbild und erklärt: »Gebt dem Kaiser, was des Kaisers ist, und Gott, was Gottes ist« (Mt 22,21).

Oft wird die Apokalyptik als Trägerin eines anderen politischen Konzeptes gedeutet. Dort erscheint ja das Römische Reich in den düstersten Farben. Doch auch hier wird die Ordnung dieses Imperiums einfach vorausgesetzt. Die Apokalypsen enthalten keinen Aufruf zum Widerstand und fordern keine Alternative: Die politische Ordnung ist menschlichem Handeln nicht verfügbar. Ein Endzeitherrscher wird schließlich die Macht innehaben.

Allerdings kündigen sich auch die spezifischen Schwierigkeiten der Christen bereits im Neuen Testament an: Als Petrus und anderen Aposteln vom Hohen Rat zu Jerusalem – notabene: es geht nicht um eine römische Behörde – vorgeworfen wird, sie hätten entgegen deren Verbot gepredigt, lautet die Antwort: »Man muß Gott mehr gehorchen als Menschen«, ein Ausspruch, der als *Clausula Petri* bekannt geworden ist (Apg 5,29). Hier geht es um das Problem eines innerjüdisch verfügten Lehrverbots. Es betraf die Wahrheit des Glaubens, wofür man – auch hier durchaus in einer jüdischen Tradition – bis hin zum Opfer des eigenen Lebens eintrat, und hier waren viele Christen eigensinnig.[13]

12 S. etwa Willem C. van Unnik, »Lob und Strafe durch die Obrigkeit. Hellenistisches zu Röm 13,3–4«, in: E. Earle Ellis/Erich Grasser (Hg.), *Jesus und Paulus. Festschrift für Werner Georg Kümmel zum 70. Geburtstag*, Göttingen 1978.
13 Wer der Neigung nachgibt, das frühe Christentum als »subversiv« zu kennzeichnen, läuft in meinen Augen Gefahr, die Texte durch diese Ausdrucksweise dem modernen Geschmack anzupassen und die Fremdheit der Welt zu unterschlagen; eine differenzierte Analyse mit Hilfe des Konzeptes eines *hidden transcript* bietet Stefan Schreiber, »Caesar oder Gott

Das Wechselspiel von eigensinnigem Wahrheitsanspruch, der auch anderswo im Neuen Testament zu finden ist, und Loyalismus ist charakteristisch für das, was man als politisches Denken des frühen Christentums bezeichnen könnte. Gerade weil der Wahrheitsanspruch so ungewöhnlich erschien, war es vermutlich so wichtig, die Loyalität zu betonen, zumal eine Ablehnung jeglicher Divinisierung von Macht bereits im Neuen Testament spürbar ist.[14] Immer aber stand lediglich das Verhalten im Rahmen einer vorhandenen Ordnung zur Debatte, nicht die Ordnung als solche. Und dennoch: Der durch die Martyriumsbereitschaft gestützte, auf einer personalen Beziehung zu Gott beruhende Wahrheitsanspruch brachte Christen in eine Spannung zu dem, was typischerweise antike Religion ausmacht – ich sage typischerweise, weil es durchaus andere Gruppen gab, die in der einen oder anderen Hinsicht dem Christentum vergleichbar waren, die sich aber nicht durchzusetzen vermochten.

Um diese Spannung verständlich zu machen, ist es erforderlich, daß ich etwas weiter aushole: Wer die römische Kaiserzeit verstehen will, muß sich vom Bild einer luxuriösen, sittlich dekadenten, dem Tag hingegebenen Welt lösen, das in Romanen und Filmen gerne vermittelt wird. Das Römische Reich war zutiefst, allerorten und alltäglich, von religiösen Handlungen geprägt.[15] Privathäuser bargen kleine Altäre; wer durch Rom spazierte, stieß an Kreuzungen und Wegscheiden auf kleine Götterbilder; große Tempel waren überall zu erblicken; zum

---

(Mk 12,17)? Zur Theoriebildung im Umgang mit politische Texten des Neuen Testaments«, in: *Biblische Zeitschrift* 48 (2004), S. 65–85; vgl. auch Hans-Josef Klauck, »Des Kaisers schöne Stimme. Herrscherkritik in Apg 12,20–23«, in: Ders., *Religion und Gesellschaft im frühen Christentum. Neutestamentliche Studien*, Tübingen 2003, S. 251–267.

14 Paul Mikat, *Konflikt und Loyalität. Bedingungen für die Begegnung von früher Kirche und römischem Imperium*, Paderborn u. a. 2007 verdeutlicht, wie die dem Christentum inhärenten »Konfliktpotentialitäten« gerade zur starken Betonung der Loyalität führten.

15 Vgl. zur römischen Religion grundlegend Jörg Rüpke (Hg.), *A Companion to Roman Religion*, London 2007.

Gastmahl gehörte das Opfer an die Götter ebenso wie zur Eröffnung von Theatervorstellungen oder Gladiatorenkämpfen; das Tun von Amtsträgern war von Opfern begleitet, ebenso das Leben des Legionärs. Vieles, was wir heute unter Freizeit fassen würden, war in dieser Welt kultisch bestimmt; wer sich dem verweigerte, isolierte sich selbst.

Im Reich wurde eine Vielzahl von Göttern verehrt. Nach einem formalisierten Verfahren konnten auch fremde Kulte unter die öffentlich unterstützten aufgenommen werden. Und deren Anhänger nahmen ihrerseits an den überkommenen Ritualen teil. Daneben bestanden durchaus Verbote fremder religiöser Praktiken, die mit dem Habitus eines (vornehmen) Römers nicht vereinbar erschienen; doch aufs Ganze gesehen, meinte man, daß die Götter der verschiedenen Völker einander entsprächen. Die Mysterienkulte erlaubten dem einzelnen stärker persönliche Zugänge zu Göttern. Kein Problem war es, wenn ein Mensch unterschiedliche Götter verehrte. Manche Götter verlangten von den Anhängern bestimmte Lebensweisen, kultische Reinheit wurde an vielen Stellen gefordert, doch eine umfassende Ethik verband sich mit den Religionen zumeist nicht; über gute und schlechte Verhaltensweisen sannen die Philosophen nach. Zahlreiche Philosophen dachten monotheistisch, gingen aber davon aus, daß solche Vorstellungen einfache Menschen überforderten. Sie hatten daher auch keine Vorbehalte gegen die gewöhnlichen alltäglichen Kultausübungen, sondern allenfalls Spott dafür. Das alles sieht in modernen Augen sympathisch tolerant aus, doch es ist keine Toleranz in dem Sinne, daß dem Menschen als Menschen ein Recht auf freie Religionsausübung zustehe.

Religion war nämlich keineswegs allein eine Privatangelegenheit: Religion konstituierte Gemeinschaft durch gemeinsame Handlungen wie Feste und Umzüge, durch gemeinsame performative Akte. Obgleich die Verbindung sich in Hellenismus und Kaiserzeit im Vergleich etwa zum Klassischen Athen lockerte, blieb der wechselseitige Bezug von politischer und religiöser Gemeinschaft fundamental. Es ging nicht darum, das Richtige zu glauben, sondern den Kult präzise, dem alten, bewährten Brauch entsprechend zu vollziehen. Die Widerborstigkeit der Christen gegenüber der alltäglichen Religiosität konnte nur auf Unverständnis stoßen. Was hatten sie gegen das Theater? Was fanden sie bei den schönen Festen? Warum stellten sie sich bei Gastmählern so an?

Doch bewußt in Kauf genommene soziale Isolierung ist das eine, Verfolgung das andere. Immer wieder werden die gelegentlichen Verfolgungen von Christen damit in Verbindung gebracht, daß sie sich heidnischen Ritualen, namentlich dem Kaiseropfer, verweigerten, wodurch die Angehörigen des *nomen christianum* kenntlich wurden.[16] Warum war das so wichtig? Natürlich konnte man im weiträumigen Römischen Reich anders als in der Polis kein gemeinsames Fest feiern. Allen Untertanen gemeinsam war und von allen erwartet wurde die Verehrung des Kaisers. Da die Unterscheidung zwischen Gott und Mensch, die für die jüdisch-christliche Tradition konstitutiv ist, der sonstigen Antike fremd war, konnten die meisten in dem Wirken eines jeden Herrschers das Walten von Göttern erkennen und dies durch ein Opfer zeigen. Wer nicht bereit war, dies zu tun, machte sich verdächtig, den Kaiser als solchen zu mißachten. Die Ablehnung des Kaiseropfers oder eines Schwurs beim Genius des Kaisers hatte also sehr viel mit der politischen Ordnung des Reiches zu tun.

Doch nicht in der Sicht der Christen, die die politische Ordnung durch einen anderen Akt, das Kaisergebet, zu stützen

---

16 Vgl. zum Problem des Kaiseropfers etwa Manfred Clauss, *Kaiser und Gott*, Stuttgart 2001, S. 420–448; Friedrich Vittinghoff, »›Christianus sum‹ – Das ›Verbrechen‹ von Außenseitern der römischen Gesellschaft«, in: *Historia* 33 (1984), S. 331–357 = Werner Eck (Hg.), *Civitas romana. Stadt und politisch-soziale Integration im Imperium Romanum der Kaiserzeit*, Stuttgart 1994, S. 322–347 vertritt die Auffassung, daß die *Christiani* als solche verboten gewesen seien; allerdings war die geeignetste Möglichkeit, die *Christiani* zu identifizieren, der Vollzug ritueller Handlungen.

suchten. Kaiserkritik, gar Kritik am Kaisertum schwingen in der Verweigerung des Opfers nicht mit, vielmehr geht es um religiöse Konsistenz. Gerade die Vielfalt von Christentümern, die sich in der Kaiserzeit herausbildete, könnte den Eigensinn in dieser Frage befördert haben. Denn das Christentum hat sich seinerseits vielleicht in der Abgrenzung von dem Kaiseropfer als Gemeinschaft begründet, so daß das Kaiseropfer auch durch einen wechselseitigen Prozeß der Selbst- und Fremdbeschreibung die Bedeutung erlangte, die im 2. Jahrhundert feststellbar ist.

Auf diese Situation reagiert Tertullian. Er war ein literarisch hochgebildeter, rhetorisch und juristisch versierter Anwalt in Karthago, einer prosperierenden Stadt mit einem höchst lebendigen kulturellen Leben, die zugleich ein Zentrum der Christenheit war, das allerdings auch viel innerchristlichen Streit kannte. Tertullian selbst zählte damals zu den führenden Mitgliedern einer dortigen christlichen Gemeinde.[17] Mit seinem *Apologeticum*, einer an die Statthalter im Römischen Reich gerichteten Verteidigungsschrift des Christentums, versuchte er gegen Ende des 2. Jahrhunderts seinem Publikum zu erklären, warum die Christen sich so eigenartig verhielten.

Gegenüber dem Römischen Reich bezieht der Redner eine merkwürdig spannungsvolle Position, als er die Kreuzigung erwähnt. Pilatus sei schon Christ gewesen und habe entsprechend an Tiberius berichtet. Da heißt es:»Auch die Kaiser hätten an Christus geglaubt, wenn nicht entweder Kaiser für die Welt notwendig wären oder wenn Kaiser zugleich auch hätten Christen sein können« (21,24).

Ebenso selbstverständlich wie das Vorhandensein des Kaisertums erscheint es, daß ein Kaiser nicht Christ sein könne. Das sind keine Aussagen, die systematisch entwickelt werden, sondern Dinge, die einfließen. Warum Kaiser nicht Christen sein

---

17 Zu Tertullian etwa Timothy D. Barnes, *Tertullian*, Oxford ²1985; Henrike M. Zilling, *Tertullian. Untertan Gottes und des Kaisers*, Paderborn u. a. 2004.

können, läßt sich also nur erschließen. Das mag mit den blutigen Aufgaben zusammenhängen, die einem Kaiser nun einmal oblagen, aber auch mit seiner religiösen Funktion. Doch die Loyalität der Christen gegenüber dem Kaiser steht außer Zweifel. Das Reich respektieren die Christen ebenfalls, zumal das Römische Reich nach einer alten Tradition, solange es bestand, den Untergang der Welt aufhielt.

Ausführlich (28–34) entwickelt Tertullian, warum die Christen kein Kaiseropfer darbringen wollen. Dies entspringe nicht einem unzureichenden Interesse am Wohlergehen des Kaisers. Denn zu Gott

> *blicken wir Christen empor und – die Hände ausgebreitet, weil sie frei sind von Schuld; das Haupt entblößt, weil wir nicht zu erröten brauchen; ohne Vorsprecher schließlich, weil wir aus dem Herzen heraus beten – erflehen wir ständig für alle Kaiser ein langes Leben ihnen selbst, ein ungefährdetes Reich, eine Familie in Sicherheit, tapfere Heere, einen loyalen Senat, ein treues Volk, eine ruhige Welt, und was immer sonst ein Mensch und ein Kaiser wünschen mag (30,4).*

Es bestätigt sich: Zur römischen politischen Ordnung gab es in der Vorstellung der Christen keine Alternative. Heer, Senat, Volk – bezeichnenderweise in dieser Reihenfolge – machen diese Ordnung aus, für sie betet auch der Christ, wie ihn Tertullian sich vorstellt. Der Kirchenvater spricht nicht von militärischen Siegen, doch die Notwendigkeit des Heeres steht für ihn außer Frage. Der Kaiser ist, so heißt es später (33,1), von Gott eingesetzt. Wenn man ihn Gott nenne, schade man ihm eher, weil das eine Lüge wäre und man den Herrscher nicht Gottes Gnade anempfehlen könne.

Das alles klingt für moderne Ohren nachvollziehbar. Worin lag also die Brisanz der Argumentation, wie man sie bei Tertullian findet? Mir scheint folgender Punkt entscheidend zu sein: Die Christen hatten in ihrem Glauben, der eine verläßliche Perspektive auf das Jenseits eröffnete, einen Maßstab außerhalb des alltäglichen Vollzugs von Religion. Ihr Glaube begründete keine Teilhabe an der politischen Gemeinschaft, sondern eine Fürsorge für sie.

Ungewöhnlich war die Erwartung der Christen, daß alle Menschen, gleich aus welcher politischen Gemeinschaft sie stammten, auf diesen Gott verwiesen seien, neu, daß man daraus die Konsequenz ableitete, sich alledem gegenüber zu verweigern, was vom Kult befleckt schien. Das meiste mochte harmlos erschienen sein, wirkte auf die Zeitgenossen vielleicht einfach unsympathisch. Dann mochte man den Christen, der sich vom Theater fernhielt, als Eigenbrötler scheel ansehen. Heikel wurde das Gebaren erst, wenn die Verehrung des Kaisers gleich einem Gott ins Spiel kam, da hier gerade das gefeiert wurde, was das multireligiöse Reich politisch und religiös zusammenhielt, und die Umsetzung dieser Treue in eine persönliche Haltung, wie sie Tertullian in Anspruch nahm, leuchtete offenkundig nicht ein. Es fehlte eben der performative Akt, der die Gemeinschaft begründete.

Indem die Christen die politische Ordnung bejahten, aber letztlich nicht bereit waren, sich jenen Ritualen zu fügen, mit denen die Ordnung sich reproduzierte, konnten sie als eine Bedrohung für die römische Welt erscheinen. Sie erhoben nicht den Anspruch, neue Ordnungskonzepte zu entwickeln. Und dennoch unterhöhlten sie die römische Ordnung, indem sie das Verhältnis zum Kaiser und zu den vertrauten Praktiken nicht als traditionsbestimmt begriffen, sondern ihrem Gutdünken unterwarfen oder genauer: nach den Geboten ihres Gottes, wie sie sie vernahmen, bestimmten.[18]

---

18 Marie T. Fögen, »Revolution oder Devotion? Anmerkungen zum Widerspruch der frühen Christen gegen das römische Kaisertum«, in: *Rechtshistorisches Journal* 11 (1992), S. 72–84 erklärt in ihrem systemtheoretisch inspirierten Beitrag prägnant: »Die Ablehnung des Kaiserkults ist deutlich eine Forderung nach Trennung der Systeme Politik und Religion« (S. 77), wobei mit dieser Formulierung wohl zu stark eine Intention der Christen in die Richtung unterstellt wird; eher war die Trennung, die nur

Peter Brown hat betont, daß die christliche Sexualmoral dazu führte, die Entscheidung, Kinder zu zeugen, nicht mehr als eine Sache der Verantwortung gegenüber der Polis zu betrachten, sondern als eine Entscheidung im Lichte von religiösen Vorstellungen.[19] Ähnlich ist es in der Politik. Auch hier wird die Teilnahme an bestimmten, eigentlich verbindlichen Ritualen zum Ausdruck des Gehorsams gegenüber einer anderen Autorität, und dies trennte das Christentum übrigens ebenso vom Judentum, wo die kultisch-ethnische Gemeinschaft eine vergleichbare Bedeutung hatte wie bei den übrigen antiken Religionen.[20]

Auch hier gilt: Unstreitig lassen sich nicht-christliche Vorläufer aufspüren, aber die Radikalität, mit der die Christen sich als eigene Gemeinschaft dem gemeinsamen Kult entzogen, war offenbar neu.

Betrachten wir die Entwicklung nach Tertullian: Die Jahrzehnte, die auf das Ende der Severischen Dynastie, unter der Tertullian wirkte, folgten, stürzten das Römische Reich in eine tiefe Krise unter den sogenannten Soldatenkaisern, danach folgte eine eindrucksvolle Erneuerung unter Diokletian und Constantin dem Großen. Es war auch ein Jahrhundert der Wechselbäder für die Christen. Zunächst sind sie Mitte des Jahrhunderts erstmals von systematischen, von höchster Stelle ausgehenden und im Prinzip das ganze Reich erfassenden Verfolgungen betroffen, zum anderen wird zu Beginn des 4. Jahrhunderts das Christentum zur Religion des Kaisers. Voraussetzung dafür war ein Prozeß, der angesichts der dramatischen Berichte über Verfolgungen leicht aus dem Blick gerät: Über viele Jahrzehnte entwickelte das Christentum sich weitgehend ungestört. Es er-

ansatzweise erfolgte, eine Folge des Handelns der Christen, das auf ganz anderes zielte.

19 Peter Brown, Die *Keuschheit der Engel. Sexuelle Entsagungen, Askese und Körperlichkeit am Anfang des Christentums*, München 1991 (engl. 1988).

20 Vgl. Stroumsa, *Sacrifice* (Anm. 5), S. 175 f.

schloß sich neue Schichten, Gebildete, Wohlhabendere, bisweilen Angehörige der Reichseliten.

Auch die Verfolgungen, die überwiegend nur punktuell erfolgten und zumeist von kurzer Dauer waren, änderten die Haltung der Christen nicht grundlegend.[21] Die Legitimität des Kaisers wurde keineswegs in Frage gestellt. Nach der letzten großen Christenverfolgung unter Diokletian schreibt Laktanz ein Werk mit dem Titel *De mortibus persecutorum*, »Über die Todesarten der Verfolger«. Darin stellt er dar, unter welch abscheulichen Umständen die Verfolger sterben mußten. Es wird auch deutlich, daß manch ein Herrscher unter fragwürdigen Umständen zum Thron gelangt war,[22] doch auch hier geht es wieder nicht darum, die Legitimität eines Herrschers, geschweige denn des Kaisertums grundsätzlich in Frage zu stellen[23] – zumal man Verfolgungen als heilsnotwendig betrachten konnte.

Im übrigen waren die Verfolgungen aus der Sicht der Verfolger geradezu kontraproduktiv: Ihre Martyriumsbereitschaft machte die Christen unbesiegbar. Denn entweder überlebten sie physisch und konnten so weiter für ihren Glauben werben oder

---

21 Zu den Verfolgungen Graeme Clarke, »Third-Century Christianity«, in: Alan K. Bowman u. a. (Hg.), *The Cambridge Ancient History. Second Edition XII. The Crisis of Empire, A.D. 193 – 337*, Cambridge 2005, S. 589–671.

22 Insbes. DMP 18. – Auch die früher entstandenen *Divinae institutiones* bilden trotz ihres Titels keinen auf Umsetzung angelegten Entwurf einer christlichen Ordnung, s. dazu in differenzierender Weise Jochen Walter, *Pagane Texte und Wertvorstellungen bei Lactanz* (Hypomnemata 165), Göttingen 2006, insbes. S. 265–288, gegen Elizabeth De Palma Digeser, *The Making of a Christian Empire. Lactantius and Rome*, Ithaca, NY u. a. 2000, insbes. S. 56–63, die allerdings durchaus zu Recht herausarbeitet, daß Laktanz versucht, eine Art von Idealstaat zu entwerfen, der römische Traditionen unter christlichen Vorzeichen aufhebt.

23 Allerdings bezeichnet Laktanz die Verfolger insgesamt (DMP 1,3; 6,3; vgl. 16,7) sowie Galerius (DMP 31,5) und Daia (DMP 49,1) im besonderen als Tyrannen, was auch mit Usurpator übersetzt werden kann. Doch entscheidend für diese Einschätzung sind bei ihm die Verhaltensweisen der Herrscher (vgl. insbes. DMP 21,2–22 zu Galerius).

aber sie starben und wurden so zu Symbolen des aufrechten Glaubens.

Mit Constantin dem Großen trat etwas Neues ein: Ein Kaiser wandte sich dem Christentum zu, eine Entwicklung, die Tertullian für unmöglich erklärt hatte. Was bedeutete das für die Rolle des Herrschers? Zunächst scheinbar wenig. Der Kaiser hatte nun einen neuen Gott, der ihm offenkundig Erfolge verlieh; Constantin erlangte ja nach mehreren Kriegen die Alleinherrschaft. Es verstand sich, daß dieser Kaiser die Diener des Gottes förderte und dem Gott neue Bauwerke errichtete, daß er auch im Alltag Rücksicht auf deren Anhänger nahm.

Es verstand sich indes keineswegs, daß ein Kaiser, der sich dem Christengott zugewandt hatte, die anderen Götter zurückdrängte. Lediglich solche Kulte, die auch bei Heiden weithin als abstoßend galten, wurden unterdrückt. Constantin und mehrere seiner Nachfolger blieben sogar *pontifex maximus*, ein Amt, daß die Kaiser seit Augustus ausübten, da in der klassischen Antike, wie angedeutet, politische Ämter sich ohne weiteres mit religiösen verbanden.

Genau hier aber warf das Christentum ein Problem auf. Es kannte eine religiöse Autorität, die nicht mit einem weltlichen Amt verbunden war. Es hatte eine eigene Hierarchie ausgebildet. Wer dort eintreten wollte, mußte auf weltliche Ämter verzichten; daneben wirkten schwer kontrollierbare Heilige, die eine charismatische, an ihre Person gebundene Autorität besaßen. Diese konkurrierenden Autoritäten sind unter klassisch-antiken Verhältnissen etwas Ungewöhnliches. Man kannte eine starke Priesterschaft aus Ägypten, auch aus anderen Ländern des Orients; es gab in Rom ferner Priestertümer, die mit dem Habitus eines Senators inkompatibel waren, wie das der Isis, es gab Wundertäter und Philosophen, die ihre Unabhängigkeit von allen Bindungen demonstrierten, aber keine Religion war reichsweit zu einer Stellung gelangt wie das Christentum und keine beanspruchte, die universale Wahrheit zu vertreten, mit der man sich über Konventionen und Rituale hinwegsetzen konnte, so, wie es die Christen im Römischen Reich getan hatten.

Christliche Kaiser konnten in durchaus unterschiedlicher Weise auf diese Situation reagieren. Zwei Alternativen seien aus heuristischen Gründen gleichsam idealtypisch einander gegenübergestellt. Entweder mußte er selbst religiöse Autorität gewinnen oder er mußte sich der religiösen Autorität der Kirche fügen. Verschiedene Varianten wurden erprobt. Man kann die Spätantike nachgerade als eine Epoche des Experimentierens mit der Rolle des Kaisers als Christ begreifen. Dies führte in der Tendenz zu unterschiedlichen Entwicklungen im Osten und im Westen, in dem Sinne, daß im Westen stärker die Trennung von Kaiser und Priester betont wurde und im Osten die Einordnung des Priesters in die vom Kaiser bestimmte Herrschaftsstruktur, allerdings gab es auch zahlreiche Sonderentwicklungen in beiden Reichsteilen.

Wenn der Kaiser sich eine eigene religiöse Autorität verschaffen wollte, so war die Verbindung mit dem Bischofsamt schlechterdings unmöglich, da eine Dynastienbildung bei dieser Funktion nicht in Frage kam und vieles andere, was mit der kaiserlichen Rolle verbunden war, sich nicht realisieren ließ, so die Kriegsführung oder die Verhängung von Todesurteilen. Dennoch läßt sich vor allem für das 5. Jahrhundert belegen, daß Kaiseramt und Priesteramt aneinander angenähert wurden.[24] Doch zu einer weithin anerkannten Identifizierung kam es nicht.

Eine andere Möglichkeit bestand für den Kaiser darin, sich als Heiliger Mann zu inszenieren. Dafür gab es in ihrer überkommenen Selbstdarstellung durchaus einen geeigneten Ansatzpunkt. Es war, wie bereits angedeutet, antikes Gemeingut, daß Erfolge

---

24 S. etwa ACOec. 2,1,1, p. 138, 28 (448); Sokrates von Konstantinopel, ein in den vierziger Jahren des 5. Jahrhunderts schreibender Kirchenhistoriker, kann sich vorstellen, daß sein Kaiser eine priestergleiche Rolle einnimmt, s. Hartmut Leppin, *Von Constantin dem Großen zu Theodosius II. Das christliche Kaisertum bei den Kirchenhistorikern Socrates, Sozomenus und Theodoret* (Hypomnemata 110), Göttingen 1996, S. 194 f.

eines Herrschers erwiesen, wie sehr er von den Göttern oder eben von Gott geliebt werde; eine gewisse Gottesnähe zeichnete mithin jeden Herrscher aus. Das schlug sich auch in der Sprache nieder, wenn Vokabeln, die wir mit »heilig« und ähnlichem übersetzen, auf den Kaiser appliziert wurden. Euseb, Bischof von Caesarea, zelebrierte Constantin den Großen nach dessen Tode als einen Mittler zwischen Himmel und Erde;[25] Justinian versuchte im 6. Jahrhundert durch einen asketischen Lebensstil und durch die Teilnahme an zahlreichen christlichen Festen das Bild eines Heiligen Mannes zu evozieren.[26] Selbst theologische Kompetenz maßte er sich an. Doch es ist deutlich, daß er in dieser Rolle nicht akzeptiert wurde. Und faktisch war sie ungemein schwierig zu realisieren, da von einem Heiligen Mann eigentlich Wunder erwartet wurden und ein abnormer Lebensstil.

Eine allgemeinere Reflexion über die Rolle des Kaisers als Heiliger Mann findet sich nicht. Es ist eine bestimmte Praxis, die sichtbar wird, und sie ist an einzelne Persönlichkeiten gebunden. Da die Christen es gewohnt waren, Politik personalisierend zu denken, war eine umfassende Theoriebildung für den Kaiser als Priester oder als Heiliger Mann auch gar nicht nötig.

Betrachten wir die grundlegend andere Möglichkeit, daß der Kaiser sich nämlich einer religiösen Autorität unterwirft. Ungewöhnlich war es in den antiken Gesellschaften nicht, wenn eine auf geistige Autorität gestützte Persönlichkeit den Herrscher tadelte und ihn sogar zu Änderungen seiner Politik bewog. Der Freimut, griechisch gesprochen: die Parrhesia, die die christlichen Mönche und Bischöfe für sich in Anspruch nahmen, hatte

---

25 S. dazu Raffaele Farina, *L'imperatore e l'impero cristiano in Eusebio di Cesarea. La prima teologia politica del Cristianesimo*, Zürich 1966; Bruno Bleckmann, »Einleitung«, in: *Eusebius von Caesarea, De vita Constantini. Über das Leben Konstantins.* Übers. und komm. von H. Schneider, Turnhout 2007, S. 7–106, insbes. S. 96–106.

26 Mischa Meier, *Das andere Zeitalter Justinians. Kontingenzerfahrung und Kontingenzbewältigung im 6. Jahrhundert n. Chr.* (Hypomnemata 147), Göttingen ²2004, S. 608–638.

auch das Verhalten heidnischer Philosophen geprägt. Ein älterer Zeitgenosse des Ambrosius etwa, der Redner Themistios, hielt Reden dieser Art vor den Kaisern. Ihm wurde sogar nachgerühmt, daß er den christlichen Kaiser Valens (364–378) von der Verfolgung andersgläubiger Christen abgebracht habe.[27]

Neu war etwas anderes, was Ambrosius virtuos zu nutzen wußte: Die Institution der Kirche verfügte mit dem Gebäude der Kirche über einen öffentlichen Raum, in dem der Kaiser als Christ präsent zu sein hatte, den er aber nicht kontrollierte, der vielmehr dem Bischof unterstand. Hier war der Herrscher schlichtweg wehrlos. Was sollte er machen, wenn der Bischof, wie es Ambrosius tat, während des Gottesdienstes sich weigerte, mit dem Meßopfer fortzufahren? Seine Soldaten konnte er hier nicht zum Einsatz bringen. Daher war die Macht der Bischöfe gegenüber den christlichen Kaisern ungleich stärker, als es die der heidnischen Philosophen jemals gewesen war. Bekanntlich tat Theodosius der Große auf Mahnen des Bischofs Ambrosius in der Kirche öffentliche Buße. Das war unter klassisch-antiken Vorzeichen eine absurde Vorstellung, doch wissen wir nichts von Spott über Theodosius. Seine Demut schwächte ihn offenbar nicht. Faktisch ergab sich damit eine Verschiebung der politischen Ordnung, indem der kirchliche neben den politischen Raum trat.

Diese Bereitschaft, den Kaiser offen und hart zu kritisieren, auch eine Machtprobe mit ihm zu wagen, war anders, als man oft liest, nicht auf den Westen des Römischen Reiches beschränkt. Johannes Chrysostomos etwa trat den Kaisern ebenso freimütig entgegen wie ein Ambrosius.[28]

Dennoch bleibt die Entwicklung erstaunlich. Daß der Kaiser sich irgendeinem Angehörigen seines Reiches unterwarf und

---

27 John Vanderspoel, *Themistius and the Imperial Court. Oratory, Civic Duty, and Paideia from Constantius to Theodosius*, Ann Arbor 1995.
28 Zu ihm Claudia Tiersch, *Johannes Chrysostomus in Konstantinopel (398 – 404). Weltsicht und Wirken eines Bischofs in der Hauptstadt des Oströmischen Reiches*, Tübingen 2002.

dies sogar in Sack und Asche, wäre zuvor mit dem Habitus der männlichen römischen Elite nicht vereinbar gewesen. Warum war das plötzlich überhaupt akzeptabel, obwohl das Christentum ansonsten so wenig im Römischen Reich änderte, alle politischen Institutionen bestehenblieben, die Eliten nicht ausgetauscht, viele Werte der Aristokratie christlich reformuliert wurden?

Was da geschah, war gar nicht so neu, jedenfalls nicht aus Sicht der Christen. Sie besaßen einen Erfahrungsschatz, der aus moderner Sicht nicht der ihre war, für sie selbst aber die eigene Geschichte bedeutete, der ungleich verläßlicher und wertvoller war als jener, der im klassisch-antiken Staatsdenken und in der Geschichtsschreibung aufgehoben war: Es ist die Erfahrung des Alten Testaments, das zu dem verbindlichen Textcorpus der Bibel gehörte. Darin lernte man Führungsgestalten und Könige kennen, unter denen es viele schlimme gab, einige gute, aber eigentlich keinen, der gänzlich ohne Fehl gewesen wäre. So wußte man aufgrund dieser Texte, daß auch ein guter, rechtgläubiger Herrscher sündhaft handeln und daß auch ein schlechter lange regieren könne.[29] Wie im Römischen Reich bestand ja im alten Israel eine Monarchie, so daß es sich nachgerade aufdrängte, an diese Geschichte zu denken. Es war in jener Zeit Aufgabe der Propheten, die Könige zurechtzuweisen; manche von diesen waren verstockt, andere taten Buße, namentlich König David, der in der Auseinandersetzung zwischen Ambrosius und Theodosius auch als Vorbild diente. Das Vorhandensein einer solchen Tradition, die den Erfahrungsraum der frühen Christenheit erweiterte, dürfte die Entwicklung eines christlichen Kaisertums erheblich beschleunigt haben.[30] Von einer Hellenisierung kann man m. E. hier nicht reden – eher schon von einer

---

29 Schon unter Constantius II. wird diese Erfahrung eindringlich durch Lucifer von Cagliari artikuliert.

30 Hartmut Leppin, »Das Alte Testament und der Erfahrungsraum der Christen: Davids Buße in den Apologien des Ambrosius«, in: Andreas Pečar / Kai Trampedach (Hg.), *Die Bibel als politisches Argument. Vor-*

Judaisierung des Herrscherbildes, wenn man denn derartige Termini überhaupt verwenden will.

Es wurde also von vornherein mitgedacht, daß auch der christliche Kaiser ein Sünder sein könne. Damit wurde auch – im römischen Kontext zuvor undenkbar – die Demut zu einer zentralen Kaisertugend. Aber all dies – und das ist ein gewaltiger Unterschied zum Hochmittelalter – vollzieht sich auf der Ebene der Seelsorge, des Pastoralen. Die Legitimität des Kaisers wird nicht in Frage gestellt – nicht einmal, von wenigen Ausnahmen abgesehen, im Falle Julian Apostatas, der vom Christenglauben abfiel. Insofern blieb hier relativ lange eine Trennung von Religion und Politik bestehen, indem das kaiserliche Amt nicht seinem Wesen nach die christliche Gesinnung des Kaisers voraussetzte, wohl aber der einzelne Kaiser als Christ sich dem Seelsorger zu unterwerfen hatte.

Wenn man allein von der Person des Kaisers ausging, mußte man ihn im Prinzip wie jeden Christen behandeln, wie jeder andere hatte er sich, sofern getauft, der Bußdisziplin des Bischofs zu fügen. Im Bußakt Theodosius' des Großen verdichtet sich diese Konzeption. Vor diesem Hintergrund bestand eigentlich gar keine Notwendigkeit, über die institutionelle Rolle des Kaisers nachzudenken, geschweige denn über Einrichtungen wie den Senat oder die höfische Bürokratie. All ihre einzelnen Angehörigen konnten Christen sein, mochten den Rat von Kirchenleuten suchen und sich sogar ihrem Urteil unterwerfen. Aber die Institutionen als solche bedurften keiner christlichen Umdeutung.

Doch diese pastorale Interpretation politischer Verhältnisse entwickelte eine Eigendynamik, die dazu führte, daß eine grundlegend neue Art politischen Denkens aufkam. Denn das individuelle Handeln von weltlichen Würdenträgern, namentlich der Kaiser, hatte Auswirkungen weit über die Individuen hinaus,

aussetzungen und Folgen biblizistischer Herrschaftslegitimation in der Vormoderne (HZ Beihefte 43), München 2007, S. 119–133.

da sich die Frage stellte, in welchem Verhältnis die weltlichen Befugnisse zu den Aufgaben des Glaubens standen.

Was durfte man vom christlichen Kaiser als einem Christen fordern? Es war ja, wenn man einigermaßen strenge Maßstäbe anlegte, für einen christlichen Kaiser nicht damit getan, daß er sich von Sünden fernhalte und andernfalls Buße tue. Er mußte das Christentum stärken, durch Förderung des Kirchenbaus, der Kleriker und des wahren Glaubens. Mußte man nicht an den Kaiser appellieren, für diese hohen Ziele all seine Machtmittel einzusetzen? Mußte er dann nicht das Heidentum mit aller Kraft niederringen? Mußte er nicht auch die Häretiker bekämpfen? Diese Forderungen, die aus christlicher Sicht nahelagen, standen in Spannung zu der hergebrachten Rolle des Kaisers als Bewahrer des inneren Friedens. Dem Kaiser dürfte mehr an innerer Ruhe gelegen gewesen sein als an kirchenpolitischen Kämpfen. Daher verhielten die Herrscher sich gegenüber drastischen Schritten, die auf Falschgläubige zielten, zögerlich. Doch immer lauter wurden die Appelle, Zwang auszuüben, um den wahren Glauben durchzusetzen, und immer häufiger erfolgten entsprechende Maßnahmen, zumal seit dem ausgehenden 4. Jahrhundert, mit besonderer Intensität unter Justinian. Auf der anderen Seite erhob sich die Frage: Was hat der Kaiser mit der Kirche zu schaffen? *Quid est imperatori cum ecclesia?*[31]

Faktisch waren indes kaiserlicher und kirchlicher Verantwortungsbereich auch bei sehr konkreten Fragen nicht leicht zu trennen. Besonders schwierig wurden die Dinge dadurch, daß die theologischen Debatten sich stets mit einem zivilrechtlichen Problem verklammerten, der Frage nämlich, wem die Kirchengebäude mit allem, was materiell und ideell daran hing, gehörten. Eine strittige Bischofswahl bedurfte daher letztlich der Unterstützung des Kaisers, damit ein Gewählter überhaupt sein Amt in seiner Kirche antreten konnte. Die juristisch-pragmati-

---

31 Donatus nach Optatus von Mileve, Gegen den Donatisten Parmenion 3,3.

sche Dimension gewann so an Bedeutung. Die Formalisierung des Verhältnisses von Bischöfen und weltlicher Gewalt schritt voran, wenn es etwa um die Gerichtsbarkeit über Kleriker ging oder über Verfahren der Bischofswahl.

Verdichtet formuliert wird das Problem der Kontrolle von Kirchen bei Ambrosius in einer Predigt aus dem Jahr 386. Kaiser Valentinian II. hatte für seine Glaubensrichtung, die sogenannten Homöer, eine Kirche verlangt, was der Nizäner Ambrosius ablehnte. In der Predigt versucht er zu beweisen, daß er nicht illoyal sei:

> *Wir geben dem Kaiser, was dem Kaiser, und Gott, was Gott gebührt! Die Steuer gehört dem Kaiser – sie wird ihm nicht verweigert. Die Kirche aber gehört Gott – sie darf darum dem Kaiser nicht ausgeliefert werden. Denn der Kaiser hat kein Recht über den Tempel Gottes. Daß das mit aller Ehrerbietung gegenüber dem Kaiser gesagt sei, kann niemand bestreiten. Was ist nämlich ehrerbietiger, als daß man den Kaiser als einen ›Sohn der Kirche‹ bezeichnet? Nennt man ihn so, tut man ihm kein Unrecht, sondern redet in Güte. Der Kaiser steht innerhalb der Kirche, nicht über ihr; ein guter Kaiser nämlich sucht der Kirche zu helfen und verweigert sich (solcher Hilfe) nicht.*[32]

Das Ganze ist rhetorisch höchst geschickt, weil Ambrosius das Problem elegant verschiebt: Der Kaiser wollte ja die Kirche, genaugenommen, nicht für sich, sondern für Auxentius, den Bischof der Gegner des Ambrosius. Zudem wird aus dem Bau-

---

32 Ambr., Ep. 75a (21a), 35 f., nach A. M. Ritter. Ähnlich grundsätzlich wird in 75 (21), 1–3 die Frage des Bischofsgerichts formuliert, s. zu Ambrosius' politischem Denken Hartmut Leppin, »Zum politischen Denken des Ambrosius – Das Kaisertum als pastorales Problem«, in: Therese Fuhrer (Hg.), Die christlich-philosophischen Diskurse der Spätantike. Texte, Personen, Institutionen, Stuttgart 2008, S. 33–49. Grundlegend für Ambrosius Neil MacLynn, Ambrose of Milan. Church and Court in a Christian Capital, Berkeley/Los Angeles 1994.

werk der Kirche ohne inhaltliche Überleitung die Institution. Aber die rhetorischen Kniffe brauchen hier nicht zu stören. Denn das Problem wird in grundsätzlicher Weise formuliert. Es geht nicht mehr allein um die individuelle seelsorgerliche Fürsorge, sondern um generelle Aussagen, die das Verhältnis von Kaiser und Kirche betreffen. Diese nicht völlig neue Argumentation wies in die Zukunft. Das war natürlich keine ausgereifte Theorie – zumal es sich lediglich um einen Brief handelte, der einer bestimmten Situation geschuldet war –, aber die für die Kirche entscheidende Frage wurde neu beantwortet.

Doch selbst wenn anerkannt war, was Ambrosius sagte, blieb ein Problem ungelöst: Welcher Bischof war denn berechtigt, für die Kirche zu sprechen? Diese Frage muß ich hier beiseite lassen und kann dies damit rechtfertigen, daß natürlich alle Akteure, mit denen wir es zu tun haben, für sich diese Berechtigung reklamierten; praktisch behielt das Problem seine Brisanz. Konzilien rangen um seine Lösung und fanden sie nicht.

Das 5. Jahrhundert, auf das ich bei meinen Überlegungen kurz blicken muß, bringt in vielerlei Beziehung entscheidende Impulse. Einen will ich hervorheben, der über das personalisierende, pastorale Denken hinausweist, ihm aber dennoch verhaftet bleibt.

In neuer, aber durchaus auch Ambrosius verpflichteter Weise wird das Verhältnis von Priester und Kaiser bei Gelasius I. gefaßt, der 492–496 Papst war und mit dem oströmischen Kaiser Anastasius I. (491–518) um die Anerkennung eines Glaubensbekenntnisses stritt.[33] Dem Kaiser schreibt Gelasius folgendes – und es sollte nicht vergessen werden, daß es sich auch hier ledig-

---

33 S. Walter Ullmann, *Gelasius I. (492–496)* (Päpste und Papsttum 18), Stuttgart 1981 sowie Alan Cottrell, »Auctoritas and Potestas. A Reevaluation of the Correspondence of Galasius I on Papal-Imperial Relations«, in: *Mediaeval Studies* 55 (1993), S. 95–109, der zu Recht betont, daß Gelasius keine Theorie entwickeln will. Bemerkenswerterweise wird der Text jedoch als autoritatives Dokument rezipiert und damit zur Grundlage weiterreichender Theorien.

lich um einen Brief handelt, nicht um eine theoretische Abhandlung: »Zwei Gewalten sind es, erhabener Kaiser, von denen diese Welt an oberster Stelle[34] regiert wird: die heilige Autorität der Bischöfe und die herrscherliche Gewalt.«[35] Hier wird in der Tat abstrakter als in den anderen Werken das Verhältnis von Bischof und Kaiser als zwei Spitzen der irdischen Welt zum Ausdruck gebracht – wobei das Wort Gewalten im Plural eine Ergänzung der Übersetzung darstellt.

Der erste Satz klingt nach Gleichwertigkeit, doch der Folgesatz geht in eine andere Richtung: »Unter diesen« – gemeint sind die Gewalten – »kommt den Priestern ein umso größeres Gewicht zu, als sie auch für die Herrscher der Menschen persönlich vor dem göttlichen Gericht Rechenschaft ablegen werden.«

Es zeigt sich erneut die Bedeutung des seelsorgerlichen Moments als Basis christlichen politischen Denkens in der Antike. Aber es wird im höchsten Maße verallgemeinert: Gelasius konzediert ausdrücklich, daß der Kaiser von Gott eingesetzt sei und die Bischöfe sich den Gesetzen zu fügen hätten, um dann doch wieder zu erklären, daß der Kaiser in dem Bereich der Verehrung Gottes (*divinitatis cultus*) sich den Bischöfen, namentlich jenem von Rom, fügen müsse. Hier werden erstmals, genauer: erstmals für uns überliefert, die Regeln formuliert, die sich eingespielt hatten – natürlich aus bischöflicher Sicht.

Die Zweigewaltenlehre, wie diese Konzeption genannt wird, war gegenüber dem gesamten politischen Denken der Antike neu: Während in der klassischen politischen Theorie stets ge-

34 Zu dieser Übersetzung von *principaliter* vgl. Leo, Sermones In praecupuis totius anni festivitatibus ad Romanam plebem habiti, sermo IV, cap. II: *Et tamen de toto mundo unus Petrus eligitur, qui et universarum gentium vocationi, et omnibus apostolis, cunctisque Ecclesiae Patribus praeponatur: ut quamvis in populo Dei multi sacerdotes sint multique pastores, omnes tamen proprie regat Petrus, quos principaliter regit et Christus. Magnum et mirabile, dilectissimi, huic viro consortium potentiae suae tribuit divina dignatio; et si quid cum eo commune caeteris voluit esse principibus, numquam nisi per ipsum dedit quidquid aliis non negavit.*
35 Ep. 12,2; vgl. Tract. 4,11 Thiel.

fragt wurde, bei wem die Macht liege, in der Demokratie eben beim Volk, in der Oligarchie bei wenigen, in der Monarchie bei einem, und lediglich die Mischungen zwischen den verschiedenen Verfassungstypen bedacht wurden, rechnete man hier mit dem dauerhaften Nebeneinander zweier Gewalten, die funktional differenziert wurden: Die eine Macht war für geistliche, die andere für weltliche Dinge zuständig.

Diese Passage aus dem Briefwechsel des Gelasius gehört zu den wirkungsmächtigsten Texten des Abendlandes, allerdings mit deutlicher zeitlicher Verzögerung.[36] Im Westen wurde sie weiterentwickelt und spielte im Investiturstreit eine wesentliche Rolle.[37] Im Osten nahm Justinian die Trennung auf (Nov. 6 pr.), betonte aber nicht das Moment des Gehorsams des Herrschers, sondern das des Gleichklangs von Priestertum und Kaisertum (Symphonia) und nachgerade in Umkehrung der Akzentuierung bei Gelasius das Moment der Fürsorge des Kaisers für den Priester.

Diese Lehre ist ideengeschichtlich wichtig, weil sie den Übergang zu einem abstrakten, nicht mehr primär mit personalen Beziehungen, sondern mit institutionellen Verhältnissen argumentierenden Ordnungsvorstellungen markiert. Letzten Endes kann der Anspruch, vom Kaiser in einem bestimmten wesentlichen Bereich Gehorsam einzufordern, zu der Vorstellung führen, man sei befugt, die Eignung des Kaisers für den Thron zu beurteilen.

Blicken wir zurück: Das Christentum, jedenfalls in der für uns leidlich gut faßbaren Hauptströmung, brauchte lange, bis es neue politische Ordnungsvorstellungen entwickelte; man könnte sogar sagen, das frühe Christentum kennt gar keine eigenen

---

36 Robert L. Benson, »The Gelasian Doctrine. Uses and Transformations«, in: George Makdisi u. a. (Hg.), *La notion de l'autorité au Moyen Age. Islam, Byzance, Occident*, Paris 1982, S. 13–44.

37 Wichtiger noch sollte die auf Luk 22,38 (teils durch Mt 26,51 ergänzt) zurückgehende Zweischwerter-Lehre werden, die, wenn ich recht sehe, in der Spätantike keine große Rolle spielte.

politischen Ordnungsvorstellungen. Das politische Denken des frühen Christentums entspringt nicht einer systematisierenden theologischen Reflexion, vielmehr formulieren Christen in Auseinandersetzung mit der bestehenden Ordnung und akuten Herausforderungen ihre Position und kommen dabei rasch zum Grundsätzlichen, weil sie ihr Verhalten an den Lehren ihrer Religion ausrichten müssen. Denn das Christentum wandte sich den Menschen seelsorgerlich zu und beriet sie in ihrem Handeln. Das hatte politische Auswirkungen, insofern als die Christen die Grenzen zwischen Religion und Politik anders definierten als ihre Umgebung, was namentlich beim Kaiseropfer von Belang war, doch das waren individuelle Fälle. Die Auswirkungen reichten deutlich weiter, sofern Christen politische Verantwortung trugen. Noch größere Auswirkungen hatte dies, falls der Kaiser Christ war, da er weiter politisch handeln mußte und als Christ das Christentum zu fördern hatte.

Die politischen Institutionen an sich waren kein Gegenstand christlicher Reflexion. Was das Christentum leistete, war etwas anderes: die konsequente Betrachtung des Politischen unter dem Gesichtspunkt der persönlichen, allerdings von religiösen Autoritäten bestimmten Entscheidung. Das betraf die christlichen Untertanen selbst, das betraf aber auch den Kaiser. Von allen wurde ein richtiges Verhalten im Rahmen der gegebenen politischen Ordnung, zu der man keine Alternative sah, verlangt. Dieser Text, genaugenommen: dieses Textcorpus, dessen Gestalt sich in den ersten Jahrhunderten der Christenheit herausbildete und das durch politische Instanzen nicht beherrschbar war, stiftete unter den Christen Identität und vermittelte ihnen trotz der Vielfalt an Deutungsmöglichkeiten eine andere Basis, als sie die meisten übrigen Religionen der Antike kannten. Christliche politische Ordnungsvorstellungen ließen sich über eine generelle Akzeptanz der nun einmal gegebenen Monarchie hinaus aus ihr nicht herleiten, wohl aber individuelle Verhaltensentwürfe.

Die Personalisierung führte dazu, daß alle Einrichtungen, die neben dem Kaiser bestanden, aus dem Blick gerieten. Von dem

Senat ist bei den Christen, auch beim vormaligen Senator Ambrosius, kaum die Rede; der *populus*, das Volk, spielte bei kirchlichen Wahlen eine gewisse Rolle, wurde aber nicht in seiner politischen Funktion diskutiert. Die hohen Beamten erschienen allenfalls als mehr oder weniger hilfreiche Amtsträger.

Das frühe Christentum war auf die monarchische Ordnung verwiesen, die es in keiner Weise in Frage stellte, und zwar nicht, weil es von den meisten Kaisern seit Constantin gefördert wurde, sondern weil alle anderen Staatsformen Geschichte zu sein schienen.[38] Und dennoch besaß das Christentum Sprengkraft für die politische Ordnung, da mit ihm neue Autoritäten auf den Bereich der Politik einwirkten, Bischöfe und Heilige, die jede aktuelle politische Autorität zurechtweisen konnten. Diese gewannen um so mehr Einfluß, je stärker die Bibel und christliche Argumentationsmuster Akzeptanz bei der Bevölkerung und bei den Eliten fanden. Die Grundlage des politischen Denkens war mithin die Forderung nach einem gottgefälligen Leben, über das geistliche Autoritäten zu wachen hatten. Und daß diese mit der Bibel eine Argumentationsbasis hatten, die für weltliche Autoritäten unverfügbar war, trug sicherlich zur Stärkung des Christentums bei.

Allerdings muß ich eines gerade aus der Sicht der späteren

---

38 Nicht erörtert werden kann hier die stark durch zeitgenössische Umstände bestimmte Diskussion um die Unmöglichkeit einer Politischen Theologie im Kontext einer trinitarischen Gottesvorstellung, die Erik Peterson mit seiner berühmten Abhandlung *Der Monotheismus als politisches Problem* von 1935 eröffnet hat (Carl Schmitts Antwort im Heft *Politische Theologie II. Die Legende von der Erledigung jeder Politischer Theologie*, Berlin [4]1996, insbes. S. 36–84 mit klaren Hinweisen zum Problem der Abgrenzung zwischen Theologie und Politik). Peterson arbeitete sich vor allem am Verhältnis von Monotheismus und Monarchie ab und an der Frage, inwieweit bestimmte Herrschaftsformen sich theologisch, namentlich durch Parallelisierungen, rechtfertigen lassen. Inbegriff einer politischen Theologie sind ihm dabei Euseb von Caesarea und Orosius. Meines Erachtens ist dieser Aspekt sekundär, da die Monarchie kein Gegenstand der Reflexion war und das Reich erst sehr spät dazu wurde. Letztlich meinen Schmitt und Peterson ganz unterschiedliche Dinge.

Geschichte, namentlich des Investiturstreites, noch einmal betonen: Kein Kaiser verlor den Thron, weil er einem Bischof nicht willfahrte. Es wurden nur ganz selten Stimmen laut, die einem Kaiser, der dem falschen Glauben folgte, die Legitimität absprachen. Und so konnte auch der gewaltsame Tod eines Herrschers wie eben der Julians oder jener des Valens, jeweils verbunden mit schmählichen Niederlagen, als Strafe Gottes betrachtet werden. Doch eine kirchliche Instanz, die befugt und imstande gewesen wäre, den Kaiser abzusetzen, gab es nicht.

Indem das Christentum neue Maßstäbe an das Handeln der politischen Akteure anlegte, veränderte es das Verhalten in den Ordnungen und letztlich, obwohl dies jenseits des biblischen Horizontes lag, auch die Ordnungen selbst, da diese an neuen Maßstäben und von anderen Menschen gemessen wurden. Doch eine umfassende Vorstellung von einer neuen Ordnung und von neuen Formen der Legitimierung des Kaisertums sollte sich erst im Mittelalter entwickeln.

Schon in der Antike bahnte sich allerdings eine andere Entwicklung an, nämlich die Forderung, daß auch unter christlichen Vorzeichen politische und religiöse Gemeinschaft identisch sein müßten. Justinian versuchte dies durchzusetzen, indem er die Feinde des wahren Glaubens hartnäckig bekämpfte und gemeinschaftsstiftende Feiern abhielt, kollektive Prozessionen und Feste, die dem Anspruch nach die ganze Stadt erfaßten.[39] In gewisser Weise hat die antike Religiosität hiermit das Christentum eingeholt. Der gemeinsame performative, religiöse Akt verband die gesamte Bevölkerung.

Diese Entwicklung setzte im Westen später ein, wohl auch weil schlichtweg durchsetzungsfähige Kaiser fehlten.[40] Es war auch im Westen, daß der Provinzbischof Augustinus zwei *Civi-*

---

39 Zu Justinian Meier, *Das andere Zeitalter* (wie Anm. 26); Michael Maas (Hg.), *The Cambridge Companion to the Age of Justinian*, Cambridge/New York 2005.
40 Vgl. aber das Prozessionswesen in Rom unter Gregor dem Großen (590–604), dazu Hartmut Leppin, »Gregor der Große. Die heilsame Seuche«,

tates, zwei Gemeinschaften, unterschied, die irdische und die Gottes, und so die Kirche aus der bedrohlichen Verknüpfung mit dem Römischen Reich löste. Wenn dann von einer Zweireichelehre die Rede ist, so ist dies insofern mißverständlich, als es nicht um die Neugründung eines Reiches mit bestimmten Institutionen ging. Vielmehr standen letztlich auch hier die Bedingungen der Möglichkeit eines gottgefälligen Lebens auf Erden zur Debatte, das eben nicht bestimmte politische Einrichtungen voraussetzt. Diese Konzeption des Verhältnisses von Christen – ich sage ausdrücklich nicht: Kirche – und ihrer gesellschaftlichen Umgebung war eine Voraussetzung dafür, daß das Christentum die Auflösung des Römischen Reiches im Westen überstand.

Doch das sind späte Entwicklungen. Die Christen fielen dadurch auf, daß sie die Grenzen zwischen Religion und Politik anders definieren als die Umgebung, auch anders als die Neuzeit. Die Zugehörigkeit zu einer politischen Gemeinschaft zeigte sich für sie nicht mehr in der Teilnahme am gemeinsamen religiösen Fest und an dem für alle üblichen Opfer. Die Christen selbst entschieden in der Nachfolge ihrer Autoritäten, welche Akte, die in der Gemeinschaft als selbstverständlich galten, ihnen zumutbar waren. Daraus führt kein direkter Weg in die Neuzeit, aber es wurde manches vorbereitet und vieles vorgedacht. Daß wir politische Entscheidungen zuallererst als persönliche Entscheidungen eines jeden begreifen, ist mithin keineswegs allein und nicht direkt, aber durchaus auch ein Erbe des frühen Christentums.

in: Mischa Meier (Hg.), *Pest. Die Geschichte eines Menschheitstraumas*, Stuttgart 2005, S. 108–116.

Hans Reinhard Seeliger

»Das Geheimnis der Einfachheit«
Bild und Rolle des Märtyrers in den Konflikten zwischen Christentum und römischer Staatsgewalt

Der in der katholischen Kirche zu den Kirchenlehrern gezählte Bischof Alphons Maria de Liguori schreibt in seinem 1775 erschienenen Buch *Die Siege der heiligen Martyrer*:[1]

O Gott! wie groß wird am allgemeinen Gerichtstage die Bestürzung der Tyrannen und aller Verfolger sein, wenn sie sehen, daß die von ihnen einst so sehr verhöhnten und mißhandelten Martyrer nun so glorreich erscheinen, dem Herrn Loblieder singend und gerüstet, sich für die empfangenen vielen Unbilden und Grausamkeiten zu rächen [...]. Dann werden diese hl. Martyrer, denen der Herr die richtende Gewalt übertragen hat, die Nerone und Domitiane und alle ihre Feinde verdammen, und sie hinabstürzen in die Hölle.

Für den in der Theologiegeschichte als Moraltheologen bedeutsamen Autor sind die Märtyrer die Garanten einer höheren Gerechtigkeit. Und ihrer sind viele:

Schon zur Zeit Constantins waren viele Millionen Martyrer zum Himmel emporgestiegen. Die Gelehrten haben berechnet, daß die Zahl derer, die ihr Leben unter Martern hingege-

---

[1] Alphons Maria de Liguori, *Die Siege der Martyrer*, Regensburg 1841, S. 10; die weiteren Zitate S. 2 und S. 7.

ben, an 11 Millionen betrage, so daß, wollte man diese Anzahl vertheilen, auf jedes Jahr 50 000 Martyrer kommen.

De Liguori präsentiert im ersten Abschnitt seines für breite Leserkreise gedachten und bis 1887 immer wieder neu aufgelegten Buchs ein Bild vom Märtyrer, welches noch ganz in der hagiographischen Tradition steht, wie sie in der Antike begründet wurde: Die Märtyrer jeden Geschlechtes, Alters und Standes sind »groß und heroisch«, sie verachten mutig und standhaft die Versprechungen und Drohungen der Tyrannen, sie hängen »mit größter Innigkeit an den Glaubenswahrheiten« und gehen mit Freuden in den Tod. Keineswegs jedoch nimmt der Glaube mit ihrem Tode ab, sondern er wächst vielmehr. »Während wir geschlachtet werden, wächst unsere Zahl; das Blut der Christen ist der Same für neue«, zitiert de Liguori Tertullian.[2]

In diesen Äußerungen haben wir das traditionelle und wirkmächtige Bild vom christlichen Märtyrer vor uns: Die Staatsmacht, die ihn verfolgte, war die von Tyrannen; was der Märtyrer zu erdulden hatte, ist ungerecht. Aber er wird zum Schluß überlegen sein und triumphieren.

I Phasen und Formen der Konfliktgeschichte zwischen Staat und Christen

Dem spätantiken Historiker Orosius folgend, hat man die Konfliktgeschichte zwischen Staat und Christen, aus der in der Zeit bis zum frühen 4. Jahrhundert die Martyrer hervorgingen, noch bis in die jüngste Zeit gern nach dem Muster der zehn Plagen, die über das Volk Israel in Ägypten hereinbrachen (Ex 7–11), als die Geschichte von zehn Verfolgungen dargestellt und sie dabei mit zehn römischen Kaisern in Verbindung gebracht.[3] Ei-

---

2 Tert. apol. 50,13 (171 Dekkers).
3 Oros. hist. 7, 26,9–27,15 (494–499 Zangemeister). Das Muster noch bei Peter Guyot/Richard Klein, *Das frühe Christentum bis zum Ende*

ne sachgerechtere Einteilung stellt jedoch die Unterscheidung zweier Phasen der Konfliktgeschichte dar, deren erste bis zur Mitte des 3. Jahrhunderts läuft. In dieser Phase haben wir es mit regional und zeitlich beschränkten Maßnahmen einzelner Magistrate gegen Christen zu tun. Die Zahl der Christen war insgesamt noch gering, und eine staatlich flächendeckende Administration gab es nicht. Von kaiserlich verordneten, zentral gelenkten, reichsweiten Christenverfolgungen kann hier nicht die Rede sein. Dies trifft erst für die zweite Phase zu.[4]

Von den staatlichen Maßnahmen gegen die Christen im 1. Jahrhundert weiß man nicht sehr viel. Kaiser Nero, der gern als der erste große Christenverfolger vorgestellt wird und sich auch bei den Römern aufgrund seines exzentrischen Wesens keiner sonderlichen Beliebtheit erfreute, hat im Jahre 64 Christen zerfleischen, kreuzigen oder nächtens als Fackeln verbrennen lassen. Er beschuldigte sie, Rom in Brand gesteckt zu haben, um davon abzulenken, daß er selbst der Brandstifter war.[5] Die

der Verfolgungen. Eine Dokumentation, 2 Bde. (TzF 60.62), Darmstadt 1993/1997 = ³2006.

4 Immer noch wichtig: Jakob Speigl, *Der römische Staat und die Christen. Staat und Kirche von Domitian bis Commodus*, Amsterdam 1970; übersichtlich: Karl-Heinz Schwarte, »Intention und Rechtsgrundlagen der Christenverfolgung im Römischen Reich«, in: *Spätantike und frühes Christentum. Ausstellung im Liebieghaus Museum alter Plastik*, Frankfurt 1984, S. 20–33; neuere Darstellungen: Luce Pietri/Gunther Gottlieb, »Christenverfolgungen zwischen Decius und Diokletian – das Toleranzedikt des Galerius«, in: *Die Geschichte des Christentums* 2, Freiburg/Basel/Wien 1996, S. 156–190; Claude Lepelley, »Die Christen und das römische Reich«, in: *Die Geschichte des Christentums* 1, Freiburg/Basel/Wien 2003, S. 229–268; Gillian Clarke, »Third-Century Christianity«, in: *The Cambridge Ancient History* 12, Cambridge 2005, S. 616–665; zur jüngsten Forschungsgeschichte: Joseph Streeter, »Introduction: de Ste. Croix on Persecution«, in: Geoffrey E. M. de Ste. Croix, *Christian Persecution, Martyrdom and Orthodoxie*, Oxford 2006, S. 3–34.

5 Vgl. Peter Lampe, *Die stadtrömischen Christen in den ersten beiden Jahrhunderten. Untersuchungen zur Sozialgeschichte* (WUNT 2. Reihe, Bd. 18), Tübingen ²1989, S. 65–67 und Dieter Flach, »Plinius und Taci-

Maßnahmen waren auf Rom beschränkt. Daß Petrus und Paulus in diesem Rahmen das Martyrium erlitten, ist nicht unwahrscheinlich, wenn auch nicht zwingend zu erweisen.[6]

Von entscheidender Bedeutung für die Geschichte des Verhältnisses von Staat und Christen in den ersten Jahrhunderten ist der Briefwechsel zwischen dem in der Provinz Bithynien-Pontus als Legat amtierenden Plinius d. J. und Kaiser Trajan.[7] An diesen wandte er sich, weil er Anzeigen gegen Christen vorliegen hatte und nicht wußte, wie weiter zu verfahren sei. Irgendwelche strafbaren Handlungen hatte er bei den Christen nicht feststellen können, wohl aber bei vielen, wenn auch nicht bei allen, eine unbeugsame Halsstarrigkeit und Hartnäckigkeit, mit der sie bei ihren Überzeugungen, auch unter Androhung der Todesstrafe, blieben. Wer Abstand nahm von seinem Glauben, hatte dies durch einen

tus über die Christen«, in: *Imperium Romanum. Studien zu Geschichte und Rezeption* (FS Karl Christ), Stuttgart 1998, S. 218–232; zu Nero: Jürgen Malitz, »Nero. Der Herrscher als Künstler«, in: Andreas Hartmann / Michael Neumann (Hg.), *Mythen Europas. Schlüsselfiguren der Imagination. Antike*, Regensburg 2004, S. 145–164; zur Frage einer Rechtsgrundlage für die Verurteilungen unter Nero: Alexander Nogrady, *Römisches Strafrecht nach Ulpian. Buch 7–9 De officio proconsulis* (Freiburger rechtsgeschichtliche Abhandlungen N. F. 52), Berlin 2006, S. 42–47.

6 Vgl. die Argumentation bei Hans Georg Thümmel, *Die Memorien für Petrus und Paulus in Rom* (AKG 76), Berlin / New York 1999, S. 3–14.

7 Plin. epist. 10, 96 f. (355–357 Schuster / Hanslik). Aus der reichen Forschungsliteratur zu diesem Brief: Antonie Wlosok, *Rom und die Christen. Zur Auseinandersetzung zwischen Christentum und römischem Staat* (Der altsprachliche Unterricht XIII, Beih. 1), Stuttgart 1970; Joseph Walsh / Gunther Gottlieb, »Zur Christenfrage im zweiten Jahrhundert«, in: Ders. u. a. (Hg.) *Christen und Heiden in Staat und Gesellschaft des zweiten bis vierten Jahrhunderts. Gedanken und Thesen zu einem schwierigen Verhältnis* (Schriften der Philosophischen Fakultäten der Universität Augsburg 44), München 1992, S. 3–86, bes. S. 6–21; Flach, »Plinius und Tacitus über die Christen« (Anm. 5) S. 218–232; Angelika Reichert, »Durchdachte Konfusion. Plinius, Trajan und das Christentum«, in: *ZNW* 93 (2002) S. 227–250; Klaus Thraede, »Noch einmal: Plinius d. J. und die Christen«, in: *ZNW* 95 (2004) S. 102–128; Nogrady, *Römisches Strafrecht nach Ulpian* (Anm. 5) S. 48–56.

Opfertest beweisen müssen, bei dem vor den herbeigebrachten Götterbildern Weihrauch verbrannt und ein Trankopfer, eine Weinlibation, darzubringen war. Das kaiserliche Reskript, das Plinius erhielt und veröffentlichte, hieß diese Praxis gut. Wer als Christ angezeigt werde, sei zu bestrafen, wenn er bei seiner Überzeugung bliebe; anonyme Anzeigen seien nicht zu berücksichtigen, ein bestimmtes Strafmaß wurde nicht festgesetzt.

Es gab in der römischen Kaiserzeit nur wenige Verbrechen, die offiziell verfolgt wurden: Hoch- und Landesverrat, Mord, Brandstiftung, Stimmenkauf, Münzfälschung, Amtsmißbrauch zur Erlangung persönlicher Vorteile, Grabschändung und Majestätsverletzung.[8] Zwar gab es die Tendenz, immer mehr Delikte offiziell zu ahnden, aber nach der Entscheidung Trajans gehörte der Tatbestand des Christentums (*nomen christianum*) nicht dazu. Es war im Unterschied zum Verbrechen (*crimen*) ein Delikt, das nur auf private Strafklage hin sanktioniert wurde.

Dies schränkte die Möglichkeit, als Christ angeklagt zu werden, deutlich ein, etwa auf persönliche Racheakte, etwa bei Ehekonflikten. Ein Beispiel genau dafür aus der Zeit um 160 ist beim christlichen Philosophen Justin nachzulesen.[9] Tertullian nennt einen Fall, bei dem Erpressung eine Rolle spielte.[10] Offensichtlich um die Rechtssicherheit zu erhöhen, hielt Kaiser Hadrian in einem Reskript von 124/125 fest, daß auch für die Anklage eines Christen gelte, daß sie beweisbar sein müsse, andernfalls über den verleumderischen Kläger selbst die für das angezeigte Delikt vorgesehene Strafe zu verhängen sei.[11]

---

8 Vgl. Bernardo Santalucia, *Verbrechen und ihre Verfolgung im antiken Rom*, Lecce 1997, S. 101–106.
9 Iust. apol. 2, 2 (137–139 Marcovich) = M. Ptol. Luc. (39–40 Musurillo).
10 Tert. Scap. 4,3 (1130 Dekkers).
11 Das Reskript an den Statthalter Minucius Fundanus bei Eus. h. e. 4, 9,1–3 (1, 318–320 Schwartz) und Iust. apol. 1, 68 (131–133 Markovich); dazu Peter Kuhlmann, *Religion und Erinnerung. Die Religionspolitik Kaiser Hadrians und ihre Rezeption in der antiken Literatur* (Formen der Erinnerung 12), Göttingen 2002, S. 186–195; Nogrady, *Römisches Strafrecht nach Ulpian* (Anm. 5), S. 56–60.

Zur Zeit des Kaisers Mark Aurel (161–180) scheint allerdings das Prinzip der Privatklage durchbrochen worden zu sein; unter seiner Herrschaft kam es zu Prozessen, bei denen das römische Coercitionsrecht angewandt wurde, d. h. von den den Provinzstatthaltern zukommenden Vollmachten zur Aufrechterhaltung von Ruhe und Ordnung Gebrauch gemacht wurde. Diese ließen es zu, daß gefahndet wurde, wo es sonst nicht üblich war. Die Verhängung von Strafen war jedoch in der Kaiserzeit auch hier an die Durchführung eines Prozesses (*cognitio*) gebunden. Genau diese Umstände spiegeln die Maßnahmen wider, welchen sich die Christen von Lyon und Vienne im Jahre 177 ausgesetzt sahen, als sie Opfer einer Pogromstimmung wurden.[12] In dem Zirkularschreiben, mit dem die Gemeinde die Vorgänge bekanntmachte, ist von massiven Beschuldigungen die Rede, die gegen die Christen vorgebracht wurden: daß sie kleine Kinder verspeisen – was sich auf die Eucharistie beziehen muß – und zügellosen Geschlechtsverkehr untereinander übten – wohl weil sie einander Brüder und Schwestern nannten.[13]

Das wirft die Frage nach dem Bild auf, welches sich die pagane Umwelt vom damaligen Christentum machte. Für Tacitus stand fest, daß die Christen der Menschenhaß (*odium humani generis*) kennzeichne.[14] Beobachtet hatte man, daß sich die Christen an vielem nicht beteiligten und ein eher zurückgezogenes Leben führten, um nicht mit den allgegenwärtigen paganen Kulten in Berührung zu kommen. Im Westen wurde dies noch da-

12 Eus. h. e. 5, 1,3–2,8 (1, 402–432); zum rechtlichen Hintergrund Nogrady, *Römisches Strafrecht nach Ulpian* (Anm. 5), S. 26–28; zum Ganzen: *Les martyrs de Lyon (177)* (Colloques internationaux du Centre national de la recherche scientifique 575), Paris 1978; Cornelius Motschmann, *Die Religionspolitik Marc Aurels* (Hermes Einzelschriften 88), Stuttgart 2002, S. 241–260.
13 Vgl. Wolfgang Speyer, »Zu den Vorwürfen der Heiden gegen die Christen«, in: Ders., *Frühes Christentum im antiken Strahlungsfeld* (WUNT 50), Tübingen 1989, S. 7–13; S. 493; Walsh/Gottlieb, »Zur Christenfrage im zweiten Jahrhundert« (Anm. 7), S. 21–53.
14 Tac. ann. 15, 44,4 (748–750 Heller).

durch verstärkt, daß es sich in Rom oder Lyon überwiegend um griechische Migranten handelte, die in einer Sonderwelt lebten.[15] Fremdenhaß spielte also hier eine entscheidende Rolle.

Tacitus wie Plinius hielten die christliche Religion für einen maßlosen Aberglauben.[16] Aberglauben galt in der Antike nach einer treffenden Definition Peter Browns nicht als »kognitive Verirrung – ein irrationaler Glaube an nichtexistente oder mißverstandene Wesenheiten. Aberglauben war ein sozialer Fauxpas in Gegenwart der Götter. Er verriet einen Mangel an Gelassenheit und Aufrichtigkeit, mit dem gemeinhin ein freier Mensch seine Beziehungen zu anderen gestaltet, seien sie nun Mensch oder Götter.«[17] Mit anderen Worten: Das Christentum galt als asozial, und die Zugehörigkeit war in rechtlicher Hinsicht insofern prekär, als man jederzeit, wenn auch unter restriktiven Auflagen, mit Anzeigen rechnen mußte oder Ziel des Volkszorns werden konnte.

Allerdings galt nach dem von Kaiser Trajan gebilligten Verfahren, daß im Gerichtsverfahren das primäre Ziel die Resozialisierung, die religiöse Wiedereingliederung sein sollte. Neben gutem Zureden, z. B. durch Verweis auf das hohe Alter oder die Jugendlichkeit des Angeklagten, wurde Bedenkzeit angeboten. Tertullian weiß vom römischen Proconsul Cingius Severus, er habe angeklagten Christen Hinweise gegeben, wie sie im Prozeß antworten sollten, um freigesprochen zu werden. Andererseits

---

15 Für Rom: Lampe, *Die stadtrömischen Christen* (Anm. 5) S. 296 f.; für Lyon: Glen W. Bowersock, in: *Les martyrs de Lyon* (Anm. 12), S. 249–255.
16 Tac. ann. 15, 44,3 (748); Plin. epist. 10, 96,9 (357,5). Zum Vorwurf des Aberglaubens: Dieter Lührmann, »SUPERSTITIO – die Beurteilung des frühen Christentums durch die Römer«, in: *ThZ* 42 (1986) S. 193–213; Àgnes A. Nagy, »Superstitio et coniuratio«, in: *Numen* 49 (2002) S. 178–192.
17 Peter Brown, *Autorität und Heiligkeit. Aspekte der Christianisierung des Römischen Reiches*, Stuttgart 1998, S. 53; ähnlich: Wlosok, *Rom und die Christen* (Anm. 7), S. 14.

wurden aber auch Foltern angewandt, um eine Abkehr vom Aberglauben zu bewirken.[18]

Erst Mitte des 3. Jahrhunderts änderte sich die Rechtslage grundsätzlich, als Kaiser Decius, ein im Spektrum der Imperatoren seiner Zeit religionspolitisch streng konservativer Herrscher, Ende 249 ein Edikt erließ, das ein reichsweites Dank- und Bittopfer (*supplicatio*) vorsah.[19] Solche Götteropfer waren beim Regierungsantritt nicht ungewöhnlich. Jetzt wurden sie verpflichtend für alle Männer, Frauen und Kinder, nicht jedoch die Sklaven, vorgeschrieben und ihr Vollzug durch Opferbescheinigungen kontrolliert.[20] Damit war mit einem Schlage das, was die Christen bislang als Opfertest bei den Gerichtsverfahren kannten, für alle Freien vorgeschrieben. Die Christen haben freilich von Anfang an als speziell gegen sie gerichtete Regelung begriffen, was insgesamt als allgemeine religionspolitische Maßnahme des Kaisers verstanden werden muß, der durch verordnete Kultakte die Götter für sich günstig stimmen wollte.

Die Opfer muß man sich so vorstellen, wie sie eine heidnische Familie des späten 4. Jahrhunderts auf einem Elfenbeindiptychon hat festhalten lassen (Abb. 1).[21]

Auf einem Altar war Weihrauch zu verbrennen, dann eine

[18] Plin. epist. 10, 96,8 (356); M. Polyc. 8 f. (6–8 Musurillo): hohes Alter; P. Scil. 11 (88 Musurillo): Bedenkzeit; A. Maximil. 2,8 (246 Musurillo): jugendliches Alter; A. Phileae 1–12 (34–74 Pietersma) und A. Acac. passim (57–60 Knopf/Krüger/Ruhbach): Überredung; Tert. Scap. 4,3 (1130 Dekkers): zu Cingius Servus; dazu: Antony Richard Birley, »Persecutors and Martyrs in Tertullian's Africa«, in: *The Later Roman Empire Today* (FS John Mann), London 1993, S. 37–68, S. 43–45.

[19] Zu solchen Opfern vgl. Manfred Clauss, *Kaiser und Gott. Herrscherkult im römischen Reich*, Stuttgart/Leipzig 1999, S. 320–328.

[20] Reinhard Selinger, *Die Religionspolitik des Kaisers Decius. Anatomie einer Christenverfolgung* (EHS.G 617), Frankfurt am Main 1994, bes. S. 96–99; James B. Rives, »The Decree of Decius and the Religion of Empire«, in: *JRS* 89 (1999) S. 135–154.

[21] Wolfgang Fritz Volbach, *Elfenbeinarbeiten der Spätantike und des frühen Mittelalters* (Römisch-Germanisches Zentralmuseum zu Mainz. Kataloge 7), Mainz 1976, S. 51 (Nr. 55); zum Opferritus: François Jacques/

»Das Geheimnis der Einfachheit« **347**

Abb. 1: Weihrauchopfer einer Priesterin mit Opferdienerin: Symmachertafel des Elfenbeindiptychons der Symmacher und Nicomacher, Rom, Ende 4. Jahrhundert (Victoria and Albert Museum, London)

Libation zu vollziehen, bei der ein Schluck Wein getrunken und ein Schluck für den Gott vergossen wurde, worauf dann ein Stück Fleisch zu essen war, das von einem zuvor dem Gott dargebrachten, für ihn geschlachteten und teilweise zu seiner Ehre verbrannten, teilweise zum Verzehr gebratenen Tier stammte. Dies war der religiöse Vollzug einer gemeinsamen Mahlzeit mit dem Gott, die Stiftung einer sakralen Gemeinschaft mit ihm – und das zu vollziehen war einem Christen unmöglich.

Manche taten es doch. Manche streuten nur den Weihrauch. Manche besorgten sich durch Bestechung die Bescheinigung. Viele kamen aber ins Gefängnis und warteten auf ihren Prozeß. Kaiser Decius fiel jedoch bereits im Juni 251 auf dem Schlachtfeld, womit die Maßnahmen ein plötzliches Ende fanden.

Die sich im Vorgehen des Decius bereits abzeichnende Systematik haben Kaiser Valerian (253–260) und die tetrarchischen Herrscher zu Beginn des vierten Jahrhunderts ausgebaut. Erst unter ihnen kam es zu einem planmäßigen staatlichen Vorgehen gegen die Christen, und diese Maßnahmen, die man nun in der Tat als methodische Christenverfolgungen kennzeichnen kann, haben das Bild, das sich die spätantiken christlichen Historiker von der Konfliktgeschichte zwischen Kirche und Staat machten, insgesamt geprägt.

Kaiser Valerian zielte mit seinem Opferbefehl für Bischöfe und Kleriker von 257 nicht allein auf die Beseitigung der personellen Infrastruktur der christlichen Gemeinden, denn gleichzeitig wurde auch ein Versammlungsverbot erlassen und das Betreten der christlichen Friedhöfe untersagt. Die Hinrichtung der Zuwiderhandelnden befahl ein Edikt des Folgejahrs.[22] Ganz

---

John Scheid, *Rom und das Reich in der Hohen Kaiserzeit 44 v. Chr.–260 n. Chr. 1: Die Struktur des Reiches*, Stuttgart/Leipzig 1998, S. 130.

22 Karl-Heinz Schwarte, »Die Christengesetze Valerians«, in: Werner Eck (Hg.), *Religion und Gesellschaft in der römischen Kaiserzeit. Kolloquium zu Ehren von Friedrich Vittinghoff*, Köln/Wien 1989, S. 103–163; Reinhard Selinger, *The Mid-Third Century Persecutions of Decius and Valerian*, Frankfurt am Main 2002, S. 83–95.

ähnliche Maßnahmen ordneten dann knapp vierzig Jahre später die tetrarchischen Kaiser an.[23] 297 erging ein Opferbefehl für das Heer, und 303 erließen die Kaiser auf maßgebliche Initiative des Caesars Galerius ein Edikt, das die Demolierung der kirchlichen Gemeindehäuser, die Konfiskation und Verbrennung der heiligen Schriften des Christentums und ein Versammlungsverbot verfügte. Standhafte Christen verloren ihre Ämter und Würden, die Rechtsfähigkeit wurde ihnen aberkannt. Kaiserliche Freigelassene sollten beim Festhalten am christlichen Glauben wieder versklavt werden. Die Eliten, Bischöfe, Priester und andere Kleriker, wurden eingekerkert. Sie waren zum Abschwören aufzufordern oder durch Folter zum Opfer zu zwingen. Das Bündel dieser Maßnahmen ist eine Quersumme der Oppressionen des 3. Jahrhunderts. Sie würden freilich regional durchaus unterschiedlich intensiv durchgeführt und richteten sich nicht allein gegen die Christen. Auch die Manichäer wurden verfolgt.[24] Das plötzliche Ende der Maßnahmen des Decius, das schmähliche Ende Kaiser Valerians in persischer Gefangenschaft und die schwere, zum Tod des Galerius führende Erkrankung konnten die Christen allerdings als ermutigende Zeichen der Vorsehung interpretieren.[25]

Viel ist über die Zahl der Opfer spekuliert worden. Die von Alphons Maria de Liguori genannten Millionenzahlen waren schon zu seiner Zeit nicht unumstritten.[26] Schätzungen in der ersten Hälfte des 20. Jahrhunderts gingen noch von 10 000 bis

---

23 Karl-Heinz Schwarte, »Diokletians Christengesetz«, in: *E fontibus haurire* (FS Heinrich Chantraine = SGKA N. F. 1,8), Paderborn 1994, S. 203–240; Wolfgang Kuhoff, *Diokletian und die Epoche der Tetrarchie. Das römische Reich zwischen Krisenbewältigung und Neuaufbau (282–313 n. Chr.)*, Frankfurt am Main 2001, S. 246–305.

24 Erich-Hans Kaden, »Die Edikte gegen die Manichäer von Diokletian bis Justinian«, in: *FS Hans Lewald*, Basel 1953, S. 55–68, S. 56 f.

25 Vgl. Lact. mort. pers. 4 f.; 33–35 (178; 211–214 Brandt/Laubmann).

26 Hinweise zur Diskussion seit dem späten 17. Jh. bei Henri Grégoire, *Les persécutions dans l'empire romain* (MAB.L Collection in-8, 56,5) Bruxelles ²1964, S. 165.

20 000 Märtyrern aus. Henri Grégoire hat in seiner ausführlichen Arbeit dazu ihre Zahl für die ersten drei Jahrhunderte auf einige hundert und für die große Verfolgung unter der Tetrachie auf 2500 bis 3000 geschätzt.[27] Das Martyrologium Romanum[28] nennt etwa 4000 Namen von Märtyrern,[29] allerdings gibt es dort viele Wiederholungen und Verwechslungen, während andererseits zugleich auszugehen ist von vielen anonymen Opfern und Märtyrergruppen, für die häufig nur die Namen ihres Sprechers oder ihrer Anführer stehen. Man wird aber gut daran tun, eine Zahl von 4000 Opfern als Obergrenze zu nehmen.

Zu berücksichtigen ist allerdings, daß dies die maximale Zahl *der Toten* darstellt. Christliche Sklaven, die auffielen, kamen nicht vor Gericht. Sie unterstanden der Hauszucht ihres Herrn, der durchaus kein Interesse an ihrem Tod hatte. Dies wäre einem Vermögensverlust gleichgekommen. Aber er steckte sie unter Umständen in seinen Carcer (*ergastulum*) oder ließ sie in der Tretmühle büßen.[30] Bei Freien war der Ermessensspielraum der römischen Gerichtsherrn bei der Strafzumessung für Delikte groß.[31] Eine eigentliche Gefängnisstrafe gab es in der Antike nicht; das Gefängnis diente der Untersuchungs- und Erzwingungshaft.[32] Bei Delikttatbeständen konnte es neben der Todesstrafe zur Verbannung auf Zeit oder Deportation auf Dau-

---

27 Ebd., S. 166, S. 183; Rajko Bratož, »Die diokletianische Christenverfolgung in den Donau- und Balkanprovinzen«, in: Alexander Demandt u. a. (Hg.), *Diokletian und die Tetrarchie. Aspekte einer Zeitenwende* (Millenium-Studien 1), Berlin/New York 2004, S. 115–140, hier S. 118–123.

28 ActaSS Prop. Dec. (1940).

29 Réginald Grégoire, *Manuale di agiologia. Introduzione alla letteratura agiografica* (Bibliotheca Montisfani 12), Fabriano ²1996, S. 116.

30 Ein Beispiel bei: Hans Reinhard Seeliger, »Der Tertullusprozess. Zum Besitz christlicher Sklaven im 2. und 3. Jahrhundert«, in: *Fünfzig Jahre Forschungen zur antiken Sklaverei an der Mainzer Akademie 1950–2000* (Forschungen zur antiken Sklaverei 35), Stuttgart 2001, S. 365–380; zur Tretmühlenstrafe vgl.: Hip. refut. 9,12,4 (351 Marcovich).

31 Santalucia, *Verbrechen und ihre Verfolgung im antiken Rom* (Anm. 8), S. 99–101; vgl. auch Lact. mort. pers. 21,3–22,5 (196–198).

32 Vgl. Jens-Uwe Krause, *Gefängnisse im römischen Reich* (Heidelberger

er[33] kommen, zur Zwangsarbeit in verschiedenen Arten der Schwere, im äußersten Fall in den Bergwerken (*damnatio ad metallas*). Dies kam besonders während der letzten großen Verfolgung vor und oftmals einem Todesurteil gleich.[34] Die gewöhnliche Form der Hinrichtung von Christen sei zu Beginn des 3. Jahrhunderts in Nordafrika die Enthauptung gewesen, sagt Tertullian;[35] er weiß allerdings auch von Verbrennungen.[36] Auch Kreuzigungen gab es,[37] und gewöhnlich gingen die Hinrichtungen mit der Begleitstrafe der Geißelung einher.[38] Die spektakulärste Form der Todesstrafe war die zum Kampf mit wilden Tieren (Leoparden, Bären, Ebern, wilden Kühen). Auch dafür gibt es Beispiele aus Christenprozessen.[39] All diese Strafen gingen mit dem Verlust der Rechtsfähigkeit und, wo möglich, mit der Güterkonfiskation des Todeskandidaten einher.

Öffentlichen Hinrichtungen war stets größte Aufmerksamkeit sicher. Kreuzigungen, die oft tagelang dauerten, waren allerdings im Vergleich zu Verbrennungen oder zur Zerfleischung durch wilde Tiere eher langweilig. Es gibt die – freilich nicht durchweg geteilte – These, daß ein von Mark Aurel beantragter Senatsbeschluß von 177, der es erlaubte, zum Tode verurteilte Delinquenten zur Veranstaltung von Spielen preiswert anzukaufen, die Zahl der Christenprozesse unter diesem Kaiser vermehrt habe.[40] Wurden zum Tierkampf Verurteilte in der Arena vorge-

Althistorische Beiträge und Epigraphische Studien 23), Stuttgart 1996, S. 64–91.
33 Pontian und Hippolyt, Deportation nach Sardinien: Chronogr. a. 354: 74 f., 231 Mommsen.
34 Vgl. Eus. mart. Palaest. 5; 7–9; 11,6; 13,1 (919; 922–928; 935; 947 Schwartz).
35 Tert. Scap. 4,8 (1131); Enthauptungen: M. Iust. A 5,6; P. Scil. 14; A. Cypr 3^1,6.
36 M. Polyc. 15 f. (14); M. Pion. 21 (162–164 Musurillo).
37 Lact. mort. pers. 22,2 (198).
38 Eus. h. e. 5, 1,38 (1, 414–416); M. Iust. A 5,6 (46 Musurillo); vgl. Wolfgang Waldstein, Art. »Geißelung«, in: *RAC* 9 (1973), Sp. 481 f.
39 Eus. h. e. 5, 1,38–44 (1, 414–418); P. Perp. 19–21 (168–182 Amat).
40 ILS 5163; James H. Oliver / Robert E. A. Palmer, »Minutes of an Act of

führt, so geschah dies an Tagen mit Spielen meist in der Mittagspause zwischen den Tierhetzen am Morgen und den Gladiatorenkämpfen am Nachmittag.[41] Die Spiele fanden stets zu Ehren der Götter statt. Tierhetzen galten als Opfer für Diana und der Vollzug der Todesstrafe als ersatzweises Opfer an die Gottheit. Sie wendete die durch den Verurteilten beeinträchtigte Gunst der Götter (*pax deorum*) der Gemeinschaft wieder zu.[42] Der Christ konnte auf diese Weise dem Götteropfer nicht entgehen. Zum Tode verurteilt, wurde er selbst ein solches.

2 Die Martyrien in nichtchristlicher Wahrnehmung

Es sind nur wenige Stellen bei den nichtchristlichen Schriftstellern der vorkonstantinischen Zeit, die Bezug nehmen auf die christlichen Martyrien. Alle diese Texte jedoch, ausnahmslos aus der zweiten Hälfte des 2. Jahrhunderts, kennzeichnet ein hohes Überlegenheitsgefühl.

Für den mittelplatonischen Philosophen Kelsos, der zur Zeit

the Roman Senate«, in: *Hesperia* 24 (1955), S. 320–349; Paul Keresztes, »War Marc Aurel ein Christenverfolger?«, in: *Marc Aurel 1979*, S. 279–303; zur Diskussion: Motschmann, *Die Religionspolitik Marc Aurels* (Anm. 12), S. 258 f.; S. 270 f.; Duncan Fishwick, *The Imperial Cult in the Latin West. Studies in the Ruler Cult of the Western Provinces of the Roman Empire 3,3* (Religions in the Graeco-Roman World 147), Leiden 2004, S. 327–336; Beispiel: M. Pion. 18,8.

41 Tert. nat. 1, 10,47 (29 Borleffs); vgl. Werner Weismann, *Kirche und Schauspiele. Die Schauspiele im Urteil der lateinischen Kirchenväter unter besonderer Berücksichtigung von Augustin* (Cass. 27), Würzburg 1972, S. 54–68; Paul-Albert Février, »Les chrétiens dans l'arène«, in: Claude Domergue u. a. (Hg.): *Spectacula I: Gladiateurs et amphithéatres*, Lattes 1990, S. 265–273; Donald G. Kyle, *Spectacles of Death in Ancient Rome*, London/New York 1998; Frank Unruh, »Religion: Strafe und Rausch im Amphitheater«, in: Hans-Peter Kuhnen (Hg.): *Morituri. Menschenopfer, Todgeweihte, Strafgerichte* (Schriftenreihe des Rhein. Landesmuseums Trier 17), Trier 2000, S. 71–104; Elisabeth A. Castelli, *Martyrdom and Memory. Early Christian Culture Making (Gender, Theory and Religion)*, New York/Chichester 2004, S. 104–133.

42 Alison Futrell, *Blood in the Arena. The Spectacle of Roman Power*, Aus-

Mark Aurels in seinem Buch »Wahres Wort« einen literarischen Angriff auf das Christentum startete, bieten die Christen ihren Leib der Folterung und Hinrichtung vergebens bzw. unüberlegt oder planlos (*eikē*) dar. Gleichzeitig aber erleiden sie ihre Strafen zu Recht, denn sie sind nichts anderes als eine Räuberbande.[43] Diese Charakterisierung entspricht der Einschätzung des Christentums durch Kelsos, der es als eine vom Judentum abgefallene und somit gesetzlose umstürzlerische Religion ansah, ein Sammelbecken von kriminellen Elementen und Ungebildeten, dessen Urheber ein Räuberhauptmann und seine Kumpane waren,[44] die sich mit ihrer Predigt an die Sünder wandten und damit an die Diebe, Einbrecher, Giftmischer, Tempelschänder und Grabräuber.[45] Kelsos hat also nur Verachtung für das Christentum übrig.

Mit Ironie überschüttet es etwa zur gleichen Zeit Lukian von Samosata, ein literarisch sehr interessanter Pamphletist und Satiriker. Den Voltaire des zweiten Jahrhunderts hat man ihn schon genannt. In einer in Briefform verfaßten Erzählung startet er einen Angriff auf den kynischen Philosophen Peregrinus Proteus, der sich im Jahre 165 bei den Olympischen Spielen selbst verbrannt hatte. Lukian stellt ihn als religiösen Scharlatan und Pseudophilosophen dar, der durch seinen Freitod seine eigene Apotheose habe inszenieren wollen, und er gibt an, Peregrinus sei eine Zeitlang auch Christ gewesen und habe schon damals

---

tin 1997 = 2001, S. 189; Unruh, »Religion: Strafe und Rausch im Amphitheater« (Anm. 41), S. 75 f.; S. 81 f.

43 Orig. c. Cels. 8, 54 (571 Marcovich); dazu Horacio E. Lona, *Die ›Wahre Lehre‹ des Kelsos* (Komm. zu früh-christl. Apologeten, ErgBd. 1), Freiburg/Basel/Wien 2005, S. 456.

44 Orig. c. Cels. 2, 12.44 (89.115); dazu Lona, *Die ›Wahre Lehre‹ des Kelsos* (Anm. 43), S. 129 f.; 153 f.

45 Orig. c. Cels. 3, 59 (199); zum Ganzen: Carl Andresen, C. *Logos und Nomos. Die Polemik des Kelsos wider das Christentum* (AKG 30), Berlin 1955, S. 230–236 und Lona, *Die ›Wahre Lehre‹ des Kelsos* (Anm. 43), S. 204–207.

aus Ruhmsucht zum Martyrium gestrebt.[46] Aber der damalige Statthalter Syriens, ein philosophischer Kopf, habe ihm den Gefallen nicht getan, weil er ihn durchschaute, und ihn freigelassen. Ausführlich schildert Lukian, wie die Christen erst versuchten, Peregrinus freizubekommen, ihn dann aber aufopferungsvoll im Gefängnis umsorgten und von weit her kamen, um sich dort um ihn zu scharen und ihn zu trösten. »Diese armen Leute«, schreibt Lukian, »haben sich nämlich eingeredet, daß sie insgesamt unsterblich sind und in Ewigkeit leben. Daher kommt es, daß sie den Tod verachten und die meisten sich freiwillig ausliefern.«[47] Das, was Lukian schildert, entspricht dem, was man von Anfang des 3. Jahrhunderts aus dem Perpetuamartyrium weiß und aus der Mitte des 3. Jahrhunderts von der Verehrung derjenigen, die nach der Verweigerung des Opfers zur Zeit des Decius im Gefängnis saßen und auf ihre Hinrichtung warteten:[48] Die Märtyrerverehrung begann schon vor dem Tode. Peinlich nur, daß es sich in der Darstellung Lukians um einen Betrüger handelt, auf den die leichtgläubigen Christen zur Erheiterung der Leser jenes Werkchens hereingefallen sind.

Von großem Ernst geprägt ist hingegen der dritte Text, der hier zu nennen ist. Kaiser Mark Aurel notierte in seinen Selbstbetrachtungen:

Was für ein Gebilde ist die Seele, die bereit ist, sich vom Körper loszulösen und entweder zu verlöschen oder sich zu zerstreuen und weiter zu existieren, wenn es sein muß. Doch ist es notwendig, daß diese Bereitschaft aus einer eigenen Entscheidung hervorgeht und nicht aus reinem Widerspruchsgeist erfolgt, wie es bei den Christen der Fall ist, sondern woh-

---

[46] Luc. Sam. mort. Peregr. 11–14 (22–24 MacLeod); Gilbert Bagnani, »Peregrinus Proteus and the Christians«, in: *Hist.* 4 (1955) S. 107–112.
[47] Luc. Sam. mort. Peregr. 13 (22–24).
[48] P. Perp. 3 (106–112); Cypr. epist. 5; 12 (B 27 f.; 67–70 Diercks); s. auch A. Paul. Thecl. 18 (247 Lipsius).

*lüberlegt, würdevoll und nicht theatralisch (*atragōdōs*), so daß man auch einem anderen gegenüber überzeugend wirkt.*⁴⁹

Es soll hier nicht die Seelenlehre des Philosophenkaisers⁵⁰ besprochen, sondern die Aufmerksamkeit auf die in dieser Maxime enthaltene Aussage über die Christen gelenkt werden. Ihnen wird die innere Freiheit abgesprochen. Sie handeln aus »reinem Widerspruchsgeist« (*parátaxis* = *obstinatio*), wenn sie in den Tod durchs Martyrium gehen, das hier zweifellos gemeint ist. Und sie tun dies nicht würdevoll, sondern theatralisch, schauspielerhaft, wie Tragöden, durchaus nicht überzeugend aus der Sicht eines Stoikers.⁵¹

Klar beweist die Stelle, daß der Kaiser von den christlichen Martyrien wußte, wenn er auch wahrscheinlich keines gesehen hatte. Das aber zeigt: Die Martyrien waren das Element, mit dem das Christentum auf sich aufmerksam machen konnte. Folgt man Tertullians berühmtem, schon eingangs zitiertem Diktum vom Samen des Märtyrerbluts, aber auch Äußerungen Justins,⁵² so hat nicht auf alle das Auftreten der zum Tode verurteilten Christen abscheuerregend gewirkt. Die große Menge weidete sich neugierig an den Hinrichtungen. »Morgens wirft man Menschen den Löwen und Bären vor, um die Mittagszeit ihren Zuschauern«, schreibt Seneca an Lucilius.⁵³ »Das Volk«, heißt es in der Perpetuapassion bei der Hinrichtung der Gruppe um den Katecheten Saturus, »verlangte sie in die Mitte, um mit den Augen an ihrem Tod genau verfolgen zu können, wenn das Schwert in ihren Leib drang.«⁵⁴ Was dabei vor sich ging, be-

---

49 M. Aur. ips. 11,3 (274 f. Nickel).
50 Dazu: Pierre Hadot, *Die innere Burg. Anleitung zu einer Lektüre Marc Aurels*, Frankfurt am Main 1997, S. 242.
51 Dorothea Wendebourg, »Das Martyrium in der Alten Kirche als ethisches Problem«, in: *ZKG* 98 (1987) S. 295–320, hier S. 297.
52 Iust. Apol. 2, 12,1 (155).
53 Sen. epist. 1, 7,4 (1, 12 Reynolds).
54 P. Perp. 21,7 (178).

schreibt Augustinus, wenn er mitteilt, wie sein Schüler Alypius früher fasziniert war von den Gladiatorenspielen:

> *Sobald er Blut sah, durchdrang ihn wilde Gier, konnte er sich nicht mehr abwenden, sondern war von dem Anblick wie gebannt, schlürfte Wut ein und wußte es selbst nicht, hatte seine Wonne an dem frevelhaften Kampf und berauschte sich an grausamer Wollust. Nun war er nicht mehr der, als der er gekommen war, sondern nur noch einer aus der Masse, der sich angeschlossen hatte.*[55]

Mitleid mit den Delinquenten war nicht zu erwarten. Mitleid hatte man allenfalls mit Elefanten, die bei Tierhetzen hingeschlachtet wurden.[56] Mitleid (*eleos* = *misericordia*) ist gegenüber Milde (*clementia*) ein Affekt, den erst das Christentum nachhaltig förderte; dem antiken Stoiker galt es als Schwäche.[57]

3 Die christliche Stilisierung und Typisierung der Märtyrergestalten

Angesichts dieser Umstände und der abschätzigen Bewertung Mark Aurels fragt sich, welche Elemente dazu beigetragen haben, daß die Gestalt des Märtyrers dennoch zu einem exemplarischen Modell und Prototypen wurde. Dies lag nicht allein daran, daß ab dem vierten Jahrhundert christliche Kaiser herrschten, die die Figur des Märtyrers anders einschätzen als Mark Aurel. Gewiß, Kaiser Konstantin ist ein großer Märtyrerverehrer von Anfang an.[58] Aber das hatte seine Gründe.

55 Aug. conf. 6, 8,13 (83 Verheijen; Übers. nach: Unruh, »Religion: Strafe und Rausch im Amphitheater« [Anm. 41], S. 100 f.).
56 Cic. fam. 7,1,3 (204 Shackleton Bailey)
57 Vgl. Lothar Samson, Art. »Mitleid«, in: *HWP* 5 (1980) Sp. 1410–1416.
58 Eus. vita Const. 3, 48,1; 4, 23 (104; 128 Winkelmann); Theofried Baumeister, »Märtyrer und Martyriumsverständnis im frühen Christentum. Ursprünge eines geschichtsmächtigen Leitbildes«, in: *WiWei* 67 (2004) S. 179–190, hier S. 185 f.; die von Steffen Diefenbach, *Römische Erinnerungsräume. Heiligenmemoria und Kollektive Identitäten im Rom des 3.*

Schon damals war das Erscheinungsbild des Märtyrers in hohem Maße stilisiert. Person und Rolle waren und sind dabei unlösbar mit ihrer literarischen Präsentation in der Märtyrerliteratur verknüpft.[59]

Schon im ältesten dieser Texte, dem Polykarpmartyrium (um 160), werden die Gefangennahme und Hinrichtung des Bischofs von Smyrna als nachahmende Wiederholung der Passion Jesu dargestellt, eine Wiederholung, die das Geschehen auf Golgota wieder präsent macht.[60] Die Märtyrer – der Begriff wird in diesem Text zum ersten Mal als terminus technicus verwandt[61] – kennzeichnen Adel und Edelmut (*gennaiótēs*), Ausdauer, Standhaftigkeit und Seelenstärke (*hypomonē*).[62] Sie entsprechen damit einem Ideal, das im hellenistischen Judentum[63] wie in der stoischen Popularphilosophie hohe Geltung besaß.[64] Die Märtyrer sind, wie die Gladiatoren in alter Zeit, Muster der Tapferkeit (*fortitudo*), Disziplin (*disciplina*), Charakterfestigkeit (*constantia*), Todesverachtung (*contemptus mortis*), des Siegeswillens (*cupido victoriae*), aber auch der Ruhmsucht (*amor gloriae*).[65]

bis 5. Jahrhunderts n. Chr. (Millenium-Studien 11), Berlin/New York 2007, S. 171–173; S. 208–212; S. 493–495 vertretene These, Konstantin habe den Märtyrerkult zur Begründung eines spezifischen christlichen Kaiserkults herangezogen, bedarf der näheren Überprüfung.

59 Übersicht: Hans Reinhard Seeliger, Art. »Märtyrerakten«, in: Sigmar Döpp/Wilhelm Geerlings, *Lexikon der antiken christlichen Literatur*, Freiburg ³2002, S. 470–477.

60 M. Polyc. 1 (2); zum Text insgesamt: Gerd Buschmann, *Das Martyrium des Polycarp* (KAV 6), Göttingen 1998.

61 Theofried Baumeister, Art. »Heiligenverehrung I«, in: RAC 14 (1988) Sp. 96–150, hier: Sp. 111; Baumeister, »Märtyrer und Martyriumsverständnis im frühen Christentum« (Anm. 58), S. 185f.

62 M. Polyc. 1,2 (2); M. Iust. A 5,2 (46).

63 Vgl. 4 Makk: 5,1–17,6 Hans-Josef Klauck, *4. Makkabäerbuch* (Jüdische Schriften aus hellenistisch-römischer Zeit 3), Gütersloh 1989, S. 662–665; S. 708–750.

64 Catherine Edwards, *Death in Ancient Rome*, New Haven, Conn. 2007, S. 216f.

65 Vgl. Steffen Müller: »›Ein Schlachtfest in der Mitte, damit das ganze Amphitheater es sieht‹ – Überlegungen zu den Motiven der Zuschauer

Ihnen stehen ganz im Kontrast die entmenschlichten Folterknechte und ungerechten Gerichtsherrn gegenüber, hinter denen der Teufel waltet.[66] Diese haben in ihrer Wut ihre Affekte nicht unter Kontrolle, was sie unmittelbar delegitimiert.[67]

Die Motivik, in der das Märtyrerbild dann immer breiter ausgestaltet wird, trägt zusätzlich stark biblische Züge:[68] Die Märtyrer treten entsprechend den Mahnungen des 2. Timotheus- und des Epheserbriefes als Soldaten Gottes auf (Motiv der *militia Christi*);[69] sie kämpfen nach dem 1. Korintherbrief wie die Ringer oder die Läufer in der Rennbahn um den Siegespreis (agonistisches Motiv).[70] Diejenigen, die verbrannt werden, erscheinen wie die Drei Jünglinge im Feuerofen (Dan 3), die Nebukadnezzar nicht zu verbrennen vermochte; statt Brandwar nur Wohlgeruch wahrzunehmen,[71] sagt das Polykarpmarty-

bei den römischen *munera*«, in: Linda-Marie Günther/Michael Oberweis (Hg.), *Inszenierungen des Todes. Hinrichtung – Martyrium – Schändung* (Sources of Europe 4), Berlin/Bochum/Dülmen 2006, S. 31–51, hier S. 39.

66 M. Polyc. 2,1–3; 19,2; 3,1 (2–4; 16; 4).

67 Steffen Diefenbach, »Jenseits der ›Sorge um sich‹. Zur Folter von Philosophen und Märtyrern in der römischen Kaiserzeit«, in: Peter Burschel u. a. (Hg.), *Das Quälen des Körpers. Eine historische Anthropologie der Folter*, Köln/Weimar/Wien 2000, S. 99–131, hier S. 103f.; S. 109; S. 112f.

68 Vgl. die entfaltete Martyriumstheologie in Cypr. ep. 10 (B 46–55 Diercks).

69 2 Tim 2,3f.; Eph 6,10–20; Adolf von Harnack, *Militia Christi. Die christliche Religion und der Soldatenstand in den ersten drei Jahrhunderten*, Tübingen 1905, S. 8–46.

70 1 Kor 9,24–27; 1 Tim 6,12; 2 Tim 2,5; Karl Baus, *Der Kranz in Antike und Christentum. Eine religionsgeschichtliche Untersuchung mit besonderer Berücksichtigung Tertullians* (Theoph.2), Bonn 1940, S. 170–190; Antonius J. Brekelmans, *Martyrerkranz. Eine symbolgeschichtliche Untersuchung im frühchristlichen Schrifttum* (AnGr 150 SFHE B, 25), Rom 1965, S. 76–80.

71 M. Polyc. 15 (14); weitere Beispiele: Hans Reinhard Seeliger, »Palai martyres. Die Drei Jünglinge im Feuerofen als Typos in der spätantiken Kunst, Liturgie und patristischen Literatur«, in: Hansjakob Becker/Rainer Kaczynski (Hg.), *Liturgie und Dichtung. Ein interdisziplinäres Kom-*

rium und umgibt so die Hinrichtungen von Märtyrern von Anfang an mit einer wunderbaren Aura.

Das Set dieser Motivik baut die Märtyrerliteratur der Spätantike immer weiter aus und reichert es an. Dazu war es aber notwendig, daß eine literarische Form gefunden wurde. Wie auf anderen literarischen Gebieten experimentiert das Christentum im zweiten Jahrhundert auch hier mit der Form: Es gibt Briefe, Berichte und überarbeitete bzw. fingierte Gerichtsprotokolle.[72] Durchgesetzt hat sich schließlich eine Mischform aus Gerichtsprotokoll und Bericht, deren primärer Sitz im Leben die Verlesung im Gottesdienst war.[73] Die vom Christentum entwickelte Form hatte freilich aus dem Blickwinkel der antiken Literaturkritik den Mangel, daß hier Tragisches und Erhabenes auf einer zu niedrigen, also nicht angemessenen Stilstufe behandelt wurde.[74] Daß im dritten Jahrhundert andere als Christen diese Literatur gelesen hätten, ist deshalb so gut wie auszuschließen. Erst im späten 4. Jahrhundert schuf Prudentius mit seinen Märtyrerliedern Anspruchsvolleres.[75]

Die Märtyrerliteratur erfüllte also interne Zwecke. Sie präsentierte den Märtyrer und die Märtyrerinnen[76] als Verteidiger

pendium 2 (PiLi 2), St. Ottilien 1983, S. 257–334, hier S. 299; Susan Ashbrook Harvey, *Scenting Salvation. Ancient Christianity an the Olfactory Imagination* (The Transformation of the Classical Heritage 42), Berkeley 2006.

72 M. Polyc.: Brief; Eus. h.e. 5, 1,3–2,8: Brief; M. Ptol. Luc.: Bericht; P. Scill.: Protokoll.

73 Hans Urner, *Die außerbiblische Lesung im christlichen Gottesdienst. Ihre Vorgeschichte und Geschichte bis zur Zeit Augustins* (VEGL 6), Göttingen 1952, S. 25–59.

74 Allgemein zu diesem Problem: Erich Auerbach, *Literatursprache und Publikum in der lateinischen Spätantike und im Mittelalter*, Bern 1958, S. 49–53.

75 Prud. carm.

76 Eva Elm, »Weibliches Martyrium – frauenspezifische Verfolgung – frauenspezifische Visionen?«, in: *Pegasus-Onlinezschr.* VI/1 (2006) S. 15–26, unter: http://www.pegasus-onlinezeitschrift.de/2006_1/erga_1_2006_elm.html [21.5.2008]

des Glaubens vor Gericht, als Muster der Rechtgläubigkeit,[77] als die wahrhaft Überlegenen. Damit stellen die Texte stabilisierende Identifikationsfiguren zur Verfügung.[78] Das durch sie verkörperte Identifikationspotential kann als Aufforderung zu einer Identität begründenden »Praxis der Differenz« verstanden werden, mit der durch die Vorstellung einer in die Tiefe der Zeit zurückreichenden und aktualisierbaren faktischen oder fiktiven Kontinuität ein Selbst- oder Gruppenbild erzeugt und gesichert wird.[79]

Die Märtyrerliteratur zieht dabei scharfe Grenzen. Sie hämmert wieder und wieder ein, daß es keine Götter gibt,[80] daß der antike Polytheismus ein Irrtum ist. »Auch wir sind religiös, und unsere Religion ist einfach«, sagt der Prokonsul Saturninus zum Anführer der 180 hingerichteten Scillitanischen Märtyrer, Speratus: »Wir schwören beim Genius unseres Herrn, unseres Imperators, und opfern für sein Heil, was auch ihr machen müßt.« Dem entgegnet Speratus: »Wenn Du mir deine aufmerksamen Ohren leihst, dann sage ich dir das Geheimnis der Einfachheit«.[81] Einfachheit (*simplicitas*) war ein hoher Wert im 2. Jahrhundert. Das

---

77 Beispiel: Jörg Ulrich, »Das Glaubensbekenntis ›Justins‹ in den Acta Iustini AB 2«, in: *StPatr* 39 (2006), S. 455–460.

78 Brent D. Shaw, »Body – Power – Identity: Passion of the Martyrs«, in: *Journal of Early Christian Studies* 4 (1996), S. 269–312; Barbara Aland, »Märtyrer als christliche Identifikationsfiguren. Stilisierung, Funktion und Wirkung«, in: Dies. u. a. (Hg.), *Literarische Konstituierung von Identifikationsfiguren in der Antike*, Tübingen 2003, S. 51–70.

79 Vgl. zur Diskussion um den Identitätsbegriff: Aleida Assmann/Heidrun Friese, »Einleitung«, in: Dies. (Hg.), *Identitäten. Erinnerung, Geschichte, Identität 3*, Frankfurt am Main 1998, S. 11–23, hier S. 23; Uffa Jensen, »Sammelrez.: Kollektive Identität«, unter: http://hsozkult.geschichte.hu-berlin.de/rezensionen/id=3959 [21.5.2008]; Werner Telesko, Rez. Michaela Marek: Kunst und Identitätspolitik, Köln/Weimar/Wien 2004«, in: *sehepunkte* 5 (2005) Nr. 5 [15.05.2005], unter: http://www.sehepunkte.de/2005/05/pdf/7401.pdf [21.5.2008].

80 z. B. P. Scill. 8 (88); P. Fruct. 2,4f. (178 Musurillo); A. Acac. 3, 2–5 (58 f.); M. Pion. 19, 10–12 (162 Musurillo).

81 P. Scill. 3.

Wahre und Echte ist geradlinig, unkompliziert, einfach. Heiden- wie Christentum beanspruchten diesen Wert für sich und verstanden doch jeweils anderes darunter.[82] Innerhalb der wesentlich von formal-rituellen Formen geprägten antiken Religiosität konnte der geforderte Vollzug des Opfers als einfach gelten. Für den Christen aber ist das Mysterium der Einfachheit der Monotheismus gegenüber der *via multiplex*[83] des Polytheismus.[84]

Verhört und aufgefordert, zu dieser Alternative Stellung zu nehmen, identifizierte sich der Christ stereotyp mit dem einfachen Bekenntnis: »*Christianus sum*«,[85] gelegentlich sogar unter Verweigerung der Angabe des wirklichen Namens.[86] Der in dieser Weise überindividuelle *christianus*[87] wurde dann Opfer der Gewalt. Gewalt aber ist »als eine der radikalsten Ausdrucksformen von Abgrenzung einzustufen«.[88] In dieser Figur konnten sich alle *christiani* angegriffen fühlen.

Dies wirkte auch noch, als im 4. Jahrhundert der Polytheismus – zumindest offiziell – überwunden und die Gefahren ge-

82 Tert. nat. 2, 2,5; (42,17 Borleffs); adv. Prax. 1,6. (1160,36 Kroyman/ Evans).
83 Lact. inst. 6, 7,4.9 (178. 182 Ingremeau).
84 Christian Gnilka, »Der neue Sinn der Worte. Zur frühchristlichen Passionsliteratur«, in: Ders.: *Prudentiana 2: Exegetica*, München/Leipzig 2001, S. 321–363, hier S. 334. – Zur Auseinandersetzung um den Begriff des Polytheismus vgl. Michael Borgolte, »Wie Europa seine Vielfalt fand. Über die mittelalterlichen Wurzeln für die Pluralität der Werte«, in: Hans Joas/Klaus Wiegandt (Hg.), *Die kulturellen Werte Europas*, Frankfurt am Main ²2005, S. 117–163, hier S. 142–147.
85 Vgl. Jan N. Bremmer, »›Christianus Sum‹. The Early Christian Martyrs and Christ«, in: *EVLOGIA. FS Antoon A. R. Bastiaensen* (IP 24), Steenbrugge 1991, S. 11–20, bes. S. 16, Anm. 13.
86 Z. B. A. Maximil. 1,2 (244); A. Aread. 9 (ActaSS Nov. 1, 203); A. Tar. 1 (452 Ruinart); beachte auch M. Carp. 3 (24 Musurillo): »Mit meinem ersten und schönsten Namen heiße ich Christ. Wenn du nach meinem weltlichen Namen verlangst, Karpus.«
87 Mit Recht hat Aland, »Märtyrer als christliche Identifikationsfiguren« (Anm. 78), S. 53 die »mangelnde Individualität« festgestellt, welche die meisten Märtyrerfiguren in der Märtyrerliteratur kennzeichnet.
88 Diefenbach, *Römische Erinnerungsräume* (Anm. 58), S. 26.

bannt waren. Ja, jetzt entwickelte sich der Märtyrerkult besonders kräftig. Dafür sind besonders zwei weitere Gründe relevant:

Zum einen hielten die Berichte über die Märtyrer wie eine dunkle Hintergrundfolie die Erinnerung an überwundene Zeiten fest. Es gab im 3. Jahrhundert in zunehmender Weise die Tendenz zu einem henotheistischen Glauben,[89] der in der Form des Christentums im 4. Jahrhundert gesellschaftliche Gestaltungskraft gewann. Dafür waren die Märtyrer Vorkämpfer gewesen. Im Zusammenhang damit hatten die Märtyrer gegen die Identifikation von Gott und Kaiser optiert und dafür ihr Leben eingesetzt – ein weitaus bedeutsamerer Schritt als die Trennung von Staat und Kirche in späterer Zeit.[90] Der Märtyrer repräsentiert also einen Fortschritt. Der Kaiser Konstantin sehr verbundene Bischof und Kirchenhistoriker Eusebius von Caesarea hat diesen in seiner Festrede zum dreißigjährigen Regierungsjubiläum des Kaisers im Jahre 335 so beschrieben:

Die Macht unseres Retters zerstörte die Vielherrschaft und die Vielgötterei (polytheia) der Dämonen und verkündete die eine Herrschaft Gottes allen Menschen, den Griechen, den Barbaren und denen, die bis ans Ende der Erde ›leben‹; die Herrschaft der Römer aber, nachdem zuvor die Gründe

---

89 *Pagan Monotheism in Late Antiquity*, hg. v. Polymnia Nik. Athanassiadi-Fowden / Michael Frede, Oxford 1999 = 2002; Martin Wallraff, »Viele Metaphern – viele Götter? Beobachtungen zum Monotheismus in der Spätantike«, in: Jörg Frey / Jan Rohls / Ruben Zimmermann (Hg.) *Metaphorik und Christologie* (TBT 120), Berlin / New York 2003, S. 151–166; Alfons Fürst, »Christentum im Trend. Monotheistische Tendenzen in der späten Antike«, in: *Zschr. für antikes Christentum* 9 (2005), S. 496–518; Kritisch: Mark Edwards, »Pagan und Christian Monotheism in the Age of Constantine«, in: Simon Swain / Mark Edwards (Hg.), *Approaching Late Antiquity. The Transformation from Early to Late Empire*, Oxford 2004, S. 210–234.

90 Vgl. Marie Theres Fögen, »Revolution oder Devotion? Anmerkungen zum Widerspruch der frühen Christen gegen das römische Kaisertum«, in: *Rechtshistorisches Journal* 11 (1992), S. 72–84.

> *für die Vielherrschaft zerstört worden waren, eroberte die sichtbaren ›Herrschaften‹ und fügte das ganze Geschlecht zu einer einzigen Einheit und Harmonie zusammen. Sie führte die vielen mannigfachen Völker zusammen, ist aber ›noch‹ dabei, die, die es bisher noch nicht sind, bis zu den Enden der bewohnten Welt zu erreichen, wobei die heilsame Lehre mit göttlicher Macht ihr überall den Weg bahnt und ›alles‹ ebnet.*[91]

Zum anderen stellen die Märtyrertexte die Märtyrer als große Beter vor. Polykarp betete, bevor er zum Verhör abgeführt wurde, zwei Stunden lang und gedachte aller, die er jemals kennengelernt hatte, Großer, Berühmter, Unberühmter und der ganzen allumfassenden Kirche auf dem Erdenrund.[92] In Zusammenhang mit der im Martyrium des Justin, den Akten der Scillitaner und bei Tertullian greifbaren Vorstellung, daß der Märtyrer in seinem Tode unmittelbar zu Gott ins Paradies gelangt,[93] und dem bei Origenes schon 235 in seiner »Aufforderung zum Martyrium« greifbaren Konzept der besonderen himmlischen Freundschaft des Märtyrers mit Gott[94] entstand daraus die Vorstellung, daß man sich an einen »Freund Gottes« in vielerlei Anliegen wenden könne. Dieser werde sie dann bei Gott zu Gehör bringen.

In ihrer Funktion als Fürsprecher (*intercessor*) bei Gott füllten die Märtyrer in Theologie und Frömmigkeit nun aber genau die Leerstelle wieder aus, für deren Entstehung sie, historisch gesehen, selbst gestorben waren. Nach der Entzauberung der zuvor polymythisch gedachten Welt schuf der Märtyrer zwischen Gott und den Menschen eine neue Nähe zur göttlichen

---

91 Eus. laud. Const. 16,6 (249 f. Heikel; Übers. in Anlehnung an Wolfram Kinzig, Novitas christiana. Die Idee des Fortschritts in der Alten Kirche bis Eusebius [FKDG 58], Göttingen 1994, S. 545).
92 M. Polyc. 7,3–8,1 (6–8).
93 M. Iust. A 5,1–3 (46); P. Scill. 15(88); Tert. anim. 55,4 (862 f. Waszink).
94 Orig. exh. mart. 13; 37 (13; 34 f. Koetschau).

Welt. Gleichzeitig wurden die ehemaligen Götter dämonisiert. In ihrer zu Dämonen umgewandelten Gestalt sind sie so etwas wie die Begleitfiguren des Märtyrers.[95]

4 Verehrte Repräsentanten der Differenz

Der schon vor der konstantinischen Wende aufblühende private Märtyrerkult ist sicher auch ein Beispiel dafür, daß der Märtyrer, von dem man Reliquien in Privatbesitz hatte,[96] die häuslichen Laren und Penaten ersetzte. Das prägnanteste Beispiel dafür ist die Märtyrerconfessio, die zu einem Privathaus des 4. Jahrhunderts unter der römischen Titelkirche Ss. Giovanni e Paolo auf dem Caelius gehört (Abb. 2).[97]

Zweifellos ist dieser kleine Raum von 1,21 x 1,10 m Größe der christliche Nachfolger dessen, was in vorchristlichen Zeiten einmal das private Götterheiligtum (Lararium) gewesen ist.[98] Er zeigt an der Stirnwand unterhalb des Reliquiendepositoriums den verehrten Heiligen sowie seitlich oben links die Gefangennahme einer Märtyrergruppe und rechts gegenüber ihre Enthauptung (Abb. 3 und 4).

Die sicher sehr wohlhabende Familie, die das Haus mit dieser Märtyrerkapelle besaß, identifizierte sich also mit dem Todesgeschick ihrer Heiligen. Sie identifizierte sich folglich mit sei-

---

95 Dazu Hans Reinhard Seeliger, »Gefallene Engel und schnelle Quälgeister. Aspekte der patristischen Dämonologie«, in: *ThQ* 188 (2008), Heft 3 (im Druck).

96 Zusammenstellung der Phänomene: Hans Reinhard Seeliger, »Kaiser oder Kalif – wem sollte die Verweigerung Maximilians gelten und wer verehrte ihn?«, in: *Volksfrömmigkeit im antiken Christentum*, Darmstadt 2009 (im Druck), Abschnitt V.

97 Bert Brenk, *Die Christianisierung der spätrömischen Welt. Stadt, Land, Haus und Kloster in frühchristlicher Zeit* (Spätantike – Frühes Christentum – Byzanz B 10), Wiesbaden 2003, S. 82–105; Diefenbach, *Römische Erinnerungsräume* (Anm. 58), S. 379–384.

98 Beispiele: M. Bassani, *Sacraria. Ambienti e piccoli edifici per il culto domestico in area vesuviana* (Antenor-Quaderni 9), Roma 2008.

Abb. 2: Märtyrerconfessio im Haus der Valerier unter Ss. Giovanni e Paolo (Rom), zweite Hälfte des 4. Jahrhunderts

ner Niederlage, freilich aus der Position der nunmehrigen Überlegenheit.

Abb. 3: Verhaftung von Märtyrern: Märtyrerconfessio im Haus der Valerier (Rom)

Dieselbe Funktion erfüllten die als häuslicher Zierrat gedachten Tonschalen mit den Darstellungen von Martyrien, von denen sich einige erhalten haben. Es gab Tonschalen mit der Szenerie von Hinrichtungen mittels Tierhatz,[99] die das grausame Geschehen im Amphitheater darstellten (Abb. 5).

Im 4. Jahrhundert tauchten auch Abbildungen mit christlichen Martyrien auf (Abb. 6).[100]

99 Bernhard Cämmerer, »Schale mit Gladiatorenszene«, in: *Jahrbuch der Staatlichen Kunstsammlungen in Baden-Württemberg* 6 (1969), S. 286 f. (= Abb. 5); Jan Willem Salomonson, *Voluptatem spectandi non perdat sed mutet. Observations sur l'Iconographie du martyre en Afrique Romaine* (Koninklijke Nederlandse Akademie van Wetenschappen. Verhandelingen Afdeling Letterkunde, N. S. 98) Amsterdam/Oxford/New York 1979, S. 42–50.

100 Größte, aber unzureichend publizierte Sammlung im Römisch-Germani-

»Das Geheimnis der Einfachheit« 367

Abb. 4: Hinrichtung von Märtyrern: Märtyrerconfessio im Haus der Valerier (Rom)

Wie es auch einige Märtyrertexte beschreiben, steht hier die Märtyrerin mit ausgebreiteten Armen, kreuzförmig-christusgleich,[101] wenn man so will theatralisch, und erwartet den Angriff der Löwen. Die Bleischrift auf der Tafel bezeichnet sie als Herrin und Siegerin (DOMINA VICTORIA). Hatten die Zuschauer bei solchen Hinrichtungen einst ihr Überlegenheitsgefühl über den Delinquenten ausgekostet, so identifiziert sich nun der Besitzer dieser Schale mit der zur Siegerin gewordenen Delinquentin, die

schen Zentralmuseum Mainz: Konrad Weidemann, *Spätantike Bilder des Heidentums und Christentums*, Mainz 1990 (Abb. 13 hier Abb. 6); Salomonson, *Voluptatem spectandi non perdat sed mutet* (Anm. 99), S. 82–84; weitere Beispiele: Jochen Garbsch / Bernhard Overbeck (Hg.), *Spätantike zwischen Heidentum und Christentum* (Ausstellungskataloge der Prähistorischen Staatssammlung 17), München 1989, S. 159 f.

101 Eus. h. e. 5, 1,41 (1, 418), A. Paul. et Thecl. (250,8 f. Lipsius) und Tert. orat. 14 (265 Diercks) kennen diese Haltung des Märtyrers in Kreuzesform, die als Siegeszeichen verstanden werden kann.

Abb. 5: Tonschale mit der Hinrichtung eines Delinquenten durch die »damnatio ad bestias«, Nordafrika, 4. Jahrhundert (Badisches Landesmuseum Karlsruhe)

sich als die wahrhaft Überlegene erweist – und ihr Verehrer mit ihr.

Alphons Maria de Liguori hat diese Funktion des Märtyrerbildes durchaus richtig wiedergegeben, auch wenn er bezüglich der Zahl der Märtyrer irrte. Der Märtyrer repräsentiert auf Dauer in höchst paradoxaler Weise nicht nur den Sieg im Tod – wie Jesus –, sondern zugleich und noch mehr den Triumph der Kirche über die pagane Götterwelt. Er repräsentiert dauerhaft die Differenz zur Polymythie. Und sein Triumph ist zugleich ein solcher über den Staat, der mit dieser Religionswelt untrennbar, wie es schien, verbunden war.

Auf diese Weise ist der Märtyrer ein *in persona* verehrtes Widerstandspotential und eine Imagination jenes unbedingten Geltungsanspruches, den wir auch an Paulus wahrnehmen kön-

Abb. 6: Tonschale mit der Hinrichtung einer Christin durch die »damnatio ad bestias«, Nordafrika, 4. Jahrhundert (Römisch-Germanisches Zentralmuseum Mainz)

nen,[102] ein Geltungsanspruch, der die Bedingung der Möglichkeit des Wachstums des Christentums in seinen ersten 400 Jahren überhaupt erst darstellte.

---

102 Vgl. dazu den Beitrag von Oda Wischmeyer in diesem Band.

Benutzte Quellen

(Abkürzungen hier wie in den Anmerkungen nach: Siegfried M. Schwertner (Hg.), *Abkürzungsverzeichnis* [Theologische Realenzyklopädie], Berlin/New York ²1994.)

Acta Acacii, in: Rudolf Knopf/Gustav Krüger/Gerhard Ruhbach, *Ausgewählte Märtyrerakten* (SQS N.F. 3), Tübingen 1965, S. 57–60 [dt. Übers.: Gamber, *Zeugnis*, S. 23 f.).

Acta Areadnae (seu Mariae ancillae), in: ActaSS Nov. 1, Paris 1887, S. 201–206 [dt. Übers.: in Vorb. für FC].

Acta Cypriani, in: *Atti e passioni dei martiri*, hg. v. Antoon A.R. Bastiaensen u.a. (Fondazione Lorenzo Valla, Scrittori greci e latini), Vicenza 1987 = ³1995, S. 206–216 [dt. Übers.: in Vorb. für FC].

Acta Maximiliani, in: Musurillo, *Acts*, S. 244–248 [dt. Übers.: Guyot/Klein, *Das frühe Christentum bis zum Ende der Verfolgungen*, S. 167–171].

Acta Pauli et Theclae, hg. v. Richard Adalbert Lipisus: AAAp 1 (1891 = 1972), S. 235–272 [dt. Übers.: NTApo⁶ 2 (1997) S. 216–224].

Acta Phileae: Albert Pietersma, *The Acts of Phileas bishop of Thmuis* (Cahiers d'orientalisme 7), Genève 1984, S. 34–75: Text aus P. Chester Beatty XV [dt. Übers.: in Vorb. für FC].

Acta Tarachi, Probi et Andronici, hg. v. Theodoricus Ruinart, *Acta martyrum*, Regensburg 1854, S. 451–476 [dt. Teilübers.: Gamber, *Zeugnis*, S. 33–45].

Augustinus, *Confessiones*, hg. v. Lucas Verheijen: CChrSL 27 (1981 = ²1990) [dt. Übers.: Augustinus, *Bekenntnisse*, übers. v. Joseph Bernhart, Frankfurt am Main 1987 u.ö.].

Cicero, *Epistulae ad familiares*, hg. v. David R. Shackleton Bailey: BiTeu, Stuttgart 1988 [dt. Übers.: Marcus Tullius Cicero, *An seine Freunde*, Lat.-Dt. hg. v. Helmut Kasten (TuscBü), München ⁴1989].

Chronographus anni 354, hg. v. Theodor Mommsen, *Chronica minora 1* (MGH.AA 9), Berlin 1892, S. 13–148.

Cyprian, *Epistularium*, hg. v. Gerardus Frederik Diercks: CChrSL 3 B/C (1994/1960) [dt. Übers.: BKV² 60].

Eusebius, *De laudibus Constantini* (Tricennatsrede), hg. v. Ivar A. Heikel: GCS 7 (1902), S. 193–259.

–, *De martyribus Palaestinae*, hg. v. Eduard Schwartz: GCS 9,2 (1908), S. 907–950 [dt. Übers.: BKV² 9, S. 272–313].

–, *Historia ecclesiastica*, hg. v. Eduard Schwartz: GCS 9,1–3 (1903–08) [dt. Übers.: Eusebius von Caesarea, *Kirchengeschichte*, übers. v. Heinrich Kraft, Darmstadt ⁵2006].

–, *Vita Constantini*, hg. v. Friedrich Winkelmann: GCS Eusebius 1,1 (^{2}1991) [dt. Übers.: FC 83].

Hippolyt, *Refutatio omnium haeresium*, hg. v. Milan Marcovich (PTS 25), Berlin 1986 [dt. Übers.: BKV^2 40].

Justin, *Apologiae*, hg. v. Milan Marcovich (PTS 38), Berlin 1994 [dt. Übers.: BKV^2 12, S. 65–101].

Laktanz, *De mortibus persecutorum*, hg. v. Samuel Brandt/Georg Laubmann: CSEL 27,2 (1897 = New York 1965) [dt. Übers.: FC 43].

–, *Divinae institutiones* 6, hg. v. Christiane Ingremeau: SC 509 (2007).

Lukian, *De morte Peregrini*, hg. v. Matthew D. MacLeod, in: Lukian: *Der Tod des Peregrinus*, hg. und übers. v. Peter Pillhofer u. a. (SAPERE 9), Darmstadt 2005, S. 16–47.

Marc Aurel, *In se ipso (commentarii)*: Marc Aurel, *Wege zu sich selbst*. Gr.-Dt. hg. v. Rainer Nickel (Tusculum Studienausgaben), Düsseldorf/Zürich 1998.

Martyrium Carpi, Papyli et Agathonicae graece, in: Musurillo, *Acts*, S. 22–28 [dt. Übers.: Gamber, *Zeugnis*, S. 17–20].

Martyrium Iustini, Rec. A, in: Musurillo, *Acts*, S. 42–46 [dt. Übers.: in Vorb. für FC].

Martyrium Pionii, in: Musurillo, *Acts*, S. 136–166 [dt. Übers.: BKV^2 14, S. 345–366].

Martyrium Polycarpi, in: Musurillo, *Acts*, S. 2–20 [dt. Übers.: BKV^2 12, S. 9–20].

Martyrium Ptolemaei et Lucii = Iustin, *Apologia* 2, 2, in: Musurillo, *Acts*, S. 38–41 [dt. Übers.: BKV^2 12, S. 85–87].

Martyrologium Romanum, hg. v. Hippolyte Delehaye u.a.: ActaSS Prop. Dez., Brüssel 1940.

Origenes, *Contra Celsum*, hg. v. Milan Marcovich: SVigChr 54 (2001) [dt. Übers.: BKV^2 52/53].

–, *Exhortatio ad martyrium*, hg. v. Paul Koetschau: GCS 2 (1899), S. 1–47 [dt. Übers.: BGrL 5, S. 81–119].

Orosius, *Historia adversus paganos*, hg. v. Karl Zangemeister: CSEL 5 (1882 = Hildesheim 1967) [dt. Übers.: Paulus Orosius, *Die antike Weltgeschichte in christlicher Sicht*, übers. v. Adolf Lippold, 2 Bde., Zürich/München 1985].

Passio Fructuosi, in: Musurillo, *Acts*, S. 176–184 [dt. Übers.: Gamber, *Zeugnis*, S. 108–110].

Passio Perpetuae et Felicitatis, hg. v. Jacqueline Amat: SC 417 (1996) [dt. Übers.: BKV^2 14, S. 328–344].

Passio Scillitanorum, in: Musurillo, *Acts*, S. 86–88 [dt. Übers.: BKV^2, S. 317–319].

Plinius, *Epistulae*, in: *C. Plini Caecili Secundi epistularum libri novem*, hg. v. Mauriz Schuster/Rudolf Hanslik: BiTeu, Stuttgart ^{3}1958 = 1992 [dt. Übers.

des Briefes 10,96 f. bei: Guyot/Klein, *Das frühe Christentum bis zum Ende der Verfolgungen*, S. 39-43].

Prudentius, *Carmina*, hg. v. Maurice P. Cunningham: CChrSL 126 (1966).

Seneca, *Ad Lucilium epistulae morales*, hg. v. Leighton Durham Reynolds: SCBO, Oxford 1965 [dt. Übers.: Seneca, *Philosophische Schriften*, hg. v. Manfred Rosenbach, Bde. 3-4, Darmstadt ^{2}1980].

Tacitus, *Annales*: P. Cornelius Tacitus, *Annalen*, Lat.-Dt., hg. v. Erich Heller (Sammlung Tusculum), Düsseldorf/Zürich ^{3}1997.

Tertullian, *Ad nationes*, hg. v. Jan Willem Philipp Borleffs: CChrSL 1 (1954), S. 10-75.

-, *Ad Scapulam*, hg. v. Eligius Dekkers: CChSL 2 (1954), S. 1125-1132 [dt. Übers.: BKV^2 24, S. 264-273].

-, *Adversus Praxean*, hg. v. Aemilianus Kroyman/Ernest Evans: CChrSL 2 (1954), S. 1157-1205 [dt. Übers.: FC 34].

-, *Apologeticum*, hg. v. Eligius Dekkers: CChrSL 1 (1954), S. 77-171 [dt. Übers.: Tertullian, *Apologeticum*, hg. v. Carl Becker, München ^{4}1992].

-, *De anima*, hg. v. Jan Hendrik Waszink: CChrSL 2 (1954), S. 779-869 [dt. Übers.: Tertullian, *Über die Seele*, übers. v. Jan Hendrik Waszink, Zürich/München 1980, S. 47-183].

-, *De oratione*, hg. v. Gerardus Frederik Diercks: CChrSL 1 (1954), S. [dt. Übers.: BKV^2 7, S. 247-273].

Abgekürzt zitierte Quellensammlungen

Gamber, Klaus, *Sie gaben Zeugnis. Authentische Berichte über Märtyrer der Frühkirche* (SPLi Beih. 6), Regensburg 1982.

Guyot, Peter/Klein, Richard, *Das frühe Christentum bis zum Ende der Verfolgungen. Eine Dokumentation*, 2 Bde (TzF 60.62), Darmstadt 1993/1997 = ^{3}2006.

Musurillo, Herbert, *The Acts of the Christian Martyrs* (OECT), Oxford 1972 = London 2000.

Abbildungsnachweise

Abb. 1: © V&A Images, Victoria and Albert Museum, Inr.-Nr. 212-1865
Abb. 2: Ministero dell'Interno, Roma. Fondo edifici di culto
Abb. 3: dto.
Abb. 4: RQ 2 (1888), Tafel VI (Aquarell von C. Tabanelli)
Abb. 5: Badisches Landesmuseum Karlsruhe, Inv.-Nr. 68/28
Abb. 6: Römisch-Germanisches Zentralmuseum Mainz

Hubert Cancik

System und Entwicklung der römischen Reichsreligion
Augustus bis Theodosius I.

Der folgende Versuch über die Entwicklung der römischen Reichsreligion lädt dazu ein, die Seiten zu wechseln, versuchsweise und befristet auf die Seite der Hellenen und Römer und anderer Heiden zu treten, auf die Seite der politischen Oberschicht des römischen Reiches und von außen und von oben herab auf das antike Christentum zu sehen.

Was sieht man dann?

Um den Seitenwechsel zu markieren, benutze ich einige ungewöhnliche Worte: Christianer – nicht Christen, Judäer – nicht Juden, Römer und Hellenen – nicht Heiden. Ich spreche nicht von Vielgötterei oder Polytheismus, sondern von römischer und hellenischer Religion, von Kulten, von Theologien in einem mehr-religiösen Reich. Diesen religionsgeschichtlichen Zustand nennen wir probehalber »Reichsreligion«.

I Reichsreligion

1.1 Die Bestimmung des Begriffs »Reichsreligion«
Der Ausdruck »Römische Reichsreligion« bezeichnet in diesem Versuch das System der verschiedenen Religionen, welches dem Imperium Romanum als einem »Reich« zugeordnet ist. Reichsreligion meint also nicht einen einzelnen Kult oder eine be-

stimmte Religion oder Theologie, auch wenn diese gut bekannt, universal oder sehr verbreitet ist wie der Zeuskult von Olympia, die apollinische Religion von Delphi, später die Sonnenreligion oder die Logos-Lehre der Stoiker. Vielmehr: der Ausdruck Reichsreligion bezeichnet – in Analogie zu den Ausdrücken Stammesreligion, Polisreligion (Stadtreligion), Staatsreligion, Heeresreligion – dasjenige religiöse System, das der besonderen politischen Einheit »Reich« zugeordnet ist.[1]

Dem Reich der Römer ist es gelungen, vom dritten Jahrhundert v. Chr. bis zum vierten Jahrhundert n. Chr. verschiedene Religionen unter allgemeinen Begriffen wie »das Göttliche«, »Weissagung«, »Kult«, »Fremdkulte« (*sacra peregrina*), »Aberglaube« zu erfassen und sie in einer losen administrativen, rechtlichen, politischen und kulturellen Struktur zu verbinden.[2] Einige Elemente und Charakteristika dieses Systems seien genannt:

1. Das römische Bürgerrecht ist religionsneutral. Vermögen und Lateinkenntnisse, nicht ein Bekenntnis zum Besten Größten Juppiter, waren die Voraussetzung dafür, die Zugehörigkeit zum römischen Volk zu erlangen.

   Deshalb war die Vorstellung, Josef und Maria, Jesus und Paulus seien römische Bürger und in den Zensuslisten Roms erfaßt, den Alten plausibel.[3] Die ethnische, sprachliche und politische Zugehörigkeit konnte von der religiösen durchaus verschieden sein.

2. Die Gemeinden, Städte, Stämme innerhalb des Reiches sind religiös autonom. Die religiöse Struktur des Imperium Romanum ist trotz der beherrschenden Stellung der Stadt Rom

---

1 Zur politologischen Bestimmung von »Reich« vgl. Georg Jellinek, *Die Lehre von den Staatsverbindungen*, 1882; Michael Stolleis, *Staat und Staatsräson in der frühen Neuzeit*, Frankfurt am Main 1990.
2 Das Datum »3. Jh. v. Chr.« bezieht sich auf die Festigung des italischen Territoriums, den Sieg über Karthago und die Einrichtung der ersten Provinz (*Sicilia*).
3 Jüdische Gemeinden konnten in den griechischen Städten eigene politische Gemeinden bilden (*politeúmata*) und hatten ein eigenes, untergeordnetes Bürgerrecht.

dezentral, lose. Die Kulte sogar derselben Gottheit bilden keine einheitliche Organisation. Die Priesterschaften haben keine überregionalen Verbindungen; weiträumige religiöse Kommunikation und Organisation wird nicht hergestellt.[4] Es gibt also, anders als bei den Christianern, auch keinen Briefverkehr zwischen Gemeinden.

3. Die hellenische und römische Religion sind kompatibel, teilweise identisch. Die »dreiteilige Theologie« – die mythische, natürliche, politische (zivile, »positive«) – gilt für beide Religionen. Einige Kulte der stadtrömischen Religion benutzen den »griechischen Ritus« (*ritus Graecus*).[5]
4. Es gibt geregelte Verfahren zur Aufnahme fremder Kulte in die römische Religion (*sacra peregrina recepta*).
5. Sonderregelungen sind möglich: Die Religion der Judäer war »zugelassen«, eine *religio licita*, wie Tertullian sie mit einem von ihm neu gebildeten Ausdruck nennt.[6]
6. Es gibt – von Ausnahmen abgesehen – keine feste Ortsgemeinde an den Heiligtümern.[7] Es gibt keinen überregional organisierten Klerus. Die Tempel haben geringe wirtschaftliche Macht.[8]
7. Die unmittelbare persönliche Kontrolle religiöser Betätigung ist in normalen Zeiten gering; es gibt keinen Anwesenheitszwang; für einfache Bürger, im Unterschied zu den Magistraten, gibt es keine generelle und kontrollierte Pflicht, zu op-

---

4 Sonderfall: Der Festkalender, insbesondere des römischen Heeres. – Vgl. Christa Frateantonio, *Religiöse Autonomie der Stadt im imperium Romanum*, Tübingen 2003.
5 Belege bei Hubert Cancik, »Römische Religion. Eine Skizze« (1994), in: Ders., *Römische Religion im Kontext. Kulturelle Bedingungen religiöser Diskurse. Gesammelte Aufsätze I* (hg. v. Hildegard Cancik-Lindemaier), Tübingen 2008, S. 13–20, § 2: *Graia urbs*; Ders., »The Reception of Greek Cults in Rome« (1999), in: *ebd.* S. 153–167.
6 Tertullian, Apologeticum 21,1.
7 Ausnahme: Das *Iseum Campense* in Rom.
8 Ausnahmen im östlichen Teil des Imperiums.

fern oder Vorzeichen einzuholen.[9] Die Kultfähigkeit von »Fremden« ist in den meisten Fällen gegeben.[10]
8. Die Religion verbreitet sich durch Kolonialisierung, Kriegsgefangene, Menschenhandel, im Ausland angesiedelte Veteranen: Diffusion ohne Mission. Es gibt keine Religionskriege. Die Repression von Religion ist gering (»neue Götter«; Bacchanalia; Manichäer; Astrologen, Magier).
9. Es gibt reichsweit verbreitete Religionen (Hercules, Dionysos, Kybele; Isis, Mithras, Adonai, Christus).[11]
10. Es gibt eine relativ einheitliche Heeresreligion (Beispiel: der Festkalender von Dura Europos, das *feriale Duranum*).
11. Die Herrscherverehrung kann in den Formen verschiedener Kulte erfolgen; auch Judäer und Christianer beten für das Heil von Kaiser und Staat.[12]
12. Die innerreligiöse Tendenz zur Universalisierung (Cicero, Philo von Alexandria, Seneca, Minucius Felix).

Die Liste ist nicht vollständig, aber, so hoffe ich, repräsentativ. Die vergleichende Religionswissenschaft hat zu prüfen, ob andere Reiche – die der Osmanen, Perser, Assyrer, Hethiter – ähnliche Elemente und Strukturen einer Reichsreligion ausgebildet haben.

1.2 Die Begrenzung des Themas
Drei Stationen der römischen Reichsreligion möchte ich Ihnen vorstellen: a) die Grundlegung von Reichsreligion durch Augustus; b) das System 311/313 n. Chr.; c) die Rezeption des Chri-

---

9 Die Ausstellung von Opferquittungen ist eine große Ausnahme. Die soziale Kontrolle erfolgt über Festkleidung, Tragen von Kränzen, Schmuck des Hauses mit Zweigen und Kerzen.
10 St. Krauter, *Bürgerrecht und Kultteilnahme. Politische und kultische Rechte und Pflichten in griechischen Poleis, Rom und antikem Judentum*, Berlin u. a. 2004.
11 Diese Religionen werden gelegentlich »Reichsreligionen« genannt.
12 Ein wichtiges Ritual ist der Eid auf den Kaiser: Vgl. H. Cancik, »Der

stianismus als dominante Religion durch den römischen Staat am Ende des 4. Jahrhunderts n. Chr.

Die religionsgeschichtliche Zäsur zwischen republikanischer und kaiserzeitlicher Religion liegt nach der Schlacht bei Actium (31 v. Chr.), durch die Augustus Alleinherrscher wurde, und nach der Restauration der Republik (27 v. Chr.), mit der Augustus die Monarchie modifizierte und verschleierte. Augustus markiert sie durch die Übernahme des Oberpontifikats im Jahre 12 v. Chr. Die dauerhafte Kumulation von militärischer, politischer und religiöser Gewalt ist das Ende der republikanischen Religion. Auch hier verdeckt die von Augustus aufwendig betriebene Restauration der alten Tempel, Feste, Priesterschaften den Bruch. Ein antiker Kritiker des Augustus formuliert:[13]

Nichts ist für die Ehren der Götter übrig geblieben, weil er (Augustus) Kult für sich wollte mit Tempeln und mit der Gestalt von Göttern durch flamines *und Priester.*

Die zweite Station, die hier erinnert werden soll, sind die Jahre 311/313, in denen die Kaiser Galerius, Constantin, Licinius und Maximin ein neues System einrichten. Dieses System beruht auf Religionsfreiheit für alle und jeden einzelnen, auch für die Christianer. Eine neue, reale Möglichkeit der antiken Religionsgeschichte zeichnet sich in diesem System von 311/313 ab. Am Ende dieses Jahrhunderts (380 und 392 n. Chr.) jedoch – und dies ist unsere dritte Station – werden die nichtchristlichen Religionen verboten und die Annahme der christlichen Religion angeordnet. Zum ersten Mal wird jetzt eine einzige Religion vom römischen Staat zur Reichsreligion erklärt:[14]

Wir befehlen, daß die Befolger dieser Gesetze den Namen ›katholische Christianer‹ annehmen.

Kaisereid. Zur Praxis der römischen Herrscherverehrung« (2003), in: Ders., *Römische Religion im Kontext* (Anm. 5), S. 246–260.
13 Tacitus, annales 1,10,6.
14 Codex Theodosianus 16,1,2 (Februar 380).

Damit ist sowohl das System des Augustus wie das von 311/313 aufgehoben. Erst Jahrhunderte nach diesen gescheiterten Versuchen zu Toleranz und Religionsfreiheit konnte dieses Grundrecht in Europa eine feste, allerdings bis heute keineswegs ungefährdete politische und juristische Form finden.

2 Universalisierung

2.1 Reichsreligion bei Cassius Dio: das Imperium eine einzige Stadt

Um die Jahre 210/220 n. Chr. entwirft der römische Senator Cassius Dio im 52. Buche seiner 80 Bände umfassenden römischen Geschichte eine Art Konstitution des römischen Kaiserreichs.

Der geschichtliche Anlaß für diesen Verfassungsexkurs ist dem Historiker die Gründung dieses Reiches nach der Schlacht bei Actium (31 v. Chr.), als Octavian, Sohn des vergöttlichten Caesar, die Republik in die Form des Prinzipats überführte. Cassius Dio erfindet eine Rede des Maecenas und läßt diesen seinen eigenen Verfassungsentwurf dem künftigen Augustus vortragen. Ein kurzes Kapitel der umfangreichen Rede handelt von Religion:[15]

> »... (1) *Das Göttliche* (to theion), *verehre* (sébou) *du selbst auf jede Weise, auf jeden Fall gemäß der väterlichen Sitte, und die anderen dränge* (anánkaze; oder: zwinge, nötige) *dazu, es zu achten* (timán).
>
> (2) *Diejenigen aber, die etwas Fremdes veranstalten bezüglich des Göttlichen, verabscheue* (mísei) *und züchtige* (kólaze; lat. coerce), *nicht nur der* (väterlichen) *Götter* (theoí) *wegen – wer die nämlich mißachtet, dürfte auch vor keinem anderen Respekt haben –, sondern weil solche Leute, die irgendwelche neuen Götter* (daimónia) *als Ersatz einführen* (ant-eis-phérein), *viele davon überzeugen, anderen Nor-*

---

15 Cassius Dio 52,36.

*men zu folgen (*allotrio-nomeín*). Und daraus entstehen Verschwörungen und Vereinsbildungen und Parteiungen (*hetaireíai; *oder: Bruderschaften; Clubs; Kameradschaften), was einer Monarchie überhaupt nicht zuträglich ist.*

*(3) Weder einem Gottlosen (*á-theos*) nun noch einem Scharlatan (*goés*) mögest du zu sein gestatten.*

*(4) Denn die Wahrsagung (*mantiké*) ist zwar notwendig, und auf jeden Fall ernenne irgendwelche Opferschauer und Vogeldeuter ...*

*(5) Den Magiern (*mageutaí*) aber nun kommt es gar nicht zu, da zu sein. Dergleichen Leute nämlich haben viele oft zu Unruhen (*neochmós*) aufgestachelt, indem sie gelegentlich etwas Wahres, meistens aber doch Lügen sagten.*

(6) Genau dasselbe tun nicht wenige von denen, die zu philosophieren vorgeben. Deshalb rate ich dir, auch vor jenen dich in acht zu nehmen ... Unzähliges Unglück über Staaten und Privatleute haben sie gebracht, indem sie sich diesen Deckmantel (der Philosophie) vorhielten.«

Der Verfasser dieses Programms, Cassius Dio (um 155 – um 235 n. Chr.), ist Hellene aus Nikaia (Bithynien, Kleinasien). Er gehört zur höchsten Beamtenschaft des Reiches (Consul vor 211 und, zusammen mit dem Kaiser Alexander Severus, 229) und zu den Stützen der severischen Dynastie. Sein Programm nennt keine Namen, weder einer Gottheit noch eines Kultortes, noch einer Priesterschaft. Dio beschreibt vielmehr ein allgemeines religiöses System, eine Struktur, die in diesem Referat Reichsreligion genannt ist. Am Anfang dieses Systems steht »das Göttliche« (*to theíon*), nicht etwa Zeus, Helios oder Juppiter. Dieses »Göttliche« ist »von den anderen« zu »achten«, also von den römischen Bürgern und den Einwohnern des Reiches, ob Hellenen oder Syrern, ob Judäern oder Ägyptern. Ebenso allgemein wird die »Verehrung« bestimmt, die das Göttliche erhalten soll. Sie soll erfolgen »gemäß der väterlichen Sitte«, ob nun mit Tier- oder pflanzlichen Opfergaben, mit Milch oder einem Tropfen Wein, einem Körnchen Salz oder Weihrauch, oder nur durch Verlesung der Schrift, Auslegung und Gebet. Soweit der allgemeine, positive Teil des Entwurfs für die römische Reichsreligion. Es folgen Einschränkungen. Fremde Kulte und neue Gottheiten sind nicht völlig verboten wie etwa der Gottlose, der kein Daseinsrecht in Dios Staat haben soll. Aber der Herrscher soll fremde Kulte (*sacra peregrina*) persönlich ablehnen, sie einschränken, kontrollieren, repressiv tolerieren.[16] Sie werden keine »zugelassene Religion« (*religio licita*) wie die Judäer, erhalten keinen öffentlichen Bauplatz für ein Vereinshaus, werden nicht als »Gemeinde, Verein« (*collegium*) anerkannt.[17] Eine Existenzberechtigung aber wird ihnen zugestanden.

Die Repression der Fremdkulte wird politisch begründet: Mit den fremden Kulten werden andere Normen eingeführt und Organisationen geschaffen, die sich neben oder an die Stelle staatlicher Einrichtungen stellen: Verschwörungen, d. h. Gruppen, die durch Ablegung eines Eides (*sacramentum*) konstituiert werden; illegale Vereinsbildungen mit Vorstand und Kasse (*collegia illicita*); Kameradschaften/Parteien (*factiones*), häufig genannte Ursachen von Unruhen und Aufruhr in antiken Städten (*stasis; tumultus*). Die Monarchie reagiert mit repressiver Toleranz.[18]

Ebenfalls zugelassen, aber zentral kontrolliert ist die Divination (Mantik, Weissagung, Prophetie): sie ist »notwendig«, sowohl für militärische und politische Unternehmungen als auch für kleine persönliche Probleme wie Sklavenflucht und schlechte Träume. Scharlatane, Wundertäter, Magier dagegen haben, so-

16 Hiermit ist gr. *kolázein* umschrieben, lat. *coercere*; »strafen« wäre gr. *zemioún* oder *timoreín*.
17 H. Cancik, »Haus, Schule, Gemeinde. Zur Organisation von ›fremder Religion‹ in Rom (1.–3. Jh. n. Chr.)«, in: J. Rüpke (Hg.), *Gruppenreligionen im römischen Reich. Sozialformen, Grenzziehungen und Leistungen*, Tübingen 2007, S. 31–48.
18 Zur Behandlung von Fremdkulten vgl. Cicero, de legibus 2,25–26; Dionys von Halikarnass, Antiquitates Romanae 2,19,2–3; Tertullian, Apologeticum 38: *factiones*.

wenig wie die Gottlosen, eine Daseinsberechtigung. Auch dieses Verbot wird politisch begründet: Goëten und Magier hätten oft zu Unruhen aufgestachelt. Die Philosophen schließlich stehen unter demselben Verdacht. Dio könnte an einen Zeitgenossen in Karthago gedacht haben, der sich auf die Natur- und Menschenrechtsphilosophie der Stoiker berief und nichts weniger forderte als »Freiheit der Religion« (*libertas religionis*);[19] oder an die Epikureer seiner Zeit, die zwar durchaus Götter, aber weder Vorsehung noch ein jenseitiges Straf- und Lohn-System brauchten; oder an Lukian von Samosata (ca. 120 – ca. 190), den Aufklärer, romkritischen Hellenisten, Spötter, kynischen Gesellschaftskritiker. Auch für große, aber nicht genehmigte Organisationen von fremden Kulten neuer Götter hätte Dio Beispiele in der Hauptstadt sammeln können. Cornelius beispielsweise, der Episkopus (Aufseher) der Christianer in Rom, leitete um die Mitte des dritten Jahrhunderts eine Organisation mit 46 Presbytern, 7 Diakonen, 7 Subdiakonen, 42 »Begleitern«, 52 Beschwörern, Vorlesern, Türstehern.[20] Diesen Leuten wäre nach dem Konzept des Cassius Dio eine Daseinsberechtigung zuzugestehen, aber ungern und nur im Sinne einer repressiven Toleranz.

In diesem System der notwendigen, tolerierten, verbotenen Kulte im römischen Reich fehlt in auffälliger Weise die Herrscherverehrung, obschon doch der Primat der Politik, die neue Sorge um den Bestand der Monarchie und um Ruhe im Reich dieses System bestimmt. Dio hat die Herrscherverehrung nicht in seinem System der Reichsreligion, sondern in der Rubrik »Herrschertugenden« behandelt (Kap. 35). Der Herrscher, sagt er, soll nicht hoffärtig sein, sondern beherrscht und zurückhaltend; er lebt ja »wie auf dem Theater der ganzen Oikumene«;[21] das Imperium ist »wie eine einzige Stadt«.[22] Augustus solle für

---

19 Tertullian, Apologeticum 24,5–6; Ders., ad Scapulam 2,2.
20 Eusebios, Historia ecclesiastica 6,43,11 (um 250 n. Chr.).
21 Dio 52,34.
22 Dio 52,19: *mía pólis*.

sich keine Tempel bauen, keine Statuen machen lassen.²³ »Wenn du gut regierst«, sagt Dios Maecenas seinem Caesar, »wird die ganze Erde Heiligtum sein, alle Städte Tempel, alle Menschen Statuen«. So wird die römische Herrschaft universal und sakral. Die in bemerkenswerter Weise gebändigte Herrscherverehrung fügt sich so in jenes von Cassius Dio skizzierte System der römischen Reichsreligion.

Die Rede des Maecenas ist zwar von Cassius Dio fingiert. Sie bildet aber sehr richtig die augusteische Religionspolitik ab, wie sie in den biographischen und historischen Zeugnissen über den Kaiser sichtbar wird. Die staatlich rezipierten Fremdkulte, so heißt es, pflegte Augustus mit höchster Verehrung, »die anderen verachtete er«. Seinen Enkel Caius Caesar lobte er, weil er auf einer Reise im Orient, dem Heiligtum in Jerusalem *nicht* seine Verehrung bezeigt hätte.²⁴

Das Reich des Augustus umfaßt die Oikumene. Es ist »ein *imperium* ohne Grenzen«: So hat es die in Juppiter verkörperte Weltvernunft bestimmt und vorhergesagt.²⁵ Die beanspruchte und teilweise realisierte Universalität des Imperium Romanum zeigt sich auch in den Tendenzen zur Universalisierung der römischen Religion.²⁶

2.2 »Religion für alle guten und starken Völker« (Cicero)
Das Imperium Romanum – eine einzige Stadt (*polis*)«; die Oikumene – die Bühne für das Handeln des Augustus: diese Stichworte bei Cassius Dio führen auf ältere und philosophische Vorstellungen von Universalreligion.

23 Dio 52,35.
24 Sueton, Divus Augustus 90–93: Die *religiones* des Augustus; Zitat: cap. 93.
25 Vergil, Aeneis 1,278 f.; vgl. Vergil, Ekloge 4,17: *pacatumque reget ... orbem*; Augustus, res gestae, Vorspruch: (*res gestae,*) *quibus orbem terrarum imperio populi Romani subiecit* – »die Taten, durch die er den Erdkreis der Herrschaft des römischen Volkes unterwarf«.
26 Vgl. H. Cancik, »Ohne Grenzen. Zur Gestalt des *imperium Romanum* in Vergils Aeneis«, in: R. Albertz/A. Blöbaum/P. Funke (Hg.), *Räume*

M. Tullius Cicero hat der römischen Religion eine philosophische Grundlage gegeben. In seiner Schrift »Über die Gesetze« gründet er das Recht und mit ihm die »Gesetze über Religion« auf Natur und Vernunft, auf die Gleichheit der Menschen und die Einheit des Menschengeschlechtes. »Eine Definition des Menschen«, schreibt er, »wie auch immer sie sei, muß eine sein und für alle (Menschen) gültig sein.«[27] Die Menschen leben in einer »einzigen Bürgerschaft« (*civitas*), gemeinsam für Götter und Menschen: Kosmo-Polis. Der Mensch ist »von Natur aus geneigt, die (anderen) Menschen zu lieben«; »er soll den anderen nicht weniger lieben als sich selbst«.[28] All dies gehört zu den Grundlagen des römischen und des europäischen Humanismus.

In diesen Rahmen nun stellt Cicero seine »Konstitution der Kulte« (*constitutio religionum*).[29] Sie gilt, so Cicero ausdrücklich, »nicht nur für das römische Volk, sondern für alle guten und starken Völker.«[30] Die römische Religion, so Cicero, stimmt mit Natur und Vernunft überein; sie ist sozusagen eine »römische Universalreligion«. Als solche ist sie für alle guten Völker annehmbar oder doch mindestens mit deren Religion vereinbar. Nirgends hat Cicero oder ein anderer Römer erwogen, seine Religion durch zentral organisierte Propaganda oder staatliche Gewalt seinen Verbündeten oder seinen Unterworfenen aufzudrängen. Die römische Religion diffundiert ohne Mission, ohne Religionskriege, ohne die Nötigung, andere Religionen auszurotten.

---

und Grenzen. Topologische Konzepte in den antiken Kulturen des östlichen Mittelmeerraums, München 2007, S. 145–160.

27 Cicero, de legibus 1,10,29.
28 Cicero, de legibus 1,15,43; 1,12,34.
29 Cicero, de legibus 2,10,23; 2,7,17: *leges de religione*.
30 Cicero, de legibus 2,14,35.

2.3 Die graeco-jüdische Oikoumene (Lukas)

1 Die Judäer gehörten für Cicero gewiß nicht zu den »guten und starken Völkern«. Aber ihre Religion gehört zu den reichsweit verbreiteten Religionen, wie die des Dionysos, der Kybele, der Isis. Anders als diese hatten sie mit Jerusalem ein starkes ideelles und reales Zentrum, und die Mitglieder waren in Gemeinden organisiert. Die Gemeinden hatten untereinander und mit ihrem Zentrum mehr oder weniger feste Verbindungen – all dies wiederum im Unterschied zu den Verehrern von Isis, Kybele, Dionysos. Ein Teil der Judäer hatte einen einschneidenden Sprachwechsel vollzogen, von Aramäisch und Hebräisch zum Griechischen. Die Folge war, daß sie ihre heiligen Schriften nicht mehr verstanden; sie mußten diese, auch für den kultischen Gebrauch, ins Griechische übersetzen. Dieser Sprachwechsel bedeutete eine Gefahr und eine Chance; eine Gefahr – die Spaltung des Judaismos in einen orientalischen Teil in Mesopotamien und Arabien und einen okzidentalen Teil im Mittelmeerraum; eine Chance – den Anschluß an die hellenische Kultur. Es entstand tatsächlich eine jüdische Geschichtsschreibung in griechischer Sprache, graeco-jüdische Philosophie, ja sogar eine Tragödie – der Auszug aus Ägypten in griechischen Jamben, nach dem Vorbild des Euripides.[31] Diese graeco-jüdische Oikumene hat der erfolgreichste Geschichtsschreiber dieser Tradition, genannt Lukas, anschaulich, dramatisch, gelehrt in Szene gesetzt. Paulus, ein griechischsprachiger Judäer mit römischem Namen,[32] kommt, so schreibt er, nach Athen in die römische Provinz Achaea. Er besichtigt die Stadt und sieht den Altar mit der Aufschrift AGNOSTO THEO – »dem unbekannten Gott«.[33] Auf öffentlichen Plätzen trifft er neugierige, gesprächsbereite Anhänger Epikurs und Stoiker. Auf dem Areopag, angesichts von Propylaeen und Parthenon, kommt es zu einem interreligiösen Ge-

---

[31] Beispiele: Flavius Josephus; Philo von Alexandria; Ezechiel, der Tragiker.
[32] St. Krauter, *Bürgerrecht und Kultteilnahme* (s. o. Anm. 10).
[33] Lukas, Apostelgeschichte 17.

spräch – dem ersten, soweit ich sehe, das uns überliefert ist. Paulus geht den Hellenen sehr weit entgegen, um jenen unbekannten als seinen Gott zu erweisen. Er zitiert sogar einen daktylischen Hexameter, »Dichter bei euch«, die sagten: »in ihm (Gott) nämlich leben wir und bewegen uns und sind wir«, »sein Geschlecht sind wir« – *tou kai genos esmen*. Das ist ein hohes Maß an Übereinstimmung. Im Detail jedoch bleiben die Philosophen skeptisch, spöttisch, aber höflich und, wie es scheint, lernbereit. »Darüber«, gemeint ist die Auferstehung der Toten, sagen sie, »werden wir dich noch ein andermal hören«. Dieser Abschied ist mehrdeutig: ironisch und tiefsinnig. Paulus entfernt sich aus ihrer Mitte. Er geht nach Korinth, damals die Hauptstadt der Provinz Achaea. Dort trifft er Judäer aus Rom, die von Kaiser Claudius vertrieben wurden.[34]

Es entsteht Streit mit den Judäern in Korinth. Der römische Proconsul L. Iunius Gallio Annaeanus entscheidet zugunsten des Paulus; die Judäer in ihrem Ärger prügeln sich vor der Tribüne des Proconsuls. Gallio schreitet nicht ein. Die Szene in Korinth ist als Gegenstück zu Pauli Auftreten in Athen angelegt. Schauplatz ist in beiden Fällen der prominente öffentliche Ort, an dem das Gericht tagt: in Athen die urbanen, höflichen, skeptischen Hellenen auf Agora und Areopag, in Korinth die streitbaren Judäer vor der Tribüne des römischen Richters; dort die griechische Kultur, hier die repressive und souverän richtende Gewalt Roms.

2 Lukas, der erste Kirchengeschichtsschreiber, hat mit dieser Komposition die treibenden Faktoren und Fakten seiner Epoche anschaulich gemacht: die Trennung der Christianer von den Judäern, die weitere Annäherung der Christianer an die hellenische Kultur, die Gravitation nach Rom. Der hybride Name *Christi-an-oí*, dessen erstes Auftreten Lukas zum ersten Male belegt, spiegelt mit seinen jüdischen (Messias), lateinischen

---

34 Lukas, Apostelgeschichte 18.

(-an-) und griechischen Anteilen (*Christós;* Endung: -*oí*) eben diese Konstellation.[35]

Die Organisation der Christianer nennt der Historiker »Haeresie der Nazoraeer« und »Ekklesia«, also »Schule« und »Versammlung«.[36] Beide Bezeichnungen verbinden sich gut mit griechischem Bildungswesen und bürgerlicher Selbstverwaltung, konnten aber auch, gemäß den Vorgaben der augusteischen Reichsreligion, bei römischen Behörden den Verdacht auf illegale Vereinsbildung erwecken. Der Verdacht mochte gestärkt werden durch die grundsätzliche ethnische und soziale Entgrenzung, welche diese graeco-jüdische Reformbewegung propagierte: »da gibt es nicht Juden noch Hellenen, da gibt es nicht Sklaven noch Freien, nicht männlich und weiblich«: also etwa »ein drittes Geschlecht«?[37]

Die Universalisierung der Botschaft setzt die Individualisierung der Religion voraus. Die Gemeinde bildet sich jenseits von Geschlecht, Ethnie, Stand. Darüber hinaus aber postuliert der Historiker eine Umkehrung der sozialen Werte, wie sie die römische Elite – Cicero, Augustus, Maecenas und Cassius Dio – mit ihrer Religionspolitik gerade verhindern wollen: Lukas versammelt die Hungernden, die Leprösen, Blinden, Besessenen;[38] er wehklagt über die Reichen, die »Angefüllten«, die Lachenden. Diese Art von religiöser Universalisierung ist neu. Hier sind nicht die »guten und starken Völker« gemeint, wie sie Cicero sich als Träger einer auf Vernunft und Natur gegründeten Reichsreligion vorstellen konnte. In der kruden Sprache altjüdischer Propheten sagt Lukas: »alles Fleisch wird schauen das

---

[35] Lukas, Apostelgeschichte 11,26.
[36] *Hairesis*: Lukas Apostelgeschichte 24,5; 28,22; *ekklesia*: ebd. 9,31.
[37] Paulus, Galater 3,28; Tertullian, adversus nationes 1,8,11–12; vgl. ebd. 1,20,4; Tertullian, Scorpiace 10,10 (als Schimpfwort gegen die Christianer gebraucht); vgl. auch Clemens von Alexandria, Stromateis 6,5,39–41 aus Kerygma Petri.
[38] Lukas, Evangelium 6,20: »Selig die Bettler, denn euer ist das Königtum Gottes«.

Rettende des Gottes«.[39] Am Ende seines zweibändigen Geschichtswerkes wird klar, daß es die Völker sind, die Hellenen und Römer, und, so Lukas ausdrücklich, nicht die Judäer, für die jene Weissagung bei Jesaia gesprochen ist.[40]

Durch die Rezeption griechischer Sprache, Bildung (*paideía*), Religiosität, durch prinzipielle Affirmation des römischen Imperium, durch die ambivalente Trennung vom Judentum – zugleich Bruch und Erbe – situiert sich der Christianismos[41] innerhalb des Systems, das hier Reichsreligion genannt wird.

3 Religionsfreiheit

3.1 Tertullian

1 Zu derselben Zeit, als in Rom Senator Cassius Dio seinen Entwurf für eine gerechte und repressive Religionspolitik schreibt, entwickelt in Karthago, der Hauptstadt der römischen Provinz Africa, ein christlicher Laie ein Konzept, das dem Senator all sein Mißtrauen gegen Philosophen und neue Götter bestätigen mußte. Aus stoischer Ethik, Rechts- und Religionsphilosophie leitet Tertullian um 200 n. Chr. den Begriff *libertas religionis* ab und begründet ihn als ein *ius humanum*: »Religionsfreiheit« ist »Menschenrecht« für jeden einzelnen. Das Traditionsprinzip – »vor allem der väterlichen Sitte folgen« – wird zugunsten der individuellen Religionswahl aufgegeben. Denn zum ersten, so die Lehre der Philosophen, hat jeder Mensch eine eigene natürliche Gotteserkenntnis, »von Natur aus«. Und zum zweiten ist die Grundvoraussetzung einer ethisch guten und da-

---

39 Lukas, Evangelium 3,6 mit Zitat aus Jesaia 40,5 (LXX).
40 Lukas, Apostelgeschichte 28,28 mit Zitat aus Jesaia 40,5 (LXX). Zusammenhang: ein internes Religionsgespräch zwischen Judäern und Paulus in Rom.
41 Eusebios, praeparatio evangelica 1,5,12 (I, p.22 Mras): *ho Xristianismós oute Hellenismós on oute Ioudaismós allá kainé kai alethés theoría.* – »Der Christianismos ist weder Hellenismos noch Judaismos, sondern eine neue und wahre Theorie«.

mit – so folgert Tertullian – auch einer religiösen Handlung die personale Freiheit des Handelnden: Man kann nicht gezwungen werden, gut oder fromm zu sein. Deshalb ist die Unterdrückung und Bestrafung der Christianer in Africa Unrecht.

2 Tertullian ist nicht Priester, nicht Bischof, sondern ein literarisch, rhetorisch, philosophisch und in Rechtsdingen gebildeter Laie. Er entwickelt seinen Begriff von Religionsfreiheit in einer Verteidigungsschrift an die Vertreter des römischen Imperium in Karthago[42] und in einem offenen Brief an Tertullus Scapula, den Proconsul der Provinz Africa (212 n. Chr.). Die beiden Texte lauten:

> a) Tertullian, Apologeticum 24,5 – 6: *Möge der eine die Gottheit verehren, der andere Juppiter; der eine möge die Hände flehend zum Himmel strecken, der andere zum Altar der Fides; der eine möge beim Beten die Wolken zählen, ein anderer die Kassetten der Decke; der eine möge seine eigene Seele seiner Gottheit versprechen, der andere die eines Bockes (sc. beim Opfer). Seht nämlich zu, daß das nicht auf einen Lobpreis der Irreligiosität hinausläuft: die Freiheit der Religion wegzunehmen und die Wahl der Gottheit zu untersagen, so daß es mir nicht erlaubt ist zu verehren, wen ich will, sondern daß ich gezwungen bin zu verehren, wen ich nicht will. Niemand dürfte wollen, daß er von jemandem gegen dessen Willen verehrt werde, nicht einmal ein Mensch.*
>
> b) Tertullian, ad Scapulam 2,1 – 2: *Wir verehren einen einzigen Gott, den auch ihr alle von Natur aus kennt* (naturaliter nostis). ... *Ein jeglicher hat dennoch das Menschenrecht und von Natur aus die Fähigkeit (Möglichkeit), das zu verehren, was er glaubt (für richtig hält); denn dem einen schadet oder nutzt nicht die Religionsausübung des anderen. Es gehört aber auch nicht zum Wesen der Religion, Religion zu erzwingen. Diese muß nämlich freiwillig, nicht infolge*

---

[42] Tertullian, Apologeticum 1,1: *Romani imperii antistites*; vgl. 50,112.

von Gewalt ausgeübt werden, wo doch sogar die Opfertiere von einem freiwillig gebenden Sinne angefordert werden. Also auch wenn ihr uns zum Opfer zwingt, dürftet ihr euren Göttern damit gar nichts leisten: Denn sie werden sicher kein Opfer von Gezwungenen wünschen.

Tertullian muß eine gemeinsame Basis mit seinen nichtchristlichen Adressaten finden, jenseits der Besonderheiten der römischen und der christlichen Religion. Diese Basis ist einerseits die Philosophie, andererseits jene allgemeinen, sozusagen »natürlichen« religiösen Vorstellungen, die bei Cassius Dio »das Göttliche« (*to theíon*) und Divination heißen. Die Vorstellung vom »Zorn« der Gottheit und von den Zeichen und Strafen, die sie schickt, ist Allgemeingut der kaiserzeitlichen Religionen (»mediterrane Koiné«).

Der Proconsul, sofern er nicht ein Epikureer war, dürfte durchaus beeindruckt gewesen sein von Tertullians Beweisen für den Zorn der Gottheit gegen die Repression der Christianer in Africa: von Donner hatte man gehört, einer Sonnenfinsternis sogar, Unwetter, ja Blindheit und Wurmbefall seiner christenverfolgenden Amtsvorgänger.

3 Tertullian, durchaus ein entschiedener Christianer, verehrt einen Gott, den alle, auch die Römer, »von Natur aus kennen«.[43] Die Römer meinen, daß auch noch andere Götter sind, von denen die Christianer meinen, es seien Dämonen. »Dennoch«, sagt Tertullian, trotz dieser Verschiedenheit des Glaubens, »ist es Menschenrecht und die naturgegebene Fähigkeit eines jeden Menschen zu verehren, was er für richtig hält«:[44]

Tamen humani iuris et naturalis potestatis est unicuique quod putaverit colere.

Auf dieser Grundlage könnten die verschiedenen Religionen

---

43 Tertullian, ad Scapulam 2,1.
44 Tertullian, ad Scapulam 2,2.

im römischen Imperium koexistieren. Es dauerte aber ein Jahrhundert, bis die römische Herrschaft den Weg fand, auch den Christianern eine rechtlich gesicherte Koexistenz zu ermöglichen.

3.2 Das System von 311/313 n. Chr. bis 380/392

1 Das römische Christentum wird ein Teil der Reichsreligion durch Edikte, Erlasse, Gesetze der obersten politischen und religiösen Gewalt im Imperium Romanum. Am 30. April 311 heben die vier Kaiser Galerius, Constantin, Licinius und Maximin die Maßnahmen auf, mit denen Diocletian seit dem Jahre 303 die Christianer unterdrückt hatte.[45] Somit dürfen sich die Christianer als eigene Gruppe organisieren; sie haben Versammlungsfreiheit, dürfen Versammlungshäuser besitzen und erbauen. Eine Toleranzformel gewährt die Lösung aus der Religion der Eltern und die Wahlfreiheit, zu glauben »gemäß dem eigenen Vorsatz und wie ein jeder will«.[46] Die Kaiser fordern die Christianer auf, »ihren eigenen Gott anzuflehen für unser Heil und das des Staates und ihr eigenes«.

Damit ist das Christentum eine »zugelassene Religion« (*religio licita*), wie das Judentum, wie die »väterlichen« römischen und griechischen Religionen, die reichsweit verbreiteten Kulte des Dionysos, der Isis und des Mithras, wie die Herrscherverehrung. Das System der römischen Reichsreligion ist wieder einmal durch die Rezeption einer neuen Religion erweitert worden; allerdings ist jetzt die Grundlage völlig neu: die individuelle Religionsfreiheit für alle.

Das Edikt von 311 wird zwei Jahre später durch die Kaiser und Oberpontifices Constantin und Licinius bestätigt.[47] Begriff

---

45 Lactanz, de mortibus persecutorum (ca. 320 n. Chr.) 13; 34: *conventicula sua componant*; die Christianer sollen ihren Gott bitten *pro salute nostra et rei publicae et sua*. Ebenso: Euseb, historia ecclesiastica 8,17.
46 Euseb, hist. eccl. 8,17.
47 Lactanz, mort. pers. 48; Euseb, hist. eccl. 10,5.

und Praxis der Religionsfreiheit des einzelnen werden mehrfach bekräftigt:[48]

> ... *daß wir gäben sowohl den Christianern als auch allen (anderen) die freie Verfügung* (libera potestas) *darüber, derjenigen Religion zu folgen, die ein jeder wollte* (velle).

Eine alte Forderung der Christianer, daß auch sie, wie Griechen, Römer, Judäer, die Freiheit der Religionsausübung erhalten sollten, ist damit erfüllt. Hier war eine zukunftsträchtige Lösung gefunden, eine reale Möglichkeit der antiken Religionsgeschichte, die keineswegs notwendig wieder in den Sog von Religionszwang und Verfolgung geraten mußte, wie es dann doch gegen Ende des 4. Jahrhunderts geschah.

2 Das religiöse Gleichgewicht, das durch diese Toleranz-Edikte geschaffen wurde, blieb etwa zehn Jahre bestehen. Constantin förderte zwar die christliche Kirche, die anderen Religionen aber wurden nicht ernsthaft behelligt.[49] Die christlichen Kleriker werden den römischen Priestern gleichgestellt, ihre Personallasten werden aufgehoben.[50] Bischöfe dürfen kostenlos die kaiserliche Post benutzen. Constantin schenkt dem Bischof von Rom den Lateranpalast und beginnt den Bau der Peterskirche auf dem Vatikan. So wird der Vorrang des Apostelfürsten und seines Nachfolgers in Rom repräsentativ, monumental.

Das religiöse Gleichgewicht wurde gestört, als die Kaiser Licinius und Constantin die Religionen für ihren Machtkampf benutzten, Licinius die griechisch-römische, Constantin die christliche. Versuche, das ursprüngliche constantinische System von 311/13 wiederherzustellen, wie sie der letzte Vertreter der con-

---

48 Lactanz, ebd.: *ut daremus et Christianis et omnibus liberam potestatem sequendi religionem quam quisque voluisset*; Euseb, hist. eccl. 10,5,4: *eleuthéra haíresis*.
49 Die frühesten Maßnahmen gegen die römische Religion sind die Verbote der Haruspicin von 319 und 321.
50 Euseb, hist. eccl. 10,7,2: »völlig befreit« von Leistungen für den Staat.

stantinischen Dynastie, Kaiser Julian, und sein Nachfolger Jovian unternahmen, hatten nur zeitweilig Erfolg.[51]

Als Alleinherrscher hat Constantin ab 324 die Religion seines Gegners Licinius, also die nichtchristlichen Religionen, zunehmend unterdrückt, den römischen Bischof ausgezeichnet und dadurch den Christianern ein Religionsmonopol gewährt. Den Abschluß dieser Entwicklung bezeichnet das Katholizismusgebot von 380 und das Totalverbot für nichtchristliche Religionen von 392 n. Chr.

Die Kaiser Gratian, Valentinian und Theodosius betimmen in einem Edikt vom 27. Februar 380:[52]

Wir wollen, daß alle Völker, welche die Leitung unserer Milde regiert, sich in einer derartigen Religion befinden, die (a) der göttliche Apostel Petrus den Römern überliefert hat, was die (in Rom praktizierte) Religion, die von ihm selbst eingeführt wurde, bis jetzt offen zeigt, und die (b) der Pontifex Damasus offensichtlich befolgt und Petrus, der Bischof von Alexandria, ein Mann von apostolischer Heiligkeit [... (Trinitätsdogma) ...]. Wir befehlen, daß die katholischen Christianer dieses Gesetz befolgen und umarmen, die anderen aber [...] sind mit Rache zu schlagen.

Die stadtrömische Gemeinde und ihr Pontifex, der Bischof von Rom, erhalten durch dieses Edikt eine sehr starke Stellung, auch gegenüber den Metropolen im Orient wie Antiochien, Jerusalem, Alexandrien. Der Kaiser befiehlt den rechten Glauben, garantiert den Christianern ein Religionsmonopol und unterdrückt die Konkurrenten. Das System der Toleranz, das in den Edikten von 311 und 313 konstruiert worden war, ist umgekippt in ein System von Intoleranz und gewalttätiger Repression. Das Edikt war so wichtig, daß es später an den Anfang des Codex

---

[51] Restitutionsedikt Julians: Wortlaut nicht erhalten; Quellen: Ammian 22,5,2 (zum Jahre 361); Libanios, oratio 18 (Epitaphios auf Julian, verf. ca. 368), 114–115; 126–129; Sozomenos, historia eccl. 5,3–5,5.
[52] Codex Theodosianus 16,1,2.

Iustiniani gestellt wurde (1,1,1), wo es bis in das 19. Jahrhundert seine Wirkung entfalten konnte.

Die Kaiser Theodosius, Arcadius und Honorius garantieren im Jahre 392 die Repression durch ein Totalverbot der griechischen und römischen Religion:[53]

> *Keiner soll [...] an keinem Orte [...] den Götterbildern ein schuldloses Opfertier schlachten oder mit versteckterer Sühne den Lar mit Feuer, mit Wein den Genius, die Penaten mit Duft verehren und ihnen anzünden Lichter, Weihrauch auflegen, Kränze aufhängen.*

Diese frommen Handlungen der alten Hellenen und Römer werden jetzt mit schweren Strafen belegt, wie Majestäts- oder Kapitalverbrechen. Das Christentum als Staatskirche, der römische Katholizismus ersetzen das alte System einer pluralen, mehr oder weniger offenen Reichsreligion.

4 Ausblick: Europäische Religions- und Geistesgeschichte

1 Der Überblick über einige Stationen in der Entwicklung der römischen Reichsreligion von Augustus bis Theodosius findet mit dem Totalverbot der hellenischen und römischen Religion von 392 sein sozusagen natürliches Ende. Nur ein knapper Ausblick möge abschließend die Folgen andeuten, die sich aus dem Scheitern des augusteischen und des constantinisch-julianischen Systems der Reichsreligion für die sub- und nachantike Religions- und Geistesgeschichte Europas ergeben. Der neue Status, sozusagen das »theodosianische System«, zeigt eine dominante Religion, den Christianismus in zahlreichen Varianten, sodann eine repressiv tolerierte Religion, das Judentum, und eine Gruppe verbotener Religionen, u. a. die hellenische, römische, manichäische.

---

[53] Codex Theodosianus 16,10,12 vom 8. November 392.

2 Die westliche Kirche, auf die ich mich beschränken muß, wird aufgrund besonderer geschichtlicher Umstände – Schwäche des westlichen und östlichen Kaisertums, Einwanderung von Goten und Germanen nach Italien, Verselbständigung der Provinzen – zum Exponenten antiker Kultur und Tradition. Durch eine Rechtsfiktion, die wohl um 750/60 in Rom konstruiert wird, das *Constitutum (Donatio) Constantini*, gibt sich die römische Christenheit die Form eines Imperium Romanum und dem westlichen Papsttum ein kaiserliches Aussehen. Laut dieser Schenkungsurkunde[54] habe Kaiser Constantin dem »höchsten Pontifex« (*summus pontifex*) übergeben:

a) den Prinzipat über die Kirchen von Antiochia, Alexandria, Jerusalem und sogar von Konstantinopel, der neuen Residenz des Kaisers, und über alle Kirchen des Erdkreises;

b) den kaiserlichen Palast auf dem Lateran mit Kirche und Baptisterium; sie solle sein »Haupt und Gipfel aller Kirchen auf dem gesamten Erdkreis«;

c) der »höchste Pontifex« erhält das Recht, kaiserlichen Ornat zu tragen: Diadem, purpur- und scharlachfarbene Gewänder, alle imperialen Kleidungsstücke und Insignien – Szepter, Stäbe, Standarten, Fahnen, Schmuck;

d) die Kleriker der »sakrosankten (stadt-)römischen Kirche« werden Patrizier, Senatoren, ja Consuln;

e) die römische Kirche darf Militär (*imperialis militia*) aufstellen;

f) sie übernimmt die gesamte kaiserliche Verwaltung;

g) Constantin überträgt dem Bischof von Rom die volle Herrschaft über Rom, Italien, den Westen des römischen Reiches; Constantin beschränkt sich auf den Orient (cap. 17).

---

[54] Der Text der »Konstantinischen Schenkung« ist erhalten in den Pseudo-Isidorischen Dekretalen (9. Jh.), aufgenommen in das Dekret Gratians (11. Jh.). Text: Constitutum Constantini (hg. v. H. Fuhrmann), in: *Monumenta Germaniae Historica. Fontes Iuris Germanici Antiquissimi* 10, Hannover 1968 (Text, Einleitung, Literatur). – Die Datierung ist unsicher. – Papst Silvester: 314–335.

Die letzte Stufe der Romanisierung des westlichen Christentums vollzieht sich als Einverleibung der imperialen Struktur. Die Gleichstellungsformel lautet: »wie die imperiale Macht, so auch die heilige römische Kirche«.⁵⁵ Die pseudoconstantinische Schenkung formuliert den schärfsten Anspruch auf Zentralität und Universalität, auf die Kumulation von politischer, militärischer und religiöser Gewalt, den Rom in der Antike jemals erhoben hat. Der *summus pontifex* ist jetzt *imperator*, die Kirche imperial. Hiermit ist, am Ende der Antike, die politische Form des römischen Katholizismus festgestellt.

3 Das Judentum bleibt auch in dem neuen System der Reichsreligion prinzipiell eine zugelassene Religionsgemeinschaft mit innerer Autonomie. Seine rechtliche Lage jedoch verschlechtert sich, die Repression wird härter. Judäer dürfen keine christlichen Sklaven besitzen, da die Christianer dadurch »beschmutzt« werden.⁵⁶ Sie dürfen keine neuen Synagogen bauen; sie müssen die griechische Sprache benutzen. Mischehen zwischen Christianern und Judäern werden als »Ehebruch« (*adulterium*) verstanden und mit dem Tode bestraft.⁵⁷ Christianer, die sich zum Judentum bekehren, werden mit Vermögensverlust bestraft.⁵⁸ Der Zugang zum zivilen oder militärischen Staatsdienst wird Judäern untersagt.⁵⁹ Das Wort »Jude« wird jetzt, im 4. Jahrhundert christlicher Zeitrechnung, zum ersten Mal zum Schimpfwort.⁶⁰

4 Die verbotenen hellenischen und römischen Religionen mutieren zu Bildung, Kunst und Aberglauben. Die Götter werden

---

55 Fuhrmann, 89; vgl. 93: *ad imitationem imperii nostri* »zur Nachahmung unseres (kaiserlichen) imperium«.
56 Codex Theodosianus 16,9,2 (339 n. Chr.); 16,9,5.
57 Codex Theodosianus 3,7,2 (388, Theodosius I.) = Codex Justiniani 1,9,6.
58 Codex Theodosianus 16,8,1.
59 Codex Theodosianus 16,8,24.
60 Vgl. K. L. Noethlichs, *Die gesetzgeberischen Maßnahmen der christlichen Kaiser des vierten Jahrhunderts gegen Haeretiker, Heiden und Juden*, Diss. Köln 1971, S. 99 mit Literatur.

schmutzige Dämonen. Sie verstecken sich in den Ruinen ihrer Tempel, in den leeren Theatern und in ihren Statuen, in den Träumen und Wünschen der Menschen. Ein Jüngling hängte, um besser Ball spielen zu können, seinen Ring an den Finger einer Venus-Statue und ging spielen. Als er zurückkam, hatte Venus ihren Finger um den Ring gekrümmt; da war es um den Jüngling geschehn.[61] Die Heiligtümer und ihr Kultgerät werden desakralisiert, ästhetisiert, musealisiert: Kunst ohne Kult. Die Festspiele dürfen stattfinden (*laetitiae*), aber ohne Opfer. Die Kinder lernen weiterhin lesen, schreiben, Rhetorik, Mythologie mit Hilfe von Homer und Vergil.[62] Das antike Bildungswesen, Schule, Philosophie, Sprachen, Wissenschaften, und damit die klassischen Autoren, die Historiker, die Mythologie, die literarisierte Religion bleiben – mit vielerlei Verlusten und Restriktionen – bekannt und werden weiter benutzt. So bleibt in Westeuropa außer den drei praktizierten modernen Religionen (Christentum, Judentum, Islam) eine vierte, die alte, verbotene, kaltgestellte, musealisierte Religion mit ihrem kulturellen Feld als kohärente Tradition erhalten. Die nachantike europäische Kultur wird dadurch mehrschichtig, widersprüchlich, fruchtbar.

---

61 Vgl. H. Cancik, »Nutzen, Schmuck und Aberglaube« (1986), in: Ders., *Religionsgeschichten. Römer, Juden und Christen im römischen Reich. Gesammelte Aufsätze II* (hg. v. H. Cancik-Lindemaier), Tübingen 2008, S. 336–360; S. 350–52: Bericht des Magister Gregorius über die Magie einer Venusstatue in Rom.
62 Vgl. H. Cancik, »Römische Religion in spätantiken Vergilkommentaren«, in: Ders., *Römische Religion im Kontext* (Anm. 5), S. 466–484.

Christoph Markschies

»Hellenisierung des Christentums«?
– die ersten Konzilien

»Der Gott der Kirchenväter und der Gott der Bibel. Zur Frage der Hellenisierung des Christentums«[1] – mit einem solchen klar konturierten Dual hat ein kluger katholischer Kirchenhistoriker noch vor einem reichlichen Vierteljahrhundert seine Eichstätter Antrittsvorlesung überschrieben und damit nochmals pointiert einen (jedenfalls in seiner Sicht) garstigen Graben zwischen dem reinen, biblischen Ursprung des christlichen Glaubens und seiner kirchlichen Entfaltung markiert. Die genau gegenteilige Position vertrat vor deutlich kürzerer Zeit recht öffentlichkeitswirksam ein ehemaliger Regensburger katholischer Systematiker, der als Papst an seine ehemalige Wirkungsstätte zurückkehrte. Benedikt XVI. explizierte wie Reinhard Hübner am Beispiel des Gottesglaubens das Verhältnis der Ursprünge des Christentums zu seiner spätantiken, reichskirchlichen Gestalt, aber mit ganz gegenteiliger Tendenz: »Ich denke, daß an dieser Stelle der tiefe Einklang zwischen dem, was im besten Sinn griechisch ist und dem auf der Bibel gründenden Gottesglauben sichtbar wird«.[2]

Wie man auch immer die Geschichte der ersten acht Jahr-

---

1 Reinhard M. Hübner, *Der Gott der Kirchenväter und der Gott der Bibel. Zur Frage der Hellenisierung des Christentums* (Eichstätter Hochschulreden 16), München 1979.
2 Benedikt XVI., *Glaube und Vernunft. Die Regensburger Vorlesung*,

hunderte des Christentums von seinen Anfängen bis in die Spätantike entwirft, ob man sie als mehr oder weniger schroffen Bruch mit seinen Anfängen oder als mehr oder weniger organische Entfaltung darin angelegter Impulse oder einfach nüchtern als Transformation einer lokalen religiösen Bewegung in eine globalisierte Religion beschreibt, ob man also wie Hübner in Eichstätt von einer grundlegenden Dissonanz, einem Mißklang ausgeht oder wie Ratzinger in Regensburg von einem tiefen »Einklang«, also der Harmonie – praktisch jede Rekonstruktion der Geschichte des antiken Christentums verwendet als schlechterdings grundlegendes Axiom eine der genannten Sichtweisen, mindestens eine Modifikation der zwei skizzierten Typen. Hübner und Ratzinger stellen in ihren programmatischen Äußerungen über das antike Christentum nicht zufällig die Frage, ob Harmonie oder Dissonanz besteht zwischen »dem, was im besten Sinn griechisch ist«, und den theologischen Entwicklungen im antiken Christentum. Spätestens seit dem Erscheinen des ersten Bandes des großen Lehrbuchs der Dogmengeschichte, das der damalige Gießener Professor Adolf Harnack 1885 veröffentlichte, ist es allgemein üblich geworden, diesen in aller Regel positiv als Entfaltung oder negativ als Bruch konnotierten Prozeß der Transformation mit dem Stichwort »Hellenisierung des Christentums« zu benennen,[3] weil unbestritten ist, daß die Auseinandersetzung der Christen mit Standards zeitgenössischer

kommentiert v. Gesine Schwan, Adel Theodor Khoury u. Karl Kardinal Lehmann, Freiburg 2006, S. 17 f.
3 Walther Glawe, *Die Hellenisierung des Christentums*, Diss. theol. Rostock 1908, Berlin 1909; ders., *Die Hellenisierung des Christentums in der Geschichte der Theologie von Luther bis auf die Gegenwart* (Neue Studien zur Geschichte der Theologie und der Kirche 15), Berlin 1912; Alois Kardinal Grillmeier, »Hellenisierung – Judaisierung des Christentums als Deuteprinzipien der Geschichte des kirchlichen Dogmas«, in: Ders., *Mit ihm und in ihm. Christologische Forschungen und Perspektiven*, Freiburg u. a. ²1978, S. 423–488 und Leo Scheffczyk, *Tendenzen und Brennpunkte der neueren Problematik um die Hellenisierung des Christentums* (SBAW.PH 3/1982), München 1982.

Rationalität und Wissenschaft wie mit institutionellen Modellen für deren Produktion tatsächlich wesentlich die Entwicklung des antiken Christentums prägt, diese Standards wie Modelle aber in der griechischen Kultur ausgeprägt und geformt worden sind. Also liegt es zunächst einmal nahe, auch hier und heute zentrale Entwicklungen der christlichen Theologie in der Spätantike unter exakt diesem traditionellen Stichwort »Hellenisierung des Christentums« zu verhandeln. Auf der anderen Seite ist auch der Einsatz bei den spätantiken Reichskonzilien zunächst einmal ganz sachgemäß. Die theologischen Entwicklungen auf dem Gebiet der Gotteslehre und der Christologie und die kirchenrechtlichen Normierungen des individuellen Lebens und der kirchlichen Strukturen kulminierten auf diesen reichsweiten Bischofsversammlungen, die der Kaiser einberief – gerade auch in der öffentlichen Wahrnehmung der Zeitgenossen selbst. Schon Harnack verwendet in seinem »Lehrbuch der Dogmengeschichte« jene Konzilien bei seiner Periodisierung des antiken Christentums: Er unterscheidet eine erste Periode der »Entstehung« von einer zweiten Periode der »Entwickelung« des Dogmas und bezeichnet das *erste* Reichskonzil in der kaiserlichen Sommerresidenz von Nicaea im Jahre 325 n. Chr. als »entscheidenden Einschnitt« zwischen beiden Epochen der »Entstehung« und »Entwickelung«. Das nach kanonischer Zählung *siebente* Reichskonzil, das am selben Ort Nicaea 787 n. Chr. stattfand, hält er für den Abschluß der zweiten Periode der »Entwickelung« »innerhalb der morgenländischen Kirche«, während die Bedeutung der Dogmen in der abendländischen Kirche erst nachmittelalterlich durch die protestantischen Kirchen »materiell und formell verändert« wird.[4] Dogmen, also jene Lehrsätze,

---

4 Adolf von Harnack, *Lehrbuch der Dogmengeschichte, 1. Bd. Die Entstehung des kirchlichen Dogmas*, Tübingen ⁴1909, S. 4 f. und S. 5 (ausführlicher über »materielle und formelle Umbildung des mittelalterlichen und altkatholischen Dogmas in den ursprünglichen Conceptionen Luthers's« auch a. a. O. S. 9 Anm. 1). Bemerkenswerterweise ist es allerdings nicht das in Nicaea diskutierte trinitätstheologische Dogma, das den »ent-

in denen auf den reichsweiten Konzilien für die Gemeinschaft der Mehrheitskirche normiert wurde, was im Blick auf Gotteslehre und Christologie als verbindlich zu gelten hatte, nennt Harnack aber »in seiner Conception und in seinem Ausbau ein Werk des griechischen Geistes auf dem Boden des Evangeliums«; das »dogmatische Christenthum« entspricht ungeachtet seiner Fortdauer in späteren Epochen »der antiken Denkweise«.[5]

Freilich steigen auch schnell Bedenken auf: Ist nicht eben dieser scheinbar so naheliegende Ansatz bei dem alten Modell einer »Hellenisierung des Christentums« in Wahrheit gar nicht sachgemäß? Nicht sachgemäß, weil der in ihm mitgesetzte Dual von biblischer Botschaft einerseits und einer griechischen »Erkenntniss der Welt und des Weltgrundes, die bereits ohne Rücksicht auf sie gewonnen war«,[6] andererseits die tatsächlichen Faktoren, die auf die Entwicklung der Glaubenslehren der antiken Christenheit wirkten, gnadenlos reduziert, ja simplifiziert? Noch pointierter: Feiern hier nicht trotz aller Unterschiede und Distanzierungen dualistische Typologien theologischer Schüler Hegels, vor allem von Ferdinand Christian Baur, fröhliche Urständ beim protestantischen wie beim katholischen Kirchenhistoriker und erst recht beim katholischen Systematiker im Papstamte?[7] Und ist es wirklich sinnvoll, die Betrachtung der Konzilien als dem angeblichen Paradefall der »Hellenisierung des Christentums« vor allem auf ihre normierten Lehrbestände

scheidenden Einschnitt« bildet, sondern ein »Glaubenssatz in Bezug auf Christus«, nämlich die Lehre, »Christus sei der präexistente und persönliche Logos Gottes« (a. a. O. S. 4).
5 Harnack, *Lehrbuch der Dogmengeschichte*, 1. Bd. (Anm. 4), S. 20 und S. 18.
6 Harnack, *Lehrbuch der Dogmengeschichte*, 1. Bd. (Anm. 4), S. 19.
7 Harnack distanziert sich pointiert von Baur (*Lehrbuch der Dogmengeschichte*, 1. Bd. [Anm. 4], S. 11), vgl. aber Ernst Troeltsch, »Adolf v. Harnack und Ferd. Christ. v. Baur«, in: *Festgabe von Fachgenossen und Freunden A. von Harnack zum siebzigsten Geburtstage dargebracht*, Tübingen 1921, S. 282–291.

zu konzentrieren, auf Trinitätstheologie und Christologie also, aber nicht auf die sogenannten »Kanones« einzugehen, in denen beispielsweise ethische Positionen normiert werden, und auf die institutionellen Kontexte einer reichsweiten, kaiserlich kontrollierten Kirchenversammlung?

Wenn man solche kritischen Fragen beantworten will und angesichts der großen Mengen an Sekundärliteratur weder ausschließlich neuzeitliche Theologiegeschichte treiben noch bloß unter einem besonders stark wertenden Vorzeichen die Transformationsprozesse des antiken Christentums bis zum Ende der Spätantike nachzeichnen will, bleibt nur, in zwei Schritten noch einmal die höchst problematische Kategorie »Hellenisierung des Christentums« auf ihre historiographische Brauchbarkeit zu überprüfen und das Ergebnis auf die ersten Konzilien der Reichskirche anzuwenden, ohne diese rein als geistesgeschichtliches Faktum zu verwenden.

1 »Hellenisierung des Christentums« – Erwägungen zur Brauchbarkeit einer historiographischen Kategorie

Wenn man die unterschiedlichen Modelle einer »Hellenisierung des Christentums« kritisch diskutieren will, muß man sich zunächst klarmachen, daß sie jeweils auch unterschiedliche Fassungen ein und desselben Epochenbegriffs »Hellenismus« voraussetzen. Dieser Epochenbegriff wird bekanntlich auf den in Berlin, Kiel und Jena wirkenden Historiker und Politiker Johann Gustav Droysen (1808–1884) zurückgeführt, dessen zweihundertsten Geburtstag wir in diesem Jahr feiern.[8] »Hellenisierung« und »Hellenismus« hängen nicht nur sprachlich zusammen: In der Epoche des Hellenismus wird das Christentum von eben dieser Epoche geprägt, es wird »hellenisiert« und

---

8 Reinhold Bichler, ›Hellenismus‹. Geschichte und Problematik eines Epochenbegriffs (Impulse der Forschung 41), Darmstadt 1983; Wilfried Nippel, Johann Gustav Droysen. Ein Leben zwischen Wissenschaft und Politik, München 2008, insbesondere S. 34–40.

ist dann »hellenisiertes Christentum«, so wie schon zuvor das »hellenisierte Judentum« die Epochensignatur des Hellenismus trägt.[9] Ein Blick auf die Ursprünge jenes Epochenbegriffs »Hellenismus« bei Droysen (der Begriff »Hellenisierung« fällt bei ihm sehr selten[10]) zeigt bereits wie in einem Brennglas Chancen und Probleme eines solchen Zugriffs auf die Materie, die sich dann strukturanalog auch in den unterschiedlichen, aber stets auf den Epochenbegriff »Hellenismus« bezogenen Konzepten einer »Hellenisierung des Christentums« wiederfinden lassen. Daher wollen wir uns in einem ersten Unterabschnitt auf Droysen konzentrieren, in einem zweiten auf Harnack.

1a »Hellenismus« und »Hellenisierung« bei Johann Gustav Droysen

Wenn man Droysens berühmte Trilogie zu Alexander dem Großen, den Diadochen und deren Epigonen, die erstmals 1877/1878 unter dem einheitlichen Obertitel »Geschichte des Hellenismus« erschien, gründlich liest, zeigt sich, daß Droysen in Wahrheit gar keinen präzisen Epochenbegriff entwickelte, sondern *zum einen* mit Hilfe des Begriffs »Hellenismus« in programmatischen Passagen wie den Einleitungen und Schlußkapiteln eine große Geschichtstheorie vor seine Darstellung setzte, die die historischen Darstellungen der Bände selbst nur sehr begrenzt beeinflußte und daher in der zweiten Auflage der Trilogie 1877/1878 auch drastisch zusammengestrichen werden konnte[11]. Außerdem bezeichnete er mit dem Begriff »Hellenismus«

---

9 Martin Hengel, »Das Problem der ›Hellenisierung‹ Judäas im 1. Jahrhundert nach Christus (unter Mitarbeit von Christoph Markschies)«, in: Ders., *Judaica et Hellenistica. Kleine Schriften I* (Wissenschaftliche Untersuchungen zum Neuen Testament 90), Tübingen 1996, S. 1–90.

10 Johann Gustav Droysen, *Geschichte des Hellenismus, Bd. I Geschichte Alexanders des Großen*, Darmstadt 1998, S. 16 (zu Zypern); *Bd. II Geschichte der Diadochen*, Darmstadt 1998, S. 4 (von den Mittelmeerküsten); *Bd. III Geschichte der Epigonen*, Darmstadt 1998, S. 179. 425 f. 428. 431.

11 Das Vorwort zur ersten Auflage des dritten Bandes, datiert auf den

zum anderen das politische System der sogenannten Diadochenstaaten und *zum dritten* eine »höhere Einheit der Bildung, des Geschmacks, der Mode, oder wie man sonst dieses stets wechselnde Niveau der menschlichen Gesellschaft nennen will«.[12] Zentral für die »Geschichte des Hellenismus« ist der Begriff »Hellenismus« zunächst also gar nicht: Auf den fast fünfhundert Seiten des ersten Bandes fällt der Terminus gerade einmal sechsmal, achtmal im zweiten Band und rund fünfzigmal erst im abschließenden dritten Band von 1843,[13] dort vor allem in der dritten, kulturellen Bedeutung: »Hellenismus« ist »Ineinsbildung des Griechisch-Makedonischen und des Morgenländischen«, aber er unterscheidet sich »in Sprache, Religion, Sitte … je nach den bestehenden Mischungsverhältnissen«, aus dem

---

9. Mai 1843, war ohnehin nur als Privatdruck verbreitet worden und wurde erstmals 1893 einem breiteren Publikum bekannt (jetzt in Droysen, *Bd. III Geschichte der Epigonen* [Anm. 10], Darmstadt 1998, S. IX–XXIII).

12 Allein in Bd. I [Anm. 10], S. 442 werden nebeneinander auf einer Seite eine politische Bedeutung (»als der Hellenismus seine politische Selbständigkeit dem römischen Staate gegenüber verlor«) und eine kulturelle Bedeutung des Begriffs »Hellenismus« umstandslos gebraucht (»die höhere Einheit der Bildung, des Geschmacks, der Mode, oder wie man sonst dies stets wechselnde Niveau der menschlichen Gesellschaft nennen will«). Präziser äußert sich Droysen im zweiten Band (a. a. O. S. 304): »Jetzt (sc. in den Jahren 305/304 v. Chr., C. M.) in der Tat hat das einige Reich, das Alexander gegründet, ein Ende. Lag es im Wesen des Hellenismus, auf den er es hatte stellen wollen, des mit dem Barbarischen zu gegenseitiger Ausgleichung und Durchgärung verbundenen Griechentums, je nach dem Maß der Verbindung und den Unterschieden der asiatischen Elemente sich in sich zu differenzieren, so konnte dieser Hellenismus, je weiter er sich entwickelte, desto weniger als politisch einiger Körper bestehen; er mußte zerfallen nach den neu werdenden ethnographischen Typen, deren Unterschiede die barbarischen Substrate der Mischung bestimmten«.

13 Für die Zählung habe ich die digitalisierte Version der Ausgabe von 1877 mit der Paginierung der Ausgabe von 1952/1953 bzw. 1998 in der »Digitalen Bibliothek« (Nr. 55, Geschichte des Altertums, Berlin 2001) verwendet.

Reich der Seleukiden geht ein »mannigfaltiger Hellenismus in bunter Zersplitterung hervor«.[14]

Vermutlich hat aber eben diese mangelnde Präzision, mit der Droysen den Epochenbegriff »Hellenismus« verwendet, und die Diffusität, die sich daraus ergibt, den Siegeszug des nämlichen Epochenbegriffs im 19. und vor allem im 20. Jahrhundert befördert – so meint jedenfalls der Berliner Althistoriker Wilfried Nippel und vor ihm schon sein Marburger Kollege Karl Christ:[15] Was nicht präzise bestimmt ist, lädt zur Präzisierung ein, präziser: zu immerwährenden Präzisierungsversuchen. 1877 reicht der »Hellenismus« bei Droysen von Alexander bis Caesar, 1836 beginnt er erst nach dem Tode Alexanders, erstreckt sich aber dafür bis in byzantinische Zeit.[16] Solche chronologische Unsicherheiten begleiten den Epochenbegriff bis heute. Analoges gilt für die inhaltliche Bestimmung; hier steht – wie wir sahen – ein ebenso thetisches wie tief heilsgeschichtlich grundiertes Verständnis des Begriffs neben einem eher blassen und quasi nebenbei entfalteten politischen und kulturellen Bedeutungsinhalt von »Hellenismus«. Während in der Vorrede der ersten Auflage der »Geschichte Alexanders des Großen« von 1833 der Hellenismus höchst pathetisch als eine Epoche der Versöhnung zwischen Abend und Morgen in die ewige, gottgesetzte Abfolge aus »ewiger Feindschaft und dem ewigen Verlangen der Versöhnung«

---

14 Droysen, *Bd. III Geschichte der Epigonen* (Anm. 10), S. 23. 27. 51; vgl. auch ebd. S. 422.
15 Karl Christ, *Von Gibbon zu Rostovtzeff. Leben und Werk führender Althistoriker der Neuzeit*, Darmstadt 1972, S. 62.
16 Wilfried Nippel, »›Hellenismus‹ – von Droysen bis Harnack – oder Interdisziplinäre Mißverständnisse«, in: Kurt Nowak u. a. (Hg.), *Adolf von Harnack. Christentum, Wissenschaft und Gesellschaft. Wissenschaftliches Symposium aus Anlaß des 150. Geburtstages* (Veröffentlichungen des Max-Planck-Instituts für Geschichte 204), Göttingen 2003, S. 15 – 28; zur Frage eines möglichen Wandels in der Konzeption von Droysen vgl. Bichler, ›*Hellenismus‹. Geschichte und Problematik eines Epochenbegriffs* (Anm. 8), S. 60 – 63, zu chronologischen Inkonsistenzen a. a. O. S. 90 – 94.

eingeordnet wird, einer Sehnsucht der Menschen nach dem verlorenen Paradies,[17] steht anstelle jener pathetischen Vorrede in der zweiten Auflage 1877 der lakonische Satz »Der Name Alexander bezeichnet das Ende einer Weltepoche, den Anfang einer neuen«.[18] In der äußerst knappen, neu hinzugefügten Vorbemerkung zur zweiten Auflage wird von Droysen sogar behauptet, daß der neue Gesamttitel für alle drei Bände und somit die Ausweitung des Begriffs »Hellenismus« auf Alexander »keiner Rechtfertigung« bedürfe, und vom Autor weiter konstatiert, man habe schon im Altertum »die Sprache jener westöstlichen Völkermischung mit dem Namen der hellenistischen« bezeichnet (eine, philologisch betrachtet, irrige Ansicht zum griechischen Begriff Hellenismós [ἑλληνισμός], die freilich damals en vogue war).[19] Obwohl Droysen das pathetische Vorwort des ersten Bandes in der zweiten Auflage zur Gänze streicht und einschlägige Passagen am Schluß kürzt, obwohl er das geschichtstheologische Vorwort zum dritten Band kaum verbreitet, sind in der zweiten Auflage noch genügend Spuren der quasi heilsgeschichtlichen Konzeption des Begriffes »Hellenismus« stehengeblieben. Auch 1877 bezeichnet Droysen gegen Schluß seines er-

[17] Johann Gustav Droysen, *Geschichte Alexanders des Großen*, hg. v. Helmut Berve, Neudruck der Urausgabe (Kröners Taschenausgabe 87), Leipzig 1931, S. 1.

[18] Johann Gustav Droysen, *Geschichte des Hellenismus*, hg. v. Erich Bayer, eingel. v. Hans-Joachim Gehrke, *Bd. I Geschichte Alexanders des Großen*, Darmstadt 1998 (= Tübingen 1952), S. 3.

[19] Droysen, *Bd. I Geschichte Alexanders des Großen* (Anm. 18), S. XVI; zum griechischen Begriff Bichler, ›*Hellenismus*‹. *Geschichte und Problematik eines Epochenbegriffs* (Anm. 8), S. 4–22. – Während Droysen unter »Hellenismus« Vermischung versteht, wird mit dem Stichwort ἑλληνισμός im zweiten Makkabäerbuch die Annahme *griechischer* Einrichtungen und Sitten durch einstmals fromme Juden bezeichnet (und also gerade keine Vermischung jüdischer und griechischer Elemente), so mit Recht Bichler, ›*Hellenismus*‹. *Geschichte und Problematik eines Epochenbegriffs* (Anm. 8), S. 11 f.; Martin Hengel, *Juden, Griechen und Barbaren. Aspekte der Hellenisierung des Christentums in vorchristlicher Zeit* (Stuttgarter Bibelstudien 76), Stuttgart 1976, S. 108–112.

sten Bandes den »Hellenismus« noch als »Theokrasie«, als Kulturmischung von Okzident und Orient, als Verbindung von griechischer individueller Freiheit und orientalischem religiösen Absolutismus.[20] Der heilsgeschichtliche Überschwang in der ersten Auflage war für den Sohn eines pommerschen Superintendenten aus Treptow an der Rega ebensowenig verwunderlich[21] wie die relativ deutliche Zunahme der politikgeschichtlichen Anteile in der zweiten Auflage bei einem Historiker, der sich spätestens seit 1848 immer stärker als Politiker betätigte und die »Geschichte des Hellenismus« ja ohnehin schon mit starker Konzentration auf die politische Geschichte erzählt hatte.[22]

Der Blick auf Droysen zeigt also tatsächlich Chancen und Probleme des Konzepts »Hellenisierung des Christentums« wie im Brennglas: Es droht bei diesem Konzept, daß unter der Hand mit einem schlichten Epochenbegriff ein geschichtstheologisches oder geschichtsphilosophisches Konzept verbindet, daß die Fülle

20 Droysen, *Bd. I Geschichte Alexanders des Großen* (Anm. 18), S. 444: »die Theokrasie war selbst nichts als ein Versuch, durch Verschmelzung aller jener verschiedener Religionssysteme eine Einheit hervorzubringen; nur daß sie auf diesem Wege in der Tat doch nimmer erreicht werden konnte«. Zum Hintergrund der Konzeption, daß die Entwicklung der Freiheit in Griechenland einen Zenit überschritten habe, vgl. Bichler, ›Hellenismus‹. *Geschichte und Problematik eines Epochenbegriffs* (Anm. 8), S. 72 f.

21 Schon in seinen Berliner Promotionsthesen von 1831 sah Droysen in der »westöstlichen Völkermischung« des »Hellenismus« eine zentrale Voraussetzung für die Entstehung des Christentums, sah die neue Religion der alten Versöhnung von Abend und Morgen näher als dem Judentum (»a doctrina Christiana Graecorum quam Iudaeorum religio proprius abest«, zitiert bei Christ, *Von Gibbon zu Rostovtzeff. Leben und Werk führender Althistoriker der Neuzeit* [Anm. 15], S. 58 = Gustav Droysen, *Johann Gustav Droysen. Bd. 1 Bis zum Beginn der Frankfurter Tätigkeit*, Leipzig 1910, S. 69).

22 So deutlich Arnaldo Momigliano, »Johann Gustav Droysen zwischen Griechen und Juden«, in: Ders., *Ausgewählte Schriften zur Geschichte und Geschichtsforschung, Bd. 3 Die moderne Geschichtsschreibung der Alten Welt*, hg. v. Glenn W. Most, Stuttgart/Weimar 2000, S. 142–160, hier S. 149.

gelebten Lebens auf sehr schlichte Typologien und Modelle reduziert wird, beispielsweise auf das Modell einer letztlich diffusen Mischung (»Theokrasie«), deren Elemente und genaue Gestalt nie klar werden,[23] sondern mit der Versicherung des Autors, alles sei je nach lokalen Umständen sehr verschieden, ziemlich im dunklen bleiben. Außerdem ist bei den Versuchen einer inhaltlichen Füllung des Epochenbegriffs nie richtig klar, was eigentlich in den Blick genommen wird: die politische Geschichte oder die Kulturgeschichte oder die Religionsgeschichte. Insofern ist es also kein Wunder, daß zwischen der in Vorworten und Schlußabschnitten entfalteten Programmatik der Pathosformeln und dem historiographischen Alltagsgeschäft der Quelleninterpretation bei Droysen ein schroffer Hiat klafft. Eine Chance des Konzepts ist bei Droysen freilich auch sehr gut zu erkennen: Der stark konstruktive und modellierende (um nicht zu sagen: simplifizierende) Charakter des Modells einer »Hellenisierung« der orientalischen Welt bis hin zum Christentum erhöht die Aufmerksamkeit für eine gern vernachlässigte Epoche. In der beständig unterschiedlichen Vermischung und Vereinigung von Griechentum und Orient, die man vor dem Hintergrund eines Paradigmas von klassischem Altertum gern als Abfall von klassischem Griechentum wertete, sieht Droysen im Privatdruck des Vorworts zum dritten Band seiner »Geschichte des Hellenismus« gerade dessen exemplarische Modernität: »Ich habe den Hellenismus bezeichnet als die moderne Zeit des Altertums«.[24] Freilich bleibt verwunderlich, daß in dieser neuen Aufmerksamkeit für eine Epoche der Vermischung das Juden-

---

23 Eine gewisse Ausnahme bildet die schöne Beschreibung der seleukidischen Kultur bei Droysen, *Bd. III Geschichte der Epigonen* (Anm. 10), S. 413–415: »und der kühne Aitoler versucht am Ganges und in Meroë sein Glück« (a. a. O. S. 413). Zu den Problemen solcher Mischungskonzepte vgl. auch Christoph Markschies, Art. »Synkretismus V. kirchengeschichtlich«, in: *Theologische Realenzyklopädie Bd. XXXII*, Berlin/New York 2001, S. 538–552.

24 Vorwort zur ersten Auflage 1843 von Droysen, *Bd. III Geschichte der Epigonen* (Anm. 10), S. XXII.

tum praktisch überhaupt keine Rolle spielt, obwohl – wie Arnaldo Momigliano betont hat – Droysen mit einer ganzen Reihe prominenter jüdischer Konvertiten befreundet war und beispielsweise bei dem Berliner Kirchenhistoriker Neander Vorlesungen hörte.[25]

1b »Hellenismus« und »Hellenisierung« bei Adolf von Harnack

Wenn in der Geschichtsschreibung des antiken Christentums über die ersten Konzilien unter der Perspektive der »Hellenisierung des Christentums« gehandelt wird, bezieht sich seit über hundert Jahren eigentlich niemand auf Droysen; vielmehr arbeitet man sich (bis hin zur erwähnten Regensburger Vorlesung des Papstes) am großen Berliner Kirchenhistoriker Harnack (1851 – 1930) ab. Trotzdem lohnt ein Vergleich zwischen Droysen und Harnack. Denn Harnacks Begriff von »Hellenismus«, der seinem Konzept einer »Hellenisierung des Christentums« zugrunde liegt (wie wir bereits sagten), teilt verschiedene Probleme und Chancen mit Droysens Begriff, obwohl Harnack sich, wenn ich recht sehe, niemals explizit auf Droysen bezieht. Das mag biographische Gründe haben; als Harnack 1888 nach Berlin wechselte, hatte bereits der heute kaum mehr bekannte Ulrich Köhler (1838 – 1903) Droysens Lehrstuhl im Rahmen eines neu formierten Instituts für Altertumskunde übernommen.[26] Außerdem dürften Harnack die in der zweiten Auflage von 1877 gestrichenen Sätze aus dem Schlußabschnitt des zweiten Bandes von 1843 über die Zeugung des Christentums aus der »Jehovalehre« (so wird das Judentum genannt) und dem im »Hellenismus«

---

25 Momigliano, »Johann Gustav Droysen zwischen Griechen und Juden« (Anm. 22), S. 156–158.
26 Ulrich von Wilamowitz-Moellendorff in Max Lenz, *Geschichte der königlichen Friedrich-Wilhelms-Universität zu Berlin, Bd. 3 Wissenschaftliche Anstalten, Spruchkollegium, Statistik*, Halle 1910, S. 216–218.

zersetzten Heidentum nicht bekannt gewesen sein.[27] Auf den ersten Blick haben auch die Inhalte, mit denen der Epochenbegriff »Hellenismus« und folglich die Vorstellung von einer »Hellenisierung« gefüllt wird, vergleichsweise wenig miteinander zu tun. Wilfried Nippel hat in einer schönen Analyse der Debatte über den Begriff »Hellenismus«, die sich an die Veröffentlichung der zweiten Auflage der Trilogie Droysens 1877/1878 anschloß, festgestellt, daß Harnack bei seiner eigenen Verwendung der Terminologie Positionen bezog, »die eine deutliche Distanz zu den Gegenständen der Hellenismus-Diskussion auch in Theologie und Religionswissenschaft des späten 19. Jahrhunderts markieren«.[28] Harnack wertet die Hellenisierung des Christentums deutlich negativer als Droysen, und das ist, wie Pannenberg einmal knapp erläutert hat, eine Konsequenz der systematisch-theologischen Grundorientierung des systematischen Theologen Albrecht Ritschl (1822–1889), der Harnack folgt, aber vermutlich doch auch Folge seiner baltisch geprägten Herzensfrömmigkeit.[29] Die Unterschiede zu Droysen im Detail werden beispielsweise schon daran deutlich, daß sowohl in der erwähnten Dogmengeschichte Harnacks als auch in seiner späteren Geschichte der »Mission und Ausbreitung des Christentums in den ersten drei Jahrhunderten« »die religiösen Auffassungen und die Religionsphilosophie der hellenistischen Juden in ihrer Bedeutung für die spätere Umprägung des Evangeliums«, also für die Hellenisierung, im Unterschied zu Droysen wenigstens knapp dargestellt und gewürdigt werden.[30] Harnack bezeichnet »das

27 Droysen, *Bd. II Geschichte der Diadochen* (Anm. 10), 1843, S. 582–584.
28 Nippel, »›Hellenismus‹ – von Droysen bis Harnack« (Anm. 16), S. 23.
29 Wolfhart Pannenberg, »Die Aufnahme des philosophischen Gottesbegriffs als dogmatisches Problem der frühchristlichen Theologie«, in: Ders., *Grundfragen systematischer Theologie. Gesammelte Aufsätze*, Göttingen 1979, S. 296–346, hier S. 296 f.
30 Harnack, *Lehrbuch der Dogmengeschichte, 1. Bd. Die Entstehung des kirchlichen Dogmas* (Anm. 4), S. 121–132; dazu vgl. Wolfram Kinzig, *Harnack, Marcion und das Judentum. Nebst einer kommentierten Editi-*

Judenthum im Zeitalter Christi« (eine Anspielung auf das monumentale Werk seines Freundes, des Göttinger Theologen Emil Schürer [1844–1910]) als »synkretistische Religion«;[31] Hellenisierung des Judentums bedeutet, daß sich diese Religion »unter dem zwar oberflächlichen, aber doch sehr wirksamen Einfluss der griechischen Cultur ... zu einer Art von Weltbürgerthum entwickelt« und zu einer »rationalen Religion« mutiert; dies wird in einer Passage über den jüdisch-hellenistischen Religionsphilosophen Philo von Alexandrien demonstriert, die erkennbar aus der Sekundärliteratur gefertigt wurde.[32] Trotzdem hält Harnack in seiner »Missionsgeschichte« fest, daß es kaum eine Tatsache gebe, »die des Nachdenkens so würdig ist, wie die, daß die Religion Jesu auf jüdischem und auch auf semitischem Boden keine Wurzeln hat fassen können. Es muß doch etwas in dieser Religion gelegen haben und liegen, was dem freieren griechischen Geist verwandt ist«[33] – hier wird nun genau der Gegensatz von griechischer individueller Freiheit und orientalischem religiösem Absolutismus repristiniert, der sich bei Droysen findet.[34]

Auch an anderen Stellen ergeben sich auf den zweiten Blick allerlei weitere Parallelen in der Art, wie mit dem Begriff »Hellenismus« umgegangen wird. Harnack vermeidet regelrechte Definitionen des Begriffs, aber wenn er etwas Ähnliches versucht,

> *on des Briefwechsels Adolf von Harnacks mit Houston Stewart Chamberlain* (Arbeiten zur Kirchen- und Theologiegeschichte 13), Leipzig 2004, S. 162–182.

31 Harnack, *Lehrbuch der Dogmengeschichte*, 1. Bd. *Die Entstehung des kirchlichen Dogmas* (Anm. 4), S. 121; vgl. Markschies, Art. »Synkretismus V. kirchengeschichtlich«, TRE XXXII (Anm. 23), S. 540–543 mit einem Exkurs zur Geschichte der Bezeichnung des antiken Judentums und Christentums als »synkretistische Religion«.

32 Harnack, *Lehrbuch der Dogmengeschichte*, 1. Bd. *Die Entstehung des kirchlichen Dogmas* (Anm. 4), S. 123 f.

33 Adolf von Harnack, *Die Mission und Ausbreitung des Christentums in den ersten drei Jahrhunderten*, Wiesbaden 1981 (= Leipzig [4]1924), S. 71 f.

34 Droysen, *Bd. I Geschichte Alexanders des Großen* (Anm. 10), S. 444.

wirkt das Ergebnis ähnlich unpräzise wie bei Droysen. Wenn er (wie sein Baseler Kollege und Intimfeind Franz Overbeck [1837–1905]) die Gnosis »eine akute Hellenisierung des Christentums« nennt, dann ist das, wie er dem klassischen Philologen Paul Wendland (1864–1915) 1910 auf einer Postkarte erklärt, keine »Realdefinition«, »sondern lediglich eine Bezeichnung seines Erfolgs«.[35] Vor allem differenziert Harnack nicht präzise zwischen den Bedeutungsebenen der Begrifflichkeit: In der Missionsgeschichte wird beispielsweise von der »Hellenisierung des Orients und z. T. auch des Okzidents« in einem ganz allgemeinen Sinne geredet und »die relative Einheitlichkeit in bezug auf Sprache (die Koine) und Anschauungen, welche durch sie geschaffen wurde«.[36] Harnack differenziert also an dieser Stelle zwischen Wirkungen einer allgemeinen Hellenisierung und derselben als einem von den Wirkungen unabhängigen, offenbar metahistorischen Prozeß (mutmaßlich der Entwicklung einer Idee);[37] wie Droysen verrät er nicht, wie diese beiden Dimensionen zusammenpassen. Und er erklärt nicht, wie sich die allgemeine Hellenisierung von Orient und Okzident zu der des Christentums verhält. In seinen Vorlesungen über das Wesen des Christentums beschreibt er den Prozeß als »Einströmen des Griechentums, des griechischen Geistes« und nennt das »die größte Thatsache in

---

35 Karte Harnack an Wendland vom 19.9.1910, SUB Göttingen, Ms. Philos. 206:79.
36 Harnack, *Die Mission und Ausbreitung des Christentums in den ersten drei Jahrhunderten* (Anm. 33), S. 23.
37 Vgl. dazu seinen Osloer Vortrag »Wie soll man Geschichte studieren?« von 1910 (Christoph Markschies, »Adolf von Harnack, Wie soll man Geschichte studieren, insbesondere Religionsgeschichte? – Thesen und Nachschrift eines Vortrages vom 19.10.1910 in Christiania/Oslo«, in: *Zeitschrift für Neuere Theologiegeschichte* 3 (1995), S. 148–159 und Harnack, »Über die Sicherheit und die Grenzen geschichtlicher Erkenntnis«, in: Ders., *Erforschtes und Erlebtes. Reden und Aufsätze. Neue Folge 4. Bd.*, Gießen 1923, S. 3–23 sowie Johanna Jantsch, *Die Entstehung des Christentums bei Adolf von Harnack und Eduard Meyer* (Habelts Dissertationsdrucke. Reihe Alte Geschichte 28), Bonn 1990, S. 46–50.

der Kirchengeschichte des zweiten Jahrhunderts«.[38] Ähnlich unpräzise sind die chronologischen Vorstellungen: Wie Droysen grenzt Harnack Anfang und Ende dieses Prozesses (oder besser: dieser Prozesse) nicht wirklich präzise voneinander ab. Dabei endet offenkundig nach seinen Vorstellungen die Hellenisierung in einem profanen Sinne genau in dem Moment, in dem die Hellenisierung des Christentums Fahrt aufnimmt, im 3. Jahrhundert: »Diese fortschreitende Hellenisierung scheint sich erst gegen Ende des 2. Jahrhunderts unserer Zeitrechnung erschöpft zu haben, erlebte aber im 4. Jahrhundert durch die Verlegung der Residenz des Reichs in den Osten auf wichtigen Linien noch eine nachträgliche Verstärkung«.[39] Auf der einen Seite sollen, wie es in der »Dogmengeschichte« in einer Fußnote heißt, die »Grundlagen für diese Hellenisirung des Evangeliums in der Kirche ... schon im ersten Jahrhundert (c. 50–150) gelegt worden« sein;[40] auf der anderen Seite bestreitet Harnack (wie die klassischen Philologen Paul Wendland und Eduard Norden), »daß in den ältesten Schriften, geschweige im Evangelium, ein griechisches Element in irgend erheblichem Maße zu finden ist«.[41] Johanna Jantsch hat also mit Recht bilanziert: »Harnacks Hellenisie-

---

38 Adolf von Harnack, *Das Wesen des Christentums. Sechzehn Vorlesungen vor Studierenden aller Fakultäten im Wintersemester 1899/1900 an der Universität Berlin gehalten*, hg. v. Claus-Dieter Osthövener, Tübingen ²2007, S. 115.

39 Harnack, *Die Mission und Ausbreitung des Christentums in den ersten drei Jahrhunderten* (Anm. 33), S. 23 f.; vgl. zur Sache Eginhard P. Meijering, *Die Hellenisierung des Christentums im Urteil Adolf von Harnacks* (VKNAW. Afd. Letterkunde, Nieuwe Reeks 128), Amsterdam u. a. 1985, S. 22 f.

40 Harnack, *Lehrbuch der Dogmengeschichte, 1. Bd. Die Entstehung des kirchlichen Dogmas* (Anm. 4), S. 161 Anm. 2; Harnack geht davon aus, daß der Gedanke, »dass die religionsphilosophische Erkenntniss nicht eine (charismatische) Zugabe zum Glauben resp. eine Entfaltung neben anderen sei, sondern dass sie mit dem innern Wesen des Glaubens selbst zusammenfalle«, eine verbreitete »hellenische« Annahme sei, die ins Christentum eingezogen sei (a. a. O. S. 161).

41 Harnack, *Das Wesen des Christentums* (Anm. 38), S. 116.

rungsthese ist nicht ganz widerspruchsfrei«; wir können ergänzen: Eben darin setzte er fort, was bei Droysen angelegt war und dort auch schon unklar war.

Bleibt abschließend die Frage zu klären, ob man angesichts der skizzierten Probleme, mangelnden Präzision und drohender Gefahr der Simplifizierung auf schlichte Duale den eingeführten Begriff der »Hellenisierung« überhaupt in der Christentums- und Theologiegeschichtsschreibung weiter verwenden sollte – und sich damit weit vom Sprachgebrauch antiker Christen entfernt: »die Regräzisierung, die Wiederherstellung griechischer Sprache, griechischer Sitte und griechischer Religion gedeiht noch nicht so, wie man es erwarten dürfte, durch unser, ihrer Anhänger Verschulden«, schreibt der römische Kaiser Julian im Jahre 362 n. Chr. an den galatischen Oberpriester Arsacius,[42] und die griechischen christlichen Theologen des 4. Jahrhunderts verstehen unter Hellenismós (ἑλληνισμός) häufig einfach nur noch die Häresie des Heidentums oder den Abfall dorthin[43] – wer also für eine enge Konsonanz antiker und moderner Begrifflichkeit votiert, wird einem von Droysen wie Harnack in gänzlich anderem Sinn gebrauchten und so zutiefst verfremdeten antiken Begriff nichts abgewinnen können, allzumal die enge Verbindung des Begriffs »Hellenen« mit den bekehrungsunwilligen Vertretern der alten Religion durch die christlichen Theologen, die der Apostatenkaiser Julian in seinem Brief kämpferisch aufgreift, insbesondere von Harnack erforscht wurde.[44]

---

42 ‘ο ‘ελληνιδμός οὔπω πράττει κατὰ λόγον, ἡμῶν ἕνεκα τῶν μετιόντων αὐτόν. Julian, ep. 39 (TuscBü S. 104 Weis) = ep. 84 (CUFr I/2, S. 144,7 f. Bidez/Cumont). Der Kirchenhistoriker Sokrates, der den Brief überliefert, versteht unter ‘ελληνισμός die paganen Opferpraktiken, er schreibt über den Kaiser τὸν μέντοι ‘ελληνισμοῦ συνεκρότει: Socr., h. e. III 11, 4 (GCS Sokrates S. 206,11 Hansen).

43 Bichler, ›Hellenismus‹. *Geschichte und Problematik eines Epochenbegriffs* (Anm. 8), S. 14–18; Hengel, »Das Problem der ›Hellenisierung‹ Judäas im 1. Jahrhundert nach Christus (Anm. 9), S. 12 f.

44 Harnack, *Die Mission und Ausbreitung des Christentums in den ersten Jahrhunderten* (Anm. 33), S. 259–289.

Auf der anderen Seite wird man schlecht bestreiten können, daß es ungeachtet aller Probleme mit dem Begriff »Hellenismus« (und folglich mit dem der »Hellenisierung«) einen althistorischen Konsens gibt, ihn »zur Umschreibung jener neuen, vornehmlich durch den Alexanderzug und die anschließende makedonisch-griechische ›Kolonialherrschaft‹ geförderte Zivilisation« zu verwenden, »die durch die allmähliche Ausbreitung griechischer Sprache, Lebens- und Denkformen bestimmt war«.[45] Da dieser sehr komplexe Prozeß in Syrien, Phönizien, dem nördlichen Mesopotamien, Judaea-Palaestina und Arabien erst in römischer Zeit seinen Höhepunkt erreichte,[46] ist es durchaus sinnvoll, zwischen »Romanisierung« und »Hellenisierung« zu differenzieren und bis in die Spätantike von einem eigenständigen Prozeß der »Hellenisierung« zu sprechen. Allerdings würde wohl heute kein Althistoriker einer geistes- oder politikgeschichtlichen Engführung dieses Begriffes zustimmen, gar einer metahistorischen Überhöhung des Konzeptes, sondern neben Bildung, Philosophie und Religion immer auch Lebensführung, Ökonomie und Technik einbeziehen.[47] Wenn man freilich einen so auf verschiedenste Lebens- und Denkbereiche hin geöffneten Begriff von Hellenismus zugrunde legt, muß nüchtern vermerkt werden, daß eine so breit angelegte Erforschung der Hellenisierung des Christentums erst in den Anfängen steckt. Gleiches gilt, wenn man Vorschlägen aus einer Forschergruppe folgt, die in den Jahren 1992-1994 mehrere Konferen-

---

45 Hengel, »Das Problem der ›Hellenisierung‹ Judäas im 1. Jahrhundert nach Christus« (Anm. 9), S. 2.
46 Fergus Millar, »The Problem of Hellenistic Syria«, in: Amélie Kuhrt/ Susan M. Sherwin-White (Hg.), *Hellenism in the East. The Interaction of Greek and Non-Greek Civilizations from Syria to Central Asia after Alexander*, London 1987, S. 110-184 (mit ausführlicher Bibliographie); ders., »Empire, Community and Culture in the Roman Near East: Greeks, Syrians, Jews and Arabs«, in: *Journal of Jewish Studies* 38 (1987), S. 143-164.
47 So auch Hengel, »Das Problem der ›Hellenisierung‹ Judäas im 1. Jahrhundert nach Christus« (Anm. 9), S. 11.

zen in Berlin zum Thema »Hellenismus« abhielt und stärker zwischen einer allgemeinen Gräzisierung und einer spezifisch auf die Epoche »Hellenismus« bezogenen »Hellenisierung« unterscheidet und mit dem Berliner Sonderforschungsbereich »Transformationen der Antike« sehr sorgfältig Modi der Transformation paganer Antike typisiert.[48] Ich möchte also für die Zwecke dieser Untersuchung im Anschluß an den Berliner Religionswissenschaftler Carsten Colpe (*1929) so definieren: *Gräzisierung* ist allgemeine Transformation griechischer Lebens- und Denkformen; *Hellenisierung* ist Transformation solcher Lebens- und Denkformen, die für die Epoche des Hellenismus charakteristisch sind. Fragt man vor dem Hintergrund dieser Definition nach sinnvollen neuen Bedeutungen der traditionellen Verbindung »Hellenisierung des Christentums«, die wohl auch weiter unausrottbar zur wissenschaftlichen Debatte über diese Religion in der Antike gehören wird,[49] dann muß zunächst nach *spezifisch* hellenistischen Lebens- und Denkformen gesucht werden, die das antike Christentum geprägt haben. Wenn man aber so fragt, sind zuallererst die hellenistischen Bildungseinrichtungen, besonders in Alexandria, zu nennen, die die Entwicklung

---

48 Bernd Funck/Hans-Joachim Gehrke, »Akkulturation und politische Ordnung im Hellenismus«, in: Bernd Funck† (Hg.), *Hellenismus. Beiträge zur Erforschung von Akkulturation und politischer Ordnung in Staaten des hellenistischen Zeitalters. Akten des Internationalen Hellenismus-Kolloquiums 9.–14. März 1994 in Berlin*, Tübingen 1996, S. 1–10, hier S. 7.

49 Damit greife ich zwei Einwände aus einer Diskussion dieses Textes auf: Es ist zum einen nicht sinnvoll, den Begriff »Hellenismus« angesichts seiner Probleme aus der wissenschaftlichen Debatte verbannen zu wollen, weil derartige zensorische Versuche, selbst wenn sie aus besten Gründen erfolgen, a priori zum Scheitern verurteilt sind. Zum anderen zwischen einer »Gräzisierung« und einer »Hellenisierung« zu unterscheiden, obwohl diese Termini auf lateinische bzw. griechische Wortfelder zurückgehen, die dasselbe bedeuten, ist sinnvoll; wir tun dies auch an anderen Stellen (»Konzil« versus »Synode«), und dieses Verfahren kann auch in anderen Sprachen durchgeführt werden (»Grecisation« und »Hellenization«).

einer christlichen Theologie seit dem 2. Jahrhundert tief beeinflußt haben, und die ganze hellenistische Wissenschaft der Antike, die beispielsweise in der Privatuniversität des ersten christlichen Universalgelehrten Origenes (ca. 185–253 n. Chr.) von den Dozenten rezipiert und den Studierenden weitergegeben wird.[50] Wir definieren vor dem Hintergrund dieser Überlegungen wie folgt: *Hellenisierung des Christentums ist eine spezifische Transformation der alexandrinischen Bildungseinrichtungen und der dort praktizierten Wissenschaftskultur in der theologischen Reflexion des antiken Christentums.*

Wir wollen im zweiten Abschnitt dieser Ausführungen fragen, ob die reichsweiten Bischofsversammlungen tatsächlich in diesem Sinne einen Schub der »Hellenisierung« darstellen, also einen Höhepunkt der Übernahme von Bildung, Philosophie und Religion, Lebensführung, Ökonomie und Technik, die für die Epoche des Hellenismus charakteristisch ist, oder ob die Kategorie den Spezifika dieser frühen Konzilien nicht gerecht wird.

2 Die ersten Konzilien – interpretiert als Höhepunkt der »Hellenisierung des Christentums«

Im Unterschied zu bisherigen Diskussionen wollen wir unser Thema nicht nur geistesgeschichtlich angehen und also in einem *ersten Unterabschnitt* fragen, ob die spätantike Einrichtung von reichsweiten Bischofsversammlungen, die der Kaiser einberief, auch schon in formaler Hinsicht als Höhepunkt der »Hellenisierung des Christentums« im Sinne unserer oben entfalteten Definition gedeutet werden kann. Erst in einem *zweiten Unterabschnitt* wenden wir uns inhaltlichen Fragen zu, also dem, was auf den Versammlungen beschlossen wurde.

50 Vgl. dazu Christoph Markschies, *Kaiserzeitliche christliche Theologie und ihre Institutionen. Prolegomena zu einer Geschichte der antiken christlichen Theologie*, Tübingen 2007 und ders., *Origenes und sein Erbe. Gesammelte Studien* (Texte und Untersuchungen zur Geschichte der altchristlichen Literatur 160), Berlin/New York 2007.

2a Die ersten Konzilien – hellenisierte Kirchentreffen?

Worüber reden wir, wenn wir von den ersten Konzilien reden? Wenn man in der Geburtskirche von Bethlehem die stark fragmentierten Langhausmosaiken betrachtet, die nach Ansicht des Kunsthistorikers Gustav Kühnel in einem einzigen Zug einheitlich im zweiten und dritten Viertel des 12. Jahrhunderts angebracht wurden,[51] scheint klar, daß streng zwischen präzise *sieben* reichsweiten Konzilien und einer größeren Fülle von sogenannten Provinzialsynoden zu unterscheiden ist – Darstellungen der ersten sieben, ökumenischen Reichskonzilien vom ersten Konzil in Nicaea 325 n. Chr. bis hin zum siebenten am nämlichen Orte 787 n. Chr. bedeckten einst die Südwand, sechs sogenannte Provinzialsynoden des 3. und 4. Jahrhunderts die Nordwand. Sichtbar sind dort heute noch die Darstellungen der Synoden Serdica und Antiochia, dazu Fragmente der Synoden von Ancyra und Gangra. Einstmals umfaßte die Liste die sechs Provinzialsynoden von Ancyra (310 n. Chr.), Karthago (255 n. Chr.), Gangra (340 n. Chr.), Serdica (342 n. Chr.), Antiochia (272 n. Chr.) und Laodicaea (vor 380 n. Chr.) – in dieser Reihenfolge bieten frühneuzeitliche Handschriften die durch Architekturen gerahmten Inschriften, während auf der Bethlehemer Wand die wesentlich präzisere Reihenfolge dem Alter nach (Karthago, Laodicaea, Gangra, Serdica, Antiochia und Ancyra) zugrunde gelegt worden war. Freilich ist mindestens Kennern sofort deutlich, daß aus der Bethlehemer Reihe der Provinzialsynoden eigentlich die beiden Synoden von Antiochia und Serdica in die Reihe der Reichskonzilien gehört hätten – wurden doch auch sie vom Kaiser einberufen, seit dem Konzil von Konstantinopel 381 n. Chr. aber nicht mehr unter die ökumenischen Konzilien gezählt, weil man ihre Beschlüsse für häretisch hielt (nämlich vom Erzhäretiker Arius aus Alexandria beeinflußt), ob zu Recht oder Unrecht, muß uns hier nicht weiter beschäftigen.

---

51 Gustav Kühnel, »The Twelfth-Century Decoration of the Church of Nativity: Eastern and Western Concord«, in: Yoram Tzafrir (Hg.), *Ancient Churches Revealed*, Jerusalem 1993, S. 197–203, hier S. 201.

Für die in Bethlehem und anderswo selbstverständliche Unterscheidung von Provinzialsynoden und Reichskonzilien spricht trotz mancher Probleme im einzelnen ein schlichter sachlicher Grund: Natürlich gab es auch schon in vorkonstantinischer Zeit Bischofsversammlungen. Allerdings fanden sie lediglich in lokalem und regionalem Rahmen statt, selbst wenn alle diese Synoden beanspruchten, für die ganze Kirche zu sprechen:[52] Als am 19. Juni 325 in einem Saal des kaiserlichen Sommerpalastes in Nicaea die erste reichsweite Synode, bald als erstes ökumenisches Konzil gezählt,[53] eröffnet wurde, hatte die Institution der Synode als solche bereits eine Geschichte von rund einhundertfünfzig Jahren hinter sich; zu erinnern ist an die Synoden, die seit Ende des 2. Jahrhunderts in Kleinasien und Nordafrika gegen die in Kleinasien entstandene prophetische Bewegung des Montanismus abgehalten wurden, aber auch an die verschiedenen Kirchentreffen, die entweder gegen den alexandrinischen Theologen Origenes versammelt wurden oder die er als theologischer Sachverständiger begleitete oder gar dominierte.[54] Aber die Tatsache, daß Konstantin »wie ein von Gott eingesetzter Bischof Synoden der Bischöfe berief, als unter ihnen in verschiedenen Gegenden Streit ausgebrochen war«, die uns sein Biograph, der Bischof Eusebius von Caesarea, als selbstverständlich hinstellen möchte,[55] war doch in Wahrheit keineswegs

---

52 Rudolph Sohm, *Kirchenrecht* (Systematisches Handbuch der deutschen Rechtswissenschaft Abt. 8), Berlin 1970 (= ebd. 1923), S. 308–328.

53 Vgl. dazu Henry Chadwick, »The Origin of the Title ›Oecumenical Council‹«, in: *Journal of Theological Studies*. NS 23 (1972), S. 132–135 = ders., *History and Thought of the Eary Church* (Collected Studies Series 164), London 1982, nr. XI.

54 Joseph Anton Fischer/Adolf Lumpe, *Die Synoden von den Anfängen bis zum Vorabend des Nicaenums* (Konziliengeschichte A), Paderborn u. a. 1997, S. 1. 39–41. 111–150.

55 Eus., v. C. I 44,2; vgl. Hanns Christof Brennecke, »Bischofsversammlung und Reichssynode. Das Synodalwesen im Umbruch der konstantinischen Zeit«, in: Ders., *Ecclesia est in re publica. Studien zur Kirchen- und Theologiegeschichte im Kontext des Imperium Romanum*, hg. v. Uta

selbstverständlich und gehört zu den eindeutigen Zeichen des Umbruchs, der sich mit dem Namen dieses Kaisers verbindet und immer wieder einmal etwas mißverständlich als »Konstantinische Wende« bezeichnet wird.[56] Der pagane Historiker Ammianus Marcellinus beschreibt in seinem Geschichtswerk, das er zu Beginn der neunziger Jahre des 4. Jahrhunderts in Rom verfaßte, diese neue Praxis kaiserlicher Synoden in Form einer Art kleiner Groteske und formuliert in einem Abschnitt über Kaiser Constantius II., einen Sohn Kaiser Konstantins: »Den klaren und einfachen christlichen Glauben verwirrte er mit dem Aberglauben eines alten Weibes. Mehr durch komplizierte Untersuchungen als durch ernsthafte Schlichtungsversuche erregte er viele Spaltungen, und als sie Fortschritte machten, nährte er sie mit wortreichen Streitigkeiten. Daher eilten Scharen von Bischöfen mit den Gespannen der Staatspost hierhin und dorthin zu sogenannten Synoden, und während er den gesamten Ritus nach seinem Willen zu gestalten versuchte, durchschnitt er die Nerven des Postwesens«.[57] Hier wird im Modus der Groteske angedeutet, welche Implikationen die Einberufung einer Versammlung durch den Kaiser für deren Ablauf mit sich brachte: Nur der Kaiser hatte das Recht, eine Reichssynode einzuberufen, die eingeladenen Teilnehmer durften gratis das kaiserliche Transportsystem benutzen, die Verhandlungen mußten, um rechtsgültig zu sein, mit der offiziellen Verlesung der kaiserlichen Botschaft beginnen, die den Zusammentritt befahl (κελεύ-

---

Heil, Annette von Stockhausen u. Jörg Ulrich (Arbeiten zur Kirchengeschichte 100), Berlin/New York 2007, S. 25–48.

56 Christoph Markschies, »›Wann endet das ›Konstantinische Zeitalter‹? Eine Jenaer Antrittsvorlesung«, in: Dietmar Wyrwa in Verbindung mit Barbara Aland u. Christoph Schäublin (Hg.), *Die Weltlichkeit des Glaubens in der Alten Kirche. FS für U. Wickert zum siebzigsten Geburtstag* (Beihefte zur Zeitschrift für die neutestamentliche Wissenschaft 85), Berlin/New York 1997, S. 157–188.

57 Amm. Marc. XXI 16,18; vgl. auch Anne Kolb, *Transport und Nachrichtentransfer im Römischen Reich* (Klio. Beihefte NF 2), Berlin 2000, S. 87–92.

ειν) und ihr Streitfragen zuwies, die zu lösen waren, diese Botschaft wurde zu den Akten genommen. Es stand dem Kaiser frei, persönlich oder durch seine Beamten an den Sitzungen teilzunehmen, er leitete die Sitzungen entweder selbst, oder es präsidierten kaiserliche Kommissare dem Konzil,[58] ein *secretarius* des kaiserlichen Konsistoriums übersetzte simultan, Stenographen führten offizielle Protokolle (Beschluß- wie Verlaufsprotokolle). Die Protokolle wurden abwesenden Bischöfen nachgesandt. Beschlüsse der Reichssynoden bedurften der kaiserlichen Bestätigung, sie waren keineswegs eine Formsache.[59] Offenbar orientierte man sich an der Geschäftsordnung des spätantiken Senats, wie in dortigen Debatten äußerten einzelne Bischöfe ihre Meinung in der Form der *interlocutio* oder *depositio*; mehrere Bischöfe in der der *acclamatio*, die ebenfalls protokolliert wurde.[60] Auch die Sitzordnung folgte der Anordnung der Plätze in

58 Klaus M. Girardet, »Kaiser Konstantin d. Gr. als Vorsitzender von Konzilien. Die historischen Tatsachen und ihre Deutung«, in: *Gymnasium* 98 (1991), S. 548–560; ders., »Der Vorsitzende des Konzils von Nicaea (325) – Kaiser Konstantin d. Gr.«, in: Heinrich Schlange-Schöningen (Hg.), *Konstantin und das Christentum* (Neue Wege der Forschung), Darmstadt 2007, S. 171–203; Euangelos Konstantinu Chrysos, »Konzilspräsident und Konzilsvorstand. Zur Frage des Vorsitzes in den Konzilien der byzantinischen Reichskirche«, in: *Annuarium Historiae Conciliorum* 11 (1979), S. 1–17; Heinrich Gelzer, »Die Konzilien als Reichsparlamente«, in: Ders., *Ausgewählte kleine Schriften*, Hildesheim 1979 (= Leipzig 1907), S. 142–155 und jetzt Andreas Weckwerth, *Ablauf, Organisation und Selbstverständnis westlicher antiker Synoden im Spiegel ihrer Akten*, Diss. theol. (masch.), Bonn 2007 (unter: http://hss.ulb.uni-bonn.de/diss_online/phil_fak/2007/weckwerth_andreas/1015.pdf. [7.3.2008]).

59 Eduard Schwartz, »Über die Reichskonzilien von Theodosius bis Justinian«, in: *Zeitschrift der Savigny-Stiftung für Rechtsgeschichte. Kanonistische Reihe* 42 (1921), S. 208–253 = ders., *Gesammelte Schriften 4. Bd. Zur Geschichte der Alten Kirche und ihres Rechts*, Berlin 1960, S. 111–158, hier S. 209 = S. 112. Nicht zugänglich war mir: Philip R. Amidon, *Studies in the Procedure of Church Synods of the Third and Fourth centuries, to the Year 375*, Diss. theol. Oxford 1979 (masch.).

60 Schwartz, »Über die Reichskonzilien von Theodosius bis Justinian« (Anm. 59), S. 210 = S. 113. Zum Verlauf einer Senatssitzung vgl. Richard

der *curia* des Senates, wie wir aus einem Bericht des Eusebius über die Eröffnung des Konzils von Nicaea 325 n. Chr. wissen; man saß nach Würdigkeit (die Bischöfe also nach Weihealter) in langen Reihen an den Schmalseiten eines Saales im kaiserlichen Palast. An der Stirnseite des Saals in Nicaea stand der goldene kaiserliche Thron.

Diese strenge Orientierung an Verfahrensregeln staatlicher Gremien wird man aber nur als »Hellenisierung« bezeichnen können, wenn man eine sehr weite und schwammige Definition dieses Begriffs verwendet – es handelte sich um römische Verfahrensweisen, die wenig mit der Epoche des Hellenismus zu tun hatten. Allenfalls könnte man, wenn man zur »Hellenisierung« auch die Übernahme von Zügen des orientalischen Herrscherkultes in das römische Kaiserzeremoniell zählen möchte, einzelne Elemente des Umgangs der Bischöfe mit dem Herrscher hier anführen; freilich bemüht sich der Kaiser auf dem Konzil von Nicaea gerade im Gegenteil nicht um autokratische Dominanz orientalischer Prägung, sondern um den zeremoniellen Ausdruck seiner Unterwerfung unter den Herrn der Kirche. Auf dem erwähnten goldenen Thron an der Stirnseite nimmt Konstantin erst Platz, als ihn die Bischöfe durch Handbewegungen dazu auffordern; in den Briefen an die Bischöfe nennt sich der pagane Oberpriester des Reiches und ungetaufte Christ »Mitknecht« (συνθεράπων).[61] Auch das wird man kaum als »Hellenisierung« im Sinne einer Anpassung kirchlicher Strukturen an den hellenistischen Herrscherkult deuten können; es entspricht vielmehr den Höflichkeitstopoi des *bonus princeps* im Senat.[62] In Wahrheit handelt es sich bei der institutionellen Übernahme

John Alexander Talbert, *The Senate of Imperial Rome*, Princeton 1984, S. 221–289.

61 Nachweise bei Brennecke, »Bischofsversammlung und Reichssynode« (Anm. 55), S. 46 Anm. 121.

62 Girardet, »Der Vorsitzende des Konzils von Nicaea (325) – Kaiser Konstantin d. Gr.« (Anm. 58), S. 180; Talbert, *The Senate of Imperial Rome* (Anm. 60), S. 163–184.

der kaiserlichen Veranstaltungsorganisation und Verfahrensweisen um eine Folge grundlegenderer politischer wie kultureller Weichenstellungen, gleichsam einen Nachgang zu der kaiserlichen Neuordnung des christlichen Synodalwesens. Wenn Kaiser Konstantin die Ordnung kirchlicher Angelegenheiten und die Pazifizierung von Bischöfen, die in seinen Augen um lächerliche theologische Kleinigkeiten stritten, als Erfüllung seiner vom Gesetz vorgegebenen kaiserlichen Aufgabe verstand (*munus princeps*),[63] muß man eher von einer »Romanisierung« denn einer »Hellenisierung« sprechen.

Um einer Antwort auf die Frage näherzukommen, ob die Institution eines vom Kaiser berufenen Konzils trotzdem als Höhepunkt der »Hellenisierung« im Sinne unserer oben entfalteten Definition gedeutet werden kann, müssen wir uns nun in einem zweiten und letzten Abschnitt dieses Beitrags mit Inhalten beschäftigen, die auf den Konzilien verhandelt wurden.

2b Hellenisierung des Christentums auf dem ersten Konzil?
Die Titelformulierung legt einen Plural nahe – freilich möchte ich im Interesse des zur Verfügung stehenden Raums unser Augenmerk lediglich auf das *erste*, auf das Konzil von Nicaea beschränken und es auch ausschließlich in dem Sinne behandeln, in dem es in der Nachwelt normalerweise wahrgenommen wird, als ein Konzil, auf dem der aus Alexandrien stammende Presbyter Arius als Erzhäretiker verurteilt wurde – so heißt es entsprechend auch im Text der erwähnten Wandmosaiken auf der Südwand der Geburtskirche von Bethlehem: »der große König Konstantin« habe diese Synode versammelt, und sie habe den eingeborenen Sohn Gottes und Logos, durch den alles geschaffen sei, als gleichewig und wesenseins mit dem Vater bekannt, als gezeugt und nicht geschaffen, und den Arius anathematisiert, d. h. exkommuniziert und verflucht[64] – eine Formulierung, die

---

63 Girardet, »Der Vorsitzende des Konzils von Nicaea (325) – Kaiser Konstantin d. Gr.« (Anm. 58), S. 174–180.
64 ἡ ἁγία σύνοδος ἡ ἐν Νικαίαϋ τῶν τιη΄ ἁγίων πα(τέρων) κατὰ΄ Ἀρείου

Ergebnisse des ersten reichsweiten Konzils durch Formulierungen des sogenannten nizäno-konstantinopolitanischen Glaubensbekenntnisses zusammenfaßt, des auf dem zweiten Reichskonzil von Konstantinopel 381 n. Chr. verabschiedeten feierlichen Bekenntnistextes. Auf diese Dimension des Konzils wollen wir uns konzentrieren, wohl wissend, daß die Bischofsversammlung in der kaiserlichen Sommerresidenz auch zur Feier des zwanzigjährigen Regierungsjubiläums des Kaisers diente, just nachdem dieser die Alleinherrschaft errungen und stabilisiert hatte. Wir blenden auch aus, daß die Regelungen zur schlechterdings zentralen Frage eines einheitlichen Termins für das reichsweit zu feiernde Osterfest dokumentieren, daß ein (wenn nicht *das*) zentrale Thema des Konzils die Einheit der Reichskirche im neu geeinten Reich war, weniger Details einer virulenten theologischen Streitfrage um den Presbyter Arius und seine Lehren über den dreieinigen Gott.[65]

Die Frage, ob das Konzil von Nicaea im Sinne unserer Definition einen Höhepunkt der Hellenisierung darstellt, also einen Höhepunkt *spezifischer Transformation der alexandrinischen Bildungseinrichtungen und der dort praktizierten Wissenschaftskultur*, wird von vielen klugen Wissenschaftlern mit Nachdruck positiv beantwortet und die Frage bejaht. So hat Eduard Schwarz in einem berühmten Straßburger Vortrag über »die Konzilien des IV. und V. Jahrhunderts« die »Hellenisie-

τοῦ δογματίσαντος κτιστὸν τὸν Υ(ἱ)ὸν καὶ Λόγον τοῦ Θ(εο)ῦ, συνηθροίσθη ἐπὶ Κωνσταντήνου τοῦ μεγάλου βασιλέως. ὥρισεν δὲ ἡ ἁγία σύνοδος καὶ ὡμολόγισεν τὸν μονογενῆ Υ(ἱ)ὸν καὶ Λόγον τοῦ Θ(εο)ῦ δἰ οὗ τὰ πάντα ἐγένετο, συναΐδιον καὶ ὁμοούσιον τῷ Π(ατ)ρί, γεννηθέντα οὐ ποιηθέντα καὶ ἀνεθεμάτισει Ἄρειον (zitiert nach H. Stern, Les Représentations des Conciles dans l'Église de la Nativité à Bethléem, *Byzantion* 11, 1936, [101–152. 415–459], 421).

65 Hanns Christof Brennecke, Art. »Nicäa I. Ökumenische Synode von 325 n. Chr.«, in: *Theologische Realenzyklopädie Bd.* XXIV, Berlin/New York 1994, S. 429–441 und K. Schäferdiek, »Art. Nikäa«, in: *Reallexikon der Germanischen Altertumskunde Bd.* XXI, Berlin/New York 2002, S. 218–222.

rung« der christlichen Bischofsversammlungen am Wandel ihrer Tagesordnung im Übergang zur Spätantike illustriert. Schwartz hat auf die thematische Besonderheit der Agenda der ersten großen Reichskonzilien bis 451 n. Chr. aufmerksam gemacht (freilich in der ihm eigenen Art äußerst theologiekritisch): Der Referent hielt das »Hereinbringen metaphysischer Spekulationen« in die Synoden für den Anfang vom Ende eines ordentlichen Synodalwesens, das nur funktionieren könne, solange es um Fragen der Disziplin und Kirchenzucht geht.[66] Und tatsächlich haben in der Wahrnehmung späterer Generationen – beginnend schon im 4. Jahrhundert und bis hin zu den Auftraggebern der erwähnten Mosaiken in Bethlehem – die Festlegungen des nizänischen Konzils gegen den alexandrinischen Presbyter Arius und im Blick auf die Trinitätstheologie die anderen Tagesordnungspunkte wie die Feier des kaiserlichen Regierungsjubiläums und des neuen Friedens nach dem Abschluß des Kampfes um die Alleinherrschaft hoffnungslos überlagert. Und man wird auch nicht bestreiten können, daß diese Festlegungen ungleich mehr Debatten, Auseinandersetzungen und Kämpfe auslösten als disziplinäre Festlegungen von Synoden über Zinshöhe, zugelassene Verwandtschaftsgrade bei Heiraten und liturgische Details. Gleiches gilt, ohne daß wir dies hier ausführen könnten, im Blick auf die in der offiziellen Zählung folgenden Konzilien in der Reichshauptstadt Konstantinopel (381 n. Chr.), die beiden parallel tagenden Reichssynoden in der Metropolis der Asia, Ephesus, (431 n. Chr.) und das Konzil in einer weiteren kaiserlichen Sommerresidenz, in Chalzedon (451 n. Chr.); auch hier dominieren die trinitätstheologischen wie christologischen Debatten die Rezeption bis auf den heutigen Tag. Wir konzentrieren uns hier nun, wie gesagt, auf die erste Phase des trinitätstheologischen Streites und fragen, ob er für unsere Frage nach einer

---

66 E. Schwartz, »Die Konzilien des IV. und V. Jahrhunderts«, in: *Historische Zeitschrift* 104 (1910), S. 1–37.

»Hellenisierung des Christentums« im spezifischen Sinne der oben vorgeschlagenen Definition einschlägig ist.

Der trinitätstheologische Streit, der auf dem Konzil von Nicaea Thema war, wurde bekanntlich durch den alexandrinischen Presbyter Arius ausgelöst, der ein älterer, anerkannter Priester einer Kirche in der Bildungsmetropole und Hafenstadt war.[67] Arius radikalisierte angesichts bestimmter Uneindeutigkeiten der alexandrinischen theologischen Tradition und wohl auch angesichts der Herausforderung durch die mittelplatonische Popularphilosophie die Unterordnung des Sohnes unter den Vater und hob die Fremdheit des Sohnes hervor – seine Gottheit leugnete er allerdings im Unterschied zur Darstellung vieler Lehrbücher des antiken Christentums nicht. Indem er sich offenkundig bei der Bestimmung des Verhältnisses zwischen Gott, dem Vater, und seinem Sohn Jesus Christus an der Prinzipientheorie des Mittelplatonismus orientierte, die keine zwei gleichberechtigten und gleichursprünglichen Prinzipien kannte, sondern nur einander nachgeordnete, war er von der alexandrinischen Wissenschaftskultur geprägt, die nach Institution und vielen Inhalten aus dem Hellenismus stammte. Arius hat die für jeden Philosophen in hellenistischer Tradition – nicht nur für Mittel- und Neuplatoniker – inakzeptable hierarchische Gleichordnung dreier Personen (Hypostasen), Vater, Sohn und Heiliger Geist, zurückgezogen und in die Subordination des Sohnes unter den Vater zurückgeführt. Besonders deutlich wird seine Verwurzelung in der hellenistischen Wissenskultur Alexandrias – und also die »Hellenisierung des Christentums« im Sinne

---

[67] Der gelehrte Bischof Epiphanius von Salamis bezeichnet ihn als Greis (γέρων: haer. 69,3,1 [GCS Epiphanius III, S. 154,12 Holl/Dummer]); vgl. dafür Christoph Markschies, »Theologische Diskussionen zur Zeit Konstantins: Arius, der ›arianische Streit‹ und das Konzil von Nizäa, die nachnizänischen Auseinandersetzungen bis 337«, in: Ders., *Alta Trinità Beata. Gesammelte Studien zur altkirchlichen Trinitätstheologie*, Tübingen 2000, S. 98–195, hier S. 124–131 (dort auch die entsprechenden Nachweise).

unserer Definition, wenn man auf den Beginn eines von Arius verfaßten Gedichtes namens »Thalia« hört: »Nach dem Glauben der Auserwählten Gottes, der Gottesgelehrten, der heiligen Kinder, der Rechtgläubigen, derer, die den heiligen Geist empfangen haben, habe ich von denen, die an der Weisheit Anteil haben, den Gebildeten, den von Gott Unterrichteten, den in allen Dingen Weisen dieses gelernt«.[68] Nimmt man diesen emphatischen Bezug auf die christlichen Bildungsangebote in der hellenisierten Kulturmetropole ernst, auf Schlüsselbegriffe der hellenistischen Kultur Alexandrias wie Weisheit, Unterricht und Lernen, so kann man bei Arius durchaus in der Tradition Harnacks von einer »akuten Hellenisierung« seines Christentums sprechen und sich fragen, ob seine spezifische Trinitätslehre nicht auch eine besonders zugespitzte Form eines hellenisierten Christentums darstellt. Eine ganz andere Frage ist, ob man auf diese Weise das Selbstverständnis des greisen Presbyters präzise beschreibt: Arius war offenkundig davon überzeugt, daß zwischen einem philosophischen Gottesbegriff auf der Basis mittelplatonischer Terminologie und dem biblischen Gottesbegriff kein Hiat aufreißen könne, wie ein Stück aus einem Brief an seinen Ortsbischof zeigt: »Wir kennen«, schreibt Arius, »den einen Gott, der allein ungeworden ist, allein ewig, allein ohne Anfang, allein wahr, allein Unsterblichkeit besitzend, allein weise, allein mächtig, allein Richter, Herrscher und Verwalter von allem, bleibend und unveränderlich, gerecht und gut, der Gott des Gesetzes, der Propheten und des Neuen Testaments«.[69] Ein solcher Text verrät die feste Überzeugung, daß der Gottesbegriff hellenistischer Wissenskultur und der Gott beider Testamente der Bibel von jeher in *Konsonanz* sind (ähnlich wie es Benedikt XVI. in Regensburg formulierte), und läßt keinen Raum für un-

---

[68] Neuedition des Thaliafragmentes aus Ath., Ar. I 5 (Athanasius Werke I/1, S. 113 f. Metzler/Savvidis); Übersetzung von Anton Stegmann, *Bibliothek der Kirchenväter Athanasius I*, Kempten/München 1913, S. 23 (Athanasius zitiert wohl nicht ganz wörtlich).

[69] Urkunde 6,2 (Athanasius Werke III, S. 12,3–7 Opitz).

sere Empfindung der Dissonanz und moderne Rekonstruktionen einer Entwicklung. Entsprechend formuliert auch der Erzbischof von Canterbury, Rowan Williams, daß Arius nicht nur eine »rationally consistent«, sondern auch eine »biblically-based ... catechesis« entwickelt hat;[70] vermutlich sind aber solche Synthesen eben auch ein für die Wissenskultur des Hellenismus sehr charakteristisches Phänomen.

Es kann kein Zweifel daran bestehen, daß Arius tief von Inhalten wie Institutionen der hellenistischen Wissenskultur geprägt war und diese Prägung ein Stück weit für seine reichsweit so anstößige Trinitätstheologie verantwortlich gemacht werden kann. Jener Grad an »Hellenisierung« spiegelt sich übrigens auch schön in einem mehr als schroffen Diktum Adolf von Harnacks über Arius: »Alles hohl und formalistisch, ja eine knabenhafte Begeisterung für das Spiel mit Hüllen und Schalen und eine kindische Selbstgefälligkeit beim Betriebe inhaltsloser Syllogismen«[71] – für eine wissenschaftliche Beschreibung des Konstruktionsprinzips der Theologie des Arius wird man diese Äußerung, in der einem Greis mit dem Bild »knabenhaften Spiels« eine prädemente Theologie vorgehalten wird, sicher nicht halten können, wohl aber für einen zornigen Reflex eines Kritikers der Hellenisierung des Christentums auf einen Vorgang akuter Hellenisierung.

Wenn hier so erkennbar eine »Hellenisierung des Christentums« im Sinne unserer Definition vorliegt, lohnt die Frage, wie sich diese »hellenisierte« Trinitätstheologie des Arius zur »hellenisierten« Logoslehre des damals längst verstorbenen jüdischen Alexandriners Philo verhält, mithin eine akute Hellenisierung des Christentums zu einer vorangehenden akuten Hellenisierung des Judentums. Liegt Beeinflussung vor, baute das hellenisierte Christentum nicht nur in einem sehr grundsätzlichen, sondern auch in einem sehr direkten Sinne auf dem hellenisierten Juden-

---

70 Rowan Williams, *Arius. Heresy and Tradition*, London 1987, S. 111.
71 Harnack, *Dogmengeschichte* II (Anm. 4), S. 222.

tum auf? Jenes Verhältnis zwischen der jüdisch-hellenistischen Logoslehre eines Philo und der Christologie des Arius ist aber leider nur schwer zu bestimmen. Freilich ist auch deutlich, daß eine akute – und nicht eine im Judentum latente – Hellenisierung bei Arius entscheidend ist, denn es ist sicher, daß Arius an mindestens einem Punkt von der ursprünglichen philonischen Logoslehre charakteristisch abgewichen ist: Der Logos ist nach Philo weder gezeugt noch ungezeugt (γενητός / ἀγένητος);[72] nach Arius ist der Sohn gezeugt (γεν(ν)ητ ͡ός).[73] Philo steht also näher an der – wenn man so will – »unhellenischen« Position zweier gleicher Prinzipien, als dies Arius mit seiner strikten Abweisung tut.

Arius »hellenisierte« im Sinne unserer Definition Christentum (oder präziser: die christliche Theologie), versuchte dies zumindest faktisch, auch wenn er sich dessen offenkundig nicht bewußt war. Wie reagierte nun das Konzil von Nicaea? Es folgte interessanterweise nicht der Sicht des einladenden Kaisers und spielte nicht, wie offenkundig vorgesehen, die Bedeutung der trinitätstheologischen Streitfrage nach dem Verhältnis von Vater und Sohn im Interesse der Kirchen- und Reichseinheit herunter. Konstantin hatte bekanntlich den alexandrinischen Presbyter Arius immerhin eines kaiserlichen Schreibens gewürdigt und darin gerügt, daß Arius »etwas, was sich von Anfang an nicht zu erwägen ziemt (...), ohne reifliche Überlegung zur Antwort gegeben« habe, und das Gewicht der Streitfrage entweder bewußt heruntergespielt oder die Debatte tatsächlich für unbedeutendes, schädliches Theologengezänk gehalten: »Die Uneinig-

---

[72] Philo, haer. 42,205 f. (Opera III, S. 47,1–13 Wendland); vgl. Rudolf Lorenz, *Arius judaizans? Untersuchungen zur dogmengeschichtlichen Einordnung des Arius* (FKDG 31), Göttingen 1980, S. 103–106 sowie Williams, *Arius* (Anm. 70), S. 119 f. gegen Harry Austryn Wolfson, *The Philosophy of the Church Fathers, Vol. I Faith, Trinity, Incarnation*, Cambridge, Mass. ²1964, S. 585–587 (»Arius thus returns to the original view of Philo«: p. 586).

[73] ἀγέννητος γὰρ οὐκ ἦν: Urk. 1,5 (S. 3,3 f. Opitz); vgl. auch Leonard Prestige, »agen(n)etos and gen(n)etos and kindred words in Eusebius and the Early Arians«, in: *JThS* 24 (1922/1923), S. 486–496.

keit untereinander ist durch uns entstanden, weil wir untereinander über so unbedeutende und keineswegs notwendige Fragen streiten. So etwas ist pöbelhaft und eher unvernünftigen Kindern angemessen, als es sich für den Verstand von Priestern und verständigen Männern schickt«.[74] Nicht so das Konzil. Es war sich bekanntlich vor allem (wenn nicht gar ausschließlich) darin einig, die Position des Arius in aller Schärfe und explizit abzulehnen. Es formulierte (vielleicht sogar auf direkten Vorschlag des Kaisers, der dafür aber gewiß Berater hatte) ein Bekenntnis zur Einheit Gottes und zur gleichberechtigten Gottheit von Vater und Sohn mit Anathematismen; dazu verwendete es das von Arius abgelehnte Wort homoúsios (ὁμοούσιος) positiv:[75] »Wir glauben … auch an den einen Herrn Jesus Christus, den Sohn Gottes, gezeugt aus dem eingeborenen Vater, das heißt aus der Substanz des Vaters, Gott aus Gott, Licht aus Licht, wahrer Gott aus wahrem Gott, gezeugt, nicht geschaffen, einer Substanz (wesenseins) mit dem Vater«. Wer noch nicht verstanden hatte, daß die Formulierungen »Gott aus Gott, Licht aus Licht, wahrer Gott aus wahrem Gott« direkt gegen die Theologie des alexandrinischen Presbyters Arius und seiner prominenten Unterstützer im Reich gerichtet waren, dem mußte es spätestens in der abschließenden Anathematisierungsformel deutlich werden, wer hier ausgeschlossen worden war: »Diejenigen aber, die sagen: ›Es war irgendwann, wann er nicht war‹, … diese verurteilt die katholische und apostolische Kirche«.

Ist diese schroff ablehnende Reaktion auf eine akute Hellenisierung des Christentums im Sinne unserer Definition nun auch Hellenisierung, wie Harnack meinte? Eine bloß verständigere Reaktion auf das knabenhafte Spielen des dementen Greises? Eduard Schwartz hat, wie wir sahen, vom »Hereinbringen metaphysischer Spekulationen« durch die Reichskonzilien gespro-

---

74 Urk. 17 = Eus., v. C. II 64–72.
75 Markschies, »Theologische Diskussionen zur Zeit Konstantins« (Anm. 67), S. 154–157 mit Nachweisen.

chen und Harnack noch präziser von der »Erhebung zweier unbiblischer Ausdrücke (sc. »aus der Substanz des Vaters« und »einer Substanz mit ihm«) zu Stichworten des katholischen Glaubens«,[76] die das erste Reichskonzil zu verantworten habe und die die Einschätzung begründen könnten, hier sei auch im Sinne unserer Definition und nicht nur in der Optik Harnacks das Christentum kräftig hellenisiert worden. Eine entsprechende Einschätzung bleibt zudem keineswegs auf Protestanten beschränkt – auch der katholische Kirchenhistoriker Reinhard Hübner hat in seiner zu Beginn erwähnten Eichstätter Antrittsvorlesung darauf hingewiesen, daß auf den ersten Konzilien, die wir als die ersten beiden ökumenischen zählen (also in Nicaea 325 n. Chr. und in Konstantinopel 381 n. Chr.), »vom christlichen Gott in der Sprache der griechischen Metaphysik geredet wird, ja daß der Hellenisierungsprozeß, der sich im 2. Jahrhundert anbahnt, hier auf seinem Gipfel angelangt zu sein scheint«.[77]

Doch ganz so einfach ist es nicht, die schroffe Zurückweisung einer akuten Hellenisierung des Christentums (nämlich der des Arius im ersten Reichskonzil von Nicaea) als einen Höhepunkt der Hellenisierung zu definieren – jedenfalls dann nicht, wenn man unter Hellenisierung des Christentums wie wir präziser eine spezifische Transformation der alexandrinischen Bildungseinrichtungen und der dort praktizierten Wissenschaftskultur in der theologischen Reflexion des antiken Christentums verstehen will. Natürlich kann man niemand daran hindern, die Romanisierung des institutionellen Verfahrens christlicher Bischofssynoden im ersten Reichskonzil als »Hellenisierung« anzusprechen, natürlich ist der Versuch, eine heftig debattierte Streitfrage durch präzise philosophische Begriffe wie »Substanz« zu lösen, eine Strategie hellenistischer Wissenskultur.

---

76 Harnack, *Dogmengeschichte II* (Anm. 4), S. 236.
77 Hübner, *Der Gott der Kirchenväter und der Gott der Bibel. Zur Frage der Hellenisierung des Christentums* (Anm. 1), S. 8.

Doch ist es inzwischen eine *communis opinio*, daß das Konzil gar keinen präzisen philosophischen Begriff gegen Arius setzte, gar nicht versuchte, im Sinne der hellenistischen Wissenskultur durch präzise philosophische Debatten ein Problem zu lösen (was man allein »Hellenisierung des Christentums« im Sinne unserer Definition nennen könnte). Es setzte vielmehr gegen ein negiertes Schlagwort – Arius' Zurückweisung der Anwendung des Begriffs »einer Substanz« (ὁμοούσιος) auf das Verhältnis von Vater und Sohn – einfach ein positives Bekenntnis zu eben jenem Schlagwort. Erläutert wurde das Schlagwort nicht, es blieb bei einem Schlagwortabtausch. »Hellenisierung des Christentums« im Sinne unserer Definition kann man das wirklich nicht nennen. Aber kann man es deswegen schon »Enthellenisierung« nennen, wie der verstorbene katholische Dogmenhistoriker Alois Kardinal Grillmeier in einer großen Untersuchung zur Hellenisierung des Christentums vorgeschlagen hat? Der Münchener Jesuit Friedo Ricken spricht angesichts der schroff antiarianischen Wendung des ersten Reichskonzils, das radikal mit dem philosophisch allein akzeptablen Subordinatianismus bricht, meines Erachtens angemessener von einer »Krisis des altchristlichen Platonismus«, die durch das »Homoousios von Nikaia« sichtbar geworden sei.[78] Natürlich lehnte man in Nicaea die akute Hellenisierung des Arius ab, aber die Ablehnung eines akuten Hellenisierungsschubes beendet natürlich noch nicht den tiefen Einfluß der hellenistischen Wissenskultur auf das antike Christentum, wie beispielsweise die Debatten um die Schlagworte des Konzils auf hohem philosophischen Niveau zeigen, die im folgenden 4. Jahrhundert ausbrechen. Mit der dezidierten Abwendung von einer vielen so selbstverständlichen Orientierung am Platonismus war eben (nicht nur im Sinne unserer hier

---

78 Friedo Ricken, »Das Homoousios von Nikaia als Krisis des altchristlichen Platonismus«, in: Bernhard Welte (Hg.), *Zur Frühgeschichte der Christologie. Ihre biblischen Anfänge und die Lehrformel von Nikaia* (Quaestiones Disputatae 51), Freiburg u. a. 1971, S. 74–99, hier S. 75–79.

verwendeten Definition) noch kein entscheidender Schritt zur Enthellenisierung des gesamten Christentums getan, sondern lediglich in einem, wenn auch zentralen Feld der Theologie, der Trinitätstheologie, eine Grenze des Einflusses der platonischen Theologie gezogen. Auf diesem Weg sollten weitere Reichskonzilien folgen – das der offiziellen Zählung nach zweite Reichskonzil nach Nicaea, 381 n. Chr. in Konstantinopel, weil es (gemeinsam mit dem Beschluß einer Nachsynode) mit seiner Konzeption der einen Substanz von Vater, Sohn und Heiligem Geist gegen den erbitterten Widerstand paganer Neuplatoniker eine Trinität gleich *drei* gleichrangiger und gleichberechtigter Prinzipien, von Gott Vater, Sohn und Heiligem Geist, einführte,[79] dann aber auch die christologischen Konzilien des 5. Jahrhunderts, die die *conincidentia oppositorum* eines Wesens, das gleichzeitig wahrer Gott und wahrer Mensch war, dogmatisierten und damit radikal vom griechischen Prinzip eines bloßen Menschen, der sich erst wie Herakles zum Gott entwickelte, seine Gottheit gleichsam erarbeitete, abwichen, und schließlich das letzte ökumenische Konzil des 8. Jahrhunderts, das mit seiner Ikonentheologie die klassischen Verbindungen zwischen Urbild und Abbild kappte, die der hellenistischen und nachhellenistischen Philosophie platonischer Prägung ganz selbstverständlich waren.

Diese Beobachtungen erlauben uns nun einen abschließenden Abschnitt, der unsere Überlegungen thesenhaft zusammenfassen soll.

3 Schlußbemerkungen

1. Der Begriff »Hellenisierung« ist hochproblematisch, weil er seit seinem Aufkommen bei Droysen und auch in seiner bis

---

79 Christoph Markschies, »Das Trinitätsdogma der antiken Christenheit. Seine Entstehung und Bedeutung in der Gegenwart«, in: *Glaube und Lernen* 17 (2002), S. 24–40.

heute populären Form bei Adolf von Harnack ein höchst unpräzises Amalgam aus geschichtstheologischen Großkonzepten, ideologischen Vorannahmen und unterschiedlichen Bedeutungsdimensionen ist, das es nicht erlaubt, präzise unterschiedliche politische, religiöse und kulturelle Aspekte eines komplexen Transformationsprozesses zu beschreiben, den die Welt im Gefolge der Alexanderzüge erlebt. Die Anwendung des Begriffs »Hellenisierung« auf die Beschreibung von Transformationsprozessen im Judentum und im Christentum verschärft das ohnehin bestehende Problem, da sich hier nur allzuoft die Beschreibung von Transformationsvorgängen und ihre normative Wertung als legitime Fortentwicklung ursprünglicher Impulse oder Abfall vom ursprünglichen Wesen der Religion untrennbar vermischen. Solche Wertungsvorgänge aber sind nur allzuhäufig von religiösen Prägungen der jeweiligen Wissenschaftler geprägt, die vor aller theologischen Reflexion liegen – das gilt für die Hellenisierungskonzepte des pommerschen Pastorensohnes Droysen und des baltischen Theologieprofessorensohnes Harnack.

2. Freilich wird man sinnvollerweise nicht hoffen können, wegen solcher Probleme die Verwendung des Begriffs der »Hellenisierung« und seine Anwendung in der Christentumsgeschichte so zu problematisieren, daß sie künftig unterbleibt – Versuche von Wissenschaftlern, sich als Sprachpolizei von Kollegen zu betätigen, sind a priori zum Scheitern verurteilt. Also bleibt nur, einen möglichst präzisen Vorschlag zur Begriffsverwendung vorzulegen, der »Hellenisierung« (im Unterschied zu einer *Gräzisierung*) präzise auf die Transformation solcher Lebens- und Denkformen, *die für die Epoche des Hellenismus charakteristisch sind*, beschränkt. Vor diesem Hintergrund ist unter »Hellenisierung des Christentums« dann jene spezifische Transformation der alexandrinischen Bildungseinrichtungen und der dort praktizierten Wissenschaftskultur zu verstehen, die in der theologischen Reflexion des antiken Christentums stattfindet, beispielswei-

se bei Origenes und in seiner christlichen Privatuniversität in Caesarea / Palaestina.
3. Die Reichskonzilien, die seit Harnack gern als Paradebeispiele für die »Hellenisierung« und gelegentlich sogar als deren Höhepunkt vorgeführt werden, taugen eigentlich für diesen Zweck nicht (gegen Harnack), weil sie eine metaphysische Aufladung des christlichen Glaubens mit Denkformen der griechischen Philosophie nur sehr bedingt rezipieren, eher brechen und ganz gewiß nicht vorantreiben – das erste Reichskonzil von Nicaea setzt zwar einen unbiblischen griechischen Begriff gegen den Erzketzer Arius, aber setzt ihn als nicht expliziertes Schlagwort, nicht als philosophischen Terminus in seine Glaubenserklärung.
4. Die Reichskonzilien taugen aber auch nur sehr bedingt als Paradebeispiele für eine »Enthellenisierung« des Christentums (gegen Grillmeier), nämlich dann, wenn man sich ausschließlich auf die großen trinitätstheologischen und christologischen Normierungen konzentriert; achtet man auch auf die sonstigen Beschlüsse und die rein institutionellen Zusammenhänge, bleiben die meisten prägenden Einflüsse der hellenistischen Wissenskultur auf das antike Christentum trotz der Beschlüsse der Reichskonzilien bestehen. Im Blick auf die Institution des Reichskonzils liegt eher der Begriff einer forcierten Romanisierung des Christentums in diesen Konzilien nahe.
5. Denn die Reichskonzilien wie Provinzialsynoden des antiken Christentums betreiben Normierungsvorgänge *innerhalb* einer hellenisierten – d. h. institutionell wie inhaltlich als Transformation hellenistischer Wissenskultur zu interpretierenden – Theologie, gegen die sich im pluralisierten antiken Christentum natürlich auch äußerst kritische Stimmen finden, aber meist außerhalb der Konzilien, beispielsweise im antiken Mönchtum Palästinas, Ägyptens und Galliens.
6. Auf der anderen Seite bricht das Konzil von Nicaea mit einem zentralen Rationalitätsprinzip der hellenistischen Philo-

sophie, indem es die inhaltliche Orientierung der Trinitätstheologie an der platonischen Prinzipientheorie nicht fortsetzt (mit Grillmeier); insofern liegt hier schon eine deutliche Distanzierung von Maßstäben hellenistischer Rationalitätskultur vor, die in der christlichen Kirche auch zunächst trotz erheblichen kaiserlichen Drucks und staatlicher Zwangsmaßnahmen keine Mehrheit findet und erst nach über siebzig Jahren Diskussion durch weitere theologische Arbeit kompromißfähig gemacht werden konnte.
7. Auch die folgenden Debatten bis zum christologischen Konzil von Chalzedon 451 n. Chr., ja bis zum Bilderkonzil von 787 n. Chr. in Nicaea verwenden ganz stark philosophische Begrifflichkeit aus der hellenisierten christlichen Theologie (mit Harnack), aber hier werden ebenfalls – beispielsweise in der paradoxalen Formulierung des Konzils von Chalzedon und der Verbindung wahrer Gottheit und Menschheit (nach antiken Maßstäben eine *coincidentia oppositorum*) philosophische Rationalitätskriterien der Bibelauslegung dienstbar gemacht und nicht umgekehrt die Bibelauslegung hellenisiert.

Die letzte These deutet an, was der Verfasser jenseits der begriffsgeschichtlichen, methodologischen und historischen Bemerkungen zum Thema zu sagen hat: Begrifflichkeit und Konzept einer »Hellenisierung des Christentums«, von Droysen inauguriert und von Harnack popularisiert, von Grillmeier und Ricken bekämpft, sind deswegen so problematisch, weil sie den Prozeß der Enfaltung der biblischen Botschaft, der gelungene wie mißlungene Transformationen der Sache Jesu kennt, auf einen allzu schlichten Generalnenner zu bringen versuchen, über einen einzigen, allzu schlichten Leisten zu schlagen versuchen. Die Reformatoren des 16. Jahrhunderts wollten jedes Phänomen, jeden Satz, jedes Konzil am Maßstab der Heiligen Schrift prüfen; dieser Prüfungsvorgang führte Luther in der Leipziger Disputation auf die zurückhaltende mittlere Position, daß Konzilien in ihrer Behauptung, in der Tradition Jesu Christi zu stehen, irren können, meint: nicht irren müssen und auch nicht immer geirrt haben. Solche sensiblen Prüfungsvorgänge, die Ursprungsrelationen prüfen und von Ursprungskonstruktionen unterscheiden, machen Mühe – sind Sache gelehrter Historiker und schriftgelehrter Theologen. Das Konzept einer »Hellenisierung des Christentums« ist verführerisch einfach. Aber nicht einfach in dem Sinne, in dem die Wahrheit nach antiken Maßstäben einfach war, sondern einfach im Sinne einer Unterkomplexität. Die verführerische Schönheit des Konzeptes sollte gelegentlich durch eine scharfe Beleuchtung der tatsächlichen Züge reduziert werden. Dem wollten diese Zeilen dienen.

Roland Kany

Augustinus und die Entdeckung der kirchlichen Autorität

Als runde Synthese hat Papst Benedikt XVI. die christliche Antike in seiner Regensburger Vorlesung vom 12. September 2006 dargestellt. Das »innere Zugehen aufeinander, das sich zwischen biblischem Glauben und griechischem philosophischem Fragen vollzogen« habe, sei ein weltgeschichtlich entscheidender Vorgang gewesen. Diese Begegnung, zu der dann noch das Erbe Roms hinzutrete, habe Europa geschaffen.[1] Biblische Offenbarung, griechische Rationalität und römisches Erbe bilden demnach gemeinsam die Grundlage des Christentums westlicher Prägung. Man kann den gleichen Sachverhalt freilich auch maliziöser umschreiben, wie dies zum Beispiel Heinrich Heine 1834 getan hat. Für ihn ist schon das antike Christentum keine Einheit mehr, sondern in eine östliche und eine westliche Tradition gespalten, die gleichermaßen übel sind: »In jener, der orientalischen Kirchengeschichte«, schreibt Heine und meint damit die griechische Kirchengeschichte des Altertums, »seht ihr nichts als dogmatische Spitzfindigkeiten, wo sich die altgriechische Sophistik wieder kund gibt; in dieser, in der occidentalischen Kirchengeschichte,

[1] Benedikt XVI., »Glaube, Vernunft und Universität. Erinnerungen und Reflexionen«, in: *Verlautbarungen des Apostolischen Stuhls*, Nr. 174, Bonn 2006, S. 72–84, hier S. 78.

seht ihr nichts als disziplinarische, die kirchlichen Interessen betreffende Zwiste, wobei die altrömische Rechtskasuistik und Regierungskunst, mit neuen Formen und Zwangsmitteln, sich wieder geltend machen. [...] Rom wollte herrschen; ›als seine Legionen gefallen, schickte es Dogmen in die Provinzen‹«.[2]

Ich werde mich hüten, den Schiedsrichter zwischen Heinrich Heine und dem Papst spielen zu wollen. Beide sehen wahrscheinlich etwas Richtiges, beide vereinfachen jedoch, dem Genre ihrer Texte entsprechend. Mein Beitrag handelt von dem, was Benedikt XVI. das römische Erbe nennt und Heinrich Heine mit den »neuen Formen und Zwangsmitteln« der Kirche meint. In jedem Falle geht es um etwas, das als Wirkungsgeschichte des lateinischen antiken Christentums das abendländische Mittelalter nachhaltig prägen wird. Denn im Mittelalter war das ganze Leben der Menschen, von der Wiege bis zur Bahre, vom Kaiser bis zum Bettler, mittels Festen, Riten und Beichte der Autorität der Kirchen unterworfen. Augustinus hat seinen Teil zu dieser Entwicklung beigetragen. Er ist nicht *der* Entdecker oder Erfinder der kirchlichen Autorität, aber er spielt eine wichtige Rolle bei dieser Entdeckung. Im folgenden wird mehr von der Autorität als von der Kirche die Rede sein, da die Autorität das grundlegendere, prinzipielle Phänomen ist.

I Zum Begriff der Autorität

Das Thema Autorität, lateinisch *auctoritas*, hat Augustinus über weite Teile seines Lebens beschäftigt.[3] Schon im ersten Satz des

---

2 Heinrich Heine, »Zur Geschichte der Religion und Philosophie in Deutschland« [1834], in: Ders., *Historisch-kritische Gesamtausgabe der Werke*, Bd. 8/1, hg. von Manfred Windfuhr, Hamburg 1979, S. 9–120, hier S. 15. Die Sentenz am Schluß ist ein Selbstzitat aus Heines Schrift »Die Nordsee. Dritte Abteilung« [1826], in: Ebd., Bd. 6, hg. von Jost Hermand, Hamburg 1973, S. 139–167, hier S. 142.

3 Vgl. dazu vor allem Karl-Heinrich Lütcke, »*Auctoritas*« *bei Augustin*, Stuttgart 1968; ders., Artikel »Auctoritas«, in: *Augustinus-Lexikon*, Bd. 1, Basel 1986–94, Sp. 498–510; Frederik E. Van Fleteren, »Authori-

ersten seiner 252 erhaltenen Briefe, Ende 386 verfaßt, kommt der Begriff vor – der zweiunddreißigjährige Augustinus spricht hier von der *auctoritas* großer, bedeutender Männer, die ihn von jeher bewegt habe. Er meint an dieser Stelle die Vertreter der platonischen Akademie in ihrer skeptischen Phase seit Arkesilaos (268 v. Chr.).[4] Im spätesten datierbaren Brief, der sich von Augustinus erhalten hat, aus dem Jahre 429, wenige Monate vor seinem Tod, spricht er von der *divina auctoritas*, der göttlichen Autorität. Die Vandalen belagern damals Nordafrika, und man diskutiert die Frage, ob die Bischöfe lieber fliehen oder bleiben sollen. Augustinus weiß von spanischen Bischöfen, die in ähnlicher Situation ihre Herde im Stich gelassen hatten, und warnt seinen Briefpartner: »Diese waren nicht von der göttlichen Autorität beraten, sondern von menschlichem Irrtum getäuscht oder von Furcht überwältigt«.[5] Zwischen diesen beiden Briefen liegt ein breites Spektrum von Bedeutungen des Begriffs *auctoritas*: Das Ansehen von einigen Menschen, deren Fachkompetenz Augustinus anerkennt, einerseits und der schlechthin alles überragende Rang Gottes, wie er sich vor allem in der Heiligen Schrift äußert, andererseits.

Autorität ist generell ein schwer zu fassender Begriff.[6] Eine

ty and Reason, Faith and Understanding in the Thought of St. Augustine«, in: *Augustinian Studies* 4 (1973), S. 33–71; Ernst Dassmann, »*Auctoritas* im Spannungsfeld zwischen Glauben und Wissen«, in: Ders., *Augustinus. Heiliger und Kirchenlehrer*, Stuttgart u. a. 1993, S. 86–100.

4 Augustinus, *Epistula* 1.
5 Augustinus, *Epistula* 228, 5.
6 Zur Begriffsgeschichte vgl. Lütcke, »*Auctoritas*« *bei Augustin* (wie Anm. 3), S. 13–63; Walter Veit / Kurt Röttgers, Artikel »Autorität«, in: *Historisches Wörterbuch der Philosophie*, Bd. 1, Basel 1971, Sp. 724–733; Horst Rabe, Artikel »Autorität«, in: *Geschichtliche Grundbegriffe. Historisches Lexikon zur politisch-sozialen Sprache in Deutschland*, Bd. 1, Stuttgart 1972, S. 382–406; Theodor Eschenburg, *Über Autorität*, erweiterte Fassung Frankfurt am Main 1976; Jürgen Miethke, Artikel »Autorität I. Alte Kirche und Mittelalter«, in: *Theologische Realenzyklopädie*, Bd. 5, Berlin / New York 1980, S. 17–32. Erhellend sind auch mehrere Beiträge in: Pasquale Pasquino / Pamela Harris (Hg.), *The Con-*

der vielen möglichen, stets unbefriedigenden Definitionen lautet: Autorität ist »das Ansehen von Personen, und zwar als die Fähigkeit, durch persönliche Kompetenz und Überzeugungskraft Eindruck zu machen und Einfluß auf Denken und Entscheidungen anderer auszuüben.«[7] Autorität läßt sich nach der Analyse des Logikers Joseph M. Bochenski genauer als eine Relation beschreiben, zu der drei Glieder gehören:[8] Jemand ist für jemand anderen auf einem bestimmten Gebiet eine Autorität. Es gibt demnach erstens den Träger der Autorität, also denjenigen, der die Autorität genießt. Zweitens gibt es denjenigen, der anerkennt, was der Träger der Autorität lehrt, denkt, sagt oder ist. Und es gibt drittens das Gebiet, auf dem diese Anerkennung gezollt wird: Das ist von Gottes Autorität abgesehen üblicherweise ein begrenztes Gebiet, denn wer zum Beispiel auf dem Feld der römischen Religionsgeschichte eine Autorität ist, muß dies nicht auch auf dem Areal der Biomathematik sein. Es scheint zudem unterschiedliche Formen von Autorität zu geben. So kann jemand für mich eine Autorität sein, weil ich sein Wissen hoch einschätze und weil ich daher darauf vertraue, daß er auf seinem Gebiet recht hat, auch wenn ich es nicht nachprüfe. Das ist eine wissensmäßige, epistemische Autorität. Es kann aber auch jemand eine Autorität für mich sein, weil er mein Vorgesetzter ist und dadurch vielleicht Machtbefugnisse oder

> *cept of Authority. A multidisciplinary approach: from epistemology to the social sciences* (Quaderni della Fondazione Adriano Olivetti 55), Rom 2007.
>
> **7** Lütcke, Art. »Auctoritas« (Anm. 3), Sp. 498.
> **8** Joseph M. Bochenski, *Was ist Autorität? Einführung in die Logik der Autorität*, Freiburg i. Br. 1974. Seine Sprache lehnt sich mehr an die klassische als an die moderne Logik an. Selbstverständlich sind auch andere Analysen von Autorität und ihren Grundtypen möglich. So unterscheidet Edna Ullmann-Margalit einerseits praktische und theoretische Autorität, andererseits persönliche und unpersönliche Autorität, so daß sich durch Kombination vier Grundtypen ergeben (»Trust in Authority«, in: Pasquino/Harris (Hg.), *The Concept of Authority* [Anm. 6], S. 53–73).

Sanktionsmöglichkeiten hat, deren Anwendung ich vermeide, indem ich seine Autorität akzeptiere und seinen Anweisungen Folge leiste. Das ist eine deontische Autorität, von griechisch *dei* »man soll, muß«.

Der antike Begriff der Autorität ist eine vornehmlich lateinisch-römische Angelegenheit. Zwar wäre es ein Klischee, wenn man behaupten wollte, daß die Griechen in ihrer Freiheitsliebe die Autorität weniger schätzten als die Römer, aber ein Korn Wahrheit würde darin gleichwohl liegen. Es gibt interessanterweise kein griechisches Wort, das genau dem entspricht, was *auctoritas* besagt. Am ehesten ist es noch das Wort *axiôma*, das auch Würde und Ruhm bezeichnet, aber nicht annähernd das Bedeutungsspektrum von *auctoritas* besitzt. Das heißt nicht notwendig, daß auch die Sache, um die es in dem lateinischen Begriff geht, den Griechen gänzlich unbekannt gewesen wäre.[9] Aber daß es kein eigenes Wort dafür im Griechischen gibt, ist doch ein Hinweis darauf, daß diese Thematik bei den Griechen weniger als bei den Lateinern nachdenkliches Interesse auf sich gezogen hat. Eine der wenigen Stellen, an denen über einen solchen Sachverhalt auf griechisch nachgedacht wird, steht in Platons *Menon*. Es geht darum, daß man eigentlich meinen sollte, daß richtiges Handeln nur derjenige lehren kann, der um die Wahrheit weiß und sie begründen kann. Doch die Erfahrung zeigt, daß viele Menschen, ja die meisten, zu einem richtigen Handeln kommen, indem sie sich an jemandem orientieren, der irgendwie eine richtige Vorstellung vom rechten Handeln hat oder vorlebt, ohne diese aber wirklich begründen zu können. Der Menge der Menschen genügt also auch die wahre Meinung oder Vorstellung, die *doxa alethes*, um zum richtigen Handeln zu gelangen. Dieses Phänomen würde man im Lateinischen als *auctoritas* bezeichnen. Für die meisten Menschen, so wird Augustinus später einmal in ähnlichem Zusammenhang sagen, ist

---

9 Vgl. zum Beispiel Andrés Rosler, *Political Authority and Obligation in Aristotle* (Oxford Aristotle Studies), Oxford 2005.

es am nützlichsten, einer herausragenden Autorität zu glauben und dementsprechend zu leben.[10] Das begründete Wissen ist dagegen immer nur Angelegenheit weniger begabter Menschen.

Die Ursprünge des lateinischen Autoritätsbegriffs sind kompliziert, aber ich muß sie kurz andeuten, da sie zum Hintergrund von Augustins Konzeption gehören. *Auctoritas* bedeutet im römischen Privatrecht bei einer bestimmten Verkaufsform die Haftung des Verkäufers dafür, daß ihm die verkaufte Sache wirklich gehört.[11] Eine andere, aber verwandte Bedeutung ist die *auctoritas* eines Vormundes, die nötig ist, damit ein Unmündiger ein Rechtsgeschäft gültig abschließen kann: Der Vormund gibt damit dem Geschäftspartner des Mündels Gewährleistung für mögliche Rechtsfolgen.[12] Möglich, aber keineswegs sicher ist, daß sich diese Bedeutungen dann ins Politische ausweiten. *Auctoritas* ist in der römischen Republik, also vor der Zeitenwende, an einzelne Persönlichkeiten oder eine Gruppe von Persönlichkeiten gebunden, denen ein hohes Ansehen zugeschrieben wird. Diese Personen haften gewissermaßen mit ihrem guten Namen für die Richtigkeit ihres Rates. So bewirkt die *auctoritas patrum* (ein Terminus, der später die Autorität der Kirchenväter bezeichnen wird), daß gewisse Beschlüsse bestimmter Volksversammlungen zu Zeiten der Republik erst mit der Ratifikation durch die »Väter«, d.h. die dem Patrizierstand entstammenden Senatoren, gültig werden.[13] Daß die generellere *auctoritas senatus*, wie Richard Heinze in seiner klassischen Arbeit zum Thema meint, von dem im Volk lebendigen Gefühl

---

10 Augustinus, *De quantitate animae* 12. Vgl. dazu Lütcke, »*Auctoritas*« *bei Augustin* (Anm. 3), S. 69 f.
11 Der Veräußerer haftet also beim sogenannten Manzipationskauf für Gewährschaft und muß, falls ein Dritter nachher behauptet, der wahre Eigentümer zu sein, zur Verteidigung des Käufers in den Prozeß eintreten. Vgl. Max Kaser, *Das römische Privatrecht*, 1. Abschnitt (Handbuch der Altertumswissenschaft 10,3,3,1), München ²1971, S. 44–46. Die rechtshistorischen Details sind teils umstritten.
12 Ebd. S. 87, sogenannte *auctoritas tutoris*.
13 Cicero, *De re publica* 2,56.

getragen war, »innerlich gebunden zu sein an den Rat der verhältnismäßig wenigen, denen man politische Einsicht und Verantwortungsgefühl zutraut«, mag mehr mit Wunschvorstellungen des Philologen zur Zeit der Weimarer Republik als mit nachweislichen antiken Bedingungen zu tun haben.[14] Richtig ist jedoch, daß die Magistrate Befehlsgewalt hatten, *potestas*, der Senat hingegen in gewisser Hinsicht nur *auctoritas*. Gleichwohl folgte man in aller Regel dem Rat der Senatoren. Dieses komplexe Wechselspiel der Kräfte tritt in der römischen Kaiserzeit in den Hintergrund. Jetzt wird *auctoritas* auch zur Bezeichnung der allumfassenden Regierungsbefugnis der Kaiser, und der Beamtenapparat leitet seine Autorität von der höchsten Autorität des Kaisers ab.[15] Möglicherweise nimmt in der späten Antike nach und nach die Kirche den frei gewordenen Posten einer auf Ansehen beruhenden Autoritätsinstitution im lateinischen Raum ein.

Noch zu Zeiten der Republik läßt Cicero den Cato unter den Freuden des Alters zuhöchst die *auctoritas* nennen. Cato meint damit nicht einfach den Respekt, den man alten Menschen zollt, sondern er nennt Beispiele von Männern, die nicht einmal mehr ihre Meinung äußern müssen, sondern deren Autorität *in nutu* residiert, denen also ein kleiner Wink zur Duchsetzung ihres Willens genügt.[16] Ein weiteres Gebiet der *auctoritas* bei den Römern ist die Rhetorik, die Kunst des Argumentierens und Überzeugens, ganz besonders vor Gericht und in der Poli-

---

14 Richard Heinze, »Auctoritas« [1925], in: Ders., *Vom Geist des Römertums. Ausgewählte Aufsätze*, Stuttgart ³1960, S. 43–58, hier S. 51. Kritisch dazu Wilfried Nippel, »The Roman Notion of *Auctoritas*«, in: Pasquino/Harris, *The Concept of Authority* (Anm. 6), S. 13–34, hier S. 15. Nippels Aufsatz bietet eine differenzierte Darstellung der Sachverhalte auf dem heutigen Forschungsstand. Zum speziellen Problem vgl. auch André Magdelain, »De l'*auctoritas patrum* à l'*auctoritas senatus*«, in: Ders., *Jus, Imperium, Auctoritas. Études de droit romain*, Paris 1990, S. 385–403.
15 Eschenburg, *Über Autorität* (Anm. 6), S. 31.
16 Cicero, *Cato maior* 17,61.

tik. Schon die griechischen Redner beriefen sich oft auf Präzedenzfälle, verwiesen also auf frühere Urteile. Die römischen Rhetoren sagen statt griechisch *krisis* (Urteil) nicht *iudicium*, sondern *auctoritas*.[17] Weitere Momente treten hinzu. Jedenfalls aber wird die *auctoritas* zu einem wesentlichen Bestandteil lateinischer Rhetorik. Der Redner selbst soll *auctoritas* besitzen, er stützt sich aber auch seinerseits auf die Autorität anderer, wenn er seine Hörer oder Leser überzeugen will. Dieses rhetorische Denkschema wirkt nun gerade bei Cicero auch in die Philosophie hinein. Cicero kann von der *summa auctoritas philosophi* sprechen und damit Platon meinen. Von hier aus verläuft wahrscheinlich ein direkter Traditionsstrang zu Augustinus und auch zum Gebrauch von *auctoritates* in der mittelalterlichen philosophisch-theologischen Argumentationstechnik.[18]

Man kann, bewußt plakativ und vereinfachend, dieses überwiegend römische Erbe im Unterschied zum griechischen an drei Zitaten veranschaulichen. Platon läßt einmal den Sokrates blinde Jüngerschaft ablehnen. Sokrates sagt nämlich zu seinen Anhängern: »Wenn ihr mir folgen wollt, kümmert euch wenig um Sokrates, sondern mehr um die Wahrheit.«[19] Eine ähnliche, auf Platon bezogene Äußerung des Aristoteles wird im Mittelalter in der Form *amicus Plato, sed magis amica veritas* zitiert, frei übersetzt: »Plato ist mir lieb, aber noch lieber ist mir die Wahrheit.«[20] Dagegen läßt Cicero, offensichtlich zustimmend, die

---

17 Heinze, »Auctoritas« (Anm. 14), S. 54.
18 Vgl. zum Hintergrund Roland Kany, Artikel »Zitat«, in: *Historisches Wörterbuch der Philosophie*, Bd. 12, Basel 2004, Sp. 1344–1355.
19 Platon, *Phaidon* 91b-c. Vgl. *Politeia* 595c.
20 Frei nach Aristoteles, *Nikomachische Ethik* 1096a16 in der anonymen *Vita Latina*, hg. von Ingemar Düring, *Aristotle in the Ancient Biographical Tradition* (Acta Universitatis Gothoburgensis 63, 2), Göteborg 1957, S. 142–163, hier S. 154, die griechische anonyme Vorlage ebd. S. 132. Martin Luther zitiert das Dictum 1525 in der Variante: *Amicus Plato, amicus Socrates, sed praehonoranda veritas* (»De servo arbitrio«, in: Ders., *Studienausgabe*, hg. von Hans-Ulrich Delius, Bd. 3, Berlin 1983, S. 170–356, hier S. 187).

zwei Gesprächspartner von Tusculum in ihrem Gespräch über die Unsterblichkeit der Seele sich darin einig sein, daß sie sich lieber mit Platon irren würden als mit anderen Leuten das Wahre zu denken.[21] Hier tritt der Unterschied deutlich vor Augen. Die Autorität Platons wird von Cicero an dieser Stelle sogar der Wahrheit übergeordnet. Das widerspricht gänzlich Platons eigenem Denken, wonach die Autorität ihre Funktion lediglich bei der Durchsetzung richtiger Verhaltensweisen hat, nicht jedoch bei der Wahrheitserkenntnis. Bei Cicero dringt nun die Autorität, die als Überzeugungsmittel eher Sache der Rhetorik gewesen war, in die römische Philosophie. Richard Heinze erwog darum, »ob nicht die Anwendung dieser Vorstellungskategorie auch auf das Gebiet der wissenschaftlichen Forschung mit dazu beigetragen hat, die Neigung zu selbständiger Forschung bei den Römern nicht aufkommen zu lassen«. Und er fügt hinzu, man sollte einmal untersuchen, inwieweit diese altrömischen Autoritätsvorstellungen bei den lateinischen Autoren des christlichen Altertums nachwirken. Wenn bei Augustinus die Kirche an die Stelle einer mit voller *auctoritas* ausgestatteten Einzelperson trete, so dürfe man wohl behaupten, »daß kein Grieche, überhaupt niemand, der nicht in dem Gefühl für *auctoritas* großgeworden war, auf diesen so folgenschweren, bis in die Gegenwart nachwirkenden Gedanken hätte verfallen können«.[22]

In der offiziellen paganen römischen Religion übrigens spricht man, so jedenfalls sagen es Philologen, nur ganz selten von der *auctoritas* der Götter. Denn bei den Göttern geht es vielmehr darum, ihren Willen zu erkunden. Die Götter herrschen, haben eher *potestas* als *auctoritas*.[23] Um so auffälliger ist es, daß schon beim ersten faßbaren christlichen Autor lateinischer Sprache, bei dem Nordafrikaner Tertullian um 200

---

21 Cicero, *Tusculanae disputationes* 1,17,39: *Errare mehercule malo cum Platone ... quam cum istis vera sentire.*
22 Heinze, »Auctoritas« (Anm. 14), S. 55.
23 Ebd. S. 53. Genauer Lütcke, »*Auctoritas*« *bei Augustin* (Anm. 3), S. 53 Anm. 202.

n. Chr., die Ausdrücke *divina auctoritas* und *auctoritas dei* begegnen, göttliche Autorität und Autorität Gottes. Überhaupt führt Tertullian den Begriff der *auctoritas* ins Latein der Christen ein, denn auch die ältesten Spuren von lateinischen Bibelübersetzungen enthalten das Wort nicht.[24] Man könnte das so deuten, daß der Ausdruck Autorität Gottes von Tertullian gebraucht wird, weil auch die Souveränität Gottes von seiten des Gläubigen anerkannt werden muß – Autorität funktioniert nur durch Anerkennung, setzt »ein Minimum an Gehorchenwollen« voraus.[25] Allerdings ist eine Autorität, die der christliche Gläubige Gott zubilligt, zugleich eine absolute, der gegenüber dem Gläubigen kein Widerspruch möglich erscheint. Für Tertullian wird die göttliche Autorität an Machttaten Gottes im Alten Testament, aber auch an der Gestalt des menschgewordenen Gottessohnes deutlich. Zudem spricht Tertullian der Bibel göttliche Autorität zu,[26] weil sie von Gott selbst her stamme. Die Argumentation ist natürlich zirkulär: Wir erfahren von der göttlichen Autorität durch die Bibel, und diese bezieht ihre Autorität aus dem Umstand, daß sie von Gott stammt. Tertullian nutzt zudem die vorhin erwähnte privatrechtliche Bedeutung der *auctoritas* beim Verkaufsvorgang: So wie die *auctoritas* des Verkaufenden garantiert, daß der Käufer legitimer Eigentümer wird, so würden die Apostel als Augenzeugen und erste Besitzer der Lehre Christi auch Garanten dafür, daß ihre Nachfolger, die rechtmäßigen Bischöfe, legitimiert sind, diese Lehre innezuhaben und weiterzugeben.[27] Die Kirchen – Tertullian gebraucht den Plural und meint die Ortskirchen, die sich eben letztlich auf die Missi-

---

24 Lütcke, »*Auctoritas*« bei Augustin (Anm. 3), S. 52 mit Anm. 200. In der späteren Vulgata-Übersetzung kommt *auctoritas* nur einmal, und zwar eher nebenher in 1 Kön (3 Reg) 21,7 vor.
25 Max Weber, *Wirtschaft und Gesellschaft. Grundriss der verstehenden Soziologie*, hg. von Johannes Winckelmann, Tübingen ⁵1972, S. 122 (I, 1, 3, § 1).
26 Tertullian, *Apologeticum* 19,1; *De spectaculis* 3,1 usw.
27 Tertullian, *De praescriptione* 6,3.

onsarbeit der Apostel zurückführen – seien somit Rechtsnachfolger der Apostel. Dies mache wesentlich die Autorität der Kirchen aus.[28]

Ein knappes halbes Jahrhundert später, in der Mitte des 3. Jahrhunderts, wird ein weiterer nordafrikanischer christlicher Bischof und Autor, nämlich Cyprian, die beiden Elemente verbinden, die Tertullian gebraucht. Die Vorstellung von der göttlichen Autorität und die Vorstellung von der legitimen Weitergabe der rechten Lehre bindet Cyprian zusammen zum Konzept der *sacerdotalis auctoritas*, der priesterlichen Autorität der kirchlichen Amtsträger. Für Cyprian haben Kirche und Amtsträger teil an der göttlichen Autorität, weil ihre Traditionsautorität letztlich auf die göttliche Autorität zurückgeht.[29] Interessanterweise kann Cyprian auch von der *potestas* der Bischöfe sprechen. Mit Cyprian tritt eine starke Verrechtlichung in die Geschichte der lateinischen christlichen Kirche ein, die um das Bischofsamt konstruiert wird. Bei Ambrosius schließlich, nochmals mehr als hundert Jahre später, in den 370er und 380er Jahren, werden solche Vorstellungen teils fortgeführt, teils aber auch deutlich gemildert. Denn Ambrosius versucht, »der priesterlichen *potestas* jede Assoziation zur staatlichen Zwangsgewalt zu nehmen«. Er stellt den *potestas*-Begriff als Inbegriff des priesterlichen Amtes in Frage.[30]

Dies ungefähr sind die begriffsgeschichtlichen Voraussetzungen, die Augustinus vorfindet, als sein Nachdenken über den christlichen Glauben einsetzt.

---

28 Tertullian, *Adversus Marcionem* 4,5,3 u. 7, vgl. Thomas Gerhard Ring, *Auctoritas bei Tertullian, Cyprian und Ambrosius* (Cassiciacum 29), Würzburg 1975, S. 73.
29 Cyprian, *Epistula* 3,2; 43,3; 59,4.
30 Ring, *Auctoritas* (Anm. 28), S. 235.

2 Autorität und Kirche bei Augustinus

Augustinus, 354 im heutigen Algerien geboren, 430 in der gleichen Region als Bischof der Stadt Hippo Regius gestorben, ist ohne Zweifel die überragende, prägende Figur des antiken lateinischen Christentums, eine Gründerfigur des lateinischen Mittelalters und auch des modernen, westlichen Christentums sowohl römisch-katholischer wie lutherischer und reformierter Version. Theologie, Philosophie, politische Theorie und Geschichtsbild des lateinischen Mittelalters und der heutigen westlichen Welt sähen ohne ihn anders aus.[31] Das Thema kirchlicher Autorität ist nur eines von vielen, über die er wirkmächtige Gedanken entwickelt hat. Aber selbst Augustinus nimmt selbstverständlich Tendenzen und Überzeugungen seiner Zeit auf, steht in vielerlei Kontinuitäten, und manches was er sagt, wird erst dadurch neu, daß *er* es sagt und *wie* er es sagt, der studierte, stilistisch begnadete Rhetor und ehemalige Rhetorik-Professor.

Augustins berühmte Mutter Monnica scheint eine fromme Christin, aber auch eine ehrgeizige Erzieherin ihres Sohnes gewesen zu sein. Doch weder ihr Christentum noch dasjenige seiner Heimatstadt oder seines nordafrikanischen Studienortes Karthago strahlten in den Augen des jüngeren Augustinus so viel Autorität aus, daß er sich schon in jungen Jahren hätte taufen lassen oder sich wirklich als »Katholik« empfunden hätte, wie man damals bereits sagte. Die Christen Nordafrikas waren damals gespalten in die Gruppe, die sich katholisch nannte, und eine mindestens ebensogroße Gruppe, die von ihren Gegnern »Donatisten« genannt wurde.[32] Diesen Namen gab man ihnen

---

31 Vgl. meine knappe Skizze: »Augustin (354–430)«, in: Friedrich Wilhelm Graf (Hg.), *Klassiker der Theologie*, Bd. 1, München 2005, S. 79–98, und die ausführliche, kritische Darstellung von Kurt Flasch, *Augustin. Einführung in sein Denken*, Stuttgart ²1994. Für alles Biographische vgl. Peter Brown, *Augustinus von Hippo. Eine Biographie*, München 2000.

32 Vgl. William H. C. Frend, *The Donatist Church. A Movement of Protest in Roman North Africa*, Oxford ³1984; Bernhard Kriegbaum, *Kirche der*

nach dem Bischof Donatus, der von etwa 313 bis 355 der führende Kopf jener Gruppe von Gläubigen war, die in den Christenverfolgungen, die unter Kaiser Diokletian zu Beginn des 4. Jahrhunderts ausgebrochen waren, die Gemeinschaft mit solchen Klerikern kündigte, die in den Verfolgungen schwach geworden waren und die heiligen Bücher den staatlichen Behörden ausgeliefert hatten. Daraus war eine langdauernde Kirchenspaltung erwachsen. Die Donatisten waren fortan eine exklusiv nordafrikanische Kirche und glaubten, Sakramente seien nur gültig gespendet, wenn der Spender in vollem Maße ihrer reinen Kirche angehörte. Die Gegner warfen ihnen vor, sich als moralisch überlegene Kirche zu überschätzen. In vielen Städten gerade von Augustins engerer Heimat bildeten die Donatisten die Mehrheit. Augustins Familie hingegen zählte zu der Gruppe der Katholiken, die sich vielerorts in Nordafrika als Minderheit erfuhren, aber im Bewußtsein lebten, in Gemeinschaft mit der großen Mehrheit der sonstigen Christen der antiken Welt zu stehen. Nicht zuletzt auf Augustins Betreiben gerieten die Donatisten zu Anfang des fünften Jahrhunderts unter starke staatliche Repression. Nur in sehr reduzierter Zahl hielten sich donatistische Gruppen bis ins 8. Jahrhundert.

Den jungen, brillanten Augustinus überzeugte jedoch offenbar weder das ihm bekannte katholische Christentum noch dasjenige der Donatisten. Auch die Bibel fand er eher abstoßend: Sie bot nicht das sprachliche und inhaltliche Niveau, das seine rhetorische und intellektuelle Bildung als Ideal pries, am wenigsten das Alte Testament mit seinen krude erscheinenden Geschichten.[33] Augustins großes Bildungserlebnis war vielmehr die Lektüre einer später weitgehend verlorengegangenen Schrift Ciceros, in der es um das große Thema der menschlichen Glückseligkeit geht und die Rolle, die die Suche nach Weisheit dabei

Traditoren oder Kirche der Martyrer? Die Vorgeschichte des Donatismus (Innsbrucker Theologische Studien 16), Innsbruck 1986.
33 Augustinus, *Confessiones* 3,5,9.

einnimmt. Der neunzehnjährige Augustinus war tief berührt, nur daß Christus naturgemäß bei Cicero noch nicht vorkommt, ließ ihn nach seiner eigenen Erinnerung unbefriedigt, denn Christi Bedeutung schien ihm in dieser Zeit längst einzuleuchten.[34] Gleichzeitig mit dieser Lektüre wurde Augustinus um 373 Manichäer und blieb dies für neun Jahre. Diese Religion war damals gerade hundert Jahre alt. Sie war durch Mission stark gewachsen und entwickelte sich binnen einiger Jahrhunderte zu einer Weltreligion, die bis nach China reichte.[35] Auch im lateinischen Westen gab es Manichäer, gerade in Nordafrika, mit eigenen Bischöfen und Presbytern.[36]

Augustinus sagt einmal, er sei aus dem einen Grunde auf die lateinischsprachigen Manichäer in Nordafrika hereingefallen, »weil sie behaupteten, daß sie ohne erschreckende Autorität mit einfacher, reiner Vernunfteinsicht alle, die ihre Hörer sein wollen, zu Gott führen und von jedem Irrtum befreien.«[37] Die Manichäer stellten Augustinus zufolge in ihrer Mission die Menschen vor die Alternative: Wollen sie sich dem nur durch Autorität vermittelbaren Aberglauben (*superstitio*) der Eltern aussetzen, oder wollen sie sich der Vernunft der manichäischen Lehre öffnen, zu der niemand gedrängt werde, »wenn nicht zuvor die Wahrheit erörtert und entwickelt worden sei«.[38] Wer heute die erhalten gebliebenen manichäischen Originaltexte liest,[39] könnte ein wenig überrascht von dieser Darstellung Augustins sein. Was die Manichäer damals offenbar mit Erfolg

---

34 Ebd. 3,4,8.
35 Vgl. Samuel N. C. Lieu, *Manichaeism in the Later Roman Empire and Medieval China*, Tübingen ²1992.
36 Vgl. Johannes van Oort / Otto Wermelinger / Gregor Wurst (Hg.), *Augustine and Manichaeism in the Latin West* (Nag Hammadi and Manichaean Studies 49), Leiden 2001.
37 Augustinus, *De utilitate credendi* 2 (Fontes Christiani 9, S. 80, übersetzt von Andreas Hoffmann).
38 Ebd. (S. 80/82).
39 Eine von Alexander Böhlig übersetzte Auswahl bietet der dritte Band der Sammlung *Die Gnosis*, Zürich / München 1980 (erneut 2007).

selbst einem so klugen Kopf wie dem jungen Augustinus als vernünftig begründet darzustellen vermochten, macht heute auf Anhieb eher den Eindruck eines Gemischs gnostisch-kosmologischer Mythen, etwas verworrener Offenbarungen und bloßer Restbestände antiker rationaler Philosophie.[40] Die Manichäer beriefen sich auf Schriften Manis und viele weitere Texte, von denen manche evangelienähnlich waren. Augustinus schrieb noch zu der Zeit, als er längst kein Manichäer mehr war, Gottes Wille sei es zweifellos, diese Leute zu korrigieren und nicht sie zu vernichten.[41]

Augustinus stieg in der Hierarchie der Manichäer nicht auf, sondern blieb auf der Stufe der sogenannten Hörer. Vielleicht lag das daran, daß ihm mehr und mehr Zweifel kamen, ob beispielsweise die Annahme eines strengen Dualismus eines guten Lichtreiches und eines bösen Reiches der Finsternis philosophisch haltbar sei.[42] Augustinus stellte seine Fragen den Manichäern vor Ort, aber diese Menschen wußten keine Antwort und vertrösteten ihn auf den Manichäerbischof Faustus, der ihm alle seine Fragen befriedigend beantworten würde. Eines Tages ergab sich tatsächlich die Gelegenheit. Augustinus durfte sich mit Faustus unterhalten – und dieser erwies sich als freundlicher, nicht ungebildeter Mann, aber im Grunde ein Dampfplauderer und hoffnungslos überfordert von Augustins Fragen.[43] Als Augustinus etwa 383 als Rhetorikprofessor nach Rom ging, hatte er zwar noch Kontakte zu Manichäern. Doch war er nicht mehr überzeugter Manichäer und noch nicht überzeugter Katholik.[44] Er war vielmehr zum Skeptiker geworden. Der Spitzensatz der antiken philosophischen Skepsis ist die These, daß man sich al-

---

40 Allerdings beschreibt z. B. auch die Johannesapokalypse des Neuen Testaments kosmische Endkämpfe, und eine Art von Licht-Finsternis-Dualismus gibt es auch im Johannesevangelium.
41 Augustinus, *Contra epistulam Manichaei quam vocant fundamenti* 1,1.
42 Augustinus, *Confessiones* 5,3,3; 7,2,3–5,7.
43 Ebd. 5,6,10.
44 Ebd. 5,10,19.

ler Urteile enthalten solle, weil es ein sicheres Wissen nicht gebe. Momente dieser skeptischen Infragestellung seiner selbst blieben Augustinus sein ganzes Leben lang erhalten und sollten nach seiner Hinwendung zum Christentum ein Hauptantrieb seiner lebenslangen Mühe werden, den Glauben auch denkend zu bewältigen.[45] Das skeptische Ferment mag zudem ein Grund für viele Bitterkeiten des augustinischen Denkens sein: Wer einmal den Boden unter den Füßen verloren hat, verteidigt den wiedergewonnenen Boden entweder mit humaner Liberalität oder mit Zähnen und Klauen. Augustinus neigt zu letzterem, vor allem seit er um 396 ins Bischofsamt berufen wurde.

Augustinus gewann diesen Boden, als er 384 einen neuen Lehrstuhl in Mailand erhielt.[46] Dort nämlich war Ambrosius Bischof, und der dreißigjährige Rhetorikprofessor Augustinus hörte dessen Predigten, einmal weil seine Mutter ihm wieder einmal nachgereist war und von dem Ortsbischof schwärmte, dann aber auch, weil ihn von Berufs wegen diese Predigten als Stück angewandter Rhetorik interessierten. Augustinus hörte zu und entdeckte plötzlich ein Christentum, das einer ganz anderen Welt als die beiden Kirchen Nordafrikas zu entstammen schien, weil es viel urbaner und rationaler war. Ambrosius war ein hochgebildeter Mann, philosophisch auf der Höhe der Zeit, bibelexegetisch geschult durch die Lektüre der Schriften des jüdischen Philosophen Philo von Alexandrien und der großen griechischen christlichen Autoren wie Origenes und Basilius von Cäsarea. Ambrosius legte die Bibel allegorisch aus, d. h. in bildlich-übertragener Weise. Damit konnte er das Anstößige beseitigen, das Augustinus so gestört hatte. Mit dieser Methode konnte er zeigen, daß die Geschichten etwa des Alten Testamentes einen durchaus akzeptablen, ja erhabenen Sinn ergeben, wenn

---

45 Vgl. Roland Kany, *Augustins Trinitätsdenken. Bilanz, Kritik und Weiterführung der modernen Forschung zu »De trinitate«* (Studien zu Antike und Christentum 22), Tübingen 2007, S. 515–517 und 529.
46 Das folgende vor allem nach Augustins Schriften *Confessiones* und *De beata vita*.

man sie nicht naiv-wörtlich nimmt, sondern als Andeutungen christlicher Erkenntnis deutet.

Augustinus begann, sich vehement für das Christentum in der Gestalt zu interessieren, das er nun kennenlernte. Ein quälendes inneres Kämpfen war damit verbunden. Etwa anderthalb Jahre später, im Sommer 386, rang er sich zu der Entscheidung durch, sein Leben zu ändern. Er verzichtete auf die weitere Karriere als Rhetoriker und wollte sich ganz einem christlich-intellektuellen Leben widmen, in dem er das zu finden hoffte, was ihm einst die Lektüre von Ciceros *Hortensius* leuchtend vor Augen gestellt hatte: Weisheit und wahre Glückseligkeit. Fasziniert las Augustinus in lateinischer Übersetzung Schriften von Platonikern, wahrscheinlich Plotin und Porphyrius. Und er schrieb wohl noch Ende 386 seine ersten eigenen christlichen Schriften. Die Autorität gehört zu den Themen, um die es in diesen Schriften geht. Denn Augustinus vollzog nun für sich selbst den Schritt, den er als Sympathisant der Manichäer gerade zu vermeiden gehofft hatte: Er begab sich unter die Autorität der Kirche.

Gleich in der ersten dieser Schriften versucht er, die Argumente der antiken philosophischen Skepsis zu widerlegen, um Platz für eine neue Autorität zu schaffen. Er zeigt, daß es unsinnig ist, von der Bemühung um wahre Erkenntnis das Glück des Menschen zu erwarten, wenn nicht zugleich angenommen wird, daß dieses Bemühen auch von Erfolg gekrönt sein kann. Wahrheit muß tatsächlich erkannt werden können. Jede These des Tenors: Der Weg ist das Ziel, wird als schwach durchdacht entlarvt. Eine wahre Philosophie sei nicht eine Philosophie dieser Welt, sondern einer anderen, geistigen (intelligiblen) Welt. Zu dieser aber, sagt Augustinus, würde selbst die subtilste Vernunft die menschlichen Seelen nicht rufen können, die von der Finsternis des Irrtums und dem Schmutz des Körperlichen befleckt sind, wenn nicht der höchste Gott in Milde die Autorität des göttlichen Geistes bis hin zu einem menschlichen Körper sich habe herabneigen lassen. Philosophisch ist in Augustins Augen nachgewiesen, daß Wahrheitserkenntnis möglich ist, aber damit der schwache Mensch sie wirklich erreicht, bedarf es der Herabneigung Gottes in einem Menschen, in Christus. Viel, sagt Augustinus am Ende der Schrift, sei nun noch zu erforschen und weiterzufragen. Dabei sei klar, daß wir zu allem Lernen durch das doppelte Gewicht der Autorität einerseits und der Vernunft andererseits gedrängt würden. Sein Entschluß stehe fest, sich nirgends von der Autorität Christi zu entfernen.[47]

Dieses Thema: *auctoritas* und *ratio*, Autorität und Vernunft, findet sich in ausdrücklicher Entgegensetzung in der lateinischen nichtchristlichen Literatur nur gelegentlich und eher situationsbezogen nebenher, etwa bei Cicero und Seneca, mit den möglichen Varianten einer Höherstellung entweder der Autorität oder der Vernunft oder ihrer Gleichordnung.[48] Schemata des Glaubens als niedrigerer Stufe gegenüber dem Wissen wurden wiederum von einzelnen christlichen Denkern wie Origenes erwogen.[49] Aber die in der Wirkungsgeschichte entscheidenden Reflexionen sind zweifellos diejenigen von Augustinus. Wie bedeutsam dieses Thema ist, kann man schon anhand einer Bemerkung von Martin Grabmann erahnen, dem großen Münchner Forscher auf dem Gebiet der mittelalterlichen Philosophie. Vor hundert Jahren schrieb er in einem Kapitel über die vorbildhafte Bedeutung Augustins für die scholastische Methode (d. h. die aus dem Schulbetrieb des Mittelalters hervorgegangene Vorgehensweise von Philosophie und Theologie), *auctoritas* und *ratio* seien die »beiden Triebräder der mittelalterlichen Spekulation«, die von Augustinus maßgeblich für die folgende Zeit in ihrer Eigenart und Beziehung behandelt worden seien.[50]

Der wichtigste, bekannteste Abschnitt zu diesem Thema steht in Augustins Dialog *De ordine* (Über die Ordnung), ebenfalls Ende 386 entstanden. Augustinus bringt hier theoretisch

---

47 Augustinus, *Contra academicos* 3, 19, 42–20, 43.
48 Vgl. Lütcke, »*Auctoritas*« *bei Augustin* (Anm. 3), S. 34–46.
49 Ebd. S. 35.
50 Martin Grabmann, *Geschichte der scholastischen Methode*, Bd. 1, Freiburg 1909, S. 130.

und abstrakt auf den Begriff, was er persönlich in den Monaten zuvor als Bekehrung erlebt und erfahren hatte. Denn einerseits war seit langem ein durchaus philosophisches, rationales Suchen in ihm, das ihn auf den Schritt zum Glauben vorbereitet hatte. Andererseits hatte dieses Suchen ihn bis dahin ja nie zum Glauben geführt. Erst die Umstände seines Aufenthalts in Mailand, die Gegenwart des Ambrosius, seiner Mutter, und vielleicht sogar eine Art Wunder, nämlich die aus dem Nirgendwo sprechende Stimme im Mailänder Garten, die ihn im Sommer 386 angeblich zum Ergreifen eines daliegenden Bandes mit den Paulusbriefen nötigt und damit den letzten Schritt zur Hinwendung zum Glauben einleitet,[51] erst dies alles bringt ihn letztlich zur entscheidenden Wende seines Lebens. In der Schrift *De ordine* heißt es nun:

Wir werden zum Lernen [...] notwendig in doppelter Weise geführt, durch die Autorität und durch die Vernunft (ratio). Der Zeit nach hat die Autorität Vorrang, der Sache nach aber die Vernunft. Was nämlich beim tatsächlichen Handeln vorangestellt wird, ist etwas anderes als das, was im Streben höher geschätzt wird. Wenngleich die Autorität der Guten heilsamer für die ungebildete Masse erscheint, die Vernunft dagegen für die Gebildeten geeigneter, und weil jeder Mensch nur kundig wird, nachdem er zuvor unkundig war, kein Unkundiger aber bereits weiß, wie er sich zu seinen Lehrern stellen soll und durch welche Lebensführung er belehrbar werden kann, darum ergibt sich, daß allen, die Gutes, Großes und Verborgenes lernen wollen, allein die Autorität die Türe öffnet. Sobald jemand eingetreten ist, befolgt er zweifellos die Vorschriften für den besten Lebenswandel, wodurch er, wenn er belehrbar geworden ist, endlich lernt, erstens mit wieviel Vernunft dasjenige ausgestattet ist, dem er folgte, bevor sich die Vernunft einstellte, zweitens was die Vernunft selbst, der er nun stark und vorbereitet folgt,

---

51 Augustinus, *Confessiones* 8, 12, 29.

> *nachdem er der Wiege der Autorität entwachsen ist, ihrem Wesen nach ist, und drittens, welches der Geist* (intellectus) *ist, in dem alles ist oder vielmehr: der selbst alles ist, und viertens was verschieden von allem der Ursprung* (principium) *von allem ist. Zu einer solchen Erkenntnis können in diesem Leben nur wenige gelangen, aber auch nach diesem Leben kann niemand über sie hinausgelangen! Diejenigen, die mit der Autorität zufrieden sich ständig um gutes Verhalten und rechte Absichten bemühen und es entweder verachten oder nicht vermögen, sich durch Grundwissenschaften* (disciplinae liberales) *bilden zu lassen, in welcher Weise ich diese Leute glückselig nennen soll, solange sie unter den Lebenden weilen, weiß ich nicht, glaube aber unerschütterlich, daß sie, sobald sie den irdischen Leib verlassen, in dem Maße, in dem sie mehr oder weniger gut gelebt haben, leichter oder schwerer entlastet werden. – Die Autorität aber ist teils göttlich, teils menschlich, aber die wahre, starke und höchste ist diejenige, die man die göttliche nennt.*[52]

Augustinus warnt anschließend davor, sich auf nichtssagende Mirakel zu stützen.[53] Vielmehr sei göttlich nur eine solche Autorität zu nennen, die nicht nur in sinnlichen Zeichen jede menschliche Fähigkeit übersteigt, sondern die auch auf den Menschen selbst einwirkt, indem sie ihm zeigt, wie weit sie seinetwegen sich herabgelassen hat. Diese göttliche Autorität, die Augustinus ganz auf Christus zuschneidet, leite dazu an, sich zum Geist zu erheben. Das alles werde von der christlichen Religion verläßlich überliefert. Dagegen sei menschliche Autorität meistens trügerisch. Doch mit Recht würden solche Menschen Autorität ausstrahlen, die Beweise für ihre Lehren geben und nach ihren Grundsätzen auch selbst leben.

Wichtig ist also: Autorität ist nötig, um vom Unkundigen

---

[52] Augustinus, De ordine 2,9,26 f.
[53] Man könnte heute an weinende Madonnen und derartiges denken.

zum Kundigen zu werden. Die Autorität stößt die Türe auf, damit Erkennen mit Vernunft möglich wird. Im höchsten Maße ist es die Autorität Gottes, der durch die Menschwerdung Christi dem Menschen gewissermaßen auf die Sprünge hilft. Der Sache nach hat die Vernunft Vorrang vor der Autorität, aber zeitlich gesehen steht die Autorität voran. Ohne Autorität bliebe menschliches Suchen so ziellos und fruchtlos, wie Augustinus sein Suchen vor der Umwendung von 386 empfand. Die Vernunft gehört für Augustinus so wesentlich zum Menschen, daß er sagt, er könne sich nicht vorstellen, wie man glückselig sein kann, wenn man es beim Autoritätsglauben beläßt und gar nicht versucht, mit Vernunft zu erfassen, was man glaubt. Soweit diese Gedanken des zweiunddreißigjährigen Augustinus, der vom neugewonnenen Glauben und von der für ihn noch neuen neuplatonischen Philosophie tief beeindruckt ist. Ihm schwebt eine Synthese beider Größen vor, des biblischen Glaubens an die Heilstaten Gottes in Christus einerseits und des besten Erbes griechischer Philosophie andererseits. Aber ist diese Synthese aus Bibel und griechischer Rationalität tragfähig? Was, wenn mehrere Kontrahenten sich auf göttliche Autorität berufen und doch zu völlig verschiedenen Konsequenzen kommen?

Als Augustinus, Christ geworden, durch Schriften gegen die Manichäer Anhänger dieser Religion von dem Irrtum abzubringen versucht, dem er selbst lange angehangen hatte, da bringt er nun ausdrücklich die Autorität der Kirche ins Spiel. Auch die Manichäer berufen sich ja keineswegs einfach auf die Vernunft, obwohl sie dies zunächst behaupten. Vielmehr bauen sie ihren Glauben ebenfalls auf Offenbarungsschriften, und Manis Schriften besitzen die höchste Autorität bei ihnen. Augustinus begnügt sich nicht damit, diesen Widerspruch aufzudecken. Er entdeckt, daß er im Streit der Argumente mit Manichäern sich seinerseits nicht einfach auf die Bibel berufen kann, denn auch die Manichäer berufen sich teils auf biblische, teils auf nichtkanonische, apokryphe Schriften. Zwischen die Autorität Gottes, die dann auch auf die Bibel als Wort Gottes übergeht, und die hörenden, gläubigen Menschen tritt nun für Augustinus die Autorität der Kirche. Laß uns beide, sagt er einem gedachten manichäischen Diskussionspartner im Jahre 396, zunächst einmal nicht einfach voraussetzen, wir hätten die Wahrheit schon gefunden. Laß uns nachdenken. Warum bleibe ich gerne im Schoß meiner Kirche? Nun, sagt Augustinus, die Übereinstimmung so vieler Völker hält mich darin. Die Autorität der Kirche hält mich darin, die durch Wunder, Hoffnung und Liebe genährt wird. Die Sukzession, also die stete Kette der Nachfolger ihrer Priester und Bischöfe bis in die Zeit der Apostel hinein hält mich in ihr. Sogar der Name katholisch hält mich in ihr, das Allumfassende – selbst die Ketzer, sagt Augustinus augenzwinkernd, zeigen einem Fremden, der in der Stadt fragt, wo es zur katholischen Kirche geht, auf das Kirchengebäude der Katholiken, nicht auf ihr eigenes, obwohl doch auch die Ketzer sich als die Repräsentanten der allumfassenden, wahren Kirche verstehen möchten.[54]

Wenn Mani sich selbst Apostel Christi nenne,[55] so glaube er ihm nicht, sagt Augustinus. Was könne der Manichäer denn erwidern? Entweder der Manichäer versuche, Augustinus zu zwingen, denn Vernunftgründe kann es dafür nicht geben. Das widerspräche aber dem Vernunftanspruch der Manichäer. Oder der Manichäer verweise auf die Evangelien und versuche aus ihnen Gründe dafür anzuführen, daß Mani sich mit Recht Apostel Christi nennen dürfe. Aber das hieße, der Manichäer würde zugeben, daß man zuerst dem Evangelium glauben müsse. Und da tut nun Augustinus seinen berühmten Ausspruch: Er, Augustinus, würde aber dem Evangelium nicht glauben, wenn ihn

---

[54] Augustinus, *Contra epistulam Manichaei quam vocant fundamenti* 3,4–4,5.

[55] Dies ist auch aus Originaltexten bezeugt, z. B. in der Vorrede seines »lebendigen Evangeliums« (Ludwig Koenen/Cornelia Römer, *Der Kölner Mani-Kodex. Über das Werden seines Leibes* (Papyrologica Coloniensia 14), Opladen 1988, S. 45 [S. 66 des Codex]: »Ich Mani, Apostel Jesu Christi durch den Willen Gottes, des Vaters der Wahrheit ...«).

nicht die Autorität der katholischen Kirche dazu bewegen würde: *Ego vero evangelio non crederem, nisi me catholicae ecclesiae commoveret auctoritas.*[56] Was ist denn die Bibel? Warum ist sie für mich etwas anderes als andere Bücher? Warum glaube ich ihr? Wer verbürgt mir, daß sich in ihr Gottes Wort ausspricht? Ich glaube ihr, meint Augustinus, weil die Autorität der Kirche mir eine Garantie gibt, daß ich in diesem Buch auf Gottes Wort stoße. Ich glaube der Bibel, weil mir die kirchliche Tradition ihre Echtheit bis in die Zeit der Apostel Jesu verbürgt. Und im konkreten Fall der Manichäer sagt Augustinus, da er schon der Bibel nur glaubt, weil die Autorität der Kirche ihn dazu bewege, glaube er der Kirche dann auch, wenn sie den Manichäismus ablehne.

Mit weniger markanten Formulierungen, aber in der Sache sehr ähnlich hatte Augustinus schon um 391 in einer Schrift »Über den Nutzen des Glaubens« argumentiert. Er entfaltet hier durchaus plausibel die anthropologische Notwendigkeit, daß Menschen einander glauben müssen und also Autorität anerkennen müssen. Weniger zwingend sind auch hier Augustins Gründe dafür, warum es nun gerade die katholische Kirche sei, durch deren Autorität man sich besonders bewegen lassen solle: Ihre Wunder, Größe, Internationalität oder ihr Alter erscheinen einem heutigen Leser eher relativ. Man muß, sagt Augustinus, zunächst das glauben, was man später erst erfaßt und einsieht, es geht nicht ohne die strenge Herrschaft einer Autorität.[57] Insofern verdanken wir, was wir einsehen, der Vernunft, und was wir glauben, der Autorität.[58] Wem habe ich, fragt Augustinus, die Aussagen über Christus geglaubt, so daß ich diesen Glauben in mir trage? Nichts anderem habe ich geglaubt als einer gefe-

---

56 Augustinus, *Contra epistulam Manichaei quam vocant fundamenti* 5,6. Zu Kontext und Sinn vgl. Fritz Hofmann, *Der Kirchenbegriff des Hl. Augustinus in seinen Grundlagen und seiner Entwicklung*, München 1933, S. 96–98.
57 Augustinus, *De utilitate credendi* 21.
58 Ebd. 25.

stigten, sicheren Ansicht von vielen Völkern in Gestalt der Autorität der katholischen Kirche. Gott selbst ist die höchste Autorität, er macht sich in Christus für uns zur höchsten Autorität, aber damit wir zu ihm gelangen können, gibt es die heilsamste Autorität, die *saluberrima auctoritas*, der Kirche, über die wir wie über eine sichere Treppenstufe zu Gott emporsteigen können.[59]

Mit biblischem Glauben und philosophischer Vernunft allein ist es also nach Augustinus nicht getan. Menschen bedürfen erst einer Autorität, damit überhaupt der Prozeß des Glaubens beginnen kann, der dann in einer Wechselwirkung von Wissen und Glauben voranschreitet. Allerdings betreibt Augustinus en passant eine Ausdehnung des Erkannten. In dem Kapitel, in dem das eben zitierte berühmte Wort steht, er glaube dem Evangelium nur, weil ihn die Autorität der Kirchen dazu bewege, sagt Augustinus auch, die Kirche sei ihm einst »einmal« (*semel*) Anlaß zum Glauben gewesen, Hilfe auf dem Weg zur Anerkennung der Autorität der Schrift.[60] Aber Augustinus beläßt es dabei nicht, es bleibt nicht bei der Türöffnungsfunktion der Autorität, von der er in der Schrift über die Ordnung gesprochen hatte. Vielmehr betont gerade der spätere Augustinus, diese Autorität sei der Kirche daher auch weiterhin zuzugestehen, etwa für die Auslegung der Bibel.[61] Die Autorität wird zur Dauereinrichtung. Selbst wenn Augustinus die Autorität der Bibel gelegentlich ausdrücklich über die Autorität der Kirche stellt,[62] führt doch aus seiner Sicht an der Autorität der Kirche kein Weg mehr vorbei. Diese Autorität kann sich in der Autorität von Bischöfen und Konzilien konkretisieren, aber am liebsten spricht Augustinus von der Autorität der Kirche im generellen Sinn.

Dieses Autoritätsverständnis trägt seine traurigsten Früchte

---

59 Ebd. 34.
60 Augustinus, *Contra epistulam Manichaei quam vocant fundamenti* 5,6.
61 Augustinus, *De utilitate credendi* 17–20 und Lütcke, Artikel »Auctoritas« (Anm. 3), Sp. 508.
62 Vgl. etwa Augustinus, *De baptismo* 1,9.

da, wo Augustinus die Autorität der Kirche und die Notwendigkeit sakramentaler Heilsvermittlung benutzt, um den Zwang gegenüber Andersdenkenden zu rechtfertigen. In der Regel stand er Zwangsmitteln fern und zog die geduldige Überzeugungsarbeit vor. Doch speziell im Umgang mit dem Donatismus ließ sich Augustinus dazu hinreißen, die Anwendung von staatlichem Zwang zu befürworten, um diese Menschen zu ihrem Heil zu zwingen.[63] Er berief sich seit dem Jahre 408 auf das Wort aus Jesu Gleichnis vom Gastmahl, Lk 14,23: »Da spricht der Herr zum Knecht: Geh hinaus auf die Landstraßen und an die Zäune und nötige sie, hereinzukommen, damit mein Haus voll werde.« Dieses »nötige sie« wurde in der nordafrikanischen Bibelübersetzung mit *cogite intrare* übersetzt: »Zwingt sie, hereinzukommen«.[64] »All die bluttriefenden Henker«, meint Walter Nigg, »welche im Mittelalter aufs grausamste gegen die Ketzer gewütet haben, konnten sich auf die angesehene Autorität Augustins berufen – und sie haben es auch getan.«[65] Ob eine solche blutige Berufung auf den Kirchenvater diesem gerecht wurde, kann man jedoch auch bezweifeln. Augustinus selbst verwendete sich bei den zuständigen Amtsträgern sogar für Milde gegenüber solchen Donatisten, die einen katholischen Kleriker getötet hatten. Die Donatisten sollten nicht behaupten können, Böses sei ihnen von den Katholiken mit Bösem vergolten worden. Vielmehr sollten sie die Chance erhalten, sich zu bessern. Darum müsse die Todesstrafe möglichst vermieden werden.[66] Wenn Augustinus et-

---

63 Vgl. William H. C. Frend, »Augustine and State Authority. The Example of the Donatists«, in: Mauro Nicolosi (Hg.), *Agostino d'Ippona »Quaestiones disputatae«* (Palermo 3–4 dicembre 1987), Palermo 1989, S. 49–73. Vgl. auch Otto Wermelinger, »Staatliche und kirchliche Zwangsmaßnahmen in der Endphase des pelagianischen Streites«, ebd. S. 75–100.
64 Augustinus, *Epistula* 93,2,5.
65 Walter Nigg, *Das Buch der Ketzer*, Zürich ²1949, S. 122.
66 Augustinus, *Epistulae* 133/134. Vgl. *Epistula* 204,3: Der verdiente Tod, von dem ein Edikt gegen die Donatisten spreche, sei nicht als Todesstrafe zu verstehen, sondern als der ewige Tod, den sich die Donatisten selbst zufügen.

was Neues in die Diskussion brachte, so war es nicht das seit alters dem Kaiser und hohen Beamten zustehende Zwangsrecht in religiösen Fragen, sondern nur die Tatsache, daß Augustinus dafür und für die Inanspruchnahme des Staates durch die Kirche eine theologische Begründung entwickelte.[67]

Adolf von Harnack hat in seinem großen *Lehrbuch der Dogmengeschichte* aufgrund dieser und anderer Gedanken des Augustinus die These aufgestellt, erst Augustinus habe die Autorität der Kirche in eine religiöse Größe verwandelt.[68] Denn weil Augustinus durch den Skeptizismus zur Anerkennung der katholischen Kirche durchgedrungen war, habe er die Kirche nun als den Fels seines Glaubens betrachtet. Die lebendigste Frömmigkeit habe hier einen doppelten Grund ihrer Gewißheit, nämlich das innere Erlebnis und die äußere, ja äußerste Beglaubigung. Auf diese Weise habe Augustinus die fromme Betrachtung, die Gottes- und Selbstbeurteilung so ausgeprägt, daß der Fromme neben der Sünde und der Gnade stets auch die Autorität der Kirche finde. Zwar hätten auch schon Paulus oder Tertullian die Kirche in das religiöse Verhältnis eingeführt. Aber erst Augustinus, meint Harnack, habe die Autorität der Kirche in dieses Verhältnis eingefügt. In jedem Glaubensakte sei nun die Kirche mit dabei, die Glaubensakte würden so zum Gehorsam der Kirche gegenüber. Damit werde partiell auf den selbständigen Glauben verzichtet, weil dieser durch den Gehorsam zum Teil ersetzt werde.

Man mag dies so sehen. Aber mir scheint, es ist übertrieben. Hier werden Augustins Gedanken an einer bestimmten Vorstellung von Innerlichkeit und Frömmigkeit gemessen, die vielleicht mehr über Harnack als über die Antike aussagt. Zudem meint Harnack, wenn er an dieser Stelle »Augustinus« sagt, eigentlich den Prototypen des Katholiken. Ich würde nur so weit gehen

---

67 Vgl. Ernst Ludwig Grasmück, *Coercitio. Staat und Kirche im Donatistenstreit* (Bonner historische Forschungen 22), Bonn 1964.
68 Adolf von Harnack, *Lehrbuch der Dogmengeschichte*, Bd. 3, Tübingen ⁴1910, S. 75–82.

wie der junge Max Horkheimer, der sich 1933 zu Augustins Satz äußerte, er würde dem Evangelium nicht glauben, wenn ihn nicht die Autorität der Kirche dazu bewegen würde. Horkheimer konstatiert, dieser Satz des Augustinus setze bereits Zweifel im Glauben und damit einen moralischen Konflikt voraus: Die Selbstverständlichkeit des Glaubens ist hier bereits gebrochen, der Glaube kein unhinterfragt-zwangsmäßiger oder selbstverständlicher mehr.[69] Augustins Argument impliziert, daß der Glaubende bereits weiß, daß er angesichts der Vielheit möglicher Meinungen eines stabilisierenden Fundamentes für die Geltung von Glaubenssätzen bedarf, und dieses Fundament findet er in der Autorität der Kirche. Der Glaube ist also kein naiv-enthusiastischer mehr, sondern hat eine neue, durch Reflexion gebrochene Form erlangt. Das Problem allerdings liegt in einer gewissen Asymmetrie: Der reflektierende Intellektuelle Augustinus bemerkt eine Schwierigkeit und sagt: Ohne die Autorität der Kirche funktioniert der Glaube nicht. Aber die Kirche nimmt dies zwar gerne zur Kenntnis, erwidert jedoch nicht: Ohne die intellektuelle Vernunft funktioniert der Glaube ebenfalls nicht. Im Gegenteil kann die Kirche versucht sein, die epistemische Autorität, die ihr Augustinus zubilligt, in eine deontische zu verwandeln. Dann tritt das ein, was Heinrich Heine die römischen Zwangsmittel nennt.

Ich möchte diesen zweiten von drei Abschnitten meines Beitrages nicht schließen, ohne wenigstens angedeutet zu haben, daß die Thematik der Autorität im antiken Christentum noch weitere Kontexte haben kann, als ich sie hier schildern konnte. Schon die Frage, wie Jesus Christus und in anderer Weise Paulus im frühen Christentum ihr Ansehen gewannen, läßt sich auch als Frage nach der religiösen Autorität formulieren. Zudem tauchte in den Kontroversen um die Trinitätstheologie im vierten Jahrhundert der sogenannte Väterbeweis erstmals auf, also

---

69 Max Horkheimer, »Materialismus und Moral« [1933], in: Ders., *Gesammelte Schriften*, Bd. 3, Frankfurt am Main 1988, S. 111–149, hier S. 111.

die Berufung auf die verbindliche theologische Meinung von bedeutenden Theologen der Vergangenheit, die nun als Autoritäten galten.[70] Auch Augustinus befaßte sich einmal ausgiebig mit einem komplexen Spezialfall hiervon, nämlich der theologischen Autorität Cyprians von Karthago. Dieser große Heilige der afrikanischen Kirche hatte hundertfünfzig Jahre zuvor die Meinung vertreten, eine Taufe sei nichtig, wenn sie von einem Häretiker oder Schismatiker vollzogen worden sei. Damit ein derart Getaufter der Großkirche angehören könne, müsse man ihn erneut taufen. Cyprian überwarf sich in dieser Frage mit seinem römischen Bischofskollegen Stephanus, der solche Taufen als gültig anerkannte und eine Wiederholung der Taufe ablehnte. Die Donatisten beriefen sich in genau diesem Punkt auf Cyprian und hielten Sakramente für unwirksam, wenn sie von Leuten gespendet wurden, die in der Christenverfolgung unter Diokletian schwach geworden waren oder Nachfolger solcher Leute waren. Augustinus war überzeugt, daß sich Cyprian ausnahmsweise geirrt hatte. Aber gleichzeitig wollte er die Autorität des Hauptmartyrers der afrikanischen Kirche für die Sache der Katholiken nutzen und den Donatisten ihren überragenden Traditionszeugen entwinden. Zu diesem Zweck glänzte Augustin mit einem intellektuellen Billardspiel über Bande, das sich nach kurzer Darlegung der Tauftheologie über alle sieben Bücher von Augustins Schrift *De baptismo* hinzieht.

Neben die Autorität der Kirchenväter trat in der Antike auch die Autorität der Konzilsväter, also die Verbindlichkeit, die Bischofssynoden zugeschrieben wurde. Hier gewann die Kirche des Ostens wie des Westens eine neue Form von halb theologisch, halb juristisch begründeter Autorität, die in dieser Gestalt wohl ein Novum in der antiken Religionsgeschichte war. In noch breiterer Anwendung läßt sich der gesamte Prozeß der

---

70 Vgl. Thomas Graumann, *Die Kirche der Väter. Vätertheologie und Väterbeweis in den Kirchen des Ostens bis zum Konzil von Ephesus (431)* (Beiträge zur historischen Theologie 118), Tübingen 2002.

Christianisierung in der Antike als ein Spiel unterschiedlicher Bestimmungen des Verhältnisses von staatlicher und religiöser Autorität beschreiben. So errangen beispielsweise bestimmte Asketen in der Spätantike eine hohe Autorität, weil sie dem zeittypischen Ideal der Heiligkeit entsprachen.[71] All diese und weitere Aspekte des antiken christlichen Autoritätsbegriffs habe ich in meinem Beitrag beiseite gelassen, um mich auf Augustins formale Konzeption der Autorität der Kirche zu konzentrieren.

3 Kirchliche Autorität in Mittelalter und Neuzeit

Augustins Auffassung der kirchlichen Autorität enthält Spannungen, die sich in jahrhundertelangen Konflikten entladen sollten. Thomas von Aquin entwickelt seine beiden großen Summen der Theologie im 13. Jahrhundert von einem austarierten Konzept von *auctoritas* und *ratio* her. Für Thomas findet der Mensch in seiner natürlichen Anlage zur Gottesbeziehung das Motiv seiner willentlichen Zustimmung zur Autorität der Bibel.[72] Den Satz des Augustinus, er würde dem Evangelium nicht glauben, wenn ihn nicht die Autorität der katholischen Kirche dazu bewegen würde, kann Thomas darum nicht brauchen; er zitiert ihn nie in seinen Summen. Dagegen verwirft Johannes Duns Scotus den Lösungsvorschlag des Thomas, weil Zustimmung Sache des Intellekts sei, und darum interessiert ihn nun das Glaubwürdigkeitskriterium der Bibel. Zu diesem Zweck zitiert Duns Scotus den Satz des Augustinus.[73]

Anhand der gewaltigen Wirkungsgeschichte dieser einen augustinischen Sentenz vom Bibelglauben aufgrund der Autorität

---

71 Vgl. Peter Brown, *Autorität und Heiligkeit. Aspekte der Christianisierung des Römischen Reiches* [1995], Stuttgart 1998.
72 Vgl. Max Seckler, Instinkt und Glaubenswille nach Thomas von Aquin, Mainz 1961, und zum folgenden Wolfhart Pannenberg, *Systematische Theologie*, Bd. 1, Göttingen 1988, S. 35 f.
73 Johannes Duns Scotus, Ox. III d. 23, q. unica nr. 4 (*Opera omnia*, hg. v. Lucas Wadding, Bd. VII/1, Lyon 1639, S. 460).

der Kirche kann man studieren, wie in der spätmittelalterlichen Theologie die Anfänge der modernen Theorie der Schriftauslegung wurzeln,[74] und damit verbunden wie sich der Streit der Theologen des Reformationszeitalters abzeichnet. Marsilius von Padua beispielsweise widmet in seiner großen antipäpstlichen Reformschrift von 1324 Augustins Sentenz eine trickreiche Analyse. Der Satz könne zweifach verstanden werden. Erste Möglichkeit: Augustinus glaubt zwar nach dem Zeugnis der Kirche, daß die Bibel wirklich Christi Lehre bietet, aber daß diese Lehre auch die Wahrheit ist, glaubt er aus anderen Gründen, etwa durch Wunder oder aufgrund des Glaubens an die Gottheit Christi; nicht also bewirkt das Zeugnis der Kirche, daß die Worte Christi wahr sind, sondern das Zeugnis der Kirche ist wahr, weil die Lehre Christi wahr ist. Zweite Möglichkeit: Augustinus will sagen, daß man sowohl den Glauben an die korrekte Überlieferung wie auch an ihren Wahrheitsgehalt zuerst durch die Kirche erhalte. Marsilius neigt mehr zur ersteren Deutung, läßt aber die zweite zu, wenn man die katholische Kirche im vollen, universalen Sinne meint: Was die Kirche in ihrer Gesamtheit lehre, sei ja ebenfalls vom Heiligen Geist offenbart.[75]

Die katholische Grundannahme, daß in der fortwirkenden lebendigen Tradition der Kirche derselbe Geist wirksam sei, der die Inspiration der Bibel bedinge, war hier jedoch bereits problematisch geworden, und sie wurde immer fraglicher. Der Streit brach in voller Schärfe mit der Reformation aus. Die protestantische Lehre erschütterte das Prinzip der autoritativen Tradition

---

74 Zur Wirkungs- und Deutungsgeschichte des Satzes vgl. vor allem B. B. Warfield, »Augustine's Doctrine of Knowledge and Authority«, in: *Princeton Theological Review* 5 (1907), S. 529–578; Jan N. Bakhuizen van den Brink, *Traditio in de Reformatie en het Katholicisme in de zestiende Eeuw* (Mededelingen der Koninklijke Nederlandse Akademie van Wetenschappen, Afd. Letterkunde, Nr. 15.2), Amsterdam 1952; Helmut Feld, *Die Anfänge der modernen biblischen Hermeneutik in der spätmittelalterlichen Theologie* (Institut für europäische Geschichte Mainz. Vorträge Nr. 66), Wiesbaden 1977.
75 Marsilius von Padua, *Defensor pacis* 2, 20.

und betrachtete als maßgebende Autorität allein die Heilige Schrift als die für den Gewißheit suchenden Gläubigen aus sich selbst verständliche göttliche Offenbarungsurkunde.»Aber darüber, wie nun die verschiedenen Faktoren in diesem Seelenvorgang, Schrift, Gemeinde und inneres Licht gegeneinander abzuwägen seien, war in diesem Prinzip keine Regel enthalten.«[76] Die katholische Lehre hingegen betonte, nur der Tradition der Kirche sei der Kanon der biblischen Schriften zu verdanken, und die Bibel verstehe sich keineswegs von selbst, sondern ihre göttliche Autorität werde erst in der verbindlichen Auslegung zur Geltung gebracht, die nur die Kirche bieten könne. Schon die Bannandrohungsbulle Papst Leos X. gegen Luther aus dem Jahre 1520 zitiert gegenüber Luthers Berufung auf die Heilige Schrift den Satz des Augustinus.[77] Luther bestreitet in einer ersten Reaktion, daß die Verfasser der Bulle die Kirche repräsentieren.[78] Später wird er deutlicher: Wenn Augustinus betont, er glaube dem Evangelium nicht, wenn ihn nicht die Autorität der Kirche bewegte, so besage das doch nicht, daß die Kirche über dem Wort Gottes stehe. Auch ein Bote stehe nicht über seinem Herrn, dessen Botschaft er einem anderen aushändigt. »Wer hat«, sagt Luther, »soelche toelpische folge[rung] und Esels logica yhe gehort? Aber der Papstesel ist uber Gotts wort, Solt er denn nicht auch uber alle vernunfft, sprache und kunst sein?«[79]

---

[76] Wilhelm Dilthey, *Weltanschauung und Analyse des Menschen seit Renaissance und Reformation*, Gesammelte Schriften Bd. 2, Stuttgart/Göttingen ⁵1957, S. 112 (ebd. S. 110–129 eine glänzende Skizze zuerst der Bedeutung von Augustins Satz und dann der Entstehung der neuzeitlichen Hermeneutik).

[77] Leo X., Bulle »Exsurge Domine« vom 15. Juni 1520, in: Peter Fabisch/Erwin Iserloh (Hg.), *Dokumente zur Causa Lutheri (1517–1521)*, 2. Teil (Corpus Catholicorum 42), Münster 1991, S. 364–412, hier S. 388.

[78] Martin Luther, »Adversus execrabilem Antichristi bullam« [1520], in: Ders., *Werke* (Weimarer Ausgabe), Bd. 6, Weimar 1888, S. 595–612, hier S. 606.

[79] Martin Luther, »Ein Bericht an einen guten Freund von beider Gestalt des Sakraments aufs Bischofs zu Meißen Mandat« [1528], in: *Werke* (Weimarer Ausgabe), Bd. 26, Weimar 1909, S. 555–618, hier S. 575. Vgl.

Einig waren sich Katholiken und Protestanten jedoch darin, daß eine Autoritätsinstanz vonnöten sei.

Im Zeitalter der Aufklärung verbanden kritische Forscher den Hinweis der Katholiken auf die kirchliche Tradition der Heiligen Schrift und ihres Kanons mit der protestantischen Kritik an der kirchlichen Tradition. Sie erschütterten damit und mit ihrem Aufweis der Vielheit, ja Widersprüchlichkeit biblischer Lehren letztlich auch die Autorität der Schrift und destruierten das Schriftprinzip.[80] Auf diesem Hintergrund und im Zuge konservativer, restaurativer Bestrebungen des neunzehnten Jahrhunderts konnte der katholische Publizist Joseph Görres sagen, der berühmte Ausspruch Augustins drücke »in der Form einer subjektiven Maxime den Grundsatz des Katholizismus in gedrängter Kürze aus«.[81] Auch der Katholizismus indessen entdeckte zunehmend wahre Momente der Idee des Wortes Gottes als dem Prinzip aller Theologie. Das zweite Vatikanische Konzil widersprach 1965 zwar nicht Augustins Sentenz, stellte aber ausdrücklich klar, daß das Lehramt der Kirche nicht über dem Wort Gottes stehe.[82]

Das alles freilich sind innerkirchliche Entwicklungen. Der große Trend unter den Eliten der Neuzeit, besonders im Zeitalter der Aufklärung, bestand in der prinzipiellen Infragestellung von Autorität. Schon in der Frühaufklärung nennt John Locke 1690 am Schluß seines Werkes über den menschlichen Verstand

>   dazu auch Martin Ohst, »Luther und die altkirchlichen Dogmen«, in: Christoph Markschies / Michael Trowitzsch (Hg.), *Luther – zwischen den Zeiten*, Tübingen 1999, S. 139–158, hier S. 147.
> 80 Pannenberg, *Systematische Theologie* (Anm. 72), S. 36.
> 81 Joseph Görres, »Ueber die Worte des heiligen Augustinus: *Evangelio non crederem etc.*« [1824], in: Ders., *Schriften der Strassburger Exilszeit, 1824–27*, hg. von Heribert Raab, Paderborn 1987, S. 32–38, hier S. 34.
> 82 Dogmatische Konstitution über die göttliche Offenbarung *Dei verbum* 10 (*Lexikon für Theologie und Kirche*, 2. Auflage, *Das Zweite Vatikanische Konzil. Dokumente und Kommentare*, Bd. 2, Freiburg u. a. 1967, S. 528: *Quod quidem Magisterium non supra verbum Dei est, sed eidem ministrat, docens nonnisi quod traditum est ...*).

»Authority« als vierte und letzte Ursache für falsche Maßstäbe dessen, was Menschen für wahrscheinlich halten.[83] Im ersten Band der großen französischen *Encyclopédie* gibt es gleich mehrere Artikel über die Autorität, und in einem davon fragt Diderot keck: »Was liegt daran, daß andere ebenso wie wir gedacht haben oder anders, vorausgesetzt, daß wir nach den Regeln des gesunden Verstandes und gemäß der Wahrheit richtig denken?«[84] Zwar entstehen in der Neuzeit neue Autoritäten politischer und gesellschaftlicher Art. Kritische Denker wie Voltaire gewinnen ihre Autorität geradezu aus der Infragestellung von Autorität. Aber wesentlich ist der Geist der Neuzeit aus der Emanzipation der Wissenschaften von dem zu verstehen, was laut Harnacks Formulierung die Entdeckung Augustins gewesen ist, nämlich der Autorität der Kirche und der von ihr dogmatisch in Anspruch genommenen göttlichen Autorität.

Bekanntlich hat sich die Moderne mit dem Gewinn an Freiheit auch eine Reihe neuer Legitimationsprobleme eingehandelt. Mit Recht wird häufig das Wort des früheren Bundesverfassungsrichters Ernst-Wolfgang Böckenförde zitiert, wonach der freiheitliche, säkularisierte Staat der Moderne von Voraussetzungen lebt, die er selbst nicht garantieren kann.[85] Man kann sich beispielsweise fragen, ob der Gedanke der Menschenwürde nicht in der religiösen Lehre von der Gottebenbildlichkeit des Menschen gründet – worin gründet die Menschenwürde, wenn

---

83 John Locke, *An Essay Concerning Human Understanding*, hg. von Alexander Campbell Fraser, Bd. 2, Oxford 1894, S. 448 und 456–459 (Book IV, Chapter XX).

84 Denis Diderot, Artikel »Autorité dans les discours & dans les écrits«, in: *Encyclopédie, ou Dictionnaire raisonné des sciences, des arts et des métiers*, Bd. 1, Paris 1751, S. 900 f. (Übersetzung nach: Diderots *Enzyklopädie*, dt. von Th. Lücke, Leipzig 2001, S. 61).

85 Ernst-Wolfgang Böckenförde, »Die Entstehung des Staates als Vorgang der Säkularisation« [1967], in: Ders., *Staat, Gesellschaft, Freiheit. Studien zur Staatstheorie und zum Verfassungsrecht*, Frankfurt am Main 1976, S. 42–64, S. 60.

diese biblische Lehre nicht mehr allgemein geglaubt wird?[86] Böckenförde empfahl in seinem Aufsatz, einmal »zu fragen, ob nicht auch der säkularisierte weltliche Staat letztlich aus jenen inneren Antrieben und Bindungskräften leben muß, die der religiöse Glaube den Bürgern vermittelt.«[87] Augustins Reflexion über die Autorität der Kirche zeigt jedoch, daß auch der religiöse Glaube des Christentums, zu dem jeder einzelne nur in Freiheit finden kann, von Voraussetzungen lebt, die sich der Glaubende nicht selbst garantieren kann. Was macht die biblische Überlieferung vertrauenswürdig? Augustinus erkennt das Problem scharf und versucht, es zu lösen, indem er den persönlichen, subjektiven Glauben in der überindividuellen Autorität der Kirche verankert.

Wenn Augustinus davon spricht, daß ihn die Autorität der Kirche dazu bewege, der Heiligen Schrift zu glauben, meint er ein Bewegen, das in Freiheit akzeptiert wird. Aber wie oben geschildert, hat Augustinus seine Theorie im fünften Jahrhundert selber gelegentlich so interpretiert, daß die Kirche auch die staatliche Ausübung des Zwangsrechts in religiösen Fragen befürworten konnte. Zu dem römischen Erbe, von dem Papst Benedikt XVI. in seiner Regensburger Vorlesung sprach, gehört seit Augustinus das weite Bedeutungsspektrum des kirchlichen Autoritätsbegriffs vom frei anerkannten Ansehen bis zur Macht, die mit Zwangsmitteln durchgesetzt wird. Manchmal geriet dabei in Vergessenheit, daß der *auctoritas* bei Augustinus die *ratio* gegenübersteht, ja daß für ihn die *ratio* mehr Gewicht besitzt als die *auctoritas*. Die Bibel, die Vernunft und die Autorität der

---

86 Zu den religiösen Wurzeln des Vernunftrechts im säkularen Staat und den religiösen »Ressourcen der Sinnstiftung« vgl. auch Jürgen Habermas, *Glauben und Wissen. Friedenspreis des Deutschen Buchhandels 2001*, Frankfurt am Main 2001, S. 7–31, S. 20–25. Ebd. S. 12 die Bemerkung, daß sich mit dem Begriff der Säkularisierung entgegengesetzte Bewertungen verbinden, »je nachdem ob wir die erfolgreiche Zähmung der kirchlichen Autorität durch die weltliche Gewalt oder den Akt widerrechtlicher Aneignung in den Vordergrund rücken«.
87 Böckenförde, »Die Entstehung des Staates« (Anm. 85), S. 61.

Kirche – Augustinus brachte diese drei Größen in eine Konstellation, die dazu beitrug, daß das Christentum nach den ersten vierhundert Jahren nicht am Ende war. Daß Augustins Gedanken bis heute anregen und provozieren, stellt der Denkkraft des antiken Christentums nicht das schlechteste Zeugnis aus.[88]

---

[88] Für eine kritische Durchsicht meines Manuskripts danke ich Leonhard Hell, Mainz.

Kurt Flasch

Die Alte Kirche als Geschichtspotenz Europas

Diesen Titel verstehe ich als die Frage: Welche Möglichkeiten der Anknüpfung und Abstoßung bot die in den ersten vierhundert Jahren des Christentums angesammelte Textmasse späteren Christen? Dazu gebe ich ein paar Hinweise aus Mittelalter und früher Neuzeit.

I

Stellen wir uns vor, etwa ums Jahr 700 hätte es – vielleicht in York oder in Bobbio – einen Leser gegeben, der die Bibliothek und die Bildung besessen hätte, sozusagen einen Schlußstrich unter die altkirchliche Denkentwicklung zu ziehen und zusammenzufassen, was vom ältesten Paulusbrief bis zu Boethius und zum Bischof Isidor, der 636 in Sevilla gestorben ist, zum christlichen Selbstverständnis beigetragen worden war. Hätte er unsere Texte besessen, er hätte sagen müssen, daß er vor einem Chaos stand; die Väter der Kirche, hätte er gefunden, waren untereinander nicht einig und oft dazu noch mit sich selbst uneinig. Gewiß hätte er die Glaubensbekenntnisse der großen Konzilien, die in die Liturgie eingegangen waren, als bleibendes Resultat vorweisen können, aber diese enthielten nicht alles, was als

Glaubensgut behauptet wurde noch gaben sie die Interpretation ihrer Inhalte vor.

Die daraus erwachsende Verlegenheit wurde schon im 5. Jahrhundert ausgesprochen. Vincenz von Lerinum sah anno 443 den Glauben durch Häretiker bedroht und fragte, wie man deren Fallstricke vermeiden könne. Er antwortete: erstens durch Bibelzitate, *divinae legis auctoritate*, sodann durch die kirchliche Lehrtradition, *ecclesiae catholicae traditione*.[1] Deren Mehrdeutigkeit war aber der Ursprung seiner Bemühung. Er fragte weiter: Wenn die göttlichen Schriften so vollkommen sind und sich selbst genügen, warum ihrem kirchlichen Verständnis die Autorität hinzugefügt werden müsse? Antwort: Die heiligen Schriften sind so tief, daß jeder sie anders versteht:

Quia videlicet scripturam sacram pro ipsa sui altitudine non uno eodemque sensu universi accipiunt, sed eiusdem eloquia aliter atque aliter alius atque alius interpretatur, ut paene, quot homines sunt, tot illinc sententiae erui posse videantur.

Das ist ein trauriger Rückblick auf die altkirchliche Ketzergeschichte: Die Bibel fand so viele Auslegungen, wie sie Leser hatte. Aber selbst innerhalb der kirchlich-korrekten Ansichten gab es Vielfalt, und Vincenz lieferte eine Leitformel, die der Orientierung diene: Wir sollen uns an das halten, was überall, immer und von allen geglaubt worden ist:

quod ubique, quod semper, quod ab omnibus creditum est (Commonitorium II 3, Mirbt S. 73).

Das war eine prekäre Regel. Vincenz stellte unwillig fest, jeden Tag gebe es Leute, die ständig Neues suchen, die nicht zufrieden sind mit dem Hergebrachten, sondern von Tag zu Tag Neues und wieder Neues, *sed nova ac nova de die in diem* ändern, hinzufügen oder wegnehmen wollen. Er sah selbst, wie schwer es war, seine Regel anzuwenden; er begnügte sich mit

---

[1] Vincenz von Lerinum, *Commonitorium pro catholicae fidei antiquitate et universitate*, hg. v. A. Julicher, Freiburg 1895, II 1, bei Mirbt (⁴1924) S. 73.

dem Rat, sich an alle alten Lehrer oder an *fast alle* Lehrer zu halten.

Alle Lehrer oder auch nur fast alle Lehrer zu lesen, das war lange unmöglich oder fast unmöglich. Die Textgrundlage war lokal und zeitlich zu verschieden. Es gab drei mächtige Schübe in der Kenntnis der altchristlichen Tradition:

1 In der Karolingerzeit werden in die aktuelle Diskussionen eingeführt: Ambrosius und Augustin, Hilarius von Poitiers und Gregor der Große, auch Isidor von Sevilla; Rhabanus Maurus kennt auch Cyprian und Johannes Chrysostomus, Dionysius Areopagita in den zwei Übersetzungen von Hilduin und Johannes Eriugena. Eine große, kontinuierliche Aneignungsbewegung vor allem der griechischen Kirchenschriftsteller findet statt im 12. und 13. Jahrhundert: Burgundio von Pisa übersetzt Chrysostomos-Homilien, den Isaiaskommentar von Basileios und *De fide orthodoxa* des Johannes Damascenus, übrigens auch Galen. Robert Grosseteste, † 1253, übersetzte nicht nur Aristoteles, sondern auch Ignatiusbriefe und erneut den Johannes Damascenus und Dionysius Areopagita.

Man übersetzte, was man brauchte. Aber beim meist polemischen Gebrauch der altchristlichen Autoren wurden deren Divergenzen unübersehbar. Schon der Konflikt, den Rhabanus Maurus gegen Gottschalk inszenierte und in den Hinkmar von Reims und Johannes Eriugena eingriffen, beruhte auf dem Konflikt Augustins mit sich selbst: Brauchte man Augustins kulturbejahend Passagen oder dessen Theorie der doppelten Prädestination?

2 Im Stimmengewirr seit der zweiten Hälfte des 12. Jahrhunderts wurde die Uneinigkeit der »Väter« vollends unübersehbar. Damit Widersprüche als solche erkannt und zum Problem erklärt werden, mußte gesellschaftlich und intellektuell einiges passiert sein: Ein jahrhundertelanger Logikunterricht wirkte sich aus. Die Gesellschaft des 12. Jahrhunderts erfaßte, daß sie

Neuland betrat und einhellige Regeln brauchte. Abaelard ging voran und stellte ihre Widersprüche schlicht nebeneinander; sein *Sic et Non* ist nichts anderes als die Dokumentation der Widersprüche selbst der orthodoxen Lehrer. Das hieß: Ich weise nach, die Grundlage unserer Kultur ist nicht einhellig. Die Generation nach ihm brachte zwei große Entwürfe hervor, die Wunde am Leib der Christenheit zu schließen: Im dritten oder vierten Jahrzehnt des 12. Jahrhunderts entsteht das *Decretum Gratiani*, das wichtigste Dokumentenbuch des Kirchenrechts. Dieses Buch enthält keineswegs nur Rechtsvorschriften, sondern bietet auch eine umfangreiche Sammlung von Kirchenväterstimmen. Deren Widersprüche galten dem Verfasser als nachgewiesen; er wollte diese heterogenen Texte durch Interpretation so vereinheitlichen, daß anwendbares Recht daraus wurde. Gratians Buchtitel brachte genau dies zum Ausdruck: *Concordia discordantium canonum*.

Wenige Jahre später, 1250 bis 1258, verfaßte Petrus Lombardus seine Sammlung der Sentenzen, die bis ins 16. Jahrhundert das maßgebende Lehrbuch der Theologie wurde: Auch Petrus ging es darum, die Stimmen der Kirchenlehrer nicht nur zu sammeln: Er ordnete sie systematisch nach Themen und legte sie so lange aus, bis sie ihm übereinzustimmen schienen. Er liebte keine langen Erörterungen seiner Methode, aber er sah den Gegensatz zwischen Origenes und Augustin und wollte ihn beseitigen: *repugnantiam de medio tollere cupientes*, 1 Sent 38, 1, 8 vol. I, Grottaferrata 1981, S. 277. Ein andermal faßte er seine Interpretationslinie dahin zusammen, man könne doch nicht annehmen, die Kirchenväter widersprächen sich: *ne putetur inter doctores esse contrarietas*, 1 Sent 9, 4, 6 vol. I S. 107.

Die Kirchenväter lesen, das hieß also seit dem 12. Jahrhundert: Die durch Abaelard nachgewiesenen Widersprüche auszugleichen, nicht philologisch-historisch, sondern durch begriffliche Konstruktion. Nicht alle teilten dieses Konkordanzprogramm. Albert der Große hielt die westliche Wissenschaft für viel zu beschränkt, um das neue, das griechisch-arabische

Wissen ihr harmonisierend einfügen zu wollen. Es war alles neu zu machen; die Lateiner, kritisierte er, hatten nicht einmal einen Begriff von der Seele und ihrer Beseligung. Das heißt: Sie konnten nicht einmal zusammenhängend darlegen, was als Ziel des christlichen Lebens galt.[2] Noch schroffer urteilte Roger Bacon. Der bisherigen westlichen Wissenschaft, Kirchenvätern und Scholastikern, fehlte es an der Grundlage allen Wissens – an der Kenntnis der Sprachen und der Mathematik. Die Kirchenväter haben mehr behauptet als sie gewußt haben. Sie haben zuerst große Behauptungen aufgestellt und mußten sie mit größerer Demut zurücknehmen; eine Anspielung auf Augustins Retractatio. Hätten sie bis heute gelebt, sie hätten noch viel mehr ändern und zurücknehmen müssen. Ein Zeichen dafür sei, daß die späteren Autoren sie so lange ausgelegt hätten, bis etwas anderes herauskam. *Pie et reverenter interpretati sunt in sensum quem eorum litera non praetendit.* Wie wenig solide das Wissen der größten Kirchenväter gewesen sei, zeigten die Streitigkeiten, die sie miteinander hatten. Die Heiligen haben einander angegiftet, daß es uns ekelt, das zu lesen: *Sancti ad invicem fortiter contendebant et mutuas positiones acriter mordebant, et reprobabant ut taedeat nos conspicere, et supra modum miremur; quod evidens est in epistolis beatorum Augustini et Hieronymi, et multis aliis.*[3]

Der Mangel an Konkordanz der altkirchlichen Texte hat, wie Roger Bacon bezeugt, Überdruß an der Lektüre der Kirchenväter erzeugt, höchst-unwilliges Erstaunen. Er hat aber auch die kreative intellektuelle Arbeit seit dem 12. Jahrhundert herausgefordert. Die fruchtbare Unstimmigkeit wurde bald noch dringlicher: In den ersten Jahrzehnten des 13. Jahrhunderts wurde eine große Anzahl griechischer und arabischer Texte übersetzt. Deren interne Konflikte und deren Mißverhältnis

---

2 Texte Alberts bei Kurt Flasch, Meister Eckhart, München 2007, S. 172 Anm. 107.
3 Roger Bacon, *Opus Maius*, I c. 12, hg. v. J. H. Bridges, Band 1, 1897, S. 24–25.

zur westlichen Traditionsmasse brachten ein intellektuelles Brodeln hervor, das der konventionelle Name »Scholastik« eher verdeckt.

3 Francesco Petrarca, † 1374, hatte bei seiner Suche nach einer Lehre von der Weisheit und nach reiner Sprache Augustinus – einen bestimmten Augustinus, den der Einkehr in sich selbst, der Skepsis gegen Naturforschung und der ciceronianischen Diktion – gegen die *moderni* in Stellung gebracht und damit dem Rückbezug auf die alte Kirche – zusammen mit dem auf Platon und Cicero – eine neue Bedeutung verschafft. Er verbreitete gegen die aristotelico-averroistischen Universitätsmethoden das Bewußtsein der Dekadenz der gegenwärtigen Philosophie und Theologie; er forderte auf, durch Studium vor allem Platons, Ciceros und Augustins Wissen und Leben zu erneuern. Italienische Gelehrte des 15. Jahrhunderts, auch Nikolaus von Kues, folgten diesem Aufruf durch enorme stoffliche Erweiterung der Textbasis zur Wiedergeburt der Weisheit: Platon, Plotin, Proklos, Theologia Platonis, Sextus Empiricus, hermetische Texte wurden dem Westen bekannt.[4] Epikur wurde zugängig. Ambrogio Traversari übersetzte ungern Diogenes Laertius und gerne griechische Kirchenväter. Er tat das in dem Bewußtsein, daß das Studium der griechischen Väter die Voraussetzung wäre für die Verständigung mit dem christlichen Osten; er suchte nach Handschriften von Origenes und Archimedes, von Eusebius bis Galen. Die Widersprüche der Kirchenschriftsteller untereinander wurden vollends unübersehbar; Pico resümierte: Wie groß die Diskordanz der Kirchenväter sei, wisse nur der nicht, der ihre Bücher nicht lese; Pico gab eine Liste der Streitsachen

---

4 Charles L. Stinger, *Humanism and the Churchfathers*, Albany, N.Y., 1977; Max Schär, *Das Nachleben des Origenes im Zeitalter des Humanismus*, Basel 1979; Cesare Vasoli, »La teologia dell'Umanesimo italiano nel primo Quattrocento«, in: *Storia della teologia*, III Età della Rinascita, S. 25–82.

und stellte fest, Augustin widerspreche zudem sich selbst.[5] Aber das 15. Jahrhundert brachte nicht nur neue Texte in den Westen, sondern vor allem das Bewußtsein, mit ihrer Hilfe sei eine Reform des Wissens, des Lebens, des christlichen Selbstverständnisses anzustreben; es veränderte auch die Sicht auf sie. Ich nenne nur zwei wesentliche Schritte: Nikolaus von Kues entwickelte in seiner Theorie der konjekturalen Erkenntnis die Einsicht, die Wahrheit *müsse* unter Menschen vielfältig und auch widersprüchlich auftreten. Er gab dem Konkordanzprogramm eine neue Fassung. – Sein Freund Lorenzo Valla entwickelte eine streng philologische Forschungsmethode und wandte sie auf das Neue Testament und die altkirchliche Überlieferungsmasse an. Er nahm der Christenheit ihren bisher größten Theologen, Dionysius Areopagita, der bis dahin, auch noch bei Cusanus, als Übermittler der Geheimlehren des Apostels Paulus gegolten hatte, und er beraubte durch seine Kritik der Konstantinischen Schenkung den Kirchenstaat seiner historisch-rechtlichen Grundlage. Erasmus brachte die Einsichten und die Verfahren der europäischen Öffentlichkeit mit Hilfe des Buchdrucks zur Kenntnis. Jetzt war bald kein Halten mehr. Philologisch versierte Kenner des Neuen Testaments konnten darin die Trinitätslehre, weder die der augustinischen noch die der scholastischen Tradition, nicht erkennen. Der Boden für Anti-Trinitarier und Sozinianer war seit Servets grundlegendem Buch von 1531 *De trinitatis erroribus* bereitet.

II

Ich beende hiermit meinen schematischen Überblick, der mit vielen Namen und Zahlen lästig genannt zu werden verdient, und konzentriere mich, um zur Sache zu kommen, auf einen einzigen altkirchlichen Konflikt, der in der Folgezeit sein Poten-

---

5 Pico della Mirandola, *Apologia Quasestionum*, Quaestio 1, Opera, Venedig 1557, fol. 20 r-v.

tial entfaltet hat, den zwischen Origenes und Augustin. Origenes, gestorben um 253, war vor Augustin, gestorben 430, der produktivste Kirchenschriftsteller, Augustin blieb Origenes zeitlebens verpflichtet, entwickelte aber ihr Verhältnis zunehmend zu einem intellektuellen Kontrast, der bis ins 19. Jahrhundert Menschen bewegt hat, vielleicht länger noch.

Eine Probe dafür, mit der ich zu überraschen hoffe: Goethe sagte 1809 zu Wieland: »Ihr meint, der Teufel werde den Faust holen. Umgekehrt: Faust holt den Teufel.«[6] Dann wäre also der Teufel am Ende im Himmel. Alle Wesen wären – nach langen Reinigungen – versöhnt. Goethe hat sein Lebenswerk so nicht enden lassen, der Teufel bleibt enttäuscht zurück, es war schon schwer genug, den mehrfachen Mörder Faust in Gnaden aufzunehmen – war er doch schuld an Gretchens Tod, hat er doch deren Bruder und ihre Mutter umgebracht, das grausame Ende von Philemon und Baucis verschuldet. Goethe hat die Allversöhnung am Ende vermieden, aber daß er sie bedacht hat und daß dies mit unserem Thema, nämlich mit dem Kontrast des origenistischen Christentums zum augustinischen zusammenhängt, das läßt sich beweisen. Goethe war bekanntlich in seinen frühen Jahren ein theologischer Schriftsteller; er hat zwei im engeren Sinn theologische Bücher verfaßt. Eines davon trägt den Titel: *Brief des Pastors zu *** an den neuen Pastor zu ***. Aus dem Französischen 1773.* Der Autor begrüßt den neuen Kollegen mit dem Satz: »daß der alte Pastor starb, an dessen Stelle ihr kommt, freute mich von ganzem Herzen«. »... Er konnte niemanden leiden, Euerer Vorfahr, und Gott wird mir vergeben, daß ich ihn auch nicht leiden konnte ...« »Ihr glaubt nicht, lieber Herr Amtsbruder, was mir euer Vorfahr für Not gemacht hat. Unsere Sprengel liegen so nah beisammen, und da steckten seine Leute meine Leute an, daß die zuletzt haben wollten, ich sollte mehr Menschen verdammen als ich nicht täte; es wäre

---

6 Goethe, *Sämtliche Werke* Band 18, 1, Münchner Ausgabe 1997, S. 1098 und S. 1165 ff.

keine Freude, meinten sie, ein Christ zu sein, wenn nicht alle Heiden ewig gebraten würden.« Der neue Pfarrer erzählt, er danke am Ende jeder Woche, wenn er nach bestimmten Dogmen nicht gefragt worden ist. »Ich muß Euch gestehen, daß die Lehre von Verdammung der Heiden eine von denen ist, über die ich wie über glühendes Eisen eile.« Wir wissen doch nicht, was Gott tut; wir können daher nicht an jemandes Seligkeit verzweifeln. Und dann wörtlich:

> *Ihr wißt, lieber Herr Amtsbruder, daß viele Leute, die so barmherzig waren wie ich, auf die Wiederbringung gefallen sind, und ich versichere Euch, es ist die Lehre, womit ich mich insgeheim tröste; aber das weiß ich wohl, es ist keine Sache, davon zu predigen.*[7]

Die Lehre von der Wiederbringung aller Dinge, der *apokatastasis panton*, der *restitutio omnium*, diese Lehre des Origenes war der geheime Trost des lutheranischen Pfarrers, der als Wahrheitszeuge nicht daran dachte, das auch in der Predigt zu sagen. Nun behaupte ich nicht, Goethe habe Origenes studiert. Aber was er studiert hat, nach seinem Zeugnis in *Dichtung und Wahrheit* II 8 ist Gottfried Arnolds *Unpartheyische Kirchen- und Ketzerhistorie,* Frankfurt am Main 1729. Das Buch habe ihn tief beeindruckt, und, schreibt er, was mich darin »besonders ergötzte, war, daß ich von manchen Ketzern, die man mir bisher als toll oder gottlos vorgestellt hatte, einen vorteilhaftern Begriff erhielt.« Und in ihr nimmt Origenes, gerade in seinem Kontrast zu Augustin und implizit zu Luther, einen Ehrenplatz ein. Der französische Gelehrte Huet war mit der Rehabilitierung des Origenes vorangegangen; Arnold folgt ihm: Das Verbrechen des Origenes sei es gewesen, sich nach den Worten Jesu und nicht nach denen seines Bischofs Demetrius gerichtet zu haben, daher mußte er »die feindseligsten Urtheile und Verfolgungen leiden«. Er habe zwar in der christlichen Antike Verteidiger ge-

---

7 Goethe, Sämtliche Werke I 2, Münchner Ausgabe 1987, S. 424–425.

habt, seine Gelehrsamkeit hätten alle, besonders in Bibelfragen, anerkennen müssen, aber viele hätten ihn doch »aufs äußerste verachtet und verworffen«. Sie suchten aus seinen Schriften die Irrtümer heraus: Er habe Christus eine Kreatur genannt, er habe mehrere Welten hintereinander kommend angenommen; »Die teuffel würden endlich so wohl als die gottlosen aus der hölle kommen ... der zunder der erbsünde könne endlich gantz ausgeschafft werden ...« usw.[8] Arnold bringt dann nicht weniger als acht Entschuldigungsgründe für vielleicht bedenkliche Lehren des Origenes vor, darunter auch die, er habe seine Ansichten oft nicht als feste Lehren, sondern als Meinungen und Möglichkeiten vorgetragen; viele Irrtümer seien ihm untergeschoben worden. Vor allem aber enthält sein zweiter Band ein ausführliches Dossier über die Lehren des Verfemten.[9] Er erwähnt die Apologie des Origenes, die der Martyrer Pamphylos von Caesarea im Gefängnis geschrieben hat.[10]

III

Blättern wir jetzt wieder zurück zum 4. Jahrhundert. Für den Augustin, sagen wir der Jahre 383 bis 396, war es gar nicht möglich, dem Einfluß des Origenes zu entgehen. Die Predigten des Ambrosius waren von Origenes geprägt, ebenso die Bibelwissenschaft des Hieronymus. Augustin konnte Origenes nicht in dessen griechischer Ursprache lesen, er war auf die Übersetzungen angewiesen, die Hieronymus (bis zu dessen Abkehr von Origenes, die 393 und dann wieder 397 zum Streit um Origenes führte) und Rufinus von Aquileia lieferten. Augustins eigene intellektuelle Interessen waren mit Origenes verknüpft: Wenn er gegen die Manichäer die Göttlichkeit der Hebräischen Bibel verteidigte, kam er nicht ohne dessen allegorische Deutung aus;

---

8 Gottfried Arnold, *Unpartheyische Kirchen- und Ketzerhistorie*, Band 1, Frankfurt am Main 1729, S. 103
9 Gottfried Arnold, ebd., Band 2, S. 353 a–362 a.
10 Arnold, ebd., Band 1, S. 357 b. Text in PG 17, 521 ss.

solange er die Freiheit des Willens gegen die Manichäer verfocht, brauchte er Origenes; dessen platonisierender philosophischer Hintergrund war ihm durch eigene Lektüre von Plotin und Porphyrius vertraut. Hieronymus hatte sich 393 vom Origenes-Verehrer und -Übersetzer zum Anti-Origenisten gemausert; auch Augustin geriet durch seine neue Gnadentheorie von 397 zu Origenes in zunehmende Distanz. Als Augustin 388/389 seine Genesiserklärung gegen die Manichäer schrieb, stand er stark unter dem Einfluß des Origenes; lange, wohl bis zuletzt oder zuletzt wieder, *Retractationes* I 1, ließ er die Möglichkeit der Präexistenz der Seele offen. Als Bibelerklärer blieb er zeitlebens von ihm abhängig; als er später die Bibel *ad litteram* auslegen wollte, war diese Interpretation noch origenistisch-symbolisch genug. Augustin drängte aber spiritualistische Auslegungen folgenreich zurück in folgenden Punkten:
1. Das Feuer, das in der Hölle brennt, ist physisches Feuer.
2. Das physische Höllenfeuer brennt ewig; es gibt am Ende der Geschichte keine Allversöhnung.
3. Gegen Origenes entnahm Augustin, Folge seiner Gnadentheorie, der Sündenfallerzählung der Genesis und dem Römerbrief, die Bibel schließe Freiheit als selbständige Ergreifung des Guten aus. Origenes – wie die Kirche *vor* Augustin insgesamt – kannte zwar einen Erb*schaden,* aber keine Erb*schuld.*

Origenes aus Alexandria war in der hellenistischen Welt des 3. Jahrhunderts zu Hause, Augustin in der des lateinischen Westens, der sich gegen 400 zunehmend gegen den Osten abschloß. Origenes war gelernter Philosoph in der persönlichen Umgebung von Martyrern, Augustin gelernter Rhetoriker mit wachem Interesse an der politischen Macht eines Bischofs hundert Jahre nach der Konstantinischen Wende. Origenes erkannte die Bedeutung von Sprachstudien für die Bibelauslegung; er war wohl mit Plotin ein Schüler des Ammonios Sakkas. Auch Augustin hatte wie Origenes im Neuplatonismus die Gegenkraft zum manichäischen Dualismus entdeckt, entwickelte aber seit 397 zunehmend eine andere Auffassung von Gott und Mensch: Er intensivierte die Seite anthropomorph gefaßter Willensenergie Gottes, betrachtete die Menschheit als Sündermasse, ließ die Freiheit nur verbal bestehen und begriff »Gnade« anders als Origenes, der unbegründete Gnadenwahl für unvereinbar hielt mit Gottes Gerechtigkeit. »Gnade« bei Augustin, das war seit 397: Gottes unvordenkliches Herausgreifen einzelner aus der ansonsten verlorenen *massa damnationis*. Vereinfacht könnte man sagen: Anders als Origenes hatte Augustin eine Tendenz zum theologischen Determinismus und zum anthropologischen Pessimismus. In *De civitate Dei* XI 23 und XXI 9–23 wies er die Lehre des Origenes von der Erschaffung der Welt und vom Weltende zurück.

IV

Den Origenes – oder was man für Origenes hielt – haben Kaiser und Kirchenversammlungen im 6. Jahrhundert verurteilt. Kaiser Justinian stellte 543 eine Liste von Irrtümern des Origenes zusammen; eine gehorsame Synode zu Konstantinopel verurteilte sie; Papst Vigilius, der lange in Konstantinopel weilte, hat sie allem Anschein nach bestätigt. Der Streit um den sogenannten Origenismus und die Verurteilungen hatten zur Folge, daß zwei Drittel des umfangreichen Werks verloren sind; der lateinische Westen konnte sich ohnehin nur aus den lateinischen Übersetzungen des Rufinus und des Hieronymus ein Bild machen. Die westliche Christenheit stand dadurch vor zwei möglichen Deutungen des Christentums: Beide lehrten, das Heil sei nur durch Christus möglich, aber dann gingen ihr Wege auseinander. Die Christen des Mittelalters vor 1100 waren wenig aggressiv; es fehlte an zentralen Kampfplätzen und an universal ambitionierten Zensoren. Johannes Eriugena, um 850, deutete die Erzählung vom Paradies und von der Vertreibung nicht wie Augustin, sondern bildlich und berief sich dafür auf Ambrosius und fügte hinzu, Ambrosius folge darin gänzlich, *omnino*, dem Origenes, ohne ihn zu nennen.[11] Eriugena nennt, wieder bei der Paradiesgeschichte, den Origenes den besten Schrifterklärer, *summum sanctae scripturae expositorem*.[12] Für die Lehre von der Endvollendung der Welt, wenn Gott alles in allem, nicht nur in einigen wenigen, sein wird, beruft Eriugena sich wiederum auf Origenes, nennt ihn den *großen* Origenes, *den magnum Originem, diligentissimum rerum inquisitorem*.[13] Das Böse wird ein Ende haben; insofern bleibt es bei der Allversöhnung, in der *adunatio universae naturae*.[14] Mit deutlicher Anspielung auf Augustin, besonders *De civ. Dei* XXII 17 und 20, schreibt Eriugena, wenn er von körperlichen Strafen und physischem Feuer lese, dann zögere er voller Erstaunen, dann schwanke er, von Schrecken erschüttert: *stupefectus haesito, horrore concussus titubo*.[15] Er hielt solche Derbheiten für pastorale Rhetorik.

Eriugena wurde im Westen kirchlich verurteilt, zuerst 855; 1225 fand Papst Honorius III. sein Buch wimmele von Würmern der Häresie; 1241 verbot der Bischof von Paris die These des Dionysius und Eriugenas von der Unerkennbarkeit des Wesens Gottes.[16] Das war nicht das Ende der Präsenz des Origenes im Westen; zu stark hatte er durch Ambrosius, Hieronymus und Rufinus gewirkt. Das maßgebliche Lehrbuch der mittelalterlichen Theologie verzeichnete mehrfach den Konflikt zwischen

---

11 Johannes Eriugena, Perphyseon IV, hg. v. Jeauneau, CCSL 164, Turnhout 2000, S. 482 Zeile 5451–4552 und S. 483 Zeile 5585.
12 Johannes Eriugena, Perphyseon IV, S. 493 Zeile 5800–5804.
13 Johannes Eriugena, Perphyseon V, CCSL 165, Turnhout 2003, S. 98 Zeile 3095.
14 Johannes Eriugena, Perphyseon V, CCSL 165, S. 147 Zeile 4781.
15 Johannes Eriugena, Perphyseon V, CCSL 165 S. 176 Zeile 5745.
16 Verurteilung anno 855 Synode von Valence, Denzinger/Hünermann S. 291 nr. 633; Verurteilung 1225: Heinrich Denifle, *Chartularium Universitatis Parisiensis* I, S. 106–107 Nr. 50; Verurteilung anno 1241 Chartularium S. 170 Nr. 128: Primus error.

Augustin und Origenes, behandelt ihn aber konkordistisch.[17] Petrus vermeidet eher die prinzipiellen Themen, notiert, daß Hieronymus oft Origenes folge,[18] und benutzt ihn oft als Autorität in der Einzelauslegung der Bibel.

100 Jahre später zeigt sich ein anderes Bild. Thomas von Aquino zieht die dogmatischen Leinen fester an. Zwar konnte er sich, wenn er die Bibel im einzelnen erklärte, zum Beispiel in seiner *Catena aura,* dem Einfluß des origenistischen Stroms nicht entziehen, aber in seinen persönlichen Werken assoziiert er den Namen des Origenes fast immer mit »Irrtum«. Er hielt ihm vor:

Origenes teile mit Dionysius den Vorrang der negativen Theologie, er nenne Gott nur »weise«, weil er Weisheit *begründe* (1 Sent 35,1,4 arg. 1), und Gottesnamen wie »Vater« und »Sohn« habe er nur als Metaphern verstanden (Summa theologica I 34, 1 arg.1); er deute das Paradies fälschlich nur spirituell (2 Sent 17, 3, 2); er irre mit seiner Lehre von der Zeitlichkeit der Höllenstrafen (4 Sent 45,2,2,1); er behaupte fälschlich, die

---

[17] Petrus Lombardus, Liber sententiarum:
Liber I 9,4, 4–6 p. 107–108: Origenes: Filius semper generatur, Augustinus: semper natus est;
ib. I 38.1.6–8 p. 277–278: Origenes: Gott weiß, was eintreten wird, weil es eintreten wird; Augustin: Es wird eintreten, weil Gott es weiß;
ib. I 41, 2, 6 p. 290–291: Petrus zitiert Augustin, Civ. Dei XI 23, 1 CSEL 40 I, 544s. abfällig über die Lehre von der Präexistenz der Seelen;
Liber II 2,3, 2–3 p. 338–339: Hieronymus folgt Origenes, daß Körper erst nach den Seelen erschaffen worden seien, Augustin widerspricht dem, De civ. Dei XI 6, 40 I, 519s.
Liber III 3, 4, 1–2 II p. 35–36: Ob Christi Fleisch von Anfang an mit Gottheit verbunden war: Origenes: Nein, Augustin: Ja;
III 7,1,1–2 II p. 59: Diskussion, gegen Origenes, der in Gott jede Veränderung durch die Inkarnation bestritten habe;
III 37, 1 II p. 207. Differenz zwischen Origenes und Augustin über Auslegung des Ersten Gebots;
Liber IV 46, 3, 5 II p. 534: Dissens über iustitia und misericordia Gottes.
[18] Petrus Lombardus, Liber sententiarum II 11,1,1–3 p. 380; II 2, 3. 2–3 p. 338–339; IV 32, 3, 3 II 455.

Unterschiede der Wesen seien in freien Willensentscheidungen geistiger Wesen begründet (Summa contra Gentiles II 44, 15), und diese Lehre habe die Kirche verurteilt (De potentia 3, 9); Origenes sei der erste Christ gewesen, der gelehrt habe, die Seelen seien vor den Leibern erschaffen, und das lehrten Häretiker bis heute (Contra Gentiles II 83, 7); er habe die Einkörperung der Seelen als Strafe konzipiert (CG II 83, 20) und die uprüngliche Wesensgleichheit aller geistigen Wesen, Engel wie Menschenseelen, behauptet (Sth I 10, 6); er habe die Einwirkung Gottes auf den freien Willen nicht richtig gedeutet (CG III 89, 1); er habe die Prädestination anders verstanden als Augustin (Sth I 23,2 arg.2); Origenes sei die Quelle des Irrtums der Arianer, welche die Gottheit Christi bestreiten (Sth 34, 1 ad 1); Origenes habe sich zu sehr von antiken Philosophen beeinflussen lassen und sei dadurch in viele Irrtümer geraten, z. B. bezüglich der Transzendenz Gottes (Sth 51,1 ad 1); er habe den Himmelskörpern Seelen zugeschrieben, und darin folge ihm Hieronymus (Sth I 70, 3); er übernehme den Irrtum einiger Platoniker, die Seele könne aus der Glückseligkeit auch herausfallen durch freie Wahl (Sth I-II 5, 4); Origenes wolle den Willen der Seligen und den der Dämonen nicht festgelegt wissen: *erravit Origenes* (De veritate 24, 8); er gestatte Dämonen und Verdammten aufgrund ihres freien Willens eine Rückkehr zur Gerechtigkeit (De veritate 24, 10), außerdem deute er die Höllenqualen metaphorisch (De veritate 26, 1). In einem großen Text, *De malo 16, 5*, veranstaltete Thomas ein Wahrheitswettrennen zwischen Origenes und Augustin in der Frage, ob die Verdammten bereuen, sich bessern und dadurch schließlich der Hölle entgehen könnten; Thomas läßt Augustin siegen: Der habe dies in *De civ. Dei* XXI, 13 CCSL, S. 723 zurückgewiesen; bei Augustin und in Wahrheit dienten Gottes Strafen keineswegs der Erziehung und der Reinigung (De civ. Dei XI, 23 CCSL, S. 341–342). Dante sprach in diesem Sinne von der Rache (vendetta) Gottes.

Das war nicht das Ende der Präsenz des Origenes im lateinischen Westen. Meister Eckhart verliert gegen ihn, den er oft zitiert, kein böses Wort, übt nie eine dogmatische Zensur, lobt vielmehr einmal seine Bibelauslegung als schön ausführlich und sehr fromm, *pulchre, diffuse et devote valde* (Ioanem n. 699, *Lateinische Werke*, Stuttgart 1936 ff., Band III 613). Während Thomas den Origenes bei jeder Gelegenheit tadelte, er habe die Philosophie mißbraucht (*De Trinitate* I 2,3,4); er folge den Platonikern und sei daher Arianer (*De Trinitate* 3,4,2), nannte Eckhart ihn selbst im deutschsprachigen Traktat von der göttlichen Tröstung den großen Meister, der das Wesentliche erkannt habe: Gottes Bild im menschlichen Geist, im edlen inneren Menschen, ein lebendiger Brunnen, der fortströmt ins ewige Leben (*Buch der göttlichen Tröstung*, Deutsche Werke, Band V 113).

Neue Situation im 15. Jahrhundert. Niemand wollte auf *die* Seiten Augustins verzichten, die Petrarca gegen die Schultheologen zitiert hatte; aber für Origenes begann eine neue Zeit. Sein Werk *De principiis* stand in der Bibliothek des Cusanus und steht als Codex 50 dort heute noch.[19] Vor allem aber wendete Pico della Mirandola, weniger diplomatisch, das Blatt. Für das Jahr 1486 berief er auf eigene Kosten ein Wahrheitskonzil aller Religions- und Philosophieparteien ein und veröffentlichte dazu nicht weniger als 900 Thesen, die er dort verteidigen werde, um Übereinstimmung in allen Meinungsgegensätzen nachzuweisen. Die Kurie verhinderte den Kongreß; Pico hatte die Theologen herausgefordert, unter anderem mit der These, einer in endlicher Zeit begangenen Todsünde entspreche keine unendlich lange Höllenstrafe, sondern nur eine endliche.[20] Damit stellte Pico

---

19 Jakob Marx, *Verzeichnis der Handschriften-Sammlung des Hospitals zu Cues*, Trier 1905, S. 46.

20 Pico della Mirandola, *Conclusiones*, Opera, Venedig 1557, fol 157 rb: These 19: Gegen die Lehre der Kirchenväter läßt sich – erstens – als wahrscheinlich verteidigen, die Todsünde sei in sich ein malum finitum; zweitens: These 20 der Conclusiones in theologia numero XXIX secundum opinionem propriam a communi modo dicendi theolorum satis diversam:
Secunda est quod peccato mortali finiti temporis, non debetur poena infinita secundum tempus, sed finita tantum.

die Ewigkeit der Höllenstrafen origenistisch in Frage. Er setzte noch eins drauf mit der weiteren These, die Annahme, Origenes sei im Himmel, sei vernünftiger als die These, er sei verdammt.[21] Damit brach ein neuer origenistischer Streit aus. Denn die Kurie verbot nicht nur den Kongreß, sondern klagte Pico der Häresie an, und Pico, der reichsunmittelbare Fürst, beging die Subordination, eine Verteidigung, Apologia, seiner Thesen zu publizieren, was während eines laufenden Verfahrens verboten war, In dieser Apologie nun verteidigt Pico von seinen 900 Thesen nur dreizehn, aber darunter sehr ausführlich seine beiden Thesen zugunsten des Origenes.[22] Pico führte alles an, was man für Origenes sagen konnte: Die Texte seien schlecht und unvollständig überliefert, man habe ihm Lehren zugeschrieben, die er nicht vertreten habe, schließlich zitiere Hieronymus einen Brief von ihm, in dem er bestreitet, der Teufel könne erlöst werden;[23] die Maßstäbe für Orthodoxie und Häresie hätten sich verändert, schließlich habe Augustin 200 Jahre später gelebt als Origenes und habe gleichwohl, und zwar nicht nur in seiner Jugend, in der Frage der Präexistenz der Seele geschwankt.[24] Origenes habe sich ungeheure Verdienste in der Bibelauslegung erworben, *tanto scripturarum labore sudavit*.[25] Selbst wenn er Häretiker gewesen wäre, könnte er dies bereut haben, aber darüber wisse nur Gott Bescheid und wem er es speziell offenbare, schließlich sei es nicht Sache der Menschen, sondern allein Gottes, über Heil und Verdammung zu entscheiden.[26]

Daß Theologen zwischen 1500 und 1700 nicht aufhörten, Origenes in die Hölle zu versetzen, belegt der Artikel über Ori-

---

21 These 29 derselben Gruppe, Venedig 1557, fol 157 va: Rationabilius est credere Originem esse saluum, quam credere ipsum esse damnatum.
22 Pico della Mirandola, *Apologia Quaestionum*, Quaestio II. De poena peccati mortalis Opera, Venedig 1557, fol 21 rb – 22 rb und ausführlicher: Quaestio septima De salute Origenes fol 31 vb – 37 rb.
23 Pico, *Apologia*, Quaestio septima, fol 34 ra.
24 Pico, *Apologia*, Quaestio septima, fol 34 rb.
25 Pico, *Apologia*, Quaestio septima, fol 36 rb.
26 Pico, *Apologia*, Quaestio septima, fol 36 vb.

genes in Pierre Bayles großem historisch-kritischen *Dictionaire*, er handelt von fast nichts anderem als von diesem Disput. Untereinander zerstrittene Theologen hörten auch nicht auf, Freunde des Origenes der Häresie zu verdächtigen.

V

Der Kampf um das christliche Selbstverständnis und damit um das Erbe des christlichen Altertums eskalierte in der Kontroverse zwischen Luther und Erasmus von Rotterdam. Johannes Eck (1486–1543), der Ingoldstädter Professor, 1519 in Leipzig Gegner Luthers, tadelte schon 1518 in einem Brief an Erasmus, dieser vernachlässige Augustin zugunsten des Hieronymus. Erasmus antwortete Mitte Mai 1518 in einem langen Brief: Er selbst habe früher ähnlich gedacht wie Eck und habe Augustin den Vorrang zugesprochen, *Ipse olim adolescens in ea fui sententia in qua tu nunc es*. Aber er habe dazugelernt, ohne das Studium des Augustinus zu vernachlässigen: Augustin habe eine schmale philosophische Ausbildung gehabt, habe weder Griechisch noch Hebräisch gekonnt wie Hieronymus, dem jedenfalls fürs Bibelstudium der Vorrang gebühre. Dann kommt Erasmus auf Origenes als auf den Lehrer des Hieronymus zu sprechen. Jetzt redet er nicht mehr nur von Sprachkenntnissen, sondern schreibt: »Ich lerne aus einer einzigen Seite des Origenes mehr an Christlicher Philosophie als aus zehn Seiten Augustins.«[27] Selbst in den theologischen Werken wie *De doctrina christiana* und *De Trinitate* sei Augustin zu dialektisch, und er schreibe ihm nicht straff genug.

So deutlich distanzierte Erasmus sich später nicht mehr von Augustin; dafür wurden die Zeiten Jahr für Jahr kämpferischer und lauter. Jede der zerstrittenen Seiten legte jedes Wort des Erasmus auf die Wagschale. Am 18. März 1519 schrieb Luther

---

27 Erasmus von Rotterdam, *Opus Epistolarum*, hg. v. P. S. und H.M. Allen, Band III, Oxford 1913, Brief Nr. 844 S. 330–338, bes. S. 337, 252–254.

noch an Erasmus, er sei ihm immer gegenwärtig, er betont die Übereinstimmung mit ihm, nennt ihn »unsere Zierde und unsere Hoffnung«, *decus nostrum et spes nostra*.[28]

Im September 1521 schreibt er von der Wartburg aus an Freunde schon anders: Er lasse sich von Erasmus nicht zähmen; Erasmus blicke nicht auf das Kreuz, sondern auf den Frieden. Seine Schriften schimpfen nicht und beißen nicht; sie richten gegen das höllische Papsttum nichts aus.[29] Im April 1524 schreibt Luther an Erasmus, er habe gegen ihn gestichelt, er bitte aber, ihn nicht anzugreifen; er möge, wenn er schon nicht für ihn spreche, sich öffentlich zurückhalten.[30] Inzwischen hielten sie ihn in Rom für einen Lutheraner, in Wittenberg für einen Anti-Lutheraner. Er mußte sich, von beiden Seiten bedrängt, entscheiden. 1524 ist der Würfel gefallen. Hatte er bislang beide Parteien zu Geduld und Friedensliebe ermahnt, so ergriff er jetzt Partei und schrieb zur Verteidigung des freien Willens gegen Luther *De libero arbitrio*.[31] Seit 1520 war Erasmus umstellt von papsttreuen Polemikern; 1524/25 begann der öffentliche Konflikt mit Luther. Dieser antwortete auf *De libero arbitrio* im Jahr darauf mit der Gegenschrift *De servo arbitrio,* auf deutsch: Der freie Wille ist nichts.[32] Für Luther war er nun ein Feind Christi, ein Schwein aus der Herde Epikurs, dem Spötter Lukian näher als Paulus. Im Mai 1525 schrieb Erasmus an einen italienischen Freund: »Ich sehe, das ist mein Schicksal: Während ich mich anstrenge, jeder Partei beratend zuzureden, werde ich von beiden Seiten gesteinigt«.[33]

28 Luther an Erasmus, 28.3.1519, Weimarer Ausgabe Briefe I (1930), Nr. 163, S. 361–363.
29 Luther am 9. September 1521, WA Briefe II (1931), S. 387–389, bes. S. 387, 5–6
30 Luther an Erasmus 18.(?) April 1524, WA Briefe III (1933), S. 268–271.
31 Erasmus, *De libero arbitrio*, Lateinisch-deutsch, Erasmus von Rotterdam, Ausgewählte Schriften, hg. von Werner Welzig, Band IV, Darmstadt 1969, S. 1–196.
32 Luther, De servo arbitrio, WA Band 18, 1908.
33 Erasmus am 13. Mai 1525, Allen VI 1936, Nr. 1576 S. 77, 9–10.

Es ist jetzt, schreibt Erasmus am 24. August 1525, die Zeit einer *fatalis tempestas*; die lutheranische Fraktion haßt jetzt niemanden mehr als den Erasmus. Erasmus antwortet Luther ab 1526 mit zwei Schutzschriften; der Graben wurde immer tiefer, der Ton immer schroffer, zuerst bei Luther, dann auch bei Erasmus.

Das ist einer der großen Konflikte der Christenheit. Ich kann ihn hier nur von einem einzigen Fragepunkt her beschreiben: Wie wurden in ihm die Potentialitäten der altkirchlichen Denkentwicklung aktualisiert? Um das Ergebnis vorwegzunehmen: Die Papsttreuen drängten ebenso wie Luther selbst Erasmus auf Augustin zurück, drängten ihn weg von Origenes-Hieronymus. Beide Parteien verstanden unter »Augustinus« etwas recht Verschiedenes. Erasmus ließ sich nicht abdrängen: Ohne auf die antischolastische Petrarca-Seite in Augustins Werken zu verzichten, gab er Origenes-Hieronymus den Vorzug. Er publizierte in Basel ab 1526 den lateinischen Origenes, dann, von Beatus Rhenanus fortgeführt, wieder 1536, ab 1530 edierte er Augustins Opera.[34] Als Erasmus in Basel die Werke des Origenes herausgab, gelang ihm die Erstveröffentlichung eines von ihm übersetzten längeren Fragments eines Matthäuskommentars; er untersuchte ausführlich Leben und Werk des Origenes und wiederholte spät seine vergleichende Betrachtung: Origenes-Augustin.[35] Origenes – ein christlicher Varro, im christlichen Milieu aufgewachsen, Augustin mit dreißig Jahren Konvertit. Origenes, als Schriftsteller konzentriert, Augustin schweift ständig ab. Origenes interpretiert allegorisch, holt aber die Allegorien nicht woanders her, son-

34 Das waren nicht die ersten Ausgaben. Augustin wurde schon in der Inkunabelzeit mehrfach gedruckt, die erste Gesamtausgabe durch J. Amerbach erschien in neun Bänden 1506 in Basel. – Origenes edierte J. Merlin in zwei Foliobänden lateinisch Paris 1512, auch Venedig 1516. Die Ausgabe de Erasmus wurde nachgedruckt: 1557 und 1571, Neuausgabe von Gilbert Genebrard Paris 1574, 1604, Basel 1620.

35 Erasmus von Rotterdam, *Opera omnia*, hg. v. Ioannes Clericus, Band VIII, Leiden 1703, über Origenes: Sp. 425 bis 440, Matthäuskommentar Sp. 439–484.

dern allein aus der Schrift.[36] Die ganze Theologie und Philosophie war griechisch, Augustin wußte davon zu wenig.

Doch gehen wir noch ein wenig ins einzelne:

Da wendet der damals berühmte Pariser Theologe Noel Beda († 1537), eine Säule der Orthodoxie, am 21. Mai 1525 – sich mahnend, tadelnd an Erasmus. Er lobe seine Studien und seine Sprache, aber es schmerze ihn zu sehen, daß Erasmus sich von Gratian, dem Lombarden und den Scholastikern mehr und mehr entferne und statt dessen sich dem unheilvollen Einfluß des Origenes aussetze. Er solle sich mehr an Augustinus halten. Er sei besorgt um sein Seelenheil und darüber, daß Erasmus nicht sehe, was die Kirche jetzt brauche. Was er über kirchliche Gebräuche, über Zölibat und Fasten, über Stundengebet und Ehebruch schreibe, sei skandalös. Mit einem Wort, er sei durch Origenes auf die Seite Luthers getreten.[37] Erasmus antwortet ausführlich am 15. Juni 1525. Häresieverdächtigung mußte er ernst nehmen; seine Position zu Luther hat Natalis Beda falsch dargestellt. Erasmus erklärt, die Scholastiker nie völlig verachtet zu haben, bringt aber dann gegen sie vor, was schon bei Petrarca stand: Sie schwelgen in aristotelischen und averroistischen Finessen, in skotistischen Labyrinthen und sophistischen Argumenten, verlieren sich in überflüssigen kleinen Problemchen. Keineswegs bestehe Anlaß, zu den Scholastikern als zu kanonischen Schriften zurückzukehren. Was Augustin angehe, so habe dieser schließlich *Retractationes* geschrieben, aber vieles, was er hätte korrigieren müssen, habe Augustin nicht zurückgenommen.[38] Augustin blieb für Erasmus respektabel, als eine der altkirchlichen Stimmen, aus beschränkten kulturellen Verhältnis-

---

36 Erasmus zusammenfassend: De vita, phrasi, docendi ratione et operibus Origenis, *Opera omnia*, VIII Sp. 437–440.

37 Natalis Beda an Erasmus 21. Mai 1525, *Opus Epistolarum*, Band VI, Oxford 1926, S. 79–86, besonders S. 85, 143. Zurückruf zu Augustin: S. 83, 71–76.

38 Erasmus an Natalis Beda, 15. Juni 1525, *Opus Epistolarum* VI, Nr. 1581 S. 87–107

sen, ciceronianisch geschult, mit Restbeständen schätzenswerter neoplatonisierender Bestände, anti-scholastisch verwertbar, mit einer zerfahrenen Rhetorik, immer kritisch zu lesen, für die Interpretation der Bibel kaum vorbereitet. Der Augustin des Pariser Professors Natalis Beda war ein ganz anderer: Das war nicht der individuelle Schriftsteller des Erasmus, sondern ein Glaubenszeuge für das zeitlos gehaltene *depositum fidei*, einer aus dem Chor der großen katholischen Autoren, neben Gratian, Petrus Lombardus, Thomas von Aquino und Bonaventura.[39]

Luther setzte mit *De servo arbitrio* einen scharfen Schnitt; zugleich setzte er schon mit dem Titel ein theologiegeschichtlich-ideenpolitisches Programm, denn der Ausdruck *servum arbitrium* stammte von Augustinus, gesprochen im harten Kampf gegen Luthers intelligentesten Gegner, den Bischof Julian von Eclanum.[40] Erasmus hatte ebenfalls Augustin zitiert mit seinem Buchtitel: *De libero arbitrio*. Beide Gegner berufen sich auf Augustin. Der Konflikt Luther-Erasmus war ein Kampf darum, was man in der zerrissenen Situation von 1525 von der antiken Kirche für die Gegenwart brauchen konnte, brauchen wollte, aber es war kein Kampf in bloß historischer Absicht. Es ging beiden um Gott und den Menschen und um das Konzept, das die von der Scholastik befreite künftige Christenheit von sich entwickeln sollte.

Gott: Luthers Gott gestattet keinen denkenden Vorgriff auf sein Wesen und Tun aufgrund vernünftiger, moralischer Kriterien. Wir können nicht mehr sagen: Weil Gott die Gerechtigkeit

39 Der Disput mit Natalis Beda blieb nicht auf den Briefwechsel beschränkt: 1526/27 beschäftigte ihn Natalis Beda: Dieser druckte seine Kritik an den Paraphrasen des Erasmus zum Neuen Testament, und Erasmus antwortete ausführlich: »Supputationes errorum in censuris Beddae«, in: Erasmus, *Opera omnia*, Leiden 1703, Band 9, coll. 441–720. Im neunten Band auch die Verteidigungen des Erasmus gegen andere katholische Gegner: Gegen Diego Lopez Stunica, der seit 1520 gegen Erasmus anschrieb und die Polemik bis zu seinem Tod fortsetzte (1528), gegen Alberto Pio (1531) und die Zensuren der Sorbonne (1532): IX 813–954.
40 Augustin, Contra Iulianum II 8, 23 PL 44, 689.

selbst ist, dürfen wir über seine Taten X oder Y annehmen. Hatte Meister Eckhart gepredigt, daß, wenn Gott nicht gerecht wäre, er sich nicht die Bohne um ihn kümmern würde, muß der Gläubige, Luther zufolge, überzeugt sein, Gott sei gut, auch wenn er die Welt zugrunde richtete und die ganze Menschheit vernichtete.[41] Wenn Gott von uns ein bestimmtes Verhalten verlangt, dann können wir nicht folgern: Du weißt, daß du es kannst, denn du sollst es.[42] Gott bestimmt alles in allen; alles geht mit Notwendigkeit aus Gottes Willen hervor, nicht nach Kriterien von Vernunft und Gerechtigkeit, daher ist für freien Willen kein Platz.[43] Gott allein hat freien Willen.[44] Für die Willensakte Gottes gibt es weder Grund noch Rechtfertigung: *voluntatis Dei nulla est caussa nec ratio*.[45] Es gibt den offenbaren und den verborgenen Gott,[46] danach wissen wir von Gott in sich nichts, müssen ihm aber glauben, daß er seit Adams Sünde voll Zorn ist auf die Menschen. Die *ira Die* ist ein Hauptmotiv Luthers.[47] Luthers Gott hat harte Konkurrenz: Wo er nicht herrscht, regiert der Teufel.[48]

Dies sind die predigerhaft-lauten Töne. Aber Luther hat tiefer gebohrt, fand er doch generell, man müsse bis zum Äußersten gehen: *ad extrema eundum est*.[49] Er ist so weit gegangen, Erasmus zuzugestehen, die Vernunft könne nicht anders, als so

---

41 Luther, De servo arbitrio, WA 18, S. 708–709; S. 712, 29–38; S. 731. Wenn nicht anders vermerkt, handelt es sich im folgenden bei Lutherzitaten immer um *De servo arbitrio*, immer nach der Weimarer Ausgabe.
42 Luther, WA 18, S. 675, 22 und S. 679, 33.
43 Luther, WA 18, S. 615, 31–34; S. 616, 13–15 und S. 617, 19 und S. 729, 15–16.
44 Luther, WA 18, S. 636, 28 und S. 664.
45 Luther, WA 18, S. 712, 32.
46 Luther, WA 18, S. 685 und S. 689.
47 Luther, WA 18, S. 757, 12 und S. 758, 17–31.
48 Luther, WA 18, S. 635, 14–22; S. 659, 6–8; S. 670, 7; S. 749, 34; S. 750, 31–38; S. 762, 37.
49 Luther, WA 18, S. 755, 35.

zu urteilen wie Erasmus.[50] Die Vernunft muß es als absurd ansehen, daß Gott Forderungen an uns stellt, von denen er weiß, daß wir sie nie erfüllen können. Und daß er Sünden bestraft, obwohl der freie Wille nicht anders kann als sündigen.[51] Erasmus hatte gefolgert: Wenn Gott das verlangt, müssen wir es auch können. Diese Folgerung schlägt Luther uns aus der Hand. Hören wir ihn selbst:

Dies nämlich verletzt am meisten den gesunden Sinn (sensum illum communem) oder die natürliche Vernunft, daß Gott aus reiner Willkür, mera voluntate, die Menschen verläßt, verhärtet, verdammt, als habe er seine Freude an den Sünden und an derart großen ewigen Qualen der Elenden, er, von dem gesagt wird, er sei von großer Barmherzigkeit und Güte. Das kam den Menschen ungerecht, grausam, unerträglich vor. Dies hat viele große Männer in so vielen Jahrhunderten verletzt. Und wen würde es nicht verletzen? Ich selbst habe immer wieder daran Anstoß genommen – bis hin zum tiefen Abgrund der Verzweiflung, so daß ich wünschte, nicht als Mensch erschaffen worden zu sein, bis ich wußte, wie heilsam diese Verzweiflung ist und wie nahe der Gnade. Deshalb haben die Menschen sich angestrengt und abgearbeitet, die Güte Gottes zu entschuldigen ...[52]

Luther denkt zunächst dabei an die Scholastiker, aber das gibt seiner Auseinandersetzung die Größe: Erasmus sucht, wie die Vernunft es tun muß, die Güte Gottes zu rechtfertigen, wie Leibniz und Hegel dies tun werden. Luther hat sich bei Erasmus zuletzt bedankt, er habe sich nicht bei Nebenthemen wie Fasten, Beichte und Fegefeuer aufgehalten, sondern habe sein Wesentliches erfaßt und ihm Gelegenheit gegeben, seine eigene Ansicht zu vertiefen. Sein Resultat: Es kommt dem Menschen nicht zu,

---

50 Luther, WA 18, S. 706, 23–24: Nec Ratio aliter de ipso potest iudicare, quam hic Diatribe facit. Vgl. S. 707–708; S. 719; S. 730, 18.
51 Luther, WA 18, S. 707, 32–35.
52 Luther, WA 18, S. 719, 4–13.

den Willen Gottes zu erforschen. Er muß ihn schweigend im Gehorsam annehmen.[53] Die Vernunft muß mit hochgezogenen Brauen urteilen, das sei eine Ausrede.[54] Aber die Vernunft ist blind und verstockt, sie muß gedemütigt werden. Gott erniedrigt den Menschen, indem er ihn erfahren läßt, alles Gute stehe außerhalb seiner Kräfte, allein in Gottes Hand. Wer an sich verzweifelt, nichts mehr wählt, sondern alles nur von Gott erwartet, der ist der Gnade nahe, der kann gerettet werden. Das alles wird nur ausgesprochen für die Auserwählten, die auf diese Weise gedemütigt und vernichtet und gerettet werden können. Dann mit einem Seitenhieb auf Erasmus: Die anderen aber, die dieser Demütigung widerstehen, die es verurteilen, daß die Notwendigkeit dieser Vernichtung öffentlich gelehrt werde, und die ihrem eigenen Können noch ein irgend etwas reservieren möchten, die verharren in ihrem Stolz; sie sind Gegner der Gnade Gottes, wie die augustinische Verdammungsformel lautet.

Luther grübelt weiter: Was ist dann der Glaube? Für ihn bleibe nur dann Raum, wenn alles, was geglaubt wird, verborgen sei. Was heißt hier »verborgen«? Luther erklärt es so: Am meisten verborgen ist, was unter dem entgegengesetzten Gegenstand versteckt liegt, also wovon wir die entgegengesetzte Wahrnehmung und Erfahrung machen. Glaubensinhalte sind nur möglich, wenn sie dem allem widersprechen. Nur so tritt uns Gott entgegen, jetzt Luther wörtlich:

So, wenn Gott Leben spendet, macht er das, indem er tötet; wenn er rechtfertigt, dann tut er das, indem er uns zu Schuldigen macht; wenn er uns in den Himmel erhebt, tut er das, indem er uns in die Hölle führt... So verbirgt er seine Güte und Barmherzigkeit unter seinem ewigen Zorn, seine Gerechtigkeit unter dem Unrecht. Dies ist die äußerste Stufe des Glaubens: Glauben, daß er gütig sei, weil er nur so wenige errettet und so viele verdammt, glauben, daß er gerecht

---

53 Luther, WA 18, S. 690, 19–20.
54 Luther, WA 18, S. 690, 9–10.

sei, der uns kraft seines Willens zu Verworfenen macht, daß es so aussieht, wie Erasmus es darstellt, als freue er sich an den Qualen der Elenden, und daß er eher unseren Haß als unsere Liebe verdient. Könnte ich aufgrund irgendeiner Vernunftüberlegung begreifen, wieso dieser Gott barmherzig und gerecht ist, der uns so großen Zorn und so große Untat zeigt, dann brauchte es keinen Glauben. Nur indem es nicht begriffen werden kann, entsteht Platz für den Glauben.

Gott schafft Leben, indem er tötet.[55] Diese Herausarbeitung der Paradoxie des Glaubens konnte Erasmus nicht teilen. Er verlangt für den Akt des Glaubens rationale Vorbereitung, nicht Vernichtung der Vernunft. Seine extreme Ansicht von der gottwidrigen Vernunft werde ihm niemand zugestehen.

Luther veranstaltet folgenden Wortwechsel mit Erasmus:
Du sagst, Erasmus, wenn wir predigen, der Mensch könne gar nichts Gutes tun, wer wird denn dann noch sein Leben bessern? Ich antworte: Niemand wird sich bessern, denn niemand kann es. Verbessert werden, und zwar durch den Heiligen Geist, die Erwählten und Frommen, die übrigen gehen unverbessert zugrunde. Das ist doch auch die Lehre Augustins. Wenn Gott ohne jede Rücksicht auf das gute oder schlechte Leben, die Bösen begnadigt und die Guten verdammt, wie er Esau verdammt hat vor der Geburt, wer, fragst du, Erasmus, kann dann noch glauben, daß Gott ihn liebt? Ich, Martin Luther antworte, nun wieder wörtlich: »Kein Mensch wird es glauben, es kann auch keiner glauben, die Auserwählten aber werden es glauben, die Übrigen werden es nicht glauben und werden zugrunde gehen, sie werden sich darüber empören und lästern, so wie du, Erasmus, es hier machst.«[56]

Das ist wohl die schärfste Formel des Gegensatzes: Erasmus kann aus der Betrachtung der Welt und seiner selbst glauben,

---

55 Luther, WA 18, S. 633, 8–23.
56 Luther, WA 18, S. 632, 3–10.

daß Gott ihn liebt. Luther kann das nicht. Er muß das für unmöglich halten, aber wenn er auserwählt ist, wird Gott in ihm diesen Glauben erwecken. Erasmus denkt, der Mensch sei zu Empörung berechtigt, wenn er die *iniquitas*, die Ungerechtigkeit Gottes sieht, von der Luther spricht. Er legt daher die schroffen Stellen der Bibel, die in der Augustinischen Tradition die Ohnmacht des Willens beweisen mußten – daß Gott das Herz des Pharao verhärtet hat, Ex 9,3, und daß wir wie Lehm sind in den Händen des Herrn, Römerbrief –, so aus, daß für die Freiheit noch ein wenig übrigbleibt. Luther hatte leicht spotten, über die halbpelagianische Inkonsequenz, mit der Erasmus dem Willen noch ein wenig Spielraum beließ.[57] Doch hatte Erasmus auch Gründe für sich: Den *sensus communis* zum Beispiel, von dem Luther so herablassend sprach. Ist denn die Annahme so falsch, daß vor Gott niemand zugrunde geht außer durch eigene Schuld? Dann die philosophische Einsicht, daß der Mensch niemals rein passiv sein kann. Was lebt, sagte Aristoteles, bewegt sich von sich aus. Erst recht ist jede Geistseele tätiger Neuanfang, ein »aus sich rollendes Rad«.[58] Luther hatte den Menschen ein Reittier genannt, das entweder von Gott geritten werde oder vom Teufel. Erasmus dagegen: Schon Tiere haben einen Eigenwillen. Pferde werfen manchmal ihren Reiter ab. Erst recht ist die menschliche Seele tätig, nicht nur passiv. Erasmus mißfiel, daß Luther mit Augustin von den Tugenden der Heiden als von glänzenden Lastern sprach. Erasmus hatte noch ein Hauptargument: Die Bibel erzwingt nicht die Theologie Augustins und deren Fortbildung durch Luther. Aus der Bibel kann man deterministische wie indeterministische Folgerungen ziehen. Um den theologischen Determinismus nicht als die einzige Aussagenreihe der Bibel stehenzulassen, braucht Erasmus Origenes und Hieronymus. Dadurch wird der Konflikt Erasmus-Luther zum

---

57 Luther, WA 18, S. 635–636; S. 667–671; S. 664, 27–36; S. 689; S. 745, 14–16.

58 Erasmus, De libero arbitrio, *Schriften* IV, S. 176; Hyperaspistes I, *Schriften* IV, S. 412–414.

Kampf um die Interpretation des Origenes und Augustins. Luther trumpft auf: Augustin stehe ganz auf seiner Seite, Augustinus *meus totus est*.[59] Er verweist mit Recht darauf, daß Petrus Lombardus und selbst Thomas auf der Seite des späten Augustin geblieben sind, Thomas mit schroffer Wendung gegen Origenes. Er weiß, daß Kirchenväter und Scholastiker auch zugunsten des freien Willens geschrieben haben, aber dann haben sie eben, vermerkt Luther, nach dem Fleisch, nicht nach dem Heiligen Geist geurteilt, *certe ex carne, non ex spiritu Dei*.[60] Für den Augustinuskenner Erasmus war es ein leichtes, zu erwidern, daß nicht der ganze Augustin auf Luthers Seite stehe.[61] Erasmus: Im Kampf mit den Pelagianern ist Augustin extrem geworden.[62] Erasmus gestand zu, daß es bei Augustin wie bei Luther steht, Gott bewirke Gutes und Böses.[63] Augustin lehre tatsächlich, die Vorherbestimmung erfolge ausdrücklich nicht im Hinblick auf das ethische Verhalten. Daß der Wille nur zum Sündigen tauge, sei die extreme Ansicht sowohl Augustins wie Luthers. Gegen das Übergewicht der Erbsünde beim späten Augustin und bei Luther hält Erasmus mit dem jungen Augustin fest: Jede Sünde muß aus freiem Willen geschehen, soll ein gerechter Richter sie bestrafen können.[64]

Wenn, wie Origenes gezeigt hat, Exodus IX 3 und der Römerbrief ohne Zerstörung des freien Willens gedeutet werden kann,[65] dann stellen sich Origenes und Hieronymus, sofern er Origenes folgt, gegen den späten Augustin. Luther spricht den

59 Luther, WA 18, S. 640, 9.
60 Luther, WA 18, S. 642, 12–13.
61 Erasmus, Hyperaspistes diatribae liber primus, *Ausgewählte Schriften* IV, S. 458. Auch S. 521, 559, 562, 592, 628, 632, 638, 642, 652.
62 Erasmus, Hyperaspistes I, *Schriften* IV, S. 170.
63 Erasmus, Hyperaspistes I, S. 19 und 379; Luther, WA 18, S. 630, 22–23; S. 704–706.
64 Erasmus, De libero arbitrio, *Schriften* IV, S. 46, dort S. 56 gegen die These, der freie Wille tauge nur zum Sündigen.
65 Erasmus, De libero arbitrio, *Schriften* IV, S. 92 und 94 und 125; Hyperaspistes I, *Schriften* IV, S. 460, 462, 490.

Konflikt auch auf die kompromißlose Weise, die wir an ihm schätzen, aus: »Hieronymus und sein Origenes haben mit diesem Geschwätz den Erdkreis erfüllt.«[66] Oder noch schroffer: »Es gibt unter den Kirchenschriftstellern kaum jemanden, der die Bibel ungeschickter und absurder behandelt hat, als Origenes und Hieronymus.«[67] Erasmus verläßt Paulus mit Hilfe des Hieronymus.[68] Ihm, Luther, gehe es nicht um Hieronymus, sondern um die Bibel.[69] Und die Lehre des Origenes vom dreifachen Affekt der Seele sei nur eine Fabel.[70]

Blicken wir noch einmal zurück: Die altkirchlichen Kontrahenten Origenes und Augustin sind nicht »zurückgekehrt«. Potentielles wird durch Aktuales und Aktuelles jeweils neu erzeugt. So haben wir um 1520 zwei Intellektuelle, die sich fragen, was die Christenheit heute braucht. Beide entwickeln *neue* Ideen; beide sind auf ihre Art »modern«. Beide wollen heraus aus der scholastischen Schultheologie, beide wollen zurück zum Neuen Testament. Luther sah den Konflikt mit Erasmus an als den Konflikt seines Glaubenskonzepts mit der Vernunft, mit dem, was in Europa als Vernunft galt und von dem aus Origenes bereits die Offenbarungsurkunden akkomodiert habe. Origenes hat deren Archaismen reduziert, ich meine die Archaismen von vererbbarer Schuld, von einem Gott, der im Kampf liegt mit Satan, der Zorn auf die Menschen hat. Luther hat, auf den letzten Augustin gestützt, diese Archaismen radikalisiert und die antirationale Exklusivität ins Extrem gesteigert. Für ihn gibt es die Erwählten und die Verworfenen; die humanistische Entdeckung des ethischen Werts der Antike liegt schon hinter ihm: *Extra fidem Christi nihil nisi peccatum et damnatio*.[71]

Erasmus sucht Anschlußmöglichkeit des christlichen Glau-

---

66 Luther, WA 18, S. 735, 1.
67 Luther, WA 18, S. 703, 26–28.
68 Luther, WA 18, S. 723, 1–7.
69 Luther, WA 18, S. 734, 1–4.
70 Luther, WA 18, S. 774, 40.
71 Luther, WA 18, S. 774, 12.

bens an die Menschheit als ganze; er denkt an Sokrates, an Cicero, an Seneca; er hält es für Fanatismus, auch bei ihnen nichts zu sehen als Sünde und Verdammung, *peccatum* und *damnatio*. Er spricht nicht primär als Humanist aus einem Gefühl der Bewunderung für die Antike, sondern er blickt gelehrt zurück auf die Geschichte der christlichen Theologie und dokumentiert: Die Bibel ist verschieden ausgelegt worden; sie ist, wie Origenes-Augustin beweisen, so eindeutig nicht, wie Luther behauptet. Ist sie aber verschieden auslegbar, dann besteht das Christentum in der Sorge um den Frieden, nicht in der Durchsetzung einer einzelnen Auslegungsweise. Diesen historisch-theologischen Pazifismus verachtete Luther als die skeptische, friedensverliebte Theologie des Erasmus. Erasmus sah Kriege voraus; der Glaubensstreit hat sie bald tatsächlich gebracht. Luther warf ihm vor, er denke nur an den Frieden, nicht an das Kreuz. Erasmus hätte erwidern können: Das Kreuz an das du denkst, ist das Kreuz des Gottessohnes, der nach drei Tagen wiederauferstehen konnte. Ich denke an das Kreuz der Hunderttausenden, die in Glaubenskriegen leiden und sterben.

Klaus Wiegandt

Nachwort

Das Kolloquium »Die Anfänge des Christentums« trägt diesmal die unverkennbare Handschrift von Professor Friedrich Wilhelm Graf (Universität München), sowohl was die Strukturierung des Themas als auch die hervorragende Auswahl der Vortragenden betrifft. Dafür möchte ich mich bei ihm ganz herzlich bedanken, ebenso wie für die Bereitschaft, die Redaktion des vorliegenden Sammelbandes zu übernehmen. Professor Ernst Peter Fischer (Universität Konstanz), dem wissenschaftlichen Berater meiner Stiftung, danke ich für seine Bereitschaft, während des Kolloquiums die wissenschaftliche Leitung mit Professor Graf zu teilen.

Im Vorwort wurde bereits angesprochen, daß die Teilnehmerinnen und Teilnehmer des Kolloquiums mit ihrem wachen Interesse, der unermüdlichen Diskussionsbereitschaft, den zum Teil kritischen Fragen nicht nur das Kolloquium selbst, sondern auch die vorliegenden Texte bereichert haben. Nicht unerwähnt möchte ich lassen, daß das Thema viele auch persönlich in einem Maße ansprach, wie wir es nicht erwartet hatten.

Die entspannte, diskussionsfreudige und angenehme Atmosphäre des Kolloquiums resultiert wesentlich auch aus der sehr persönlich gehaltenen Gastfreundschaft der Europäischen Akademie Otzenhausen, der ich auch im siebten Jahr unserer sehr guten Zusammenarbeit für ihre besondere Unterstützung danken möchte. Mein herzlicher Dank gilt auch Annette Maas, die seitens meiner Stiftung – und dies von Beginn an – die Kolloquien engagiert und ebenfalls mit einer ganz persönlichen Note für den Referenten- und Teilnehmerkreis vor- und nachbereitet.

Nicht zuletzt mag nun der geneigte »Stammleser« der Reihe Forum für Verantwortung hier nachfragen, wie sich unsere Bildungsinitiative »Mut zur Nachhaltigkeit« weiter entwickelt, deren Ursprünge in dem Kolloquium von 2005 »Die Zukunft unserer Erde – Was verträgt unser Planet noch?« liegen. Die zwölfbändige Reihe zu wichtigen Themen der Nachhaltigkeit liegt seit Ende 2007 komplett im Fischer Taschenbuch Verlag vor, Ende 2008 erschien die gesamte Reihe in englischer Übersetzung bei Haus Publishing London, und ich verweise gerne auf die Internetseite unseres Projektes www.Mut-zur-Nachhaltigkeit.de, die aktuell sowohl über den Stand der Dinge als auch über die umfangreichen Bildungsaktivitäten informiert.

Über die Autoren

Hubert Cancik   Professor (em.) für Lateinische Philologie, Universität Tübingen

Reinhard Feldmeier   Professor für Neues Testament an der evangelischen Theologischen Fakultät der Georg-August-Universität Göttingen

Kurt Flasch   Professor (em.) für Philosophie, Universität Bochum

Jan Christian Gertz   Professor für Alttestamentliche Theologie, Universität Heidelberg (Evangelische Theologie)

Friedrich Wilhelm Graf   Professor für Systematische Theologie und Ethik, Universität München (Evangelische Theologie)

Roland Kany   Professor für Kirchengeschichte des Altertums und Patrologie, Universität München (Katholische Theologie)

Hans-Josef Klauck   Naomi Shenstone Donnelley Professor of New Testament and Early Christian Literature, The University of Chicago Divinity School, USA (Katholische Theologie)

Hartmut Leppin   Professor für Alte Geschichte, Universität Frankfurt am Main

Andreas Lindemann Professor für Neues Testament an der Kirchlichen Hochschule Wuppertal/Bethel, Arbeitsbereich Bethel

Christoph Markschies Rektor der Humboldt-Universität zu Berlin, Professor für Ältere Kirchengeschichte (Patristik), (Evangelische Theologie)

Annette Merz Professorin für Neues Testament, Universiteit Utrecht, NL (Evangelische Theologie)

Udo Schnelle Professor für Neues Testament, Universität Halle (Evangelische Theologie)

Hans Reinhard Seeliger Professor für Alte Kirchengeschichte, Patrologie und Christliche Archäologie, Universität Tübingen (Katholische Theologie)

Thomas Söding Professor für Biblische Theologie am Katholisch-Theologischen Seminar der Bergischen Universität in Wuppertal

Oda Wischmeyer Professorin für Neues Testament (Literatur und Geschichte des Urchristentums), Universität Erlangen (Evangelische Theologie)